MAGBOOK

कला एवं संस्कृति

UPSC, राज्य PCS एवं अन्य प्रतियोगी परीक्षाओं
के लिए अत्यन्त उपयोगी

1e

MAGBOOK

कला एवं संस्कृति

UPSC, राज्य PCS एवं अन्य प्रतियोगी परीक्षाओं के लिए अत्यन्त उपयोगी

मनोहर पाण्डेय

सहयोगकर्ता

रविशंकर, हेमन्त

MAGBOOK

अरिहन्त पब्लिकेशन्स (इण्डिया) लिमिटेड

सर्वाधिकार सुरक्षित

卐 रजि. कार्यालय

'रामछाया' 4577/15, अग्रवाल रोड, दरिया गंज, नई दिल्ली–110002

फोन: 011-47630600, 43518550

卐 मुख्य कार्यालय

कालिन्दी, टी०पी० नगर, मेरठ (यूपी)– 250002, **फोन:** 0121-7156203, 7156204

卐 शाखा कार्यालय

आगरा, अहमदाबाद, बरेली, बंगलुरु, चेन्नई, दिल्ली, गुवाहाटी, हैदराबाद, जयपुर, झाँसी, कोलकाता, लखनऊ, नागपुर तथा पुणे

卐 मूल्य : ₹ 250.00

Published by Arihant Publications (India) Ltd.

卐 PO No : TXT-59-T066496-08-25

'अरिहन्त' की पुस्तकों के बारे में अधिक जानकारी के लिए हमारी वेबसाइट **www.arihantbooks.com** पर लॉग इन करें या **info@arihantbooks.com** पर सम्पर्क करें।

Follow us on   

MAGBOOK

संशोधित संस्करण का प्राक्कथन

वर्तमान समय में सभी प्रतियोगी परीक्षाओं में सिविल सेवा परीक्षा का स्थान सबसे सर्वश्रेष्ठ एवं प्रतिष्ठित है। इस परीक्षा का उद्देश्य अभ्यर्थी के विश्लेषणात्मक, तार्किक, विषय आधारित एप्रोच, विषयवार समसामयिक मुद्दों पर समझ आदि की जाँच करना है।

कला एवं संस्कृति की यह पुस्तक उपरोक्त सभी उद्देश्यों को पूर्ण करती है, साथ ही अभ्यर्थी की विषय पर बेहतर समझ एवं मजबूत पकड़ का दावा भी करती है। यह पुस्तक प्रीलिम्स परीक्षा में कला एवं संस्कृति विषय के लिए ब्रह्मास्त्र की तरह कार्य करती है, क्योंकि इसमें सिलेबस का सम्पूर्ण कवरेज तथा प्रैक्टिस हेतु प्रश्न (प्रारम्भिक एवं मुख्य दोनों परीक्षा हेतु) समाहित हैं।

इस पुस्तक के सम्पूर्ण अवलोकन के पश्चात् अभ्यर्थी निश्चय ही स्थापत्य, मूर्तिकला, चित्रकला, हस्तशिल्प, संगीत, नृत्य, मूर्त एवं अमूर्त सांस्कृतिक विरासत, भाषा साहित्य, दर्शन आदि प्रकरणों को सरलता से समझ सकेंगे।

पुस्तक के अन्तर्गत अवधारणाओं को सरल और आसान तरीके से इस प्रकार प्रस्तुत या समझाने का प्रयास किया गया है कि अभ्यर्थी वस्तुनिष्ठ एवं विषयनिष्ठ सभी प्रकार के प्रश्न हल करने में सक्षम हों।

संशोधित संस्करण की प्रमुख विशेषताएँ

- सम्पूर्ण सिलेबस, NCERT फैक्ट्स एवं अपडेटेड फैक्ट्स का संकलन है।
- प्रीलिम्स फैक्ट्स का अतिरिक्त कवरेज, जिसमें IAS एवं PCS परीक्षाओं में पूछे गए महत्त्वपूर्ण तथ्य दिए गए हैं।
- चैप्टर के अन्त में सेल्फ चैक का कवरेज, जिसके अन्तर्गत प्रश्नों को प्रैक्टिस हेतु संकलित किया गया है।
- इस पुस्तक के अन्त में IAS मुख्य परीक्षा (2024-2015) के प्रश्नों का टॉपिकवाइज संकलन है, जिसकी प्रैक्टिस के माध्यम से अभ्यर्थी मुख्य परीक्षा हेतु अपनी समझ और तैयारी का स्तर जाँच सकते हैं।

इस पुस्तक को पूर्ण करने में विशेषज्ञों की एक टीम ने उत्साह के साथ कार्य किया है। इस पुस्तक के संकलन में विशेषज्ञों के साथ-साथ प्रोजेक्ट मैनेजमेण्ट टीम का भी विशेष योगदान रहा, जिसमें मोना यादव (प्रोजेक्ट मैनेजर), मानसी गुप्ता (प्रोजेक्ट कॉर्डिनेटर), पूनम सैनी, पूजा रानी, शिल्पी (प्रूफ रीडर्स), हारून, विनय शर्मा (डीटीपी ऑपरेटर्स) और बिलाल एवं अंकित प्रजापति (कवर एवं इनर डिजाइनर) प्रमुख हैं।

आशा है कि सिविल सेवा तथा अन्य प्रतियोगी परीक्षाओं के अभ्यर्थी इस पुस्तक का अध्ययन कर अपने लक्ष्य को निश्चित ही प्राप्त कर अपने सपने को साकार करेंगे। आपके उपयोगी सुझाव सदैव हमें बेहतर संस्करण बनाने में सहायक सिद्ध हुए हैं। इसलिए आप हमें अपने सुझाव अवश्य भेजें, जिनके आधार पर हम पुस्तक के आगामी संस्करण को और भी बेहतर बना सकें।

लेखकगण

विषय-सूची

"

महलों, पूजा गृहों इत्यादि के निर्माण में डिजाइन तथा अलंकरण की जिस प्रवृत्ति को अपनाया जाता है, उसे वास्तुकला कहा जाता है। मूर्तियाँ, कला की लघु रचनाएँ होती हैं। ये या तो हस्तनिर्मित होती हैं या उपकरणों से बनाई जाती हैं।

अध्याय एक

भारतीय वास्तुकला

वास्तुकला शब्द **वास्तु** तथा **कला** दो शब्दों के मेल से बना है। **वास्तु** शब्द की उत्पत्ति संस्कृत की **वस् धातु** से हुई है, जिसका अर्थ है-**निवास करना** या **बसना**। निवास तथा वास के लिए बनाए जाने वाले स्थानों की कलात्मक विशेषता को **वास्तुकला** कहा जाता है। वास्तुकला शब्द अंग्रेजी के Architecture का पर्याय है, जो लैटिन भाषा के शब्द **आर्किटैक्चुरा** से बना है। आर्किटैक्चुरा का विकास ग्रीक शब्द **आर्किटैक्स** से हुआ है।

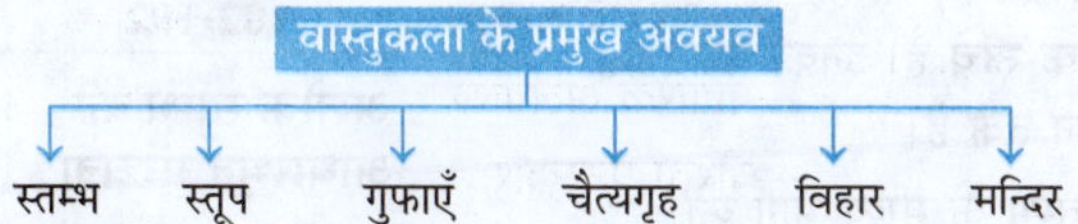

भारतीय वास्तुकला

भारतीय वास्तुकला का प्राचीनकाल से वर्तमान तक गौरवशाली इतिहास रहा है। प्राचीन भारत की कलाकृतियाँ, चित्रकारी, चट्टानों को काटकर बनाई गईं गुफाएँ, वास्तुकला के धार्मिक-सामाजिक और कलात्मक पहलुओं की झलक प्रदान करती हैं।

भारतीय वास्तुकला की विशेषताएँ

- भारतीय वास्तुकला पर परम्परागत तथा बाह्य प्रभावों को देखा जा सकता है तथा इसमें उत्कृष्टता का प्रचुर अलंकरण देखने को मिलता है।
- भारतीय वास्तुकला पर धर्म तथा अध्यात्म का प्रभाव अधिक रहा है तथा यह हिन्दू, बौद्ध, जैन तथा कालान्तर में इस्लाम की प्रवृत्तियों से प्रभावित हुई है।
- विभिन्न शासकीय राजवंशों ने वास्तुकला के विकास में अपनी भूमिका निभाई है तथा सामाजिक, आर्थिक और सांस्कृतिक प्रवृत्तियों ने भारतीय वास्तुकला को उत्प्रेरित किया है।
- चट्टानों को काटकर बनाई गई गुफाएँ, भारतीय वास्तुकला के प्रभावशाली इतिहास का वर्णन करती हैं।

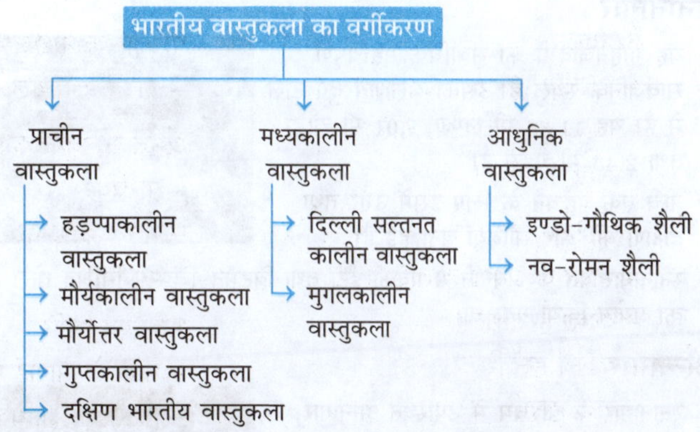

प्राचीन वास्तुकला

हड़प्पाकालीन वास्तुकला

- भारत में सर्वप्रथम सिन्धु घाटी या हड़प्पा सभ्यता में सुव्यवस्थित स्थापत्य निर्माण के साक्ष्य प्राप्त होते हैं। यह सभ्यता सिन्धु नदी के तट पर विकसित तथा लगभग 1.3 मिलियन वर्ग किमी क्षेत्रफल में विस्तृत है।
- भारतीय वास्तुकला के प्राचीनतम नमूने; जैसे—मूर्तियाँ, मुहरें, मृद्भाण्ड, आभूषण आदि जो विभिन्न स्थलों से उत्खनन में पाए गए हैं। इन महत्त्वपूर्ण स्थलों में हड़प्पा, मोहनजोदड़ो, रोपड़, कालीबंगा, लोथल और रंगपुर आदि हैं।
- हड़प्पा सभ्यता के दो प्रमुख स्थल-हड़प्पा और मोहनजोदड़ो से नगरीकरण/शहर नियोजन के साक्ष्य मिले हैं, जिसमें सड़कों के व्यवस्थित नेटवर्क, मकान, ढकी-नालियाँ, विशाल-स्नानागार आदि इसके अभियान्त्रिकी कौशल के प्रमाण प्रस्तुत करते हैं।

नगर नियोजन

- हड़प्पा सभ्यता के नगर **आयताकार ग्रिड पैटर्न** के अन्तर्गत बसाए गए थे, जिनमें सड़कें उत्तर-दक्षिण और पूर्व-पश्चिम दिशा में एक-दूसरे को समकोण पर काटती थीं।

- हड़प्पा सभ्यता के उत्खनन स्थलों में मुख्यत: तीन प्रकार के भवन पाए गए हैं-(i) आवास गृह (ii) सार्वजनिक भवन (iii) स्नानागार।
- इसके नगरीय क्षेत्र दो हिस्सों में विभाजित थे
  (i) ऊँचे गढ़ (दुर्ग) या पश्चिमी टीला (ii) निचला नगर या पूर्वी टीला

ऊँचे गढ़ (दुर्ग) या पश्चिमी टीला

- ऊँचाई पर स्थित होने के कारण ऊँचे गढ़ (दुर्ग) का उपयोग प्रशासनिक भवन, अन्नागार, स्तम्भों वाले हॉल, आँगन आदि के लिए होता था।
- पूर्वी टीले में एक कक्षीय छोटे भवन, जिनका उपयोग सम्भवत: श्रमिकों के आवास के रूप में किया जाता था।

पक्की ईंटों का प्रयोग
- स्नानागार, अन्नागार, नाली, कुआँ, शौचालय आदि
- ईंटों का अनुपात 4 : 2 : 1 है।

कच्ची ईंटों का प्रयोग
चबूतरा, रक्षा दीवार, बुर्ज, सड़क बनाने में

स्नानागार

- यह मोहनजोदड़ो का सर्वाधिक महत्त्वपूर्ण सार्वजनिक स्थल है। इसका जलाशय दुर्ग टीले में है। यह 11.88 मी लम्बा, 7.01 मी चौड़ा तथा 2.43 मी गहरा है।
- नीचे तक पहुँचने के लिए इसमें उत्तर तथा दक्षिण की ओर सीढ़ियाँ बनी हुई हैं।
- स्नानागार का फर्श बनाने में पक्की ईंटों तथा बिटुमन-जिप्सम मिश्रित घोल का प्रयोग किया गया था।

अन्नागार

- स्नानागार के पश्चिम में उपस्थित अन्नागार, पक्की ईंटों, ऊँचे चबूतरों तथा वायु संचार वाहिकाओं के साथ इस प्रकार से बनाए गए थे, जिससे अनाज के भण्डारण व कीटों से उनकी रक्षा करने में सहायता मिलती थी।
- ह्वीलर के अनुसार, यह मोहनजोदड़ो की सबसे बड़ी इमारत है। यह 45.71 मी लम्बा एवं 15.23 मी चौड़ा है।

मौर्यकालीन वास्तुकला

- छठी शताब्दी ईसा-पूर्व में बौद्ध धर्म और जैन धर्म का उद्‌गम होने से मौर्यकाल के धार्मिक तथा सामाजिक आन्दोलनों पर महत्त्वपूर्ण प्रभाव पड़ा।
- मौर्यकाल में इन धर्मों से सम्बन्धित अनेक वास्तुकलाओं का विकास हुआ, जिसे मुख्यत: दो श्रेणियों में विभाजित किया जाता है

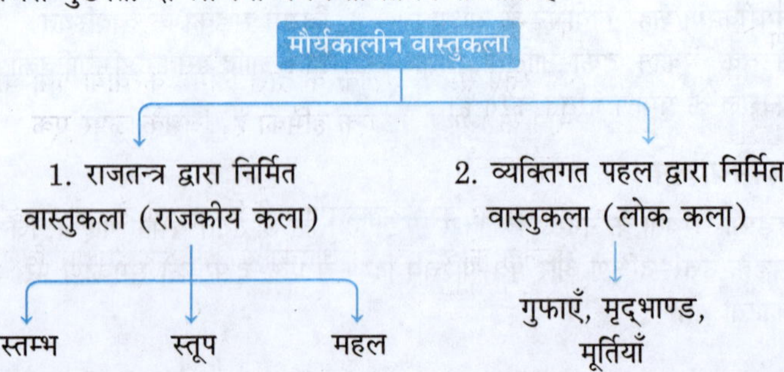

- चन्द्रगुप्त मौर्य का राजप्रासाद राजकीय कला का पहला उदाहरण है। इसकी चर्चा कौटिल्य के अर्थशास्त्र तथा मेगस्थनीज की इण्डिका में मिलती है। इस राजप्रासाद (महल) का अवशेष पटना के निकट बुलन्दीबाग (कुम्हरार) नामक स्थान से प्राप्त हुआ है।
- यूनानी राजदूत मेगस्थनीज ने अपनी पुस्तक इण्डिका में मौर्यकालीन वास्तुकला के सन्दर्भ में गंगा और सोन नदी के मध्य बसे पाटलिपुत्र नगर की चर्चा की है।
- चीनी बौद्ध यात्री फाह्यान ने अपने यात्रा वृत्तान्त में शाही महल, दीवारों, दरवाजों तथा अन्य कलाकृतियाँ जो कलाकारों और चित्रकारों द्वारा बनाए गए थे, उनका वर्णन किया है।
- बौद्ध वास्तुकला के निर्माण में सम्राट अशोक का महत्त्वपूर्ण योगदान रहा है। इसमें स्तम्भ, स्तूप एवं विहार, मौर्यकालीन कला को प्रदर्शित करते हैं।

स्तम्भ

- स्तम्भों का निर्माण सर्वप्रथम मौर्यकाल में प्रारम्भ हुआ। मौर्यकाल का उत्कृष्ट नमूना अशोक द्वारा निर्मित एकाश्म स्तम्भ (एक ही प्रस्तर खण्ड से निर्मित) में निहित है।
- ये स्तम्भ चुनार के बलुआ पत्थर से बने हैं, जो 35 से 40 फीट तक ऊँचे हैं। इनका वजन 50 टन तक है।

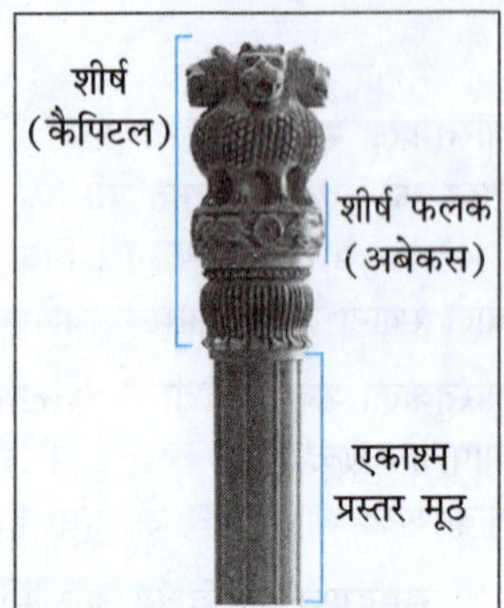

अशोक स्तम्भ की आधारभूत संरचना

- स्तम्भ के मुख्य भाग को लाट तथा इसके ऊपरी भाग को शीर्ष कहते हैं। शीर्ष या ललाट उल्टा करके रखे गए कमल के फूल अथवा घण्टे की आकृति के समान होता था, जोकि ईरानी स्तम्भों से प्रभावित था। स्तम्भों को चमकदार बनाने के लिए एक विशेष प्रकार की पॉलिश की गई है, जिसे ओप कहते हैं।
- शीर्ष के ऊपर पशु मूर्ति (पशु की आकृति) बनाई जाती थी, जिसे अबेकस या शीर्ष फलक कहा जाता था।
- अशोक के द्वारा बनाए गए कुल 30 एकाश्म स्तम्भों का निर्माण किया गया था। अशोक का एकाश्म स्तम्भ, जो मौर्यकाल का सर्वोत्तम नमूना है, जिसे धम्म प्रचार के लिए देश के विभिन्न भागों में स्थापित गया था।

प्राचीनकाल के प्रमुख स्तम्भ

- सारनाथ स्तम्भ यह स्तम्भ उत्तर प्रदेश के सारनाथ में स्थित है। इस स्तम्भ पर चार सिंह पीठ-से-पीठ मिलाकर बैठे हुए हैं। सारनाथ स्तम्भ के शीर्ष को भारत के राजचिह्न के रूप में 26 जनवरी, 1950 को अपनाया गया था। इस भारतीय राजचिह्न में अशोक के सिंह स्तम्भ के नीचे सत्यमेव जयते लिखा हुआ है, जिसका अर्थ है-सत्य की ही विजय होती है। इसे मुण्डकोपनिषद् से लिया गया है। एक ही पत्थर को काटकर बनाए गए सिंह स्तम्भ के ऊपर धर्मचक्र रखा हुआ है।

- **लौरिया नन्दनगढ़ स्तम्भ** यह स्तम्भ 32 फीट, 9.5 इंच ऊँचा स्तूप है, जो बिहार के पश्चिम चम्पारण जिले के लौरिया नन्दनगढ़ में स्थापित है। यह सभी प्राप्त स्तम्भों में से सर्वाधिक सुन्दर स्तम्भ है। इसके शीर्ष पर सिंह की प्रतिमा है और आसन के चारों ओर हंस की पंक्ति उत्कीर्ण है।

> - **लुम्बिनी स्तम्भ** यह स्तम्भ महात्मा बुद्ध की जन्म-स्थली लुम्बिनी में स्थापित है। इस स्तम्भ पर **अश्व** की सुन्दर आकृति बनी हुई है।
> - **मेहरौली लौह स्तम्भ** यह एक लौह स्तम्भ है, जो दिल्ली के महरौली में **चन्द्रगुप्त द्वितीय** द्वारा स्थापित किया गया था। यह सम्पूर्ण भारत का एकमात्र लौह स्तम्भ है।

- **रामपुरवा के स्तम्भ** लौरिया नन्दनगढ़ के समीप रामपुरवा से प्राप्त वृषभ स्तम्भ अशोक के सात शेष पशु स्तम्भों में से सबसे प्रसिद्ध है। रामपुरवा स्तम्भ अशोक स्तम्भों की एक जोड़ी है, जिसकी खोज 1876 ई. में एसीएल कार्लाइल ने की थी। यह एक पद्म आधार (उल्टा कमल) से बना स्तम्भ है, जिसके शीर्ष फलक पर पुष्प अभिकल्पित है और इसमें धर्म की शिक्षाएँ उत्कीर्ण हैं।
- **लौरिया अरेराज स्तम्भ** बिहार के चम्पारण जिले के राढ़िया ग्राम के समीप अरेराज महादेव का मन्दिर है। उसी के निकट यह स्तम्भ स्थित है, जिसके शीर्ष पर गरुड़ की आकृति अभिकल्पित है।
- **दिल्ली का टोपरा स्तम्भ** यह स्तम्भ अम्बाला जिले में यमुना के किनारे फिरोजशाह की लाट के नाम से प्रसिद्ध है। इसे फिरोजशाह तुगलक द्वारा 1356 ई. में टोपरा से दिल्ली के फिरोजशाह कोटला में स्थानान्तरित किया गया था।
- **दिल्ली का मेरठ स्तम्भ** यह अशोक द्वारा स्थापित स्तम्भ है, जिसे फिरोजशाह तुगलक के द्वारा 1358 ई. में मेरठ से दिल्ली लाया गया।
- **इलाहाबाद स्तम्भ** यह अशोक द्वारा निर्मित स्तम्भ है, इसमें गुप्त साम्राज्य के शासक समुद्रगुप्त की विजय और सीमाओं का उल्लेख है। समुद्रगुप्त के दरबारी कवि और मन्त्री हरिषेण ने इलाहाबाद स्तम्भ शिलालेख की रचना की थी।
- **रुम्मिनदेई स्तम्भ** अशोक द्वारा स्थापित स्तम्भलेखों में से लघु स्तम्भलेख, जो नेपाल के रुम्मिनदेई नामक स्थान से मिला है। इसमें दर्शाया गया है कि अशोक ने बुद्ध के जन्मस्थान की यात्रा की थी, इस प्रकार बुद्ध के जन्म-स्थान के निर्णय में यह अभिलेख महत्त्वपूर्ण है।

स्तूप

स्तूप का अर्थ है-ढेर या ढूहा। ये स्तूप किसी महान व्यक्ति की स्मृति को यथावत् रखने के लिए उसी अथवा किसी अन्य स्थान पर उसके पवित्र अवशेषों को ढककर बनाए जाते थे। स्तूप बौद्ध कला से सम्बन्धित शब्द है।

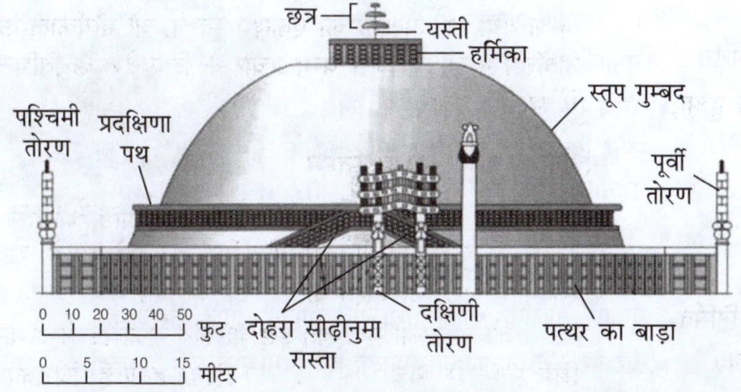

विभिन्न भागों के साथ स्तूप की आधारभूत संरचना

- स्तूप एक अर्द्ध-वृत्ताकार संरचना होती है, जो चबूतरे के ऊपर एक उल्टे कटोरे की आकृति के रूप में होता है। इस अर्द्ध-वृत्त को अण्ड कहा जाता है। इसके शीर्ष पर हर्मिका नामक संरचना होती है।
- अशोक के शासनकाल में लगभग 84000 स्तूपों का निर्माण करवाया गया था। जहाँ बुद्ध या उनके शिष्य के अवशेष रखे जाते थे। यह स्तूप का सबसे पवित्र भाग है और इसे देवता का निवास स्थान भी माना जाता है।

> भगवान बुद्ध की मृत्यु के पश्चात् 9 स्थानों; जैसे-राजगृह, वैशाली, कपिलवस्तु, अलकप्प, रामग्राम, कुशीनगर, पावा, पिप्लिवन एवं वेथपीड़ा में **स्तूपों का निर्माण** करवाया गया था।

- **यस्ती** यह हर्मिका के ऊपर स्थित मस्तूल है, जिसके ऊपर तीन छतरी लगी हुई हैं, जो श्रद्धा, सम्मान और उदारता का प्रतीक है।
- स्तूपों को ईंटों और पत्थरों से ढककर अलंकृत किया जाता था तथा उन पर चूने का सुधाकर्म अर्थात् प्लास्टर चढ़ाया जाता था।
- यह स्तूप, जिनमें दो तोरण द्वार (पश्चिमी तोरण एवं पूर्वी तोरण) हैं और जिसे लकड़ी की मूर्तियों से सजाया गया है। तोरण द्वार से सटे चबूतरे के चारों ओर श्रद्धालुओं के घूमने के लिए प्रदक्षिणा पथ होता है।

स्तूप के प्रकार

- **शारीरिक** इनमें बुद्ध और अन्य धार्मिक व्यक्तियों के अवशेष; जैसे-अस्थि, केश, दन्त आदि को रखा जाता है।
- **पारिभौगिका** इनमें बुद्ध द्वारा उपयोग की गई वस्तुओं; जैसे-भिक्षापात्र, चीवर, पादुका आदि को रखा जाता है।
- **उद्देशिका** इन स्तूपों का निर्माण बुद्ध के जीवन से जुड़ी घटनाओं की स्मृति में किया गया था।
- **संकल्पित** यह पूजा के निमित्त बनाया गया स्तूप है; जैसे—रुम्मिनदेई स्तूप, सारनाथ स्तूप।

भारत के कुछ प्रमुख स्तूपों का वर्णन निम्नवत् है

साँची का स्तूप

- साँची का स्तूप मध्य प्रदेश में बेतवा नदी की घाटी में स्थित है, जिसे प्राचीन साहित्य में काकनाड़ या चेतीय गिरि कहा गया है।
- यह स्तूप सम्राट अशोक के द्वारा निर्मित करवाया गया था। स्तूप के शिखर पर एक हर्मिका है, जिसके ऊपर एक छत्रदण्ड है।
- वेदिका पर कोई अलंकरण नहीं किया गया है, जो इसकी सरलता को दर्शाता है। वेदिकाओं के प्रवेश द्वार पर विशाल तोरण बने हुए हैं।

- तोरण पर भगवान बुद्ध का जीवन चरित्र तथा उनके पूर्व जन्मों की गाथाएँ अंकित हैं। स्तूप में गज, सिंह, धर्मचक्र, त्रिरत्न आदि अंकित हैं। इसकी ऊँचाई 54 फीट और व्यास 120 फीट है।

अमरावती स्तूप

- अमरावती स्तूप कृष्णा नदी घाटी (आन्ध्र प्रदेश) में स्थित है। इसकी स्थापना सम्राट अशोक द्वारा की गई।
- स्तूप की पट्टिकाओं में बुद्ध एवं उनके जीवन की कहानियों तथा उनकी शिक्षाओं का चित्रण किया गया है। यहाँ की वेदिका के निर्माण में संगमरमर का प्रयोग किया गया है।
- इस स्तूप के समीप एक खड़े स्तम्भ का भी निर्माण किया गया है, जिसे आयक स्तम्भ के रूप में जाना जाता है। इस प्रकार का निर्माण केवल अमरावती स्तूप में ही किया गया है।
- उत्खनन के दौरान यहाँ से हीनयानी स्तूप का साक्ष्य प्राप्त हुआ है।

नागार्जुनीकोण्डा स्तूप

- यह स्तूप आन्ध्र प्रदेश के गुण्टूर जिले के नागार्जुनकोण्डा में अवस्थित है। इसकी ऊँचाई 70 से 80 फीट तथा व्यास 106 फीट है। इसका निर्माण मिट्टी, गारे तथा गोल ईंटों की रोड़ियों (टुकड़ों) द्वारा हुआ है।
- इस स्तूप में 5 मुक्त खम्भों का निर्माण किया गया है, जो भगवान बुद्ध के जन्म, त्याग, ज्ञान, प्रथम धर्मोपदेश एवं महापरिनिर्वाण से सम्बन्धित हैं।
- नागार्जुनीकोण्डा स्तूप की दीवारें गोल ईंटों से बनी हैं। गोल ईंटों से बनाई गई चक्र की आकृति बौद्ध धर्म का प्रतीक चिह्न है।

भरहुत स्तूप

- यह स्तूप मध्य प्रदेश के सतना नगर के दक्षिण में स्थित है। इस स्तूप की खोज 1873 ई. में कनिंघम महोदय ने की थी। 68 फीट व्यास वाले इस स्तूप का निर्माण सम्राट अशोक ने करवाया था, शुंग काल में इसका विकास किया गया। इसका आकार तो पूर्ववत् ही रखा गया, परन्तु इसके चारों ओर सात फीट ऊँची रेलिंग भी बनाई गई।
- इस स्तूप में पॉलिशदार लाल बलुआ पत्थर का प्रयोग किया गया है। स्तूप की रेलिंग पदकों में कमल का फूल, यक्ष की मूर्तियाँ, गाँवों का जीवन, लक्ष्मीजी इत्यादि के चित्र बनाए गए हैं।
- भरहुत स्तूप का निर्माण सादी ईंटों से किया गया है। स्तूप के चारों ओर वेदिका बनी है, जिसके चारों ओर एक-एक तोरण द्वार बनाया गया है।
- वेदिका तथा स्तूप के बीच प्रदक्षिणा पथ है। वेदिका में कुल 80 स्तम्भ हैं।

नालन्दा स्तूप

- नालन्दा का स्तूप, जो क्रम से सात बार बढ़ाया गया था और अपने वर्तमान रूप में ईंटों के पिरामिड के समान लगता है। इसके चबूतरों तक सीढ़ियाँ बनी हुई हैं।
- यह सफेद संगमरमर से बना, 40 मी ऊँचा स्तूप है। इस स्तूप का मुख्य केन्द्र भगवान बुद्ध की चार स्वर्ण प्रतिमाएँ हैं, जो उनके जीवन के चार चरणों (जन्म, ज्ञान, उपदेश और मृत्यु) को दर्शाती हैं।
- यह 80 शान्ति स्तूपों में से एक है, जो विश्वभर में नव-बौद्ध संगठन निप्पोनजन मायोहोजी द्वारा बनाया गया है।

सारनाथ स्तूप

- सारनाथ शब्द सारंगनाथ (हिरणों के स्वामी) नाम के अपभ्रंश से आया है। यह प्रमुख बौद्ध तीर्थस्थल है, यहीं बुद्ध ने अपना प्रथम उपदेश दिया था।
- सारनाथ से तीन स्तूपों के प्रमाण मिले हैं
  - (i) चौखण्डी स्तूप यह गुप्तकालीन स्तूप है, यहीं बुद्ध ने अपना पहला उपदेश दिया था।
  - (ii) धर्मराजिका स्तूप इस स्तूप का निर्माण मौर्य सम्राट अशोक ने करवाया था। इस स्तूप का व्यास 13.49 मी था, जिसमें इसके चारों ओर परिक्रमा पथ निर्मित था।
  - (iii) धमेख स्तूप इस स्तूप का निर्माण गुप्तकाल में हुआ था। यह स्तूप सम्राट अशोक ने 249 ई. पू. में बनाए गए स्तूप के स्थान पर बनवाया था। यहीं पर ज्ञान प्राप्ति के बाद बुद्ध ने अपने पाँच शिष्यों को पहला उपदेश दिया था।

बैराट स्तूप

यह बीजक की पहाड़ी में स्थित, भारत की सबसे पुरानी मुक्त खड़ी बौद्ध संरचना है। इसका निर्माण तीसरी शताब्दी ईसा पूर्व में अशोक के समय में हुआ था।

महल

कुम्हरार में अशोक का महल

- सर्वप्रथम भारत में एक केन्द्रीकृत शक्तिशाली साम्राज्य की स्थापना मौर्य शासकों के द्वारा की गई थी।
- चन्द्रगुप्त मौर्य के द्वारा राजधानी पाटलिपुत्र में महल का निर्माण ईरान के अकेमीनियन महल से प्रेरित होकर करवाया गया था। यह मुख्यत: लकड़ी से निर्मित था।
- मेगस्थनीज ने इस संरचना को मानव जाति की महानतम कृतियों में वर्णित किया था।
- अशोक के द्वारा कुम्हरार में लकड़ी के तीन मंजिला महल का निर्माण करवाया गया था, जिसकी दीवारों को मूर्तियों एवं नक्काशियों से सुसज्जित किया गया था।

गुफाएँ

बराबर गुफाओं में अलंकृत प्रवेश द्वार

- प्राचीनकाल में दो प्रकार की गुफाओं का निर्माण प्रचलन में था-चैत्य गुफाएँ तथा विहार गुफाएँ।
- चैत्य गुफाएँ भजन पूजन के लिए और विहार गुफाएँ सुदूर उपासकों के रहने के लिए निर्मित की जाती थीं।
- कला की दृष्टि से बराबर, नागार्जुनी, अजन्ता, एलोरा, एलिफेण्टा की गुफाएँ, नासिक, कार्ले तथा बाघ गुफाएँ आदि प्रसिद्ध हैं।
- बराबर तथा नागार्जुनी गुफाओं का निर्माण तीसरी शताब्दी ईसा पूर्व में अशोक एवं उनके पोते दशरथ के द्वारा करवाया गया था।
- मौर्यकाल की गुफाओं की भीतरी दीवारें अत्यधिक पॉलिशदार तथा प्रवेश द्वार अलंकृत करके बनाए गए थे।

मौर्योत्तर कालीन वास्तुकला

- मौर्य साम्राज्य के पतन के पश्चात् दूसरी शताब्दी ईसा पूर्व में उत्तर भारत में शुंग, कण्व, कुषाण एवं शक तथा दक्षिण एवं पश्चिम भारत में सातवाहन, इक्ष्वाकु, आभीर और वाकाटक राजवंशों का शासन स्थापित हुआ।
- शुंग राजवंश के द्वारा स्तूपों के प्रवेश द्वार के रूप में अलंकृत तोरण का निर्माण प्रारम्भ किया गया। इन तोरण द्वारों में हेलेनिस्टिक प्रभाव प्रदर्शित होते हैं; जैसे—साँची एवं भरहुत के स्तूप के तोरण का निर्माण इत्यादि।

चैत्य

- चैत्यों का सम्बन्ध महान व्यक्तियों के स्मारकों से है। आरम्भ में चैत्य शब्द समाधियों का सूचक था, किन्तु कालान्तर में इसका प्रयोग पूजा गृहों के रूप में होने लगा।
- ऐसे पूजागृह जहाँ महायानी बौद्धों के प्रतीक, अस्थि, अवशेष आदि संरक्षित रहते थे, चैत्य के नाम से जाने गए। इन्हें गुहा मन्दिर भी कहा जाता है।

चैत्य दो प्रकार के होते हैं

1. संरचनात्मक चैत्य इन्हें ईंट-पत्थरों से खुले स्थान पर बनाया जाता है।
2. शैलकृत चैत्य इन्हें पहाड़ों को काटकर बनाया जाता है।

विहार

- विहार वह स्थान था, जहाँ बौद्ध भिक्षु निवास करते थे। प्राचीनकाल में अजन्ता, कार्ले, भाजा, पश्चिमी घाट (पूना) के निकट आदि स्थानों पर अनेक विहारों का निर्माण हुआ। ये विहार चट्टानों को खोदकर या पर्वत की कन्दराओं को काटकर बनाए जाते थे।

प्रमुख विहार एवं उनका विवरण

गुहा/विहार	विवरण
कार्ले चैत्य एवं विहार	महाराष्ट्र के पुणे जिले में भोरघाट नामक पहाड़ी पर **कार्ले** की गुफाएँ हैं। यहाँ एक भव्य चैत्यगृह तथा 3 विहार हैं। यह चैत्य सबसे बड़ा तथा सुरक्षित दशा में है, इसमें पशु व मानव आकृतियाँ अंकित हैं।
नासिक चैत्य एवं विहार	महाराष्ट्र में गोदावरी नदी के तट पर स्थित नासिक में एक चैत्य एवं 16 विहार हैं। नासिक चैत्यगृह को **पाण्डुलेण** कहा जाता है। इसमें एक संगीतशाला भी बनाई गई थी। आरम्भिक विहार हीनयान मत (सातवाहन कालीन) से सम्बन्धित है। नासिक गुहा विहारों के स्तम्भों के आधार पर तथा शीर्ष पर मानव आकृतियाँ अंकित हैं।
जुब्बार विहार	जुब्बार के एक विहार को **गणेशलेणी** की संज्ञा दी जाती है। कालान्तर में इस विहार में स्तूप स्थापित करने से यह चैत्य-विहार बन गया। जुब्बार में सर्वाधिक गुफाएँ खोदी गई हैं।
कोण्डाने विहार	कोण्डाने महाराष्ट्र के कोलाबा जिले में स्थित है। यहाँ का विहार पूर्णतया काष्ठशिल्प की अनुकृति पर बनाया गया है।
कान्हेरी विहार	कान्हेरी मुम्बई से 16 मील दूर उत्तर में स्थित है। इसका प्राचीन नाम **कृष्णगिरि** था। कान्हेरी गुफाएँ कार्ले से समता रखती हैं। यहाँ भी हीनयान व महायान दोनों मतों से सम्बन्धित कलाकृतियाँ हैं।
भाजा विहार	यह महाराष्ट्र के भोरघाट में स्थित है। इसका सम्बन्ध बौद्ध धर्म से है और यह बौद्ध कला का प्रमुख केन्द्र है।

भारत में बौद्ध तीर्थ स्थल

- महाबोधि मन्दिर यह बिहार के बोधगया में स्थित है। इसका निर्माण अशोक ने तीसरी शताब्दी ईसा पूर्व में करवाया था।
- वाराणसी का सारनाथ मन्दिर इसकी स्थापना 249 ईसा पूर्व में सम्राट अशोक ने की थी।
- नालन्दा का महाविहार इसका निर्माण गुप्त वंश के शासक कुमारगुप्त प्रथम के द्वारा करवाया गया था।
- विक्रमशिला महाविहार इसका निर्माण पाल शासक धर्मपाल ने 8वीं शताब्दी में करवाया था।
- कुशीनगर महाविहार यह उत्तर प्रदेश राज्य के कुशीनगर में स्थित है। इसका निर्माण भगवान श्रीराम के पुत्र कुश ने करवाया था। इसकी खोज जनरल कनिंघम ने 1861 ई. में की थी। यहाँ भगवान बुद्ध को मोक्ष की प्राप्ति हुई थी।
- पिपरहवा स्तूप यह उत्तर प्रदेश के सिद्धार्थ नगर जिले में स्थित है। इसका निर्माण सम्राट अशोक के द्वारा अपने राज्यारोहण के 12वें-13वें वर्ष में किया गया था।
- तवांग मठ यह अरुणाचल प्रदेश में स्थित भारत का सबसे बड़ा मठ है। इसका निर्माण मेराग लोद्रो ग्याम्त्सने ने 1680-81 ई. में करवाया था।
- ताबो मठ यह हिमाचल प्रदेश की स्पीति घाटी के ताबो गाँव में स्थित है। इसकी स्थापना 996 ई. में बौद्ध गुरु रिनचेन जंगपो ने करवाई थी।

गुप्तकालीन वास्तुकला

गुप्तकाल में कला के क्षेत्र में हुई अभूतपूर्व उन्नति के कारण इसे स्वर्ण युग की संज्ञा दी गई।

गुप्तकालीन गुफाएँ

- अजन्ता की गुफाएँ यह 29 गुफाओं की एक श्रृंखला है, जिनमें से 25 गुफाओं का उपयोग विहार (आवास) के लिए तथा शेष 4 का उपयोग चैत्य (पूजा/प्रार्थना स्थल) के रूप में किया जाता है। ये महाराष्ट्र के औरंगाबाद जिले में वघोरा नदी के किनारे सह्याद्रि पर्वतमाला पर अवस्थित हैं।
- सम्भवत: इनका निर्माण चट्टानों को काटकर 200 ईसा पूर्व से 650 ई. के मध्य किया गया था। इन 29 गुफाओं में से 5 गुफाओं का निर्माण बौद्ध धर्म की हीनयान शाखा द्वारा तथा शेष 24 गुफाओं का निर्माण महायान शाखा के द्वारा किया गया था।
- हीनयान बौद्ध धर्म की एक प्राचीन शाखा है। इस शाखा के अनुयायी बुद्ध को भगवान न मानकर एक सामान्य मनुष्य मानते हैं।
- ऐलोरा की गुफाएँ यह 34 गुफाओं का एक समूह है, जिनमें से 17 ब्राह्मण धर्म से, 12 बौद्ध धर्म से तथा 5 जैन धर्म से सम्बन्धित हैं।
- हिन्दू तथा बौद्ध गुफाओं के निर्माण में राष्ट्रकूट राजवंशों का तथा जैन गुफाओं के निर्माण में यादव राजवंशों का महत्त्वपूर्ण योगदान था।
- इन गुफाओं का निर्माण 5वीं से 11वीं शताब्दी ई. के मध्य विदर्भ, कर्नाटक एवं तमिलनाडु के विभिन्न शिल्पी संघों के द्वारा करवाया गया था।
- बाघ की गुफाएँ ये गुफाएँ मध्य प्रदेश के धार जिले में बाघिनी नदी के तट पर स्थित हैं, जिनका निर्माण 5वीं से छठी शताब्दी ईस्वी में 9 बौद्ध गुफाओं के समूह के रूप में किया गया था। गुफा संख्या 4 यहाँ की

सबसे महत्त्वपूर्ण गुफा है, जिसे रंग महल के नाम से जाना जाता है। इन गुफाओं के भित्तिचित्र आध्यात्मिक की अपेक्षा भौतिकवादी स्वरूप में हैं।

एलोरा की कुछ प्रमुख गुफाएँ

गुफा संख्या 10
इसे विश्वकर्मा गुफा अथवा बढ़ई गुफा के नाम से भी जाना जाता है। यहाँ भगवान बुद्ध को धर्मचक्र मुद्रा में बैठे हुए एवं उनकी पीठ से बोधि वृक्ष को निकलते हुए दर्शाया गया है।

गुफा संख्या 12
मठ के सदस्यों के आवास हेतु यह एलोरा की सबसे बड़ी गुफा है। इसे तीन ताल के नाम से जाना जाता है। यह तीन मंजिला बौद्ध गुफा है।

गुफा संख्या 14
यह रावण की खाई विषय से सम्बन्धित है।

गुफा संख्या 15
यह दशावतार मन्दिर है।

गुफा संख्या 16
इसमें भगवान शिव को समर्पित कैलाश मन्दिर स्थापित है। इसका निर्माण राष्ट्रकूट शासक कृष्ण प्रथम के संरक्षण में एक ही चट्टान को काटकर किया गया है। रावण के द्वारा कैलाश पर्वत को उठाने का प्रयास करते हुए मन्दिर की दीवार पर एक मूर्ति बनाई गई है।

गुफा संख्या 21
यहाँ रामेश्वरम् मन्दिर है।

गुफा संख्या 29
इसे धूमर लेना (Dhumar Lena) के नाम से जाना जाता है।

गुफा संख्या 32 एवं 33
ये जैन धर्म से सम्बन्धित हैं, इनमें से 32 को इन्द्र सभा तथा 33 को जगन्नाथ सभा कहा जाता है।

अन्य महत्त्वपूर्ण गुफाएँ

- वराह गुफा (तमिलनाडु) इस गुफा का नाम भगवान विष्णु के नाम वराह पर रखा गया है। इसमें भगवान विष्णु का प्रसिद्ध मन्दिर है।
- भीमबेटका की गुफाएँ (मध्य प्रदेश) ये गुफाएँ मध्य प्रदेश के अन्दर उपस्थित रातापानी वन्यजीव अभयारण्य के अन्दर अवस्थित हैं।
- सित्तनवासल गुफाएँ (तमिलनाडु) यह चट्टानों को काटकर बनाया गया मठ या मन्दिर है। तमिल श्रमण द्वारा निर्मित, इसे अरिवर कोईल कहा जाता है।
- नासिक की गुफाएँ यह 23 बौद्ध गुफाओं का समूह है, इनको पाण्डव बेनी अथवा त्रिशिम लेनी के नाम से भी जाना जाता है। इनका निर्माण तृतीय शताब्दी ईसा पूर्व से प्रथम शताब्दी ईसा पूर्व के मध्य हुआ था।
- यहाँ ठोस चट्टानों को काटकर तालाबों का निर्माण किया गया था, जोकि उत्कृष्ट जल प्रबन्धन प्रणाली को प्रदर्शित करता है। इन गुफाओं में हीनयान एवं महायान दोनों सम्प्रदायों का प्रभाव देखा जा सकता है।
- उदावल्ली गुफाएँ (आन्ध्र प्रदेश) इन गुफाओं को विष्णुकुण्डिन राजाओं ने 7वीं शताब्दी ईस्वी में बनवाया था। इन गुफाओं के अन्दर भगवान विष्णु की लेटी हुई मूर्ति स्थापित है।

उदयगिरि गुफाएँ

- उदयगिरि की गुफाएँ, मध्य प्रदेश के विदिशा में स्थित हैं। ये गुफाएँ चन्द्रगुप्त द्वितीय के संरक्षण में 5वीं शताब्दी ई. के प्रारम्भ में शिलाओं को काटकर बनाई गई हैं। उदयगिरि की गुफाएँ भारत के सबसे महत्त्वपूर्ण पुरातात्विक स्थल हैं। ये गुफाएँ जैन साधुओं के निवास हेतु निर्मित की गई थीं।
- उदयगिरि में रानीगुम्फा तथा खण्डगिरि में अनन्त गुफाएँ चित्रकला की दृष्टि से उच्चकोटि की हैं। उदयगिरि में रानीगुम्फा सबसे बड़ी है, यह दो मंजिला मठ है।

मन्दिर वास्तुकला

मन्दिरों के विकास क्रम को पाँच चरणों में विभाजित किया जा सकता है

- प्रथम चरण तुलनात्मक रूप में कम ऊँचाई वाले चबूतरों पर वर्गाकार आकृति में सपाट छत वाले मन्दिरों का निर्माण किया जाता था; जैसे—मध्य प्रदेश के साँची में निर्मित बौद्ध मन्दिर।
- द्वितीय चरण प्रथम चरण की विशेषता ग्रहण किए हुए ऊँचे चबूतरों पर निर्मित मन्दिर। इसके अतिरिक्त गर्भ गृह के चारों ओर ढके हुए मार्ग का निर्माण किया गया था; जैसे—मध्य प्रदेश में नचना कुठार का पार्वती मन्दिर (पन्ना जिला)।
- तृतीय चरण इस चरण में मन्दिरों के शिखरों का निर्माण एवं पंचायतन शैली का विकास हुआ। पंचायतन शैली में मुख्य देवता का मन्दिर वर्गाकार तथा मुख्य मन्दिर से लगे हुए चार अन्य (गौण) देव मन्दिर आयताकार रूप से बनाए जाते थे; जैसे—कर्नाटक के एहोल का दुर्गा मन्दिर, उत्तर प्रदेश के देवगढ़ का दशावतार मन्दिर इत्यादि। गुप्तकाल के अधिकांश मन्दिर पंचायतन शैली में ही निर्मित हैं।
- चतुर्थ चरण इस चरण में मुख्य मन्दिर भी आयताकार बनने लगे; जैसे—तरे मन्दिर/विक्रम मन्दिर (महाराष्ट्र)।
- पंचम चरण इस चरण में इनसे पूर्व की सभी विशेषताओं के साथ वृत्ताकार मन्दिरों का निर्माण प्रारम्भ हुआ; जैसे—राजगीर का मनियार मठ (बिहार)।
  - गुप्तकाल से पहले बने मन्दिरों की कमियाँ निम्नलिखित हैं
  - इनके गर्भगृह तक पहुँचने के लिए सीढ़ियाँ नहीं थीं।
  - इनका आधार छोटा और छतें सपाट होती थीं।
  - इनका आकार बहुत छोटा होता था और इनमें प्रदक्षिणा पथ भी नहीं होते थे।

हिन्दू मन्दिर के मूल अवयव

- गर्भगृह यहाँ मन्दिर के प्रमुख देवता को स्थापित किया जाता है। यह सामान्यत: एक छोटा कक्ष और मन्दिर का सबसे पवित्र एवं महत्त्वपूर्ण स्थान होता है। यहाँ मन्दिर के देवी-देवताओं की मूल मूर्ति स्थापित की जाती है। गर्भगृह को मन्दिर का हृदय स्थान या ब्रह्म स्थान भी कहा जाता है।
- आसन/वाहन इसे गर्भगृह के ठीक सामने स्थापित किया जाता है।
- मण्डप मन्दिरों के प्रवेश स्थल को मण्डप कहा जाता है। ये सामान्यत: आयताकार रूप में भक्तों को पूजा करने के लिए या स्थान की सुविधा उपलब्ध कराने के लिए निर्मित किए जाते हैं।
- शिखर इसे मन्दिर के ऊपरी छोर में पिरामिडीय अथवा वक्राकार रूप में निर्मित किया जाता है।

गुप्तकाल के प्रमुख मन्दिर

साँची का मन्दिर

मध्य प्रदेश में स्थित मन्दिर संख्या 17 गुप्तकाल का प्रारम्भिक मन्दिर छत सपाट है, गर्भगृह चौकोर है तथा इसके सामने छोटा स्तम्भयुक्त मण्डप

बोधगया का मन्दिर

पाँचवीं सदी ई. में बिहार में स्थित है। इसके गर्भगृह में बुद्ध की विशाल प्रतिमा भूमि स्पर्श मुद्रा में आसीन है।

तिगवाँ का विष्णु मन्दिर

मध्य प्रदेश के जबलपुर में स्थित है। इसके प्रवेश द्वार पर गंगा व यमुना की आकृतियाँ उनके वाहनों के साथ उत्कीर्ण हैं।

नचना कुठार का पार्वती मन्दिर

पन्ना (मध्य प्रदेश) में अजयगढ़ के समीप कुठार नामक स्थान पर 35 फीट के चबूतरे पर निर्मित है। इसके चारों ओर ढका बरामदा है तथा छत सपाट है।

भूमरा का शिव मन्दिर

मध्य प्रदेश के सतना जिले में स्थित है। मन्दिर के प्रवेश द्वार के स्तम्भ के बाईं ओर मकरवाहिनी गंगा तथा कछुवावाहिनी यमुना की मूर्तियाँ स्थापित हैं।

देवगढ़ का दशावतार मन्दिर

उत्तर प्रदेश के ललितपुर जिले में स्थित यह पश्चिम मुखी मन्दिर है, दीवारों पर शेषशायी विष्णु, नर-नारायण, गजेन्द्र मोक्ष आदि के सुन्दर दृश्य उत्कीर्ण हैं।

भीतरगाँव का मन्दिर

उत्तर प्रदेश के कानपुर के निकट भीतरगाँव में स्थित है। गुप्तकालीन ईंटों का प्रयोग, मन्दिर की दीवारों पर मूर्तियाँ स्थापित, बाहरी दीवारों पर वाराह, दुर्गा, आदि की मृण्मूर्तियाँ।

मन्दिर निर्माण की शैलियाँ

मन्दिर निर्माण की तीन शैलियाँ हैं

(i) नागर शैली (ii) द्रविड़ शैली

(iii) बेसर शैली

नागर शैली

- मन्दिर स्थापत्य की इस शैली का विकास हिमालय से लेकर विन्ध्य क्षेत्र (उत्तर-भारत) तक हुआ है।
- नागर शैली के मन्दिरों की मुख्य विशेषता यह है कि ये ऊँचे पिरामिडनुमा टावर होते हैं, जिन्हें शिखर कहा जाता है। इनमें शीर्ष पर कलश होता है। नागर शैली के मन्दिर सामान्यत: एक ऊँचे मंच पर बनाए जाते हैं। इनसे गर्भगृह हमेशा सबसे ऊँचे टावर के ठीक नीचे होता है।
- मुख्य मन्दिर एवं इससे लगे हुए मण्डप (सभाकक्ष) का निर्माण, गर्भगृह के बाहर देवी गंगा एवं यमुना की प्रतिमाओं की स्थापना, मन्दिरों के निर्माण में स्तम्भों का प्रयोग तथा भूमि से ऊँचे मंचों (वेदी) पर मन्दिरों का निर्माण इस शैली की मुख्य विशेषताएँ हैं।
- इसके अतिरिक्त नागर शैली से निर्मित मन्दिरों में गर्भगृह के चारों ओर ढके हुए प्रदक्षिणा पथ का निर्माण किया जाता था।
- गुप्तकाल में मन्दिर की आन्तरिक दीवारों को अनेक क्षैतिज भागों में विभाजित किया जाता था, जिसे रथ के नाम से जाना जाता था।
- यह विभाजन प्राय: तीन, पाँच, सात और नौ के क्रम में किया जाता था। इस प्रकार के मन्दिरों को क्रमश: त्रिरथ मन्दिर, पंचरथ मन्दिर, सप्तरथ मन्दिर एवं नवरथ मन्दिर के नाम से जाना जाता था।
- सामान्यत: मन्दिरों के प्रांगण/परिसर को चारदीवारी से नहीं घेरा जाता था और न ही प्रवेश द्वार बनाए जाते थे।
- इस शैली में बने मन्दिर के गर्भगृह के ऊपर एक रेखीय शिखर होता है। यह सामान्यत: तीन उभार के साथ होता है, जिसमें सबसे मध्य उभार को भद्ररथ कहते हैं, किनारे वाले उभार को कर्नरथ और इन दोनों के मध्य वाले उभार क्षेत्र को प्रतिरथ कहा जाता है।

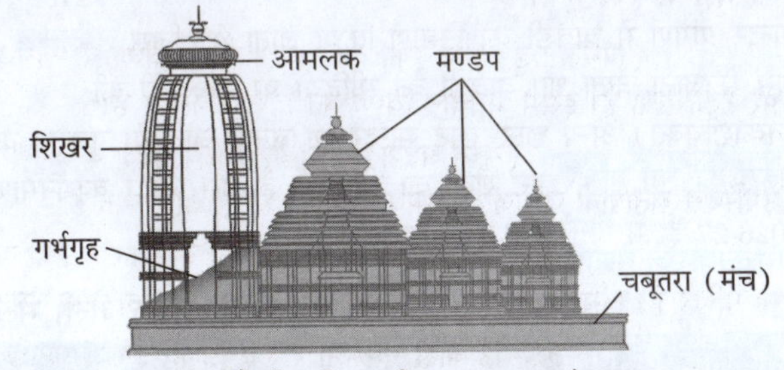

नागर शैली मन्दिर की आधारभूत संरचना

नागर शैली की मुख्य विशेषताएँ

- नागर शैली में बने मन्दिर का शिखर मुख्य रूप से अपनी ऊँचाई के क्रम में पतला होता रहता है।
- इस शैली की विशेषता इनके मन्दिरों में सभा भवन एवं प्रदक्षिणा पथ का होना है।
- नागर शैली के मन्दिर में बाहरी रूपरेखा स्पष्ट तथा प्रभावशाली ढंग से उभरती है, जिसे रेखा शिखर कहते हैं।

नागर शैली की अन्य उप-शैलियाँ

नागर शैली की प्रमुख उप-शैलियाँ ओडिशा शैली, खजुराहो शैली, सोलंकी शैली, अन्तर्वेदी शैली आदि हैं।

- ओडिशा शैली इस शैली का विकास कलिंग साम्राज्य के अन्तर्गत हुआ। इस शैली में मण्डप को जगमोहन कहा जाता था। इस शैली में द्रविड़ शैली की भाँति चारदीवारी का निर्माण किया जाता था। इसकी कुछ प्रमुख विशेषताएँ हैं
    - आन्तरिक दीवारों की तुलना में बाहरी दीवारों पर बड़ी मात्रा में बारीक नक्काशी की जाती थी।
    - मन्दिर के सामने के भागों (ड्योढ़ी) में छतों को सहारा देने के लिए खम्भों का निर्माण नहीं किया जाता था, बल्कि इसे लोहे के गार्डरों के साथ जोड़ा जाता था।
    - मुख्य मन्दिर वर्गाकार बनाए जाते थे। मन्दिर के शिखर को रेखा-देउल कहते थे, जो क्षैतिज छत की भाँति दिखाई देता था।
- खजुराहो शैली इस शैली का विकास चन्देल शासकों के द्वारा मध्य भारत में किया गया। यही कारण है कि इसे चन्देल शैली के नाम से भी जाना जाता है। मन्दिरों का निर्माण बलुआ पत्थरों से किया गया था। सामान्यतः मन्दिरों में तीन कक्ष-गर्भगृह, मण्डप एवं अर्द्ध-मण्डप बनाए जाते थे। सामान्यतः मन्दिर का मुख पूर्व एवं उत्तर दिशा में होता था। मन्दिरों के निर्माण में पंचायतन शैली का उपयोग किया गया है। मन्दिर अपेक्षाकृत ऊँचे चबूतरों पर निर्मित किए जाते थे। ये मन्दिर हिन्दू एवं जैन दोनों ही धर्मों से सम्बन्धित थे। खजुराहो का लक्ष्मण मन्दिर, कन्दरिया का महादेव मन्दिर इत्यादि इस शैली के कुछ उदाहरण हैं। खजुराहो को इतिहासकार अलबरूनी ने देवताओं का नगर कहा था।
- सोलंकी शैली इस शैली का विकास सोलंकी वंश के शासकों के द्वारा उत्तर-पश्चिम भारतीय क्षेत्र विशेषकर गुजरात एवं राजस्थान में हुआ था। मन्दिरों के निर्माण में बलुआ पत्थर, नरम संगमरमर एवं काला बेसाल्ट का उपयोग किया गया था। अधिकांश मन्दिरों का मुख पूर्व दिशा की ओर होता था। गर्भगृह, अन्दर और बाहर दोनों ओर से मण्डप से जुड़ा था। मन्दिर प्रांगण में बावड़ी का निर्माण किया जाता था, जिसे सूर्यकुण्ड के नाम से जाना जाता था। बावड़ी की सीढ़ियों पर (लकड़ी की नक्काशीयुक्त) अन्य छोटे-छोटे मन्दिर भी बनाए जाते थे। गुजरात के मोढेरा का सूर्य मन्दिर इस शैली का उदाहरण है। इस मन्दिर का निर्माण 1026-27 ई. में भीम प्रथम ने करवाया था।

नागर शैली के प्रमुख मन्दिर

लिंगराज मन्दिर

लिंगराज मन्दिर ओडिशा की राजधानी **भुवनेश्वर** में स्थित है। इसमें चार विशाल कक्ष हैं—देउल, जगमोहन, नर मण्डप तथा भोग मण्डप। इस मन्दिर का शिखर 160 मी ऊँचा है, जो देउल या गर्भगृह के ऊपर बना है। यह **शिव** को समर्पित है। लिंगराज मन्दिर की शैली में बना अनन्त वासुदेव मन्दिर यहाँ का एकमात्र वैष्णव मन्दिर है।

बैतला देउल मन्दिर

भुवनेश्वर का बैतला देउल मन्दिर **खाकर शैली** का उदाहरण प्रस्तुत करता है। इसके गजपृष्ठाकार शिखर पर, दक्षिण शैली के गोपुरम का प्रभाव दिखाई देता है। यह मन्दिर **देवी चामुण्डा** को समर्पित शक्तिपीठ है। स्थानीय रूप में इसे टीनी मुण्डिया मन्दिर (Tini Mundiya Mandir) के नाम से जाना जाता है।

कोणार्क सूर्य मन्दिर

इसको गंग वंश के **नरसिंह देव प्रथम** ने 1238-64 ई. में निर्मित करवाया था। इसे काला (ब्लैक) पैगोड़ा भी कहा जाता है। इसका शिखर **पीढ़ा देउल** श्रेणी का है। इस मन्दिर को सूर्य देवता के रथ के आकार का बनाया गया है, जिसमें बारह जोड़ी पहिये लगे हुए हैं। इस रथ को 7 घोड़े खींच रहे हैं। इस मन्दिर की ऊँचाई 70 मी है।

जगन्नाथ मन्दिर

यह **पुरी** शहर में स्थित है। इसकी चारों दिशाओं में चार विशाल द्वार बने हैं। इसके गर्भगृह में जगन्नाथ, उनकी बहन सुभद्रा तथा भाई बलभद्र के काष्ठ के विग्रह बने हैं। इन विग्रहों को 8 वर्ष, 11 वर्ष या 19 वर्ष पश्चात् धार्मिक उत्सव नवकलेवर के द्वारा परिवर्तित किया जाता है। नवकलेवर पुनर्जन्म के सिद्धान्त पर आधारित है।

लक्ष्मण मन्दिर

यह खजुराहो का वृहत्तम् मन्दिर है। इसका निर्माण 954 ई. में चन्देल शासक **यशोवर्मन** के द्वारा करवाया गया। यह मन्दिर **विष्णुजी** को समर्पित है। उच्च आधारशिला, पंचायतन शैली, वक्राकार शिखर, अमलक एवं कलश का अलंकरण, गलियारों एवं बरामदों से युक्त मन्दिर परिसर इस काल की नागर विशेषताओं को प्रकट करते हैं।

कन्दरिया महादेव मन्दिर

इनका निर्माण भी **राजा धंगदेव** द्वारा 999 ई. में करवाया गया था। यह मन्दिर शिव को समर्पित है। इसके एक अलंकृत द्वार से (प्रवेश भाग) मुख्य सभा भवन (महामण्डप, जहाँ नृत्य का आयोजन होता था) तक पहुँचा

खजुराहो मन्दिर समूह

मध्य भारत में देवगढ़ में स्थित दशावतार मन्दिर के लगभग चार सौ वर्ष पश्चात् निर्मित खजुराहो के मन्दिर नागर शैली के विकास को परिलक्षित करते हैं।

नागर शैली में निर्मित अन्य प्रमुख मन्दिर

मन्दिर	विवरण
चौसठ योगिनी मन्दिर	• यह ग्रेनाइट पत्थरों से निर्मित एक छोटा चौकोर मन्दिर है। • खजुराहो के मन्दिर ग्रेनाइट तथा लाल बलुआ पत्थर के बने हैं तथा शैव-वैष्णव, जैन और शैव सम्प्रदायों से सम्बन्धित हैं।
मोढेरा सूर्य मन्दिर	• पश्चिमी भारत के नागर शैली में निर्मित मन्दिरों में गुजरात के **मेहसाना** जिले में स्थित मोढेरा का सूर्य मन्दिर उल्लेखनीय है। इसका निर्माण सोलंकी शासक भीमदेव प्रथम द्वारा 1026 ई. में किया गया। मन्दिर परिसर में निर्मित जल कुण्ड (सूर्यकुण्ड) इस मन्दिर की उल्लेखनीय विशेषता है। सम्भवतः यह भारत का वृहत्तम मन्दिर जल कुण्ड है। • मन्दिर में उत्कृष्ट उत्कीर्णन शिल्प, गुजरात के **काष्ठ-उत्कीर्णन** (Wood Carving) परम्परा का प्रमाण प्रस्तुत करता है।
दिलवाड़ा	• राजस्थान के आबू पर्वत पर निर्मित दिलवाड़ा मन्दिर का निर्माण सोलंकी नरेश भीम प्रथम के मन्त्री **विमलशाह** ने करवाया था। • इसका प्रवेश द्वार मण्डप वाले गुम्बद से होकर जाता है, जिसके सामने 6 स्तम्भ तथा 10 गज (हाथी) प्रतिमाएँ हैं। इसके पीछे मध्य में बने मुख्य गर्भगृह में ध्यान मुद्रा में अवस्थित आदिनाथ की मूर्ति है, जिसकी आँखें हीरे की बनी हैं। यह मन्दिर संगमरमर से निर्मित है।

मन्दिर	विवरण
तेजपाल मन्दिर	◆ यह भी आबू पर्वत पर स्थित है। इसके निर्माता के नाम पर इसे तेजपाल मन्दिर कहा जाता है। यह भी दिलवाड़ा के समान ही संगमरमर का बना है। इसके गर्भगृह में **नेमिनाथ** की प्रतिमा है।
पट्टदकल के मन्दिर	◆ पट्टदकल के मन्दिर चालुक्य काल में निर्मित किए गए हैं। यहाँ से **दस मन्दिर** प्राप्त हुए हैं, जिनमें चार नागर शैली तथा छ: द्रविड़ शैली में निर्मित हैं। नागर शैली के मन्दिरों में पापनाथ, जम्बू , लिंग, करसिद्धेश्वर तथा काशी विश्वनाथ मन्दिर प्रमुख हैं, जबकि द्रविड़ शैली के मन्दिरों में संगमेश्वर, विरुपाक्ष, मल्लिकार्जुन आदि मन्दिर प्रमुख हैं। ◆ इनमें विरुपाक्ष मन्दिर सर्वाधिक सुन्दर है। इसका निर्माण चालुक्य नरेश विक्रमादित्य की पत्नी ने पल्लवों पर विजय की स्मृति में करवाया था।
बंगाल के मन्दिर	◆ बंगाल में 9वीं से 11वीं शताब्दी के मध्य **पाल शैली** का विकास हुआ। बर्दवान जिले में स्थित **सिद्धेश्वर महादेव मन्दिर** प्रारम्भिक पाल शैली का उदाहरण प्रस्तुत करता है। ◆ बंगाल की विशुद्ध **देशी शैली** का विकास 15वीं शताब्दी के पश्चात् निम्न सामाजिक समूहों (तेली, कंसारी आदि) के समर्थन से हुआ। ◆ ईंट एवं गारे से निर्मित मन्दिरों में दोचाला एवं चौचाला छप्पर इस शैली की विशेषता है। **विष्णुपुर** का **टेराकोटा मन्दिर** इसी शैली का उदाहरण है। कालान्तर में इसी बंगाली गुम्बद शैली का प्रभाव मुगल स्थापत्य में दिखाई देता है।
कामाख्या मन्दिर (असम)	◆ 12वीं से 14वीं शताब्दी की कालावधि में एक क्षेत्रीय शैली के विकास के प्रमाण मिलते हैं। यह शैली अपर बर्मा से प्रवासित ताई शैली (Tais) एवं पूर्व प्रचलित **पाल शैली** के मिश्रण से अस्तित्व में आई और **अहोम शैली** के नाम से जानी गई। ◆ गुवाहाटी के निकट, नीलांचल पहाड़ी पर निर्मित कामाख्या मन्दिर (शक्ति पीठ) इस शैली का उल्लेखनीय उदाहरण है। इस शैली की विशेषता, **बहुभुजी गुम्बद** (Polygonal Dome) आकार का शिखर है।

नोट *देवरानी-जेठानी का मन्दिर छत्तीसगढ़ तालागाँव में स्थित है।*

द्रविड़ शैली

- द्रविड़ शैली मुख्यत: दक्षिण भारत की मन्दिर स्थापत्य कला से सम्बन्धित है। इसका उद्भव पल्लव शासक महेन्द्रवर्मन प्रथम (610 ई. से 630 ई.) के शासनकाल में हुआ।
- यह हिन्दू मन्दिरों की एक प्रमुख वास्तुकला शैली है, जो दक्षिण भारत में प्रचलित है। इस शैली के मन्दिरों का आधार वर्गाकार होता है तथा मन्दिरों में कई मंजिलें होती थीं।
- पल्लव वंश के चार शासकों का इस शैली के विकास में महत्त्वपूर्ण योगदान रहा। अत: पल्लवों के अन्तर्गत इसे चार चरणों/समूहों में विभाजित किया गया है

द्रविड़ शैली के प्रमुख चरण

चरण	विवरण
प्रथम चरण (महेन्द्र बर्मन शैली या मण्डप शैली)	दक्षिण भारतीय मन्दिर स्थापत्य कला के इस प्रथम चरण में पल्लव शासक महेन्द्रवर्मन प्रथम ने चट्टानों को काटकर मन्दिरों का निर्माण करवाया था। इनके शासनकाल में मन्दिरों को **मण्डप** कहा जाता था।
द्वितीय चरण (नरसिंह बर्मन शैली या मामल्ल/ महामल्ल शैली)	इस चरण में पल्लव शासक नरसिंह वर्मन प्रथम (631 से 668 ई.) के शासनकाल में चट्टानों को काटकर निर्मित मन्दिरों में आकर्षक मूर्तियाँ स्थापित की जाने लगीं। इस काल के प्रारम्भिक मन्दिरों में धर्मराज रथ मन्दिर सबसे बड़ा तथा द्रोपदी रथ मन्दिर सबसे छोटे रथ मन्दिर का उदाहरण है।
तृतीय चरण (राजसिंह शैली)	पल्लव शासक राजसिंह के शासनकाल में चट्टानों से काटकर निर्मित मन्दिरों का स्थान वास्तविक संरचनात्मक मन्दिर ने ले लिया। इसका तात्पर्य यह है कि खुले क्षेत्रों में अब मन्दिरों का निर्माण प्रारम्भ हो गया; जैसे-काँचीपुरम का कैलाशनाथ मन्दिर, महाबलीपुरम का समुद्र तटीय मन्दिर इत्यादि।
चतुर्थ चरण (नन्दिवर्मन शैली)	पहले की अन्य विशेषताओं के साथ इस दौरान मन्दिरों का निर्माण छोटे आकारों में किया जाने लगा।

- द्रविड़ शैली के मन्दिर स्थापत्य का सर्वाधिक विकास चोल शासकों के काल में हुआ। इसकी कुछ प्रमुख विशेषताएँ थीं
  - पंचायतन शैली में ही मन्दिरों का निर्माण किया गया।
  - मन्दिरों के शिखर पिरामिडनुमा बनाए जाते थे। शिखर को विमान कहा जाता था।
  - विमान के शीर्ष पर एक अष्टकोण आकार का शिखर भी बनाया जाता था।
  - केवल मुख्य मन्दिर के शीर्ष पर विमान निर्मित किए जाते थे। मन्दिरों के चारों ओर ऊँची चारदीवारी बनाई जाती थी। इन मन्दिरों में ईंटों की जगह, पत्थरों एवं शिलाओं का प्रयोग किया गया था।
  - एक ऊँचा प्रवेश द्वार निर्मित किया जाता था, जिसे गोपुरम कहा जाता था। मण्डप को एक गलियारे के माध्यम से गर्भगृह के साथ जोड़ा जाता था। इस गलियारे को अन्तराल कहा जाता था।
  - गर्भगृह के प्रवेश द्वार पर द्वारपाल, मिथुन एवं यक्ष की मूर्तियाँ निर्मित की जाती थीं।
- मन्दिर परिसर में एक जलाशय भी निर्मित किया जाता था।
- तमिलनाडु के तंजौर (तंजावुर) में स्थित वृहदेश्वर मन्दिर तथा गंगईकोण्डचोलपुरम मन्दिर चोलकालीन महत्त्वपूर्ण मन्दिर स्थापत्य के उदाहरण हैं।

> **वृहदेश्वर मन्दिर** का निर्माण राजराजा प्रथम के द्वारा 1011 ई. में करवाया गया था। गंगईकोण्डचोलपुरम मन्दिर का निर्माण राजेन्द्र प्रथम के द्वारा गंगा-डेल्टाई क्षेत्र में विजय के उपलक्ष्य में करवाया गया था।

महाबलीपुरम में निर्मित स्थापत्य कला

सातवीं शताब्दी ई. में महाबलीपुरम (प्राचीन पत्तन शहर मामल्लापुरम) में पल्लव शासकों के द्वारा अनेक स्थापत्य निर्मित किए गए; जैसे—

- रथ मन्दिर/पंच रथ मन्दिर चट्टानों को काटकर निर्मित यह भारत का सबसे प्राचीन मन्दिर है। इसे धर्मराज रथ, भीम रथ, अर्जुन रथ, नकुल

और सहदेव रथ एवं द्रौपदी रथ में वर्गीकृत किया गया है। अत: इन मन्दिरों को पाण्डवों के रथ के नाम से भी जाना जाता है।

- चट्टानों को काटकर बनाई गई गुफाएँ इसके अन्तर्गत वराह गुफा मन्दिर, पंच पाण्डव गुफा मन्दिर, कृष्ण गुफा मन्दिर एवं महिषासुर मर्दिनी मन्दिर आदि गुफाएँ शामिल हैं।
- गणेश रथ यह भगवान गणेश को समर्पित पत्थर का मन्दिर है।
- तटीय मन्दिर परिसर यह मुख्यत: भगवान शिव को समर्पित मन्दिर है। इसके प्रांगण में नन्दी (भगवान शिव के वाहन) की मूर्ति बनाई गई है। मन्दिर परिसर में भगवान विष्णु की अनन्त-शयन मूर्ति भी बनाई गई है।
- चट्टानों पर की गई नक्काशी दो विशाल चट्टानों पर अर्जुन की तपस्या तथा भगीरथ की तपस्या का चित्र उत्कीर्ण है। इसके माध्यम से पृथ्वी पर गंगा के अवतरण को दर्शाया गया है। इन चट्टानों के समीप ही एक बड़ी चट्टान है, जिसे कृष्णा बटरबॉल कहा जाता है।

बेसर शैली

- नागर और द्रविड़ शैली के मिले-जुले रूप को बेसर शैली कहते हैं। इस शैली के मन्दिर विन्ध्य पर्वत से लेकर कृष्णा नदी तक पाए जाते हैं। यही कारण है कि इसे कर्नाटक शैली भी कहा जाता है। इसके अतिरिक्त इसे चालुक्य शैली भी कहते हैं।
- बेसर शैली के मन्दिर का आकार आधार से शिखर तक गोलाकार (वृत्ताकार) या अर्द्ध-गोलाकार होता है तथा विमान और मण्डप को अत्यधिक महत्त्व दिया जाता है।
- इस शैली के मन्दिरों में खुले प्रदक्षिणा पथ का निर्माण किया जाता है तथा इसके खम्भों, दरवाजों एवं छतों को बारीक नक्काशी से सजाया जाता है।

> बेसर शैली में मन्दिरों का निर्माण करवाने वाले कुछ प्रमुख राजवंश हैं-बादामी और कल्याणी के चालुक्य, राष्ट्रकूट (750-983 ई.) तथा होयसल वंश (1050-1300 ई.)।

- इस शैली के कुछ प्रमुख मन्दिर-एलोरा का कैलाश मन्दिर, बादामी का मन्दिर, एहोल का लाडखान मन्दिर, दम्बल का दोडुबसप्प मन्दिर, हैलेबिडु तथा बेलूर का मन्दिर आदि हैं।

दक्षिण भारत में मन्दिर निर्माण की कुछ अन्य शैलियाँ

दक्षिण भारत में मन्दिर निर्माण की अन्य प्रमुख शैलियाँ होयसल, विजयनगर एवं नायक शैली हैं।

होयसल शैली

- इस शैली के मन्दिरों का विकास 1050-1300 ई. के मध्य मैसूर (कर्नाटक) के क्षेत्रों में होयसल शासकों के द्वारा किया गया। इस शैली की अन्य प्रमुख विशेषताएँ निम्न हैं
  - मन्दिरों का निर्माण तारे के आकार में, स्तम्भों वाले मण्डप (केन्द्रीय हॉल) के चारों ओर किया जाता था।
  - मन्दिर की आन्तरिक एवं बाह्य दोनों दीवारों पर तथा देवी-देवताओं के आभूषणों में जटिल रूप में नक्काशी के कार्य किए जाते थे।
  - मन्दिर के सभी कक्षों पर शिखर निर्मित किए जाते थे।
  - मन्दिरों का निर्माण 1 मी ऊँचे चबूतरे (जगती) पर किया जाता था।
  - मन्दिरों के निर्माण में मुख्य सामग्री के रूप में मुलायम बलुआ पत्थर का उपयोग किया जाता था।
  - मन्दिर की सीढ़ियाँ एवं दीवारें जिग-जैग पैटर्न (टेढ़ा-मेढ़ा) में निर्मित की जाती थीं।
  - इस शैली के कुछ प्रमुख मन्दिर; जैसे—बेलूर का चेन्नाकेशव मन्दिर, सोमनाथपुरा का चेन्नाकेशव मन्दिर, हैलेबिडु का होयसलेश्वर मन्दिर इत्यादि हैं।

विजयनगर शैली

- इस शैली का विकास 1336-1565 ई. के मध्य विजयनगर साम्राज्य के शासकों के द्वारा किया गया। इस शैली की अन्य प्रमुख विशेषताएँ निम्न हैं
  - मन्दिरों में एक साथ अनेक मण्डपों का निर्माण किया जाता था। केन्द्रीय मण्डप को कल्याण मण्डप कहा जाता था, यह वैवाहिक प्रयोजन से सम्बन्धित मण्डप था।
  - गोपुरम का निर्माण अब सभी दिशाओं में होने लगा था। पूर्व में ये केवल मुख्य गेट या प्रवेश द्वार पर बनाए जाते थे।
  - मन्दिर परिसर के चारों ओर चारदीवारी बनाई जाती थी।
  - मन्दिर परिसर में एकाश्म पाषाण स्तम्भ स्थापित किए जाते थे।
  - इस शैली की उत्कृष्ट संरचना लोटस महल, विरुपाक्ष मन्दिर एवं हम्पी स्थित विट्ठलस्वामी मन्दिर हैं।

नायक शैली

- इस शैली का विकास 16वीं से 18वीं सदी ई. के मध्य नायक शासकों के अन्तर्गत हुआ। इसे मदुरै शैली के नाम से भी जाना जाता है।
- मदुरै का मीनाक्षी मन्दिर इस शैली का उत्कृष्ट उदाहरण है।

> **मीनाक्षी मन्दिर**
>
> - यह मन्दिर तमिलनाडु के मदुरै में **वैगई नदी** के तट पर स्थित है।
> - इसका निर्माण 12वीं-13वीं शताब्दी में किया गया था। यहाँ देवी मीनाक्षी (माता पार्वती) एवं सुन्दरेश्वर (भगवान शिव) की मूर्ति स्थापित है। यह मन्दिर **पाडल पेट्र स्थलम्** में से एक है अर्थात् यह भगवान शिव के 275 मन्दिरों में से एक है। तमिलनाडु राज्य के राजकीय प्रतीक का डिजाइन मीनाक्षी मन्दिर के गोपुरम पर आधारित है।

भारत के प्रमुख मन्दिर व शैली

राज्य	मन्दिर	शासक	शैली
उत्तराखण्ड	बद्रीनाथ मन्दिर	—	नागर
	केदारनाथ मन्दिर	—	नागर
	गंगोत्री मन्दिर	—	नागर
	यमुनोत्री मन्दिर	—	नागर
	नीलकण्ठ महादेव मन्दिर	—	द्रविड़
उत्तर प्रदेश	काशी विश्वनाथ मन्दिर वाराणसी	अहिल्याबाई होल्कर	नागर
	केशवराय मन्दिर, मथुरा	वीर सिंह बुन्देला	नागर
मध्य प्रदेश	खजुराहो मन्दिर समूह	चन्देल शासक	नागर
	विश्वनाथ मन्दिर	धंगदेव (चन्देल शासक)	नागर
	महाकालेश्वर मन्दिर	राणोजी सिन्धिया	नागर
जम्मू-कश्मीर	वैष्णो देवी मन्दिर	—	नागर
	मार्तण्ड सूर्य मन्दिर	ललितादित्य मुक्तापीड़	नागर
ओडिशा	कोणार्क सूर्य मन्दिर	नरसिंह देव प्रथम	नागर
	लिंगराज मन्दिर	ययाति केसरी	नागर
	जगन्नाथ मन्दिर	इन्द्रद्युम्न	नागर
छत्तीसगढ़	भोरमदेव मन्दिर	रामचन्द्रदेव (नागवंश)	नागर
	दन्तेश्वरी मन्दिर	चालुक्य शासक	नागर
	महामाया मन्दिर	रत्नदेव (कल्चुरि शासक)	नागर
आन्ध्र प्रदेश	वेंकटेश्वर मन्दिर, तिरुपति	पल्लव रानी समावई	द्रविड़
	गोविन्दराज मन्दिर	–	द्रविड़
	वाराह स्वामी मन्दिर	पेछा तिरुमलाचार्य	द्रविड़
	श्री भ्रमराम्भा मल्लिकार्जुन मन्दिर	राजा हरिहर (सातवाहन वंश)	द्रविड़
	सूर्यनारायण मन्दिर/ अरसावल्ली सूर्य मन्दिर	देवेन्द्र शर्मा	द्रविड़
तमिलनाडु	शोर मन्दिर, महाबलीपुरम नरसिंहवर्मन II (पल्लव)	–	द्रविड़
	वृहदेश्वर मन्दिर	राजराजा I (चोल)	द्रविड़
	रामनाथस्वामी मन्दिर	किझावन सेतुपति	द्रविड़
	मीनाक्षी मन्दिर	सदायवर्मन कुलशेखरन I	द्रविड़
	काँचीपुरम मन्दिर	नरसिंहवर्मन I	द्रविड़
	रंगनाथस्वामी मन्दिर	किलीवालवन (चोल शासक)	द्रविड़
	अरुणाचलेश्वर मन्दिर	चोल शासक	द्रविड़
कर्नाटक	विरुपाक्ष मन्दिर	देवराय II	बेसर
	गोमतेश्वर मन्दिर	चामुण्ड राय	—
	वीर नारायण मन्दिर	वीर बल्लाल II	बेसर
	एहोल दुर्गा मन्दिर	चालुक्य शासक	बेसर
	लाडखान मन्दिर, एहोल	पुलकेशिन I	बेसर
केरल	पद्मनाभ स्वामी मन्दिर	नेयाथासेरि पोट्टी	द्रविड़
	सबरीमाला मन्दिर	राजशेखर	द्रविड़
	गुरुवायुर मन्दिर	—	द्रविड़
	शिवगिरि मन्दिर	—	द्रविड़
गुजरात	सोमनाथ मन्दिर	भीमदेव सोलंकी	नागर
	मोढेरा का सूर्य मन्दिर	भीम प्रथम सोलंकी	नागर
	दिलवाड़ा मन्दिर	भीम प्रथम (वास्तुपाल) सोलंकी	नागर
	द्वारकाधीश मन्दिर	श्री कृष्ण के पड़पोते	बेसर
महाराष्ट्र	सिद्धि विनायक मन्दिर	लक्ष्मण विथु/देऊभाई पाटिल	नागर
	त्र्यम्बकेश्वर मन्दिर	बालाजी बाजीराव	नागर
	श्री महालक्ष्मी मन्दिर	कर्णदेव (चालुक्य शासक)	नागर
	साईं मन्दिर, शिरडी	गोपालराव बूटी	नागर
	कैलाशनाथ मन्दिर, एलोरा	राष्ट्रकूट शासक	बेसर
झारखण्ड	रावणेश्वर मन्दिर, वैद्यनाथ धाम	पूरणमल	नागर
	पहाड़ी मन्दिर, राँची	अनीश नाथ शाहदेव	नागर
बिहार	महाबोधि मन्दिर	अशोक	नागर
	विष्णुपद मन्दिर	अहिल्याबाई होल्कर	नागर
	दक्षिणार्क मन्दिर	—	नागर
पश्चिम बंगाल	सिद्धेश्वर महादेव मन्दिर	—	नागर
	दक्षिणेश्वर काली मन्दिर	रानी राशमणि	नागर
असम	कामाख्या मन्दिर	नर नारायण (कोच शासक)	नागर
	सूर्य पहाड़ मन्दिर	—	नागर
हिमाचल प्रदेश	काँगड़ा देवी मन्दिर		नागर
	नैना देवी मन्दिर	मोतीराम शाह	नागर

नोट *चित्रगुप्त स्वामी मन्दिर, जिसे चित्रगुप्त का एकमात्र मन्दिर माना जाता है, काँची में स्थित है।*

- भारत में चार धामों से प्रसिद्ध मन्दिर निम्नलिखित हैं
  - द्वारकाधीश मन्दिर (द्वारका, गुजरात)
  - बद्रीनाथ मन्दिर (उत्तराखण्ड)
  - जगन्नाथ मन्दिर (पुरी, उड़ीसा)
  - रामेश्वरम मन्दिर (तमिलनाडु)

1. सोमनाथ यह 12 ज्योतिर्लिंगों में पहला ज्योतिर्लिंग है। यह मन्दिर गुजरात के सौराष्ट्र में समुद्र के किनारे स्थित है।
2. मल्लिकार्जुन इसका निर्माण आन्ध्र प्रदेश के कृष्णा जिले में कृष्णा नदी के तट पर किया गया है।
3. महाकालेश्वर यह मध्य प्रदेश के उज्जैन में स्थित है। यह एकमात्र दक्षिणामुखी ज्योतिर्लिंग है।
4. ओंकारेश्वर यह मध्य प्रदेश के इन्दौर से लगभग 80 किमी दूर नर्मदा नदी के किनारे एक ऊँची पहाड़ी पर स्थित है।
5. केदारनाथ यह उत्तराखण्ड के रुद्रप्रयाग जिले में गौरीकुण्ड से लगभग 16 किमी की दूरी पर स्थित है। यह चार धामों में से एक है। मन्दिर के वर्तमान स्वरूप का निर्माण 8वीं-9वीं सदी में आदिगुरु शंकराचार्य ने करवाया था।
6. भीमा शंकर यह महाराष्ट्र के पुणे जिले के सह्याद्रि पर्वत पर स्थित है। भीमाशंकर को मोटेश्वर महादेव के नाम से जाना जाता है।
7. काशी विश्वनाथ यह उत्तर प्रदेश के वाराणसी (काशी) में स्थित है।
8. त्र्यम्बकेश्वर यह महाराष्ट्र के नासिक जिले में अवस्थित है। इसके समीप ही ब्रह्मगिरि पर्वत है।
9. वैद्यनाथ यह झारखण्ड के देवघर जिले में स्थित है।
10. नागेश्वर यह ज्योतिर्लिंग गुजरात के द्वारका से 17 किमी आगे स्थित है।
11. रामेश्वरम् यह तमिलनाडु के रामनाथपुरम में स्थित है।
12. घृष्णेश्वर यह महाराष्ट्र के औरंगाबाद के पास दौलताबाद क्षेत्र में स्थित है।

पूर्व मध्यकाल में हिन्दू स्थापत्य/वास्तुकला

8वीं से 12वीं सदी के मध्य पाल एवं सेन वंश के संरक्षण में इस शैली का विकास बंगाल के क्षेत्र में हुआ।

पाल शासकों के अन्तर्गत स्थापत्य/ वास्तुकला की विशेषता

- पाल शासक मुख्यत: बौद्ध धर्म की महायान शाखा से सम्बन्धित थे। अत: इनके द्वारा अधिकांशत: स्थापत्य के रूप में बौद्ध विहारों, चैत्यों एवं स्तूपों का निर्माण करवाया गया था।
- पाल शासकों के द्वारा नालन्दा, जगदल, ओदन्तपुरी और विक्रमशिला विश्वविद्यालय का निर्माण करवाया गया।

सेन शासकों के अन्तर्गत वास्तुकला की विशेषता

- भवनों की छत वक्राकार अथवा ढलुआँ बनाई जाती थी। इन्हें बंगला छत कहा जाता था।
- सामान्यत: मूर्तियाँ पत्थर एवं धातु दोनों की बनाई जाती थीं, परन्तु प्रमुखता पत्थर की मूर्तियों को ही दी जाती थी। इन मूर्तियों को अत्यधिक चमकदार बनाया जाता था।
- बांग्लादेश का ढाकेश्वरी मन्दिर, बराकर के सिद्धेश्वर महादेव मन्दिर इत्यादि इनके द्वारा निर्मित अन्य मन्दिर हैं।

मध्यकालीन वास्तुकला

- 13वीं शताब्दी ई. के बाद भारतीय इस्लामी संस्कृति (Indo-Islamic Culture) का उत्तरोत्तर विकास हुआ।
- यह संस्कृति मध्य एशिया में विकसित इस्लामी परम्परा के तत्त्वों के साथ-साथ भारत में तुर्की आक्रमण से पूर्व स्थापित हिन्दू, बौद्ध एवं जैन परम्पराओं के तत्त्वों के सम्मिश्रण का परिणाम थी।

भारतीय एवं इस्लामी स्थापत्य शैलियों की तुलना

इस्लामी स्थापत्य परम्परा	भारतीय स्थापत्य शैली
इसे **मेहराब-परम्परा** की संज्ञा दी जा सकती है।	इसे **शहतीरी शिल्प कला** (Trabeate) कहा जा सकता है।
इसमें खाली स्थान भरने हेतु चक्रवत आकारों; जैसे—मेहराब, गुम्बद आदि का प्रयोग किया जाता था।	इसकी विशेषता आड़ी व खड़ी थी, जोकि स्तम्भों पर कोष्ठकों (Brackets) की सहायता से कड़ियाँ रखकर बनाई जाती थीं।
इस्लाम में जीवित वस्तुओं का चित्रण निषिद्ध होने के कारण सजावट हेतु अरबी सुलेखन (Calligraphy) और ज्यामिति डिजाइनों का ही प्रचलन था।	तकनीकी साधनों (चूना-प्लास्टर) के अभाव में कड़ियों वाले छज्जों (Corbelling) और अन्तर्ग्रन्थन (Dovetailing) शैलियाँ प्रचलित थीं। शिखर-शैली के प्रचलन का यह मुख्य कारण था।
बलुआ-पत्थर के अभाव में रंगीन टाइलों और संगमरमर का अधिकाधिक प्रयोग हुआ।	मन्दिर, जीवित वस्तुओं के विविध रूपों से अलंकृत थे। मांगलिक कला (Auspicious Art) के अन्तर्गत पद्म, चक्र, स्वास्तिक, कलश आदि प्रतीकों का अंकन प्रचलित था।

उपरोक्त दोनों विपरीत परम्पराओं के समन्वय से एक ऐसी नवीन शैली का उदय हुआ, जिसमें दोनों की विशेषताएँ-एक की मजबूती, तो दूसरे का सौन्दर्य सम्मिलित था।

भारतीय-इस्लामी संस्कृति की विशेषताएँ

भारतीय इस्लामी संस्कृति की प्रमुख विशेषताएँ निम्नलिखित हैं

- पूर्व से ही प्रचलित पत्थर के कार्यों; जैसे—दिवालगीर, चौखट और त्रिभुजी पृष्ठ (Pendentive) के साथ मेहराब एवं गुम्बदों का निर्माण हुआ।
- वास्तविक मेहराबों का निर्माण मध्यकालीन स्थापत्य का विशिष्ट शैलीगत परिवर्तन था, जिसने स्मारकों को स्थायित्व प्रदान किया। इसमें मध्यबिन्दु से चारों ओर पत्थर लगाए जाते थे।
- निर्माण कार्य में कंक्रीट एवं चूना-प्लास्टर का प्रयोग किया गया। इसके साथ ही विभिन्न प्रकार के पत्थरों; जैसे—क्वार्ट्जाइट, बलुआ पत्थर, संगमरमर आदि पोलीक्रोम टाइलों का प्रयोग हुआ है।

दिल्ली सल्तनतकालीन वास्तुकला (शाही स्थापत्य शैली)

सल्तनतकालीन (1206-1526 ई.) भवनों का निर्माण शासकीय प्रश्रय एवं संरक्षण में हुआ। जिसे सामान्यत: दो वर्गों में विभाजित किया जा सकता है-दिल्ली के शासकों के द्वारा संरक्षित साम्राज्यिक शैली एवं स्थानीय शासकों के द्वारा संरक्षित प्रान्तीय शैली।

साम्राज्यिक शैली

तुगलक वंश

- तुगलक शैली के प्रथम चरण का प्रारम्भ ग्यासुद्दीन तुगलक द्वारा निर्मित तुगलकाबाद की गढ़ी (दिल्ली का तृतीय नगर) एवं उसके निकट स्थित ग्यासुद्दीन तुगलक के मकबरे से होता है।
- किले की भारी-भरकम दीवारें, ऊँचे बुर्ज अभेद्यता को एवं अनगढ़ पत्थरों का प्रयोग, गिरते निर्माण स्तर को दर्शाते हैं। पंचभुजीय मकबरे की ढलुवाँ दीवारें (अरब इमारतों की विशेषता) एवं श्रृंगारिक तत्त्वों का अभाव इसे कठोरता प्रदान करता है। भवन को मजबूती प्रदान करने के लिए ढलुवाँ दीवारें बनाई जाती थीं, जिसे बैटर शैली कहा गया।
- शेख निजामुद्दीन औलिया का मकबरा यह तुगलक काल का एक विशिष्ट स्थापत्य है। श्वेत संगमरमर से घिरे मकबरे को काले संगमरमर से अलंकृत किया गया है। मकबरे के चारों कोनों पर चार गुम्बद निर्मित हैं।
- फिरोज तुगलक का मकबरा यह मकबरा दिल्ली में हौज-ए-खास के निकट है। इसे फिरोज तुगलक ने स्वयं बनवाया था। यह वर्गाकार है।
- खान-ए-जहाँ तेलंगानी का मकबरा मध्यकालीन स्थापत्य में अष्टभुजाकार मकबरों की शुरुआत दिल्ली में निजामुद्दीन में स्थित खान-ए-जहाँ तेलंगानी (फिरोज तुगलक के प्रधानमन्त्री) से होती है।

खान-ए-जहाँ तेलंगानी का मकबरा

सैयद एवं लोदी वंश

सैयद एवं लोदीकालीन स्थापत्य में राजनीतिक विकेन्द्रीकरण की प्रक्रिया को अभिव्यक्ति मिलती है। इस काल में सुल्तानों के समानान्तर अमीरों द्वारा भवन निर्माण करवाया गया। लोदी मकबरों को दो भागों में बाँटा जा सकता है—

1. सुल्तानों द्वारा निर्मित अष्टभुजी मकबरे
2. अमीरों द्वारा निर्मित चतुर्भुजी मकबरे

गुलाम अथवा ममलूक वंश

- इस काल के कुछ प्रमुख स्थापत्य पुरानी हिन्दू इमारतों के ध्वंसावशेष पर निर्मित हैं। भारत में पहली तुर्की मस्जिद कुव्वत-उल-इस्लाम इसी प्रकार का उदाहरण है।
- इसका निर्माण कुतुबुद्दीन ऐबक द्वारा किला-ए-रायपिथौरा (दिल्ली) में किया गया था। यह इण्डो-इस्लामिक शैली का पहला स्थापत्य है।
- कुतुबुद्दीन ऐबक के द्वारा कुतुबमीनार की नींव रखी गई। वह केवल इसका भू-तल ही बनवा पाया। इसकी अगली तीन अन्य मंजिलें इल्तुतमिश ने तथा पाँचवीं मंजिल फिरोजशाह तुगलक ने निर्मित करवाई।
- कुतुबमीनार परिसर में कुव्वत-उल-इस्लाम मस्जिद है, जो जैन मन्दिर से परिवर्तित कर बनाई गई है।
- अजमेर में अढ़ाई दिन का झोंपड़ा मस्जिद कुतुबुद्दीन ऐबक ने बनवाई थी। यह एक जैन मन्दिर था, जिसे परिवर्तित कर मस्जिद का रूप दिया गया था।

खिलजी वंश

- इस काल में हिन्द-इस्लामी स्थापत्य शैली अपने विशिष्ट एवं स्पष्ट रूप में सामने उभरकर आती है, जिसे सामान्यत: सेल्जुक शैली के नाम से जाना गया। वास्तविक मेहराबों एवं गुम्बदों के निर्माण के साथ, निर्माण सामग्री के रूप में लाल बलुआ पत्थर एवं श्वेत संगमरमर का प्रयोग खिलजी वंश की साधन सम्पन्नता को अभिव्यक्त करता है। पत्थरों अथवा ईंटों को एक-दूसरे से जोड़ने के लिए प्रमुख रूप से गारे का उपयोग किया गया है।
- इस काल के भवन स्मारकों में अलाउद्दीन खिलजी द्वारा कुव्वत-उल-इस्लाम मस्जिद के दक्षिणी प्रवेश द्वार के रूप में निर्मित अलाई दरवाजा महत्त्वपूर्ण है। अलाई दरवाजा आरम्भिक तुर्की स्थापत्य का सर्वश्रेष्ठ नमूना है। इसमें सर्वप्रथम तिकोने डाट पत्थरों पर आधारित वैज्ञानिक विधि से गुम्बद बनाया गया।

सल्तनतकालीन अन्य प्रमुख स्थापत्य

स्मारक	निर्माता	विशिष्ट तथ्य
अढ़ाई दिन का झोंपड़ा	कुतुबुद्दीन ऐबक	◆ 1200 ई. में अजमेर में निर्मित यह पहले एक संस्कृत विद्यालय था। ◆ इसकी दीवार पर विग्रहराज चतुर्थ द्वारा रचित संस्कृत नाटक **हरिकेलि** के अंश उद्धृत हैं।
इल्तुतमिश का मकबरा	इल्तुतमिश	◆ दिल्ली में स्थित एककक्षीय मकबरा (1234 ई.), जो लाल पत्थर से बना है। ◆ इसमें हिन्दू और इस्लामी वास्तुकला का मिश्रण है।
सुल्तानगढ़ी	इल्तुतमिश	◆ 1231 ई. में इल्तुतमिश द्वारा अपने ज्येष्ठ पुत्र नासिरुद्दीन का मकबरा बनवाया गया। भारत में निर्मित प्रथम मकबरा। इल्तुतमिश को **मकबरा शैली** का जन्मदाता कहा जाता है।
हौज-ए-शम्सी तथा शम्सी ईदगाह	इल्तुतमिश	◆ दोनों भवन बदायूँ में हैं। इल्तुतमिश ने हौज-ए-सुल्तानी का निर्माण दिल्ली में करवाया।
हजार सितून (हजार स्तम्भों वाला महल)	अलाउद्दीन खिलजी	◆ दिल्ली के निकट सीरी नामक नगर के पास स्थित, 1303 ई. में निर्मित है।
जमातखाना मस्जिद	अलाउद्दीन खिलजी	◆ तत्कालीन मस्जिदों में सबसे बड़ी यह पहली ऐसी मस्जिद है, जो पूर्णत: इस्लामी विचारों के अनुसार बनी है। ◆ यह दिल्ली में निजामुद्दीन औलिया की दरगाह के पास स्थित है, जो लाल पत्थर से बनी है।

प्रान्तीय स्थापत्य शैलियाँ

- दिल्ली सल्तनत के तुगलक वंशी शासकों के काल में बंगाल (1345 ई.), जौनपुर (1394 ई.), मालवा (1401 ई.) एवं गुजरात (1407 ई.) के स्वतन्त्र प्रान्तीय राज्यों का उद्भव हुआ।
- कश्मीर में 1339 ई. में मुस्लिम राज्य की स्थापना हुई। इन राज्यों में विकसित प्रान्तीय स्थापत्य शैलियों का विस्तृत वर्णन निम्न प्रकार है

गुजरात शैली

- गुजरात की शैली को सर्वाधिक स्थानीय भारतीय (हिन्दू) शैली कहा जा सकता है। इस शैली में पत्थर की कटाई का काम बड़ी कुशलता से किया जाता था।
- यहाँ पर अहमदशाही वंश के शासकों के संरक्षण में कई महत्त्वपूर्ण इमारतों का निर्माण किया गया। अहमदाबाद की जामा मस्जिद का निर्माण अहमदशाह ने 1423 ई. में करवाया।
- इसे गुजरात वास्तुकला शैली का सर्वोत्कृष्ट नमूना माना जाता है। गुजरात में इस्लामी स्थापत्य कला का आरम्भ महमूद बेगड़ा (1459-1511 ई.) के काल में हुआ है, जिसने तीन नगरों (चम्पानेर, जूनागढ़ और खेड़ा) की स्थापना की।
- उसके द्वारा निर्मित इमारतों में चम्पानेर की जामी मस्जिद और नगीना मस्जिद महत्त्वपूर्ण इमारतें हैं। इसके अतिरिक्त सीदी सैयद मस्जिद, सैयद उस्मान कारोजा, मुहम्मद गौस की मस्जिद आदि गुजरात स्थापत्य कला के महत्त्वपूर्ण कार्य हैं।

विजय स्तम्भ एवं कीर्ति स्तम्भ

- विजय स्तम्भ, मेवाड़ के शासक राणा कुम्भा द्वारा 1449 ई. में चित्तौड़गढ़ किले में निर्मित करवाया गया।
- इस स्तम्भ का निर्माण उन्होंने मालवा एवं गुजरात पर विजय के उपलक्ष्य में करवाया था। 34.19 मी ऊँचाई का यह 9 मंजिला स्तम्भ भगवान विष्णु को समर्पित है। इस स्थापत्य में लाल बलुआ पत्थर एवं सफेद संगमरमर का सुन्दर समन्वय देखने को मिलता है।
- चित्तौड़गढ़ के किले में ही स्थापित कीर्ति स्तम्भ, विजय स्तम्भ की तुलना में प्राचीन है। इन दोनों स्तम्भों का निर्माण सोलंकी स्थापत्य शैली में किया गया है। कीर्ति स्तम्भ जैन धर्म को समर्पित है।

विजयनगर शैली

- विजयनगर साम्राज्य का उद्भव लगभग 14वीं से 16वीं सदी के मध्य कृष्णा-तुंगभद्रा दोआब क्षेत्र में हुआ। इसकी राजधानी हम्पी का नाम यहाँ की स्थानीय मातृदेवी पम्पादेवी के नाम पर रखा गया है। विजयनगर की राजधानी की किलेबन्दी, वास्तुकला की दृष्टि से अपना विशेष महत्त्व रखती है।
- इसमें ईंटों को जोड़ने के लिए किसी अन्य सामग्री का प्रयोग न कर उन्हें परस्पर गूँथा गया है। दुर्ग के प्रवेश द्वार पर बना मेहराब और साथ ही द्वार के ऊपर बना गुम्बद दोनों तुर्की सुल्तानों द्वारा प्रवर्तित स्थापत्य की विशेषता माने जाते हैं।
- राजकीय केन्द्र के उल्लेखनीय स्मारकों में कमल महल एवं हजारा राम मन्दिर प्रमुख हैं।

विजयनगर का मन्दिर स्थापत्य

- विजयनगर की मन्दिर स्थापत्य शैली द्रविड़ परम्परा का प्रतिनिधित्व करती है।
- विजयनगर के मन्दिरों की विशेषताओं में गोपुरम, मण्डप तथा लम्बे स्तम्भों वाले गलियारे शामिल हैं। गोपुरम राजकीय द्वार होते थे। कल्याण मण्डप में देवता का विवाह समारोह मनाया जाता था।
- मन्दिरों में राजा-रानी की मूर्तियाँ भी स्थापित की जाती थीं। तिरुपति मन्दिर में कृष्णदेव राय व उनकी पत्नियों की मूर्तियाँ हैं।

प्रमुख मन्दिर

- कृष्णदेव राय ने 9वीं-10वीं सदी के प्राचीन विरुपाक्ष मन्दिर का विस्तार करवाया था। दूसरा प्रमुख देवस्थल विजय विट्ठल मन्दिर है।
- इसके 56 तक्षित स्तम्भ हवा का संचार होने पर संगीत की ध्वनि उत्पन्न करते हैं। विट्ठल देवता सामान्यत: महाराष्ट्र में पूजे जाने वाले भगवान विष्णु का एक रूप हैं।
- विजयनगर की वास्तुकला की अन्तिम शैली को मदुरा शैली कहा जाता है, क्योंकि इसे सर्वाधिक प्रोत्साहन मदुरा के नायकों ने दिया। इस शैली के मन्दिरों में रामेश्वरम्, श्रीरंगम्, त्रिरुवल्लुर, जम्बुकेव्वरा, चिदम्बरम् व तिन्नैवेली आज भी दर्शनीय हैं।

जौनपुर शैली

- इस शैली को शर्की शैली भी कहा जाता है, क्योंकि शर्की शासकों के द्वारा इसे संरक्षण प्रदान किया गया था। जौनपुर की इमारतें प्राय: भारी-भरकम हैं, इनमें मीनारें नहीं हैं तथा इनकी विशेषता ढलुआँ दीवारों के साथ राजसी दरवाजों का निर्माण है।
- साथ ही, प्रार्थना कक्ष के मध्य एवं समीप के खण्डों में मोटे एवं चित्रित रूप में अक्षरों का उपयोग, कलमा लिखने में किया गया है। इन इमारतों में हिन्दू-इस्लामी स्थापत्य शैलियों का मिश्रण है।
- अटाला मस्जिद, जिसका निर्माण 1408 ई. में इब्राहिम-शाह शर्की ने कन्नौज के राजा विजयचन्द्र द्वारा निर्मित अटाला देवी मन्दिर को तुड़वा कर करवाया था, जो मिश्रित हिन्दू-इस्लामी शैली का उदाहरण है। इसके मेहराब एवं गुम्बद हिन्दू शैली में बने हैं।
- इसी प्रकार लाल दरवाजा मस्जिद (मुहम्मदशाह द्वारा 1450 ई. में निर्मित), झंझरी मस्जिद (इब्राहिम शर्की द्वारा 1430 ई. में निर्मित) आदि जौनपुर की शैली में बनी प्रसिद्ध इमारतें हैं। जामा मस्जिद का निर्माण 1470 ई. में हुसैनशाह शर्की द्वारा करवाया गया था।

अटाला मस्जिद, जौनपुर

मालवा शैली

- मालवा में धार एवं माण्डू के क्षेत्रों में एक ऐसी स्थापत्य शैली का विकास हुआ, जो दिल्ली वास्तुकला से प्रेरित थी। इसी के अनुरूप यहाँ ढलुवाँ दीवारें, नुकीले मेहराब एवं पिरामिडाकार छत का प्रयोग मिलता है।
- यद्यपि नवीन लक्षणों में, ऊँची चौकियों पर निर्मित इमारतों के प्रवेश द्वार तक जाती सीढ़ियाँ महत्त्वपूर्ण हैं।
- इसके अतिरिक्त रंग-बिरंगे पत्थरों, संगमरमर एवं टाइलों के माध्यम से विविध रंगों का समावेशन, इस शैली की अन्य विशेषता है।
- इस शैली को पठान शैली के रूप में भी जाना जाता था।
- इस शैली के कुछ प्रमुख उदाहरण निम्न हैं
  - हिण्डोला महल (दरबार हॉल) का निर्माण हुशंगशाह द्वारा माण्डू में करवाया गया। इसकी ढलुआँ दीवारों से इसके हिलने जैसा आभास होता है। माण्डू (जोकि इन्दौर से 60 मील की दूरी पर लगभग 2000 फीट की ऊँचाई पर अवस्थित शहर है) में स्थित है।
  - ग्यासुद्दीन खिलजी द्वारा निर्मित जहाज महल, दो तालाबों के मध्य स्थित स्मारक है।
  - अन्य इमारतों में जामा मस्जिद, अशरफी महल (मदरसा) एवं हुशंगशाह का मकबरा महत्त्वपूर्ण हैं। हुशंगशाह का मकबरा पूर्णतः संगमरमर से निर्मित इमारत है।

रानी रूपमती का महल, माण्डू

हिण्डोला महल, माण्डू

मालवा शैली में निर्मित किले

होज-ए-अलाई	अलाउद्दीन खिलजी	यह दिल्ली में स्थित है, इसे हौज-ए-खास भी कहा जाता है।
सीरी का किला	अलाउद्दीन खिलजी	1303 ई. में दिल्ली में निर्मित, मंगोल आक्रमण से सुरक्षा के लिए
ऊखा मस्जिद	मुबारकशाह खिलजी	भरतपुर (राजस्थान) में स्थित
आदिलाबाद का किला	मोहम्मद-बिन-तुगलक	तुगलकाबाद के निकट स्थित
कोटला फिरोजशाह	फिरोजशाह तुगलक	टोपरा से अशोक का स्तम्भ यहाँ स्थापित करवाया गया।
फिरोजशाह का मकबरा	फिरोजशाह तुगलक	यह वर्गाकार मकबरा है, जिसके निर्माण में संगमरमर का प्रयोग हुआ है तथा दीवारों को फूल-पत्तियों की बेलों से सुसज्जित किया गया है। मकबरे के सामने पत्थर का कटहरा हिन्दू वास्तुकला की संरचना है।
काली मस्जिद, बेगमपुरी मस्जिद	जौनाशाह	जहाँपनाह नगर में स्थित, गुम्बद व मेहराब प्रभावशाली हैं।

बंगाल शैली

- इस शैली के महत्त्वपूर्ण स्मारक गौड़, लखनौती एवं पाण्डुआ में पाए जाते हैं। अदीना मस्जिद पाण्डुआ का निर्माण इलियास वंशी शासक सिकन्दरशाह ने करवाया था।
- यह बंगाल की सबसे बड़ी एवं महत्वपूर्ण इस्लामिक इमारत है। परम्परागत शैली में निर्मित इस मस्जिद की छत अनेक स्तम्भों पर आधारित है।
- पाण्डुआ में ही स्थित सुल्तान जलालुद्दीन मोहम्मद शाह के मकबरे को इकलाखी मकबरे (Eklakhi Tomb) के नाम से भी जाना जाता है। ईंटों से निर्मित यह मकबरा एक गुम्बद की वर्गाकार इमारत है।
- गौड़ के उत्कृष्ट प्रवेश-द्वारों में दाखिल दरवाजा अपने विशिष्ट अलंकृत प्रतीकों की दृष्टि से असाधारण है।
- गौर स्थित कदम रसूल मस्जिद भी बंगाल शैली का एक उत्कृष्ट उदाहरण है।

दाखिल दरवाजा

- लोदी वंश के शासनकाल में मुख्यतः मकबरों का निर्माण प्रारम्भ हुआ। इन चतुर्भुजी मकबरों में सजावट हेतु टाइलों, कंगूरों, गुलदस्तों का प्रयोग उल्लेखनीय है। मकबरों के साथ लगे रोजा या छोटी-छोटी मस्जिदों के अग्रभाग पाँच मेहराबों में विभाजित हैं।
- मस्जिदों का यह पंचमुखी स्वरूप, दिल्ली की बड़ी गुम्बद मस्जिद (1492 ई.), मोठ की मस्जिद (1500 ई.) तथा जमाली-कमाली मस्जिद (1528-29 ई.) में पूर्णतः विकसित हुआ।
- सिकन्दर लोदी कालीन मोठ की मस्जिद की मीनारें गावदुम हैं अर्थात् ऊपर की ओर पतली होती गईं हैं।
- इब्राहिम लोदी द्वारा निर्मित सिकन्दर लोदी का मकबरा पहली इमारत है, जिसमें ईरानी प्रभाव में दोहरे गुम्बद का प्रयोग किया गया है। शीर्ष (मुख्य) गुम्बद के अन्दर एक खोखला गुम्बद बनाया जाता था।
- दोहरे गुम्बद के निर्माण का मुख्य उद्देश्य-संरचना को मजबूती प्रदान करना तथा गुम्बद की भीतरी ऊँचाई को कम करना था।
- दोहरे गुम्बदों को सामान्यतः 15 मी के व्यास के अन्तर्गत अष्टकोणीय आकार में बनाया गया था।
- इन्हें मजबूती प्रदान करने के लिए सम्मिलित रूप में ढलुवाँ बरामदे का निर्माण किया जाता था; जैसे—लोदी गार्डन, आगरा नगर (सिकन्दर लोदी के द्वारा स्थापित) इत्यादि।

दक्खिनी शैली

- विन्ध्य के दक्षिण में, दिल्ली सल्तनत की स्थापत्य परम्परा एवं फ़ारसी शैली के सम्मिश्रण से दक्खिनी शैली का विकास हुआ। इसे बीजापुर शैली के नाम से भी जाना जाता है।
- गुलबर्गा में बहमनी वंश की स्थापना (1347 ई.) के साथ इस शैली को संरक्षण प्राप्त हुआ।
- बीजापुर के शासक आदिलशाह के नेतृत्व में यह शैली अत्यधिक विकसित स्वरूप में आई।

- दक्खिनी शैली के स्मारकों में गुलबर्गा की जामी मस्जिद प्रमुख है।
- मस्जिद का सम्पूर्ण क्षेत्र छोटे-छोटे गुम्बदों की छत से ढका है। इसके अतिरिक्त बीदर में महमूद गवाँ के मदरसे का निर्माण एक विशिष्ट फारसी शैली में हुआ है, किन्तु दक्खिनी शैली का सर्वाधिक महत्त्वपूर्ण केन्द्र बीजापुर माना जा सकता है।
- आदिलशाही वंश के तुर्की होने के कारण, स्थापत्य शैली में कुछ ऑटोमन विशेषताओं का समावेश स्वाभाविक प्रतीत होता है। इस शैली की उल्लेखनीय निम्न इमारतें हैं

चारमीनार

- मुहम्मद कुली कुतुबशाह ने हैदराबाद को अपनी नई राजधानी बनाया।
- 1591 ई. में हैदराबाद शहर के केन्द्र में निर्मित इस स्मारक के सबसे ऊपरी तल पर कुतुबशाही शैली में मस्जिद स्थापित है।
- स्मारक के चारों किनारों पर गुलदस्ता शैली में चार मीनारें स्थापित हैं। ऐसी मान्यता है कि इस स्मारक का निर्माण हिजरी सम्वत् के 1000 वर्ष पूरे होने के उपलक्ष्य में करवाया गया था।

चारमीनार, हैदराबाद

गोल गुम्बद

- यह विश्व का सबसे बड़ा गुम्बद है। गुम्बद का भार त्रिभुजी पृष्ठ (Pendentive) के सहारे नीचे दीवार तक पहुँचाया गया है।
- गुम्बद के आधार के साथ लगे गलियारे (Whisper Gallery) में आवाजें प्रतिध्वनित होती हैं।
- अन्य आदिलशाही स्मारकों में, अली आदिलशाह की मस्जिद एवं इब्राहिम रोजा (इब्राहिम आदिलशाह द्वारा निर्मित) उल्लेखनीय हैं।

मुगलकालीन वास्तुकला (दिल्ली, आगरा, लाहौर)

मुगलकालीन वास्तुकला की विशेषताएँ निम्नलिखित हैं

- भवनों का निर्माण बड़े पैमाने पर किया गया, जिनमें लौकिक उपयोग के भवनों से लेकर धार्मिक प्रयोजन के लिए निर्मित भवन शामिल थे।
- लोदी काल में दृष्टिगत मकबरों और मस्जिदों के एकीकृत निर्माण की परम्परा मुगलकाल में पूर्ण हुई।
- संगमरमर और बलुआ पत्थर पर पच्चीकारी तथा अलंकरण मुगलकालीन भवनों की विशेषता है।
- मकबरों में फारसी चारबाग पद्धति के चौकोर उद्यानों का सांकेतिक प्रदर्शन किया गया है। ये उद्यान पृथ्वी पर कल्पित स्वर्ग (हश्त बिहिश्त) के प्रतीक हैं।
- मुगल वास्तुकला में फारस, तुर्की, मध्य एशिया, गुजरात, बंगाल, जौनपुर आदि स्थानों की परम्पराओं का अभूतपूर्व मिश्रण हुआ।

> **मर्मरश्रावी गैलरी** इसके अन्तर्गत गैलरी के एक हिस्से (कोने) में की गई फुस्फुसाहट सम्पूर्ण हॉल में स्पष्ट रूप से सुनाई देती है। इसके कुछ उदाहरण–गोल गुम्बज (बीजापुर), गोलघर (पटना), विक्टोरिया मेमोरियल (कोलकाता) इत्यादि हैं।

बाबरकालीन स्थापत्य

मुगल राजवंश के संस्थापक बाबर की आत्मकथा बाबरनामा से इस शासक की वास्तुकला में रुचि का संकेत मिलता है। बाबर ने पानीपत के निकट काबुली बाग मस्जिद (1527) का निर्माण करवाया। इसके अतिरिक्त बाबर ने सम्भल की जामा मस्जिद तथा आगरा में लोदी के किले के अन्दर एक मस्जिद बनवाई और ज्यामितीय विधि पर आधारित एक उद्यान आगरा में लगवाया, जिसका नाम नूर अफगान था।

हुमायूँकालीन स्थापत्य

- हुमायूँ को भी स्थापत्य निर्माण के लिए कम अवकाश मिला। वह निरन्तर शेरशाह सूरी के विरुद्ध संघर्ष में उलझा रहा।
- उसके द्वारा बनवाई गई इमारतों में दो मस्जिदों का अस्तित्व बचा है। उसने एक नए नगर की नींव रखी, जिसका नाम दीनपनाह रखा गया।

शेरशाह सूरी कालीन स्थापत्य

इसके शासनकाल की स्थापत्य शैली लोदी शैली एवं मुगल शैली के मध्य की संक्रमणकालीन विशेषताओं को प्रदर्शित करती है।

- शेरशाह ने भारतीय मुस्लिम शासकों का अनुसरण करते हुए दिल्ली के नए नगर (छठे नगर) शेरगढ़ या दिल्ली शेरशाही की नींव रखी, किन्तु इसकी वास्तुकला का उल्लेखनीय उदाहरण दिल्ली के पुराने किले के अन्दर लगभग 1542 ई. में निर्मित किला-ए-कुहना मस्जिद है।
- इसकी निर्माण योजना में पाँच मेहराबी मुख्य द्वार (लोदी शैली के समान) एवं एक गुम्बद रखा गया है। ढलुवाँ दीवारें बलुआ पत्थर से निर्मित हैं, जिनमें सफेद संगमरमर की जड़ावट की गई है। मेहराब का आकार, तुगलक कालीन शुण्डाकार (Taper) है।
- इसके अतिरिक्त सासाराम (बिहार) में स्थित शेरशाह का मकबरा अन्य महत्त्वपूर्ण स्मारक है। कृत्रिम झील के मध्य स्थित मकबरे का आकार अष्टभुजीय है, जो उत्तरोत्तर पाँच मंजिलों के साथ पिरामिडाकार रूप लेता है। इसका गुम्बद, भारत में दूसरा सबसे बड़ा गुम्बद है। इसका निर्माण लाल बलुआ पत्थर से किया गया है।
- शेरशाह के द्वारा मौर्यकालीन मार्ग का पुनर्निर्माण एवं विस्तारीकरण का कार्य करवाया गया तथा इस सड़क का नाम सड़क-ए-आजम (महान सड़क) रखा गया, जिसे आगे चलकर ग्रैण्ड ट्रंक रोड के नाम से प्रसिद्धि मिली।
- शेरशाह ने दीनपनाह को तुड़वाकर उसके मलबे से पुराने किले का निर्माण करवाया था। शेरशाह ने 1541 ई. में पाटलिपुत्र को पटना के नाम से पुनः स्थापित किया था।

अकबरकालीन स्थापत्य

हुमायूँ का मकबरा

- यह दिल्ली में स्थित है। इस मकबरे का निर्माण हुमायूँ की पत्नी बेगम हमीदा बानो के संरक्षण में फारस के वास्तुकार मीराक मिर्जा ग्यासबेग द्वारा किया गया। यह मकबरा, मानव निर्मित ज्यामितीय चतुर्भुजाकार उद्यान (चारबाग) के मध्य स्थित था।
- यह मकबरा गुलाबी पत्थर से निर्मित है, जिसमें श्वेत संगमरमर की नक्काशी की गई है। यह भारतीय एवं फ़ारसी शैली के संयोग का उत्कृष्ट उदाहरण है। इसे ताजमहल का पूर्वगामी कहा गया है।

आगरा का किला

- यह अकबर की प्रारम्भिक संरचनाओं में से एक था। किले के अन्दर चारबाग शैली में बगीचे लगवाए गए थे।
- इस किले की अधिकांश संरचनाएँ शाहजहाँ के द्वारा बनवाई गई थी; जैसे—मोती मस्जिद, दीवान-ए-आम (सार्वजनिक दर्शकों हेतु सभागार), दीवान-ए-खास (निजी दर्शकों का सभागार), शीश महल (तुर्की शैली में निर्मित स्नानघर), जहाँगीर महल इत्यादि।

फतेहपुर सीकरी

फतेहपुर सीकरी अकबर की एक नई राजधानी थी। यहाँ हिन्दू एवं फारसी शैलियों से मिश्रित अनेक स्थापत्यों का निर्माण करवाया गया था; जैसे—

फतेहपुर सीकरी के स्थापत्य

बुलन्द दरवाजा	◆ यह जामा मस्जिद की दक्षिण दिशा में स्थित है। यह विश्व का सबसे ऊँचा (40. मी.) प्रवेश द्वार (दरवाजा) है। इसका निर्माण 1573 ई. में गुजरात विजय की स्मृति में प्रारम्भ हुआ तथा यह 1575 ई. में बनकर तैयार हुआ। इसके निर्माण में लाल बलुआ पत्थर का उपयोग किया गया है। ◆ अर्द्ध-गुम्बद युक्त यह दरवाजा **ईरानी शैली** में है।
शेख सलीम चिश्ती का मकबरा 	◆ इस मकबरे का निर्माण अकबर के द्वारा 1581 ई. में करवाया गया था। यह जामा मस्जिद के अन्दर स्थित है। ◆ शाहजहाँ ने इसके बाहर संगमरमर का बरामदा बनवाया था। इसकी दीवारों पर अरबी शैली में कुरान की आयतें उत्कीर्ण की गई हैं।
जामा मस्जिद	◆ इसे **रोमान्स इन द स्टोन** कहा गया है। अकबर ने अपने दीन-ए-इलाही की घोषणा यहीं से की थी। यह मस्जिद फतेहपुर का गौरव कही जाती है।
जोधाबाई का महल	◆ इस महल में घण्टियों और फूलों के सुन्दर भित्तिचित्र निर्मित हैं। यह फतेहपुर सीकरी का सबसे बड़ा महल था। इसे **मरियम-उज-जमानी** के महल के नाम से भी जाना जाता है।
पंचमहल	◆ इसे हवा महल भी कहते हैं। इसकी प्रेरणा बहुमंजिले बौद्ध विहारों से ली गई। यह फतेहपुर सीकरी की सबसे ऊँची और प्रभावशाली इमारत है। यह पाँच मंजिला भवन है, जिसे खम्भों के सहारे बनाया गया है।
इबादत खाना	◆ इसका निर्माण विभिन्न धर्म गुरुओं से चर्चा करने के लिए किया गया था।

अकबर काल की अन्य प्रमुख इमारतें

इमारत	विवरण
जहाँगीरी महल	जहाँगीरी महल आगरा के किले में निर्मित है। इस पर गुजरात और मालवा की स्थानीय शैलियों का प्रभाव है। गुम्बदों के स्थान पर छतरियों का प्रयोग किया गया है। ये ग्वालियर के मानसिंह महल से मिलती-जुलती हैं।
दीवान-ए-आम	यह विशेष लौकिक प्रयोग हेतु बनाया गया था। इसका प्रांगण आयताकार था।
दीवान-ए-खास	केन्द्रीय कक्ष के मध्य में स्थित स्तम्भ के शीर्ष पर जैन शैली के मेहराबदार ब्रैकिटों पर चबूतरा स्थित है। कमल के समान छज्जेदार शीर्ष में बौद्ध तथा हिन्दू वास्तुकला की झलक दिखाई देती है।
मरियम या सुल्ताना का महल	इसे रंगीन महल या चित्रालय भी कहा जाता है। यहाँ फ़ारसी विषयों के भित्ति चित्र अंकित हैं।
बीरबल का महल	इसमें हिन्दू शैली से प्रेरित कोष्ठक बने हैं।

जहाँगीरकालीन स्थापत्य

- जहाँगीर का शासनकाल वस्तुत: चित्रकला एवं अन्य कलाओं के लिए प्रसिद्ध रहा। इसके काल में स्थापत्यों की संख्या अपेक्षाकृत सीमित है, जोकि वास्तुकला की अवनति को प्रदर्शित करता है।
- इसके शासनकाल में अधिकतर बड़े उद्यानों का ही निर्माण हुआ। मनसबदार आसफ खान के द्वारा कश्मीर में निर्मित निशात बाग एवं शालीमार बाग, इस्लामाबाद के निकट अछबल तथा वेरबाग उल्लेखनीय उदाहरण हैं।
- अकबर ने आगरा के पास सिकन्दरा में अपना मकबरा बनवाने की योजना स्वयं तैयार की, जिसे जहाँगीर ने पूरा करवाया। यह तिमंजिला और पिरामिडाकार है।
- जहाँगीरकालीन वास्तुकला का एक अन्य उदाहरण लाहौर के निकट शहादरा में बना उसका मकबरा है। इसका अधिकांश भाग नूरजहाँ ने बनवाया था।
- नूरजहाँ ने अपने पिता एत्मादुद्दौला की स्मृति में आगरा में एक मकबरा बनवाया था। पूर्णत: संगमरमर की बनी यह पहली मुगल इमारत है। इस इमारत में पहली बार बड़े पैमाने पर पित्रादुरा का प्रयोग हुआ।

एत्मादुद्दौला का मकबरा, आगरा

- पित्रादुरा शैली मुगलकालीन स्थापना की एक विशेष शैली है। इस शैली में इमारतों के सफेद संगमरमर में रंगीन पत्थरों को जोड़ा जाता था। इसे परचिनकारी या पर्चिनकारी के नाम से भी जाना जाता है।

शाहजहाँकालीन स्थापत्य

- मुगल वास्तुकला का सर्वोत्कृष्ट चरण शाहजहाँ के काल में आरम्भ हुआ।
- यह काल संगमरमर के प्रयोग की चरम अवस्था को दर्शाता है। सम्भवत: संगमरमर जोधपुर के निकट मकराना की खानों से लाया जाता था। इस काल में अलंकरण तथा सजावट के लिए पित्रादुरा का व्यापक प्रयोग होने लगा।

शाहजहाँ के काल की प्रमुख इमारतें

ताजमहल (आगरा)	◆ यह शाहजहाँ ने अपनी प्रिय पत्नी मुमताज महल (अर्जुमन्द बानो बेगम) की स्मृति में बनवाया। इसका निर्माण 1633 ई. में प्रारम्भ हुआ तथा 1655 ई. में पूर्ण हुआ। इसका मुख्य स्थापत्यकार **उस्ताद अहमद लाहौरी** था, जिसे नादिर-उल-अस्र की उपाधि दी गई थी। ◆ इसका मुख्य मिस्त्री फारस का निवासी मोहम्मद ईसा खाँ था। ◆ हावेल ने ताजमहल को **भारतीय नारीत्व की साकार प्रतिमा** कहा है। ◆ इसका निर्माण सफेद संगमरमर से हुआ है। इसमें मुगल स्थापत्य कला की सभी विशेषताओं का उपयोग किया गया है; जैसे-पित्रादुरा का निर्माण, सुलेखन, चार बाग शैली के उद्यान, परिसर के अन्दर पानी की व्यवस्था इत्यादि।
दीवान-ए-आम (आगरा)	◆ अकबर द्वारा आगरा के किले में बनवाए गए दीवान-ए-आम को तुड़वाकर उसका संगमरमर से पुन: निर्माण करवाया गया। यह आगरा के किले में संगमरमर से निर्मित पहला भवन है।

मोती मस्जिद (आगरा)	◆ इसका निर्माण जहाँआरा के सम्मान में आगरा के किले में किया गया।
नगीना मस्जिद (आगरा)	◆ आगरा के किले में स्थित यह मस्जिद संगमरमर से निर्मित है।
दीवान-ए-खास (आगरा)	◆ 1637 ई. में निर्मित यह इमारत सर्वाधिक अलंकृत है।
जामा मस्जिद (आगरा)	◆ इसे जहाँआरा ने बनवाया। इसका निर्माण 1643 ई. से 1648 ई. के बीच किया गया था।
शाहजहाँनाबाद (दिल्ली)	◆ शाहजहाँ ने अपने नाम पर दिल्ली में नया नगर (सातवाँ नगर) बनवाया। इसका निर्माण 1638 ई. में प्रारम्भ हुआ तथा यह नौ वर्षों में पूर्ण हुआ।
लाल किला (दिल्ली)	◆ यह शाहजहाँनाबाद में बनवाई गई इमारतों में सबसे महत्त्वपूर्ण है। इसका निर्माण लाल-पत्थरों से किया गया है। औरंगजेब के काल में इसे किला-ए-गुम्बद कहा जाता था। ◆ यह मुगलों द्वारा निर्मित अन्तिम किला था। इसमें दीवान-ए-आम, मुमताज महल अथवा खास महल तथा रंगमहल अथवा इम्तियाज महल आदि भवन स्थित हैं। ◆ इस किले का निर्माण 1639 ई. में प्रारम्भ हुआ था तथा यह 9 वर्ष में बनकर तैयार हुआ। यह असमाकृति अष्टाभुज है। इसके दीवान-ए-आम में बनी संगमरमर की छतरी को सुन्दर पित्रादुरा कला से अलंकृत किया गया है। ◆ इसकी दीवारों पर निर्माण का विवरण तथा एक पद्य में लिखा है कि ''यदि दुनिया में कहीं स्वर्ग है, तो यहीं है, यहीं है।''
रंगमहल (दिल्ली)	◆ लाल किले में स्थित यह भवन शाहजहाँ का निजी आवास था। इसकी छत चाँदी से निर्मित थी तथा उस पर स्वर्ण अलंकरण था। रंगमहल के मध्य से एक कृत्रिम नहर बहती थी, जिसे नहर-ए-बहिश्त कहते थे।
जामा मस्जिद (दिल्ली)	◆ यह लाल किले के सामने एक ऊँचे चबूतरे पर स्थित भारत की विशालतम मस्जिद है। इसके तीन गुम्बद हैं, जिनमें मध्य गुम्बद सबसे बड़ा है।

औरंगजेबकालीन स्थापत्य

- इस काल में भवन निर्माण कला के पतन के चिह्न दिखाई देते हैं। इसका कारण साम्राज्य में आए वित्तीय संकट के अतिरिक्त सम्राट की व्यक्तिगत उदासीनता भी थी। यही कारण है कि उसके काल में तीन ही स्थापत्य के साक्ष्य मिलते हैं। दिल्ली के लाल किले के अन्दर स्थित मोती मस्जिद संगमरमर से बनी है।
- लाहौर की बादशाही मस्जिद (1674 ई.) का निर्माण सम्भवत: औरंगजेब ने अपने निजी प्रयोग के लिए करवाया था। 1678 ई. में औरंगाबाद में बना औरंगजेब की बेगम रबिया-उद्-दुर्रानी का मकबरा (बीबी का मकबरा) ताजमहल से प्रेरित है, यद्यपि आकार में उससे आधा है।

अन्य शैलियाँ

राजपूत शैली

इस शैली के अन्तर्गत भव्य महलों एवं किलों का निर्माण करवाया गया। इस शैली की कुछ प्रमुख विशेषताएँ हैं

- भवनों में लटकती हुई बालकनी का निर्माण।
- कार्निस को मेहराब के आकार में इस प्रकार बनवाया जाना कि छाया की स्थिति में वह धनुष का आकार ग्रहण कर ले।

सिख शैली

इस शैली का विकास वर्तमान के पंजाब क्षेत्र में हुआ। यह राजपूत शैली एवं मुगल शैली से प्रभावित थी। इसकी कुछ प्रमुख विशेषताएँ हैं

- संरचनाओं के शीर्ष पर विभिन्न छतरियों का निर्माण।
- उथले कार्निस एवं प्याज के आकार के गुम्बदों का निर्माण किया गया।
- ये गुम्बद लम्बे एवं धारीदार बनाए जाते थे।

हरमन्दिर साहिब, अमृतसर

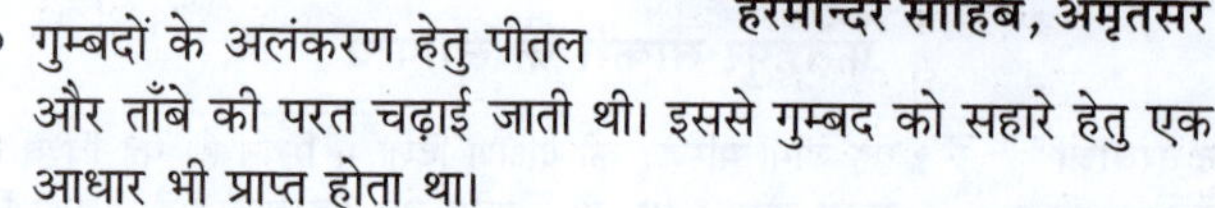

- गुम्बदों के अलंकरण हेतु पीतल और ताँबे की परत चढ़ाई जाती थी। इससे गुम्बद को सहारे हेतु एक आधार भी प्राप्त होता था।

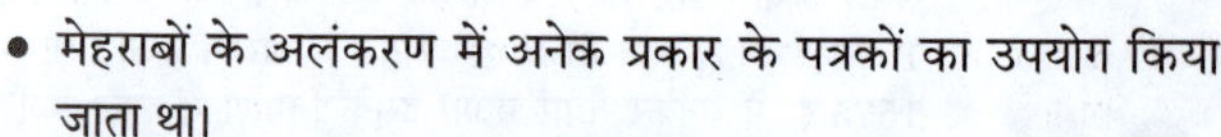

- मेहराबों के अलंकरण में अनेक प्रकार के पत्रकों का उपयोग किया जाता था।
- इस शैली की उत्कृष्ट संरचना हरमन्दिर साहिब अथवा स्वर्ण मन्दिर है। इसका निर्माण 16वीं-17वीं शताब्दी के मध्य किया गया था।

अवध वास्तुकला

- इस शैली की संरचनाओं का निर्माण वस्तुत: अवध के नवाबों के द्वारा 18वीं-19वीं शताब्दी के मध्य कराया गया था।
- इस शैली का केन्द्र मुख्यत: लखनऊ था। इस शैली में धार्मिक एवं धर्मनिरपेक्ष दोनों प्रकार की संरचनाओं का निर्माण किया गया।

अवध वास्तुकला की कुछ प्रमुख संरचनाएँ

- रूमी दरवाजा, (लखनऊ) इसका निर्माण 1784 ई. में सूफी सन्त जलालुद्दीन मुहम्मद रूमी के नाम पर किया गया है। इसे तुर्की गेट के नाम से भी जाना जाता है।
- बड़ा इमामबाड़ा, (लखनऊ) इसका निर्माण आसफुद्दौला के द्वारा 1784 ई. में करवाया गया था। इस संरचना के परिसर में अस्फी मस्जिद, सीढ़ियों वाला कुआँ तथा भूल-भुलैया का निर्माण किया गया है।
- छोटा इमामबाड़ा, (लखनऊ) नवाब मुहम्मद अलीशाह एवं उनकी माँ के मकबरे के रूप में इसका निर्माण 1838 ई. में किया गया था।

रूमी दरवाजा

कश्मीरी शैली

इस शैली का विकास दो चरणों में हुआ

1. आरम्भिक मध्यकाल में, जिसे हिन्दू चरण कहा गया।
2. 14वीं शताब्दी के बाद की संरचना, जिसे मुस्लिम चरण कहा गया।

- अन्य प्रान्तीय शैलियों की तरह यहाँ भी मिश्रित हिन्दू-इस्लामी शैली विकसित हुई।
- कार्कोट राजवंश एवं उत्पल राजवंश के शासकों के अन्तर्गत मन्दिर निर्माण अपने चरमोत्कर्ष पर पहुँच गया।

कश्मीरी शैली के स्थापत्य की प्रमुख विशेषताएँ

- इस शैली की सर्वप्रमुख विशेषता यह थी कि इसकी संरचनाओं के निर्माण में लकड़ियों का अधिकाधिक प्रयोग किया गया था।
- लकड़ी पर विविध प्रकार की नक्काशी से इन भवनों में सौन्दर्य की अभिवृद्धि हुई है।

कश्मीर शैली के प्रमुख मन्दिर

मार्तण्ड सूर्य मन्दिर	◆ इस मन्दिर का निर्माण 8वीं शताब्दी ई. में कार्कोट राजवंश के शासक **ललितादित्य मुक्तापीड** के शासनकाल में कश्मीर के **अनन्तनाग** में किया गया। ◆ मुख्य मन्दिर का शिखर पिरामिडीय आकार में निर्मित है। यहाँ भगवान विष्णु, सूर्य देवता एवं देवी गंगा तथा यमुना की नक्काशीयुक्त मूर्तियाँ स्थापित की गई हैं।
मामलेश्वर शिव मन्दिर	◆ इस मन्दिर का निर्माण लगभग 400 ई. के आस-पास **पहलगाम** में किया गया। ◆ इसका उल्लेख **राजतरंगिणी** नामक प्रसिद्ध संस्कृत ग्रन्थ में किया गया है।
पन्द्रेथान मन्दिर	◆ इस मन्दिर का निर्माण 10वीं शताब्दी ई. के प्रारम्भ में किया गया था। यह श्रीनगर के पास स्थित है। यह मुख्यत: भगवान विष्णु का मन्दिर है, किन्तु कहीं-कहीं भगवान शिव के चित्र भी बनाए गए हैं। इस मन्दिर को **मेरूवर्धन स्वामी मन्दिर** एवं **पानी मन्दिर** के नाम से भी जाना जाता है।
अवन्तिपुर के मन्दिर	◆ इस मन्दिर का निर्माण उत्पल राजवंश के प्रथम सम्राट **अवन्तिवर्मन** द्वारा 9वीं शताब्दी ई. में करवाया गया था। परिसर में दो मन्दिर निर्मित हैं। ◆ प्रथम, भगवान विष्णु को समर्पित, अवन्तिस्वामी मन्दिर तथा द्वितीय, भगवान शिव को समर्पित अवन्तीश्वर का मन्दिर। ◆ परिसर के चारों कोनों में चार मठ निर्मित किए गए हैं।
परिहासपुर के स्मारक	◆ इस स्मारक का निर्माण कार्कोट राजवंश के शासक **ललितादित्य मुक्तापीड** के द्वारा करवाया गया था। वर्तमान में यह आधुनिक **परासपोर** में अवस्थित है। ◆ यह भगवान विष्णु एवं भगवान परिहस्केसना को समर्पित मन्दिर है। यहाँ कुछ बौद्ध स्थापत्य भी विद्यमान हैं।
आली मस्जिद	◆ इस मस्जिद का निर्माण 15वीं शताब्दी में शाहमीरी शासक सुल्तान **हसन शाह** के द्वारा **श्रीनगर** में करवाया गया था। यह कश्मीर घाटी की दूसरी सबसे बड़ी मस्जिद है। ◆ इस मस्जिद के निर्माण में लकड़ी एवं पत्थर का उपयोग किया गया है।
जामिया मस्जिद	◆ इस मस्जिद का निर्माण 14वीं-15वीं शताब्दी में **श्रीनगर** में किया गया था। विशाल परिसर में लकड़ी के 370 खम्भे लगाए गए हैं। इस संरचना में घुमावदार गुम्बद का अभाव है।
परी महल	◆ इस महल का निर्माण डल झील के समीप 17वीं शताब्दी के मध्य में **राजकुमार दाराशिकोह** के द्वारा करवाया गया था। ◆ इस महल में एक वेधशाला का भी निर्माण किया गया है।
कश्मीर का उद्यान	◆ **निशात बाग** यह कश्मीर घाटी में सबसे बड़ा मुगल उद्यान है। इसका निर्माण डल झील के समीप किया गया है। ◆ **शालीमार बाग** इसे **जहाँगीर** के द्वारा 1619 ई. में ग्रीष्म ऋतु में शाही निवास हेतु बनवाया गया था। ◆ यह बाग तीन भागों में विभक्त है- दीवान-ए-आम, दीवान-ए-खास एवं जनाना बाग। ◆ **चश्मे-शाही उद्यान** इसे ताजे जल स्रोत के चारों ओर फारसी शैली में बनवाया गया है।

भारत में पारसी समुदाय से सम्बन्धित मन्दिर

- पारसी समुदाय के मन्दिरों को अग्नि मन्दिर कहा जाता है। ये तीन प्रकार के होते हैं
  1. आतश बेहराम (विजय की अग्नि)
  2. अत्श आतश (एड्रियन)
  3. आतश दरगाह (दर-ए-मेहर)
- भारत में 8 आतश बेहराम तथा 100 से अधिक दरगाह हैं। इनकी मौजूदगी अधिकांशत: गुजरात एवं महाराष्ट्र राज्य में है।

आतश बेहराम

- आग की एक उच्चतम श्रेणी है तथा इसके अन्तर्गत 16 भिन्न-भिन्न प्रकार की आग को इकट्ठा किया जाता है।
- इसकी मुख्य संकल्पना अग्नि की पवित्रता को बनाए रखना तथा यसन समारोह (प्रार्थना) का प्रतिपादन करना है।
- इसमें एक गर्भगृह होता है, जहाँ अग्नि को रखा जाता है एवं दस्तूर नामक पुजारी इस आनुष्ठानिक कार्य को सम्पन्न करते हैं।

आधुनिक वास्तुकला

- यूरोपीय, भारत में व्यापार करने के उद्देश्य से आए थे, किन्तु जब भारत में उनकी सत्ता स्थापित हो गई, तो उन्होंने यहाँ सुदृढ़ किले, भव्य गिरजाघर तथा प्रशासनिक इमारतें निर्मित कीं।
- गोवा में पुर्तगालियों ने आइबेरियन वास्तुकला शैली में आकर्षक चर्च निर्मित किए।

पुर्तगालियों के अन्तर्गत स्थापत्य कला

- इन्होंने आइबेरियन शैली में, आँगन गृहों एवं बरोक चर्चों के निर्माण की संकल्पना प्रस्तुत एवं प्रचलित की।
- बरोक शैली का विकास यूरोप में 16वीं शताब्दी के अन्तिम दशक में हुआ। यह शैली चर्च की शक्तियों को व्यक्त करने का एक माध्यम थी।

पुर्तगालियों के द्वारा निर्मित संरचनाएँ

- दीव के किले इनका निर्माण दीव (द्वीपीय क्षेत्र) के तटीय भाग पर 1535 ई. में किया गया था। इस किले के परिसर में सेण्ट थॉमस, सेण्ट पॉल एवं सेण्ट फ्रांसिस (असीसी) नामक तीन चर्च बनाए गए हैं।
- इस किले की दीवारों के ऊपरी हिस्सों में तोपें स्थापित की गई हैं। साथ ही, एक प्रकाश स्तम्भ का भी निर्माण किया गया है।
- बोम जीसस का बसिलिका (पवित्र यीशु) यह गोवा में निर्मित एक विश्व विरासत धरोहर है। इसका निर्माण बरोक शैली में किया गया है, जो 1604 ई. में बनकर तैयार हुआ था। इसमें सन्त फ्रांसिस जेवियर का पवित्र शरीर रखा गया है।
- सेण्ट पॉल चर्च (दीव) यह 1610 ई. में बरोक शैली में निर्मित एक चर्च है।

- **कैथेड्रल चर्च** (गोवा) इसका निर्माण 1619 ई. में पुर्तगाली **गोथिक शैली** में किया गया था। इस चर्च में एक विशाल घण्टा लगाया गया है, जिसे **स्वर्णिम घण्टा** कहा जाता है।
- **सेण्ट एन्ने चर्च, तलाउलिम** (गोवा) यह चर्च 1695 ई. में बनकर तैयार हुआ। इसका निर्माण भी **बरोक शैली** में किया गया है।

ब्रिटिशों के अन्तर्गत स्थापत्य कला

ब्रिटिश भी स्थापत्य कला की गोथिक शैली से परिचित थे। जब ये भारत में स्थापित हुए, तो इन्होंने इसका मिश्रण भारतीय स्थापत्य कला शैली से कर अनेक संरचनाओं का निर्माण किया, जिसे इण्डो-गोथिक शैली की संरचना कहा जाता है।

इण्डो-गौथिक शैली

इसे **विक्टोरियन शैली** के रूप में भी जाना जाता है। इस शैली से विशाल एवं विस्तृत संरचनाएँ निर्मित की जाती थीं। इसकी कुछ प्रमुख विशेषताएँ हैं

- तुलनात्मक रूप में इण्डो-इस्लामिक शैली से इनकी दीवारें पतली हुआ करती थीं तथा मेहराब वक्राकार की अपेक्षा नुकीली बनाई जाती थी। भवनों पर विशाल खिड़कियाँ लगाई जाती थीं।
- संरचनात्मक कार्यों में अभियान्त्रिकी के मानकों का पालन किया जाने लगा। इस शैली का उत्कृष्ट उदाहरण मुम्बई का **गेटवे ऑफ इण्डिया** तथा कोलकाता का **विक्टोरिया मेमोरियल** है।

नव-रोमन शैली

वर्ष 1911 के पश्चात् ब्रिटिशों के द्वारा नव-रोमन शैली में संरचनाएँ निर्मित करवाई गईं। इस शैली की प्रमुख विशेषताएँ हैं

- यह शैली स्थापत्य कला की सभी शैलियों का मिश्रित रूप थी। अत: इसमें कलात्मक प्रदर्शन के अवसर संकुचित थे।
- इसमें प्राच्य अभिव्यक्तियों का अत्यधिक प्रयोग हुआ। ऊपर उठे हुए गुम्बद की अवधारणा इसी चरण में प्रचलन में आई।
- राष्ट्रपति भवन तथा सर्वोच्च न्यायालय इसी प्रकार की संरचनाएँ हैं।

फ्रांसीसियों के अन्तर्गत स्थापत्य कला

- फ्रांसीसियों ने भारत में शहरी योजना की अवधारणा का प्रस्तुतीकरण किया। पुदुचेरी तथा पश्चिम बंगाल के चन्द्रनगर का निर्माण इन्होंने **कार्टेसियन ग्रिड** योजना के अन्तर्गत किया।
- फ्रांसीसियों ने केरल में **माहे**, आन्ध्र प्रदेश में **यानम** तथा तमिलनाडु में **कराईकल** नामक तटीय शहर विकसित किए।
- फ्रांसीसियों के द्वारा निर्मित उत्कृष्ट संरचना में चन्द्रनगर का सेक्रेड हार्ट चर्च एवं पुदुचेरी का जीसस का सेक्रेड हार्ट चर्च प्रमुख हैं।

स्वतन्त्रोत्तरकालीन स्थापत्य कला

- स्वतन्त्रता के पश्चात् स्थापत्य कला की दो शैलियाँ उभरकर सामने आईं। प्रथम, पुनरुत्थानवादी तथा द्वितीय, आधुनिकतावादी, परन्तु इन दोनों पर ही यूरोपीय स्थापत्य शैली का व्यापक प्रभाव बना रहा।
- चण्डीगढ़ शहर का डिजाइन फ्रांसीसी वास्तुकार **ली कार्बुजिए** ने तैयार किया था।

लॉरी बेकर

- इन्हें गरीबों के वास्तुकार तथा भारतीय वास्तुकला का संरक्षक एवं भारतीय **वास्तुकला का गाँधी** कहा जाता है।
- ये केरल में निर्मित सामूहिक आवास अवधारणा के लिए जाने जाते हैं।
- इन्हें वर्ष 2006 में **प्रित्जकर पुरस्कार** (वास्तुकला का नोबेल पुरस्कार) के लिए नामित किया गया था।
- इनके कुछ महत्त्वपूर्ण डिजाइन निम्न प्रकार हैं
  - विकास अध्ययन केन्द्र, उल्लूर (1971)
  - सेण्ट जॉन्स कैथेड्रल, तिरूवेल्ला (1973)
  - चित्रलेखा फिल्म स्टूडियो, तिरुवनन्तपुरम (1976)
  - इण्डियन कॉफी हाउस, तिरुवनन्तपुरम (1989)
- इन्हें वर्ष 1990 में **पद्म श्री** और **ग्रेट मास्टर आर्किटेक ऑफ द ईयर** पुरस्कार से सम्मानित किया गया था।

चार्ल्स कोरिया

- इन्हें शहरी वास्तुकला एवं स्थानिक योजना के कार्यों के लिए जाना जाता है। इन्होंने नई दिल्ली के कनॉट प्लेस में अवस्थित एलआईसी भवन, अहमदाबाद में महात्मा गाँधी मेमोरियल संग्रहालय तथा **मध्य प्रदेश के विधानसभा भवन** का डिजाइन तैयार किया।
- इन्हें वर्ष 2006 में **पद्म विभूषण** पुरस्कार से सम्मानित किया गया।

> मूर्तिकला पत्थर, टेराकोटा, धातु आदि जैसे पदार्थों को काटकर या टुकड़े करके आकृतियाँ बनाने की कला है। इसका विकास अनेक रूपों; जैसे–प्रस्तर मूर्तिकला, मृण्मूर्ति कला, धातु मूर्तिकला इत्यादि के अन्तर्गत हुआ।

अध्याय दो

भारतीय मूर्तिकला

भारत में मूर्तिकला का विकास प्राचीन काल से ही स्थापत्य एवं चित्रकला के साथ-साथ हुआ है। यह विभिन्न कालखण्डों में विभिन्न राजवंशों के सानिध्य में अपने चरमोत्कर्ष पर पहुँचा। यहाँ की मूर्तियों की विशेषता आध्यात्मिकता थी। इसके अन्तर्गत लोगों के उच्च आदर्श तथा मान्यताओं को अभिव्यक्त किया जाता था। इस कला के विकास का प्रारम्भिक साक्ष्य हड़प्पा से प्राप्त हुआ है।

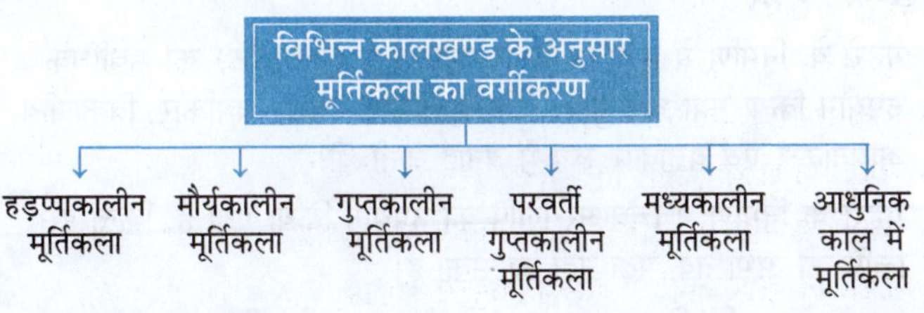

हड़प्पाकालीन मूर्तिकला

- मूर्तिकला का प्राचीनतम साक्ष्य उच्च पुरापाषाण काल से प्राप्त हुआ है।
- इस काल से सम्बन्धित पुरातात्विक स्थल बेलन घाटी की लोहदानाला से अस्थि निर्मित मातृदेवी की मूर्ति प्राप्त हुई है।
- हड़प्पा सभ्यता में मिट्टी की मूर्ति, प्रस्तर मूर्ति तथा धातु मूर्ति तीनों बनाई जाती थीं।
- कलात्मक दृष्टि से प्रस्तर एवं धातु की मूर्तियाँ उच्च कोटि की हैं, किन्तु ये संख्या में कम हैं।

मृण्मूर्ति *(मिट्टी की मूर्तियाँ)*

- मिट्टी से बनी छोटी-छोटी मूर्तियों को मृण्मूर्ति कहा जाता है। हड़प्पा काल में मूर्ति निर्माण में प्रायः चिपकवा विधि का प्रयोग किया जाता था।
- सर्वाधिक मृण्मूर्तियाँ सीटियों तथा झुनझुनों की हैं और सबसे कम पुरुषों की हैं। हड़प्पाकालीन धार्मिक जीवन में मातृ पूजन का विशेष महत्त्व था। बाद के कालों में इन मूर्तियों की मातृदेवी एवं शक्तिदेवी के रूप में पूजा की जाने लगी।
- हड़प्पाई स्थलों से मानव की अपेक्षा पशुओं की मृण्मूर्तियाँ अधिक पाई गईं। इन पशुओं में कूबड़दार बैल (वृषभ) का विशेष महत्त्व था।

टेराकोटा मूर्तियाँ

- पकी हुई मिट्टी का प्रयोग कर टेराकोटा मूर्तियों का निर्माण किया जाता था। इनका निर्माण पिंचिंग विधि के माध्यम से किया जाता था।
- काँसे की अपेक्षा टेराकोटा मूर्तियाँ कम संख्या में पाई गई हैं। साथ ही, इनका आकार एवं रूप भी अपरिष्कृत है।
- इसका सर्वश्रेष्ठ उदाहरण मातृदेवी की मूर्ति है। इसके अन्य उदाहरण सींग वाले देवता का मुखौटा तथा खिलौने हैं।
- हड़प्पाकालीन कुछ प्रमुख मृण्मूर्तियाँ हैं–लोथल से प्राप्त फ्रैंच कट दाढ़ी में पुरुष मृण्मूर्ति, बनावली एवं राखीगढ़ी से प्राप्त मातृदेवी की दो मृण्मूर्तियाँ, लोथल से प्राप्त घोड़े तथा गाय की मृण्मूर्तियाँ आदि।

मातृदेवी की मूर्ति

इनके मस्तक पर पंख के समान फैला हुआ मुकुट, कानों में गोलाकार कुण्डल, उन्नत वक्षस्थल पर लटकते कण्ठहार, कमर में मेखला, भुजाओं में भुजबन्द और धोती/कटिवस्त्र तथा करधनी पहने हुए हैं। सामान्यतः **उर्वरता की देवी** और **संवृद्धि की देवी** के रूप में ये पूज्य थीं।

प्रस्तर मूर्तियाँ

- इन मूर्तियों का निर्माण सेलखड़ी, स्लेटी पत्थर, बलुआ पत्थर, चूना पत्थर इत्यादि से किया जाता था।
- इनके निर्माण में द्रवी मोम विधि का प्रयोग किया जाता था, जिसमें अंग-प्रत्यंग को विभिन्न प्रकार के नट (रिपीट) से जोड़कर मूर्ति का निर्माण किया जाता था।

- इसकी विषय-वस्तु मनुष्य तथा पशु-पक्षी थे।
- कुछ प्रसिद्ध मूर्तियाँ हैं—मोहनजोदड़ो से प्राप्त संन्यासी अथवा योगी की मूर्ति, हड़प्पा से प्राप्त नग्न पुरुष धड़ और सेलखड़ी का कुत्ता, मोहनजोदड़ो से प्राप्त मानव मस्तक और भेड़-हाथी की संयुक्त मूर्ति।

संन्यासी/योगी मूर्ति (दाढ़ी वाले पुजारी) **मोहनजोदड़ो**

- यह ध्यान मुद्रा में प्रस्तर की एक अर्द्ध-प्रतिमा (शरीर का ऊपरी भाग प्रदर्शित) है।
- यह तिपतिया (ट्रेफोइल) पैटर्न वाली शॉल लपेटे है।
- यह मूर्ति मूँछविहीन तथा दाढ़ीयुक्त है।
- अधखुले नेत्र, मोटे होंठ, दाहिने हाथ पर बाजूबन्द एवं सिर पर साधारण बुनी हुई पट्टिका है।

नग्न पुरुष धड़ (हड़प्पा)

- यह मूर्ति लाल बलुआ पत्थर से निर्मित है।
- सम्भवत: इसे आदिम शिव का रूप माना जाता है।

धातु मूर्तियाँ

- इनकी प्राप्ति मोहनजोदड़ो, चन्हूदड़ो, कालीबंगा तथा लोथल से हुई है।
- इनका निर्माण लुप्त मोम तकनीक अथवा द्रवी मोम विधि से किया जाता था।
- धातु मूर्तियों के निर्माण में ताँबे तथा काँसे का उपयोग किया जाता था।
- इसके मुख्य विषय पशु-पक्षी, नारी और खिलौने हैं।
- इससे सम्बन्धित कुछ प्रमुख मूर्तियाँ हैं—मोहनजोदड़ो से प्राप्त काँसे की नर्तकी की मूर्ति, दैमाबाद से प्राप्त ताँबे और काँसे की रथनुमा गाड़ी, मोहनजोदड़ो से प्राप्त वृषभ की मूर्ति, लोथल से प्राप्त ताँबे की मानवाकृति तथा ताँबे का कुत्ता, चन्हूदड़ो से प्राप्त काँसे की पहियायुक्त गाड़ी आदि।

लुप्त मोम तकनीक (द्रवी मोम विधि)

- सर्वप्रथम इससे मोम की मूर्ति बनाई जाती है, जिसके ऊपर चिकनी मिट्टी तथा गोबर का लेप लगाया जाता है, फिर इसे अनेक बार धूप में सुखाया जाता है।
- इसके पश्चात् मूर्ति को गर्म किया जाता है, जिससे अन्दर का मोम पिघल जाता है। फिर एक छोटे छेद के माध्यम से मोम को बाहर निकाल दिया जाता है और खोखले साँचे के अन्दर पिघली धातु डाल दी जाती है।
- धातु के ठण्डा हो जाने और जम जाने के पश्चात् मिट्टी के लेप को हटा दिया जाता है।
- साँचे की आकृति एवं आकार जिस प्रकार का होता है, उसी आकृति एवं आकार में धातु की मूर्ति का निर्माण होता है।
- वर्तमान में इस तकनीक का उपयोग देश के अनेक भागों में धातु की मूर्तियाँ बनाने में किया जाता है।

काँसे की नर्तकी

- मोहनजोदड़ो से प्राप्त काँसे की नर्तकी की मूर्ति सर्वाधिक उल्लेखनीय धातु मूर्ति है।
- नर्तकी त्रिभंग नृत्य मुद्रा में खड़ी है।
- इस मूर्ति की खोज वर्ष 1926 में ब्रिटिश पुरातत्त्वविद् अर्नेस्ट मैके ने की थी। समस्त विश्व में नृत्य करती काँसे की यह मूर्ति अत्यन्त प्राचीन है।

हड़प्पाई मृद्भाण्ड

इन्हें दो वर्गों में विभाजित किया जाता है— सादे मृद्भाण्ड एवं चित्रित मृद्भाण्ड। चित्रित मृद्भाण्डों को काले एवं लाल मृद्भाण्डों के रूप में भी जाना जाता है। चाक निर्मित मृद्भाण्ड उत्तम किस्म के हैं। मृद्भाण्ड के ऊपर पशु, पक्षी, वृक्ष इत्यादि के ज्यामितीय चित्र बनाए जाते थे।

हड़प्पाई आभूषण

- आभूषण निर्माण में टेराकोटा, हड्डी, रत्न तथा मूल्यवान धातुओं का प्रयोग किया जाता था।
- पुरुष एवं महिलाओं दोनों को ही आभूषण प्रिय थे तथा दोनों ही कण्ठहार, अँगूठियाँ, बाजूबन्द एवं पट्टिका पहनते थे।
- करधनी, पायल, झुमके केवल महिलाएँ पहनती थीं।

हड़प्पाई मुहर

- मुहरों के निर्माण में मुलायम पत्थर, सेलखड़ी (स्टेटाइट) का सर्वाधिक उपयोग किया गया था। मुहरें विभिन्न आकारों; जैसे—वर्गाकार, त्रिकोणीय, आयताकार एवं वृत्ताकार रूप में बनाई जाती थीं।
- मुहरों के निर्माण में चित्राक्षर लिपि का उपयोग किया गया है, किन्तु इस लिपि को अभी तक पढ़ा नहीं जा सका है।
- इन मुहरों पर द्वि-दिशात्मक लेखन शैली का उपयोग किया गया है अर्थात् एक पंक्ति दाएँ से बाएँ एवं दूसरी पंक्ति बाएँ से दाएँ लिखी गई है।
- इन मुहरों पर सामान्यत: कूबड़दार बैल, बाघ, गैण्डा, हाथी, भैंस, बकरी, मगरमच्छ इत्यादि की आकृति अंकित की गई है।
- मुहरों पर गाय का अंकन प्राप्त नहीं हुआ है।
- इसके अतिरिक्त स्वास्तिक जैसी आकृति वाली मुहरें भी प्राप्त हुई हैं।
- मुहरों का प्रयोग मुख्यत: व्यावसायिक प्रयोजनों, ताबीज बनाने तथा शैक्षणिक उद्देश्यों के लिए किया जाता था। कुछ प्रमुख मुहरों के उदाहरण-पशुपति की मुहर, एक श्रृंगी गैण्डा (यूनीकार्न) इत्यादि हैं।

पशुपति मुहर

- इस मुहर की प्राप्ति मोहनजोदड़ो से हुई है तथा इसका निर्माण सेलखड़ी से किया गया है। इस मुहर में पालथी मारकर बैठी हुई मानवीय आकृति में देवता को प्रदर्शित किया गया है। देवता ने तीन सींगों वाला मुकुट धारण किया है।
- देवता के बाईं ओर हाथी एवं बाघ तथा दाईं ओर गैण्डे एवं भैंस को दर्शाया गया है तथा इनके आसन के नीचे दो हिरण बनाए गए हैं।

मौर्यकालीन मूर्तिकला

- मौर्यकाल की मूर्तियाँ अधिकतम संख्या में प्राप्त हुई हैं। विशेषकर इनकी प्राप्ति तक्षशिला, वैशाली, पाटलिपुत्र, कौशाम्बी, मथुरा, सारनाथ तथा अहिच्छत्र से हुई है। इन स्थलों से प्रस्तर एवं मृण्मूर्तियाँ प्राप्त हुई हैं, परन्तु धातु की कोई भी मूर्ति प्राप्त नहीं हुई है।
- इस काल में किसी देवता की प्रस्तर मूर्ति निर्मित नहीं करवाई गई है। मूर्तियों का निर्माण चिपकवा विधि अथवा साँचे में ढालकर किया जाता था।
- प्रस्तर मूर्ति के निर्माण में चुनार के बलुआ पत्थर एवं मथुरा के चित्तीदार लाल पत्थरों का उपयोग किया जाता था।
- मूर्तियों के ऊपर चमकदार पॉलिश की जाती थी। सारनाथ स्तम्भ अशोककालीन मूर्तिकला का सर्वोत्तम उदाहरण है। वर्तमान में यह हमारा राष्ट्रीय चिह्न (प्रतीक) है।
- अशोक के शासनकाल में एक शिलाखण्ड या चट्टान को काटकर पशु आकृति (हाथी की मूर्ति) का निर्माण किया गया था। यह धौली (उड़ीसा) में स्थित है। मौर्यकालीन मूर्तिकला पर ईरानी एवं यूनानी प्रभाव प्रदर्शित होता है।
- 7 फीट ऊँची यक्ष की मूर्ति (परखम, उत्तर प्रदेश से प्राप्त), यक्षिणी मूर्ति (दीदारगंज, पटना से प्राप्त) एवं दिगम्बर की प्रतिमा (लोहानीपुर, पटना से प्राप्त) मौर्यकालीन सर्वोत्तम मूर्ति संरचनाएँ हैं।

यक्षिणी मूर्ति

- इसका निर्माण दूसरी-तीसरी शताब्दी ईसा पूर्व में किया गया था।
- यक्ष एवं यक्षिणी जैन, बौद्ध तथा हिन्दू तीनों ही धर्मों में पूजनीय थे। पटना, मथुरा और विदिशा जैसे कई स्थानों पर यक्ष और यक्षिणियों की अन्य बड़ी मूर्तियाँ मिली हैं।
- मूर्ति का एक हाथ टूटा हुआ है और दूसरे हाथ में चंवर धारण किए हुए है। इसलिए इस मूर्ति को चंवरधारणी यक्षिणी भी कहा जाता है।
- इस मूर्ति की प्राप्ति वर्ष 1917 में पटना के दीदारगंज से हुई।
- वर्तमान में यह मूर्ति पटना के संग्रहालय में सुरक्षित है।
- यक्षिणी के सन्दर्भ में सर्वप्रथम उल्लेख शिलप्पादिकारम (इलंगो आदिगल) नामक तमिल कृति में किया गया है।

प्रमुख यक्ष-यक्षिणी की मूर्तियाँ

मणिभद्र
मथुरा के परखम नामक स्थान से मणिभद्र नामक एक यक्ष की विशालकाय मूर्ति प्राप्त हुई है। यह मूर्ति 7 फीट ऊँचे बलुआ पत्थर से निर्मित की गई है। इस मूर्ति पर कम-से-कम अलंकरण हैं। इसके सिर पर पगड़ी, उत्तरीय एवं अधोवस्त्र उत्कीर्ण हैं। कानों में भारी कुण्डल एवं गले में कण्ठा मुख्य आभूषण हैं। वर्तमान में यह मथुरा के डैम्पीयर नगर म्यूजियम में संरक्षित है। पद्मावती (ग्वालियर, मध्य प्रदेश) एवं त्रिमुख, राजघाट (वाराणसी) से यक्ष की

राजघाट (वाराणसी) से यक्ष की प्रतिमाएँ प्राप्त हुई हैं। शिशुपालगढ़ (उड़ीसा) तथा आमीन (कुरुक्षेत्र) से यक्ष की मूर्तियाँ प्राप्त हुई हैं। पटना से यक्ष की दो प्रतिमाएँ प्राप्त हुई हैं, इनका सम्बन्ध मणिभद्र मूर्ति से है।

बेसनगर यक्षी
यह मूर्ति मध्य प्रदेश के विदिशा से प्राप्त हुई है। यह भंगहीन मुद्रा में अर्थात् सीधे खड़ी है। यह 6 फीट, 7 इंच ऊँची है।

मौर्यकालीन मृद्भाण्ड

- इस काल के मृद्भाण्ड को प्रायः उत्तरी काले पॉलिशदार मृद्भाण्ड अथवा चित्रित धूसर मृद्भाण्ड के नाम से भी जाना जाता है।
- ये अत्यधिक चमकदार एवं काले रंग के होते थे।
- सामान्यतः इनका प्रयोग विलासिता की वस्तुओं के रूप में किया जाता था।

मौर्यकाल मूर्तिकला शैली

- मौर्यकाल में मूर्तिकला की तीन प्रमुख शैलियों का विकास हुआ था।

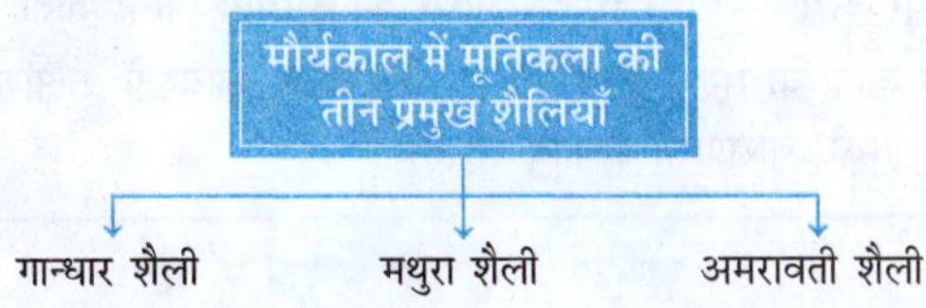

गान्धार शैली

- गान्धार शैली का विकास दो चरणों में, 50 ईसा पूर्व से लेकर 500 ईस्वी के मध्य हुआ था।
- इस शैली से सम्बन्धित क्षेत्रों में, आधुनिक पेशावर और अफगानिस्तान के निकट पंजाब का पश्चिमी भाग शामिल है।
- गान्धार कला शैली विशुद्ध रूप से बौद्ध धर्म एवं सम्बन्धित मूर्तियाँ ग्रीक-रोमन देवताओं पर आधारित हैं। अतः इस शैली की कला को ग्रीक-इण्डियन शैली के रूप में जाना जाता है।

नोट *गान्धार शैली की मूर्तिकला में बुद्ध के सारनाथ में हुए प्रथम धर्मोपदेश से सम्बद्ध प्रवचन मुद्रा का नाम धर्मचक्र है।*

गान्धार शैली की प्रमुख विशेषताएँ

- मानव शरीर की सुन्दर संरचना उत्कीर्ण है। शरीर पर पारदर्शक वस्त्रों की सिलवटों एवं उत्कृष्ट नक्काशी का प्रयोग किया गया है।
- इस कला शैली में भगवान बुद्ध की मूर्तियों को यूनानियों के सौन्दर्य देवता अपोलो के समान सुन्दर बनाने का प्रयत्न किया गया है।
- इस शैली में भगवान बुद्ध के मैत्रेय रूप तथा बैठे हुए (आसन) एवं खड़े हुए (स्थानक) दोनों मुद्राओं की मूर्तियों का निर्माण सर्वाधिक संख्या में किया गया है।
- भगवान बुद्ध का स्वरूप घुँघराले बाल एवं मूँछ, मस्तिष्क के पीछे आभामण्डल, ललाट पर भौंरी एवं खड़ाऊ पहने हुए दर्शाया गया है।

गान्धार कला शैली से सम्बन्धित प्रमुख मूर्तियों के उदाहरण निम्नलिखित हैं

- एन्थॉनी-रोमा, हिप्पोक्रेटिज, फैरो इत्यादि विदेशी देवताओं की मूर्ति का अंकन।
- हाथ में कमल का फूल पकड़े हुए बोधिसत्व की बहुसंख्यक प्रतिमाएँ।

- गान्धार कला शैली के अन्तर्गत कुछ देवी-मूर्तियों का भी निर्माण किया गया था। इनमें देवी रोमा की मूर्ति विशिष्ट स्थान रखती है।

- कुछ हिन्दू देवी-देवताओं की मूर्तियाँ भी उत्कीर्ण की गई थीं; जैसे—कुबेर, इन्द्र, ब्रह्मा, सूर्य, पांचिक, हारिति (मातृदेवी) इत्यादि।
- कुबेर/वैश्रवण (मध्य देश के देवता) को ही गान्धार में पांचिक कहा जाता था।

मथुरा शैली

- मथुरा शैली का विकास पहली और तीसरी शताब्दी ई. के मध्य यमुना नदी के किनारे हुआ।
- इस कला शैली में निर्माण सामग्री के रूप में लाल बलुआ (चित्तीदार) पत्थर अथवा श्वेत चित्तीदार पत्थर का उपयोग किया जाता था।
- इस कला के मुख्य केन्द्र-मथुरा, अहिच्छत्र, श्रावस्ती, तक्षशिला, कौशाम्बी, वाराणसी इत्यादि रहे हैं।

मथुरा शैली की प्रमुख मूर्तियाँ

बौद्ध मूर्तियाँ

मथुरा से बुद्ध एवं बोधिसत्वों की खड़ी तथा बैठी मूर्तियाँ प्राप्त हुई हैं। उनके व्यक्तित्व में चक्रवर्ती तथा योगी दोनों के ही आदर्श दर्शनीय हैं। बुद्ध की मूर्तियों में कटरा से प्राप्त मूर्ति विशेष रूप से उल्लेखनीय है, जिसे चौकी पर उत्कीर्ण लेख में बोधिसत्व की संज्ञा दी गई है। बुद्ध के अतिरिक्त मैत्रेय, कश्यप, अवलोकितेश्वर आदि बोधिसत्वों की मूर्तियाँ भी मथुरा शैली में हैं।

जैन मूर्तियाँ

जैन मूर्तियाँ दो प्रकार की हैं, खड़ी हुई मूर्तियाँ **कायोत्सर्ग मुद्रा** में हैं तथा बैठी हुई मूर्तियाँ **पद्मासन मुद्रा** में हैं। खड़ी मुद्रा की मूर्तियाँ वस्त्रविहीन तथा घुटनों तक लम्बे हाथों वाली हैं। पद्मासन में बैठी मूर्तियाँ ध्यान मुद्रा में हैं।

शासकों की मूर्तियाँ

बुद्ध एवं बोधिसत्वों के अतिरिक्त मथुरा कला शैली में कनिष्क की एक सिर रहित मूर्ति प्राप्त हुई है, जिस पर महाराज राजाधिराज देवपुत्र कनिष्क अंकित है। इस श्रेणी की दूसरी मूर्ति वेमतक्षम (विम कडफिसेस) की है, जो सिंहासनारूढ़ है। सिंहासन के आगे दो सिंह निर्मित हैं।

हिन्दू देवी- देवताओं की मूर्तियाँ

हिन्दू देवताओं में कुबेर, नाग, शिव, सूर्य एवं यक्ष की पाषाण प्रतिमाएँ प्राप्त हुई हैं। विष्णु की चतुर्भुज मूर्तियों में तीन हाथ में शंख, चक्र, गदा तथा चौथा हाथ अभय मुद्रा में दर्शाया गया है। शिव के साथ पार्वती की प्रथम प्रतिमा इसी कला शैली में प्राप्त हुई है। अर्द्धनारीश्वर की मूर्ति प्रथम बार इसी शैली की बनी है। देवी दुर्गा के चतुर्भुजी व महिषासुरमर्दिनी रूप प्राप्त होते हैं।

मथुरा शैली की प्रमुख विशेषताएँ

- मूर्तियों का निर्माण सुन्दर स्वरूप में किया गया।
- यह कला शैली जैन, बौद्ध एवं हिन्दू तीनों ही धर्मों की कहानियों तथा चित्रों से प्रभावित थीं; जैसे-पशु-पक्षी के साथ कुबेर की पूजा, बुद्ध एवं बोधिसत्वों की पूजा, यक्ष की पूजा, सेवक का चित्र इत्यादि। इसका व्यापक प्रभाव प्रथम शताब्दी ई. से चतुर्थ शताब्दी ई. तक रहा।
- भगवान बुद्ध की मूर्तियाँ आसन एवं स्थानक दोनों ही मुद्राओं में निर्मित की गई हैं। इसके अन्तर्गत अभय मुद्रा, वरदहस्त मुद्रा, भूमि स्पर्श मुद्रा एवं धर्मचक्र मुद्रा को सम्मिलित किया गया था।
- इस शैली में बुद्ध की मूर्ति सामान्यत: वस्त्रविहीन, बालविहीन, मूँछविहीन, अलंकारविहीन बनाई गई है, किन्तु सिर के पीछे विशाल आभामण्डल निर्मित किया गया है।
- मथुरा कला शैली के अन्तर्गत जैन धर्म से सम्बन्धित मूर्तियों का निर्माण एक चौकोर पट्टिका पर किया जाता था, जिसे आयाग-पट्ट कहा जाता है।

अमरावती शैली

- द्वितीय शताब्दी के उत्तरार्द्ध में सातवाहन शासकों के अन्तर्गत इस कला शैली का विकास आन्ध्र प्रदेश के अमरावती में हुआ था, जो कृष्णा नदी के तट पर स्थित है।
- अमरावती में इस शैली का प्रारम्भिक विकास होने के कारण ही इसे अमरावती शैली कहा जाता है।
- अधिकांश मूर्तियों का निर्माण त्रिभंग आसन अर्थात् तीन झुकावों के साथ शरीर के रूप में किया गया है।
- इस कला शैली की सर्वप्रमुख विशेषता यह है कि मूर्तियों का निर्माण सफेद संगमरमर से किया गया है। स्तूप के बाह्य आवरण एवं रेलिंग हेतु भी संगमरमर का ही प्रयोग किया गया है।
- चेहरे की भाव-भंगिमा भी इसकी एक प्रमुख विशेषता रही है।
- अमरावती कला शैली के माध्यम से सर्वप्रथम मूर्तियों का निर्माण धर्म प्रधान की अपेक्षा मानव प्रधान रूप में किया गया है।
- अमरावती मूर्तिकला शैली में निर्मित मूर्तियों के कुछ विशिष्ट उदाहरण हैं-देवदत्त (बुद्ध के चचेरे भाई) द्वारा बुद्ध को मारने हेतु छोड़े गए पागल हाथी, नलगिरि को शान्तचित्त करते दृश्य आदि।

गान्धार, मथुरा तथा अमरावती शैलियों के मध्य असमानता (अन्तर)

तुलना का आधार	गान्धार मूर्तिकला शैली	मथुरा मूर्तिकला शैली	अमरावती मूर्तिकला शैली
संरक्षण	कुषाण शासकों के संरक्षण में विकसित।	कुषाण शासकों के संरक्षण में विकसित।	सातवाहन शासकों के संरक्षण में विकसित।
विकास क्षेत्र	उत्तर-पश्चिम सीमान्त प्रान्त, विशेषकर आधुनिक कन्धार क्षेत्र में विकसित हुई।	मथुरा, कंकाली टीला एवं सोंख के समीप के क्षेत्रों में विकसित हुई। कंकाली टीला जैन मूर्तियों के लिए प्रसिद्ध है।	आन्ध्र प्रदेश के गुण्टूर जिले में कृष्णा-गोदावरी की निचली घाटी क्षेत्रों में विशेषकर अमरावती, नागार्जुनकोण्डा, घंटासला के समीप के क्षेत्रों में विकसित हुई।
बुद्ध मूर्ति की विशेषताएँ	बुद्ध को आध्यात्मिक मुद्रा में दर्शाया गया है। ये योगी मुद्रा में आधी आँखें बन्द किए बैठे हैं। मस्तक पर जटा अथवा उभार को दर्शाया गया है। आभूषण का प्रयोग बहुत ही कम किया गया है।	बुद्ध को मुस्कुराते हुए प्रसन्नचित्त मुद्रा में दर्शाया गया है। हृष्ट-पुष्ट शरीर के साथ मुण्डा हुआ सिर एवं चेहरे को प्रदर्शित किया गया है। बुद्ध विभिन्न मुद्राओं में पद्मासन अवस्थिति में बैठे हुए हैं। मस्तक पर जटा दर्शाई गई है।	इस कला में बुद्ध की गतिशील एवं कथात्मक मूर्तियों का निर्माण किया गया है। अत: बुद्ध की व्यक्तिगत विशेषता एवं धार्मिक महत्ता के स्थान पर मानव महत्ता को प्रदर्शित किया गया है। मूर्तियाँ प्राय: जातक कथाओं के माध्यम से बुद्ध की जीवनी प्रदर्शित करती हैं, जिसमें बुद्ध को मानव एवं पशु दोनों ही रूपों में वर्णित किया गया है।
प्रयुक्त सामग्री	प्रारम्भिक काल (स्तर) में इसके निर्माण में नीले धूसर बलुआ प्रस्तर का प्रयोग किया गया। बाद की अवधि में मिट्टी एवं प्लास्टर को निर्माण सामग्री बनाया गया।	इसमें लाल बलुआ चित्तीदार (धब्बेदार) पत्थर अथवा श्वेत चित्तीदार पत्थर का उपयोग किया गया।	इसमें सफेद संगमरमर का उपयोग किया गया है।
धार्मिक प्रभाव	यूनानी-रोमन देवताओं से प्रभावित विशेषत: बौद्ध चित्रकला।	समकालिक हिन्दू, जैन एवं बौद्ध धर्म का इसके ऊपर प्रभाव रहा।	मुख्यत: बौद्ध प्रभाव रहा।
बाह्य प्रभाव	इस पर यूनानी (हेलेनिस्टिक) मूर्तिकला का व्यापक प्रभाव रहा, इसलिए इसे **भारतीय-यूनानी कला** के रूप में भी जाना जाता है।	यह स्वदेशी शैली के रूप में विकसित हुई, इसके ऊपर बाह्य प्रभाव रहा।	यह भी स्वदेशी शैली के रूप में विकसित हुई, किन्तु बाह्य प्रभाव से अछूती रही।

गान्धार मूर्तिकला

मथुरा मूर्तिकला

अमरावती मूर्तिकला

यूनानी एवं रोमन कला

- यूनानी कला इस शैली में भगवान एवं अन्य मानवों की शारीरिक संरचना (पेशीय गठन) तथा सौन्दर्य प्रदर्शन को चित्रांकन में महत्ता प्रदान की गई थी।
- पौराणिक आकृति में मूर्ति निर्माण हेतु संगमरमर का उपयोग किया गया है।
- रोमन कला यथार्थवाद को प्रदर्शित करती है तथा वास्तविक लोगों एवं प्रमुख ऐतिहासिक घटनाओं का चित्रण करती है।
- रोमवासी अपनी मूर्तियों में कंक्रीट का उपयोग करते थे।

नोट *गान्धार शैली में यूनानी एवं रोमन दोनों ही कला शैलियों का एकीकरण (समन्वय) प्रदर्शित होता है।*

- भरहुत मूर्तिकला में सदैव हरित स्तरित चट्टान (शिष्ट) का प्रयोग माध्यम के रूप में होता था।

प्रमुख बौद्ध मूर्तियाँ

मूर्तियाँ	विवरण
मथुरा की बुद्ध प्रतिमा	मथुरा से प्राप्त बुद्ध की लाल बलुआ पत्थर की प्रतिमा **5वीं शताब्दी** ई. की गुप्त कारीगरी का अद्भुत नमूना है। यहाँ महात्मा बुद्ध को सम्पूर्ण भव्यता के साथ अभय मुद्रा में खड़ा दर्शाया गया है।
सारनाथ की बुद्ध प्रतिमा (झुकी हुई)	सारनाथ में खड़े हुए बुद्ध की प्रतिमा परिपक्वता में गुप्तकालीन कला का एक उत्कृष्ट उदाहरण है। इस मूर्ति में शरीर को थोड़ा झुका कर विश्राम की मुद्रा में दर्शाया गया है।
सारनाथ की बुद्ध प्रतिमा (बैठी हुई)	सारनाथ की यह बुद्ध मूर्ति सर्वाधिक आकर्षक है। यह लगभग 2 फीट, 4.5 इंच ऊँची है। इसमें बुद्ध पद्मासन में विराजमान हैं।
	सुल्तानगंज की बुद्ध प्रतिमा ताँबे से निर्मित है तथा 7.5 फीट ऊँची मूर्ति **अभय मुद्रा** में है। इसका वजन एक टन है तथा वर्तमान में लन्दन के **बर्मिंघम संग्रहालय** में संरक्षित है।
परिनिर्वाण मूर्ति	यह मूर्ति परिनिर्वाण मन्दिर में स्थापित है। यह मन्दिर उत्तर प्रदेश के सर्वाधिक प्राचीन नगर **कुशीनगर** में स्थित है। सर्वप्रथम **कार्लाइल** ने 1876 ई. में इस मन्दिर और परिनिर्वाण प्रतिमा की खोज की थी। इसका निर्माण काल लगभग 5वीं सदी है।

बौद्ध मूर्तियों की प्रमुख मुद्राएँ

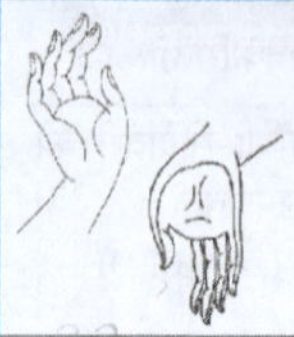

अभय मुद्रा यह मुद्रा सुरक्षा, शान्ति, परोपकार और भय को दूर करती है।

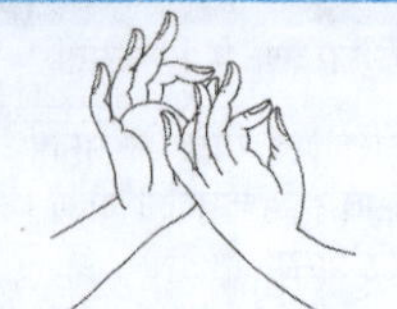

भूमि स्पर्श मुद्रा यह मुद्रा बुद्ध की दानव पर विजय का प्रतीक है। इसके अन्तर्गत बुद्ध अपनी शुचिता एवं शुद्धता के लिए धरती को साक्षी बनाते हैं।

धर्मचक्र मुद्रा यह मुद्रा बुद्धि तथा जुड़ने की कला को इंगित करती है। इसमें तीन खड़ी अँगुलियाँ बौद्ध शिक्षा का प्रतीक हैं।

करण मुद्रा यह मुद्रा बुराई से से बचने का संकेतक है।

ध्यान मुद्रा यह मुद्रा अच्छी भावना तथा एकाग्रता के लिए होती है।

वरदा मुद्रा यह हितकारी मुद्रा है। यह मुद्रा, दया-भाव, करुणा प्रदर्शित करती है।

ज्ञान मुद्रा इसे वज्र मुद्रा के नाम से भी जाना जाता है। यह सर्वोच्च ज्ञान का प्रतीक है।

गुप्तकालीन मूर्तिकला

- गुप्त साम्राज्य चौथी शताब्दी ई. से छठी शताब्दी तक अपने शक्तिशाली स्वरूप के अस्तित्व में रहा। इस काल को भारत का स्वर्णिम युग भी कहा जाता है।
- इस अवधि में सारनाथ के आस-पास मूर्तिकला की एक नई शैली विकसित हुई, जिसमें मूर्तियों के निर्माण में बलुआ पत्थर एवं धातुओं का उपयोग किया जाता था।
- इस काल में भगवान विष्णु को निम्न रूपों में स्थापित किया गया है
    - शेष शयन इसमें इन्हें शेषनाग पर लेटे हुए दर्शाया जाता है।
    - गजेन्द्रमोक्ष को एक हाथी के रूप में असुर का दमन करते हुए प्रदर्शित किया जाता है। प्रतीकात्मक रूप में यह असुर के मोक्ष प्राप्ति की कहानी को प्रदर्शित करता है।
    - नर-नारायण इसमें मानव आत्मा एवं शाश्वत परमात्मा के मध्य के प्रसंग (चर्चा) को दर्शाया जाता है।

गुप्तकालीन मूर्तिकला की विशेषताएँ

- इस काल में हिन्दू, जैन एवं बौद्ध तीनों धर्मों से सम्बन्धित तथा गैर-धार्मिक विषय पर आधारित मूर्तियाँ बनाई जाती थीं। गुप्तकालीन जैन धर्म के अन्तर्गत विशालकाय बाहुबली की मूर्तियों का निर्माण प्रारम्भ हो चुका था।
- छठी-सातवीं सदी में बामियान घाटी (अफगानिस्तान) में रेशम मार्ग पर पहाड़ों को काटकर बुद्ध की भव्य मूर्ति निर्मित की गई थी, जिसे वर्ष 2001 में तालिबानियों द्वारा ध्वस्त कर दिया गया।

- गुप्तकाल में सर्वाधिक मूर्तियाँ हिन्दू/ब्राह्मण धर्म से सम्बन्धित थीं। इसका मुख्य कारण दशावतार की संकल्पना को मान्यता प्राप्त होना था।
- एलोरा, खजुराहो एवं देवगढ़ में विष्णु के दशावतार रूप में मूर्तियाँ बनाई गई हैं। इनमें से देवगढ़ की शेषशायी विष्णु मूर्ति अत्यधिक प्रसिद्ध है।
- गुप्तकाल में मिट्टी के अतिरिक्त पाषाण एवं धातु की मूर्तियाँ भी निर्मित की गईं। इस काल में मूर्ति निर्माण के कुछ प्रमुख केन्द्र-सारनाथ, मथुरा, सुल्तानगंज, राजगृह, श्रावस्ती, कान्यकुब्ज, अहिच्छत्र, ताम्रलिप्ति इत्यादि थे।
- गुप्तकालीन मूर्तिकला के प्रमुख उदाहरण-उड़ीसा के उदयगिरि की गुफा से प्राप्त वराह मूर्ति, राजस्थान के भूमरा से प्राप्त नर-नारायण और कृष्ण की रास-लीला मूर्ति, वर्तमान विदिशा के भिलसा से प्राप्त वराह अवतार की मूर्ति, एलिफेण्टा से प्राप्त त्रिमूर्ति तथा ढाका से प्राप्त मत्स्यावतार एवं कच्छपावतार मूर्ति इत्यादि हैं।

नोट *अहिच्छत्र के शिव मन्दिर में स्थापित गंगा एवं यमुना की दो आदमकद पकी मिट्टी की मूर्तियाँ गुप्तकाल से सम्बन्धित हैं।*

गुप्तकालीन जैन मूर्तियाँ

प्राप्ति स्थल	विवरण
मथुरा	मथुरा से पार्श्वनाथ की अपेक्षा ऋषभदेव की मूर्तियाँ अधिक प्राप्त हुई हैं।
राजगीर	बिहार के राजगीर पर्वतों पर ध्वस्त जैन मन्दिरों के अवशेष प्राप्त हुए हैं, जिनमें लगभग चौथी शताब्दी ई. की चार मूर्तियाँ प्राप्त हुई हैं, जिनमें से एक 22वें तीर्थंकर **नेमिनाथ** की प्रतिमा है। काले पत्थर की इस प्रतिमा पर गुप्त लिपि में चन्द्रगुप्त विक्रमादित्य का नाम अंकित है।
पन्ना	मध्य प्रदेश के **पन्ना** जिले में शिव मन्दिरों के लिए प्रसिद्ध नचना कुठार के समीप सीरा पहाड़ी से गुप्तकालीन जैन प्रतिमाओं का समूह प्राप्त हुआ है। तीर्थंकर पद्मासन की मुद्रा में हैं। सिर के पीछे विस्तृत प्रभामण्डल है। शीर्ष के निकट उड़ते हुए गन्धर्वों को भी दर्शाया गया है। नचना से ही **सर विलियम जोन्स** ने भी दो जैन प्रतिमाएँ खोजी थीं, जो पद्मासन मुद्रा में हैं।
अकोरा	अकोरा (वडोदरा) गुजरात से चार गुप्त युगीन काँस्य प्रतिमाएँ प्राप्त हुई हैं, जिनमें से दो मूर्ति ऋषभदेव की और दो जीवन्त स्वामी महावीर की हैं। मूलनायक कायोत्सर्ग में खड़े हैं। ऋषभदेव की एक मूर्ति में धर्मचक्र के दोनों ओर दो मृग तथा पीठिका छोरों पर यक्ष-यक्षी निरूपित हैं। यक्ष-यक्षी निरूपण का यह प्राचीनतम (ज्ञात) उदाहरण है।

- गोमतेश्वर मूर्ति (श्रवणबेलगोला) यह कर्नाटक राज्य के मैसूर शहर के समीप स्थित है। यहाँ पर बाहुबली या गोमतेश्वर की विशाल एकाश्म मूर्ति का निर्माण किया गया है। गोमतेश्वर या बाहुबली मोक्ष प्राप्त करने वाले प्रथम तीर्थंकर थे।

अजन्ता की मूर्तिकला

- अजन्ता और एलोरा की गुफाएँ महाराष्ट्र के औरंगाबाद जिले में स्थित हैं। यहाँ चौथी सदी ई. में विशालकाय चट्टानों को काटकर गुफाओं की दीवारों पर अद्भुत चित्रकारी एवं मूर्तियाँ उत्कीर्ण की गई हैं।
- अजन्ता की गुफाएँ अपनी चित्रकला के लिए अधिक विख्यात हैं। यहाँ की मूर्तिकला के विषय मुख्य रूप से महायान बौद्ध शाखा से सम्बन्धित हैं।

- इनमें उल्लेखनीय मूर्तियाँ हैं
  - गुफा संख्या 26 में उत्कीर्ण महात्मा बुद्ध के महापरिनिर्वाण की मूर्ति, जिसमें बुद्ध दाएँ हाथ का सिरहाना बनाकर सोए हैं, नीचे की ओर उनके अनुयायी विलाप कर रहे हैं तथा ऊपर की ओर अनेक दैवीय संगीतज्ञ हैं।
  - गुफा संख्या 19 में नाग राजा एवं उसकी पत्नी की मूर्ति उत्कीर्ण है, जबकि गुफा संख्या 2 में हारीति माता की मूर्ति उत्कीर्ण है।

परवर्ती गुप्तकालीन मूर्तिकला

परवर्ती गुप्तकाल में विभिन्न राजवंशों-पल्लव, चालुक्य, चोल शासकों द्वारा निर्मित प्रमुख मन्दिर एवं मूर्ति, स्थापत्य तथा मूर्तिकला के उत्कृष्ट उदाहरण हैं।

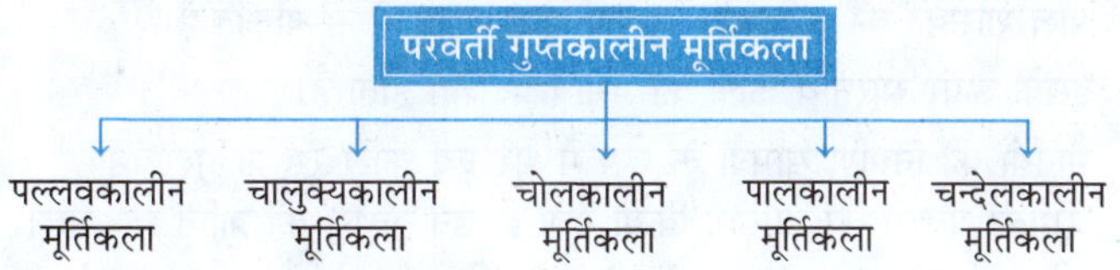

पल्लवकालीन मूर्तिकला

- पल्लव राजवंश दक्षिण भारत में स्थित परवर्ती गुप्तकाल के समकालीन था। पल्लव शासकों के द्वारा रथ, मण्डप तथा विशाल मन्दिरों का निर्माण करवाया गया था।
- मन्दिरों के निर्माण के आधार पर पल्लवकालीन मूर्तिकला को चार शैलियों में वर्गीकृत किया जाता है

महेन्द्रवर्मन शैली (610-640 ई.), मामल्ल शैली (640-674 ई.) → इन दोनों के अन्तर्गत पत्थरों को तराशकर मन्दिरों एवं मूर्तियों का निर्माण किया जाता था।

राजसिंह शैली (674-800 ई.), अपराजित वर्मन शैली (800-900 ई.) → इन दोनों के अन्तर्गत संरचनात्मक विधि का प्रयोग कर मन्दिरों एवं मूर्तियों का निर्माण किया जाता था।

- सप्तमातृका मूर्ति यह काँचीपुरम के कैलाशनाथ मन्दिर में ब्रह्मा, विष्णु और महेश की मूर्ति है।
- संगीतमय मूर्ति हम्पी में विट्ठल मन्दिर का स्तम्भ, जो तमिलनाडु में स्थित है।

पल्लवकालीन मूर्तिकला की प्रमुख विशेषताएँ

- पहाड़ अथवा विशाल चट्टानों को काटकर रथ-मण्डप का निर्माण किया जाता था, इसलिए इसे रथ मन्दिर भी कहा गया है।
- पल्लव काल में मुख्यत: धर्मराज रथ, भीम रथ, अर्जुन रथ, नकुल-सहदेव रथ, द्रोपदी रथ, गणेश रथ, का निर्माण किया गया।
- इन रथों को सप्त पैगोड़ा के नाम से भी जाना जाता है।
- इन रथों में धर्मराज रथ सबसे बड़ा है और अत्यधिक प्रसिद्ध है तथा द्रोपदी रथ सबसे छोटा है।
- धर्मराज रथ में ही नरसिंह वर्मन की मूर्ति अंकित है। पल्लवकालीन मूर्तियाँ भाव-भंगिमा, मुद्रा एवं प्रतिरूपण में स्वाभाविक प्रतीत होती हैं।
- काँस्य मूर्तिकला की परम्परा पल्लव काल में समृद्ध थी, जिसका प्रमाण शिव की अर्द्धपर्यन्का आसन की काँस्य मूर्ति से मिलता है।
- पल्लवकालीन मूर्तिकला के कुछ महत्त्वपूर्ण उदाहरण चट्टानों पर उत्कीर्ण महिषासुरमर्दिनी, अर्जुन का तप अथवा गंगा का अवतरण, गिरि गोवर्द्धन फलक इत्यादि हैं।

नोट *महिषासुरमर्दिनी मूर्ति महाबलीपुरम में अवस्थित है। इसे चट्टानों पर उत्कीर्ण किया गया है। इसमें दर्शाया गया है कि देवी दुर्गा शेर पर सवार होकर भैंस के सिर वाले राक्षस से भीषण युद्ध कर रही हैं।*

चालुक्यकालीन मूर्तिकला

- बादामी या वातापी के चालुक्य राजवंश का उत्थान दक्षिणापथ पर छठी से आठवीं शताब्दी के मध्य हुआ। इस काल की मूर्तियों पर गुप्त एवं पल्लव शैली का प्रभाव प्रदर्शित होता है। मूर्तियों के माध्यम से मन्दिरों (बेसर शैली में निर्मित) को सजाया जाता था।
- गुफा स्तम्भों एवं छतों पर अधिक संख्या में मूर्तियाँ उत्कीर्ण की गई हैं। ये मूर्तियाँ कथानक शैली में हैं तथा पौराणिक कथाओं को जीवन्त रूप में प्रदर्शित करती हैं।
- चालुक्यकालीन मूर्तिकला के चार प्रमुख केन्द्र- एहोल, पट्टदकल, बादामी एवं महाकूट हैं। इन चारों की अवस्थिति कर्नाटक राज्य में है।
- इस काल की प्रसिद्ध मूर्तियाँ अर्द्धनारीश्वर, लकुलीश एवं हरिहर की मूर्तियाँ हैं। पट्टदकल से त्रिपुरान्तक तथा कैलाश पर्वत को उठाए रावण की मूर्तियाँ प्राप्त हुई हैं।
- विरुपाक्ष मन्दिर भी इस काल की एक उत्कृष्ट संरचना है। बादामी की गुफा संख्या 1 में नटराज शिव की विभिन्न 16 मुद्राओं में मूर्तियाँ उत्कीर्ण हैं।

राष्ट्रकूटकालीन मूर्तिकला शैली

- राष्ट्रकूट वंश दक्षिणापथ का प्रतापी राजवंश था, जिसके शासकों ने 650-974 ई. तक दक्षिणापथ पर शासन किया।
- ये शैव-मतानुयायी थे। अत: इस काल में शिव मन्दिरों एवं मूर्तियों का निर्माण हुआ। एलोरा तथा एलिफेण्टा की गुफाएँ राष्ट्रकूट मूर्तिकला के उल्लेखनीय केन्द्र रहे हैं।

एलोरा की मूर्तियाँ

- ये मूर्तियाँ चट्टानों को काटकर एवं उभारकर निर्मित की गई हैं।
- एलोरा से शिव की तीनों शक्तियों (उत्पत्ति, स्थिति एवं विनाश) से सम्बन्धित मूर्तियाँ प्राप्त हुई हैं। एलोरा की सभी गुफाओं के बाहर द्वारपाल के रूप में गंगा-यमुना की मूर्तियाँ उत्कीर्ण हैं।
- एलोरा की गुफा संख्या 29 में शिव एवं पार्वती के विवाह से सम्बन्धित मूर्ति उत्कीर्ण है। यहीं पर कैलाश पर्वत को हिलाते हुई रावण का दृश्य भी मूर्ति के रूप में उत्कीर्ण है।
- रामेश्वर, कैलाश एवं दशावतार मन्दिरों में नटराज शिव की मूर्तियों का विशेष महत्त्व है।

एलिफेण्टा की मूर्तियाँ

- ये मूर्तियाँ मूर्तिकला के चरमोत्कर्ष को सन्दर्भित करती हैं। एलिफेण्टा की मूर्तियों की विशेषताएँ निम्नवत् हैं
  - इन्हें चट्टानों को काटकर बड़ी आकृतियों में निर्मित किया गया है। शारीरिक संरचना पतली एवं मांसल दोनों रूपों में बनाई गई है। प्रत्येक मूर्ति का निचला होंठ हल्का मोटा एवं आगे की ओर निकला हुआ निर्मित किया गया है।
  - एलिफेण्टा की अत्यन्त उत्कृष्ट मूर्ति तीन सिर वाली भगवान शिव की मूर्ति (त्रिमूर्ति) है। यह मूर्ति 17 फीट, 10 इंच ऊँची है। एलिफेण्टा यूनेस्को की विश्व विरासत स्थल की सूची में वर्ष 1987 से सम्मिलित है।

चोलकालीन मूर्तिकला

- इस कला शैली का विकास 850 ई. से 1279 ई. के मध्य हुआ।
- द्रविड़ वास्तुकला शैली इस काल में चरमोत्कर्ष पर पहुँची और साथ ही मूर्तिकला शैली में भी उल्लेखनीय विकास प्रदर्शित हुआ है।
- इस काल को दक्षिण भारतीय कला का स्वर्ण युग कहा जाता है।

चोलकालीन मूर्तियाँ

मूर्तियाँ	विवरण
नटराज की मूर्तियाँ	◆ चोल शासक उत्साही शैव शासक थे। इस काल में शैव मूर्तियों का ही निर्माण अधिक हुआ है, जिनका सर्वाधिक प्रचलित विषय नृत्यरत शिव **नटराज** हैं। ◆ त्रिचनापल्ली के तिरुभरंगकुलम से नटराज की एक विशाल काँस्य प्रतिमा प्राप्त हुई है, जो वर्तमान में **दिल्ली संग्रहालय** में संरक्षित है।
अन्य मूर्तियाँ	◆ चोल मूर्तिकला में केवल काँस्य मूर्तियाँ ही स्वतन्त्र रूप से निर्मित हैं। अन्य मूर्तियों का उपयोग मन्दिरों की सजावट के लिए किया गया है। वृहदेश्वर मन्दिर की चौकी, भित्तिकाओं आदि पर शिव के विविध रूपों; जैसे–विष्णु अनुग्रह, भिक्षा तट, वीरभद्र, दक्षिणामूर्ति, चन्द्रशेखर, त्रिपुरान्तक आदि की मूर्तियाँ उत्कीर्ण हैं। ◆ त्रिपुरान्तक के माध्यम से राजा चोल के पराक्रम को उद्घाटित करने का प्रयास किया गया है। इसके अतिरिक्त नृत्य की 108 मुद्राओं को नर्तकियों की मूर्तियों के माध्यम से उकेरा गया है। **गंगैकोण्डचोलपुरम** के मन्दिर में शिव की **चण्डेशानुग्रह मूर्ति** विख्यात है। इसमें भक्त चण्डेश के ऊपर शिव की कृपा का दृश्य विशेष कुशलता से उकेरा गया है। ◆ **दारासुरम** का मन्दिर तो मूर्तियों का विशाल संग्रह ही है। यहाँ नाट्यशास्त्र की समस्त मुद्राओं को उत्कीर्ण किया गया है। मन्दिर की चौकी पर अंकित कुछ अलंकरण इतने लोकप्रिय बने हैं कि उनका प्रभाव जावा के बोरोबुदूर मन्दिर में भी दिखाई देता है।

चोलकालीन मूर्तिकला की विशेषताएँ

- मूर्तियों का निर्माण प्रस्तर एवं धातु दोनों से किया गया, किन्तु इसमें धातु की मूर्तियों की अधिकता थी।
- शैव मतावलम्बी होने के कारण इस काल की अधिकांश मूर्तियाँ भगवान शिव से सम्बन्धित हैं।
- इन मूर्तियों के अंग-प्रत्यंग इतने सूक्ष्मता से गढ़े गए हैं कि ये दीवार के सहारे भी सजीव रूप में खड़े किए जा सकते हैं।
- नटराज की काँस्य मूर्ति इस कला शैली की सर्वश्रेष्ठ रचना है। गजासुर संहार मूर्ति चोलकालीन मूर्तिकला का एक अन्य प्रमुख उदाहरण है, इसमें महादेव शिव को हाथी रूपी राक्षस का संहार कर ओजस्वी नृत्य मुद्रा में दर्शाया गया है।

पालकालीन मूर्तिकला

इस कला का विकास 8वीं एवं 12वीं शताब्दी के मध्य बिहार एवं बंगाल में पाल शासकों के शासन में हुआ। पाल शासक बौद्ध धर्म में आस्था रखते थे।

पालकालीन मूर्तिकला शैली की विशेषताएँ

- पाल शासकों की अधिकांश मूर्तियाँ बौद्ध कला से सम्बन्धित हैं।
- इसके ऊपर सारनाथ कला का प्रभाव प्रदर्शित होता है।
- मूर्तियों की निर्माण सामग्री के रूप में भूरे एवं काले रंग के मुलायम बेसाल्ट पत्थरों का उपयोग किया गया है। इन पत्थरों की प्राप्ति राजमहल की पहाड़ियों (झारखण्ड) से की जाती थी।
- इस कला शैली के प्रमुख स्थल गया, काशीपुर, नालन्दा इत्यादि हैं।

चन्देलकालीन मूर्तिकला

- इस कला शैली का विकास चन्देल शासकों के शासन में 10वीं से 13वीं सदी के मध्य भारत के क्षेत्रों में हुआ।
- इस कला शैली की सर्वश्रेष्ठ कृति खजुराहो का मन्दिर है और खजुराहो मध्य प्रदेश के छतरपुर जिले में स्थित है।

चन्देलकालीन मूर्तिकला की विशेषताएँ

- इसमें निर्माण सामग्री के रूप में ग्रेनाइट एवं लाल बलुआ पत्थरों का प्रयोग किया गया है।
- मन्दिर के अन्दर तथा बाहरी दीवारों पर बहुसंख्यक मूर्तियाँ उत्कीर्ण हैं।
- इस कला शैली की अन्य उत्कृष्ट मूर्तियों में प्रेम-पत्र लिखती हुई महिला की मूर्ति तथा आम के वृक्ष के नीचे खड़ी स्वर्गिक महिला को प्रदर्शित करने वाली मूर्तियाँ हैं।

पैरट लेडी

अप्रैल, 2015 में भारत के प्रधानमन्त्री नरेन्द्र मोदी को उनकी कनाडा यात्रा के दौरान वहाँ के तत्कालीन प्रधानमन्त्री स्टीफन हार्पर ने भारत के खजुराहो से चोरी हो गई एक मूर्ति को वापस लौटाया। यह मूर्ति 900 वर्ष पूर्व की है। इस मूर्ति में एक सुन्दर स्त्री के कन्धे पर एक तोता बैठा है। इसे **पैरट लेडी** के नाम से जाना जाता है। इस प्रकार की शृंगार प्रधान मूर्तियाँ खजुराहो में बहुतायत में उत्कीर्ण की गई थीं।

कलिंग मूर्तिकला (ओडिशा)

- इस कला शैली का सर्वोत्तम उदाहरण जगन्नाथ मन्दिर (पुरी), लिंगराज मन्दिर (भुवनेश्वर) तथा सूर्य मन्दिर (कोणार्क) के मन्दिरों की दीवारों के अग्रभाग में निर्मित आकर्षक महिलाओं की आकृति वाली मूर्तियाँ हैं।
- पुरी में निर्मित भगवान जगन्नाथ, बहन सुभद्रा एवं भाई बलराम की विशाल मूर्तियाँ सर्वश्रेष्ठ उदाहरण हैं। इस अतिरिक्त शिव-पार्वती तथा विष्णु-लक्ष्मी की मूर्तियाँ भी उत्कृष्ट शैली में निर्मित की गई हैं।

सोलंकीकालीन मूर्तिकला

- इस कला शैली का विकास सोलंकी वंश के शासन में 10वीं से 13वीं शताब्दी के मध्य पश्चिमी भारत (विशेषकर राजस्थान एवं गुजरात) में हुआ। मूर्तियों के निर्माण में संगमरमर का अत्यधिक प्रयोग किया गया है।
- इस काल की मूर्तियों में समन्वयात्मक शैली भी प्रदर्शित होती है, इसका सर्वश्रेष्ठ उदाहरण दिलवाड़ा के जैन मन्दिर में कृष्ण लीलाओं का अंकन है।
- मोढेरा के सूर्य मन्दिर (गुजरात) में भगवान शिव के अर्द्धनारीश्वर एवं हरिहर स्वरूप के अतिरिक्त ब्रह्मा, विष्णु इत्यादि की भी मूर्तियाँ उत्कीर्ण की गई हैं।

मध्यकालीन मूर्तिकला

- विजयनगरकालीन मूर्तिकला शैली का विकास 1336 ई. से 1646 ई. के मध्य दक्षिण भारत में विजयनगर साम्राज्य में हुआ। इस कला शैली का प्रमुख केन्द्र ताड़पत्री (आधुनिक आन्ध्र प्रदेश में स्थित), काँचीपुरम, हम्पी इत्यादि थे।
- हम्पी में विरुपाक्ष मन्दिर के बाह्य ओर एकाश्म विशालकाय नन्दी की प्रतिमा पशु मूर्तियों में उल्लेखनीय है।
- इसे स्थानीय भाषा में येदरू वासवन्ना कहा जाता है। यह प्रतिमा पत्थरों के विशाल चबूतरे पर बनी है।
- इस कला शैली के अन्य उदाहरण तिरूमलनायक एवं मदुरै के मीनाक्षी मन्दिर परिसर में निर्मित भीमकाय आकृति की निर्मित मूर्तियाँ हैं।

आधुनिक काल में मूर्तिकला का विकास

- सर्वप्रथम भारतीय मूर्तिकार देवी प्रसाद राय चौधरी ने मूर्तिकला में यूरोपीय शैली से पृथक् भारतीय स्पर्श देने का प्रयास किया।
- ये आचार्य अवनीन्द्रनाथ टैगोर के शिष्य थे, इन्होंने ओरिएण्टल आर्ट स्कूल (कोलकाता) से शिक्षा ग्रहण की तथा वहीं अध्यापन का कार्य भी किया। ये पहले मूर्तिकार थे, जिन्होंने मूर्ति के निर्माण में काँस्य का उपयोग किया।
- पटना सचिवालय (बिहार) के समक्ष निर्मित शहीद स्मारक इनके मूर्तिकला कौशल का परिचायक है। वर्ष 1958 में इन्हें पद्मभूषण से सम्मानित किया गया। देवी प्रसाद राय चौधरी के द्वारा वर्ष 1938 में निर्मित सन्थाल परिवार की मूर्ति अत्यन्त प्रशंसनीय है।
- मूर्तिकला में रामकिंकर ने आधुनिक कला की सभी प्रवृत्तियों (यथार्थवाद, अतियथार्थवाद इत्यादि) को सहज रूप में सम्मिलित किया है।
- राम वी. सुतार के द्वारा सरदार वल्लभभाई पटेल को समर्पित स्टैच्यू ऑफ यूनिटी का डिजाइन तैयार किया गया। इसे विश्व की सर्वाधिक ऊँचाई वाली प्रतिमाओं में सम्मिलित किया गया है।
- राम वी. सुतार को वर्ष 1999 में पद्मश्री एवं वर्ष 2018 में टैगोर कल्चर पुरस्कार से भारत सरकार द्वारा सम्मानित किया गया।
- अरुण योगीराज के द्वारा निर्मित, अयोध्या की राम लला मूर्ति आधुनिक काल में मूर्तिकला का उत्कृष्टतम उदाहरण है।
  - स्टैच्यू ऑफ अहिंसा 2016 प्रथम जैन तीर्थंकर ऋषभनाथ की मूर्ति है, जो नासिक में स्थित है।
  - स्टैच्यू ऑफ प्रॉस्पेरिटी 2022 यह मूर्ति नादप्रभु हिरिया केपेगौड़ा की है, जिन्हें बैंगलोर शहर का संस्थापक माना जाता है।
  - स्टैच्यू ऑफ इक्वालिटी 2022 यह मूर्ति रामानुज की है, जो हैदराबाद में स्थित है।

भारत के कुछ प्रमुख मूर्तिकार

सरस्वती राय चौधरी, माधव भट्टाचार्य, जी शंकर घोष, उमा सिद्धान्त, विपिन गोस्वामी, माणिक तालुकदार, दिलीप सरहर भारत के प्रमुख मूर्तिकार हैं।

"

रेखा वर्ण एवं रंग के माध्यम से विचारों एवं भावों को अभिव्यक्त करने की शैली को ही चित्रकला कहते हैं। प्राचीन काल में जब भाषा और लिपि चिह्नों का आविर्भाव नहीं हुआ था, तब रेखाओं के संकेत से ही व्यक्ति स्वयं को अभिव्यक्त करता था। गुफाओं के अन्दर जो शिला-चित्र मिलते हैं, वे ही चित्रकला के प्रमाण हैं।

अध्याय तीन

चित्रकला

परिचय

चित्रकला सबसे पुराने कला रूपों में से एक है तथा इसका विकास प्राचीन काल से ही माना जाता है। विशाखदत्त के नाटक मुद्राराक्षस में विभिन्न चित्रकला शैलियों का उल्लेख मिलता है। अजंता, बाघ इत्यादि गुफाओं में भगवान बुद्ध के जीवन-चरित्र, मुगल शैली में सन्त, चिश्ती एवं फकीरों तथा राजपूत एवं कांगड़ा शैली में राधा-कृष्ण एवं उनकी लीलाओं का चित्रण किया गया है। चित्रांकन में आदर्श स्वरूप को अधिक प्राथमिकता दी गई है; जैसे-आदर्श प्रेमी एवं प्रेमिका, आदर्श पर्यावरणीय दशा इत्यादि। इसे यूटोपियन चित्रकारिता भी कहा जाता है।

चित्रकला के सिद्धान्त

तीसरी शताब्दी के दौरान वात्स्यायन ने अपनी पुस्तक कामसूत्र में चित्रकला के 6 मुख्य सिद्धान्तों (अंगों) अथवा षडंग का वर्णन किया है, जो निम्न हैं

रूपभेद	इसका आशय है-आकार एवं आकृति की स्पष्टता प्रदर्शित करना।
प्रमाण	इसके अन्तर्गत वस्तु अथवा विषय का अनुपात, माप और संरचना पर विशेष ध्यान दिया जाता है।
भाव	इसके अन्तर्गत चेहरे की भाव-भंगिमा को प्राथमिकता दी जाती है।
लावण्य योजना	इसके माध्यम से आकृतियों में सौन्दर्यता प्रदर्शित होती है।
सादृश्य	किसी मूल वस्तु की प्रतिकृति बनाना **सादृश्य** कहलाता है। इसके माध्यम से वस्तु के भाव को अन्य रूपों में समानता प्रदर्शित करने हेतु अभिव्यक्त किया जाता है।
वर्णिका भंग	ब्रश एवं रंगों के प्रयोग के माध्यम से चित्र को भंगिमायुक्त बनाने का प्रयास किया जाता है, इसी को **वर्णिका भंग** कहा जाता है। इसमें रंगों के सामंजस्य एवं संयोजन पर विशेष रूप से ध्यान दिया जाता है, जिससे विभिन्न वस्तुओं को स्पष्ट रूप से प्रदर्शित किया जा सके।

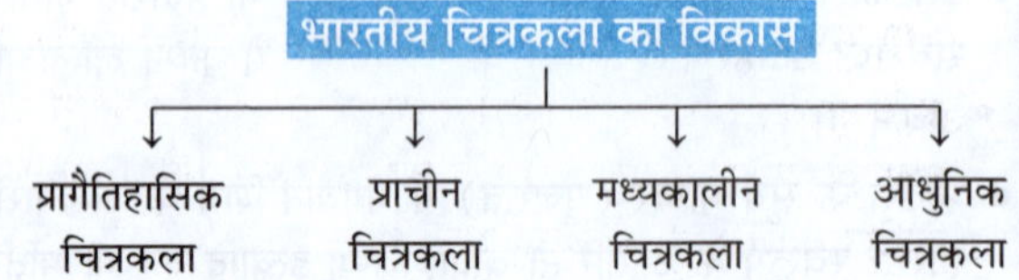

प्रागैतिहासिक चित्रकला

- प्रागैतिहासिक उस काल को सन्दर्भित करता है, जब मनुष्य के द्वारा लेखन एवं लिपि का विकास नहीं किया गया था।
- प्रागैतिहासिक चित्रकारी प्राय: चट्टानों पर उत्कीर्ण है।
- चट्टानों पर निर्मित चित्रकारी को पेट्रोग्लिक कहा जाता है।
- पुरातत्त्वविद् आर्चीबाल्ड कार्लाइल के द्वारा भारत में पहली बार 1867-1868 ई. में शैल चित्रों की खोज की गई।
- सर्वप्रथम वर्ष 1957 में भीमबेटका की गुफाओं (मध्य प्रदेश) में प्रागैतिहासिक चित्रों की खोज की गई।

प्राचीन चित्रकला

प्राचीन चित्रकला का विकास सामान्यत: 3 प्रमुख चरणों के अन्तर्गत हुआ है

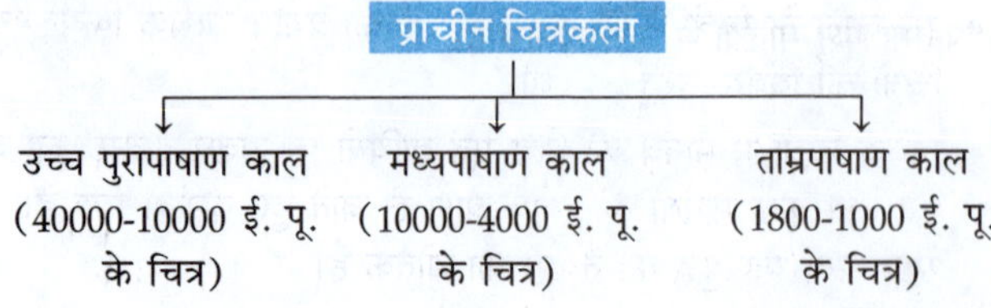

उच्च पुरापाषाण काल

- इस काल से ही शैल/गुफा चित्रकारी का प्रमाण मिलना प्रारम्भ हुआ, जिनका विवरण निम्नलिखित है

गुफा स्थल	जिला	राज्य
भीमबेटका की गुफाएँ	रायसेन	मध्य प्रदेश
मिर्जापुर की गुफाएँ	मिर्जापुर	उत्तर प्रदेश
पटने	जलगाँव	महाराष्ट्र
मुच्छतला चिन्तामनुगावी पहाड़ी	कुर्नूल	आन्ध्र प्रदेश

- इन स्थलों पर तक्षणी और वेधनी का प्रयोग कर आड़ी-तिरछी रेखाओं के माध्यम से चित्र बनाए गए हैं।
- विभिन्न खनिजों के माध्यम से लाल, सफेद, पीले और हरे रंग बनाए जाते थे। सामान्य रूप से अत्यधिक प्रयोग किया जाने वाला खनिज गेरू था।
- हाथी, गैण्डा, बाघ, बाइसन (बड़े जानवर) इत्यादि को चित्रित करने के लिए सफेद, हरे एवं गहरे लाल रंगों का प्रयोग किया जाता था।
- अधिकांशत: लाल रंग का प्रयोग शिकारियों को चित्रित करने के लिए तथा हरे रंग का प्रयोग नर्तकियों को विशेषकर मानव लघु मूर्तियों को चित्रित करने के लिए किया जाता था।
- चित्रकारी का विषय प्रकृति एवं मनुष्य है, जिसमें अनेक चित्रों में जानवरों को भागते हुए एवं उन पर प्रहार करते मनुष्य तथा मछली पकड़ते हुए मनुष्य को दर्शाया गया है।

नोट *शैल गुफाओं की दीवारें क्वाट्र्जाइट से बनी थीं।*

मध्यपाषाण काल

- मध्यपाषाण काल में उच्च पुरापाषाण काल की अपेक्षा छोटे आकार के चित्र बनाए गए हैं।
- चित्रकारी में मुख्यत: लाल रंग का प्रयोग किया गया है, हालाँकि कुछ चित्रों का चित्रण गेरू, खड़िया एवं काले रंगों से किया गया है।
- इन चित्रों में अधिकांशत: आखेट के चित्र प्राप्त हुए हैं।
- इससे सम्बन्धित पुरातात्विक स्थल-पचमढ़ी एवं होशंगाबाद (मध्य प्रदेश), मिर्जापुर (उत्तर प्रदेश), रायगढ़ (महाराष्ट्र) एवं शाहाबाद (बिहार) हैं।

ताम्रपाषाण काल

- इस काल के चित्रों में हरे एवं पीले रंग का प्रयोग अधिक किया गया है। चित्रों की विषय-वस्तु युद्ध थी।
- अनेक चित्रों में मानव को घोड़े एवं हाथियों पर सवार होकर युद्ध करते हुए तथा कुछ मानवों को धनुष-बाण ले जाते हुए दर्शाया गया है। सामान्यत: यह युद्ध की तैयारी का द्योतक है।
- रामगढ़ पहाड़ियों की जोगीमारा गुफाओं (सरगुजा, छत्तीसगढ़) से 1000 ईसा पूर्व में चित्रित कुछ चित्र प्राप्त हुए हैं।
- गड़ाहाण्डी शैलाश्रय एवं योगीमाथा शैलाश्रय (ओडिशा) से भी इस काल के शैलचित्रों/गुहा चित्रों के साक्ष्य प्राप्त होते हैं।

भीमबेटका शैल चित्रकलाएँ

- भीमबेटका मध्य प्रदेश के रायसेन जिले में स्थित है। **डॉ. विष्णु श्रीधर वाकणकर** के द्वारा इसकी खोज वर्ष 1957-58 में की गई थी।
- यह विंध्याचल पहाड़ियों के निचले छोर पर अवस्थित है। यहाँ 700 से अधिक शैलाश्रय हैं, जिनमें से 400 शैलाश्रयों में चित्र उत्कीर्ण हैं। अनुमानत: यह 30,000 वर्ष पुरानी है।

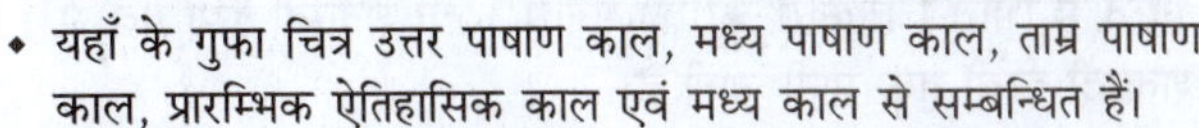

- यहाँ के गुफा चित्र उत्तर पाषाण काल, मध्य पाषाण काल, ताम्र पाषाण काल, प्रारम्भिक ऐतिहासिक काल एवं मध्य काल से सम्बन्धित हैं।
- इसे वर्ष 2003 में यूनेस्को ने **विश्व धरोहर स्थल** घोषित किया था। चित्रों में लाल, बैंगनी, सफेद, पीले और हरे रंग का प्रयोग किया जाता था।
- लाल रंग बनाने के लि , हैमेटाइट अयस्क का प्रयोग किया जाता था।
- इसके आस-पास पूर्व ऐतिहासिक चित्रों से सम्बन्धित अन्य स्थल-पचमढ़ी, बेल्लारी, तेनमलाई एवं राजगढ़ हैं।

लखुदियार गुफा

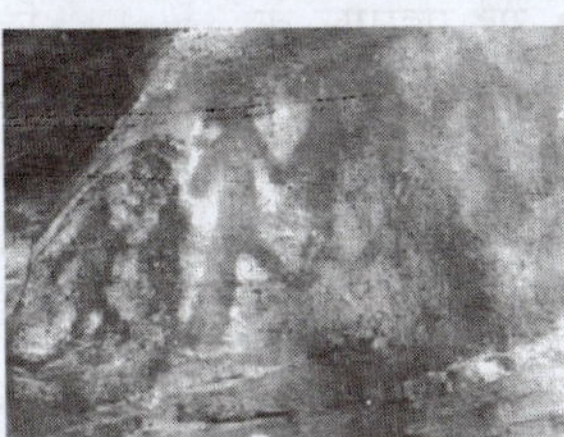

- लखुदियार का शाब्दिक अर्थ है-**एक लाख गुफाएँ**। यह पूर्व-ऐतिहासिक गुफाओं का एक समूह है, जो उत्तराखण्ड के **अल्मोड़ा** जिले में सुयाल नदी के तट पर स्थित है।
- इसके अधिकांश चित्रों का विषय-मनुष्य, पशु एवं आरम्भिक मानव द्वारा प्रयुक्त हथियार हैं। चित्रों की रँगाई में लाल, सफेद एवं काले रंगों का उपयोग किया गया है। भारत में आरम्भिक चित्रों की प्राप्ति उच्च पाषाण काल से ही प्रारम्भ हो जाती है।
- **कुपगल्लू** (तेलंगाना) एवं **पिक्लीहाल** और **टेक्कलकोट्टा** (कर्नाटक) प्रारम्भिक शैल चित्रों के कुछ अन्य उदाहरण हैं।
- गुफा चित्र की प्राप्ति वाले राज्य मध्य प्रदेश, कर्नाटक, आन्ध्र प्रदेश, बिहार, उत्तर प्रदेश एवं उत्तराखण्ड हैं।

हड़प्पाकालीन चित्रकला

हड़प्पा एक नगरीय सभ्यता थी, जिसके शासक एवं समृद्ध व्यापारी कला प्रेमी थे, अत: यहाँ भवनों, मुहरों, मिट्टी के खिलौनों तथा बर्तनों पर भी चित्र बनाए गए थे।

- अधिकांश चित्रकारी मृद्भाण्डों पर की गई है। बर्तन/पात्र के ऊपर लाल रंग की परत चढ़ाकर उन पर काले रंग से चित्रकारी की गई है।
- इसे काले एवं लाल मृद्भाण्ड संस्कृति का परिचायक माना जाता है।
- कुछ बर्तनों में अनेक पशु-पक्षियों एवं वनस्पतियों को उत्कीर्ण किया गया है; जैसे-गाय-बछड़ा, हिरण, मोर, मछली, मुर्गा, नीम, केला, खजूर, पीपल इत्यादि।

भारतीय चित्रकला का वर्गीकरण

भारतीय चित्रकला का वर्गीकरण निम्न भागों में बाँटा गया है— भित्ति चित्रकला तथा लघु चित्रकला।

भारत में भित्ति चित्रकला

- गुफाओं अथवा भवनों की दीवारों पर बनाए गए चित्रों को भित्ति चित्र कहा जाता है।
- भारत में भित्ति चित्रकारी की कालावधि 10वीं शताब्दी ईसा पूर्व से 10वीं शताब्दी ईस्वी तक मानी जाती है।
- इन चित्रों की विषय-वस्तु मुख्यत: हिन्दू, जैन एवं बौद्ध धर्म है।
- भित्ति चित्रकला का सर्वोत्तम उदाहरण अजन्ता की गुफाएँ हैं।
- इससे सम्बन्धित अन्य महत्त्वपूर्ण स्थल एलोरा, बाघ, बादामी, सित्तनवासल इत्यादि हैं।

अजन्ता गुफा की चित्रकला

- यह महाराष्ट्र के औरंगाबाद जिले में सह्याद्रि की पहाड़ियों में वाघोर नदी से 76 फीट की ऊँचाई पर स्थित है। इसका निर्माण आग्नेय चट्टानों को काटकर किया गया है। यह 29 गुफाओं का एक समूह है।
- इन भित्ति चित्रों को बौद्ध भिक्षुओं के द्वारा उत्कीर्ण अथवा अंकित किया गया था। इन्हें वाकाटक राजाओं विशेषकर राजा हरिसेन का संरक्षण प्राप्त था।
- गुफा संख्या 9 एवं 10 के भित्ति चित्र शुंग काल से सम्बन्धित हैं, शेष अन्य गुफाओं का सम्बन्ध गुप्त काल से है।
- गुफा संख्या 1 और 2 की चित्रकारी अत्यन्त नवीन है।
- अजन्ता की गुफाओं में बौद्ध धर्म से सम्बन्धित चित्र बनाए गए हैं। इनमें से अधिकतम महत्त्वपूर्ण चित्र जातक कथाओं से सम्बन्धित हैं।
- गुफा संख्या 16 एवं 17 (5वीं सदी के) में आन्ध्र एवं वाकाटक शासकों की चर्चा की गई है। अजन्ता के सर्वश्रेष्ठ चित्र मरणासन्न राजकुमारी एवं महात्मा बुद्ध के उपदेश के हैं। यह गुफा संख्या 16 में उत्कीर्ण है।
- गुफा संख्या 1 में पद्मपाणि अवलोकितेश्वर का चित्र उत्कीर्ण है।
- इसके अतिरिक्त गुफा संख्या 1 में मोर एवं पुलकेशिन II (चालुक्य शासक) और ईरान के ससानी शासक खुसरो द्वितीय के साथ दूतों के आदान-प्रदान के चित्र अंकित हैं। इन भित्ति चित्रों का निर्माण फ्रेस्को एवं टेम्पेरा दोनों ही विधियों से किया गया है।
- फ्रेस्को विधि में गीले प्लास्टर पर चित्र बनाए जाते हैं तथा इसमें कई रंगों के समावेश से चित्रकारी की जाती थी।
- टेम्पेरा विधि में सूखे प्लास्टर पर चित्र बनाए जाते हैं तथा रंगों में अण्डे की सफेदी एवं चूना मिश्रित किया जाता था।

नोट *अजन्ता गुफाओं की खोज ब्रिटिश सैन्य अधिकारी जॉन स्मिथ एवं उनके दल ने 1819 ई. में की थी।*

एलोरा चित्रकारी

- एलोरा की गुफाएँ महाराष्ट्र के औरंगाबाद जिले में वेरूल नामक स्थान पर स्थित हैं। इन्हें मराठी भाषा में वेरूललेणी या वेरूल की गुफाएँ कहा जाता है। एलोरा 34 शैलकृत गुफाओं का समूह है।
- इनमें से गुफा संख्या 1 से 12 बौद्ध धर्म से, 13 से 29 हिन्दू धर्म से तथा 30 से 34 जैन धर्म से सम्बन्धित हैं।
- अजन्ता की तुलना में यह नवीन चित्रकला है, जो मध्यकालीन विशेषताओं को सन्दर्भित करती है। चित्रांकन में सफेद, हरा, पीला, काला, गेरूआ एवं गहरे नीले रंग का प्रयोग किया गया है।
- गुफा संख्या 32 में उड़ती हुई आकृतियों एवं बादल का दृश्य तथा गरुड़ पक्षी पर बैठी देवी लक्ष्मी एवं भगवान विष्णु के चित्र उत्कीर्ण हैं।
- गुजराती शैली में शैव साधुओं के जुलूस का चित्र उत्कीर्ण है।

बाघ गुफाओं की चित्रकला

- ये गुफाएँ मध्य प्रदेश के धार जिले की कुकशी तहसील में स्थित हैं। यहाँ कुल 9 गुफाएँ हैं।
- इन सभी गुफाओं का प्रयोग विहार के रूप में किया गया है। ब्रिटिश अधिकारी डेण्जर फिल्ड ने 1818 ई. में इनका विवरण प्रस्तुत किया।
- बनाव, निष्पादन एवं सजावट के दृष्टिकोण से ये अजन्ता की गुफाओं से समानता रखती हैं। अजन्ता की गुफाओं की तुलना में बाघ गुफा चित्र की आकृतियाँ अधिक सशक्त रूप में चित्रित की गई हैं।
- यहाँ बौद्ध धर्म के अतिरिक्त सामान्य जीवन के चित्र भी अधिकाधिक बनाए गए हैं। इस गुफा के चित्र अजन्ता की गुफा के चित्रों की तुलना में अधिक सांसारिक एवं मानवीय हैं।
- रंगों के निर्माण में स्थानीय पत्थरों का उपयोग किया गया है। गुफा संख्या 4 में रंगमहल की प्राप्ति हुई है। इसकी दीवारों पर भित्ति चित्रों के माध्यम से आकर्षक जातक कथाओं को अभिव्यक्त किया गया है।
- मुँह पर साड़ी का पल्लू (कपड़ा) रखी शोकाकुल महिला के चित्र हैं।
- गुफा संख्या 2 में चित्रित पद्मपाणि बुद्ध का चित्र सर्वाधिक प्रसिद्ध है। घोड़ों तथा हाथियों पर सवार लोगों के जुलूस का चित्र भी बनाया गया है।

बादामी (वातापी) की चित्रकला

- यह कर्नाटक के बागलकोट जिले में बादामी नामक स्थान पर स्थित है। इनका विकास चालुक्य शासकों के शासनकाल के अन्तर्गत छठी-सातवीं शताब्दी में किया गया है।
- इनकी गणना हिन्दू एवं जैन धर्म के प्राचीनतम चित्रकला साक्ष्य के रूप में की जाती है।

- इस चित्रकला के प्रमुख उदाहरण निम्न हैं
  - हंस पर आसीन चतुर्भुज ब्रह्मा का चित्र।
  - इन्द्रसभा का चित्र।
  - शिव-पार्वती का चित्र।
  - आकाश में विचरण करते गन्धर्व का चित्र।

सित्तनवासल चित्रकला

- सित्तनवासल की गुफाएँ तमिलनाडु के पुदुकोट्टई जिले में स्थित हैं।
- यहाँ जैन धर्म से सम्बन्धित मन्दिर हैं, जिनकी दीवारों पर 9वीं सदी में चित्र अंकित किए गए हैं।
- दीवार के साथ-साथ छतों एवं स्तम्भों पर भी चित्र बनाए गए हैं। अधिकांश चित्र जैन समवसरण (उपदेश हॉल) से सम्बन्धित हैं।
- रंगों का निर्माण वनस्पति एवं खनिज अयस्क से किया गया है। सामान्यत: चित्रों में सफेद, हरा, नीला, पीला, नारंगी एवं काले रंग का प्रयोग किया गया है।
- यह अजन्ता शैली से साम्यता रखती है। इस चित्रकला का सबसे महत्त्वपूर्ण उदाहरण कमल से भरा हुआ तालाब है। तालाब में मछली एवं मगरमच्छ भी चित्रित किए गए हैं।
- तालाब के इस चित्र का निर्माण मन्दिर की छत पर किया गया है।

लेपाक्षी मन्दिर चित्रकला

- लेपाक्षी मन्दिर की दीवार पर इसका अंकन 16वीं शताब्दी में किया गया था। यह आन्ध्र प्रदेश के अनन्तपुर जिले में स्थित है।
- चित्र के विषय धार्मिक रहे हैं; जैसे-रामायण, महाभारत, विष्णु के अवतार से सम्बन्धित एवं भगवान शिव द्वारा जंगली सुअर का पीछा करते दृश्य इत्यादि।

तंजौर (तंजावुर) के भित्ति चित्र

- यह तमिलनाडु के तंजौर में स्थित है।
- यहाँ से दो महत्त्वपूर्ण भित्ति चित्र के उदाहरण प्राप्त हुए हैं-राजराजेश्वर मन्दिर में अंकित नृत्य करती महिलाओं के चित्र तथा वृहदेश्वर मन्दिर में चित्रित नृत्य करती हुई युवती का दृश्य।
- सभी आकृतियों में खुली हुई आँखें चित्रित की गई हैं।

अर्मामलई गुफा की चित्रकला

- यह तमिलनाडु के वेल्लोर जिले में प्राकृतिक गुफा के रूप में स्थित है।
- यहाँ 8वीं शताब्दी में एक जैन मन्दिर बनाया गया था।
- चित्रों की विषय-वस्तु जैन धर्म एवं उनकी शिक्षा से सम्बन्धित है।
- यहाँ की चित्रकारी में फ्रेस्को एवं टेम्पेरा दोनों तकनीक का उपयोग किया गया है।

रावण छाया शैल आश्रय

- यह ओडिशा के क्योंझर जिले के सीताभिंजि गाँव में स्थित है।
- यहाँ से 7वीं शताब्दी में अंकित चित्र प्राप्त हुए हैं।
- यहाँ से हिन्दू धर्म से सम्बन्धित अधिकांश चित्र प्राप्त हुए हैं।
- इस गुफा में राजसी जुलूस का भी चित्र अंकित है।

जोगीमारा गुफा चित्रकला

- यह चित्रकला 1000 से 300 ईसा पूर्व की है, जो छत्तीसगढ़ के सरगुजा जिले में स्थित है।
- यहाँ ब्राह्मी लिपि में कुछ चित्र बनाए गए हैं।
- यहाँ से प्रेम कहानी से सम्बन्धित शिलालेख प्राप्त हुए हैं।
- चित्रों को विशेष रूप से लाल रंग से रँगा गया है। इसके अतिरिक्त सफेद, काला और पीले रंग का प्रयोग किया गया है।
- इस गुफा के समीप ही सिताबैंगरा के शैलाकर्तित रंगमंच बनाए गए हैं।

भारत में लघु चित्रकला

- लघु चित्रकला का प्रारम्भ पूर्व मध्यकाल में हुआ था। लघु चित्र ताड़पत्रों, वस्त्रों एवं पुस्तकों के आवरण पृष्ठों पर चित्रित किए जाते हैं। ये आकार में छोटे, किन्तु विस्तृत विवरण प्रदान करने वाले होते हैं।
- 9वीं से 11वीं शताब्दी के मध्य पूर्वी तथा पश्चिमी भारत में इसका व्यापक विकास हुआ। समरांगण सूत्राधार (वास्तुशास्त्र) नामक पुस्तक में इसकी विस्तृत व्याख्या की गई है।
- इस चित्रकला का उपयोग प्रमुख धर्मों के प्रचार-प्रसार के लिए किया गया; जैसे-पश्चिम भारत में जैन धर्म, पूर्वी भारत में बौद्ध धर्म, मध्य भारत में वैष्णव धर्म तथा दक्षिण भारत में शैव धर्म।
- लघु चित्रकला शैली की कुछ प्रमुख विशेषताएँ निम्न हैं
  - लम्बी नाक एवं कोणीय रेखाओं का निर्माण।
  - अभिव्यक्ति हेतु प्रतीकों का प्रयोग।
  - चटकदार रंगों के साथ-साथ स्वर्ण एवं रजत रंगों का प्रयोग।
  - महिलाओं के बाल एवं आँखों का रंग काला बनाया गया है।
  - राजस्थानी लघु चित्रों में त्वचा का रंग भूरा, जबकि मुगल लघु चित्रों में त्वचा का रंग उजला बनाया जाता था।
  - दिव्य प्राणियों का रंग नीला बनाया जाता था; जैसे-भगवान श्रीकृष्ण का चित्र।

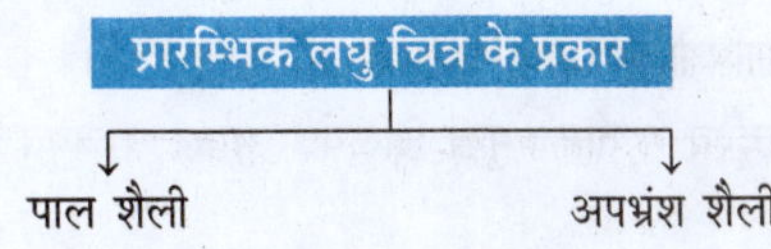

पाल शैली में निर्मित

- पाल शैली का विकास 750-1150 ई. के मध्य हुआ था।
- लघु चित्रों का निर्माण ताड़पत्र अथवा चर्मपत्र पर किया जाता था। इस कला शैली के प्रमुख चित्रकार-धिम्मन एवं उनके पुत्र वितपाल थे।
- बौद्ध धर्म से सम्बन्धित शासकों ने इसे संरक्षण प्रदान किया।
- बौद्ध धर्म की वज्रयान शाखा ने भी इसे प्रश्रय दिया।
- चित्रों में सफेद, लाल, नीला, पीला एवं काले रंग का उपयोग किया गया है।
- इस पाण्डुलिपि की रचना पाल शासक रामपाल के शासनकाल के 15वें वर्ष में तथा नालन्दा मठ में 11वीं शताब्दी के अन्तिम चतुर्थांश में की गई थी। 13वीं शताब्दी में मुस्लिम आक्रमण के कारण इस कला शैली का अन्त हो गया।

नोट *पाल शैली से सम्बन्धित एक पाण्डुलिपि बोदलेयन पुस्तकालय (ऑक्सफोर्ड, इंग्लैण्ड) में उपलब्ध है।*

अपभ्रंश शैली में निर्मित

- मूल रूप से इस कला शैली का विकास गुजरात, राजस्थान के मेवाड़ तथा मालवा क्षेत्रों में हुआ।
- इस कला शैली को चालुक्य वंश के शासकों का संरक्षण प्राप्त था।
- 11वीं-15वीं सदी के मध्य यह पश्चिमी भारत की सर्वप्रमुख चित्रकला शैली थी।
- इन चित्रों की विषय-वस्तु जैन धर्म थी।
- प्रारम्भिक चरण में ताड़पत्रों एवं वस्त्रों पर लघु चित्र बनाए जाते थे। उत्तरवर्ती काल में इसका अंकन कागजों पर किया जाने लगा।
- चित्रों में लाल, नीले एवं पीले रंग का प्रयोग प्रमुख रूप से किया गया है।
- बाद में उजले रंग का प्रयोग भी इसमें किया जाने लगा।
- परवर्ती चित्रों में पीले रंग के स्थान पर सुनहरे रंगों का अधिकतम प्रयोग किया जाने लगा।
- जैन ग्रन्थ कल्पसूत्र एवं कालकाचार्य कथा इस कला शैली के सबसे प्रसिद्ध उदाहरण हैं।
- कल्पसूत्र पाण्डुलिपि का लेखन एवं रँगाई कार्य 1465 ई. में जौनपुर में किया गया था।

मुगलकाल की लघु चित्रकला

- इसके अन्तर्गत भारतीय पारम्परिक तत्त्वों के साथ फारसी/ईरानी तत्त्वों को मिश्रित किया गया।
- सचित्र पाण्डुलिपियों को प्राथमिकता प्रदान की गई थी।
- मध्ययुगीन परिदृश्य में तीन प्रमुख शैलियों (मुगल, राजपूत तथा दक्कन) का विकास हुआ।

मध्यकालीन चित्रकला

- इस काल में प्राय: दरबारी चित्र विशेषकर शासक के महिमामण्डन से सम्बन्धित चित्र बनाए गए थे। इसके अतिरिक्त शिकार के दृश्य एवं ऐतिहासिक घटनाओं के भी चित्र बनाए गए हैं।
- इसमें शासक एवं उसकी जीवन शैली से सम्बन्धित चित्रों को प्राथमिकता दी गई।
- चित्रों में उत्कृष्ट जरी का कार्य किया गया है। रंगों को बनाने में विशेषज्ञता का ध्यान रखा गया है। चेहरे की सुन्दरता प्रदर्शित करने के लिए हल्के गुलाबी रंग का प्रयोग किया गया है। संध्या एवं रात्रि के समय के चित्रांकन हेतु चाँदी एवं स्वर्ण (सुनहरा) रंग का प्रयोग किया जाता था।

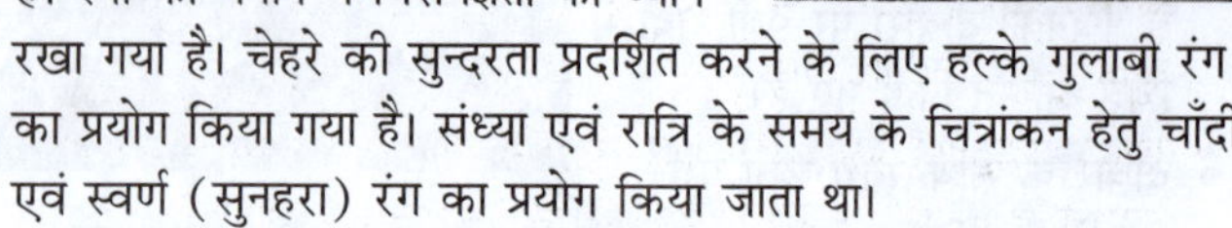

- बाबर भी चित्रकला में रुचि रखता था। उसने ईरान के प्रसिद्ध चित्रकार बिहजाद के द्वारा निर्मित चित्रों की समीक्षा की थी।
- हुमायूँ के काल तक विकसित मुगल चित्रकला शैली को हेरात की कलम के नाम से जाना जाता है।

अकबर

- वास्तविक रूप में चित्रकला की मुगल शैली का प्रारम्भ 1560 ई. में अकबर के शासनकाल में हुआ।
- अकबर ने अब्दुस्समद खाँ एवं मीर सैयद अली से चित्रकला की शिक्षा प्राप्त की थी। इनकी देख-रेख में एक शिल्पशाला स्थापित की गई थी।
- त्रि-आयामी आकृतियों का अंकन किया जाता था। चित्रों में चमकदार रंग प्रयुक्त किए जाते थे; जैसे-लाल, हरा, नीला, पीला, गुलाबी एवं सिन्दूरी। आगे चलकर सुनहरे रंग का भी प्रचुर मात्रा में उपयोग किया गया।
- चित्रों की विषय-वस्तु रामायण एवं महाभारत, ऐतिहासिक घटनाएँ, राजपरिवारों की जीवनी; जैसे शाहनामा अथवा अकबरनामा एवं हम्जानामा जैसी भारतीय कथाएँ रही हैं।
- अकबर काल के कुछ प्रमुख चित्रकार-अब्दुस्समद, दसवन्त, मीर सैयद अली, बसावन एवं केशु दास थे।
- अकबरकालीन कुछ प्रमुख सचित्र पाण्डुलिपियाँ-तूतीनामा, बाबरनामा, रज्मनामा, सदी का गुलिस्तान एवं अनवार-ए-सुहैली थीं।

जहाँगीर

- जहाँगीर के द्वारा अका-रिजा (हेरात का चित्रकार) के नेतृत्व में आगरा में एक चित्रशाला स्थापित की गई।
- छवि चित्रों में प्राकृतिक दृश्य बनाने पर विशेष बल दिया गया।
- ऐसी मान्यता थी कि किसी चित्र के अंकन में जिन चित्रकारों का योगदान होता था, जहाँगीर उन्हें भली-भाँति पहचान सकता था।
- जहाँगीर स्वयं एक अच्छा कलाकार था तथा उसने स्वयं के लिए निजी चित्रशाला स्थापित करवाई थी।
- उस्ताद मंसूर द्वारा प्राकृतिक चित्रों विशेषकर पशु-पक्षी, फूल एवं वनस्पतियों का सजीव चित्रण किया गया। इन्हें समय का आश्चर्य उपाधि दी गई।
- धार्मिक चित्र के स्थान पर दरबारी चित्रों के अंकन में बढ़ोतरी हुई।

- व्यक्ति चित्र को प्राथमिकता दी गई। मुरक्के शैली (एलबम) एवं अलंकृत किनारों (बॉर्डर) का निर्माण किया गया।
- अबुल हसन के द्वारा बनाए गए जहाँगीर के चित्र को तुजुक-ए-जहाँगीरी पुस्तक के मुख पृष्ठ पर स्थान दिया गया है।

शाहजहाँ

- इनकी लघु चित्रों में विशेष रुचि थी। इनके काल में चित्रकला यूरोपीय प्रभाव से प्रेरित थी।
- शाहजहाँ को दैवीय संरक्षण में अपने चित्र बनवाना अधिक पसन्द था; जैसे-उनके एक चित्र में देवदूत स्वर्ग से गुणगान करते हुए तथा ताज लेकर उतरते दर्शाए गए हैं।
- शाहजहाँकालीन प्रमुख चित्रकार मोहम्मद नादिर, इनायत, मकर (तीनों समरकन्द के थे), अनूप चत्तर, विचित्र, चैतरमन इत्यादि थे।
- मस्तक के पीछे आभा मण्डल का चित्रण किया गया है।
- आकृतियों के निर्माण में लकड़ी के कोयले के स्थान पर पेन्सिल का प्रयोग किया गया है।
- चित्रों के अलंकरण में सोने एवं चाँदी के उपयोग में वृद्धि की गई है।

औरंगजेब

- औरंगजेब ने चित्रकला को संरक्षण प्रदान नहीं किया। अत: दरबारी चित्रकार स्थानीय (प्रान्तीय) राजदरबारों में स्थानान्तरित हो गए।
- अपने शासनकाल के अन्तिम चरण में औरंगजेब ने लघु चित्रकारी में रुचि ली, इसलिए उस दौरान कुछ लघु चित्र; जैसे-दरबारियों के साथ बैठे बादशाह, युद्ध करते हुए एवं शिकार खेलते हुए बादशाह के चित्र बनाए गए।

चित्रकला की क्षेत्रीय शैलियाँ

राजस्थानी (राजपूत) शैली

- इस कला शैली के प्रारम्भकर्ता प्रसिद्ध चित्रकार आनन्द कुमार स्वामी हैं। इन्होंने राजपूत पेण्टिंग नामक पुस्तक लिखी। इस शैली में कागज की कई तहों को आपस में जोड़कर उस पर चित्रकारी की जाती थी।
- चेहरे के एक हिस्से (एकचश्म चेहरे) को प्रदर्शित किया जाता था; जैसे—एक गाल, एक कान, एक आँख इत्यादि प्रदर्शित किए जाते थे।
- चित्रों को रँगने के लिए चटकदार रंग प्रयुक्त किए गए थे।
- प्राकृतिक दृश्यों को बारहमासा स्वरूप में प्रदर्शित किया गया है।
- चित्रकारी के माध्यम से मानव जीवन के विविध पक्षों को स्वतन्त्र रूप से प्रदर्शित किया गया है।
- चित्रों में संगीत एवं साहित्य का समन्वय प्रदर्शित होता है; जैसे-भगवान श्रीकृष्ण को नायक के रूप में प्रस्तुत करते हुए राग का चित्रांकन।
- प्रेम कहानियों से सम्बन्धित काव्य ग्रन्थों का चित्रण; जैसे-ढोलामारू-रा-दोहा, मधुमालती इत्यादि।

मेवाड़ शैली

इसका आरम्भिक उदाहरण 1605 ई. में चित्रित **रागमाला की शृंखला** है। इसका चित्रांकन **निसर्दी** द्वारा किया गया था। जगतसिंह (1628-52 ई.) के काल में यह शैली अपने सर्वोत्तम स्वरूप में आई।

चित्रों को रँगने के लिए चमकदार लाल, नीले, पीले, केसरिया इत्यादि रंगों का अत्यधिक प्रयोग किया गया है। वृक्षों का अंकन एक विशेष आकृति में किया गया है। स्त्रियों की आकृति तुलनात्मक रूप में छोटी बनाई गई हैं। इसके कुछ प्रमुख केन्द्र-उदयपुर, चावंद एवं नाथद्वारा है।

इस चित्रकला शैली के कुछ प्रमुख उदाहरण हैं—ललित रागिनी (1628 ई. में साहिबदीन द्वारा चित्रित), रामायण का उत्तरकाण्ड,

बूँदी शैली

इस कला शैली का आरम्भ **1625 ई.** से माना जाता है। राव छत्रसाल एवं भाऊ सिंह के दरबारी दृश्य प्रमुखता से बनाए गए। भैरवी रागिनी को प्रदर्शित करने हेतु बनाए गए चित्र इस कला शैली के आरम्भिक उदाहरण हैं। इसके अन्य उदाहरण-भागवत पुराण की सचित्र पाण्डुलिपि एवं रसिकप्रिया की शृंखला हैं।

राजस्थानी शैली की उपशैलियाँ

मारवाड़ शैली

इसका विकास **राठौड़ शासकों** के अन्तर्गत जोधपुर, बीकानेर एवं जैसलमेर क्षेत्रों में हुआ। इस शैली के चित्रों में पुरुष और महिलाओं ने रंगीन कपड़े पहने हुए हैं। मानसिंह के समय यह कला अपनी पराकाष्ठा पर पहुँची। इस कला शैली की विषय—वस्तु-शिव पुराण, दुर्गाचरित्र, नटचरित्र, पंचतन्त्र इत्यादि हैं।

कोटा शैली

इसका विकास 18वीं-19वीं शताब्दी के मध्य हुआ। इस चित्रकला शैली के अन्तिम महान संरक्षक **महाराज रामसिंह द्वितीय** थे। इस कला शैली का प्रमुख विषय बाघ एवं भालू के आखेट का चित्रण था।

आमेर-जयपुर शैली

इसे ढूंढर शैली भी कहा जाता है। 17वीं शताब्दी में आमेर में एक **चित्रकला विद्यालय** की स्थापना की गई थी। इस कला शैली का प्रयोग महल की दीवारों एवं आमेर महल की समाधियों में किया गया है। 18वीं सदी में **सवाई प्रताप सिंह** के शासनकाल में यह शैली अपने चरमोत्कर्ष पर पहुँची।

किशनगढ़ शैली

इस कला शैली का विकास 17वीं-18वीं शताब्दी में हुआ। इस कला शैली का अत्यन्त प्रसिद्ध चित्र **निहाल चन्द** द्वारा चित्रित **बणी-ठणी** का है। किशनगढ़ में प्रारम्भिक घटनाक्रमों का सर्वेक्षण करने के पश्चात् सावन्त सिंह (राजकुमार), नागरी दास (कवि) और इस शैली के कुछ सबसे प्रसिद्ध चित्र बनाने वाले चित्रकार **निहाल चन्द** के बीच परस्पर क्रिया पर ध्यान केन्द्रित हो जाता है।

पहाड़ी चित्रकला शैली

- इसका विकास 17वीं-19वीं शताब्दी के मध्य हुआ।
- इसके अन्तर्गत जम्मू से लेकर अल्मोड़ा तक विस्तृत 22 रियासतें आती थीं, जहाँ इस कला का विस्तार था।
- इसे मुख्यत: दो वर्गों में वर्गीकृत किया जाता है-बशौली शैली, कांगड़ा शैली।

बशौली शैली

- इसका प्रारम्भ 17वीं शताब्दी से माना जाता है।
- इसका सम्बन्ध लघु चित्रकला से है। इस शैली को सर्वप्रथम राजा किरपाल (1678-1731 ई.) ने संरक्षण प्रदान किया था।
- इस शैली के सबसे प्रसिद्ध चित्रकार देवी दास थे।

कांगड़ा शैली

- इस शैली का प्रारम्भ 18वीं शताब्दी (1774 ई.) में माना जाता है।
- सर्वप्रथम इसका विकास गुलेर क्षेत्र में हुआ, तत्पश्चात् इसका विस्तार कांगड़ा में हुआ। इस शैली को राजा संसार चन्द (1765-1821 ई.) के शासनकाल में प्रसिद्धि प्राप्त हुई। इसके विषय-गीत-गोविन्द, भागवत पुराण, नल-दमयन्ती इत्यादि थे।

राजपूत शैली एवं मुगल शैली में मुख्य अन्तर

अन्तर के बिन्दु	राजपूत शैली	मुगल शैली
काल अवधि	यह मुख्यत: 17वीं-18वीं शताब्दी में निर्मित हुई।	यह मुख्यत: 16वीं-18वीं शताब्दी में निर्मित हुई।
विषय-वस्तुएँ	इसकी विषय-वस्तु भक्तिवादी एवं धार्मिक है।	इसमें मुगल शासकों की जीवनी एवं दरबारों का चित्रण किया गया है।
प्रकार	प्रारम्भ में भित्ति चित्र एवं फ्रेस्को पर आधारित चित्रों का निर्माण, बाद के दिनों में लघु चित्र के रूप में प्रसिद्धि प्राप्त की।	इसकी रचना ईरानी लघु चित्रकारी पर आधारित है।
विशिष्टता	इसमें हिन्दू प्रतीकों; जैसे-कमल, मयूर एवं हंस का बारम्बार चित्रण किया गया है।	इसमें मुख्यत: व्यक्ति, वृक्ष, ऊँट एवं बाज का चित्रण किया गया है।

रागमाला चित्रकला

- यह 16वीं-17वीं शताब्दी में आरम्भ मध्यकालीन भारतीय चित्रकला की शृंखला है। यह चित्रकला रागों की माला पर आधारित है।
- वर्तमान में इसके उदाहरण हैं-राजस्थान अथवा राजपूत रागमाला, पहाड़ी रागमाला, दक्कनी रागमाला एवं मुगल रागमाला।
- इस रागमाला में छ: प्रमुख राग हैं—राग भैरव, दीपक, श्री, मालकौश, मेघ एवं हिण्डोल।
- इस चित्र के द्वारा एक विशेष पहर, समय, दिन एवं ऋतु का भी वर्णन किया जाता है, जिसमें एक निश्चित राग का गायन किया जाता है।

दक्षिण भारत की लघु चित्रकला

- दक्षिण भारत में इसका विकास मध्ययुगीन काल से माना जाता है।
- इन चित्रकलाओं में व्यापक पैमाने पर सोने का प्रयोग किया गया है।
- इस चित्रकारी की विषय-वस्तु दैवीय जीव है, न कि संरक्षक शासक।

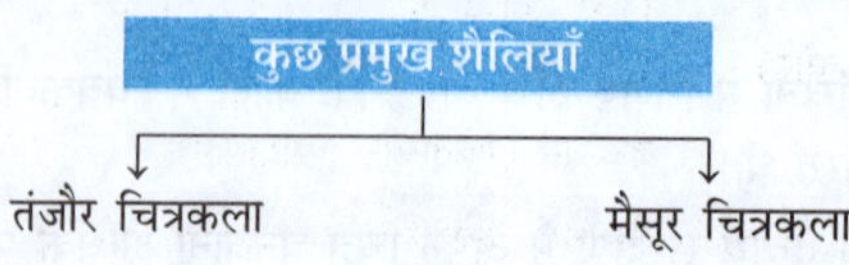

तंजौर चित्रकला

- इस चित्रकला को प्रसिद्धि इसकी उत्कृष्ट आलंकारिक चित्रकारी के लिए प्राप्त हुई है। 18वीं शताब्दी में मराठा शासकों के द्वारा इसे अत्यधिक संरक्षण प्रदान किया गया।
- महाराजा सरकोजी द्वितीय के संरक्षण में यह अपने चरमोत्कर्ष पर पहुँची।
- उत्तर भारत के विपरीत इसमें काँच एवं लकड़ी के तख्ते (प्लाई पदम) पर चित्रकारी की गई है।
- यह चित्रकला उत्कृष्ट रंग पैटर्नों एवं स्वर्ण-पत्र के उदारतापूर्वक प्रयोग के कारण भी अद्वितीय है। भारत सरकार द्वारा इसे भौगोलिक संकेतक की मान्यता भी प्रदान की गई है।

मैसूर चित्रकला

- इस चित्रकला को मैसूर राज्य के शासकों ने संरक्षण प्रदान किया।
- चित्रों की प्रमुख विषय-वस्तु हिन्दू देवी-देवता है।
- प्रत्येक चित्रकारी में दो या अधिक आकृतियाँ निर्मित की जाती हैं।
- कोई एक आकृति अन्य सभी में प्रधान होती है। चित्रकारी में गेस्सो पेस्ट का प्रयोग किया जाता है।
- गेस्सो पेस्ट, सफेद सीसा पाउडर, गम्बोस एवं गोंद का मिश्रण होता है।
- चित्रों की पृष्ठभूमि में कम चमक वाले हल्के रंगों का प्रयोग किया जाता है।

गंजीफा कार्ड

- गंजीफा मध्ययुगीन काल में खेले जाने वाले पत्तों का एक खेल है। यह मुगल दरबार में बहुत लोकप्रिय था।
- बाबरनामा पुस्तक में भी इसका सन्दर्भ दिया गया है। भारत सरकार के द्वारा वर्ष 2008 में मैसूर के गंजीफा कार्ड्स या पेण्टिंग्स को भौगोलिक संकेतक का दर्जा प्रदान किया गया।

प्रमुख सचित्र पाण्डुलिपियाँ

नाम	समयावधि	विवरण
अष्टसहस्रिका प्रज्ञापारमिता (ज्ञान की पूर्णता)	11वीं शताब्दी में बौद्ध धर्म-पाल राजा रामपाल के शासनकाल में	ताड़ के पत्तों पर आठ हजार पंक्तियों में पाण्डुलिपि लिखी गई है, इसमें देवी प्रज्ञा से सम्बन्धित पाठ हैं।
चौरपंचाशिका (प्रेम करने वाला चोर)	11वीं शताब्दी में विल्हण द्वारा रचित	यह गुप्त प्रेम सम्बन्ध पर आधारित संस्कृत भाषा में लिखित एक कविता है।
कल्पसूत्र	जैन धर्म (श्वेताम्बर सम्प्रदाय)	इसमें जैन धर्म के 24 तीर्थंकरों के जीवन की घटनाओं को दर्शाया गया है।
कालकाचार्य कथा	जैन धर्म (श्वेताम्बर सम्प्रदाय)	इसमें आचार्य कालका द्वारा अपनी बहन को बचाने की कहानी वर्णित की गई है।
संग्रहिणी सूत्र	जैन धर्म द्वारा 12वीं शताब्दी में लिखित	इसमें ब्रह्माण्ड की संरचना, उसमें स्थित ग्रहों एवं अन्तरिक्ष के मानचित्रण से सम्बन्धित अवधारणाओं का वर्णन किया गया है।
उत्तरध्यान सूत्र	जैन धर्म	इसका सम्बन्ध महावीर की शिक्षाओं एवं जैन भिक्षुओं के लिए आचार संहिता से है।
गीत-गोविन्द (ग्वालों का गीत)	12वीं शताब्दी में लक्ष्मण सेन (बंगाल) के दरबारी कवि जयदेव द्वारा रचित	इसमें राधा-कृष्ण के मध्य रहस्यमय प्रेम का वर्णन किया गया है।
गुलिस्ताँ	13वीं शताब्दी में सादी द्वारा रचित	इसे फारसी साहित्य एवं गद्य की सबसे प्रभावशाली रचना माना जाता है।
रसमंजरी (खुशी का गुलदस्ता)	14वीं शताब्दी में भानुदत्त द्वारा रचित	यह संस्कृत भाषा में लिखित पाठ है। इसमें नायक एवं नायिकाओं को उनकी आयु के अनुसार वर्गीकृत किया गया है।
लौरचन्दा चित्रकारी	14वीं शताब्दी में सूफी कवि मौलाना दाऊद द्वारा रचित	इसमें लौर एवं चन्दा के प्रेम का वर्णन किया गया है।
रसिकप्रिया	1591 ई. में ओरछा के राजा मधुकर शाह के दरबारी कवि केशवदास द्वारा रचित	इसमें विभिन्न भावनात्मक दशाओं को ब्रज भाषा में दर्शाया गया है; जैसे-प्रेम, ईर्ष्या, झुकाव, एकजुटता, लड़ाई, अलगाव, क्रोध, परिणाम इत्यादि।
रागमाला	17वीं शताब्दी में माधोदास द्वारा रचित	इसमें रागों एवं रागनियों की सचित्र व्याख्या की गई है। इसमें प्रत्येक घराने का प्रमुख एक पुरुष राग होता है, जिसमें छः स्त्री सहचरी होती हैं। इन्हें सम्मिलित रूप में रागिनी कहा जाता है।
बिहारी सतसई	18वीं शताब्दी के पूर्वार्द्ध में जगन्नाथ द्वारा रचित	यह मेवाड़ शैली से सम्बन्धित एक प्रमुख रचना है।
निमतनामा (व्यंजनों की पुस्तक)	16वीं शताब्दी में नासिर शाह खिलजी के शासनकाल में रचित	यह व्यंजनों से सम्बन्धित पुस्तक है। इसमें शिकार से सम्बन्धित भी एक खण्ड है। इस पुस्तक में औषधियों, सौन्दर्य-प्रसाधनों तथा इत्रों को बनाने की विधियाँ और उनके प्रयोग के सन्दर्भ में निर्देश दिए गए हैं।
बाबरनामा	16वीं शताब्दी में बाबर द्वारा रचित	यह एक आत्मकथा है, जो बाबर के राजनीतिक जीवन को प्रदर्शित करती है। यह भारत के प्रति बाबर के प्रेम एवं स्नेह को दर्शाती है। बाबरनामा का सचित्र संस्करण अकबर के द्वारा पूर्ण करवाया गया था।
अकबरनामा	16वीं शताब्दी में अबुल फजल द्वारा रचित	इसमें अकबर के जन्म एवं शासनकाल के दौरान की घटनाओं का वर्णन किया गया है। इसके तीसरे खण्ड को आइन-ए-अकबरी (अकबर का प्रशासन) कहा जाता है। इसमें हिन्दू विज्ञान पर लेख भी लिखा गया है।
रज्मनामा	16वीं शताब्दी में फैजी द्वारा रचित	यह महाभारत का फारसी अनुवाद है, जिसका विकास अकबर के शासनकाल में किया गया। इसकी सचित्र चित्रकारी चित्रकार दसवन्त के निरीक्षण में की गई थी।
तूतीनामा	14वीं शताब्दी में लिखित, 16वीं शताब्दी में चित्रित पाण्डुलिपि के रूप में परिवर्तित (अकबर के शासनकाल में)	यह तोते की कहानी का एक संकलन है।
तारीख-ए-अल्फी	16वीं शताब्दी में मुल्ला दाऊद द्वारा रचित	इसमें पैगम्बर मुहम्मद की मृत्यु के पश्चात् के एक हजार साल के इतिहास को दर्शाया गया है। वर्ष 1552 में पहली इस्लामी सहस्राब्दी के पूर्ण होने के उपलक्ष्य में अकबर के दरबार में इसे प्रस्तुत एवं समर्पित किया गया था।
हम्जानामा	16वीं शताब्दी में	इसमें हम्जा (पैगम्बर मुहम्मद के चाचा) के शौर्य का वर्णन किया गया है। इसे 16वीं शताब्दी में हुमायूँ के दरबार में सचित्र पाण्डुलिपि के रूप में प्रस्तुत किया गया और अकबर के समय इसे पूर्ण किया गया।
पादशाहनामा	17वीं शताब्दी में अब्दुल हमीद लाहौरी द्वारा रचित	इसमें शाहजहाँ के इतिहास का वर्णन किया गया है। बिना सचित्र ग्रन्थों को शाहजहाँनामा के नाम से, जबकि सचित्र ग्रन्थों (पाण्डुलिपि) को पादशाहनामा के नाम से जाना जाता है। इसे शाहजहाँ के दरबार में प्रस्तुत किया गया था।

आधुनिक भारतीय चित्रकला

कम्पनी चित्रकला

- इस शैली का विकास राजपूत, मुगल एवं अन्य भारतीय शैलियों के साथ यूरोपीय तत्त्वों के सम्मिश्रण से हुआ है। इसे कम्पनी चित्रकला के रूप में भी जाना जाता था।
- इस शैली की प्रमुख विशेषता जल रंगों का प्रयोग एवं रेखीय परिप्रेक्ष्य एवं छाया प्रभाव का निर्माण था। इस कला शैली का विकास क्षेत्र कोलकाता, चेन्नई, वाराणसी, पटना, दिल्ली एवं तंजावुर था। अधिकांश चित्रण की विषय-वस्तु वनस्पति एवं जन्तु थी।
- **मजहर अली खाँ एवं गुलाम अली खाँ** इस चित्रकला शैली के सबसे प्रसिद्ध चित्रकार थे।

बाजार चित्रकला

- इस शैली के चित्रकारों ने ग्रीक एवं रोमन मूर्तियों की प्रतिकृतियाँ निर्मित कीं। इस शैली का प्रभाव एवं विकास क्षेत्र बंगाल तथा बिहार था।
- **राजा रवि वर्मा** (1848-1906) (केरल) इस शैली के एक महान चित्रकार थे। इन्हें आधुनिक भारतीय कला के जनक के रूप में जाना जाता है।
- इनकी कुछ प्रसिद्ध चित्रकारी थीं-लेडीज इन द मूनलाइट, शकुन्तला, दमयन्ती एवं स्वान्। इनकी सर्वाधिक महत्त्वपूर्ण रचना, रावण द्वारा सीता का अपहरण एवं जटायु की हत्या है।

बंगाल की चित्रकला शैली

- इस शैली के विचार का प्रादुर्भाव अवनीन्द्रनाथ टैगोर की रचनाओं से माना जाता है। इनके द्वारा बनाए गए चित्रों को पुनरुज्जीवनवादी माना गया है। अवनीन्द्रनाथ टैगोर ने इण्डियन सोसायटी ऑफ ओरिएण्टल आर्ट की स्थापना की थी। इन्होंने **भारत माता** की चित्रकारी वर्ष 1905 में की। इनकी अरेबियन नाइट शृंखला ने विश्व स्तरीय पहचान प्राप्त की।
- **नन्दलाल बोस** इस चित्रकला शैली के अन्य प्रमुख चित्रकार थे। ये वर्ष 1922 में कला भवन (शान्ति निकेतन) के प्रिंसिपल बने थे। इनका प्रसिद्ध चित्र काली पृष्ठभूमि पर सफेद रंग से निर्मित गाँधीजी की डाण्डी-यात्रा के दौरान के स्केच (1930) हैं।
- **रबीन्द्रनाथ टैगोर** भी इस शैली के प्रमुख चित्रकार थे। भारत के सर्वाधिक प्रसिद्ध क्यूबिस्ट चित्रकार **एम एफ हुसैन** थे। इन्होंने चित्रकलाओं में बारम्बार घोड़े के रूपांकन का प्रयोग किया है।

नोट *स्वतन्त्रता के पश्चात् एफ एन सूजा, एस एच रजा, एच ए गडे, एम एफ हुसैन, के एच आरा एवं एस के बाकरे ने प्रगतिशील चित्रकार समूह का गठन किया।*

लोक चित्रकला

लोक चित्रकला मुख्यत: कला का पारम्परिक रूप है। यह मुख्यत: भारत के ग्रामीण क्षेत्रों से सम्बद्ध है। इसमें मधुबनी कला, पटचित्र कला, पिथौरा कला, थांगका चित्रकला, कलमकारी चित्रकला, वर्ली कला, कालीघाट पाट कला और फर्श चित्रकला सम्मिलित हैं।

मधुबनी कला

- इस कला का प्रमुख केन्द्र मधुबनी जिले (बिहार) का एक छोटा-सा गाँव जितवारपुर है। परम्परा के अनुसार, कला का यह रूप दीवारों पर चित्रित किया जाता है।

- इसका प्रयोग कोहबर में पौराणिक कथाएँ चित्रित करने के लिए किया जाता था। कोहबर अर्थात् दाम्पतिक कमरा जहाँ दूल्हा-दुल्हन शादी की रस्मों के पश्चात् ले जाए जाते हैं।
- इस चित्रकारी में रामायण की कहानियों और अन्य हिन्दू देवी-देवताओं का भी बहुतायत में चित्रण किया जाता है। महासुन्दरी देवी इसकी विख्यात कलाकार हैं।
- इसमें आरम्भ में लोक साहित्य के पोथी चित्र बने, जिनमें चण्डीदास व विद्यापति की पुस्तकें प्रमुख हैं। आगे चलकर बुद्ध जन्म, गणेश जननी, ताजमहल, शाहजहाँ की मृत्यु आदि शीर्षक से चित्र बनाए गए।

पटचित्र कला

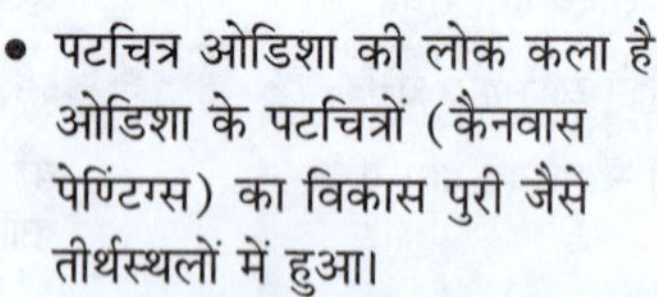

- पटचित्र ओडिशा की लोक कला है। ओडिशा के पटचित्रों (कैनवास पेण्टिंग्स) का विकास पुरी जैसे तीर्थस्थलों में हुआ।

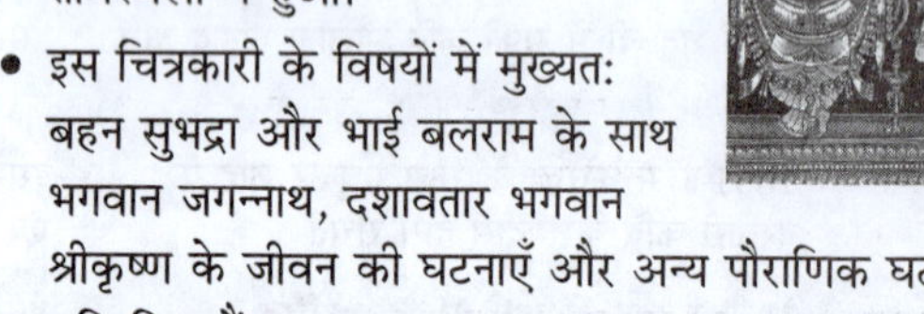

- इस चित्रकारी के विषयों में मुख्यत: बहन सुभद्रा और भाई बलराम के साथ भगवान जगन्नाथ, दशावतार भगवान श्रीकृष्ण के जीवन की घटनाएँ और अन्य पौराणिक घटनाएँ सम्मिलित हैं।
- मुखर रेखा चित्र और चमकदार लाल, पीले, गैरिक, काले तथा सफेद रंगों का उपयोग इस कला की मुख्य विशेषताएँ हैं।

थांगका चित्रकला

- थांगका तिब्बती बौद्ध चित्रकला है, जो सूती अथवा रेशमी कपड़ों पर की जाती है।
- सामान्यत: थांगका तीन प्रकार के होते हैं। एक, जो बुद्ध एवं बोधिसत्वों के जीवन से सम्बन्धित जानकारी प्रदान करते हैं। दूसरे, जिनमें बौद्ध दर्शन की अभिव्यक्ति मिलती है और तीसरे, जिनका प्रयोग ध्यान की क्रिया करने में अथवा पूजा-प्रार्थना करने के माध्यम के रूप में किया जाता है।
- भारत के लद्दाख क्षेत्र में स्थित विभिन्न मठों में यह सुरक्षित है।

कलमकारी चित्रकला

- कलमकारी का शाब्दिक अर्थ है—कलम से बनाए गए चित्र।
- यह चित्रकला दक्षिण भारत की सूती वस्त्र पर हाथ से की गई चित्रकारी को निर्दिष्ट करती है।
- कलमकारी कार्य में वानस्पतिक रंग ही प्रयोग किए जाते हैं।
- यह चित्रकारी आन्ध्र प्रदेश में की जाती है। एक छोटी-सी जगह श्री कलहस्ती कलमकारी चित्रकला का लोक प्रसिद्ध केन्द्र है।
- यह कार्य आन्ध्र प्रदेश में मसूलीपट्टनम में भी देखा जाता है।

वर्ली कला

महाराष्ट्र अपनी वर्ली कला पेण्टिंग्स के लिए प्रसिद्ध है। इसमें महाराष्ट्र की वर्ली जनजातियों द्वारा अपनी रोजमर्रा की व सामाजिक जीवन की विभिन्न रचनाओं को दीवारों पर चित्रित किया जाता है।

कालीघाट कला

- इसमें छवियाँ गोलाकार न होकर सपाट होती थीं। कालीघाट के चित्रकार त्रि-आयामी चित्र बनाने के लिए छायाकरण का उपयोग करने लगे थे, परन्तु उनकी तस्वीरें यथार्थपरक और जीवन्त नहीं थीं।
- परवर्ती कालीघाट चित्रों में सामाजिक चित्र भी दर्शाए जाने लगे।

पिथौरा चित्रकला

पिथौरा चित्रकला गुजरात में रहने वाली कुछ जनजातियों; जैसे—राठवास एवं भीलालास द्वारा दीवारों पर की जाने वाली चित्रकारी है।

फर्श चित्रकला, रंगोली

- यह भारत की एक प्राचीन और परम्परागत लोक कला है। इसे सामान्यत: त्योहार, पूजा, उत्सव तथा विवाह आदि शुभ अवसरों पर बनाया जाता है।
- इसमें सूखे और प्राकृतिक रंगों का प्रयोग किया जाता है।
- इसे घर के आँगन, द्वार तथा स्थान विशेष पर बनाया जाता है। इसे आध्यात्मिक प्रक्रिया का एक महत्त्वपूर्ण अंग माना जाता है।

विभिन्न राज्यों में रंगोली

राज्य	रंगोली	राज्य	रंगोली
उत्तर प्रदेश	चौक पूरना	उत्तराखण्ड	ऐपण, लिखथाप
राजस्थान	मण्डना, मेहँदी	आन्ध्र प्रदेश	मुग्गु, कलमकारी
बिहार	अरिपन गोदन	केरल	कलमे जुथु, कालम
पश्चिम बंगाल	अल्पना	हिमाचल	अद्पन
महाराष्ट्र/गुजरात	रंगोली	गुजरात	साधिया
तमिलनाडु	कोल्लय	कर्नाटक	रंगवल्ली

अन्य लोक चित्रकला

- पिछवाई पेण्टिंग यह राजस्थान की एक पारम्परिक कला है, जो वैष्णव सम्प्रदाय से सम्बन्धित है। इसमें मुख्य रूप से भगवान कृष्ण की पेण्टिंग बनाई जाती है।
- थांगका चित्रकला यह मूल रूप से बौद्ध धर्म के सिद्धान्तों के प्रति श्रद्धा व्यक्त करने का माध्यम है, जो सिक्किम, हिमाचल प्रदेश, लद्दाख एवं अरुणाचल प्रदेश में प्रसिद्ध है।
- मंजूषा चित्रकारी यह कला बिहार के भागलपुर क्षेत्र से सम्बन्धित है, इसे अंगिका कला भी कहते हैं।
- सौरा चित्रकला यह एक भित्ति चित्रकला है, जिसे ओडिशा की सौरा जनजाति द्वारा बनाया जाता है।
- गोड़ चित्रकारी यह मध्य प्रदेश की आदिवासी गोड़ जनजाति के बीच प्रसिद्ध है, इसे घरों की (मिट्टी की दीवार) दीवारों पर बनाया जाता है।
- सन्थाल चित्रकारी यह जादू पटुआ नामक विशेष आदिवासी समुदाय द्वारा की जाती है। इस चित्रकारी में हस्तनिर्मित कागज का उपयोग किया जाता है।

"

हस्तशिल्प हाथ के कौशल से तैयार किए जाने वाले वे रचनात्मक उत्पाद हैं, जिनके निर्माण में किसी आधुनिक मशीनरी एवं उपकरणों का प्रयोग नहीं किया जाता है। भारत प्राचीन काल से ही हस्तशिल्प के विषय में समृद्ध रहा है।

अध्याय चार

हस्तशिल्प

भारत के प्रमुख हस्तशिल्प

हस्तशिल्प ऐसे कलात्मक कार्य को कहा जाता है, जो उपयोगी होने के साथ-साथ सजावट के काम आता है। इसे मुख्यत: हाथ से या सरल औजारों की सहायता से बनाया जाता है। हस्तशिल्प के अन्तर्गत कपड़ा, पत्थर, काष्ठ, हाथीदाँत, कागज, मोम, धातु आदि से निर्मित वस्तुएँ आती हैं। इस प्रकार की निर्मित वस्तुओं का धार्मिक, सांस्कृतिक एवं वाणिज्यिक महत्त्व होता है।

काष्ठ हस्तशिल्प

- प्राचीन काल से ही काष्ठ या लकड़ी का प्रयोग हस्तशिल्प के रूप में होता रहा है। इनका उपयोग मुख्यत: रथ और भवन बनाने में किया जाता था। मौर्य काल में निर्मित चन्द्रगुप्त मौर्य का महल लकड़ी से ही निर्मित था।
- वहीं वैदिक काल में रथकारों को उच्च सामाजिक दर्जा प्राप्त था।

काष्ठ हस्तशिल्प के प्रमुख केन्द्र

राज्य	विवरण
राजस्थान	◆ यहाँ गणगौर त्योहार के समय लकड़ी की बनी हुई गणगौर की मूर्तियों की पूजा की जाती है। ◆ इन मूर्तियों का निर्माण चित्तौड़गढ़ जिले के बस्सी गाँव में विशेष रूप से होता है।
असम	◆ असम की मिथकीय मूर्तियाँ तथा यहाँ के पूजा स्थल (नामघर) परम्परागत ढंग से लकड़ी के बने हुए हैं।
कर्नाटक	◆ कर्नाटक चन्दन की लकड़ी पर नक्काशी के लिए विशेष रूप से प्रसिद्ध है। इसके अतिरिक्त कर्नाटक के प्रमुख काष्ठ शिल्प निम्नलिखित हैं—मैसूर रोजवुड इनले (जी. आई.), चन्नपटना खिलौने एवं गुड़िया (जी. आई.) और किन्हल खिलौने (जी. आई.)
केरल	◆ केरल की नक्काशी की हुई कथकली नृत्य की गुड़िया अत्यधिक प्रसिद्ध है।
कश्मीर	◆ वॉलनट वुड कार्विंग (जी. आई.) कश्मीर में वॉलनट की लकड़ी से अनेक वस्तुएँ; जैसे—फर्नीचर, बक्से, फोटो फ्रेम आदि बनाए जाते हैं। ◆ खतमबन्द (जी. आई.) कला में छतों का निर्माण लकड़ी के छोटे-छोटे टुकड़ों को ज्यामितीय पैटर्न में जोड़कर किया जाता है।
आन्ध्र प्रदेश एवं तेलंगाना	◆ कोण्डापल्ली बोम्मालु अथवा कोण्डापल्ली खिलौनों (जी. आई.) को विशेष प्रसिद्धि प्राप्त है। तिरुपति की गुड़िया भी काष्ठ कला का प्रमुख उदाहरण है।
छत्तीसगढ़	◆ बस्तर काष्ठशिल्प (जी.आई.) के अन्तर्गत दशहरा पर्व के लिए बनाई गई आनुष्ठानिक रीतियों में विभिन्न जनजातियों द्वारा प्रयोग किए जाने वाले मुखौटे काष्ठ कला के महत्त्वपूर्ण उदाहरण हैं।
मध्य प्रदेश	◆ मध्य प्रदेश वानस्पतिक धनी होने के कारण यहाँ के काष्ठ हस्तशिल्प में विभिन्न प्रकार की लकड़ियों का प्रयोग किया जाता है। ◆ यहाँ की गोण्ड एवं बैगा जनजातियाँ हस्तशिल्पों में विभिन्न प्रकार की काष्ठ कला का उपयोग करती हैं।
उत्तर प्रदेश	◆ उत्तर प्रदेश में काष्ठ हस्तशिल्प मुख्यत: सहारनपुर एवं बनारस में संकेन्द्रित हैं। सहारनपुर नक्काशी के लिए एवं बनारस काष्ठ के खिलौने एवं अन्य कलाकृतियों के लिए प्रसिद्ध है।
अन्य काष्ठ हस्तशिल्प	◆ कास्तकारी नक्काशी, गोवा ◆ सिक्की घास शिल्प, बिहार ◆ चोकत्से (टेबल), सिक्किम ◆ खुण्ड (बाँस सीढ़ी), पंजाब ◆ कावड़, राजस्थान ◆ चिखाई (नक्काशी), उत्तराखण्ड ◆ शीतल पट्टी (घास की चटाई), असम

बाँस हस्तशिल्प

- बाँस से विभिन्न प्रकार की संरचनात्मक मूर्तियाँ; जैसे—झूले, छाता, टोपी और खिलौने बनाए जाते हैं।
- बाँस हस्तशिल्प उद्योग गरीबों के लिए एक महत्त्वपूर्ण आजीविका का स्रोत है। इसके साथ ही यह भारतीय सांस्कृतिक धरोहर का महत्त्वपूर्ण भाग भी है।

शैल हस्तशिल्प

- शैल हस्तशिल्प तीन प्रकार के शैल; जैसे-शंख शैल, कछुआ शैल और समुद्री शैल से बनाए जाते हैं।
- अनेक प्रकार की वस्तुएँ; जैसे—चूड़ियाँ, काँटे, सजावटी कटोरे, चम्मच, बटन, पर्दे, दर्पण फ्रेम, टेबल मेट आदि शैल हस्तशिल्प की वस्तुएँ हैं। मन्नार की खाड़ी, गोवा, ओडिशा आदि शैल हस्तशिल्प के महत्त्वपूर्ण स्थान हैं।

हाथीदाँत हस्तशिल्प

- हाथीदाँत का प्रयोग कर बनाए जाने वाले शिल्प को हाथीदाँत हस्तशिल्प कहा जाता है। भारत में इस हस्तशिल्प का प्रचलन हड़प्पा काल से है।
- इस हस्तशिल्प के अन्तर्गत विभिन्न प्रकार के आभूषण, वस्त्र, मूर्तियाँ एवं चूड़ियाँ आदि आती हैं।
- हाथीदाँत से दिल्ली में आभूषण, राजस्थान तथा गुजरात में चूड़ियाँ, वाराणसी (उत्तर प्रदेश) में बुद्ध तथा कृष्ण की मूर्तियाँ, पश्चिम बंगाल में दुर्गा की प्रतिमा आदि मूर्तियाँ बनाई जाती हैं।
- चन्दनवल्लम् (सर्प नाव) हाथीदाँत शिल्प का उत्कृष्ट उदाहरण है, जो केरल में पर्यटकों के आकर्षण का केन्द्र है।

हड्डी एवं सींग हस्तशिल्प

- ओडिशा में जानवरों की आकृति बनाने के लिए तथा हिमालय के क्षेत्रों में धार्मिक कर्मकाण्डों के लिए आभूषण तैयार करने में हड्डी का प्रयोग किया जाता है।
- भैंस के सींगों का प्रयोग विशेषकर कंघी, बटन, डिब्बी, कलश जैसी वस्तुओं के निर्माण में किया जाता है।

धातु शिल्प

- भारत में धातु शिल्प की अनेक तकनीकें प्रचलित हैं। बिहार, ओडिशा, पश्चिम बंगाल तथा केरल में मिश्रित धातुओं का निर्माण होता है।
- वाराणसी, भुज, मद्रास तथा जावरा में चादरनुमा धातुओं की वस्तुएँ बनाई जाती हैं।
- घण्टी एवं घण्टियों को बनाने के प्रमुख केन्द्र केरल, बिहार, ओडिशा व असम हैं।
- मुरादाबाद तथा हरियाणा के जगाधरी में धातु को ढाल कर उससे वस्तु बनाने की तकनीक प्रचलित है।

नोट *वर्ष 2016 में वाराणसी को धातु शिल्पकला के लिए भौगोलिक संकेतक प्रदान किया गया।*

- धातु की चादरों से विविध प्रकार के सामान बनाने के लिए डीप रिपाउज वर्क तकनीक का प्रयोग किया जाता है। रथों एवं पट्टियों वाले पीतल के घोड़ों के लिए टीकमगढ़ (मध्य प्रदेश) प्रसिद्ध है।

काँस्य हस्तशिल्प

- काँसे के प्रयोग का प्रथम लिखित साक्ष्य मत्स्यपुराण से प्राप्त होता है, बाद में रसरत्नाकर में भी इसका उल्लेख किया गया।
- गुप्त काल में काँस्य हस्तशिल्प का उत्कृष्ट विकास हुआ। इस समय काँस्य की मूर्तियाँ, बेलन, लकड़ी के कार्य और अन्य हस्तशिल्प का कुशल निर्माण हुआ।
- मोहनजोदड़ो से प्राप्त काँस्य प्रतिमा से प्राचीन काल में काँस्य हस्तशिल्प के प्रयोग होने का पता चलता है।

ढोकरा हस्तशिल्प

- ढोकरा, लुप्त मोम तकनीक के माध्यम से लौह रहित धातु ढालने की कला है, ढोकरा हस्तशिल्प बेल मेटल से बनाए जाते हैं, जो ब्रास, निकिल एवं जिंक की मिश्रधातु होती है।
- मध्य प्रदेश में दतिया एवं टीकमगढ़ के बेल मेटल उत्पादों को भौगोलिक उपदर्शक (GI) का दर्जा प्राप्त है। इसे आदिवासी शिल्प के रूप में भी जाना जाता है। बस्तर (छत्तीसगढ़) के ढोकरा हस्तशिल्प को भौगोलिक संकेतक (GI) का दर्जा प्राप्त है।

अन्य धातु शिल्प

- मुरादाबाद (उत्तर प्रदेश) में बर्तनों पर नक्काशी का कार्य किया जाता है, जो स्वयं में अनोखी कला है।
- राजस्थान की मरोड़ी नक्काशी प्रसिद्ध है, इसमें खाली जगह भरने के लिए काली लाख का प्रयोग किया जाता है। कर्नाटक के बीदरी शिल्प को भौगोलिक संकेतक का दर्जा प्राप्त हो चुका है।
- राजस्थान की तारकशी कला में धातु के आधार तल पर ताँबे या पीतल के तार का प्रयोग करके महीन रूप से गढ़े हुए खाँचे में पैटर्न बनाने की कला है।
- तमिलनाडु की स्वामीमलाई काँस्य प्रतीक (काँस्य एवं पंचलोहा से निर्मित) को भौगोलिक संकेतक का दर्जा दिया गया है।

बाँस हस्तशिल्प

शैल हस्तशिल्प

हड्डी एवं सींग हस्तशिल्प

हाथीदाँत हस्तशिल्प

काँस्य हस्तशिल्प

धातु शिल्प

ढोकरा हस्तशिल्प

मीनाकारी

यह मुख्यत: सोने, चाँदी एवं पत्थर पर रंग भरने की एक कला है। यह एक प्राचीन धातु शिल्प प्रौद्योगिकी है। मीनाकारी का सबसे उत्कृष्ट कार्य **जयपुर** एवं **बीकानेर** में किया जाता है। लखनऊ कपड़े पर मीनाकारी के लिए प्रसिद्ध है। **थेवाकला** मीनाकारी का ही एक रूप है।

मृदा हस्तशिल्प

- मृदा हस्तशिल्प का इतिहास बहुत प्राचीन है। हड़प्पा एवं मोहनजोदड़ो से मृदा हस्तशिल्प के अवशेष वर्तमान में भी पुरातात्विक उत्खनन से प्राप्त होते रहते हैं।
- हड़प्पा से दो चक्कों वाली गाड़ियाँ प्राप्त हुई हैं, ये यातायात का प्रमुख साधन थीं। इन गाड़ियों के काँस्य एवं टेराकोटा मॉडल अनेक स्थलों से प्राप्त हुए हैं।
- चित्रित धूसर मृद्भाण्ड (1000-600 ई.पू.) प्राचीन काल का सबसे प्रसिद्ध हस्तशिल्प मृद्भाण्ड है। यह मिट्टी के बर्तनों का एक प्रकार है। इन बर्तनों पर काले रंग से डिजाइन बनाए जाते थे। इन बर्तनों को चित्रित ग्रे वेयर (PGW) भी कहा जाता है।
- उत्तरी काले पॉलिशदार मृद्भाण्ड दो अलग-अलग समयकालों से महाजनपद काल से लेकर शुंग काल तक प्राप्त हुए हैं।
- रामपुर और खुर्जा में लाल मिट्टी के विभिन्न प्रकार के बर्तन बनाए जाते हैं। चुनार (उत्तर प्रदेश) सुराही के लिए प्रसिद्ध है।
- मिथिला, बिहार की सामा-चकेवा की मिट्टी से बनी मूर्तियाँ, पश्चिम बंगाल के बाँकुड़ा की घोड़े की मूर्तियाँ, राजस्थान में हाथ से बनी गणेश की मूर्तियाँ और तमिलनाडु की अयनार मूर्तियों का उल्लेख इस क्रम में किया जा सकता है।
- टेराकोटा से निर्मित तंजौर की गुड़ियों को भौगोलिक संकेतक (GI) का दर्जा प्राप्त है। दिल्ली और जयपुर में स्फटिक एवं फिरोजाबाद में कलात्मक बर्तन बनाए जाते हैं।
- खुर्जा पॉटरी (Pottery) के एक बड़े केन्द्र के रूप में प्रसिद्ध है।

राजस्थान के मिट्टी के बर्तन

- राजस्थान का मिट्टी के परम्परागत बर्तनों में प्रमुख स्थान है। राजस्थान के विभिन्न क्षेत्रों; जैसे—जोधपुर, बीकानेर और जैसलमेर में मिट्टी के बर्तन बनाने की पारम्परिक कला है। इन बर्तनों का डिजाइन और आकृति, स्थानीय संस्कृति के रंग और पैटर्न के आधार पर बनाए जाते हैं। जयपुर मटके, सुराही एवं कुल्हड़ बनाने के लिए प्रसिद्ध है। इसके अतिरिक्त यहाँ कलात्मक मूर्तियाँ भी बनाई जाती हैं, जिसमें गणगौर की मूर्ति सर्वाधिक प्रसिद्ध है।
- 200 वर्षों से अधिक प्राचीन ब्लू पॉटरी जोकि मुख्यत: जयपुर में संकेन्द्रित है, बहुत प्रसिद्ध है। ब्लू पॉटरी (Blue Pottery) मूलत: मध्य एशिया में विकसित हुई थी।

टेराकोटा

- टेराकोटा (Terracota) जिसका शाब्दिक अर्थ है—पकी हुई मिट्टी। टेराकोटा मूर्तियों का एक लम्बा और विविध इतिहास है, इसके उदाहरण चीन, मिस्र और सिन्धु घाटी की प्राचीन सभ्यताओं से मिलते हैं। मेहरगढ़ (पाकिस्तान) से टेराकोटा के (बर्तन) अवशेष प्राप्त हुए हैं।
- बिहार की सामा-चकेवा, पश्चिम बंगाल की मृण्मूर्ति एवं राजस्थान से निर्मित गणेश जी की मूर्ति प्रसिद्ध हैं। मध्य प्रदेश की पशु-पक्षियों की टेराकोटा की मूर्तियाँ अत्यधिक प्रसिद्ध हैं।
- टेराकोटा से सजे हुए घोड़े का निर्माण गोरखपुर में किया जाता है।
- टेराकोटा की गुड़िया, जो तंजावुर में निर्मित की जाती है, को भौगोलिक संकेतक (GI) का दर्जा दिया गया है।

आभूषण

फिलिग्री तकनीक का प्रयोग पश्चिम बंगाल में आभूषण बनाने में किया जाता है और वहीं ओडिशा में फिलिग्री तथा ग्रैनुलेशन दोनों तकनीकों का प्रयोग किया जाता है।

आभूषणों के प्रकार

- **जड़ाऊ आभूषण**
  - मुगलों द्वारा प्रारम्भ
  - राजस्थान एवं गुजरात मुख्य निर्माण स्थल
- **आइवरी आभूषण**
  ये हाथीदाँत से निर्मित होते हैं।
- **मनका आभूषण**
  मनके विभिन्न प्रकार की धातुओं, लकड़ी एवं हाथीदाँत के बनाए जाते हैं।
- **एण्टीक आभूषण**
  ऐसे आभूषण अत्यन्त प्राचीन होते हैं, जो उत्खनन द्वारा प्राप्त होते हैं, जिन्हें संग्रहीत कर सुरक्षित रखा जाता है।

रॉक हस्तशिल्प

रॉक हस्तशिल्प, हस्तशिल्प की एक प्राचीन शैली है, जिसमें पत्थरों पर नक्काशी की जाती है। रॉक हस्तशिल्प के अत्यन्त प्राचीन साक्ष्य महाराष्ट्र, राजस्थान, मध्य प्रदेश और ओडिशा से प्राप्त हुए हैं।

जूट हस्तशिल्प

जूट हस्तशिल्प पर्यावरण के अनुकूल है। इसके अन्तर्गत चूड़ियाँ, स्टेशनरी, बैग, गहनें एवं फुटवियर आदि तैयार किए जाते हैं। पश्चिम बंगाल, असम एवं बिहार जूट हस्तशिल्प के प्रसिद्ध केन्द्र हैं।

कागज हस्तशिल्प

कागज हस्तशिल्प चटक रंगों वाले कागज को मिलाकर तैयार किए जाते हैं। मुगलकाल में विकसित हुआ कुदी भारत में कागज हस्तशिल्प का प्रसिद्ध रूप है। यह हस्तशिल्प उद्योग मुख्यत: दिल्ली, राजगीर, पटना, गया, अवध, अहमदाबाद तथा इलाहाबाद में स्थित है।

बुनाई एवं कढ़ाई हस्तशिल्प

- कढ़ाई कला भारतीय सभ्यता का महत्त्वपूर्ण भाग रही है और प्राचीन काल से ही भारतीय वस्त्र और सजावट में इसका प्रयोग होता रहा है।
- भारत के विभिन्न क्षेत्रों में कढ़ाई की अपनी विशेषता रही है; जैसे-कश्मीर की कसीदाकारी, गुजरात की कढ़ज, बंगाल की इम्ब्रायडरी तथा लखनऊ की चिकनकारी।
- कसीदाकारी कपड़ों पर धागे या सूत के साथ अन्य सामग्री से की जाने वाली हस्तकला है।
- केरल निर्मित टोपियों ने अफ्रीका एवं खाड़ी देशों में अत्यधिक प्रसिद्धि प्राप्त की है। केरल की महिलाएँ कढ़ाई कार्य में दक्ष हैं, यहाँ अधिकांश कार्य महिलाओं द्वारा किया जाता है।
- इसी तरह ओडिशा के पिपली गाँव की गोटापट्टी (ऐपलिक) कढ़ाई भी प्रसिद्ध है।

भारत की प्रमुख कढ़ाई

कढ़ाई	क्षेत्र	कढ़ाई	क्षेत्र
गोटा	राजस्थान	बन्नी	गुजरात
कारचोबी	राजस्थान	शामिलामी	मणिपुर
बाघ	पंजाब	फूल पत्ती का काम	अलीगढ़, उत्तर प्रदेश
नक्शी काँथा	पश्चिम बंगाल	बंजारा	आन्ध्र प्रदेश
फुलकारी	पंजाब, हरियाणा, राजस्थान	टोडा	तमिलनाडु
जरदोजी	उत्तर प्रदेश	खटवा एप्लिक वर्क	बिहार
आरी	गुजरात	सुजनी	बिहार
शीशे का काम	राजस्थान, हरियाणा और गुजरात	सोजनी	जम्मू व कश्मीर
धारणिया	गुजरात	बादला/फर्दी	उत्तर प्रदेश
हीर	गुजरात	लम्बानी	कर्नाटक
अक्षिदा	बिहार	गारा	गुजरात
कसूती	कर्नाटक	किमखाब	वाराणसी
रबारी	गुजरात	डोंगरिया स्कार्फ कपड़ा गन्धा	ओडिशा

भारत की प्रमुख बुनाई

बुनाई	क्षेत्र	बुनाई	क्षेत्र
वांगखेई फे	मणिपुर	बोहरा टोपी	गुजरात, मध्य प्रदेश
शाफी लैंफी	मणिपुर	पटक	राजस्थान
पट	बस्तर (छत्तीसगढ़)	पटकू	गुजरात
मशरू	गुजरात	क्रोशे वर्क	आन्ध्र प्रदेश

दरी एवं कालीन बुनाई

- लाहौर, आगरा, दिल्ली तथा दक्कन कालीन बुनाई के प्रमुख केन्द्र थे। सम्भवत: कालीन बुनाई की कला ईरान से भारत आई थी।
- वर्तमान में इसके मुख्य केन्द्र भदोही (उत्तर प्रदेश), मिर्जापुर (उत्तर प्रदेश), श्रीनगर (जम्मू-कश्मीर), वारंगल (आन्ध्र प्रदेश), एल्लूर (आन्ध्र प्रदेश), अमृतसर (पंजाब), जयपुर (राजस्थान) तथा आगरा (उत्तर प्रदेश) हैं। दरी ऊनी एवं सूती दोनों प्रकार की होती है। भारत में उच्च कोटि की ऊनी दरी जैसलमेर (राजस्थान) एवं बाड़मेर (राजस्थान) में बुनी जाती है।

दरी बुनाई एवं उनके क्षेत्र

दरी	क्षेत्र	दरी	क्षेत्र
नमदा झुकी ऊन का गलीचा	गुजरात	खबदान	जम्मू-कश्मीर
कालीन	जम्मू-कश्मीर	नवलगुद	कर्नाटक
पंजा	पंजाब, राजस्थान	मुसल्ला गलीचा	आन्ध्र प्रदेश
जमकालम	कोयम्बटूर	जाह नमाज	उत्तर प्रदेश

चटाई बुनाई

- केरल, तमिलनाडु, पश्चिम बंगाल और मणिपुर चटाई बुनाई के महत्त्वपूर्ण केन्द्र हैं।
- तमिलनाडु की चटाई को पट्टमढ़ई कहते हैं। केरल में चटाई का निर्माण घास से होता है, जिसे कोटा नाम से जाना जाता है। पश्चिम बंगाल में भी बनी शीतल पट्टी और मुधर कोठी चटाइयाँ अत्यधिक प्रसिद्ध हैं।

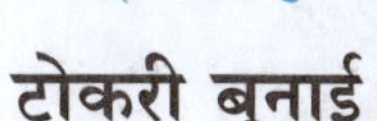

टोकरी बुनाई

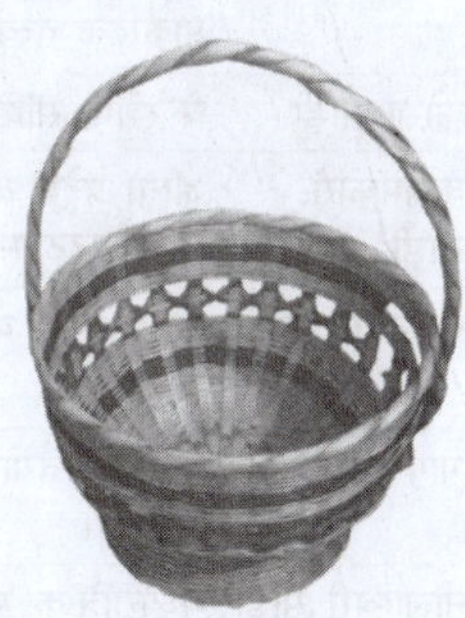

- कश्मीर की टोकरी पौधे से बनाई जाती है तथा पंजाब में जंगली घास एवं ताड़ के पत्ते तथा सरकण्डे का प्रयोग होता है।
- उत्तर प्रदेश तथा बिहार में घास से टोकरी बनाई जाती है।

प्रमुख पारम्परिक वस्त्र एवं उनकी निर्माण शैलियाँ

वस्त्र/निर्माण शैलियाँ	विशेषताएँ
बनारसी साड़ी	इसमें तनजोई जरी का काम होता है। यहाँ की जरी साड़ियों में हल्के रंग पर फूल-पत्ती, फल, पक्षी आदि की बुनाई की जाती है। यहाँ के रेशम पर सोने की कारीगरी को बफ्ता कहते हैं।
चन्देरी साड़ी	ये मध्य प्रदेश की पारदर्शी साड़ियाँ हैं। इन साड़ियों की बुनाई हाथ से की जाती है।
पैठणी साड़ी	ये साड़ियाँ महाराष्ट्र के औरंगाबाद में बनाई जाती हैं। पैठणी साड़ियाँ अजन्ता गुफाओं से प्रेरित हैं, इनमें बौद्ध धर्म की झलक मिलती है। ये साड़ियाँ स्थानीय बुनकरों द्वारा हाथ से तैयार की जाती हैं।
पटोला साड़ी	गुजरात की पटोला साड़ियाँ अपनी कारीगरी के लिए प्रसिद्ध हैं। इनमें पशु-पक्षी, नर्तक-नर्तकी, पुष्प आदि को उकेरा जाता है।
तांचोई सिल्क साड़ी	इन साड़ियों की तकनीक चीन से लाई गई है। वर्तमान में ये साड़ियाँ गुजरात एवं बनारस में बड़े पैमाने पर बनाई जाती हैं। इन सिल्क साड़ियों का उपयोग मुख्यत: सर्दियों में किया जाता है।
बालूचरी साड़ी	इन साड़ियों को मुख्यत: पश्चिम बंगाल में बनाया जाता है। इन साड़ियों पर महाभारत एवं रामायण के दृश्यों को कढ़ाई के माध्यम से उकेरा जाता है।
बन्धेज साड़ी	इन साड़ियों को विशेष प्रकार की गाँठे बाँधकर तैयार किया जाता है, जिसे ईकत कहते हैं। ईकत की बुनाई में शहतूत एवं टसर दोनों रेशम का उपयोग किया जाता है।
इत्कल साड़ी	कर्नाटक की इन साड़ियों में रथ और हाथी की छपाई के लिए कसूती कढ़ाई का प्रयोग किया जाता है।
ताँत साड़ी	ये साड़ियाँ पश्चिम बंगाल में तैयार की जाती हैं।
बोमकाई साड़ी	ओडिशा में तैयार होने वाली इन साड़ियों में ईकत कढ़ाई एवं कसीदाकारी का कार्य किया जाता है।
नौवारी साड़ी	महाराष्ट्र में तैयार होने वाली ये साड़ियाँ नौ गज की होती हैं।
पोचमपल्ली साड़ी	इन साड़ियों का उपयोग एयर इण्डिया की महिला कर्मचारियों द्वारा किया जाता है। इन साड़ियों को ईकत शैली द्वारा तैयार किया जाता है।
जामावर साड़ी	कश्मीर में तैयार होने वाली इन साड़ियों की बुनाई रेशम अथवा पश्मीना से की जाती है।
उप्पद जामदानी साड़ी	ये साड़ियाँ आन्ध्र प्रदेश में तैयार की जाती हैं, इसमें उच्चतम किस्म के रेशम का उपयोग किया जाता है।
जामदानी साड़ी	अपारदर्शी किस्म की कढ़ाई वाली ये साड़ियाँ पश्चिम बंगाल में तैयार की जाती हैं।
कोनराड़ साड़ी	तमिलनाडु में तैयार होने वाली इन साड़ियों पर पशु-पक्षियों एवं प्राकृतिक तत्त्वों का अंकन किया जाता है।
कोसा साड़ी	ये रेशमी साड़ियाँ छत्तीसगढ़ में तैयार की जाती हैं।
कलमकारी साड़ी	आन्ध्र प्रदेश की इस चित्रकारी में दो शैलियों-श्रीकालहस्ती और मछलीपट्टनम का प्रयोग किया जाता है।
वेंकटगिरि साड़ी	आन्ध्र प्रदेश की इस साड़ी में जैक्वाड्‌र्स बुनाई का उपयोग किया जाता है।
भागलपुरी साड़ी	बिहार में तैयार होने वाली साड़ियों में टसर रेशम का उपयोग किया जाता है।
नीलाम्बरी साड़ी	मध्यरात्रि की पृष्ठभूमि वाली ये साड़ियाँ पश्चिम बंगाल में तैयार होती हैं।
सम्बलपुरी साड़ी	ओडिशा में तैयार होने वाली ये साड़ियाँ टसर रेशम से तैयार होती हैं।
घाघरा/लहँगा/घाघरे/लहँगे	इनमें कलियों को जोड़कर ऊपर सकरा और नीचे चौड़ा घेर तैयार किया जाता है। ये गोटेदार एवं बिना गोटेदार दोनों होते हैं।

वस्त्र/निर्माण शैलियाँ	विशेषताएँ
फिरन	फिरन कश्मीर में महिला एवं पुरुषों दोनों द्वारा उपयोग में लाया जाता है। यह एक ढीला-ढाला गर्म कपड़ा होता है।
कुरता	यह एक पारम्परिक भारतीय परिधान है, इसके साथ पायजामा अथवा धोती का उपयोग किया जाता है।
शॉल	यह अन्य परिधानों के साथ उपयोग किया जाता है। कश्मीर का पश्मीना शॉल अत्यधिक लोकप्रिय है।
अंगरखा	ऊपरी हिस्से में पहना जाने वाला यह वस्त्र महाराष्ट्र एवं गुजरात में अत्यधिक लोकप्रिय है।
धोती	धोती को कमर के निचले हिस्से में पहना जाता है। धोती पुरुष एवं महिलाएँ दोनों ही पहनते हैं। यह भारत का पारम्परिक परिधान है।
सेहरा	इसका प्रयोग विवाह समारोह में मुँह को ढकने के लिए किया जाता है।
शेरवानी	शेरवानी मूलत: भारतीय परिधान नहीं है, बल्कि यह पश्चिमी एशिया से भारतीय समाज में आया।
उत्तरीय और अन्तरीय	इन वस्त्रों का प्रयोग प्राचीन काल में किया जाता था। यह उत्तरीय शरीर के ऊपरी हिस्से में एवं अन्तरीय शरीर के निचले हिस्से में पहना जाता है।
काराकुल टोपी	यह एक त्रिकोणीय टोपी है। इसे जिन्ना टोपी भी कहते हैं, क्योंकि इसी टोपी का उपयोग मोहम्मद अली जिन्ना द्वारा किया जाता था। यह टोपी काबुली परिधान में शामिल है।
गाँधी टोपी	इसे प्राय: खादी वस्त्र द्वारा बनाया जाता है। इस टोपी को लोकप्रिय बनाने का श्रेय महात्मा गाँधी को दिया गया है।
जापी टोपी	इस टोपी में बीच का हिस्सा उठा हुआ होता है। इस टोपी का उपयोग असम के लोगों द्वारा किया जाता है।
सिन्धी टोपी	गोल प्रकार की इस टोपी का उपयोग सामान्यत: बलूचिस्तान के सिन्धी समुदाय द्वारा किया जाता है।
नेपाली टोपी	ढाका के कपड़े से निर्मित होने के कारण इसे ढाका टोपी भी कहते हैं।
पादुका	पैरों के लिए उपयोग की जाने वाली पादुका प्राचीन है। पादुकाओं को लकड़ी से तैयार किया जाता है।
कोल्हापुरी चप्पल	यह चप्पल कोल्हापुर में विकसित हुई थी। इन चप्पलों का प्रमुख डिजाइन कचकड़ी, बक्कलवाली और पुकारी है।
कश्मीरी कढ़ाई	यह कढ़ाई अपने अनुपम रंगों के लिए प्रसिद्ध है। कश्मीर से निर्मित होने वाली पश्मीना शॉलों में यह कढ़ाई देखी जा सकती है।
दर्पण कढ़ाई	बारीक धागों से होने वाली यह कढ़ाई कश्मीर में की जाती है।
पंजाब की फुलकारी	यह हस्तशिल्प पंजाब में अत्यधिक लोकप्रिय है। इसमें खादी के वस्त्रों पर रेशमी धागों से कढ़ाई की जाती है।
लखनऊ चिकनकारी	चिकनकारी लखनऊ (उत्तर प्रदेश) की प्रचलित हस्तकला है। चिकनकारी की शुरुआत भारत में मुगलकाल से मानी जाती है। यहाँ इसका प्रचलन नूरजहाँ ने आरम्भ किया था।
ओडिया का पैचवर्क	यह ओडिया का महत्त्वपूर्ण पारम्परिक शिल्प है, जो भुवनेश्वर के आस-पास प्रचलित है। पैचवर्क का कार्य रंगीन कपड़ों को जोड़कर किया जाता है।
कसूती कढ़ाई	कसूती कढ़ाई कर्नाटक में प्रचलित है। इसमें तुलसी की पत्ती, रथ एवं पौराणिक महत्त्व का चित्रांकन किया जाता है।
मद्रासी कढ़ाई	इसे **एंग्लो-इण्डियन एम्ब्रायडरी** के नाम से भी जाना जाता है।
कसीदा कढ़ाई	यह कढ़ाई देश के अनेक भागों में प्रचलित है। इनमें बिहार एवं कश्मीर की कसीदाकारी प्रमुख है।

टाई एण्ड डाई

- यह कपड़े पर हस्तशिल्प की एक तकनीक है। बाणभट्ट के हर्षचरित ग्रन्थ में टाई एण्ड डाई का प्रथम उल्लेख मिलता है।
- गुजरात और राजस्थान में टाई एण्ड डाई (बाँधनी) बनाने के लिए प्रयोग की जाने वाली प्रक्रियाएँ भिन्न-भिन्न हैं। इन दोनों क्षेत्रों में डिजाइन और शिल्प भिन्न-भिन्न होते हैं। जामनगर और अहमदाबाद विशेष रूप से गुजरात कपड़े बाँधने और रंगने के केन्द्र हैं।
- टाई एण्ड डाई की सामग्री को मोड़कर गाठों से जोड़ा जाता है।
- टाई एण्ड डाई की प्रतिरोध विधि ईकत के रूप में जानी जाती है, इस विधि में बुनाई से पहले कपड़े को रंगा जाता है। इसके प्रमुख केन्द्र तेलंगाना, ओडिशा, आन्ध्र प्रदेश तथा गुजरात हैं।

कपड़े की सजावट, टाई एण्ड डाई के अन्य प्रकार एवं क्षेत्र

पागदु बन्धु	यह आन्ध्र प्रदेश में प्रचलित टाई एण्ड डाई की एक प्रक्रिया है।
तेलिया रुमाल	यह आन्ध्र प्रदेश की एक विधि है, जिसमें कपड़े को तेलीय बनाने के लिए एलिजरीन रंगों का प्रयोग किया जाता है।
चम्बा रुमाल	यह हिमाचल प्रदेश की बूटेदार हस्तशिल्प है।
अजरख छपाई	गुजरात क्षेत्र में प्राकृतिक रंगों का प्रयोग कर रेजिस्ट डाई की एक तकनीक है।
ढाला पत्थर परदा और कपड़े	यह ओडिशा के रंगानी समुदाय द्वारा बनाया जाता है।
कोटपाड़ हैण्डलूम फैब्रिक	यह ओडिशा की तकनीक है, जिससे बत्तख, मछली, फूल, हाथ के पंखे आदि के ज्यामितीय पैटर्न लिए गए हैं।
माता नी पछेड़ी	यह देवी माता के पीछे का कपड़ा होता है।
जादो पटुआ पेण्टिंग	यह कटावदार डिजाइन है, जिसे जादो समुदाय द्वारा चित्रित किया जाता है।
पिछवई पेण्टिंग्स	राजस्थान की यह पेण्टिंग भगवान कृष्ण पर आधारित है।
दाबू छपाई	यह चित्तौड़गढ़ की एक प्राचीन प्रिण्टिंग तकनीक है।
सुंगड़ी	यह तमिलनाडु की पारम्परिक टाई एण्ड डाई तकनीक है।

काँच हस्तशिल्प

- भारतीय महाकाव्य महाभारत में काँच बनाने का प्रथम उल्लेख मिलता है।
- गंगा घाटी की चित्रित धूसर मृद्भाण्ड सभ्यता (1000 ई. पू.) से आकर्षक काँच से निर्मित मूर्ति के प्रथम साक्ष्य मिले हैं।
- वर्तमान में काँच उद्योगों में चूड़ियों का उद्योग अधिक प्रफुल्लित है।
- हैदराबाद में उत्तम किस्म की काँच की चूड़ियाँ बनाई जाती हैं।
- फिरोजाबाद काँच के सजावटी सामानों के लिए प्रसिद्ध है।
- थेवा कला में काँच पर सोने की कारीगरी की जाती है।

चाँदी के शिल्प

- फिलिग्री वर्क, चाँदी के आभूषण पर डिजाइनरों द्वारा उपयोग की जाने वाली सबसे प्रसिद्ध विधियों में से एक है। पैनरी और पैजाम के नाम से प्रसिद्ध चाँदी की पायल ओडिशा में बहुत लोकप्रिय है।
- गुंची चाँदी की क्रोटेड सजावट है, जो एक प्रकार का आभूषण होता है।
- कर्नाटक के बिदरी गाँव में की जाने वाली बिदरी कला अपनी खूबसूरती के लिए प्रसिद्ध है।

चर्म उत्पाद

- चमड़े की टैनिंग की कला को 3000 ई. पू. से प्रलेखित किया गया है,
- बैग, जूते, जैकेट और अन्य कई प्रकार के उत्पाद चमड़े से तैयार किए जाते हैं।
- चर्म हस्तशिल्प के मुख्य क्षेत्र कानपुर, कोल्हापुर, जयपुर, पश्चिम बंगाल, कर्नाटक आदि हैं।

भारत में विभिन्न क्षेत्रीय फुटवेयर्स

नाम	मुख्य उत्पादन क्षेत्र
कोंगलन स्टिच्ड बूट्स	पश्चिम बंगाल
कटकी चप्पल	ओडिशा
कोल्हापुरी चप्पल	कर्नाटक और महाराष्ट्र
मोजड़ी	राजस्थान
तिल्ला जूती	पंजाब
पाबू स्टिच्ड बूट्स	लद्दाख

विभिन्न प्रकार के खिलौने

खिलौने का प्राचीन साक्ष्य सिन्धु घाटी सभ्यता से प्राप्त हुआ है। चन्नपटना शहर को खिलौने का शहर (गोम्बेगाला उरु) के नाम से जाना जाता है।

भारत में खिलौने की प्रसिद्ध किस्में

नाम	उत्पादन क्षेत्र
चन्नपटना खिलौने	कर्नाटक
कोण्डापल्ली बोम्मालु खिलौने	आन्ध्र प्रदेश
किन्हल खिलौने	कर्नाटक

प्रस्तर पात्र

- पत्थर की चिनाई और शिल्पकला देश की अत्यधिक लोकप्रिय कलाओं में से एक है। मौर्यकाल के स्मारकों में मूर्तियों और स्थापत्य पहलुओं के साक्ष्य देखे जा सकते हैं।
- अजन्ता और एलोरा की चट्टानों को काटकर बनाई गई गुफाएँ, खजुराहो की कामुक मूर्तियाँ और साँची एवं भरहुत की बौद्ध नक्काशी इसके उत्कृष्ट उदाहरण हैं।
- पहाड़ी क्षेत्रों में एक श्रेष्ठ उदाहरण काँगड़ा जिले के मसरूर चट्टान को काटकर बनाए गए मन्दिर की अखण्ड नक्काशी है।

- प्रस्तर कार्य की प्रवृत्ति मुगलकाल के दौरान परिवर्तित हुई, जब पत्थर के कार्य ने संगमरमर पत्थर के कार्य का स्थान ले लिया।
- इस समय पित्रादुरा वर्क पर ध्यान केन्द्रित किया गया।
- सफेद मकराना संगमरमर का उत्पादन राजस्थान से किया जाता है।
- उत्तर प्रदेश का आगरा हाथ से निर्मित वस्तुओं के लिए प्रसिद्ध है।

फर्श पर कलाएँ

- फर्श पर कलाकृतियाँ बनाना अधिकतर धार्मिक एवं सांस्कृतिक समारोहों का भाग रहा है। सामान्यत: डिजाइन मुक्तहस्त से बनाए जाते हैं, जो केन्द्र में एक बिन्दु से शुरू होते हैं तथा वृत्त, वर्गों, त्रिकोण, सीधी रेखाएँ और वक्र जैसी ज्यामितीय आकृतियों में संकेन्द्रित पैटर्न में विस्तारित होते हैं।
- प्रदेशों में फर्श पर बनने वाली आकृतियाँ भी भिन्न-भिन्न होती हैं।
- पंजाब और उत्तर प्रदेश में चौक पूरना, हिमाचल प्रदेश के ऐपण डिजाइनों का मूल रूप वर्ग, वृत्त और त्रिकोण है।
- राजस्थान और मध्य प्रदेश के मण्डना का अर्थ है-मण्डन (सजावट)। पैटर्न में वर्ग, षटकोण, त्रिकोण और वृत्त सम्मिलित हैं।
- गुजरात में सैथिया विशेष अवसरों पर घरों के प्रवेश द्वार को सजाने हेतु बनाया जाता है। महाराष्ट्र में रंगोली में कमल, स्वास्तिक और अन्य सुन्दर आकार एवं रूपांकनों का उपयोग किया जाता है।
- ओडिशा की झोंटी एवं पश्चिम बंगाल और असम की अरिपन नामक अल्पनाएँ अत्यधिक विशिष्ट शैली की हैं।

हस्तशिल्प से सम्बन्धित भौगोलिक संकेतक

महोबा गौरा पत्थर हस्तशिल्प (2024) उत्तर प्रदेश

गौरा पत्थर हस्तकला में प्रयोग होने वाला एक शुभ्र सफेद रंग का पत्थर है।इस पत्थर को छोटे टुकड़ों में तोड़ दिया जाता है और उन टुकड़ों से विभिन्न सजावटी शिल्प वस्तुओं का निर्माण किया जाता है।

मैनपुरी तारकशी (2024) उत्तर प्रदेश

तारकशी एक ऐसी कला है, जिसमें पीतल, ताँबे या चाँदी के तारों को लकड़ी में जड़ा जाता है।इस कला का प्रयोग आभूषणों के डिब्बे, नाम पट्टिका इत्यादि वस्तुओं की सजावट में होता है।

हार्न (सींग) क्राफ्ट सम्भल (2024) उत्तर प्रदेश

यहाँ के कारीगर जानवरों की हड्डी-सींग से नई-नई कलाकृतियाँ बनाकर विदेशी खरीदारों को इस ओर आकर्षित करते हैं।

नगीना काष्ठ हस्तशिल्प (2024) उत्तर प्रदेश

यह लकड़ी पर की जाने वाली नक्काशी कला है, जिसमें आबनूस और शीशम पर जड़ाई और जाली के काम की महारत प्रदर्शित होती है।

बांदा शजर पत्थर नक्काशी (2023) उत्तर प्रदेश

बांदा जनपद की केन नदी से बड़े पैमाने पर शजर पत्थर नक्काशी, आभूषण एवं सजावट के सामान बनाने के लिए निकाले जाते हैं।

बखिरा ब्रासवेयर (2023) उत्तर प्रदेश

उत्तर प्रदेश के सन्त कबीर नगर जिले के बखिरा कस्बे के पीतल के बर्तन को विशेष पहचान मिली है।

अलीगढ़ ताला (2023) उत्तर प्रदेश

अलीगढ़ के ताले बनाने का इतिहास लगभग 200 वर्ष पुराना है। यहाँ निर्मित ताले विश्वभर में निर्यात किए जाते हैं।

मऊ साड़ी (2023) उत्तर प्रदेश

मऊ की साड़ियाँ अपने अनोखे डिजाइन, अतिरिक्त ताने एवं हाथों द्वारा कताई की तकनीक तथा अद्वितीय रंग पैटर्न के कारण प्रसिद्ध हैं।

मायलाड़ी पत्थर नक्काशी (2023) तमिलनाडु

इस पत्थर का उपयोग सजावटी नक्काशी के सामान बनाने में होता है।

गोण्ड पेंटिंग (2023) मध्य प्रदेश

गोण्ड कला/चित्रकला जनजातीय कलाकृति का एक जीवन्त रूप है। यह मानव का प्रकृति से जुड़ाव को प्रदर्शित करती है।

उज्जैन बाटिक प्रिण्ट (2023) मध्य प्रदेश

बाटिक प्रिण्ट मोम को पिघलाकर कपड़ों पर एक विशेष प्रकार की प्रिण्टिंग की जाती है।

वारासिवनी हैण्डलूम साड़ियाँ, बालाघाट (2023) मध्य प्रदेश

यह 100 वर्षों से भी प्राचीन हैण्डलूम कला है।

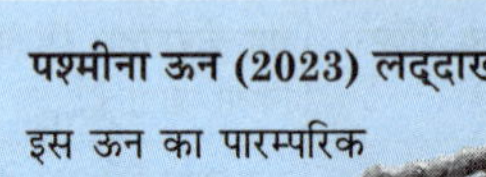

पश्मीना ऊन (2023) लद्दाख

इस ऊन का पारम्परिक उत्पादन लद्दाख के चांगथांग क्षेत्र की चांगवा जनजाति द्वारा किया जाता है।

हस्तशिल्प संग्रहालय

संग्रहालय का नाम	स्थापना	मुख्यालय
आशुतोष संग्रहालय	वर्ष 1937	कोलकाता
कैलिको वस्त्र संग्रहालय	वर्ष 1949	अहमदाबाद
राजा दिनकर केलकर संग्रहालय	वर्ष 1962	पुणे
सालारजंग संग्रहालय	वर्ष 1968	हैदराबाद
राष्ट्रीय हस्तशिल्प एवं हथकरघा संग्रहालय	वर्ष 1973	नई दिल्ली
इन्दिरा गाँधी राष्ट्रीय मानव संग्रहालय	वर्ष 1977	भोपाल

हस्तशिल्प की विभिन्न संस्थाएँ

संस्थाएँ	विवरण
अखिल भारतीय हस्तशिल्प बोर्ड	◆ हस्तशिल्प की समस्याओं पर सरकार को सलाह देने और उनके संवर्द्धन एवं विकास के लिए सुझाव देने हेतु वर्ष 1952 में अखिल भारतीय हस्तशिल्प बोर्ड की स्थापना की गई।
भारतीय हस्तशिल्प और हथकरघा निर्यात निगम	◆ भारतीय हस्तशिल्प और हथकरघा निर्यात निगम (HHEC) भारतीय राज्य व्यापार निगम की सहायक कम्पनी है, जो वर्ष 1958 में अस्तित्व में आई।
क्षेत्रीय डिजाइन एवं तकनीकी विकास केन्द्र	◆ अखिल भारतीय हस्तशिल्प बोर्ड ने बंगलुरु, मुम्बई, कोलकाता और दिल्ली में क्षेत्रीय डिजाइन एवं तकनीकी विकास केन्द्र स्थापित किए।

संस्थाएँ	विवरण
नेशनल इन्स्टीट्यूट ऑफ डिजाइन	◆ चार्ल्स ईम्स, जिन्होंने शिल्प को समस्या निवारण के संसाधन के रूप में देखा था, उनकी दूरदर्शी सलाह के परिणामस्वरूप नेशनल इन्स्टीट्यूट ऑफ डिजाइन, अहमदाबाद की स्थापना की गई।
भारतीय पैकेजिंग संस्थान	◆ मुम्बई स्थित भारतीय पैकेजिंग संस्थान की दिल्ली, चेन्नई, हैदराबाद और कोलकाता में शाखाएँ हैं। ◆ यह पैकेजिंग में प्रमाण-पत्र पाठ्यक्रम और कुछ शुल्क पर पैकेज विकास सेवा प्रदान करती है।
ऑल इण्डिया कॉटेज इण्डस्ट्रीज बोर्ड	◆ इसकी स्थापना वर्ष 1948 में हुई थी। इसने केन्द्र और राज्यों में कुटीर औद्योगिक उत्पादों के विपणन हेतु एम्पोरियम की स्थापना की सिफारिश की। ◆ वर्ष 1952 में दिल्ली में सेण्ट्रल कॉटेज इण्डस्ट्रीज एम्पोरियम की स्थापना की गई और अनेक राज्यों में भी एम्पोरियम की स्थापना की गई।
स्वैच्छिक सामाजिक संगठन	◆ शिल्प परिषद् जिसकी अनेक राज्यों में शाखाएँ भी हैं, को विश्व शिल्प परिषद् से मान्यता प्राप्त है। इसकी स्थापना वर्ष 1964 में कमलादेवी चट्टोपाध्याय द्वारा की गई थी। इसका मुख्यालय चेन्नई व तमिलनाडु में है। ◆ दस्तकार एक गैर-सरकारी संस्था (NGO) है, जिसकी स्थापना वर्ष 1981 में लैला तैयबजी सहित छः महिलाओं के समूह ने की थी। यह संस्था शिल्पकारों को क्षमता निर्माण, कार्यशालाओं, कौशल प्रशिक्षण, उत्पादों के विकास एवं अन्य माध्यमों से सहायता प्रदान करती है।

भारत के हस्तशिल्प से सम्बन्धित भौगोलिक संकेतक

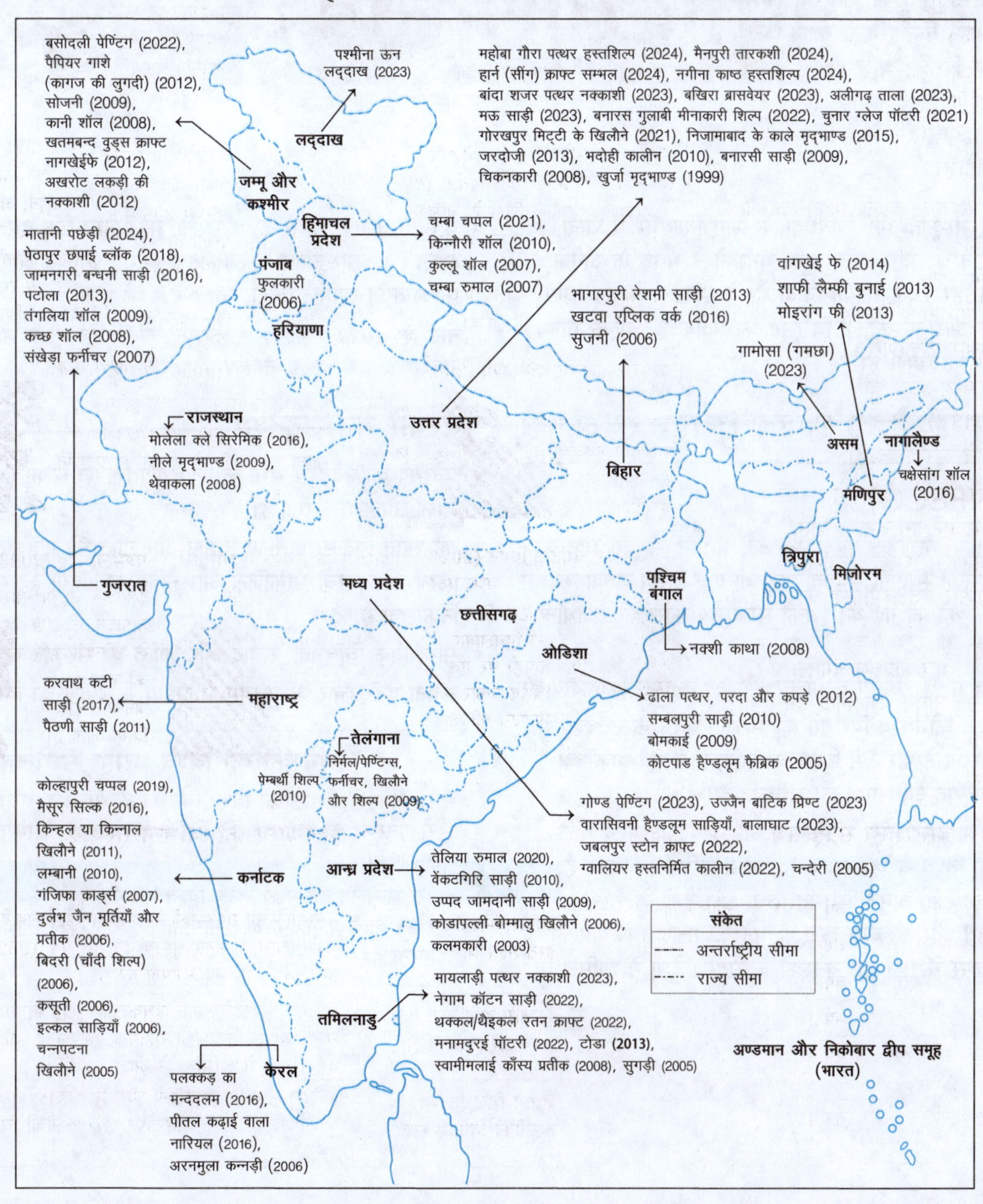

“

विश्व धरोहर स्थल किसी भी राष्ट्र की ऐतिहासिक, सांस्कृतिक एवं राजनीतिक धरोहर होते हैं। इन धरोहरों से उस राष्ट्र की प्राचीन अस्मिता एवं गौरव का बोध होता है। विश्व धरोहर स्थल के विषय में भारत एक सम्पन्न राष्ट्र है।

अध्याय पाँच

भारत से सम्बन्धित यूनेस्को के विश्व धरोहर स्थल (मूर्त)

भारत अपनी समृद्ध संस्कृति और विविधता के लिए विश्वभर में जाना जाता है। इस विरासत को मान्यता देते हुए, यूनेस्को ने भारत के अनेक स्थलों को विश्व धरोहर स्थल घोषित किया है। ये स्थल न केवल हमारे देश की ऐतिहासिक और सांस्कृतिक विरासत का प्रतीक हैं, बल्कि मानव सभ्यता के लिए भी महत्त्वपूर्ण हैं।

भारत में यूनेस्को के विश्व धरोहर स्थल

यूनेस्को (UNESCO)

- संयुक्त राज्य शैक्षिक, वैज्ञानिक एवं सांस्कृतिक संगठन संयुक्त राष्ट्र की एक संस्था है। इसकी स्थापना संयुक्त राष्ट्र की एक विशेष शाखा के रूप में नवम्बर, 1945 को की गई थी। इसका मुख्यालय फ्रांस की राजधानी पेरिस में स्थित है।
- यूनेस्को के विश्व में 21 राष्ट्रीय कार्यालय और 27 क्लस्टर कार्यालय हैं।
- 16 नवम्बर, 1972 को विश्व विरासत को संरक्षित करने के उद्देश्य से यूनेस्को की महासभा ने पेरिस में विश्व की सांस्कृतिक एवं प्राकृतिक विरासतों से सम्बन्धित अभिसमय को स्वीकृति दी।
- यूनेस्को ने विश्व में असाधारण सांस्कृतिक और प्राकृतिक मूल्य वाले 1,223 स्थलों को विश्व धरोहर स्थल के रूप में सम्मिलित किया है, इनमें 139 देशों के 630 अमूर्त विरासत तत्त्व, 134 देशों के 738 बायोस्फीयर रिजर्व और 46 देशों के 177 यूनेस्को ग्लोबल जियोपार्क शामिल हैं। विश्वभर में 194 देश यूनेस्को के सदस्य देशों में शामिल हैं।
- वर्ष 2024 तक भारत के 43 स्थलों को यूनेस्को के द्वारा विश्व धरोहर स्थल (35 सांस्कृतिक, 7 प्राकृतिक और 1 मिश्रित श्रेणी के अन्तर्गत) के अन्तर्गत शामिल किया है।

नोट *वर्ष 2023 में कोझीकोड को यूनेस्को की रचनात्मक शहर नेटवर्क की सूची साहित्य का शहर के रूप में शामिल किया गया है।*

यूनेस्को का उद्देश्य

- यूनेस्को का उद्देश्य सभी के लिए गुणवत्तापूर्ण शिक्षा तथा आजीवन शिक्षा उपलब्ध कराना है।
- यह सतत विकास के लिए विज्ञान और नीति को गतिशील बनाता है तथा विश्व की उभरती सामाजिक और नैतिक चुनौतियों का समाधान निकालता है।
- सांस्कृतिक विविधता, संवाद और शान्ति की संस्कृति को बढ़ावा देना है।
- सूचना एवं संचार के माध्यम से समावेशी समाज का विनिर्माण करना है।

यूनेस्को का विश्व धरोहर सम्मेलन

- 16 नवम्बर, 1972 को विश्व विरासत को संरक्षित करने के उद्देश्य से यूनेस्को की महासभा ने पेरिस में विश्व धरोहर सम्मेलन आयोजित किया था।
- इस सम्मेलन का मुख्य लक्ष्य विश्व की महत्त्वपूर्ण एवं सार्वभौमिक मूल्य रखने वाली प्राकृतिक और सांस्कृतिक धरोहरों की पहचान और संरक्षण करना है।

विश्व धरोहर समिति

- विश्व धरोहर समिति एक शासी निकाय है, यह प्रतिनिधियों से मिलकर बनी एक अन्तर-सरकारी समिति है।
- इस समिति की बैठक वर्ष में एक बार होती है, जिसमें 21 राज्यों के पक्षकार भाग लेते हैं, जिन्हें उनकी महासभा द्वारा चुना जाता है।

विश्व धरोहर समिति के कार्य

- किसी सम्पत्ति को विश्व धरोहर सूची में सम्मिलित किया जाना चाहिए या नहीं, इस पर इसका अन्तिम अधिकार है।
- यह अंकित सम्पत्तियों के संरक्षण की स्थिति पर रिपोर्टों की जाँच करती है और राज्यों की पार्टियों से सम्पत्तियों का उचित प्रबन्धन न होने पर कार्यवाही करने के लिए प्रतिबद्ध है।
- यह संकट के समय में विश्व विरासत की सूची में सम्पत्तियों को अंकित करने या हटाने का भी निर्णय लेती है।

विश्व धरोहर हेतु यूनेस्को के चयन मापदण्ड

- यह मानव की रचनात्मक प्रतिभा की उत्कृष्ट कृति का प्रतिनिधित्व करने के लिए हो। यह वास्तुकला या प्रौद्योगिकी, स्मारकीय कला, नगर योजना या परिदृश्य डिजाइन में विकास हेतु समय के साथ या विश्व के एक सांस्कृतिक क्षेत्र के अन्दर मानवीय मूल्यों का एक महत्त्वपूर्ण आदान-प्रदान प्रदर्शित करता हो।
- यह किसी सांस्कृतिक परम्परा या किसी ऐसी सभ्यता के लिए अनोखी या कम-से-कम असाधारण हो।
- यह पारम्परिक मानव बस्ती, भूमि उपयोग या समुद्री उपयोग का एक उदाहरण हो, जो किसी संस्कृति या पर्यावरण के साथ अपरिवर्तनीय परिवर्तन के कारण अतिसंवेदनशील हो गई हो।
- यह घटनाओं या जीवित परम्पराओं, विचारों या विश्वासों, उत्कृष्ट सार्वभौमिक महत्त्व के कलात्मक और साहित्यिक कार्यों के साथ प्रत्यक्ष या मूर्त रूप से जुड़ी हो। यह उत्कृष्ट प्राकृतिक घटनाओं या असाधारण प्राकृतिक सौन्दर्य और सौन्दर्य के महत्त्व के क्षेत्रों को शामिल करता हो।

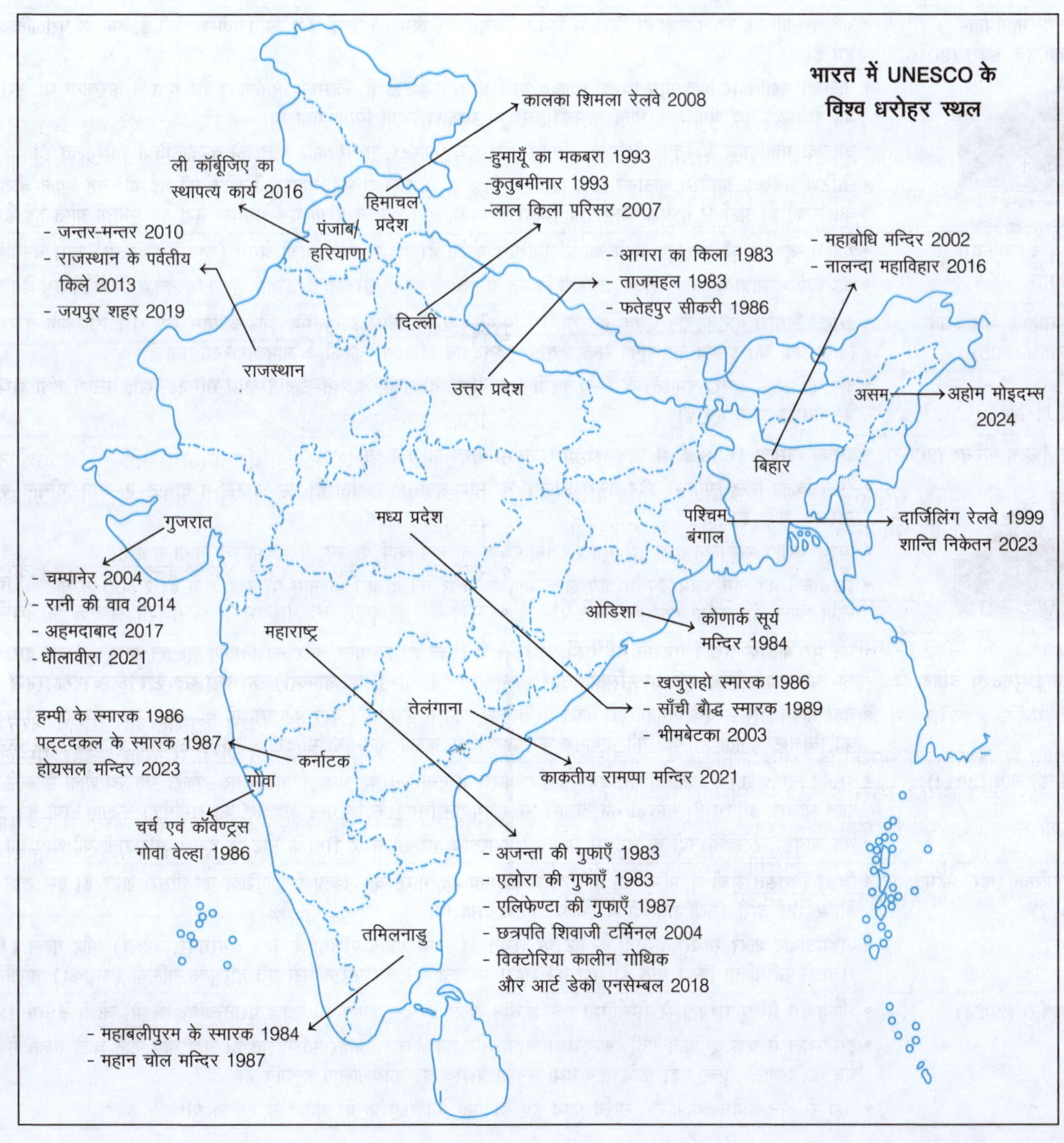

भारत में यूनेस्को (UNESCO) के विश्व धरोहर स्थल

वर्ष 2024 तक, भारत में यूनेस्को ने 35 सांस्कृतिक, 7 प्राकृतिक एवं 1 मिश्रित श्रेणी के स्थल को विश्व धरोहर स्थल घोषित किया है।

UNESCO की सूची में सम्मिलित सांस्कृतिक स्थल

राज्य	सांस्कृतिक स्थल/वर्ष	विवरण
असम (1)	अहोम मोइदम्स (2024)	◆ असम के चराईदेव जिले में स्थित यह कब्रिस्तान अहोम राजा और रानी के शासकों का दफन स्थल है और इसकी तुलना अक्सर मिस्र के पिरामिडों से की जाती है। 13वीं शताब्दी में, अहोम साम्राज्य के संस्थापक **चौ-लुंग सिउ-का-फा** ने चराईदेव में अपनी पहली राजधानी स्थापित की। ◆ मोइदम्स का बाहरी भाग अर्द्ध-गोलाकार है तथा इसका आकार दफनाए गए व्यक्ति की शक्ति और स्थिति के आधार पर भिन्न है। यहाँ एक गुम्बददार कक्ष था, जिसके बीच में एक ऊँचा मंच था, जहाँ शव को रखा जाता था। ◆ कक्ष में ईंटों की संरचना से ढकने वाला अर्द्ध-गोलाकार मिट्टी का टीला तथा टीले के आधार के चारों ओर अष्टकोणीय सीमा बनाए एक दीवार है, जिसके पश्चिम में एक धनुषाकार प्रवेशद्वार है।
बिहार (2)	महाबोधि मन्दिर परिसर (2002)	◆ यह महात्मा बुद्ध के जीवन से सम्बन्धित चार पवित्र स्थलों में से एक है। महाबोधि परिसर में ही बोधि वृक्ष के नीचे महात्मा बुद्ध को ज्ञान की प्राप्ति हुई थी। यह मन्दिर पूर्ण रूप से ईंटों से निर्मित बौद्ध धर्म के सबसे प्राचीन मन्दिरों में से एक है। ◆ इस मन्दिर का निर्माण सम्राट अशोक द्वारा तीसरी शताब्दी ई.पू. में करवाया गया था। इस मन्दिर परिसर में महाबोधि मन्दिर, बोधि वृक्ष तथा वज्रासन (हीरक सिंहासन) स्थित हैं। वर्तमान मन्दिर कुषाण काल का प्रतीत होता है, जिसको ब्रिटिश पुरातत्त्वविदों द्वारा पुन:निर्मित करवाया गया। यह मन्दिर फल्गू नदी के तट पर स्थित है।
	नालन्दा महाविहार पुरातात्विक स्थल (2016)	◆ यह पुरातात्विक स्थल नालन्दा जिले में स्थित है। यहाँ पर तीसरी शताब्दी ई.पू. से 13वीं शताब्दी ई. तक के पुरातात्विक साक्ष्य प्राप्त हुए हैं। ◆ नालन्दा महाविहार आवासीय विश्वविद्यालय के लिए प्रसिद्ध रहा है, जिसका निर्माण कुमार गुप्त ने करवाया था। इस विश्वविद्यालय को हर्षवर्द्धन एवं बंगाल के पाल शासकों द्वारा भी संरक्षण प्रदान किया गया था। ◆ नालन्दा महाविहार में स्तूप, तीर्थस्थल, विहार और गच प्लास्टर, पत्थर और धातु की कलाकृतियाँ सम्मिलित हैं। ◆ ब्रिटिश सर्वेक्षक फ्रांसिस बुकानन द्वारा 1811-1812 ई. में नालन्दा महाविहार की खोज की गई थी। यह स्थल बौद्ध धर्म के विकास का साक्षी है। यहाँ से 6 बड़े चैत्य, 11 विहार, सिक्के, ताँबे की तश्तरियाँ एवं भगवान बुद्ध की मूर्तियाँ प्राप्त हुई हैं।
दिल्ली (3)	हुमायूँ का मकबरा (1993)	◆ यह वास्तुकला की चारबाग शैली का प्रतिनिधित्व करता है। यह मकबरा हाजी बेगम (हुमायूँ की पत्नी) द्वारा बनवाया गया था। ◆ यह व्यापक मात्रा में लाल बलुआ पत्थर से निर्मित होने वाली पहली संरचना है। इसका मुख्य वास्तुकार मिर्जा गियास बेग को माना जाता है।
	कुतुबमीनार और इसके स्मारक (1993)	◆ इसका निर्माण कुतुबुद्दीन ऐबक द्वारा प्रारम्भ किया गया था, जिसे इल्तुतमिश और अन्तिम रूप से फिरोजशाह तुगलक द्वारा पूर्ण किया गया था। इसका नाम सूफी सन्त ख्वाजा कुतुबुद्दीन बख्तियार काकी के नाम पर रखा गया है। ◆ इस परिसर से प्रमुख इमारतें; जैसे–कुतुबमीनार, अलाई दरवाजा, कुव्वत-उल इस्लाम मस्जिद, लौह स्तम्भ तथा प्राचीन जैन मन्दिर के अवशेष प्राप्त हुए हैं।
	लाल किला परिसर (2007)	◆ इसका निर्माण 1638 ई. में शाहजहाँ द्वारा प्रारम्भ करवाया गया था। ◆ लाल किला हिन्दू, फारसी और तैमूरी शैलियों के सम्मिश्रण को दर्शाता है। इस परिसर में दीवान-ए-आम, दीवान-ए-खास, मोती मस्जिद आदि हैं। ◆ विश्व धरोहर सम्मेलन द्वारा इसे मुगल रचनात्मकता के चर्मोत्कर्ष के रूप में परिभाषित किया गया है। ◆ इस किले का नाम इसमें उपयोग हुए लाल बलुआ पत्थर की दीवारों के नाम पर रखा गया है। ₹ 500 के नोट के पिछले हिस्से पर लाल किले को दर्शाया गया है।
गुजरात (4)	चम्पानेर-पावागढ़ पुरातत्त्व उद्यान (2004)	◆ यह पुरातात्विक उद्यान गुजरात के पंचमहल जिले में स्थित है। चम्पानेर नगर का निर्माण सुल्तान महमूद बेगड़ा द्वारा करवाया गया था। यह उद्यान हिन्दू-मुस्लिम संस्कृति और वास्तुकला (15वीं-16वीं शताब्दी) के मध्य संक्रमण को दर्शाता है। ◆ यहाँ प्रागैतिहासिक एवं ऐतिहासिक काल के अनेक स्मारक स्थित हैं। यहाँ की इमारतों की वर्षा, जल संचयन की पद्धति इस स्थल को विशिष्ट बनाती है। यहाँ की पावागढ़ की पहाड़ी पर काली माता का मन्दिर है, जो पर्यटकों के आकर्षण का केन्द्र बना रहता है।
	रानी की वाव (2014)	◆ इसका निर्माण 11वीं शताब्दी में उदयमति द्वारा करवाया गया था। यह बावड़ी जटिल मरु-गुर्जरा स्थापत्य शैली में उल्टे मन्दिर के रूप में सात मंजिला इमारत है। बावड़ी की दीवारों पर (भगवान विष्णु के विभिन्न अवतारों को समर्पित) कलाकृतियों को उकेरा गया है। ◆ यह बावड़ी सरस्वती नदी के तट पर स्थित है। भारतीय करेन्सी के ₹ 100 के नोट के दूसरी ओर रानी की वाव को दर्शाया गया है।
	ऐतिहासिक शहर अहमदाबाद (2017)	◆ विश्व विरासत सूची में सम्मिलित होने वाला अहमदाबाद भारत का पहला एवं एशिया का तीसरा शहर है। इस शहर को सुल्तान अहमदशाह द्वारा 15वीं शताब्दी में स्थापित किया गया था। ◆ अहमदाबाद शहर साबरमती नदी के तट पर स्थित है। इससे पहले एशिया के गया (भरतपुर, नेपाल) और गल्ले (श्रीलंका) को इस सूची में सम्मिलित किया गया है। यहाँ की शहरी संरचना घने पारम्परिक घरों एवं द्वारयुक्त गलियों (सड़कों) वाली है।
	धौलावीरा (2021)	◆ धौलावीरा सिन्धु सभ्यता से सम्बन्धित एक प्राचीन स्थल है। इस स्थल की खोज पुरातत्त्वविद् जे.पी. जोशी ने वर्ष 1968 में की थी। ◆ इस स्थल में एक दुर्गीकृत गढ़ी, एक मध्य शहर और एक निचला शहर सम्मिलित हैं। यहाँ पाए जाने वाले तत्त्वों में परिष्कृत जल प्रबन्धन प्रणाली, एक बड़ा कब्रिस्तान तथा मनका प्रसंस्करण कार्यशालाएँ इत्यादि हैं। ◆ यहाँ से अन्तर्क्षेत्रीय व्यापारिक साक्ष्य प्राप्त हुए हैं। यहाँ की रक्षा प्राचीर पत्थर से निर्मित थी।

राज्य	सांस्कृतिक स्थल/वर्ष	विवरण
कर्नाटक (3)	हम्पी के स्मारक समूह (1986)	◆ हम्पी का स्मारक समूह तुंगभद्रा नदी के किनारे स्थित है। हम्पी समूह में विरुपाक्ष मन्दिर, लक्ष्मी नरसिम्हा मन्दिर, हेमकूट मन्दिर समूह, अच्युतराय मन्दिर परिसर, विट्ठल स्वामी मन्दिर परिसर, हजारा राम मन्दिर, कमल महल आदि सम्मिलित हैं। ◆ गोपुरम और गर्भगृह का निर्माण करने में पत्थर एवं ईंटों का उपयोग किया गया है। मन्दिर वास्तुकला में कृष्णदेव राय द्वारा पहली बार राय गोपुरम प्रचलित किया गया था। यहाँ का विट्ठल स्वामी मन्दिर अपनी भव्यता के लिए प्रसिद्ध है, इसके परिसर के अन्दर पाषाण रथ स्थित है। ◆ 14वीं शताब्दी से लेकर 16वीं शताब्दी तक हम्पी विजयनगर साम्राज्य की राजधानी रहा है। यहाँ के विरुपाक्ष मन्दिर में वार्षिक रथ उत्सव मनाया जाता है। यहाँ के हजारा राम मन्दिर के स्तम्भों पर चोट करने पर सुरीली ध्वनियाँ निकलती हैं। ◆ इस स्मारक समूह की लक्ष्मी नरसिम्हा मूर्ति विशेष आकर्षण का केन्द्र है। तुंगभद्रा नदी का प्राचीन नाम **चम्पा** था, यहीं से हम्पी को अपना नाम प्राप्त हुआ।
	पट्टदकल में स्मारकों का समूह (1987)	◆ पट्टदकल स्मारक समूह मलयप्रभा नदी के किनारे स्थित है। पट्टदकल 7वीं से 8वीं शताब्दी में बादामी के चालुक्यों द्वारा बनवाए गए बेसर शैली के मन्दिरों के लिए प्रसिद्ध है। ◆ यहाँ के मन्दिरों में नौ शिव मन्दिर एवं एक जैन मन्दिर प्रमुख हैं। 740 ई. में **विरुपाक्ष मन्दिर** का निर्माण लोक महादेवी द्वारा करवाया गया था। इस मन्दिर के निर्माण में बेसर शैली का प्रयोग किया गया।
	होयसल मन्दिरों के पवित्र समूह (2023)	◆ यह भारत का 42वाँ धरोहर स्थल है। होयसल मन्दिरों को हाइब्रिड या बेसर मन्दिर भी कहा जाता है। होयसल राजवंश एक सहिष्णु और बहुलवादी समाज था, जिसने हिन्दू, जैन और बौद्ध धर्म जैसे विभिन्न धर्मों को संरक्षण दिया था। ◆ होयसल का पवित्र समूह 15 अप्रैल, 2014 से यूनेस्को की अस्थायी सूची में था, जिसे वर्ष 2023 में स्थायी सूची में सम्मिलित किया गया। इसके अन्तर्गत तीन मन्दिर आते हैं-बेलूर का चन्नाकेशव मन्दिर, हैलेबिडु का होयसलेश्वर मन्दिर तथा चन्नाकेशव मन्दिर, जो सोमनाथपुर में स्थित हैं।
गोवा (1)	चर्च एवं कॉन्वेन्ट्स गोवा वेल्हा (1986)	◆ यह चर्च प्राचीन गोवा में स्थित है, जिसे 16वीं सदी में पुर्तगालियों द्वारा बनवाया गया था। ◆ इस चर्च में सेण्ट कैथरीन का प्रार्थनागृह, सेण्ट फ्रांसिस ऑफ असीसी का चर्च, कॉन्वेण्टअवर लेडी ऑफ रोजरी का चर्च, बाम जीसस का सभा भवन तथा सेण्ट काजेटन का प्रार्थनागृह आदि स्थित हैं। ◆ सेण्ट फ्रांसिस का मकबरा पुर्तगाली शैली में निर्मित है।
हिमाचल प्रदेश (1)	कालका-शिमला रेलवे (2008)	◆ इस रेलमार्ग के निर्माण का कार्य 1898 ई. तक पूर्ण हुआ था। यह रेलमार्ग 96.96 किमी लम्बा है। इस रेलमार्ग का औपचारिक उद्घाटन वर्ष 1903 में हुआ था। ◆ इसकी रेलवे लाइन सिंगल ट्रैक है। यह भारत के पर्वतीय रेलवे के अन्तर्गत आता है।
महाराष्ट्र (5)	अजन्ता की गुफाएँ (1983)	◆ इसमें 29 गुफाएँ हैं, जो **बौद्ध धर्म** से सम्बन्धित हैं। इन गुफाओं का विकास 200 ई. पू. से लेकर 650 ई. के मध्य माना जाता है। ◆ अजन्ता की गुफाओं का विवरण चीनी यात्री फाह्यान एवं ह्वेनसांग के यात्रा-वृत्तान्तों से प्राप्त होता है। ◆ इन गुफाओं की चित्रकारी बौद्ध धर्म की जातक कथाओं पर आधारित है। ◆ ये गुफाएँ बघेरा नामक नदी के किनारे स्थित हैं तथा घोड़े की नाल की भाँति प्रतीत होती हैं।
	एलोरा की गुफाएँ (1983)	◆ यहाँ 100 से अधिक गुफाएँ हैं, जिनमें से 35 गुफाएँ पर्यटन के लिए खोली गई हैं। ◆ ये गुफाएँ हिन्दू, जैन एवं बौद्ध धर्म से सम्बन्धित हैं। इसमें 17 गुफाएँ हिन्दू धर्म से, 12 गुफाएँ बौद्ध धर्म से तथा 5 गुफाएँ जैन धर्म से सम्बन्धित हैं। ◆ यहाँ की गुफा संख्या 16 में स्थित कैलाश मन्दिर अत्यन्त प्रसिद्ध है, जिसका निर्माण कृष्ण प्रथम ने करवाया था। इस गुफा में कैलाश पर्वत को उठाए हुए रावण की मूर्ति को दर्शाया गया है। ◆ भारतीय मुद्रा के ₹ 20 के नोट के पिछले हिस्से पर एलोरा की गुफाओं को दर्शाया गया है। ◆ एलोरा की गुफाएँ, शैल वास्तुकला के लिए भारत में सर्वाधिक प्रसिद्ध हैं।
	एलिफेण्टा की गुफाएँ (1987)	◆ ये गुफाएँ एलिफेण्टा द्वीप पर स्थित हैं। इन गुफाओं को एलिफेण्टा नाम यहाँ रखे पत्थर के हाथी के नाम पर दिया गया है। ◆ यहाँ कुल **7 गुफाएँ** हैं, जिनमें 4 हिन्दू धर्म एवं 2 बौद्ध धर्म से सम्बन्धित हैं। यहाँ पर एक 20 फीट की ऊँची सदाशिव की मूर्ति है। ◆ मुख्य गुफा में 26 स्तम्भ हैं, जिनमें शिव के अनेक रूपों को दर्शाया गया है।
	छत्रपति शिवाजी टर्मिनल (2004)	◆ इसे **विक्टोरिया टर्मिनल** के नाम से भी जाना जाता है। इस इमारत के वास्तुकार **फ्रेडरिक स्टीवेन्स** हैं। ◆ इसका निर्माण गोथिक शैली के अनुरूप किया गया है। इस इमारत का डिजाइन इतालवी नमूनों पर आधारित है। ◆ यहाँ पर **मध्य रेलवे** का मुख्यालय स्थित है।
	विक्टोरिया कालीन गोथिक और आर्ट डेको एनसेम्बल (2018)	◆ डेको आर्ट इमारतें अपने सिनेमाघरों और आवासीय भवनों के साथ भारतीय डिजाइन को आर्ट डेको इमेजरी के साथ मिश्रित करती हैं। ◆ यह भारतीय, यूरोपीय और भारतीय मूल्यों का समावेशन प्रदर्शित करता है। ◆ 19वीं सदी में नव-गोथिक शैली में विक्टोरिया कालीन तथा 20वीं सदी में आर्ट डेको शैली में डिजाइन किए गए सार्वजनिक भवनों के संग्रह इसमें सम्मिलित हैं।

राज्य	सांस्कृतिक स्थल/वर्ष	विवरण
मध्य प्रदेश (3)	खजुराहो स्मारक समूह (1986)	• यह मध्य प्रदेश के छतरपुर में स्थित है। 10वीं और 11वीं शताब्दी में निर्मित यह स्मारक समूह स्थापत्य एवं मूर्तिकला का उत्कृष्ट उदाहरण है। इस समूह में हिन्दू एवं जैन मन्दिर सम्मिलित हैं। खजुराहो स्मारक समूह का निर्माण चन्देल शासकों द्वारा करवाया गया था। यहाँ स्थित कन्दरिया महादेव मन्दिर सर्वाधिक प्रसिद्ध है। इसका निर्माण चन्देल शासक विद्याधर के शासनकाल में हुआ था। • चित्रगुप्त मन्दिर खजुराहो का **एकमात्र सूर्य मन्दिर** है। इसका मुख्य आकर्षण इसकी अष्टभुजाकार छत है। • चन्देल शासक धंग द्वारा विश्वनाथ मन्दिर बनवाया गया था, यह पंचायतन शैली का मन्दिर है। चौसठ योगिनी मन्दिर चन्देलों द्वारा निर्मित प्रथम मन्दिर है। यहाँ पर जैन धर्म से सम्बन्धित पार्श्वनाथ, आदिनाथ एवं शान्तिनाथ मन्दिर स्थित हैं। • अपनी कामुक मूर्तिकला के लिए प्रसिद्ध इस मन्दिर में 10% से भी कम मूर्तियाँ यौन विषयों पर आधारित हैं। • यहाँ नागर शैली के वर्तमान में 20 मन्दिर ही शेष हैं, जिनमें कन्दरिया महादेव मन्दिर सबसे प्रमुख है।
	साँची बौद्ध स्मारक (1989)	• साँची का प्राचीन नाम **काकानव** था, इस स्तूप को **चैत्यगिरि/महाचैत्यगिरि** कहा गया है। साँची स्मारक मौर्यकाल से प्रारम्भ होकर गुप्तकाल तक जारी रहा। यहाँ 12वीं शताब्दी के आस-पास समाप्त बौद्ध स्मारकों की शृंखला है। • साँची के स्तूपों का निर्माण तीसरी शताब्दी ई.पू. में सम्राट अशोक ने करवाया था। वर्तमान में यहाँ एक प्राचीन बौद्ध पूजा स्थल भी अस्तित्व में है। स्तूप के तोरण एवं परिक्रमा पथ सातवाहन काल के प्रतीत होते हैं। • साँची स्मारक में साँची स्तूप, शुंग स्तम्भ, विछिन्न शिलालेख, सातवाहन काल के शातकर्णी शिलालेख एवं अशोक स्तम्भ सम्मिलित हैं।
	भीमबेटका के शैलाश्रय (2003)	• भीमबेटका में गुफा चित्रकला की शुरुआत उच्च पाषाणकाल में हुई थी, परन्तु इसमें सर्वाधिक संख्या में चित्र मध्यकाल के प्राप्त हुए हैं। यह विन्ध्य पर्वत के तलहटी में स्थित है। यहाँ से प्राप्त हुए 700 से अधिक शैल आवासों में से 400 पेण्टिंग के नमूने प्राप्त हुए हैं। • यहाँ के चित्र रोजमर्रा के जीवन, शिकार के दृश्य, सामाजिक जीवन के विषय तथा बुद्ध के दृश्य पर आधारित हैं।
ओडिशा (1)	कोणार्क का सूर्य मन्दिर (1984)	• कोणार्क का सूर्य मन्दिर उड़ीसा के समस्त मन्दिरों में विशाल है, इसे **काला पैगोड़ा** कहते हैं। इसका निर्माण 13वीं शताब्दी में राजा नरसिंह देव प्रथम द्वारा करवाया गया था। • रथ के आकार के इस मन्दिर में 12 पहिए दर्शाए गए हैं, जिन्हें 7 घोड़ों द्वारा खींचा जा रहा है। • यह मन्दिर कलिंग शैली की श्रेष्ठ कृति है। इस मन्दिर की भव्यता का उल्लेख **आइन-ए-अकबरी** में किया गया है। • प्राचीन काल में नाविकों द्वारा इस मन्दिर को **काला शिवालय** कहा जाता था। • भारतीय मुद्रा के ₹ 10 के नोट के पिछले हिस्से पर कोणार्क मन्दिर को दर्शाया गया है।
पंजाब/ हरियाणा (1)	ली कॉर्बूजिए का स्थापत्य कार्य (2016)	• ली कॉर्बूजिए 20वीं सदी में स्थापत्य एवं नगर योजना के क्षेत्र में नई विधा के अग्रदूतों में से एक है। • इन्होंने कैपिटल कॉम्पलेक्स के अतिरिक्त गवर्नमेण्ट म्यूजियम एवं आर्ट गैलरी तथा चण्डीगढ़ आर्किटेक्चर कॉलेज को डिजाइन किया है। चण्डीगढ़ भारत का पहला नियोजित शहर है। चण्डीगढ़ भारतीय राज्य पंजाब एवं हरियाणा दोनों की राजधानी है। • भारत में इनके द्वारा केवल एक स्थल (चण्डीगढ़ राजधानी परिसर) को डिजाइन किया गया है।
पश्चिम बंगाल (2)	दार्जिलिंग रेलवे (1999)	• टॉय ट्रेन के नाम से प्रसिद्ध यह ट्रेन 88 किमी की यात्रा करती है। • इसका निर्माण 1881 ई. में किया गया था। यह भाप इंजन **दार्जिलिंग** से सिलीगुड़ी के मध्य चलती है।
	शान्ति निकेतन (2023)	• यह वर्ष 1901 में रबीन्द्रनाथ टैगोर द्वारा बनवाया गया था। शान्ति निकेतन रबीन्द्रनाथ टैगोर के दृष्टिकोण और दर्शन का प्रतीक है, जहाँ शिक्षा, प्रकृति की सराहना, संगीत और कला के संयोजन का उपयोग करके दुनिया एक घोंसला बनाएगी। • शान्ति निकेतन को भारत के 41वें विश्व धरोहर स्थल के रूप में मान्यता दी गई है।
राजस्थान (3)	जन्तर-मन्तर (2010)	• इसका निर्माण सवाई जयसिंह द्वारा 18वीं शताब्दी के प्रारम्भ में करवाया गया था। यहाँ मुगलकालीन खगोलीय कौशल एवं ज्ञान का आविर्भाव है। इसमें लगभग 20 मुख्य स्थिर उपकरणों का एक सेट सम्मिलित है। • यह नग्न आँखों से खगोलीय स्थितियों के अवलोकन के लिए डिजाइन किए गए वास्तुशिल्प और वाद्य नवाचारों का प्रतीक है।
	राजस्थान के पर्वतीय किले (2013)	• इसमें 6 किले-चितौड़ का किला, रणथम्भौर का किला, जैसलमेर का किला, कुम्भलगढ़ का किला, आमेर का किला तथा गागरोन का किला सम्मिलित हैं। ये किले 8 से 18वीं शताब्दी के मध्य तक के राजपूत शासन की जीवन शैली को दर्शाते हैं। • ये किले राजपूत स्थापत्य, चित्रकला, संगीत, जीवन शैली तथा राजपूत गौरव को दर्शाते हैं।
	जयपुर शहर (2019)	• चारदीवारी से घिरा यह शहर 1727 ई. में सवाई जयसिंह द्वितीय के संरक्षण में स्थापित किया गया था। • पहाड़ी क्षेत्रों में स्थित क्षेत्र के अन्य शहरों के विपरीत, जयपुर को मैदानी क्षेत्र में स्थापित किया गया था तथा वैदिक वास्तुकला के आलोक में प्रसिद्ध ग्रिड योजना के अनुसार बनाया गया था। शहर की नगर योजना प्राचीन हिन्दू और प्रारम्भिक आधुनिक मुगल के साथ-साथ पश्चिमी संस्कृतियों के विचारों के आदान-प्रदान को दर्शाती है।
तेलंगाना (1)	काकतीय रामप्पा मन्दिर (2021)	• इस मन्दिर को **रुद्रेश्वर मन्दिर** के नाम से भी जाना जाता है। इस मन्दिर का निर्माण काकतीय शासक गणपति देव के सेनापति रुद्र द्वारा करवाया गया था। • इसकी मुख्य संरचना **लाल बलुआ पत्थर** से बनी है, जबकि फर्श **ग्रेनाइट** से और स्तम्भ **काले बेसाल्ट** के बने हैं। इसकी नींव रखने के लिए सैण्डबॉक्स तकनीक का उपयोग किया गया है। • मार्कोपोलो ने अपनी यात्रा के दौरान इसे आकाशगंगा का सबसे चमकीला तारा कहा था। • इस इमारत में हल्के, झरझरे ईंटों अथवा फ्लोटिंग ईंटों से बने एक विशिष्ट तथा पिरामिडनुमा विमान के साथ नक्काशीदार ग्रेनाइट और डोलराइट के सजाए गए बीम और खम्भे हैं।

राज्य	सांस्कृतिक स्थल/वर्ष	विवरण
तमिलनाडु (2)	महाबलीपुरम के स्मारक (1984)	◆ पल्लव राजाओं द्वारा स्थापित अभयारण्यों का यह समूह 7वीं और 8वीं शताब्दी में कोरोमण्डल तट के किनारे चट्टान काटकर बनाया गया था। पंच रथ, तट मन्दिर, अर्जुन की तपस्या या गंगा का अवतरण तथा गुफा मन्दिर यहाँ के प्रमुख स्मारक हैं। ◆ इन संरचनाओं को तराशने में प्राकृतिक परिदृश्य का उपयोग किया गया है, जिससे पल्लव कारीगरों की सार्वभौमिकता का पता चलता है।
	महान चोल मन्दिर (1987)	◆ चोल मन्दिरों में तीन मन्दिर-वृहदेश्वर मन्दिर, तंजावुर एवं गंगईकोण्ड में चोलेश्वरम एवं ऐरावतेश्वर मन्दिर सम्मिलित हैं। ◆ इन मन्दिर समूह में सर्वप्रथम वृहदेश्वर मन्दिर को वर्ष 1987 में यूनेस्को के धरोहर स्थल में सूचीबद्ध किया गया था। ◆ वर्ष 2004 में गंगईचोलपुरम् और ऐरावतेश्वरम् मन्दिर को इसमें सम्मिलित किया गया था। ◆ ऐरावतेश्रम् मन्दिर का नाम भगवान इन्द्र के हाथी के नाम पर रखा गया था। वृहदेश्वर मन्दिर भगवान शिव को समर्पित है।
उत्तर प्रदेश (3)	आगरा का किला (1983)	◆ यमुना के किनारे स्थित यह किला लाल बलुआ पत्थर से निर्मित है। इस किले का निर्माण **सम्राट अकबर** के कार्यकाल में 1565 से 1573 ई. के मध्य किया गया था। ◆ इसमें जहाँगीरी महल, दीवान-ए-आम, दीवान-ए-खास, मोती मस्जिद, अकबर दरवाजा, गजनी द्वार, हौज-ए-जहाँगीरी आदि सम्मिलित हैं। अदल-ए-जंजीर (न्याय की जंजीर) इसी स्थान पर है, जो आम जनता के लिए लगाई गई थी।
	ताजमहल (1983)	◆ यह बेगम मुमताज महल की स्मृति में शाहजहाँ द्वारा बनवाया गया था। यह इमारत श्वेत संगमरमर से बनी है। ◆ यह अष्टभुजीय मकबरा अपने उत्कृष्ट अनुपात और सादगी के लिए विश्व के सात आश्चर्यों में से एक है। इसमें पित्रादुरा और अरेबिक शैली में कुरान की आयतों की पच्चीकारी की गई है। इसका निर्माण 1631 से 1648 ई. के मध्य किया गया था।
	फतेहपुर सीकरी (1986)	◆ बादशाह अकबर द्वारा इसे **शेख सलीम चिश्ती** के सम्मान में बनवाया गया था। 1572 से 1585 ई. तक फतेहपुर सीकरी मुगल साम्राज्य की राजधानी रही है। इसका निर्माण हिन्दू-फारसी वास्तुकला के आधार पर किया गया है। ◆ फतेहपुर सीकरी में बुलन्द दरवाजा, जामा मस्जिद, पंचमहल तथा सलीम चिश्ती की दरगाह स्थित है। यह विजयनगर के रूप में भी जाना जाता है।

UNESCO **की सूची में सम्मिलित प्राकृतिक स्थल**

काजीरंगा नेशनल पार्क	1985	असम
मानस वन्यजीव अभयारण्य	1985	असम
केवलादेव राष्ट्रीय उद्यान	1985	राजस्थान
सुन्दरबन राष्ट्रीय उद्यान	1987	पश्चिम बंगाल
नन्दा देवी और फूलों की घाटी राष्ट्रीय उद्यान	1988-2005	उत्तराखण्ड
पश्चिमी घाट	2012	कर्नाटक, केरल, महाराष्ट्र, गोवा, तमिलनाडु
ग्रेट हिमालय राष्ट्रीय उद्यान	2014	हिमाचल प्रदेश
कंचनजंगा नेशनल पार्क (मिश्रित)	2016	सिक्किम

संकटापन्न विश्व धरोहर स्थल

विश्व धरोहर समिति ने वर्ष 1972 के विश्व धरोहर सम्मेलन के प्रावधानों के अनुसार, संकटापन्न विश्व धरोहरों की सूची तैयार कर लोगों को सूचित करने और उस सम्बन्ध में सुधारात्मक कार्रवाई की जानकारी उपलब्ध करवाई जाती है। संकटापन्न विश्व धरोहर स्थल में विश्वभर से 56 सम्पत्तियों को शामिल किया गया है। वर्ष 2024 तक यूनेस्को (UNESCO) की इस संकटापन्न सूची में भारत की कोई सम्पत्ति नहीं है।

अस्थायी रूप से विश्व धरोहर स्थलों में जोड़े गए स्थल

गुजरात का वडनगर

मोढेरा का सूर्य मन्दिर

वाराणसी का गंगाघाट

काँचीपुरम के मन्दिर

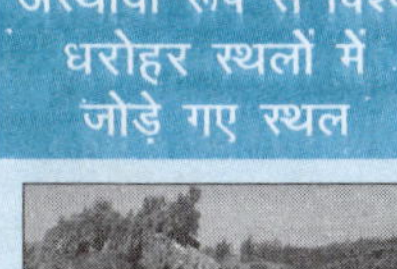

नर्मदा घाटी में भेड़ाघाट-लमेताघाट

उनाकोटी की चट्टानों को काटकर बनाई गई मूर्तियाँ

कर्नाटक में हायर बेनकल का महापाषाणिक स्थल

महाराष्ट्र में मराठा सैन्य वास्तुकला का अनुक्रमिक नामांकन

सतपुड़ा बाघ अभयारण्य

भारत में संगीत युगों से विभिन्न परम्पराओं द्वारा मानव जीवन में प्रचलित रहा है। ऐसी मान्यता है कि जब मानव ने अपने भावों को व्यक्त करना चाहा, तब श्रुतियाँ सहायक बनीं।

अध्याय छः

भारतीय संगीत

भारतीय संगीत का परिचय

- परिभाषिक शब्द संगीत एक सामूहिक शब्द है, जिसमें कला के तीन प्रमुख प्रकार-गायन संगीत, वाद्य संगीत और नृत्य तीनों सम्मिलित हैं।
- संस्कृत में गीतम्, वाद्यम् तथा नृत्यम् त्रयम् संगीतमुच्यते इस प्रकार से संगीत को परिभाषित किया गया है।
- सामान्यत: संगीत का अर्थ गायन होता है। सम्यक् गीतम् इति संगीतम् अर्थात् एकाग्रचित होकर गाए जाने वाले गीत को संगीत कहते हैं।
- पृथ्वी पर संगीत कला का आरम्भकर्ता नारद ऋषि को माना जाता है।
- संगीत को नाद विद्या अर्थात् ध्वनि का विज्ञान भी माना जाता है।

भारत में संगीत का इतिहास

- भारतीय उपमहाद्वीप में संगीत के आरम्भिक प्रमाण सिन्धु घाटी सभ्यता से मिलते हैं।
- सिन्धु सभ्यता के एक महत्त्वपूर्ण स्थल मोहनजोदड़ो से काँसे की एक मूर्ति प्राप्त हुई है। यह मूर्ति किसी नर्तकी की है। इसकी भाव-भंगिमा से संगीत के प्रचलन की जानकारी प्राप्त होती है।
- सिन्धु घाटी सभ्यता से अनेक वाद्ययन्त्र (यथा-सात छिद्रों वाली बाँसुरी) प्राप्त हुए हैं।
- भारतीय संगीत की प्राचीनता वेदों के समान है। सामवेद की ऋचाएँ भारतीय संगीत का सबसे पहला उदाहरण है। इसमें देवताओं की स्तुति में गाए जाने वाले मन्त्रों का वर्णन मिलता है।
- महाकाव्यों में ऋषि वाल्मीकि द्वारा रचित रामायण एक महत्त्वपूर्ण महाकाव्य है, जो सम्पूर्ण रूप से संगीतबद्ध था।
- अन्य ग्रन्थों; यथा-महाभारत, तैत्तिरीय उपनिषद्, याज्ञवल्क्य शिक्षा, शतपथ ब्राह्मण, नारदीय शिक्षा प्रभृति, रत्न प्रदीपिका आदि से प्राचीनकालीन संगीत की जानकारी प्राप्त होती है।
- भरतमुनि द्वारा रचित ग्रन्थ नाट्यशास्त्र संगीत की दृष्टि से सबसे महत्त्वपूर्ण पुस्तक है। इसके छह: अध्यायों में संगीत का वर्णन मिलता है। नाट्यशास्त्र के अध्यायों में श्रुति, स्वर, ग्राम, मूर्च्छना, जाति, छन्द, लय, राग तथा तालों का विशिष्ट वर्णन है।
- इसी तरह सारंगदेव (13वीं शताब्दी) ने संगीत रत्नाकर नामक पुस्तक की रचना की, जिसमें 246 रागों का वर्णन मिलता है।
- मध्यकालीन शासकों द्वारा संरक्षित गायन की भक्ति शैली 15वीं सदी ई. तक ध्रुपद शैली में बदल गई।
- 17वीं सदी ई. तक गायन की ख्याल शैली का विकास हो गया था, साथ ही लोक गायन की अन्य शैलियाँ भी विकसित होने लगीं।
- 19वीं सदी में संगीत में क्रान्तिकारी परिवर्तन हुए। संगीत के दो विद्वान विष्णु नारायण भातखण्डे और विष्णु दिगम्बर पलुस्कर ने संगीत के स्वरों की लिपि तैयार की, ताकि इसे लिखा और लिपिबद्ध किया जा सके।

संगीत के मुख्य स्तम्भ (अनिवार्य तत्त्व)

- भारतीय संगीत के तीन मुख्य स्तम्भ स्वर, राग और ताल हैं।
- इनके मिलने से संगीत का निर्माण होता है।

स्वर

- स्वर एक ऐसी ध्वनि है, जिसका एक विशेष अर्थ और एक अलग पहचान होती है। भरतमुनि के नाट्यशास्त्र में 22 स्वरों के पैमाने में स्वरों का विभाजन किया गया है।
- हिन्दुस्तानी संगीत की सांकेतिक पद्धति सात संक्षिप्त स्वरों-सा, रे, ग, म, प, ध, नि द्वारा परिभाषित होती है। ये सात स्वर सप्तक या सरगम कहलाते हैं।

वर्णित नामों का प्रयोग कर प्रत्येक स्वरमान की सूची

संक्षेप अक्षर	स्वरमान का नाम	कार्य
सा	षड्ज	यह मूल सूर है।
रे	ऋषभ	यह मूल सूर के ऊपर आता है।
ग	गान्धार	यह मध्यम स्वर है
म	मध्यम	यह उप-प्रमुख स्वर है।
प	पंचम	यह प्रमुख स्वर है।
ध	धैवत	यह उप-मध्यम है।
नि	निषाद्	यह मूल स्वर के नीचे लगता है।

- सप्तक स्वर श्रुति से भिन्न होते हैं। यह आवृत्ति की गुणवत्ता का प्रतिनिधित्व करने वाली सबसे छोटी श्रेणी कहलाती है।
- श्रुतियों की संख्या 22 है। इसमें से केवल 12 स्वर सुनने योग्य हैं। इन 12 सुनने योग्य श्रुतियों में 7 शुद्ध स्वर होते हैं तथा 5 विकृत स्वर हैं। सरगम में वर्णित संक्षिप्ताक्षर शुद्ध स्वर होते हैं।

राग

- राग शब्द की उत्पत्ति संस्कृत धातु रंज् से हुई है, जिसका शाब्दिक अर्थ-व्यक्ति को आनन्द या प्रसन्नता प्रदान करना है।
- राग मधुर गीत का जबकि ताल लय का आधार होता है। राग के संचालन का आधार स्वर को माना जाता है।

राग में स्वरों की संख्या के अनुसार तीन मुख्य जातियाँ

राग	जातियाँ	स्वरों की संख्या
ओड्व:	पंचस्वर	5
षाडव राग:	षट्स्वर	6
सम्पूर्ण राग:	सप्तस्वर	7

राग भेद

राग भेद मुख्यत: तीन प्रकार के होते हैं

- शुद्ध राग वह राग, जिसमें यदि कोई भी स्वर, जो रचना में उपस्थित नहीं होता है और उसे गाया जाता है, तो इसकी प्रकृति और रूप में परिवर्तन नहीं होता है।
- छायालग राग वह राग, जिसमें यदि कोई भी स्वर, जो रचना में उपस्थित होता है और उसे गाया जाता है, तो इसकी प्रकृति और स्वरूप में परिवर्तन होता है।
- संकीर्ण राग इसमें दो या दो से अधिक रागों का संयोजन होता है तथा प्रत्येक राग में 5 आधारभूत स्वरों का होना आवश्यक है।
  - राजा वह प्रमुख स्वर है, जिस पर राग निर्मित होता है। इसे वादी कहा जाता है। इस स्वर का गीत रचना में सबसे अधिक बार प्रयोग किया जाता है।
  - रानी राग दूसरा महत्त्वपूर्ण स्वर है, इसे सम्वादी कहते हैं। सम्वादी और वादी के अतिरिक्त अन्य सभी स्वरों को अनुवादी कहा जाता है।
  - स्वर जो रचना में उपस्थित नहीं होते हैं, उन्हें विवादी कहा जाता है।
  - स्वरों के आरोह से तात्पर्य प्रत्येक स्वर का पूर्ववर्ती स्वर की तुलना में अधिक उच्च होना है; जैसे-सा, रे, ग, म, प, ध, नि।
  - स्वरों के अवरोह में प्रत्येक स्वर पूर्ववर्ती से धीमा होता है; जैसे—नि, ध, प, म, ग, रे, सा।
  - स्वरों के आरोहण-अवरोहण के आधार पर रागों को तीन गतियों विलम्बित (धीमा), मध्य (मध्यम) और द्रुत (तीव्र) में बाँटा जा सकता है।

हिन्दुस्तानी संगीत में रागों के आधार

राग	ऋतु	समय	स्थायी भाव
हिण्डोल	बसन्त	प्रात:काल	युवा जोड़ों में मिठास का आह्वान करता है।
दीपक	ग्रीष्म काल	रात	करुणा
मेघ	वर्षा ऋतु	देर रात	साहस
श्री	शीतकाल	सायंकाल	हर्ष
मालकौंस	शीतकाल	मध्य रात्रि	वीर
भैरव	कोई भी ऋतु	भोर	शान्ति

समय के अनुसार रागों का गायन

विभिन्न राग	गायन का समय
राग दरबारी	देर रात्रि
राग भैरवी	प्रात:काल
राग यमन	सायंकाल (रात्रि का प्रथम पहर)
राग विहाग	रात्रि का द्वितीय पहर
राग बिलावल	सुबह (प्रात:काल का प्रथम प्रहर)
राग भूपाली	रात्रि का प्रथम पहर
राग देस	रात्रि का द्वितीय पहर
राग बागेश्री	रात्रि का द्वितीय पहर
राग मल्हार	वर्षा ऋतु (रात्रि का द्वितीय पहर)
राग सूर मल्हार	वर्षा ऋतु में किसी भी समय

राग के अन्य अवयव

आलाप

आलाप गायन का प्रारम्भ अ तथा आ ध्वनियों के प्रयोग से होता है, जिसके द्वारा गायन की दक्षता तथा निपुणता को परखा जाता है। हिन्दुस्तानी संगीत में आलाप ऐच्छिक तथा कर्नाटक संगीत में यह अनिवार्य होता है।

नोट *आलाप भारतीय शास्त्रीय संगीत में किसी राग की स्वर संरचना को प्रस्तुत करने का एक तरीका है।*

तान

यदि राग के स्वरों का द्रुत गति में विस्तार किया जाए, तो उसे तान कहते हैं। तान के कोष में 3 या 4 स्वरों की छोटी तान मुर्की कहलाती है।

गीत बन्दिश

इसकी संगीत में महत्त्वपूर्ण भूमिका है। अत: गीत बन्दिश आकर्षक सरस स्वर में डूबी हुई होनी चाहिए। यह हिन्दुस्तानी संगीत में एक निश्चित राग में बनी रचना होती है, इसे तबले या पखावज के साथ बजाया जाता है।

थाट

विष्णु नारायण भातखण्डे (1860-1936) के अनुसार, प्रत्येक राग 10 आधारभूत थाटों या संगीतात्मक पैमानों या प्रारूप पर आधारित है।

थाट केवल आरोही में ही गाया जा सकता है, क्योंकि स्वर आरोही क्रम में संगठित होते हैं। थाट के 12 स्वरों (7 शुद्ध, 5 विकृत) में से 7 स्वर होने चाहिए और उन्हें अनिवार्य रूप से आरोही क्रम में रखा जाना चाहिए।

रस

रस का शाब्दिक अर्थ आनन्द होता है। काव्य में जो आनन्द आता है, वही काव्य का रस है। रस सिद्धान्त के जनक भरतमुनि हैं। उन्होंने अपने ग्रन्थ नाट्यशास्त्र में रस सिद्धान्त की चर्चा करते हुए रसों की संख्या 8 बताई है।

प्रारम्भ में रसों की संख्या 8 थी, किन्तु बाद में शान्त नामक नौवें रस को स्वीकृति मिली। अत: वर्तमान में रसों की कुल संख्या 9 हो गई है।

रस एवं उनके स्थायी भाव

रस	स्थायी भाव	रस	स्थायी भाव
श्रृंगार	रति	भयानक	भय
करुणा	शोक/दु:ख	अद्भुत	आश्चर्य
हास्य	हास्य/हँसी	वीभत्स	घृणा
वीर	उत्साह	शान्त	निर्वेद/वैराग्य
रौद्र	क्रोध		

ताल

- यह संगीत में समय क्रम की निश्चित गति का द्योतक है, जो उसे अनुशासित करता है। इन तालों की उत्पत्ति छन्दों के आधार पर मानी जाती है। भारतीय संगीत में 108 तालों का वर्णन है।
- वर्तमान में केवल 30 ताल ज्ञात हैं, जिनमें से केवल 10 से 12 ताल ही वास्तव में उपयोग में आते हैं।
- इसके अतिरिक्त कुछ महत्त्वपूर्ण ताल दीपचन्दी, धमार, झप-ताल, तीन-ताल, चौताल, दादरा, रूपक, झूमर, तिलवाड़ा, नृताल आदि हैं।

भारतीय संगीत का वर्गीकरण

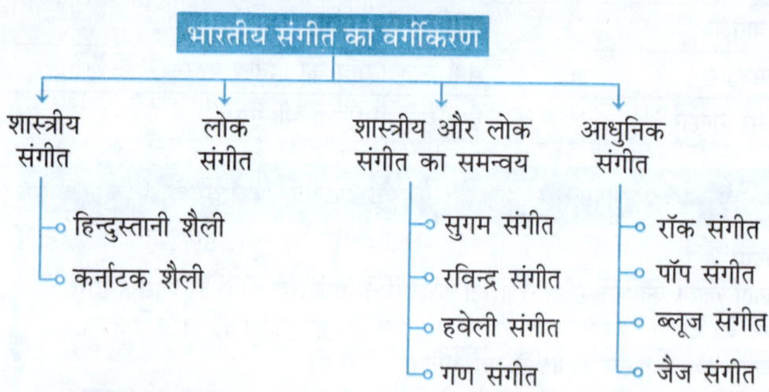

शास्त्रीय संगीत

- शास्त्रीय संगीत नियमों से बँधा हुआ तथा शास्त्र सम्मत होता है। इसमें नियमों का कठोरता से पालन करना अनिवार्य होता है।
- शास्त्रीय संगीत की दो प्रमुख शैलियाँ हैं
  - हिन्दुस्तानी संगीत यह भारत के उत्तरी भागों में प्रचलित है।
  - कर्नाटक संगीत यह भारत के दक्षिणी भागों (अधिकांशत: कर्नाटक, केरल, तमिलनाडु और आन्ध्र प्रदेश) में प्रचलित है।

हिन्दुस्तानी संगीत

- हिन्दुस्तानी शाखा संगीत संरचना और उसमें तात्कालिकता की सम्भावनाओं पर अधिक केन्द्रित होती है।

- इस शाखा में शुद्ध स्वर सप्तक या प्राकृतिक स्वरों के सप्तक के पैमाने को स्वीकार किया गया है।
- हिन्दुस्तानी शास्त्रीय संगीत की उत्पत्ति अमीर खुसरो के समय से मानी जा सकती है।
- इस संगीत को प्राकृतिक स्वरों के सप्तक (अष्टक) के रूप में जाना जाता है।
- इसे सारंगी, सितार, बाँसुरी, वीणा, तबले पर बजाया जाता है।
- इसकी दस प्रमुख गायन शैलियाँ हैं-ध्रुपद, धमार, होरी, ख्याल, टप्पा, रससागर, चतुरंग, तराना, सरगम और ठुमरी।

ध्रुपद शैली

- ध्रुपद ध्रुव + पद से मिलकर बना है, जिसका अर्थ है-निश्चित नियम वाला अर्थात् जो नियमों में बँधा हो। इसमें संस्कृत अक्षरों का उपयोग किया जाता है और इसका उद्गम मन्दिरों से हुआ है।
- यह हिन्दुस्तानी संगीत के सबसे प्राचीन और भव्य रूपों में से एक है तथा इसका वर्णन नाट्यशास्त्र में भी मिलता है।
- इसकी उत्पत्ति वैदिक स्रोतों और मन्त्रों (सामवेद) के जाप से मानी जाती है तथा इनकी रचनाओं में सामान्यत: 4 से 5 पद होते हैं, जिन्हें जोड़े में गाया जाता है।
- ध्रुपद एक काव्यात्मक रूप है, जिसमें राग को सटीक तथा विस्तृत शैली में प्रस्तुत किया जाता है। यह अलाप से प्रारम्भ होता है, जिसे बिना शब्दों के गाया जाता है।
- वाणी के आधार पर ध्रुपद गायन को चार रूपों में विभाजित किया जा सकता है—डागरी घराना, दरभंगा घराना, बेतिया घराना, तलवण्डी घराना आदि।

भारतीय घराने

- हिन्दुस्तानी संगीत में घराना सामाजिक संगठन की एक प्रथा है, जो संगीतकारों या नर्तकियों को एक विशिष्ट संगीत शैली का प्रशिक्षण देता है। इसके प्रति समर्पण के भाव से इन्हें संगीत शैली की वंशावली से जोड़ा जाता है।
- प्रमुख घरानें ग्वालियर घराना, आगरा घराना, जयपुर अतरौली घराना, रामपुर सहसवान घराना आदि हैं।

दरभंगा घराना

- इस घराने में ध्रुपद खण्डर वाणी और गौहर वाणी में गाई जाती है।
- इस शैली में आलाप पर बल दिए जाने की प्रवृत्ति के स्थान पर आलाप या उद्घाटन खण्ड और बन्दिश के मध्य एक सन्तुलन बनाया जाता है।
- इस शैली के मुख्य प्रतिनिधि मलिक परिवार हैं, जिसमें रामचतुर मलिक तथा सियारा तिवारी प्रमुख हैं।

डागरी घराना

- डागर परिवार डागर वाणी में गायन करता है। इस शैली में आलाप पर बहुत बल दिया जाता है। डागर मुसलमान होते हैं, किन्तु सामान्यत: हिन्दू देवी-देवताओं के पाठों का गायन करते हैं।
- गुण्डेचा बन्धु का सम्बन्ध डागर घराने से है। अकबर ने अपने दरबार में स्वामी हरिदास, मियाँ तानसेन, बाबा गोपाल दास जैसे संगीताचार्यों को संगीत के संरक्षण तथा विकास के लिए नियुक्त किया था।

- इसी काल में (अकबर काल) यह शैली अपने चरम पर पहुँच गई थी। प्राचीनकाल में ध्रुपद गायक कलावन्त कहलाते थे।
- ग्वालियर के राजा मान सिंह तोमर ने ध्रुपद के विकास में महत्त्वपूर्ण भूमिका निभाई थी।

- डागर बन्धु, गुण्डेचा बन्धु, पण्डित रामचतुर मलिक, ध्रुपद शैली के प्रमुख गायक हैं। इसके गायन से फेंफड़े और कण्ठ पर दबाव पड़ता है, इसलिए लोग इसे मर्दाना गीत कहते हैं।

बेतिया घराना

- यह घराना गौहर और खण्डर वाणी शैलियों का प्रयोग करता है। यह घराना बन्दिश को ध्रुपद का मूल रूप मानता है।
- इस घराने में प्रसिद्ध गायक इन्द्र किशोर मिश्रा हैं।

तलवण्डी घराना

यहाँ खण्डर वाणी गाई जाती है। यह घराना पाकिस्तान में स्थित है।

प्रमुख ध्रुपद गायक

स्वामी हरिदास

- स्वामी हरिदास (1478-1573 ई.) एक आध्यात्मिक कवि और संगीतकार थे। स्वामी जी ध्रुपद गायन में पारंगत थे तथा संगीत आचार्य के रूप में उन्होंने तानसेन, बैजू बावरा तथा राजा सौरसेन आदि को संगीत की शिक्षा प्रदान की।
- इन्होंने राधा-कृष्ण की भक्ति में ब्रजभाषा में अनेक ध्रुपदों की रचना की।
- स्वामी हरिदास निम्बार्क सम्प्रदाय से थे। वे कृष्ण भक्ति के एक विशेष सम्प्रदाय हरिदासी सम्प्रदाय अथवा सखी सम्प्रदाय के संस्थापक थे।

तानसेन

- ये अकबर के नवरत्नों में से एक थे, इन्होंने गायन की ध्रुपद शैली की उल्लेखनीय सेवा की।
- इन्होंने मियाँ मल्लहार, मियाँ की तोड़ी एवं मियाँ की सारंग जैसे रागों का आविष्कार किया।
- तानसेन को मियाँ की उपाधि अकबर ने दी थी। इन्होंने संगीतशास्त्र पर संगीत सार, रागमाला और श्री गणेश स्रोत जैसी पुस्तकें लिखीं।

बैजू बावरा

- बैजनाथ का जन्म गुजरात में हुआ था, जो कालान्तर में बैजू बावरा के नाम से विख्यात हुए। इन्हें ग्वालियर नरेश मानसिंह तोमर का राज्याश्रय प्राप्त हुआ, जहाँ इन्होंने एक संगीत विद्यालय की स्थापना की।
- बैजू बावरा स्वामी हरिदास के शिष्य तथा तानसेन के समकालीन एक प्रसिद्ध ध्रुपद गायक थे। इन्होंने मंगल गूजरी और मंगल तोड़ी जैसे नए रागों का आविष्कार भी किया था।
- बैजू बावरा की समाधि मध्य प्रदेश के चन्देरी में स्थित है।

ख्याल/ख्याल शैली

- ख्याल फारसी भाषा का शब्द है, जिसका अर्थ-विचार या कल्पना होता है। ख्याल भारतीय तथा फारसी शैली का मिश्रण है।
- ख्याल शैली के उद्भव का श्रेय अमीर खुसरो को दिया गया है।
- ख्याल दो से आठ पंक्तियों वाले लघु गीतों के रंग पटल पर आधारित है। सामान्यत: इसे बन्दिश के रूप में भी जाना जाता है। 15वीं सदी में शर्की शासक हुसैन शाह शर्की इस शैली के सबसे बड़े संरक्षक थे।

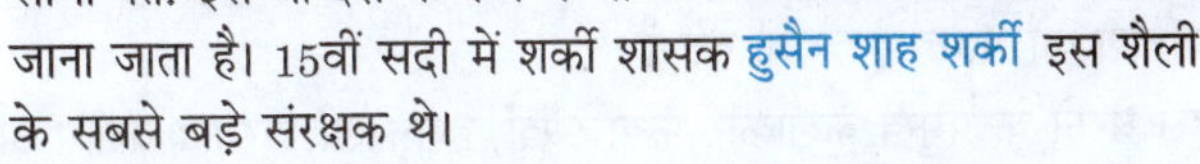

- मुगल शासक मुहम्मद शाह रंगीला के दरबार में अरारंग (फिरोज खाँ) और सदारंग (नैमत खाँन) नामक गायकों ने इस शैली के अनेक गीतों की रचना की।
- ख्याल गायन में शृंगार रस की प्रधानता होती है। अधिकतर ख्याल रचनाएँ भगवान कृष्ण की स्तुति में की जाती हैं।
- प्रमुख ख्याल गायक-पण्डित विष्णु नारायण भातखण्डे, विष्णु दिगम्बर, पलुस्कर, उस्ताद करीम खाँ, उस्ताद फैयाज खाँ, पण्डित ओंकारनाथ ठाकुर, कुमार गन्धर्व, पण्डित भीमसेन जोशी आदि हैं।

ख्याल संगीत के प्रमुख घराने

ग्वालियर घराना

- यह घराना सर्वाधिक प्राचीन है। यह सभी घरानों की जननी है। सादगी तथा दक्षता के लिए प्रसिद्ध इस घराने की स्थापना उस्ताद हस्सू खान तथा उस्ताद हद्दू खान ने की थी।
- इस घराने के सर्वाधिक लोकप्रिय प्रतिपादक नत्थूखान और विष्णु दिगम्बर पलुस्कर हैं।

किराना घराना

- इस घराने का नामकरण उत्तर प्रदेश स्थित कैराना गाँव के नाम पर है।
- नायक गोपाल ने इसकी स्थापना की थी। इसे लोकप्रिय बनाने का वास्तविक श्रेय अब्दुल करीम खाँ और अब्दुल वाहिद खाँ को है।
- यह घराना व्यक्तिगत नोट्स (स्वर) की सटीकता और नोटों की अभिव्यक्ति के प्रति उनकी चिन्ता के लिए प्रसिद्ध है।
- यह घराना धीमी गति वाले रागों पर अपनी कुशलता के लिए प्रसिद्ध है।
- पण्डित भीमसेन जोशी, गंगूबाई हंगल और बेगम अखबर इस घराने के प्रसिद्ध गायक हैं।

पण्डित भीमसेन जोशी

इनका जन्म कर्नाटक के **गड़ग** में हुआ था। वर्ष 2008 में भारत रत्न से सम्मानित किराना घराने से सम्बन्धित गायक पण्डित भीमसेन जोशी ख्याल, ठुमरी तथा भजन के लिए प्रसिद्ध थे। पण्डित जोशी को **मिले सुर मेरा तुम्हारा** के लिए स्मरण किया जाता है। पण्डित जोशी ने तानसेन, सुरसंगम, बसन्त बहार, अनकही आदि प्रसिद्ध फिल्मों के लिए गाने भी गाए हैं।

आगरा घराना

- यह घराना शृंगार प्रेम और भक्ति के लिए विशेष रूप से प्रसिद्ध है। इसी कारण इसे रंगीला घराना भी कहा जाता है।
- इस घराने का संगीत ख्याल और ध्रुपद गायकी का मिश्रण है। इसमें संगीतकार बन्दिश को महत्त्वपूर्ण दर्जा देते हैं।
- इस घराने के प्रमुख कलाकार फैयाज खाँ, हुसैन खाँ, उस्ताद वसीम अहमद खाँ, पण्डित यशपाल आदि हैं।

पटियाला घराना

- इस घराने का शुभारम्भ बड़े फतेह अली खान और अली बख्श जरनैल खान ने 19वीं सदी में किया था।
- इस घराने के गायकों में ग्वालियर, दिल्ली, जयपुर और लखनऊ घरानों की विशेषताएँ मिलती हैं।

भिण्डी बाजार घराना

इसकी स्थापना 19वीं सदी में मुम्बई के भिण्डी बाजार क्षेत्र में छज्जूखान, नजीर खान तथा खादिम हुसैन ने की थी।

दिल्ली घराना

इस घराने की एक उपशाखा महाराष्ट्र में गोखले घराने के नाम से प्रसिद्ध हुई। इस घराने में सारंगी का प्रयोग अधिक होता है।

भारतीय संगीत के अन्य प्रमुख घराने

घराना	विशेषता
जयपुर घराना	19वीं शताब्दी के मध्य में स्थापित इस घराने के प्रमुख संगीतकार हैं—सवाल खाँ, मुशर्रफ खाँ, रजब अली खाँ, अमीर बख्श, जमालुद्दीन खान, आजिद हुसैन, बरकतुल्लाह खाँ आदि।
खुर्जा घराना	नायक खाँ व उनके पुत्र जादू खाँ द्वारा 18वीं शताब्दी में यह घराना स्थापित किया गया।
सहारनपुर घराना	खलीफा मुहम्मद जमा नामक सूफी द्वारा स्थापित यह घराना आलाप होरी तथा ध्रुपद गायकी के लिए जाना जाता है।
रामपुर घराना	इस घराने की स्थापना वजीर खाँ ने की थी। वे ग्वालियर घराने से सम्बन्धित थे।
बनारस घराना	शास्त्रीय संगीत के क्षेत्र में इस घराने का बहुत ही महत्त्वपूर्ण योगदान है। यह घराना गायन और वादन दोनों कलाओं के लिए (विशेषकर तबला वादन के लिए) प्रसिद्ध रहा है।
फतेहपुर सीकरी घराना	इस घराने की स्थापना मुगल बादशाह जहाँगीर के काल में हुई थी। प्रसिद्ध ध्रुपद व ख्याल गायक जैनु खाँ तथा जोरावर खाँ द्वारा स्थापित इस घराने के प्रमुख संगीतकार हैं-दूल्हे खाँ, छोटे खाँ, मदार बख्श, समद खाँ आदि।

तराना शैली

- तराना शैली का जनक अमीर खुसरो को माना जाता है। यह एक कर्कश प्राकृतिक राग है, जिसमें निरर्थक शब्दों का प्रयोग होता है।
- इस शैली में लय महत्त्वपूर्ण भूमिका निभाती है। इसकी संरचना लघु एवं अनेक बार दोहराए जाने वाले रागों से होती है।
- इसमें उच्च स्वर वाले विषम राग का तथा तीव्र गति से गाए जाने वाले अनेक शब्दों का प्रयोग होता है। यह तबला और सिलर के आघात से उत्पन्न हुआ है।
- वर्तमान में पण्डित रतन मोहन शर्मा प्रसिद्ध तराना गायक है, इनका सम्बन्ध मेवाती घराने से है। श्रोताओं द्वारा इन्हें तराना के बादशाह की पदवी प्रदान की।
- तराना शैली के प्रसिद्ध गायकों में उस्ताद तानरस खाँ, नत्थू खाँ, बहादुर खाँ, बड़े गुलाम अली खाँ, सलामत अली तथा नजाकत अली आदि प्रमुख हैं।

ठुमरी शैली

- यह सामान्यत: मिश्रित सरल रागों पर आधारित होती है तथा रचनाओं की प्रवृत्ति भक्ति या रुमानी होती है।
- रचनाओं की भाषा सामान्यत: हिन्दी या ब्रजभाषा होती है।
- इसमें कामुकता अन्तर्निहित होती है। यह प्राय: महिलाओं की आवाज में गाया जाता है।
- ठुमरी का सम्बन्ध कत्थक नृत्य से है।
- ठुमरी में रस, रंग और भावों की प्रमुखता होती है
- लखनऊ के नवाब वाजिद अली शाह के समय में ठुमरी गायन शैली को अधिक उच्चता मिली। नवाब स्वयं अख्तर पिया के नाम से ठुमरियों की रचना करते थे।
- वाराणसी और लखनऊ ठुमरी के मुख्य घराने हैं। ठुमरी गायन शैली के प्रसिद्ध गायक छन्नू लाल मिश्र, गिरिजा देवी, सिद्धेश्वरी देवी तथा बेगम अख्तर हैं।

टप्पा शैली

- इस शैली में लय की भूमिका महत्त्वपूर्ण होती है। संगीत में समानगति या चाल को लय कहते हैं।
- इस शैली में मूल रूप से हीर और राँझा के विरह प्रसंगों को दर्शाया जाता है।
- इसमें वाक्याशों की बारम्बार पुनरावृत्ति की जाती है।
- टप्पा गायन को लोक-शैली से शास्त्रीय शैली बनाने का श्रेय मिया गुलाम नबी शोरी को दिया गया है, जो आसफउद्दौला से दरबारी गायक थे।
- इस शैली के गायकों में आरती अंकालिकार, आशा खादिलकर तथा मालिनी राजुर्कर आदि प्रमुख हैं।
- ग्वालियर घराने के लक्ष्मण राव पण्डित तथा रामपुर-सहसवाँ घराने के शन्नो खुराना इस शैली के विशिष्ट प्रतिपादकों में से हैं।

गजल

- यह शेरों का समूह है। इसके पहले शेर को मतला और अन्तिम शेर को मकता कहा जाता है।
- गजल एक छोटी कविता होती है, जिसमें 5 से 25 शेर तक होते हैं। इसमें तुकबन्दी वाले दोहे होते हैं। ऐसा माना जाता है कि गजल का जन्म 10वीं शताब्दी में ईरान में हुआ था।
- भारत में गजल लेखन की शुरुआत अमीर खुसरो ने की थी।
- इस गायन शैली में तबले के साथ-साथ सारंगी, वायलिन, गिटार तथा बाँसुरी आदि वाद्ययन्त्रों का प्रयोग भी होता है।
- जगजीत सिंह, गुलाम अली, पंकज उदास, मेहन्दी हसन तथा बेगम अख्तर आदि प्रसिद्ध गजल गायक हैं।

कर्नाटक संगीत

- यह संगीत मुख्यत: दक्षिण भारत से सम्बद्ध है, इसमें स्वर संगीत पर बल दिया जाता है।
- यह संगीत अधिकांशत: भक्ति संगीत के रूप में होता है और इसमें अधिकांश रचनाएँ हिन्दू देवी-देवताओं को समर्पित होती हैं।
- अधिकतर कर्नाटक रचनाएँ तेलुगू, कन्नड़, तमिल या संस्कृत में हैं।
- कर्नाटक शब्द का प्रयोग सर्वप्रथम मतंग मुनि के ग्रन्थ बृहद्देशी में मिलता है, जहाँ कर्नाट नाम के एक राग का उल्लेख मिलता हैं।
- 14वीं से 16वीं सदी के दौरान विद्यारण्य, रामामात्य और विट्ठल जैसे विद्वानों ने कर्नाटक संगीत को और अधिक लोकप्रिय बनाया।

कर्नाटक संगीत के प्रमुख अंग

पल्लवी
- रचना की पहली या दूसरी पंक्ति-पल्लवी के रूप में उल्लेखनीय होती है।
- प्रत्येक छन्द को दोहराया जाता है।
- अन्य नाम 'रागम थनम पल्लवी' है।
- इसे कर्नाटक संगीत का सबसे अच्छा भाग माना जाता है।

अनुपल्लवी
- पल्लवी या पहली पंक्ति के पश्चात् आने वाली दो पंक्तियाँ अनुपल्लवी कहलाती है।
- इन्हें प्रारम्भ में और कभी-कभी गीत के अन्त में गाया जाता है।
- प्रत्येक छन्द या चरण के बाद दोहराना आवश्यक नहीं है।

चरण
- यह अन्तिम एवं सबसे लम्बा छन्द है।
- यह गीत का समापन करता है।

- कर्नाटक संगीत का गायन सामान्यत: मृदंग के साथ किया जाता है।
- मृदंग के साथ मुक्त लय में मधुर तात्कालिकता का खण्ड तानम कहलाता है। वे खण्ड जिनमें मृदंग की जरूरत नहीं होती है, उन्हें रागम कहा जाता है।

कर्नाटक संगीत की त्रिमूर्ति

श्याम शास्त्री (1762-1827 ई.)	◆ जन्म स्थान थिरुवरूर ◆ देवी कामाख्या की प्रशंसा में नवरत्नमालिका लिखा। ◆ मुख्य रूप से तेलुगू रचनाएँ कीं। ◆ सांकेतिक नाम श्याम कृष्णा ◆ स्वरजाति संगीत शैली के विकास का श्रेय ◆ मंजी और चिन्तामणि रागों में रचना की।
त्यागराज (1716-1847 ई.)	◆ जन्म स्थान थिरुवरूर ◆ अधिकांश रचनाएँ तेलुगू में ◆ भगवान राम की प्रशंसा की। ◆ प्रसिद्ध रचना पंचरत्न कृति ◆ बुध ग्रह के एक क्रेटर का नाम त्यागराज रखा गया है।
मुथुस्वामी दीक्षितार (1775-1835 ई.)	◆ जन्म स्थान थिरुवरूर ◆ अनेक कृतियाँ भगवान सुब्रह्मण्यम को समर्पित ◆ अधिकांश रचनाएँ संस्कृत में ◆ गमक (अलंकरण) पर बल दिया। ◆ सांकेतिक नाम गुरु-गुहा ◆ प्रमुख वाद्य वीणा

कर्नाटक संगीत के आरम्भिक संगीतकार

अन्नामाचार्य (1408-1503 ई.)	◆ कर्नाटक संगीत के पहले प्रसिद्ध संगीतकार ◆ भगवान वेंकटेश्वर (विष्णु) की स्तुति में संकीर्तन की रचना। ◆ तेलुगू गीत-लेखन के जनक
पुरन्दर दास (1484-1564 ई.)	◆ इन्हें कर्नाटक संगीत का पितामह और नारदावतारी भी कहा जाता है। ◆ भगवान कृष्ण के भक्त ◆ प्रसिद्ध रचना दास साहित्य
क्षेत्रय्या (1600-1680 ई.)	◆ तेलुगू कवि और संगीतकार ◆ कई पद्म और कीर्तन के रचनाकार ◆ रचनाएँ कृष्ण भक्ति पर आधारित ◆ इनके पद्मों का वर्तमान समय में भी भरतनाट्यम एवं कुचिपुड़ी प्रदर्शन के दौरान गायन।
भक्त रामदास (1620-1680 ई.)	◆ रचनाएँ तेलुगू भाषा में, मुख्यत: राम की प्रशंसा है। ◆ प्रसिद्ध वाद्यकार ◆ तेलुगू में अन्य वाद्यकार-त्यागराज, श्यामशास्त्री, अन्नामाचार्य आदि।
वेकेंटमखिन (17वीं सदी)	◆ रचना चतुर्दण्डी प्रकाशिका ◆ रागों को वर्गीकृत करने हेतु मेलाकार्ता प्रणाली का प्रारम्भ किया। व्यागेश देवता के भक्त, उनके सम्मान में 24 अष्ठपदियों की रचना की।

कर्नाटक संगीत की गायन शैलियाँ

- तिल्लाना इसमें भक्ति प्रधान गीतों का गायन किया जाता है। इसमें निरर्थक शब्दों का प्रयोग किया जाता है, जिन्हें चोतलुक्केट्टू कहते हैं। इसमें लय की प्रधानता होती है।
- जावालि पादम् की भाँति जावालि भी प्रेम प्रधान गीतों का मध्यम श्रेणी का राग है। इसके गीतों में मानवीय प्रेम का प्रत्यक्ष विवरण मिलता है।

- **अलंकारम्** सप्तक के स्वरों की स्वरावलियों को अलंकारम् कहते हैं। सगीत अभ्यास के दौरान इसका प्रयोग किया जाता है।
- **भजनम्** इसके अन्तर्गत जयदेव तथा त्यागराज आदि सन्त कवियों की पदावलियाँ भक्ति-भावना से गाई जाती हैं।
- **आलापनम्** आकार में स्वरों का उच्चारण आलापनम् कहलाता है। आलापनम् नोम-तोम में भी किए जाते हैं। इसके साथ ताल-वाद्य का प्रयोग नहीं होता है।
- **लक्षणगीतम्** यह गीत का एक प्रकार है, जिसमें राग का शास्त्रीय वर्णन किया जाता है।
- **स्वराजाति** यह प्रारम्भिक शिक्षण संगीत का अंग है। इसमें स्वरों को ताल तथा राग में बाँटा जाता है।
- **रागमालिका** इसमें रागों के नामों की कवितावली होती है, जहाँ जिस राग का नाम आता है, वहाँ उसी राग का प्रयोग किया जाता है।

स्वाति तिरुनल राम वर्मा (1813-1846 ई.)

- ये त्रावणकोर राज्य के महाराजा थे।
- ये हिन्दुस्तानी और कर्नाटक शैली, दोनों के उत्कृष्ट संगीतकार थे। इन्होंने कर्नाटक शैली में वर्णम, पादम् और जावलियों की रचना की।
- ये कर्नाटक संगीत की त्रिमूर्ति के समकालीन थे।
- ग्रेट ब्रिटेन और आयरलैण्ड की रॉयल एशियाटिक सोसायटी ने इनकी मृत्यु पर शोक व्यक्त किया।

हिन्दुस्तानी तथा कर्नाटक संगीत में अन्तर

हिन्दुस्तानी संगीत	कर्नाटक संगीत
अरबी, फारसी और अफगानी का प्रभाव	स्वदेशी प्रभाव
इसकी अनेक उपशैलियाँ हैं, जिनसे घरानों का विकास हुआ।	गायन की एक विशेष निर्धारित शैली
कण्ठ संगीत की भाँति वाद्य यन्त्रों की भी आवश्यकता	कण्ठ संगीत पर ज्यादा बल
6 प्रमुख राग	दो प्रकार के राग मेलाकार्ता राग (72) और बाल राग
रागों पर विशेष बल	ताल पर मुख्य बल
प्रमुख वाद्य-सितार, सन्तूर, तबला, सारंगी	प्रमुख वाद्य-मृदंग, वीणा, मैण्डोलिन
प्रचलन-उत्तर भारत	प्रचलन-दक्षिण भारत
उत्तर हिन्दुस्तानी संगीत के जो स्थान कोमल रे, ध स्वरों का होता है।	कर्नाटक संगीत में वही स्थान शुद्ध रे, ध स्वरों का होता है।
इसमें थाटों से रागों की उत्पत्ति	72 मेलों से रागों की उत्पत्ति
हिन्दी, उर्दू, ब्रज, पंजाबी, मराठी आदि भाषाओं का प्रयोग	कन्नड़, तेलुगू, तमिल, मलयालम आदि भाषाओं का प्रयोग
असंख्य तालों का प्रयोग	35 तालों का प्रयोग
शुद्ध सप्तम को बिलावल थाट कहते हैं।	शुद्ध सप्तम् को कनकांगी तथा मुखारी मेल कहते हैं।

भारतीय संगीत के प्रमुख व्यक्तित्व

भारतीय संगीत की गौरवशाली परम्परा को जनमानस तक पहुँचाने में कई संगीत पुरोधाओं का महत्त्वपूर्ण योगदान रहा। भारतीय संगीत के प्रमुख व्यक्तित्व निम्नलिखित हैं

प्रमुख व्यक्ति	विवरण
अली अकबर खाँ	सरोद सम्राट अलाउद्दीन खाँ के पुत्र अली अकबर खाँ की ख्याति सरोदवादक के रूप में है।
चण्डीदास	बंगाल में भगवान श्रीकृष्ण के अनन्य भक्त एवं गायक चण्डीदास, संस्कृत कवि जयदेव के समकालीन थे, इन्होंने भक्ति काव्यों में गायन के साथ ही नाट्य का भी प्रयोग किया।
कृष्णराव शंकर पण्डित	ये ख्याल गायिकी के लिए प्रसिद्ध तथा ग्वालियर घराने से सम्बन्धित थे। इन्होंने वर्ष 1914 में ग्वालियर में शंकर गन्धर्व महाविद्यालय की स्थापना की।
अब्दुल करीम खाँ	मुजफ्फरनगर जिले में 1884 ई. में जन्मे किराना घराने की विशिष्ट विभूति अब्दुल करीम खाँ ने हिन्दुस्तानी संगीत को दक्षिण भारत में लोकप्रिय बनाने में अभूतपूर्व योगदान दिया। इन्होंने वर्ष 1913 में पूना में आर्य संगीत विद्यालय की स्थापना की।
अमीर खाँ	इनका जन्म वर्ष 1912 में इन्दौर में हुआ। ये किराना घराने से सम्बद्ध थे। इन्होंने **बसन्त बहार** एवं **दीपक** जैसे रागों का प्रयोग बैजू बावरा एवं तानसेन जैसी फिल्मों में किया।
जाकिर हुसैन	ये एक प्रसिद्ध तबला वादक थे। वर्ष 1973 में इनका पहला एलबम **लिविंग इन द मैटेरियल वर्ल्ड** आया था। 15 दिसम्बर, 2024 को इनका निधन हो गया।
एम. एस. सुब्बुलक्ष्मी	ये कर्नाटक संगीत की प्रसिद्ध गायिका थीं, जिन्हें भारत रत्न से सम्मानित किया गया। इन्हें विदेशों में कर्नाटक संगीत को लोकप्रिय बनाने का श्रेय दिया गया है।
उस्ताद अलाउद्दीन खाँ	1881 ई. में मध्य प्रदेश की त्रिपुरा रियासत के शिवपुर ग्राम में जन्मे आलम (अलाउद्दीन खाँ) मृदंग, क्लेरोनेट, बेला आदि वाद्यों के प्रवीण वादक थे।

प्रमुख संगीत शिक्षण संस्थाएँ

शासकीय संगीत महाविद्यालय (ग्वालियर)	गन्धर्व महाविद्यालय (दिल्ली)
कला संस्थान (जयपुर)	स्वर साधना समिति (मुम्बई)
संगीत भारती (बीकानेर)	श्रीराम भारतीय कला केन्द्र (दिल्ली)
शंकर गन्धर्व महाविद्यालय (ग्वालियर)	संगीत कला केन्द्र (आगरा)
आई टी सी रिसर्च अकादमी (कोलकाता)	अली अकबर कॉलेज ऑफ म्यूजिक (कोलकाता)
रवीन्द्र भारतीय विश्वविद्यालय (कोलकाता)	अलाउद्दीन खाँ संगीत अकादमी (भोपाल)
देवधर स्कूल ऑफ इण्डियन म्यूजिक (मुम्बई)	पुणे भारत गायन समाज (पुणे)
वाडिया संगीत क्लास (मुम्बई)	अजमेर संगीत महाविद्यालय (अजमेर)
सयाजी राव म्यूजिक कॉलेज (बड़ौदा)	आयंगर कॉलेज ऑफ म्यूजिक (मैसूर)
भारतीय कला केन्द्र (दिल्ली)	कॉलेज ऑफ म्यूजिक (मैहर)
कमला देवी संगीत महाविद्यालय (रायपुर)	प्रयाग संगीत समिति (इलाहाबाद)
प्राचीन कला केन्द्र (चण्डीगढ़)	वृद्ध गुजरात समिति (अहमदाबाद)
संगीत नाट्य अकादमी (दिल्ली)	जयपुर कथक केन्द्र (जयपुर)
भातखण्डे हिन्दुस्तानी संगीत महाविद्यालय (लखनऊ)	

फाग

- फाग ऋतु गीतों में प्रमुख है। यह मुख्यत: पुरुषों द्वारा गाया जाता है।
- इसका गायन बसन्त से लेकर होलिका दहन की सुबह तक होता है।
- फाग सम्बन्धी गीतों का गायन अवधी, ब्रज, राजस्थानी, बुन्देलखण्डी, छत्तीसगढ़ी, बैंसवाड़ी, बघेली तथा भोजपुरी आदि बोलियों में किया जाता है।

- **लोक संगीत** यह पारम्परिक लोकप्रिय संस्कृति से जुड़ा संगीत होता है। इसमें शास्त्रीय नियमों की परवाह नहीं की जाती है। तीजन बाई छत्तीसगढ़ राज्य की एक प्रसिद्ध कलाकार हैं, इनके द्वारा लोक संगीत के क्षेत्र में दिए गए महत्त्वपूर्ण योगदान हेतु वर्ष 2019 में पद्म विभूषण, वर्ष 2003 में पद्म भूषण तथा वर्ष 1987 में पद्मश्री से सम्मानित किया जा चुका है।

प्रमुख लोक संगीत

- किसी क्षेत्र विशेष के लोगों द्वारा, पारम्परिक रूप से गाए जाने वाले गीत लोक संगीत कहलाते हैं। लोक संगीत के गीत स्थानिक लोगों द्वारा अलग-अलग अवसरों पर गाए जाते हैं; जैसे—फसल बुआई, फसल कटाई, विवाह, जन्म, मृत्यु, त्योहार आदि।
- इन गीतों को अलग-अलग नामों से जाना जाता है; जैसे—सोहर, खेलौनो, समुझ बनी, बच्चों के जन्म पर तथा कोहबर, घोड़ी, बन्ना, भात, गारी, विवाह में गाए जाते हैं।

पावस

ये गीत प्राय: अधिकतर क्षेत्रों में गाए जाते हैं, किन्तु ये अवधी और भोजपुरी में अधिक प्रचलित हैं। इन दोनों क्षेत्रों में इन्हें कजरी (कजली) कहा जाता है।

- **वनावन** यह जम्मू-कश्मीर राज्य का लोक संगीत है, जो विवाह के अवसरों पर गाया जाता है।
- **छकरी** यह कश्मीर का एक सामूहिक गीत है। इसमें नूत (मिट्टी का पात्र) सारंगी, रबाव, तुम्बाकनरी आदि वाद्ययन्त्रों का प्रयोग किया जाता है।
- **भाखा** यह जम्मू क्षेत्र की लोकप्रिय संगीत शैली है। इसका गायन फसल कटाई के समय होता है। इस गीत में हारमोनियम वाद्ययन्त्र का प्रयोग किया जाता है।
- **लामान** यह हिमाचल प्रदेश का प्रमुख लोक-संगीत है। इसमें बालिकाओं के एक समूह द्वारा एक छन्द की रचना की जाती है और बालकों का समूह गीत के माध्यम से इसका उत्तर देता है। यह प्रेमगीत विशेष रूप से कुल्लू घाटी में प्रचलित है।
- **झूरी** यह हिमाचल प्रदेश का लोक संगीत है। यह गीत अतिरिक्त वैवाहिक (Extra-Marital) रोमांस का जश्न मनाता है।
- **बाऊल** यह संगीत का एक प्रकार होने के साथ ही **बंगाली धार्मिक सम्प्रदाय** भी है। यह संगीत असम, त्रिपुरा तथा पश्चिम बंगाल में गीतों के माध्यम से रहस्यवाद का उपदेश देने का प्रतिनिधित्व करता है। लालोन फकीर, पूर्णोचन्द्र दास, जतिन दास, सनातन दास ठाकुर तथा नाबोनी दास आदि बाउल संगीत के प्रमुख प्रतिपादक हैं।

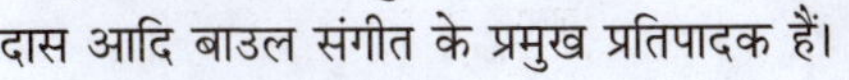

- **पण्डवानी** यह **लोक संगीत महाभारत** और **भीम** पर केन्द्रित है। इसमें गायन एवं वादन दोनों का समन्वय होता है। ये गीत तम्बूरे की ताल पर आधारित होते हैं।
- **आल्हा** यह बुन्देलखण्ड (उत्तर प्रदेश) तथा मध्य प्रदेश का लोकगीत है। इस लोकगीत में **आल्हा** और **ऊदल** नामक दो बहादुर भाइयों के साहसिक कार्यों का उल्लेख मिलता है। यह एक वीर गाथात्मक गीत है। इसे ब्रज, अवधी और भोजपुरी जैसी अलग-अलग भाषाओं में गाया जाता है।
- **होरी** यह उत्तर प्रदेश का एक प्रमुख लोकगीत है। यह गीत राधा-कृष्ण के प्रेम प्रसंगों पर आधारित है। यह लोकगीत मुख्यत: होली के त्योहार से जुड़ा है।
- **सोहर** यह लोकगीत उत्तर भारत में पुत्र जन्मोत्सव पर गाया जाता है। इसने मुस्लिम संस्कृति को भी प्रभावित किया है।
- **कजरी** यह वर्षा ऋतु के समय में उत्तर प्रदेश के वाराणसी, मिर्जापुर तथा निकटवर्ती क्षेत्रों में गाया जाने वाला एक लोकगीत है। इसे महिलाओं द्वारा गाया जाता है। इसे भाद्रपद मास के कृष्ण पक्ष के तीसरे दिन रात के समय गाया जाता है।

- **तीज गीत** यह पूर्वी उत्तर प्रदेश, बिहार, मध्य प्रदेश तथा राजस्थान का प्रमुख गीत है, जिसे महिलाओं द्वारा तीज नामक त्योहार के अवसर पर गाया जाता है। इस त्योहार के दौरान गाए जाने वाले गीतों का विषय शिव और पार्वती का मिलन, मानसून की मनमोहक छटा, हरियाली मौसम आदि होता है।
- **रसिया** यह उत्तर प्रदेश की ब्रज भूमि का एक प्रसिद्ध लोकगीत है। इसमें भगवान कृष्ण की लीलाओं का गान किया जाता है।
- **पणिहारी** यह राजस्थान का लोकगीत है और विषयगत रूप से पानी से सम्बन्धित है। यह गीत कुएँ से पानी लाने वाली और वापस घरों में अपने सिर पर मटकों में पानी ले जाने वाली महिलाओं के विषय में होता है।
- **पंखिड़ा** यह गीत राजस्थान के किसानों द्वारा कृषि कार्य करते हुए गाया जाता है। इस गीत में किसानों द्वारा **अलगोजा** और **मंजीरा** का वादन किया जाता है। पंखिड़ा का शाब्दिक अर्थ **प्रेमी** होता है।
- **लोटिया** यह लोकगीत राजस्थान में लोटिया त्योहार के समय चैत्र मास में गाया जाता है।
- **माण्ड** यह राजस्थान राज्य का लोक संगीत है। यह गीत राजस्थान के मारवाड़ क्षेत्र में राजाओं के दरबार में आगमन और अन्य जगहों पर प्रस्थान के अवसरों पर गाया जाता है। सामान्यत: इन गीतों का विषय राजपूत शासकों की महिमा का गान करना होता था। **केसरिया बालम** जैसा प्रसिद्ध गाना माण्ड लोकसंगीत में पाया गया है।
- **ढोला मारु रा दूहा** यह एक प्रेम कथा है। राजस्थान की ग्रामीण स्त्रियाँ आज भी विभिन्न अवसरों पर ढोला मारु के गीत बड़े उत्साह से गाती हैं। ढोला शब्द वर्तमान में पति का पर्याय बन चुका है।

- **ओवी** यह महाराष्ट्र एवं गोवा का प्रमुख लोकसंगीत है। सामान्यत: यह गीत महिलाओं द्वारा गाया जाता है। इसमें कविता की 4 छोटी पंक्तियाँ होती हैं। ये सामान्यत: विवाह, गर्भधारण के लिए तथा बच्चों की लोरी के लिए लिखे जाने वाले गीत होते हैं।
- **पोवाड़ा** यह महाराष्ट्र की पारम्परिक लोक कला शैली है। प्राचीनतम उल्लेखनीय पोवाड़ा अफजल खान का वध है, जो अग्निदास द्वारा रचित है।
- **लावणी** इस प्रसिद्ध लोक नृत्य का सम्बन्ध महाराष्ट्र से है। सामान्यत: इसका प्रदर्शन ढोलकी की ताल पर किया जाता है।
- **पाई गीत** यह गीत अधिकांशत: मध्य प्रदेश में वर्षा ऋतु के समय गाया जाता है। इन गीतों के माध्यम से अच्छे मानसून और अच्छी फसल के लिए प्रार्थना की जाती है। यह गीत कृषक समुदाय द्वारा गाया जाता है। सामान्यत: पाई संगीत पर सायरा नृत्य का आयोजन किया जाता है।
- **डाण्डिया रास** गुजरात का पारम्परिक लोक नृत्य है। गरबा के साथ यह पश्चिमी भारत में नवरात्रि की संध्या पर किया जाने वाला विशेष नृत्य है।

गरबा भी रास के रूप में होता है। गरबा रास का ही एक प्रकार है, जिसे रास गरबा कहा जाता है।
- **खोंगजॉम परबा** यह मणिपुर का प्रसिद्ध लोक संगीत है। यह वीर गाथा शैली का गीत है। इमसें ढोलक (ड्रम) का उपयोग वाद्य के रूप में किया जाता है।
- **साना लामोक** इस लोकगीत को पाखंगबा देवता की स्तुति में गाया जाता है।
- **लाई हाराओबा** यह मणिपुर राज्य का प्रमुख त्योहार एवं गीत है। लाई हाराओबा शब्द का अर्थ देवी-देवताओं का त्योहार है। इसे उमंग-लाई (वन देवता) के लिए गाया जाता है।
- **भावगीत** यह कर्नाटक और महाराष्ट्र राज्य का लोकप्रिय भावनात्मक गीत है। इस गीत का विषय प्रेम और दर्शन से जुड़ा हुआ है।
- **माण्डो** यह गोवा का लोकप्रिय गीत है। इस गीत में गिटार, वायलिन तथा घूमोट ड्रम को वाद्य के रूप में प्रयोग किया जाता है।
- **कोलन्नलु/कोलाट्टम** यह आन्ध्र प्रदेश का संगीत और नृत्य संयोजन है। यह नृत्य डाण्डिया के समान होता है।
- **बुर्राकथा** यह आन्ध्र प्रदेश, तेलंगाना की गाथा के रूप में एक उच्चकोटि की नाट्यशैली है। इसमें गाथा वर्णन के दौरान तम्बूरा नामक वाद्य का वादन किया जाता है।
- **बिहू लोकगीत** यह असम का प्रसिद्ध लोकगीत है। यह गीत एक खुशहाल नववर्ष के लिए शुभकामनाओं का प्रतीक है। यह गीत जीवनसाथी के चुनाव तथा विवाह आदि के अवसरों पर भी गाया जाता है।

अन्य प्रमुख लोक संगीत

संगीत	सम्बन्धित राज्य	सम्बन्धित विषय
बसन्त गीत	गढ़वाल, उत्तराखण्ड	बसन्त पंचमी त्योहार के समय गायन
बोरगीत	असम	शंकरदेव तथा माधवदेव द्वारा रचित तथा एकसरण धर्म से सम्बन्ध
चाय हला	मिजोरम	चाय नृत्य के गीत
धाड़ी	पंजाब	वीरता के गीत
बिल्लू पट्टू	तमिलनाडु	धार्मिक बुराई पर अच्छाई के गीत
वीरागासे	कर्नाटक	दशहरे के अवसर पर
नाट्टू-पुरा-पाट्टू	तमिलनाडु	ग्रामीण तथा शहरी लोकसंगीत का समन्वय
पाला और दसकठिया	ओडिशा	धार्मिकता के गीत
हेरेल्यू	नागालैण्ड	युद्ध गीत
हेकाईल्यू	नागालैण्ड	स्वयं के विषय में गीत
खूबाकोशेई	मणिपुर	ताकवाद्य गीत
भूतगीत	केरल	भूत-प्रेतों से सम्बन्धित गीत
न्यूल्यू	नागालैण्ड	मिथक गीत
इओगे	अरुणाचल प्रदेश	विवाह समारोह के उपरान्त का गीत
जा-जिन-जा	अरुणाचल प्रदेश	विवाह के समय का गीत
जिकिर	असम	इस्लाम की शिक्षाओं से सम्बन्धित
हिलियमल्यू	नागालैण्ड	नृत्य गीत
डोलू कुनीथा	कर्नाटक	कुरुबा समुदाय के लोगों का प्रमुख गीत
सैकुती जाई	मिजोरम	वीरता के गीत
संकीर्तन	मणिपुर	वैष्णव समुदाय द्वारा विशेष रूप से आनुष्ठानिक गायन
ओई नितोम	असम	मिसिंग आदिवासी समुदाय
दिहनाम	असम	शंकरदेव की स्तुति में महिलाओं द्वारा गायन
घसियारी गीत	उत्तराखण्ड	वनों में जाते समय महिलाओं द्वारा गायन
अम्मानईवारी	तमिलनाडु	महिलाओं द्वारा गेंद खेलते समय तथा चोल सम्राट की प्रशंसा में गायन
लोरिकायन	राजस्थान	वीर रस से परिपूर्ण, लोरिक के जीवन प्रसंगों का वर्णन
विजमैल	राजस्थान	राजा विजमैल की वीरता का वर्णन
ददरिया गीत	छत्तीसगढ़	श्रमगीत
करमा गीत	छत्तीसगढ़	छत्तीसगढ़ी रावतों द्वारा करमसेन देवता को प्रसन्न करने हेतु गायन
सुआ गीत	–	दीपावली के अवसर पर महिलाओं द्वारा गायन
सलहेस	राजस्थान	प्रेमगीत
चाई हिआ	मिजोरम	बाँस कटाई से सम्बन्ध एक त्योहार और गीत
पै	मध्य प्रदेश	अच्छे मानसून और फसल के लिए गीत

शास्त्रीय और लोक गीत का समन्वय

शास्त्रीय संगीत एवं लोक संगीत का पारस्परिक सम्बन्ध है। इन दोनों का संयोजन भक्ति संगीत के माध्यम से हुआ। इन दोनों के परस्पर मिलन से अन्य रूपों का उद्‌भव हुआ है।

भजन

- भजन उत्तर भारत का भक्ति गायन का सर्वाधिक लोकप्रिय प्रकार है।
- भजन सरल धुनों तथा एक या एक से अधिक रागों पर आधारित थे।
- धार्मिक जीवन तथा रामायण और महाभारत की कहानियाँ भजन के लोकप्रिय विषय हैं।
- भजन गायन के दौरान, ढोल, मंजीरा, चिमटा तथा ढपली जैसे वाद्य यन्त्रों का वादन किया जाता है। सूरदास, तुलसीदास, मीराबाई तथा कबीरदास आदि मध्यकाल में भजनों के प्रमुख प्रतिपादक थे।
- वर्तमान में अनुराधा पौडवाल तथा अनूप जलोटा प्रसिद्ध भजन गायक हैं।

कव्वाली

- कव्वाली की उत्पत्ति का श्रेय अमीर खुसरो को दिया जाता है। यह एकल राग में गाई जाती है और प्राय: इसका लेखन उर्दू, पंजाबी या हिन्दी में होता है। इसमें हारमोनियम, ढोलक तथा तबला जैसे वाद्यों का प्रयोग किया जाता है।
- साबरी बन्धु, नुसरत फतेह अली खान, अजीज वारसी आदि प्रसिद्ध कव्वाल गायक हैं।

सुगम संगीत

- शबद के विकास का श्रेय गुरुनानक एवं उनके शिष्य मर्दाना को है।
- शबद, सिख गुरुओं को समर्पित एक भक्तिगीत है, जिनका गायन गुरुद्वारों में किया जाता है।
- अभंग इसकी उत्पत्ति महाराष्ट्र से मानी जाती है। सन्त तुकाराम तथा नामदेव ने भगवान विठोबा की स्तुति में अभंगों की रचना की है।
- कीर्तन इसकी उत्पत्ति पश्चिम बंगाल से मानी जाती है। इसमें गायन और नृत्य दोनों सम्मिलित हैं।
- भटियाली इसकी उत्पत्ति भी पश्चिम बंगाल से मानी जाती है।
- सोपान संगीतम् इसकी उत्पत्ति केरल राज्य से मानी जाती है।
- तेवरम् इसकी उत्पत्ति तमिलनाडु से मानी जाती है।
- हवेली संगीत संगीत की यह शैली अधिकांशत: राजस्थान एवं गुजरात में विकसित हुई है।
- रबीन्द्र संगीत इसका सम्बन्ध पश्चिम बंगाल से है। इसमें नोबेल पुरस्कार विजेता रबीन्द्रनाथ टैगोर द्वारा संगीत की पुनर्रचना की जाती है। इस शैली के प्रसिद्ध गायकों में कनिका बन्द्योपाध्याय, देवव्रत विश्वास, सुमान चटर्जी, शान्तिदेव घोष, सुचित्रा मिश्रा आदि हैं।
- गण संगीत यह समूहों में गाया जाने वाला गीत है। गण संगीत में प्राय: देशभक्ति की भावनाओं का समावेश होता है। हमारा राष्ट्रीय गीत वन्दे मातरम् गण संगीत का सबसे लोकप्रिय उदाहरण है।

आधुनिक संगीत

रॉक संगीत

- भारतीय उपमहाद्वीप में प्रचलित, रॉक संगीत को भारतीय रॉक कहा जाता है। भारतीय रॉक की प्रमुख विशेषता यह है कि भारतीय संगीतकारों ने इसे पश्चिमी रॉक तथा परम्परागत भारतीय शास्त्रीय संगीत के सम्मिश्रण से तैयार किया है।
- वर्ष 1965 रॉक बैण्ड बीटल्स के सदस्य जॉर्ज हैरिसन ने पण्डित रविशंकर के संगीत से प्रभावित होकर राग-रॉक गीत नार्वेजियन वूड (दिस वर्ड हैज फ्लोन) की रचना की।
- बीटल्स ने महर्षि महेश योगी के आश्रम (ऋषिकेश) में वर्ष 1968 में शास्त्रीय संगीत से प्रभावित रॉक संगीत की रचना की।

पॉप म्यूजिक

- पॉप संगीत के प्रसिद्ध कलाकारों में माइकल जैक्सन, मेडोना, ब्रिटनी स्पीयर्स तथा लेड़ी गागा आदि प्रमुख हैं।
- भारतीय संगीत और पॉप म्यूजिक के सम्मिश्रण को इण्डीपॉप या हिन्दी पॉप भी कहा जाता है।
- भारत में पॉप संगीत की लोकप्रियता पाकिस्तान की नाजिया हसन एवं जोहेब हसन की सफलता से शुरू हुई।
- 1990 के दशक में मेड इन इण्डिया (पॉप सॉन्ग) के साथ अलिशा चिनॉय की प्रसिद्धि से इण्डीपॉप का और भी विस्तार हुआ।
- संगीत के महान व्यक्तित्व ए. आर. रहमान ने माइकल जैक्शन के साथ एकम् सत्यम् नामक एलबम बनाया और एण्ड्रयू लॉयड वेबर के साथ एक अन्य एलबम बाम्बे ड्रीम्स में संगीतबद्ध जुगलबन्दी की।

ब्लूज संगीत

यह धर्मनिरपेक्ष लोक संगीत का एक रूप है, जिसे 20वीं सदी की शुरुआत में अफ्रीकी अमेरिकियों ने बनाया था।

जैज़ संगीत

जैज़ एक ऐसा संगीत रूप है, जो सुधार और लयबद्ध तात्कालिकता पर निर्भर करता है। जैज़ संगीतकारों द्वारा स्वयं को अभिव्यक्त करने का एक प्राथमिक तरीका है।

प्रमुख लोकगीत : एक नजर में

राज्य	लोकगीत
राजस्थान	ढोला मारु रा दूहा, माण्ड, हालटा, झाड़लो, गणगौर तथा मंगानियार समुदाय के गीत
उत्तर प्रदेश	सोहर, तेगा गीत, होरी चैती, कजरी
छत्तीसगढ़	ददरिया, करमा व सुआ, भोजली, गाहिरा, बाँस पण्डवानी
मध्य प्रदेश	आल्हा-ऊदल, सगुन चिरैया
बिहार	झूमर, सोहर, मलार मैथिली, छठगीत
उत्तराखण्ड	शकुनाखर, फाग, झोड़ा, चांचरी, भंगनैल, ऋतुरेण, हण्डुकिया, बोल

राज्य	लोकगीत
हिमाचल प्रदेश	झूरी, लमण
असम	बिहू गीत, लोकगीत, टोकारी गीत
आन्ध्र प्रदेश	मदीगा दप्पू, मालाजामिदिका, बुर्राकथा
कर्नाटक	भावगीत, दोल्लुकुनीता, वीरगेस
महाराष्ट्र	लावणी
तमिलनाडु	नाट्टुपुरापट्टु
पश्चिम बंगाल	बाउल, भटियाली, भदुगान
केरल	पुलाया, परैया
मणिपुर	बाउल, फुंगावारी
त्रिपुरा	राउचम्बुंग, जादूनी, रेशखगरा
अरुणाचल प्रदेश	जा-जिन-जा, बारयी, नियोगा
नागालैण्ड	हिलियाम्लू, न्यूल्यू

नोट *विरहा लोक जनजाति की महिलाओं का लोकप्रिय लोकगीत है।*

भारतीय संगीत के प्रमुख वाद्य यन्त्र : एक परिचय

- वाद्य यन्त्रों का प्रमाण सर्वप्रथम सिन्धु घाटी सभ्यता से प्राप्त हुआ है। इस सभ्यता में इतिहासकारों को करतालों का एक जोड़ा प्राप्त हुआ है। इसके अतिरिक्त एक ऐसी मृण्मूर्ति प्राप्त हुई है, जिसके गले में ढोल लटका हुआ है।
- वैदिक और उत्तर वैदिक काल में आर्य वीणा और बाँसुरी के साथ ढोल, झाँझ और बीन भी बजाते थे। इसी प्रकार प्रतापी गुप्त शासक समुद्रगुप्त को उसके सिक्कों पर वीणा बजाते हुए दिखाया गया है।
- भारतीय संगीत में वाद्य-यन्त्रों को बजाना 64 कलाओं में से एक कला माना गया है।

भारत में विभिन्न प्रकार के वाद्य यन्त्रों को मुख्य रूप से चार वर्गों में विभाजित किया गया है

(i) **घन वाद्य** यह नॉन ड्रम आघात यन्त्र की शैली है। इन्हें इण्डियो फोन भी कहा जाता है। मंजीरा, जलतरंग, घुंघूरा, काँच-तरंग, घटम, करताल आदि प्रमुख घन वाद्य हैं।

(ii) **अवनद्ध वाद्य** वे वाद्य, जिन पर आघात करके मधुर ध्वनि उत्पन्न की जाती है, अवनद्ध वाद्य कहलाते हैं। किसी पात्र या ढाँचे पर चमड़ा मढ़ा होता है; जैसे—ढोलक, तबका, ड्रम, कांगो, मृदंग डुग्गी आदि।।

(iii) **सुषिर वाद्य** ये किसी पतली नलिका में फूंक मारकर संगीतमय ध्वनि उत्पन्न करने वाले यन्त्र होते हैं; जैसे-बाँसुरी, शहनाई पुंगी, डमरु आदि। पं. हरिप्रसाद चौरसिया भारत के एक प्रसिद्ध बाँसुरी वादक हैं। शहनाई वादक उस्ताद बिस्मिल्ला खाँ को शहनाई राजा की पदवी प्रदान की गई है।

(iv) **तत वाद्य** ये स्ट्रिंग तार वाद्य यन्त्र हैं, जिनके कम्पन्न से स्वर की उत्पत्ति होती है; जैसे—वीणा, सितार (100 तारों वाला), सरोद, सारंगी, सन्तूर (100 तारों वाला) तानपुरा, वायलिन, गिटार आदि। बंगश परिवार को सरोद के अग्रदूतों में माना जाता है। जयपुर, वाराणसी, इटावा आदि घराने सितार वादन के लिए प्रसिद्ध हैं।

शास्त्रीय संगीत की प्रमुख विशेषताएँ

- अध्ययन की सुविधा अनुसार, संगीत को तीन वर्गों में विभाजित किया गया है, जिसमें शास्त्रीय संगीत मुख्य है। नियमों के अनुरूप, शास्त्र सम्मत संगीत को शास्त्रीय-संगीत कहा जाता है।
- शास्त्रीय संगीत में नियमों का कठोरता से पालन करना आवश्यक है।
- शास्त्रीय संगीत में ध्रुपद शैली प्रमुख है और इसके अतिरिक्त इसमें ख्याल, चतुरंग, तराना त्रिवट, रागमाला, लक्षणगीत शैलियों को भी शामिल किया गया है।

तार वाले वाद्य यन्त्र

- **एकतारा** एकतार वाला यन्त्र, जिसे घूमने वाले साधुओं द्वारा बजाया जाता है।
- **दोतारा** दोतार वाला यन्त्र, जिसे बाउल द्वारा बजाया जाता है।
- **तुम्बी** पंजाब में भाँगड़ा नृत्य के दौरान बजाया जाता है।
- **दिलरुबा** पंजाब और पूर्वी भारत में रबीन्द्र संगीत के दौरान संगत के लिए उपयोग किया जाता है।
- **सरिन्दा** प्रमुख जनजातीय वाद्य यन्त्र है, जो सारंगी के समान होता है।
- **चिकारा** इसे राजस्थान, उत्तर प्रदेश, मध्य प्रदेश में बजाया जाता है।
- **टिंगटीला** नागालैण्ड मूल का उपकरण है, यह वायलिन के समान होता है।
- **ओनाविल्लू** बाँस से बना यन्त्र है, यह केरल से प्राप्त होता है।

फूंक मारकर बजाए जाने वाले यन्त्र

- **अलगोजा** इसमें दो बाँसुरियाँ होती हैं, विशेष रूप से पंजाब का लोकप्रिय वाद्य यन्त्र है।
- **पुंगी या बीन** इसका उपयोग सपेरों द्वारा होता है। यह तुरही और दो बाँस की खोखली छड़ियों द्वारा निर्मित है।
- **तंगमुरी** यह मेघालय के खासी पर्वतीय लोगों का वाद्य यन्त्र है।
- **मशक** यह गढ़वाल (उत्तराखण्ड), राजस्थान और उत्तर प्रदेश का प्रमुख वाद्य है।
- तिट्टी, गोगोना तथा एजुक तपुंग आदि भी फूँक मारकर बजाए जाने वाले प्रमुख वाद्य यन्त्र हैं।

आघात कर बजाए जाने वाले वाद्य यन्त्र

- **डिग्गी** यह उत्तर प्रदेश के घड़िया ग्राम का ढोलक है।
- **घुमोट** यह ड्रम जैसा वाद्य यन्त्र, जो गोवा में गणेशोत्सव के दौरान बजाया जाता है।

- **उदुकई** यह डमरू जैसा यन्त्र है। यह तमिलनाडु में प्रचलित है।
- **तमक** यह सन्थाल जनजाति का महत्त्वपूर्ण वाद्य यन्त्र है। इसे ड्रम स्टिक से बजाया जाता है।
- **सम्बल** यह ड्रम जैसा वाद्य यन्त्र है। इसका कोंकण क्षेत्र में छड़ियों से वादन होता है।
- **इदक्का** यह डमरू जैसा वाद्य यन्त्र है। इसका उपयोग केरल में होता है।

टकराव से ध्वनि उत्पन्न करने वाले यन्त्र

- **घड़ा** यह मिट्टी से निर्मित होता है। इसका उपयोग पंजाब में होता है।
- **अण्डेलू** इसका उपयोग कथा-कीर्तन में होता है, यह धातु की दो गोलाकार खोखली रिंग से निर्मित होता है।
- **चिमटा** पंजाब में उपयोग किया जाता है।

प्रमुख वाद्य यन्त्र

वीणा

- यह तन्त्री वाद्यों का संरचनात्मक नाम है। तन्त्री या तारों के अतिरिक्त इसमें घुड़च, तरब के तार तथा सारिकाएँ होती हैं।
- यह देवी सरस्वती और नारद जी का प्रमुख वाद्य है। वीणा में सामान्यत: 4 तार होते हैं। वीणा से ही **रुद्रवीणा** एवं **विचित्रवीणा** का विकास हुआ है।
- सितार, तबला, सरोद तथा वीणा में से सबसे प्राचीन वाद्य यन्त्र वीणा है।
- रुद्रवीणा में एक लम्बी नली के आकार की लकड़ी के दोनों सिरों के नीचे सूखे हुए सीताफल के खोखले तम्बू होते हैं।
- इसमें 4 मुख्य तार होते हैं, जो खूँटियों से कसे होते हैं। इसके अतिरिक्त 2 और तार होते हैं तथा लकड़ी से निर्मित 24 पर्दे होते हैं।
- विचित्रवीणा में 5 तार होते हैं, इसके अतिरिक्त 3 तार चिकारी के और 11 तार तरब के होते हैं। यह उत्तर भारतीय शैली का वाद्य है।

सितार

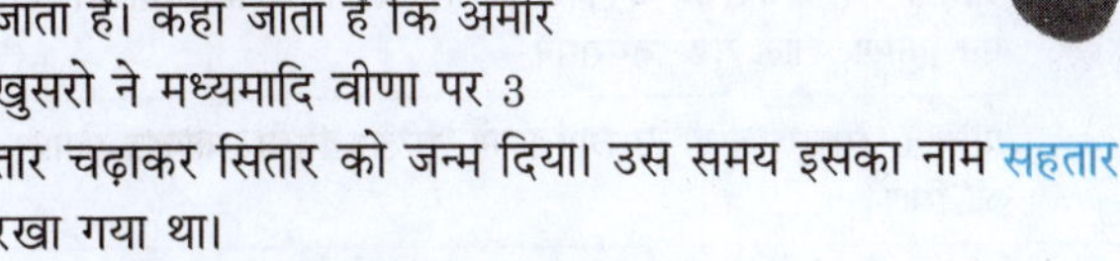

- संगीत यन्त्र सितार वीणा तथा तम्बूरा का **मिश्रण** है। **अमीर खुसरो** सितार का जन्मदाता माना जाता है। कहा जाता है कि अमीर खुसरो ने मध्यमादि वीणा पर 3 तार चढ़ाकर सितार को जन्म दिया। उस समय इसका नाम **सहतार** रखा गया था।
- फारसी में सह का अर्थ तीन होता है। धीरे-धीरे इसका नाम सितार हो गया और इसमें तारों की संख्या 3 के स्थान पर 7 अथवा 8 हो गई।
- **पण्डित रविशंकर** एक प्रमुख सितार वादक थे। इन्हें वर्ष 1999 में **भारत रत्न** से सम्मानित किया गया था।

हार्मोनियम

- यह भारतीय वाद्य नहीं है। यह **पेटी** या **रीड ऑर्गन** भी कहलाता है। यह मुक्त पत्ती वाला कुंजी फलक वाद्य है।
- हार्मोनियम समूह का सबसे पहला वाद्य फिशहार्मोनिया था, जिसका निर्माण 1818 ई. में वियल में एण्टन हिक्ल ने किया था।

सारंगी

- यह मुख्यत: गायकी प्रधान वाद्ययन्त्र है।
- इस वाद्ययन्त्र का प्राचीन नाम सारिन्दा था, जो कालान्तर में सारंगी कहलाता था।
- सारंगी का निर्माण लकड़ी से होता है तथा इसके निचले भाग में बकरे की खाल मढ़ी होती है।
- इस वाद्य में 29 तार होते हैं तथा मुख्य **वाद्य में** 4 तार होते हैं।
- सारंगी के प्रसिद्ध वादकों में रामनारायण, अब्दुल करीम खाँ, अब्दुल लतीफ खाँ, अहमद खाँ, गोपाल मिश्र, सबरी खाँ आदि सम्मिलित हैं।

बाँसुरी

- यह एक सुषिर वाद्य है, जो बाँस से निर्मित होता है। बाँस से निर्मित होने के कारण ही इसे बाँसुरी कहते हैं।
- पन्ना लाल घोष ने बाँसुरी की वादन शैली को नया स्वरूप प्रदान कर इसे भारतीय संगीत में सम्मानीय स्थान दिलवाया। वर्तमान में प्रमुख बाँसुरी वादक पं. हरिप्रसाद चौरसिया, रोनू मजूमदार आदि हैं।

तबला

- यह एक अवनद्ध वाद्य-यन्त्र है। वर्तमान समय में इसका गायन, वादन एवं नृत्य अर्थात् तीनों में इसका उपयोग हो रहा है।
- समता प्रसाद, उस्ताद अल्लारक्खा, उस्ताद जाकिर हुसैन और मिशन महाराज आदि प्रसिद्ध तबला वादक हैं।
- तबला वादन के प्रसिद्ध घराने—बनारस घराना, लखनऊ घराना, दिल्ली घराना, पंजाब घराना आदि हैं।

शहनाई

- यह भारत के सबसे लोकप्रिय वाद्य यन्त्रों में से एक है। यह इण्डो-इस्लामिक उत्पत्ति का वाद्य यन्त्र नहीं है।
- यह एक खोखली नली होती है, जिसका एक सिरा पतला, तो दूसरा अधिक चौड़ा होता है। शहनाई को लोकप्रिय बनाने में भारत रत्न उस्ताद बिस्मिल्लाह खाँ का प्रमुख योगदान है।

सन्तूर

- सन्तूर का भारतीय नाम **शततन्त्री वीणा** अर्थात् 100 तारों वाली वीणा है, जिसका बाद में नाम सन्तूर (फारसी भाषा में) पड़ा।
- यह लकड़ी का एक चतुर्भुजाकार बक्सानुमा यन्त्र होता है।
- सन्तूर मुख्य रूप से कश्मीर का वाद्य यन्त्र है।
- भारत के प्रसिद्ध सन्तूर वादक **पण्डित शिवकुमार शर्मा** हैं।

घटम

- यह एक भारतीय संगीत वाद्य है, जो मिट्‌टी से बना होता है।
- कश्मीर में इसे नूत कहा जाता है। इसे सीधा रखकर ही बजाया जाता है।

इसराज

- यह सितार तथा सारंगी का मेल है। इसका ऊपरी भाग सितार तो निचला भाग सारंगी की तरह होता है। इस वाद्य का प्रयोग रबीन्द्र संगीत में होता है।
- चन्द्रिका प्रसाद दूबे तथा भृगुनाथ लाल मुंशी आदि इसके प्रमुख वादक हैं।

मृदंग

- यह दक्षिण भारत का एक प्रसिद्ध वाद्य यन्त्र है। यह कर्नाटक संगीत का प्राथमिक ताल यन्त्र है।
- इसे मृदंगम् के नाम से भी जाना जाता है।
- यह मिट्‌टी एवं लकड़ी दोनों से बनाया जाता है।
- मृदंग ढोलक के समान होता है, इसका एक सिरा पतला तथा दूसरा सिरा चौड़ा होता है। दोनों सिरे पर बकरे की खाल चढ़ी होती है।

तम्बूरा

- यह हिन्दुस्तानी तथा कर्नाटक दोनों संगीत शैली में प्रयुक्त होता है।
- इसमें स्टील के 3 तथा पीतल का एक तार प्रयुक्त होता है।

तुरही

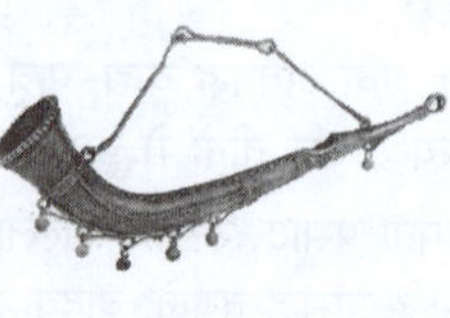

- इसका आकार अंग्रेजी के अक्षर एस (S) के समान होता है। इसे उत्तर प्रदेश में तूरी, राजस्थान में बर्गू, मध्य प्रदेश और गुजरात में रणसिंघा तथा हिमाचल प्रदेश में नरसिंघा कहा जाता है।
- सीधी तुरही को महाराष्ट्र में भुंगल, हिमाचल प्रदेश और ओडिशा में कहल, राजस्थान में कर्णा कहा जाता है।
- तमिलनाडु की तुरही को तिरुचिन्नम कहा जाता है। लद्दाख की तुरही को थुनचेन के नाम से जाना जाता है। तुरही पहले युद्ध के समय में बजाई जाती थी, किन्तु अब इसका प्रयोग विवाह समारोह आदि में भी होने लगा है।

जन्तर

इसे वीणा का पूर्ववर्ती माना जाता है। मध्य प्रदेश के प्रधान सम्प्रदाय के लोगों द्वारा इसे प्रयोग में लाया जाता है।

सारिण्डा

यह तीन तारों वाला वाद्य यन्त्र है। इसका तुम्बा नाशपाती के आकार का होता है। यह असम एवं त्रिपुरा के आदिवासियों में लोकप्रिय है।

पुल्लुवान कुडम

यह मालाबार के पुल्लुवान सम्प्रदाय का प्रमुख वाद्य है, जिसे लकड़ी के टुकड़े से बजाया जाता है। यद्यपि यह तन्त्र वाद्य है, तथापि इसे ताल वाद्य के रूप में प्रयोग किया जाता है।

जलतरंग

यह शास्त्रीय संगीत का वाद्य है। इसमें चीनी मिट्‌टी के प्यालों में एक सीमा तक पानी भरा होता है। पानी की मात्रा और प्याले के आकार के अनुसार इसमें स्वर उत्पन्न होता है।

रावण हत्था

यह गुजरात और राजस्थान का प्रमुख लोक वाद्य है। इसमें एक छोटा तुम्बा होता है, जिसे नारियल की खप्पर से बनाया जाता है।

इकतारा

- यह एक प्राचीन वाद्य है, जिसके तूम्बे में बाँस बाँधकर और बाँस के ऊपरी हिस्सों को काटकर उस पर चमड़े को मढ़ दिया जाता है। बाँस में छेद करके उसमें एक डण्डी लगाकर तार कस दिया जाता है। इस तार को अँगुली से बजाया जाता है।
- इसे एक हाथ से बजाया जाता है। इसे कालबेलिया, नाथपन्थी, साधु तथा संन्यासी बजाते हैं।

खोल

यह बंगाल का वाद्य है, जिसे दुर्गा पूजा के समय बजाया जाता है।

ढाक

यह बंगाल का एक प्रमुख वाद्य है, जिसे दुर्गा पूजा समारोह के दौरान बजाया जाता है।

चेण्ड

यह दक्षिण भारत का प्रमुख वाद्य है, जो कथकली नृत्य के दौरान बजाया जाता है।

प्रमुख वाद्य एवं उसके वादक

वाद्य	वादक
सितार	पण्डित रविशंकर, उस्ताद विलायत खाँ, मणिलाल नाग
सरोद	उस्ताद अमजद अली खाँ, उस्ताद अली अकबर खाँ
सन्तूर	पण्डित शिवकुमार शर्मा, भजन सोपोरी, तरुण भट्टाचार्य
वीणा	एस बालचन्दन, कल्यांण कृष्ण भगवतार, रमेश प्रेम
वायलिन	श्रीमति एन. राजम, विष्णु गोविन्द जोग, शिशिर कनाधर चौधरी, टी. एन. कृष्ण, लाल गुडी जयरामन
सारंगी	पण्डित रामनारायणजी, अरुणा काले, सन्तोष मिश्रा, पण्डित गोपाल जी मिश्र
गिटार	ब्रजभूषण काबरा, विश्वमोहन भट्ट, श्रीकृष्ण नलिन
बाँसुरी	हरिप्रसाद चौरसिया, पन्नालाल घोष, रघुनाथ सेठ, विजय राघव राय
शहनाई	उस्ताद बिस्मिल्ला खाँ, हरिसिंह, शैलेश भागवत
हारमोनियम	अप्पा जुलगाँवकर, महमूद धालपुरी, वासन्ती मापसेकर

मृदंग	पालधर रघु, ठाकुर भीकम सिंह, जगदीश सिंह, टी. नन्दकुमार, ए. वी. आनन्द
तबला	अल्ला खाँ, लतीफ खाँ, गुदई महाराज, जाकिर हुसैन, किशन महाराज
पखावज	कुदक सिंह, गोपाल दास, रमाकान्त पाठक
इसराज	पण्डित रणधीर राम, कालियर घोषाल
जलतरंग	रामस्वरूप प्रभाकर, घासीराम निर्माण, जगदीश मोहन
नादस्वरम्	एस. चिन्ना मौलाना, टी. राजनाथम् पिल्लई
क्लेरियोनेट	गौरीशंकर, एम. वी. सोलपुरकर

संगीत जगत के प्रमुख व्यक्तित्व

अमीर खुसरो

- अमीर खुसरो मध्यकाल के एक प्रसिद्ध सूफी सन्त, कवि एवं संगीतज्ञ थे। इनका जन्म 1253 ई. में उत्तर प्रदेश के एटा जिले के पटियाली ग्राम में हुआ था।
- खुसरो अपने समकालीन सुल्तानों के राजकवि रहे। ये हिन्दवी (खड़ी बोली) के साथ अरबी और फारसी भाषा के भी विद्वान थे तथा ये फारसी और हिन्दवी में काव्य रचनाएँ करते थे।
- काव्य के क्षेत्र में इन्होंने गजल, मसनवी और रूबाइयों की रचना की। संगीत के क्षेत्र में इन्होंने गजल, कव्वाली तथा तराने का शुभारम्भ किया।
- संगीत के क्षेत्र में इन्हें राग-यमन का आरम्भकर्ता माना जाता है।
- इन्हें तबले का आविष्कारक भी माना जाता है।

वी.डी. पलुस्कर

- इनका जन्म 1872 ई. में तत्कालीन बम्बई प्रेसीडेन्सी के केकुरुन्दवाड़ में हुआ था। इन्होंने संगीत की शिक्षा पण्डित बाल कृष्णबुव इचलरंजीकेर से ली थी, जो ग्वालियर घराने से सम्बन्धित थे।
- पलुस्कर ऐसे पहले शास्त्रीय गायक थे, जिन्होंने संगीत के सार्वजनिक कार्यक्रमों की शुरुआत की थी। इन्होंने वर्ष 1901 में लाहौर में गन्धर्व महाविद्यालय की स्थापना की और वर्ष 1908 में इसकी एक शाखा मुम्बई में स्थापित की।

पण्डित विष्णु नारायण भातखण्डे

- पण्डित वी. एन. भातखण्डे हिन्दुस्तानी शास्त्रीय संगीत के एक प्रसिद्ध विद्वान थे। इन्होंने संगीत पर प्रथम आधुनिक टीका लिखी तथा संगीतशास्त्र पर हिन्दुस्तानी संगीत पद्धति नामक ग्रन्थ का 4 भागों में प्रकाशन किया।
- इन्होंने थाट पद्धति का विकास किया तथा वर्ष 1916 में बड़ौदा में संगीतकारों की एक विशाल परिषद् का आयोजन किया।

उस्ताद बिस्मिल्लाह खाँ

- इन्हें शहनाई सम्राट के नाम से जाना जाता था। इनका जन्म बिहार के बक्सर जिले के डुमराँव ग्राम में हुआ था।
- शिया मुसलमान होने पर भी वे देवी सरस्वती के परम उपासक थे। इन्हें बनारस हिन्दू विश्व विद्यालय और शान्ति निकेतन द्वारा डॉक्टरेट की मानद उपाधि से सम्मानित किया गया था।
- वर्ष-1947 में इन्होंने स्वतन्त्रता के दिन लाल किले पर शहनाई बजाई थी। इन्हें पद्मश्री, पद्मभूषण, पद्म विभूषण, भारत रत्न सम्मान से सम्मानित किया गया था। संगीत के क्षेत्र में इन्हें तानसेन पुरस्कार तथा रोस्टम पुरस्कार से भी सम्मानित किया गया था।

पण्डित रविशंकर

- प्रसिद्ध सितारवादक पण्डित रविशंकर का जन्म 7 अप्रैल, 1920 को उत्तर प्रदेश के वाराणसी जिले में हुआ था।
- इन्हें मोहनकौंस, श्याम तिलक, परमेश्वरी, कामेश्वरी तथा नट भैरव आदि नवीन रागों की उत्पत्ति का श्रेय प्राप्त है।
- संगीत के क्षेत्र में इनकी प्रसिद्ध पुस्तकें माई म्यूजिक माई लाइफ तथा रागमाला हैं। इन्हें रैमन मैग्से से पुरस्कार, ग्रेमी अवार्ड, पद्मभूषण, पद्म विभूषण तथा भारत रत्न से सम्मानित किया गया था।

पण्डित जसराज

- शास्त्रीय संगीतज्ञ पण्डित जसराज का जन्म हरियाणा के हिसार जिले में हुआ था। इनका सम्बन्ध संगीत के मेवाती घराने से था।
- पण्डित जसराज को पद्म श्री, पद्मभूषण, पद्म विभूषण आदि प्रतिष्ठित सम्मानों से सम्मानित किया गया है।

जयदेव

- जयदेव 12वीं शताब्दी के एक प्रसिद्ध कवि और संगीतकार थे।
- ये बंगाल के अन्तिम हिन्दू शासक महाराजा लक्ष्मण सेन के राजकवि थे।
- गीत गोविन्द तथा रतिमंजरी इनकी प्रसिद्ध काव्य रचनाएँ हैं। गीत गोविन्द 12 सर्गों में विभक्त है तथा जयदेव ने इसके 24 गीतों को 12 शास्त्रीय रागों में निबद्ध किया है।

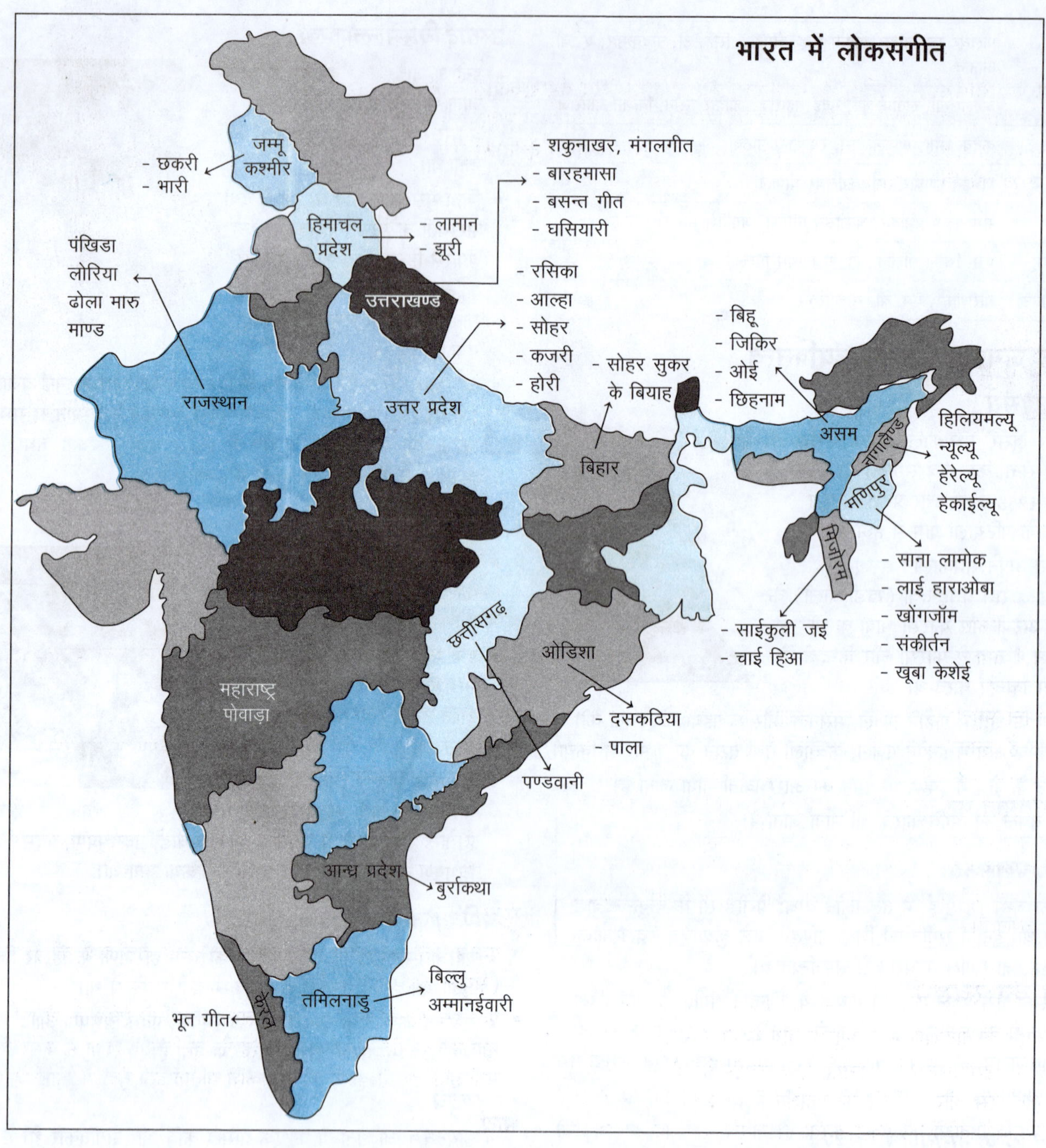

भारत में लोकसंगीत
जम्मू कश्मीर
- छकरी
- भारी
हिमाचल प्रदेश
- लामान
- झूरी
- शकुनाखर, मंगलगीत
- बारहमासा
- बसन्त गीत
- घसियारी
उत्तराखण्ड
पंखिडा
लोरिया
ढोला मारु
माण्ड
राजस्थान
- रसिका
- आल्हा
- सोहर
- कजरी
- होरी
उत्तर प्रदेश
- सोहर सुकर के बियाह
बिहार
- बिहू
- जिकिर
- ओई
- छिहनाम
असम
नागालैण्ड
हिलियमल्यू
न्यूल्यू
हेरेल्यू
हेकाईल्यू
मणिपुर
मिजोरम
- साना लामोक
- लाई हाराओबा
- खोगजॉम
- संकीर्तन
- खूबा केशेई
- साईकुली जई
- चाई हिआ
छत्तीसगढ़
ओडिशा
- दसकठिया
- पाला
पण्डवानी
महाराष्ट्र पोवाड़ा
आन्ध्र प्रदेश
बुर्राकथा
तमिलनाडु
बिल्लु
अम्मानईवारी
केरल
भूत गीत

"नृत्य एक सार्वभौमिक कला है, जिसका जन्म मानव जीवन की शुरुआत के साथ ही हुआ है। वस्तुतः नृत्य मानवीय अभिव्यक्ति का रसमय और क्रियात्मक प्रदर्शन है। दूसरे शब्दों में, यह एक सशक्त आवेग है, जिसके माध्यम से मानव जीवन के दोनों पक्षों यथा सुख एवं दुःख को विभिन्न मुद्राओं द्वारा अभिव्यक्त किया जाता है।

अध्याय सात

नृत्य

नृत्य

"नृत्य एक प्रकार की कला है, जिसे चौसठ कलाओं में से एक माना जाता है, जिसका सम्बन्ध स्वर्ग के देवी-देवताओं से लेकर साधारण मनुष्यों तक है। भारत में नौ शास्त्रीय नृत्य हैं तथा प्रत्येक राज्य में भिन्न-भिन्न समुदायों की अपनी नृत्य कलाएँ हैं, जीवन में जितने भी अनुष्ठान हैं, उनका सम्बन्ध नृत्य कलाओं से भी है।"

भरतमुनि का नाट्यशास्त्र (200 ईसा पूर्व-200 ईस्वी)
यह नृत्य पर आधारित सबसे प्राचीन ग्रन्थ है, जिसमें नाटक, नृत्य और संगीत शामिल हैं। इसे पाँचवाँ वेद (नाट्य वेद) भी माना जाता है। इसमें नृत्य शैलियों, मुद्राओं, भावनाओं, आभूषणों, मंच और दर्शकों का वर्णन है।

नृत्य का स्वरूप

- भरतमुनि के नाट्यशास्त्र के अनुसार नृत्य के दो स्वरूप होते हैं
  - लास्य इस स्वरूप के अन्तर्गत नृत्य प्रदर्शन के दौरान लालित्य, भाव, रस और अभिनय को प्रदर्शित किया जाता है। यह नारी की विशेषताओं को प्रकट करता है। लास्य नृत्य का आरम्भ देवी पार्वती से माना जाता है।
  - ताण्डव इस स्वरूप के अन्तर्गत नृत्य प्रदर्शन के दौरान लय तथा गति पर अत्यधिक बल दिया जाता है। इसका सम्बन्ध नर अभिमुखताओं से है। ताण्डव में सम्पूर्ण खगोलीय रचना एवं इसके विनाश की एक लयबद्ध कथा को दर्शाया जाता है।
- 5वीं से चौथी सदी ईसा पूर्व के एक प्रसिद्ध ग्रन्थ अभिनव दर्पण जिसके रचयिता नन्दिकेश्वर हैं, के अनुसार किसी अभिनय को तीन तत्त्वों में बाँटा जाता है
  - नृत्त इसका सम्बन्ध नृत्य के प्रदर्शन के दौरान लयबद्ध नृत्य का आधारभूत पद संचालनों से है। इसमें किसी अभिव्यक्ति या मनोदशा का समावेशन नहीं किया जाता है।
  - नाट्य इसका तात्पर्य नृत्य के नाटकीय निरूपण से है। इसके माध्यम से कथा को निरूपित किया जाता है।
  - नृत्य इसका अर्थ नर्तक के माध्यम से वर्णित रस और भाव से है। इसके अन्तर्गत मूल अभिनय तथा मुद्राओं के साथ प्रयुक्त अभिव्यक्ति की भिन्न-भिन्न विधियों को शामिल किया जाता है।

मुद्रा

- एक हाथ की 24 मुद्राएँ (असंयुक्त हस्त) और दोनों हाथों की 13 मुद्राएँ (संयुक्त हस्त) सम्भव हैं।
- एक हस्तमुद्रा के एक-दूसरे से अलग 30 अर्थ हो सकते हैं; जैसे-त्रिभंग मुद्रा में एक पाँव मोड़ा जाता है, देह पैर के विपरीत दिशा में कमर व गर्दन मुड़ी होती हैं। श्री कृष्ण की अधिकांश मूर्तियाँ इसी मुद्रा में बनाई जाती हैं।

भाव

- नृत्य में दो मूलभूत भाव होते हैं—ताण्डव तथा लास्य। शिव तथा पार्वती के नृत्य से इनकी उत्पत्ति हुई है।
- ताण्डव, शिव के रौद्र का तथा लास्य पार्वती के लयात्मक लावण्य का प्रतिनिधित्व करता है।
- ताण्डव नृत्य में दो भंगिमाएँ निहित हैं-रौद्र भंगिमा तथा आनन्द भंगिमा।

- रौद्र रूप उग्र प्रवृत्ति का, जबकि आनन्द रूप आनन्द प्रदान करने वाला होता है। रुद्र नृत्य करने वाले को रुद्र एवं आनन्द प्रवृत्ति नृत्य करने वाले को नटराज कहा जाता है।

नटराज की प्रतिमा

- नटराज का तात्पर्य है-नृत्य करने वाला सम्राट। यह भगवान शिव का दूसरा नाम भी है।
- नटराज की प्रतिमा में भगवान शिव को उनके दाहिने पैर पर सन्तुलित रूप से खड़े हुए और उसी पैर के पंजे से अज्ञान दैत्य अपस्मार को दबाते हुए दर्शाया गया है।

नव रस

- नृत्य और नाट्य को प्रभावी ढंग से प्रस्तुत करने के लिए नर्तकों और नर्तकियों द्वारा नव रस को प्रदर्शित किया जाता है। नन्दिकेश्वर ने अपनी पुस्तक अभिनव दर्पण में नायक और नायिका के भाव का वर्णन किया है।

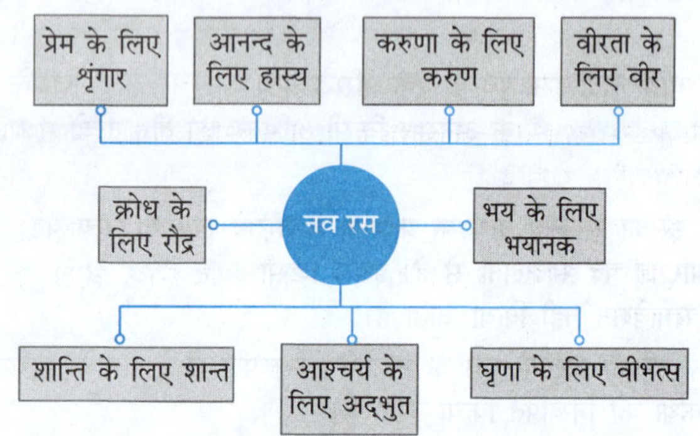

- इन भावों अथवा रसों को विभिन्न मुद्राओं तथा हाथ की भंगिमाओं के माध्यम से व्यक्त किया जाता है। अभिनव दर्पण के अनुसार, आधारभूत मुद्राओं की संख्या 108 होती है।

भारतीय नृत्य

- भारत में नृत्य की परम्परा बहुत प्राचीन है।
- सिन्धु सभ्यता से प्राप्त नृत्य करती हुई नारी की काँस्य मूर्ति, भीमबेटका शैलाश्रय में सामुदायिक नृत्य सम्बन्धी नक्काशियाँ आदि सामाजिक मनोरंजन विधा के रूप में नृत्य के महत्त्व को उजागर करती हैं।
- प्राचीन तमिल साहित्य तोलकाप्पियम तथा शिलप्पादिकारम ने तमिलनाडु में नृत्य के विकास में महत्त्वपूर्ण योगदान दिया है।

भरतनाट्यम

- भरतनाट्यम शास्त्रीय नृत्य विधा का सबसे प्राचीनतम रूप है।
- यह तमिलनाडु से सम्बद्ध शास्त्रीय नृत्य है, जिसे देवदासियों के द्वारा भगवान की प्रतिमा के समक्ष किया जाता था। यह दासीअट्टम के नाम से भी प्रसिद्ध है। यह अपने मूलरूप में मन्दिरों में किया जाने वाला नृत्य है।

- विद्वानों का मत है कि इस नृत्य शैली का नाम भरतमुनि के नाट्यशास्त्र पर रखा गया है। भरतनाट्यम नृत्य का आरम्भ अलारिप्पु तथा अन्त तिल्लाना से होता है।
- भरतनाट्यम में तीन घराने तंजौर, काँचीपुरम तथा पण्डनलूर प्रचलित हैं।
- इस नृत्य का उदाहरण नटराज की मूर्ति को माना जाता है।
- आधुनिक काल में भरतनाट्यम को उच्च स्तर पर लाने का श्रेय ई. कृष्ण अय्यर एवं रुक्मिणी देवी अरुण्डेल को दिया जाता है।
- यामिनी कृष्णमूर्ति, पद्मा सुब्रह्मण्यम, मृणालिनी साराभाई, सोनल मानसिंह इत्यादि इसके प्रमुख कलाकार हैं।

भरतनाट्यम की प्रस्तुति के अवयव

तंजावुर के चार नृत्य शिक्षकों ने भरतनाट्यम की प्रस्तुति के अवयवों को निम्नलिखित रूप में परिभाषित किया है।

- अलारिप्पु इसे कुसुमित कला भी कहा जाता है। यह भरतनाट्यम के प्रदर्शन का पहला नृत्य है। इसे प्रदर्शन का आह्वान माना जाता है। इसमें मुख्य रूप से आधारभूत नृत्य मुद्राएँ सम्मिलित होती हैं।
- जातीस्वरम इसमें स्वर, ताल, अंग-प्रत्यंग आदि के माध्यम से नर्तक द्वारा अपनी कला का परिचय दिया जाता है।
- शब्दम् इस अवयव में ईश्वर की प्रशंसा की जाती है। शब्दम्, गीत में अभिनय को अभिव्यक्त शब्दों के साथ सम्मिलित करने वाला नाटकीय तत्त्व है।
- वर्णम् यह भरतनाट्यम के प्रदर्शन का सबसे महत्त्वपूर्ण भाग है। इसमें कहानी को प्रस्तुत करने के लिए ताल, राग और भाव का प्रयोग किया जाता है।
- पदम इससे भरतनाट्यम के नर्तक की अभिनय प्रवीणता का पता चलता है।
- जवाली इसे तीव्र ध्वनि के साथ प्रस्तुत किया जाता है, यह एक प्रकार से लघु प्रेमगीत काव्य होता है।
- तिल्लान्ना/थिल्लन यह भरतनाट्यम नृत्य प्रस्तुति का अन्तिम अवयव है। इसमें नारी के सौन्दर्य के लावण्य को दर्शाया जाता है।

कुचिपुड़ी

- यह आन्ध्र प्रदेश से सम्बद्ध प्रसिद्ध नृत्य है। इस नृत्य की उत्पत्ति कुचेलपुरम नामक गाँव में होने के कारण इसका नाम कुचिपुड़ी पड़ा। यह नृत्य भरतमुनि के नाट्यशास्त्र के सिद्धान्तों का पालन करता है। यह मुख्यतः पुरुषों का नृत्य है।
- लक्ष्मीनारायण शास्त्री ने 20वीं सदी के आरम्भ में कुचिपुड़ी नृत्य में एकल गायन और महिला की भागीदारी प्रारम्भ की।
- इसमें लय एवं ताण्डव नृत्य का भी समावेश होता है। इसमें नर्तक कथोपकथन का प्रयोग प्रासंगिक रूप से करता है। इस नृत्य का सबसे लोकप्रिय रूप मटका नृत्य है।
- कुचिपुड़ी नृत्य की प्रस्तुतियों की मुख्य विषय-वस्तु भागवत पुराण की कहानियाँ हैं। इसके नर्तकों को भागवतालु के नाम से भी जाना जाता है।
- सोल्लाकथ/पताक्षर और कावुत्वम इस नृत्य के मुख्य अवयव हैं।

- मण्डूक शब्दम्, तरंगम् तथा जल चित्र नृत्यम् कुचिपुड़ी के एकल तत्त्व हैं।
- मुख्य रूप से यह नृत्य पन्थनिरपेक्ष एवं श्रृंगार रस प्रधान होता हैं।
- कुचिपुड़ी नृत्य की प्रस्तुति में मुख्य वाद्य यन्त्र वायलिन तथा मृदंग होते हैं। इसमें कर्नाटक संगीत की जुगलबन्दी की जाती है और गायन तेलुगू भाषा में किया जाता है।
- यामिनी कृष्णमूर्ति, राधा रेड्डी, भावना रेड्डी, राजा रेड्डी, यामिनी रेड्डी, बाला सरस्वती, इन्द्राणी रहमान आदि इस नृत्य के प्रमुख कलाकार हैं।

कथकली

- कथकली शब्द दो शब्दों कथ अर्थात् कथा तथा कली अर्थात् नाटक से मिलकर बना है। यह नृत्य संगीत और नाटक का मिश्रण है।
- 20वीं शताब्दी के तीसरे दशक में मुकुन्द राजा के संरक्षण में मलयाली कवि वी.एन. मेनन द्वारा कथकली का पुनरुत्थान किया गया।
- इस नृत्य का सम्बन्ध मुख्य रूप से केरल राज्य से है। इसमें कुडियाट्टम एवं कृष्णाट्टम जैसी शैलियों के मूल तत्त्वों को सम्मिलित किया जाता है।
- इसमें नर्तकों द्वारा रामायण, महाभारत और पुराणों के पात्रों का चरित्र-चित्रण किया जाता है। कथकली में नायक (पाचा) एवं खलनायक (कैंची) की भूमिका निभाई जाती है।
- यह एक पुरुष प्रधान नृत्य है, इसलिए इसमें महिला पात्रों का नृत्य भी पुरुषों द्वारा प्रस्तुत किया जाता है।
- कथकली में नृत्य, संगीत, अभिनय और कहानी कहने की कला का संकलन है। इसमें नव रस नामक चेहरे के नौ महत्त्वपूर्ण भाव अलग-अलग भावनाएँ व्यक्त करने के लिए प्रयुक्त किए जाते हैं।
- गुरु कुंचू कुरूप, गोपीनाथ, रीता गांगुली, कोट्टकाल शिवरामन, सदानाम कृष्णनकुट्टी आदि इस नृत्य के प्रमुख कलाकार हैं।

कथकली में रंगों का महत्त्व

- कुलीनता, देवत्व और सद्गुण को इंगित करने के लिए हरे रंग का प्रयोग
- राजसी गौरव के लिए नाक के पास लाल रंग का प्रयोग
- बुराई और दुष्टता के लिए काले रंग का प्रयोग
- महिलाओं और सन्तों के लिए पीले रंग का प्रयोग
- पूर्णत: लाल रंग से रँगा चेहरा बुराई का प्रतीक
- उच्चतर चेतना और देवत्व के लिए सफेद दाढ़ी का प्रयोग

मोहिनीअट्टम

- मोहिनीअट्टम शब्द दो शब्दों मोहिनी अर्थात् सुन्दर स्त्री तथा अट्टम अर्थात् नृत्य से मिलकर बना है। सामान्यत: इसका अर्थ है-सुन्दर स्त्री के द्वारा प्रस्तुत किया जाने वाला नृत्य।
- यह केरल का प्रसिद्ध शास्त्रीय नृत्य है, जो एकल महिला द्वारा किया जाता है।
- तकनीकी रूप से यह नृत्य भरतनाट्यम तथा कथकली के मध्य की कड़ी है। इस नृत्य का सर्वप्रथम उल्लेख 16वीं सदी में मषमंगलम नारायण नम्बूदरी की कृति व्यवहारमाला में मिलता है।
- इस नृत्य का विकास 19वीं शताब्दी में त्रावणकोर के राजा स्वाति तिरुनल राम वर्मा के समय हुआ।
- इसके गायन में लास्य की प्रधानता होती है। यह मुख्य रूप से कदमताल की सौम्यता पर आधारित होता है। इसमें पैरों की थाप नहीं होती है।
- इसमें झाँझ, वीणा, ढोल, बाँसुरी आदि का प्रयोग किया जाता है।
- मोहिनीअट्टम में परिधान का विशेष महत्त्व होता है। इसमें कोई श्रृंगार नहीं होता है। नृत्यांगना इसके प्रदर्शन के दौरान टखनों पर घुँघरू बाँधती हैं। श्वेत और श्वेताभ (धूमिल सफेद) कपड़े की प्रधानता होती है।
- मोहिनीअट्टम कथकली की ऋणी है, क्योंकि इसमें आँखों एवं इशारों की अभिव्यक्ति होती है।
- वैजयन्ती माला, जयप्रभा मेनन, सुनन्दा नायर, गोपिका वर्मा, पल्लवी कृष्णन, माधुरी अम्मा, कलामण्डलम क्षेमवती आदि इसके प्रमुख कलाकार हैं।

ओडिसी

- नाट्यशास्त्र पर आधारित यह नृत्य शैली ओडिशा में सर्वाधिक प्रचलित है तथा खारवेल शासक इसके प्रमुख संरक्षक थे। इसका मुख्य भाव समर्पण एवं आराधना होता है।
- भगवान नटराज को समर्पित यह नृत्य नाट्यशास्त्र में वर्णित ओड्रा नृत्य पर आधारित है। इसकी त्रिभंग शैली विख्यात है। पुरातात्विक साक्ष्यों के आधार पर ओडिसी नृत्य को सबसे प्राचीन जीवित शास्त्रीय नृत्यों में से एक माना जाता है।
- ब्रह्मेश्वर मन्दिर के शिलालेखों तथा कोणार्क के सूर्य मन्दिर के केन्द्रीय कक्ष में इसका उल्लेख मिलता है।
- इस नृत्य की मुद्राएँ एवं अभिव्यक्तियाँ भरतनाट्यम से मिलती हैं। बाद में भगवान कृष्ण एवं भगवान जगन्नाथ की महिमा भी इस नृत्य की केन्द्र बिन्दु बनी।
- नृत्य की प्रस्तुति के दौरान शरीर का निचला हिस्सा स्थिर रहता है और धड़ लय-ताल के साथ गति करता है। इसका चौक आसन पौरुष्य को दर्शाता है। इस नृत्य को सचल मूर्ति के नाम से भी जाना जाता है।
- संस्कृत नाटक गीतगोविन्दम से लिए गए छन्दों का प्रयोग इस नृत्य में किया जाता है।

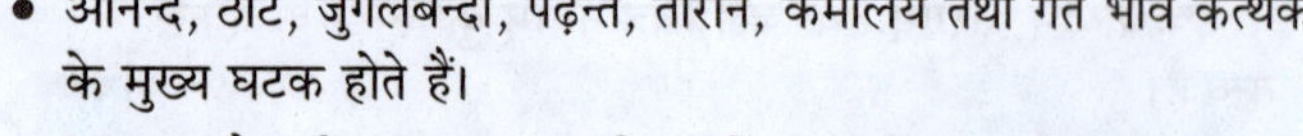

- हिन्दुस्तानी शास्त्रीय संगीत ओडिसी नृत्य का संगत करता है और इसमें मँजीरा, पखावज, सितार, बाँसुरी आदि का प्रयोग किया जाता है।
- नृत्यांगना सुपरिष्कृत केश-विन्यास, चाँदी के आभूषण, लम्बा कण्ठहार धारण करती हैं।
- ओडिसी नृत्य लालित्य, कामुकता और सौन्दर्य के अपने निरूपण में अद्वितीय हैं।
- संयुक्ता पाणिग्रही, सोनल मानसिंह, कुमकुम मोहन्ती, माधवी मुद्गल, अदिति बन्धोपाध्याय, अरुणा मोहन्ती, गुरु पंकज चरण दास, केलुचरण महापात्र आदि इसके प्रमुख कलाकार हैं।

मणिपुरी

- यह मणिपुर राज्य का नृत्य है, जिसने 15वीं सदी में वैष्णववाद के आगमन के साथ प्रसिद्धि प्राप्त की।
- इस नृत्य शैली में राधा-कृष्ण की रासलीलाओं का आयोजन किया जाता है। यह एक सामूहिक नृत्य है, जिसमें ताण्डव एवं लास्य का समावेश है।
- यह नृत्य सामान्यत: नृत्यांगनाओं द्वारा प्रस्तुत किया जाता है।
- इस नृत्य में कामुकता की जगह भक्ति (समर्पण) पर अधिक बल दिया जाता है, जिस कारण यह अद्वितीय माना जाता है।

मणिपुरी नृत्य के विभिन्न रूप

नागबन्ध मुद्रा	इसमें शरीर 8 के आकार में वक्रों के माध्यम से जुड़ा होता है।
रासलीला	इसमें राधा-कृष्ण की कहानियों को केन्द्रित किया जाता है।
संकीर्तन	इसके अन्तर्गत पुरुष नर्तक, नृत्य के दौरान पुंग और करताल बजाते हैं। चोलोम इसका एक महत्त्वपूर्ण भाग है।
थांग-ता	इसके अन्तर्गत युद्ध सम्बन्धी दृश्यों का प्रदर्शन किया जाता है।

- गुरु नम कुमार, विपिन सिंह, झावेरी बहनें (नयना, सुवर्णा, दर्शना और रंजना), एन. माधवी देवी आदि इस नृत्य के प्रमुख कलाकार हैं।

कत्थक

- कत्थक का उद्भव कथा शब्द से हुआ है, जिसका शाब्दिक अर्थ है— कहानी। यह उत्तर प्रदेश की एक परम्परागत नृत्य विद्या है।
- 15वीं-16वीं सदी में राधा-कृष्ण उपाख्यानों या रासलीला की लोकप्रियता से कत्थक का अधिक विकास हुआ। जयपुर, बनारस, राजगढ़ तथा लखनऊ इसके मुख्य केन्द्र थे।
- इसे नटवरी नृत्य के नाम से भी जाना जाता है। कत्थक नृत्य विद्या को जटिल पद संचालन एवं चक्कर काटने के प्रयोग से पहचाना जाता है। इसमें घुटनों को नहीं मोड़ा जाता है।
- आनन्द, ठाट, जुगलबन्दी, पढ़न्त, तारान, कमालय तथा गत भाव कत्थक के मुख्य घटक होते हैं।
- इस नृत्य के प्रसिद्ध कलाकार पण्डित बिरजू महाराज, पण्डित लच्छू महाराज, गिरधारी महाराज, अच्छन महाराज तथा शम्भू महाराज इत्यादि हैं।
- कत्थक नृत्य को ध्रुपद तथा ठुमरी गायन के माध्यम से व्यक्त किया जाता हैं।

सत्रिया

- सत्रिया एक असमिया नृत्य है। वर्ष 2000 में इस नृत्य को भारत के शास्त्रीय नृत्यों में सम्मिलित किया गया। इसके संस्थापक श्री शंकरदेव जी हैं।
- प्रारम्भ में यह नृत्य पुरुषों द्वारा किया जाता था, परन्तु अब इसे महिलाएँ भी करती हैं। यह लास्य और ताण्डव तत्त्वों को संयुक्त करता है।
- सत्रिया को ओजपाली और देवदासी (असम में प्रचलित विभिन्न नृत्य रूप) का मिश्रण माना जाता है।
- नृत्त, नृत्य और नाट्य के सम्मिलित रूप में प्रस्तुत किए जाने वाले इस नृत्य में खोल (ढोल), सिम्बल (मँजीरा) और बाँसुरी प्रमुख वाद्ययन्त्र होते हैं।
- इसमें धोती और पगड़ी पुरुष नर्तकों द्वारा पहना जाने वाला मुख्य परिधान है। नृत्यांगना धुरी और चादर पहनती हैं।
- अंकिया नाट का सम्बन्ध सत्रिया से है। इसके अन्तर्गत संगीतात्मक नाटक सम्मिलित होता है।
- सत्रिया में बोरगीत (शंकरदेव द्वारा रचित) का प्रयोग किया जाता है।
- रामकृष्ण तालुकदार, कृष्णाक्षी कश्यप आदि इसके प्रमुख कलाकार हैं।

छऊ

- छऊ का शाब्दिक अर्थ छाया होता है।
- यह पुरुष प्रधान नृत्य है, जिसका प्रारम्भ सरायकेला में हुआ तथा यहाँ से मयूरभंज और पुरुलिया में विस्तारित हुआ।
- इसकी तीन शैलियाँ हैं— सरायकेला (झारखण्ड), मयूरभंज (ओडिशा) तथा पुरुलिया (पश्चिम बंगाल)।
- इसकी एक नई शैली का विकास झारखण्ड के खूँटी जिले में सिंगुआ छऊ के रूप में हुआ है।
- इस नृत्य में अभिव्यक्ति के साथ-साथ कथानक भी होते हैं, इसमें प्रयुक्त हथियार वीर रस तथा कालिभंग शृंगार रस को प्रतिबिम्बित करते हैं।
- इस नृत्य में प्रशिक्षक/गुरु की उपस्थिति अनिवार्य होती है।
- वर्ष 2010 में इसे यूनेस्को द्वारा विरासत नृत्य में शामिल किया गया है।
- इसके प्रमुख कलाकार सुधेन्दु नारायण सिंह, श्याम चरण पति, केदारनाथ साहू, गुरु शशधर आचार्य आदि हैं।

दक्षिण भारत के लोकनृत्य

दक्षिण भारत के लोकनृत्य	प्रमुख विशेषता
कोलाट्टम (आन्ध्र प्रदेश)	◆ इसे डण्डा नृत्य के रूप में जाना जाता है। ◆ यह नृत्य समूह द्वारा प्रदर्शित किया जाता है। इसमें 8 से 40 नर्तक सम्मिलित होते हैं।
बुट्टा बोम्मालू (आन्ध्र प्रदेश)	◆ बुट्टा बोम्मालू का तात्पर्य-टोकरी वाले खिलौने से है। पश्चिमी गोदावरी जिले में प्रसिद्ध इस नृत्य में नर्तक मुखौटे पहनते हैं।
पढ़यनी (केरल)	◆ यह युद्ध कला से सम्बन्धित नृत्य है। इसे भगवती मन्दिरों में प्रस्तुत किया जाता है।
कइकोट्टीकली (केरल)	◆ इस नृत्य को ओणम के समय (अच्छी फसल होने की खुशी मनाने के लिए) किया जाता है। यह नृत्य महिला तथा पुरुष दोनों द्वारा किया जाता है। तट्टमकली और ऐरूकली इस नृत्य की मिलती-जुलती विधाएँ हैं।
आटि कंजेला (कर्नाटक और केरल)	◆ यह नृत्य तुलुनाडु क्षेत्र, दक्षिण कर्नाटक तथा उत्तरी केरल में मुख्य रूप से प्रचलित है। ◆ इस नृत्य का प्रदर्शन तुलु लोगों (विशेषकर नालिके समुदाय) द्वारा किया जाता है।
हुलिवेशा (कर्नाटक)	◆ हुलिवेशा नृत्य में भाग लेने वाले नर्तकों के मुँह को बाघ की तरह चित्रित किया जाता है। ◆ यह नृत्य मुख्य रूप से कर्नाटक के तटीय क्षेत्रों में नवरात्रि के अवसर पर देवी दुर्गा को समर्पित किया जाता है।
बुटा कोला (कर्नाटक और केरल)	◆ यह एक शैलीबद्ध नृत्य है, जो दक्षिणी कर्नाटक और उत्तरी केरल में लोकप्रिय है।
नागरधाने (कर्नाटक और केरल)	◆ यह नृत्य दक्षिणी कर्नाटक और उत्तरी केरल में लोकप्रिय हैं और तुलुव समुदाय के द्वारा प्रदर्शित किया जाता है। ◆ यह नाग पूजा से सम्बन्धित नृत्य है।
पटा कुनीथा (कर्नाटक) 	◆ यह नृत्य विधा मुख्य रूप से मैसूर में लोकप्रिय है। यह पुरुषों द्वारा पटा नाम से प्रसिद्ध रंगीन फीतों से सज-धज कर, लम्बे बाँस के खम्भों का प्रयोग कर प्रस्तुत किया जाने वाला धार्मिक नृत्य है। ◆ यह सभी धर्मों के मध्य लोकप्रिय है। रंगों का बाहुल्य इसे दर्शनीय बनाता है। ◆ इस नृत्य का एक रूपान्तरित रूप पूजा कुनीथा भी है। यह बंगलुरु और माण्ड्य जिलों में अत्यधिक प्रसिद्ध है।
चक्यार कुथु (केरल)	◆ यह एकल नृत्य है तथा इसमें नर्तक स्वयं को साँप की भाँति सुसज्जित करते हैं। मलयालम में वर्णित इस नृत्य में गद्य और पद्य का संयोजन होता है। ◆ यह नृत्य मुख्य रूप से चक्यार समुदाय, जो एक प्रमुख पुरोहित जाति है, के द्वारा किया जाता है।
कुम्मी (केरल तथा तमिलनाडु) 	◆ यह नृत्य महिलाओं द्वारा वर्तुल विन्यास में खड़े होकर किया जाता है। इसमें किसी भी प्रकार के संगीत का प्रयोग नहीं किया जाता। ◆ संगीत के स्थान पर लयबद्ध तालियों द्वारा ताल उत्पन्न की जाती है। इस नृत्य का आयोजन मुख्य रूप से पोंगल या अन्य धार्मिक अवसरों पर किया जाता है। ◆ कुम्मी नृत्य की कई शैलियाँ हैं; जैसे-पूनघट्टी कुम्मी, दीपा कुम्मी और कुलवई कुम्मी।
कोलकलि-परिचाकलि (केरल और लक्षद्वीप)	◆ इस नृत्य में प्रयुक्त शब्द कोल का तात्पर्य **छड़ी** तथा परिचा का तात्पर्य **ढोल** से होता है। ◆ इस नृत्य के प्रदर्शन के दौरान नर्तक लकड़ी के बने छद्म शस्त्रों का प्रयोग करते हैं। साथ ही युद्ध शृंखलाओं को अभिनित करते हैं।
मयिलाट्टम (केरल और तमिलनाडु)	◆ इसे मयिलनृत्यम भी कहा जाता है, जिसका अर्थ है– मोर का नृत्य। ◆ यह हिन्दू मन्दिरों में किया जाने वाला एक लोकनृत्य है, जो भगवान सुब्रह्मण्यम को समर्पित किया जाता है।
ओट्टम थुल्लाल (केरल)	◆ इसे गरीब आदमी की कथकली भी कहा जाता है। ◆ इसे प्रसिद्ध मलयालम कवि कुंचन नाम्बियार ने 18वीं शताब्दी में बनाया था। यह चक्यार कुथु का विकल्प था, जो मन्दिरों में प्रस्तुत किया जाता था।
रामानट्टम (केरल)	◆ यह भगवान श्रीराम को समर्पित नृत्य है। इस नृत्य में चेहरे के अभिनय और हाथों की मुद्रा को अधिक महत्त्व दिया जाता है।
कोघू (केरल)	◆ यह कोथामबम मन्दिर में चक्यार कलाकारों द्वारा प्रदर्शित किया जाता है। ◆ इस नृत्य में वाद्ययन्त्र के रूप में मँजीरा, झाँझ, ढोल आदि का प्रयोग किया जाता है। ◆ इसमें झाँझ महिलाओं द्वारा बजाया जाता है, जिसे ननगियार कहते हैं।
कुडियाट्टम (केरल)	◆ यह समूह नृत्य है, जिसमें महिला तथा पुरुष दोनों सम्मिलित होते हैं और इसमें ढोल, मँजीरे का उपयोग किया जाता है।
कृष्णाट्टम (केरल)	◆ इसमें कृष्ण की कहानी प्रदर्शित की जाती है। ◆ इस नृत्य में थियाट्टम, मुडियेट्टू एवं थेय्यम की विशेषताएँ देखने को मिलती हैं। ◆ इसमें नर्तक अपने मुख पर रंगीन मुखौटे का प्रयोग करते हैं।

उत्तर-पूर्व के लोकनृत्य एवं विशेषता

उत्तर-पूर्व के लोकनृत्य	प्रमुख विशेषताएँ
बिहू (असम)	◆ यह एक समूह नृत्य है, जो महिला तथा पुरुष दोनों के द्वारा किया जाता है। मुख्य रूप से यह असम की कचारी, खासी आदि जनजातियों के द्वारा किया जाता है। ◆ इसके मुख्य तीन रूप हैं—बोहाग बिहू, माघ बिहू तथा काटी बिहू।
होजागिरी (त्रिपुरा)	◆ इस नृत्य को चार से छ: महिलाओं या युवा लड़कियों के समूह द्वारा किया जाता है। ◆ इसे लक्ष्मी पूजा के अवसर पर प्रदर्शित किया जाता है। इस नृत्य के प्रदर्शन के दौरान नर्तकियाँ मिट्टी के घड़े के साथ-साथ अन्य वस्तुओं को भी सन्तुलित करती हैं। ◆ इस नृत्य के माध्यम से झूम खेती का प्रदर्शन किया जाता है।
चेराव (मिजोरम)	◆ इसे विदेशी मूल का नृत्य माना जाता है। इस नृत्य में बाँस की छड़ियों का प्रयोग किया जाता है, जिसमें पुरुष नर्तक लयबद्ध ताल में बाँस की लम्बी जोड़ी थपथपाते हैं तथा महिलाएँ बाँस की ताल पर नृत्य करती हैं।

उत्तर-पूर्व के लोकनृत्य	प्रमुख विशेषताएँ
बागुरुम्बा (असम)	• यह मुख्य रूप से बोडो जनजाति द्वारा प्रकृति तथा पर्यावरण के प्रति आभार व्यक्त करने के लिए प्रदर्शित किया जाता है। सिफुंग, खम तथा सरजा जैसे वाद्ययन्त्रों का उपयोग इस नृत्य में किया जाता है। • यह नृत्य महिलाओं द्वारा समूह में किया जाता है। नृत्य प्रदर्शन के दौरान इसमें धीमी कदमताल के साथ हाथ को बाहर निकाल कर नृत्य किया जाता है। यह नृत्य मुख्य रूप से बैशाख महीने में मनाए जाने वाले कृषि प्रधान उत्सव बैशागु के दौरान किया जाता है।
रांगमा (नागालैण्ड)	• यह नागा जनजाति का नृत्य है। यह नागालैण्ड में युद्ध संस्कृति का प्रतिनिधित्व करता है। • इसमें नर्तक योद्धाओं की तरह कपड़े पहनते हैं और ढोल की थाप के साथ लयबद्ध शैली में चलते हैं।
सिन्धी छम (सिक्किम)	• यह एक मुखौटा नृत्य है। इसे कंचनजंगा नृत्य भी कहा जाता है। इसमें नर्तक शेर की वेशभूषा में प्रदर्शन करते हैं।
गरिया (त्रिपुरा)	• यह नृत्य बुआई के समय आदिवासी समुदाय द्वारा किया जाता है। यह गरिया उत्सव के समय प्रदर्शित किया जाता है। • इस नृत्य के द्वारा भरपूर फसल की कामना की जाती है।
लेबांग बूमानी (त्रिपुरा)	• यह मुख्यतः त्रिपुरी समुदाय द्वारा फसल कटाई के दौरान किया जाने वाला नृत्य है। • इसमें पुरुष और महिला दोनों भाग लेते हैं।
मेंलाडोम (त्रिपुरा)	• मेंलाडोम नृत्य मुख्य रूप से कीपेंग समुदाय के लोगों द्वारा किया जाता है। यह फसल कटाई के पश्चात् बुआई की प्रक्रिया से उत्पन्न होता है।
मोसाक सुमानी (त्रिपुरा)	• इस नृत्य का सम्बन्ध जंगली जानवरों के शिकार से है। • यह मुख्य रूप से जनजाति समुदाय द्वारा प्रदर्शित किया जाता है।
पुंग चोलम (मणिपुर)	• यह मुख्यतः पुरुष प्रधान नृत्य है, परन्तु इसमें महिलाएँ भी भाग लेती हैं। • रासलीला इस नृत्य का केन्द्रीय तत्त्व है। इसमें पुंग (विशेष प्रकार का ढोल) का प्रयोग वाद्ययन्त्र के रूप में किया जाता है।
चौंगलै जॉन (मिजोरम)	• यह नृत्य पालि जनजाति के द्वारा सुख तथा दुःख दोनों अवसरों पर प्रदर्शित किया जाता है। • इस नृत्य की एक प्रमुख विशेषता है कि इस नृत्य के माध्यम से उस पीड़ा को दर्शाया जाता है, जिसमें किसी की पत्नी का देहान्त हो चुका है। • यह नृत्य अच्छे शिकार के पश्चात् शिकारी का स्वागत करने के लिए भी किया जाता है।
परलाम (मिजोरम)	• मिजो भाषा में परलाम का शाब्दिक अर्थ—मिलना या एक साथ आना होता है। • यह नृत्य एकता और सामूहिकता का प्रतीक है। यह महिलाओं द्वारा चापचर कुट त्योहार के दौरान किया जाने वाला नृत्य है।
चोंग्क्रेम (मेंघालय)	• इस नृत्य का प्रदर्शन मुख्य रूप से खासी जनजाति द्वारा शरद ऋतु में किया जाता है। • यह नृत्य फसलों की अच्छी पैदावार और लोगों की समृद्धि हेतु शक्तिशाली देवी को प्रसन्न करने के लिए किया जाता है। • ड्रम तथा तंगमुरी का प्रयोग इसमें मुख्य वाद्ययन्त्र के रूप में किया जाता है।
लॉयन एण्ड पीकॉक नृत्य (अरुणाचल प्रदेश)	• यह मुख्य रूप से तवाँग क्षेत्र की मोनया जनजाति द्वारा प्रदर्शित किया जाता है। यह सामूहिक नृत्य महिला तथा पुरुष दोनों द्वारा प्रदर्शित किया जाता है। • इसमें नृत्य में भाग लेने वाले नर्तक सिंह का मुखौटा पहने हैं। इसमें वाद्ययन्त्र के रूप में ढोल और झाँझ आदि का प्रयोग किया जाता है।

प्रचलित आधुनिक नृत्य

प्रचलित आधुनिक नृत्य	प्रमुख विशेषताएँ
हिप-हॉप डांस	• हिप-हॉप डांस मुख्य रूप से 70 के दशक में पश्चिमी देशों में आरम्भ हुआ था। • यह भारतीय युवाओं में भी अत्यधिक लोकप्रिय नृत्य है। • लॉकिंग तथा पॉपिंग इस डांस की प्रमुख शैलियाँ हैं।
सालसा	• इस नृत्य शैली को कामुक एवं जीवन्त माना जाता है। इसे क्यूबा का डांस स्टाइल माना जाता है। यह युगल (युवा जोड़े) प्रस्तुति के रूप में विश्व प्रसिद्ध नृत्य है।
बेली डांस	• यह नृत्य पश्चिमी एशियाई देशों की महिलाओं में अत्यधिक लोकप्रिय है। • इस नृत्य के दौरान नर्तकी शरीर के सभी अंगों को स्थिर रखकर केवल पेट (बेली) के निचले हिस्से से नृत्य का प्रदर्शन करती हैं। इसलिए इसे बेली डांस के नाम से भी जाना जाता है। • इस नृत्य के दौरान कमर में घुँघरूनुमा पट्टी बाँधी जाती है।
लाइन डांस	• इसमें एक ही प्रकार के डांस स्टेप्स को एक ग्रुप के अनेक व्यक्ति पंक्ति में खड़े होकर प्रदर्शित करते हैं। • इस डांस में व्यायाम और वजन का उपयोग किया जाता है। इसे एरोबिक्स (जुम्बा) के नाम से जाना जाता है।
बॉलरूम डांस	• यह अपने साथी के साथ हल्की लाइट और म्यूजिक में प्रदर्शित किया जाता है। • अमेरिकन शैली तथा अन्तर्राष्ट्रीय शैली इस डांस की दो प्रमुख शैलियाँ हैं।

शेष भारत के लोकनृत्य

शेष भारत के प्रमुख लोकनृत्य	प्रमुख विशेषताएँ
बिरहा (बिहार)	◆ इसे पुरुष नर्तकों द्वारा प्रदर्शित किया जाता है। इसका सम्बन्ध भिखारी ठाकुर के विदेशिया से है। ◆ इस नृत्य में उन स्त्रियों की व्यथा प्रदर्शित की जाती है, जिनके साथी उनसे दूर प्रदेश में रहते हैं।
जट-जटिन (बिहार)	◆ यह मिथिलांचल का प्रसिद्धलोक नृत्य है। ◆ इसके माध्यम से विवाहित दम्पत्ति के मध्य प्रेम तथा मीठी नोंक-झोंक को प्रदर्शित किया जाता है।
अलकप (झारखण्ड और पश्चिम बंगाल)	◆ यह राजमहल पहाड़ियों (झारखण्ड) तथा मुर्शिदाबाद एवं मालदा (पश्चिम बंगाल) के क्षेत्रों में प्रचलित है। ◆ यह एक या दो प्रमुख गायकों के साथ 10-12 नर्तकियों के समूह द्वारा किया जाता है। इस नृत्य का सम्बन्ध शिव गजान उत्सव से है।
राठवा नी घेर (गुजरात)	◆ इसे होली के दौरान (कावन्त महोत्सव) राठवा आदिवासियों द्वारा किया जाता है। ◆ इस नृत्य को स्त्री और पुरुष दोनों करते हैं, पुरुष नर्तकों को घेरिया तथा स्त्री नर्तकियों को घेरानी कहा जाता है।
गौर माड़िया (छत्तीसगढ़)	◆ गौर माड़िया का अर्थ होता है-भैंसे का सींग। इसे मुड़िया या मुरिया जनजाति द्वारा प्रस्तुत किया जाता है। इस नृत्य की प्रस्तुति के दौरान भैंसों की गतिविधियों का अनुसरण किया जाता है। ◆ यह एक समूह नृत्य (महिला तथा पुरुष दोनों) है।
तरंग मेंल (गोवा)	◆ दशहरा और होली के अवसर पर आयोजित यह नृत्य युवा ऊर्जा को प्रदर्शित करता है। ◆ इसके प्रदर्शन के दौरान नर्तकों द्वारा इन्द्रधनुषी बाजों तथा कागज के रिबनों का प्रयोग किया जाता है।
गरबा (गुजरात)	◆ गरबा का तात्पर्य है-गर्म दीप-छिद्र युक्त मिट्टी का बर्तन, जिसमें दीप प्रज्वलित किया जाता है। ◆ इस प्रज्वलित दीप के चारों ओर महिलाएँ लयबद्ध तालियों के स्वर पर चक्राकार गति में नृत्य करती हैं। ◆ यह नवरात्रों के अवसर पर **महिला** तथा **पुरुष** दोनों के द्वारा किया जाता है।
पाइका (ओडिशा)	◆ यह युद्ध कला से सम्बन्धित नृत्य है। लम्बे भाले को क्षेत्रीय भाषा में पाइका कहा जाता है। ◆ इस नृत्य के दौरान नर्तक लकड़ी के भालों या ढालों से लैस होकर नृत्य करते हैं।
कालबेलिया (राजस्थान)	◆ यह नृत्य कालबेलिया समुदाय की स्त्रियों द्वारा प्रस्तुत किया जाता है। ◆ इसमें पोशाकें तथा नृत्य की चाल साँप के समान होती है। ◆ इस नृत्य मे बीन (वाद्ययन्त्र) का प्रयोग किया जाता है। ◆ यूनेस्को ने वर्ष 2010 में इसे मानवता की अमूर्त सांस्कृतिक विरासत की प्रतिनिधि सूची में सम्मिलित किया था।
घूमर (राजस्थान)	◆ यह नृत्य राजस्थान में केवल महिलाओं द्वारा विवाह के अवसर पर किया जाता है। इस नृत्य की उत्पत्ति भील जनजाति से मानी जाती है।
गीदड़ नृत्य (राजस्थान)	◆ यह नृत्य शेखावटी क्षेत्र में बसन्तपंचमी से होलिका दहन तक किया जाता है।

भारत के प्रमुख लोकनृत्य

राज्य/केन्द्रशासित प्रदेश	प्रमुख लोकनृत्य
उत्तराखण्ड	कुमाऊँ झूला, थाली, पैता।
झारखण्ड	करमा, सरहुल, छऊ।
आन्ध्र प्रदेश	कुम्मी, घण्टा, मदीला, छड़ी नृत्य, ओट्टम, थुलाल, कालीयट्टम, कुण्डीयट्टम, कैकोट्टीकलि, भद्रकलि, टप्पातिकाली।
कर्नाटक	यक्षगान, कुनीता, वीरगास्से, भूतकोला, कगा।
गुजरात	गणपति भजन, रासलीला, डाण्डिया रास, टिप्पणी, पणिहारी नृत्य, लास्या।
गोवा	दकनी, खोल झगोर।
राजस्थान	कठपुतली, धापाल, जिन्दाद, पूगर, बगरिया, भवई, शंकरिया, गोयिका, लीला, झूलन लीला, कामड़, चरी, चंग, फुदी, गीदड़, गैर पणिहारी, गणगौर, कालबेलिया, तेरहताली, घूमर।
जम्मू-कश्मीर	भदजास, हिकत, दुम्हल, धमाली, चक्करी, कूद, डाण्डी नाच।
लक्षद्वीप	परिचाकाली, जाब्रो
अरुणाचल प्रदेश	मुखौटा, युद्धनृत्य।
हरियाणा	भांगड़ा, डफ, सांग, धमान।
पंजाब	भांगड़ा, गिद्धा, कीकली, सम्मी।
तमिलनाडु	कुम्मी, कावड़ी, कड़ागम, कोलाट्टम, पित्रल कोआट्टमा।
हिमाचल प्रदेश	सांग्ला, चम्बा, डांगी, डण्डा नाव, डफ, धमान, लुड्डी, नटी, झमाकड़ा, धुरेई, जद्धा, छरवा, महाथु, छपेला।
असम	खेल गोपल, बिहू, किलगोया, अंकिया नाट, बिछुआ, राखल, लीला, बागुरुम्बा, नटपूजा, चौंगवी नागानृत्य।
नागालैण्ड	रेगम, चोंग नोगकेम, चिन्ता कजरम्, युद्ध नृत्य, रवैया लिम, नूरालिप, कुर्सी नाग, चुमिके, दोहाई।
मणिपुर	महारास, नटराज, लाई हरोबा, सखाल, बसन्त रास, थांग थाबा, पुगवोलोग कीतव्म्।
मिजोरम	चेराव, चैलम, खुल्लम, चावंग्लाइजोन, थंगलाम
मेघालय	बांग्ला, लाहो
मध्य प्रदेश	रीना, चौत, राई नृत्य (बेदिया जनजाति), नवरानी, सूआ, भगोरिया, ज्वारा, मटकी, डागला, छेरिया, हूल्को मन्दिरी, सैला, बिल्धा टपाड़ी, गोडा।
छत्तीसगढ़	रीना, चौत, दिवारी, नवरानी, गोन्यो, सूआ, भगोरिया, राउत नाच, पण्डवानी, डागला, छेरिया, हूल्को मन्दिरी, सैला।
महाराष्ट्र	मोनी, बोहदा, लेजम, लावनी, दहिकला, तमाशा, फुगडी, छिण्डी, कोली, गफा, ललिता, मौरीधा बोहदा।
बिहार	वैगा, जदूर, जाया, जट-जटिन, माधी, मूका, लुझरी, विदायत, कीर्तिनिया, पवरिया, सामा-चकेवा, जातरा, चेकवा, डांगा, डोमकच, सोहराई, माघा, बखो-बखावन, गंगिया।
पश्चिम बंगाल	राम भेसे, गम्भीरा, जाया, बाउन, जात्रा, कीर्तन, काठी, महाल, गम्भीरा रावेश, कीर्जन काठी, ढाली, मरसिया।
ओडिशा	पैका, सवारी संचार, डण्डानाट, कुलनी, पुगनाट, घूमरा, जदूर मुदारी, गरुड़ वाहन, घण्टा मृदंगम, दलखई।
उत्तर प्रदेश	रासलीला, नौटंकी, कुमाऊँ झूला, थाली, दादरा, चौलर।

नृत्य से सम्बन्धित प्रमुख पुस्तकें एवं उनके लेखक

पुस्तक	लेखक	विशेष तथ्य
गीतगोविन्द	जयदेव	इसमें भगवान कृष्ण की रासलीला का वर्णन है।
संगीत मल्लिका	मोहम्मद शाह	यह नृत्य पर आधारित मध्यकालीन पुस्तक है।
संगीत मकरन्द	वेद	इसमें रागों का नामकरण मिलता है।
हस्तमुक्तावली	शुभंकर	इसमें नृत्य के दौरान इशारों के लिए हाथों की तीन व्यापक श्रेणियों का वर्णन है।
गोरक्षविजय	विद्यापति	इस नृत्य में नर्तकों की संख्या का वर्णन है।
बालाराम भारतम्	बालाराम वर्मन	यह नाट्यशास्त्र पर आधारित है।
संगीत दामोदर	श्री शुभंकर	इसमें तालों का शरीर पर पड़ने वाले प्रभावों का वर्णन है।
नृत्य रत्नावली	जय सेनापति	इसमें देवदासी नृत्य का वर्णन मिलता है।
संगीतोपनिषद्	शंकराचार्य	यह नृत्य पर आधारित महत्त्वपूर्ण प्राचीन पुस्तक है।
संगीत रत्नाकर	शारंगदेव	इसमें हिन्दुस्तानी तथा कर्नाटक संगीत का वर्णन है।
नाट्यवेदनामा	तुलजा राजा	यह 18वीं सदी की पुस्तक है।
आभिभारतम्	तुलजा राजा	इसमें नाट्यकला का वर्णन है।
भरतारनामा	तुलजा राजा	इसमें नृत्य की विभिन्न मुद्राओं का वर्णन है।

नृत्य से जुड़े प्रमुख व्यक्तित्व

- **सोनल मानसिंह** 30 अप्रैल, 1944 को मुम्बई में जन्मी सोनल मानसिंह शास्त्रीय नृत्य ओडिसी की नृत्यांगना हैं। नृत्य के क्षेत्र में उल्लेखनीय योगदान के लिए इन्हें पद्मविभूषण, पद्मभूषण, संगीत नाटक अकादमी आदि सम्मानों से सम्मानित किया जा चुका है।
- **पद्मा सुब्रह्मण्यम** 4 फरवरी, 1943 को मद्रास में जन्मी पद्मा सुब्रह्मण्यम भरतनाट्यम की सुप्रसिद्ध नृत्यांगना हैं। नृत्य के क्षेत्र में सराहनीय योगदान के लिए इन्हें पद्मभूषण, संगीत नाटक अकादमी आदि पुरस्कारों से सम्मानित किया जा चुका है।
- **मृणालिनी साराभाई** 11 मई, 1918 को केरल में जन्मी मृणालिनी साराभाई का सम्बन्ध कथकली तथा भरतनाट्यम से है। भारत सरकार द्वारा इन्हें नृत्य के क्षेत्र में उल्लेखनीय योगदान के लिए पद्मश्री, पद्मभूषण जैसे सम्मान प्रदान किए गए।
- **सितारा देवी** 8 नवम्बर, 1920 को कलकत्ता में जन्मी सितारा देवी का सम्बन्ध कथक तथा भरतनाट्यम से है। नृत्यकला के क्षेत्र में उत्कृष्ट योगदान के लिए इन्हें संगीत नाटक अकादमी, पद्मश्री तथा कालिदास सम्मान पुरस्कार प्रदान किए गए हैं।
- **बिरजू महाराज** 4 फरवरी, 1938 को उत्तर प्रदेश में जन्मे बिरजू महाराज का सम्बन्ध लखनऊ के कथक घराने से है। नृत्य के क्षेत्र में उत्कृष्ट योगदान के लिए इन्हें पद्मविभूषण, संगीत नाटक अकादमी, कालिदास सम्मान आदि पुरस्कारों से सम्मानित किया गया है।
- **यामिनी कृष्णमूर्ति** 20 दिसम्बर, 1940 को आन्ध्र प्रदेश में जन्मी यामिनी कृष्णमूर्ति का सम्बन्ध भरतनाट्यम तथा कुचिपुड़ी नृत्य से है। नृत्य के क्षेत्र में उल्लेखनीय योगदान के लिए इन्हें पद्मश्री, पद्मभूषण तथा पद्मविभूषण से सम्मानित किया गया।
- **आरुषि मुद्गल** वर्ष 1986 में जन्मी आरुषि मुद्गल का सम्बन्ध ओडिसी नृत्य से है। नृत्य के क्षेत्र में उल्लेखनीय योगदान के लिए उन्हें संगीत नाटक अकादमी के प्रतिष्ठित पुरस्कार **बिस्मिल्लाह खाँ युवा पुरस्कार** से सम्मानित किया जा चुका है।
- **चारु सिजा माथुर** नृत्य में उल्लेखनीय योगदान के लिए इन्हें संगीत नाटक अकादमी, दिल्ली साहित्य कला परिषद् सम्मान से सम्मानित किया गया है।
- **लच्छू महाराज** वर्ष 1901 को उत्तर प्रदेश में जन्मे लच्छू महाराज का सम्बन्ध कथक नृत्य से है। इन्होंने पाकिजा, मुगल-ए-आजम जैसी फिल्मों में नृत्य निर्देशन भी किया है। नृत्य के क्षेत्र में उल्लेखनीय योगदान के लिए इन्हें वर्ष 1957 में संगीत नाटक अकादमी पुरस्कार से सम्मानित किया गया।
- **भारती शिवाजी** वर्ष 1948 को तमिलनाडु में जन्मी भारती शिवाजी का सम्बन्ध मोहिनीअट्टम और भरतनाट्यम नृत्य से है। नृत्य में उत्कृष्ट योगदान के लिए इन्हें पद्मश्री, संगीत नाटक अकादमी जैसे पुरस्कारों से सम्मानित किया गया है।
- **पद्मा सुब्रह्मण्यम** (जन्म 4 फरवरी 1943, मद्रास में) एक भारतीय शास्त्रीय भरतनाट्यम नर्तक हैं। ये एक रिसर्च स्कॉलर, कोरियोग्राफर, म्यूजिक कम्पोजर, गायिका, शिक्षिका, इण्डोलॉजिस्ट और लेखिका भी हैं। ये भारत के साथ-साथ विदेशों में भी प्रसिद्ध हैं।
- **डॉ. सुनन्दा नायर** भारत की एक नृत्यांगना हैं। ये मुम्बई विश्वविद्यालय से सम्बद्ध नालन्दा नृत्य कला महाविद्यालय से मोहिनीअट्टम में स्नातकोत्तर उपाधि प्राप्त करने वाली भारत की पहली छात्रा हैं।
- **पल्लवी कृष्णन** नृत्य शैली, मोहिनीअट्टम की एक प्रमुख प्रतिपादक हैं। इन्हें राष्ट्रपति मुर्मू से मोहिनीअट्टम में 2022 के लिए संगीत नाटक अकादमी पुरस्कार मिला।

सोनल मानसिंह

सितारा देवी

यामिनी कृष्णमूर्ति

आरुषि मुद्गल

लच्छू महाराजा

चारु सिजा माथुर

भारती शिवाजी

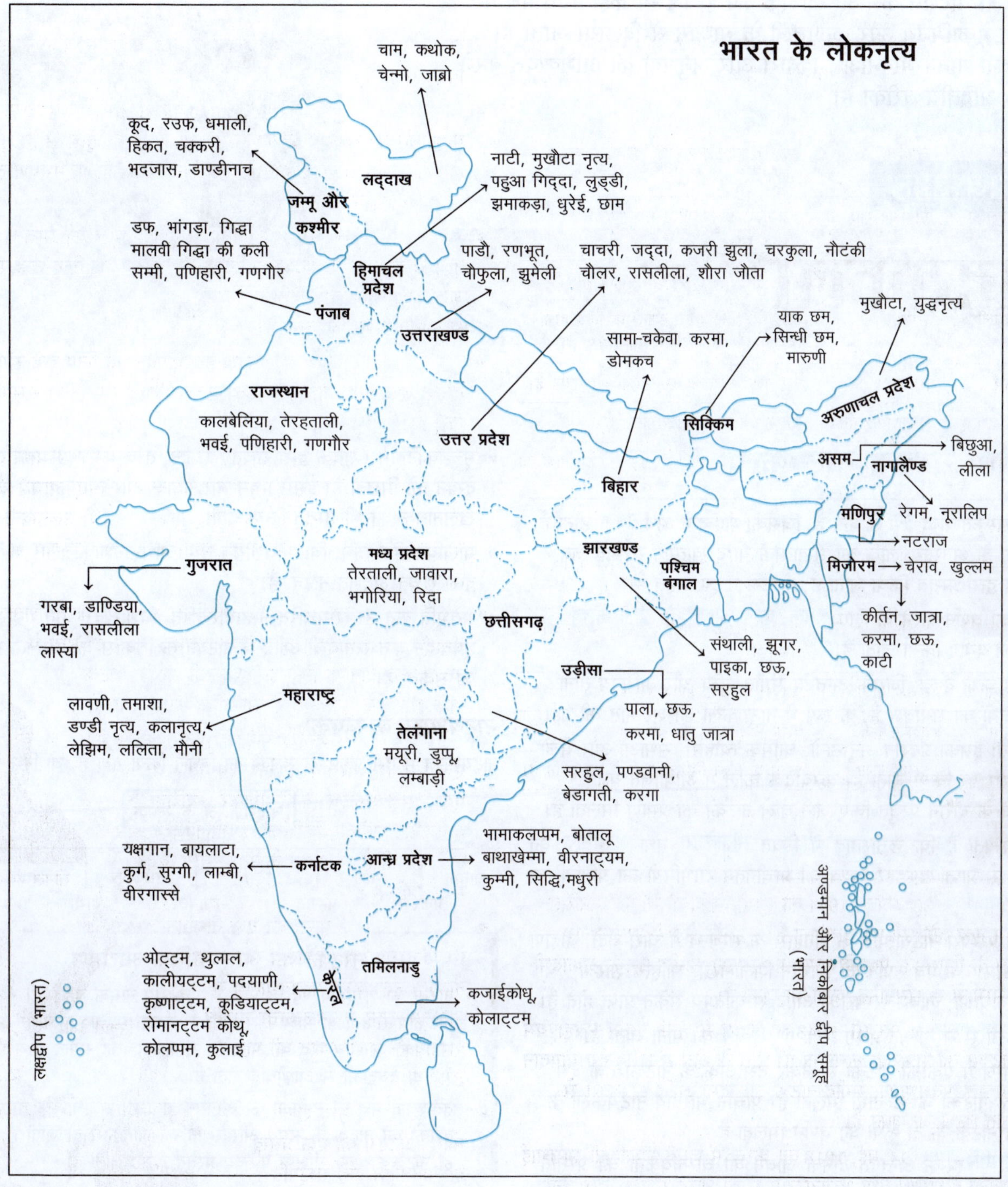
भारत के लोकनृत्य
चाम, कथोक, चेन्मो, जाब्रो
लद्दाख
कूद, रउफ, धमाली, हिकत, चक्करी, भदजास, डाण्डीनाच
जम्मू और कश्मीर
नाटी, मुखौटा नृत्य, पहुआ गिद्दा, लुड्डी, झमाकड़ा, धुरेई, छाम
हिमाचल प्रदेश
डफ, भांगड़ा, गिद्धा मालवी गिद्धा की कली सम्मी, पणिहारी, गणगौर
पंजाब
पाडौ, रणभूत, चौफुला, झुमेली
उत्तराखण्ड
चाचरी, जद्दा, कजरी झुला, चरकुला, नौटंकी चौलर, रासलीला, शौरा जौता
उत्तर प्रदेश
राजस्थान
कालबेलिया, तेरहताली, भवई, पणिहारी, गणगौर
सामा-चकेवा, करमा, डोमकच
बिहार
याक छम, सिन्धी छम, मारुणी
सिक्किम
मुखौटा, युद्धनृत्य
अरुणाचल प्रदेश
असम
नागालैण्ड
बिछुआ, लीला
मणिपुर
रेगम, नूरालिप
नटराज
मिज़ोरम
चेराव, खुल्लम
कीर्तन, जात्रा, करमा, छऊ, काटी
झारखण्ड
पश्चिम बंगाल
संथाली, झूगर, पाइका, छऊ, सरहुल
गुजरात
गरबा, डाण्डिया, भवई, रासलीला लास्या
मध्य प्रदेश
तेरताली, जावारा, भगोरिया, रिदा
छत्तीसगढ़
उड़ीसा
पाला, छऊ, करमा, धातु जात्रा
महाराष्ट्र
लावणी, तमाशा, डण्डी नृत्य, कलानृत्य, लेझिम, ललिता, मौनी
तेलंगाना
मयूरी, डुप्पू, लम्बाड़ी
सरहुल, पण्डवानी, बेडागती, करगा
यक्षगान, बायलाटा, कुर्ग, सुग्गी, लाम्बी, वीरगास्से
कर्नाटक
आन्ध्र प्रदेश
भामाकलप्पम, बोतालू बाथाखेम्मा, वीरनाट्यम, कुम्मी, सिद्धि,मधुरी
अण्डमान और निकोबार द्वीप समूह (भारत)
केरल
ओट्टम, थुलाल, कालीयट्टम, पदयाणी, कृष्णाट्टम, कूडियाट्टम, रोमानट्टम कोथू, कोलप्पम, कुलाई
तमिलनाडु
कजाईकोधू कोलाट्टम
लक्षद्वीप (भारत)

नाट्यकला, प्रदर्शन कलाओं का एक रूप है, जिसमें कहानी के मंच पर अभिनय मूकाभिनय और कठपुतली के माध्यम से दिखाया जाता है। नाट्यकला मानव भावनाओं, विचारों और अनुभवों को अभिव्यक्त करने का एक अद्वितीय तरीका है।

अध्याय आठ

नाट्यकला

शास्त्रीय संस्कृत नाट्यकला

- नाटक संस्कृत शब्द नट से बना है, जिसका शाब्दिक अर्थ नर्तक होता है। भरतमुनि के अनुसार, लोक का सुखात्मक या दु:खात्मक स्वभाव जब अभिनय द्वारा प्रस्तुत किया जाता है, तो उसे नाट्य कहते हैं।
- नाटक का वर्णन करने के लिए रूपक, दृश्य काव्य और प्रेक्षा काव्य शब्दों का प्रयोग किया जाता है।
- भारत में कथा कला, जिसके अन्तर्गत संगीत, नृत्य और अभिनय तीनों गतिविधियों का समावेश है, के रूप में नाट्यकला की शुरुआत की गई।
- सामान्यत: इसका प्रदर्शन अनुष्ठानों, धार्मिक त्योहारों, सभाओं और मेलों के अवसर पर किया जाता है। ऋग्वैदिक काल में आयोजित यज्ञ समारोहों के दौरान प्रस्तुत किए जाने वाले नाटकों का प्रमाण मिलता है।
- ऐसी मान्यता है कि छत्तीसगढ़ में स्थित सीताबेंगरा तथा जोगीमारा की गुफाओं से प्राप्त खण्डहर विश्व की प्राचीनतम रंगभूमियों का प्रतिनिधित्व करते हैं।
- भारतीय परम्परा नाट्योत्पत्ति के इतिहास के सम्बन्ध में चारों वेदों, ब्राह्मण ग्रन्थों, आरण्यक एवं उपनिषदों, प्राचीन शिलालेखों, साहित्य शास्त्रों, जातक कथाओं, लोक-परम्पराओं आदि से कतिपय संकेत प्राप्त होते हैं।
- नाट्यकला से सम्बन्धित प्रथम ग्रन्थ नाट्यशास्त्र को माना जाता है।
- नाट्यशास्त्र में एकांकी नाटकों से लेकर दस अंक के नाटकों तक दस प्रकार के नाटकों का उल्लेख मिलता है। प्राचीन भारतीय नाट्यकला के अन्तर्गत नाटक के दो रूपों का वर्णन मिलता है
    - लोकधर्मी इसके अन्तर्गत दैनिक जीवन की वास्तविकता की प्रस्तुति की जाती है।
    - नाट्यधर्मी यह अत्यधिक शैलीगत आख्यानों वाले मुखर तथा प्रतीकात्मक नाट्य रचना का प्रतिनिधित्व करता है।

संस्कृत नाट्यकला के प्रसिद्ध नाटकों का विकास

- सारिपुत्र प्रकरण (अश्वघोष द्वारा रचित) को शास्त्रीय नाट्य रचना का प्रथम उदाहरण माना जाता है। इसमें नौ अंक हैं।
- तीसरी-चौथी सदी ईसा पूर्व के आस-पास नाटककार भास ने 13 नाटकों की रचना की थी।
- मृच्छकटिकम् (शूद्रक द्वारा रचित) में इन्द्र तत्त्व का प्रथम समावेशन देखने को मिलता है। इसमें प्रथम बार नायक और नायिका के अतिरिक्त खलनायक को भी प्रस्तुत किया गया।
- मालविकाग्निमित्रम्, विक्रमोर्वशीयम् तथा अभिज्ञानशाकुन्तलम् कालिदास द्वारा रचित अद्भुत नाटक हैं।
- भवभूति कृत उत्तररामचरित, महावीरचरित, विशाखदत्त कृत मुद्राराक्षस, हर्षवर्द्धन कृत रत्नावली आदि में नाटकों के विकास को सरलता से देखा जा सकता है।

नाट्यशास्त्र के रूपक

नाट्यशास्त्र में दस प्रकार के रूपकों का विधान किया गया है, जो निम्न प्रकार हैं

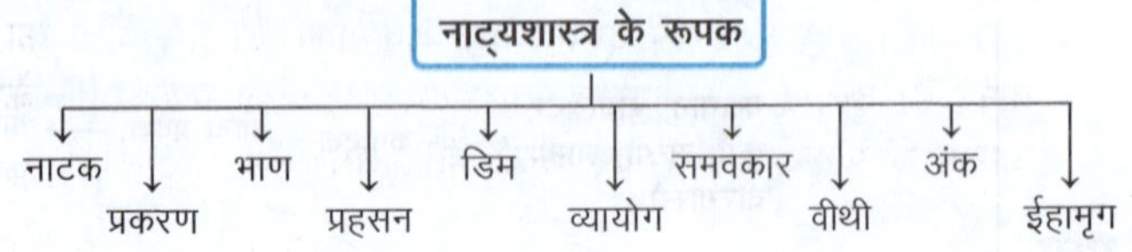

नाटकों का आनुष्ठानिक आरोहण

- नाटक का शुभारम्भ पर्दे के पीछे से पूर्व-राग नामक बहुत-सी पूर्व नाटकीय रीतियों के माध्यम से होता है। उसके पश्चात् सूत्राधार अपने सहायकों के साथ मंच पर आता है। सामान्यत: वह सफेद वस्त्र पहनता है तथा देवताओं से आशीर्वाद लेता है।
- तत्पश्चात् मंच पर नायिका का आगमन होता है। सूत्राधार के द्वारा दर्शकों को नाटक के समय और स्थान की जानकारी दी जाती है, साथ ही नाटककार का संक्षिप्त परिचय प्रस्तुत किया जाता है।
- इसमें पर्दों का प्रयोग नाटक के प्रभाव को बढ़ाने के लिए किया जाता था। इसमें मुखौटों का प्रयोग नहीं होता था।
- इसमें नायक, नायिका तथा विदूषक नाटकों के मुख्य पात्र होते हैं।
- इसमें नायक को सदैव दयालु, शान्त, उद्धृत (उत्तेजित) दिखाया जाता था। यह हमेशा पुरुष होता था।
- इसमें नायिका की पात्र सदैव महिला होती थी। इसमें रानी, महिला मित्र, गणिका, दिव्य स्त्री को चित्रित किया जाता था।
- इनमें विदूषक हास्य कलाकार होता था, जो नायक का मित्र होता था और व्यंग्य के माध्यम से दर्शकों का मनोरंजन करता था।

संस्कृत के प्रमुख नाटक एवं नाटककार

कालिदास

- कालिदास संस्कृत साहित्य के सर्वश्रेष्ठ नाटककार एवं महाकवि हैं। इनका जन्म मध्य प्रदेश में हुआ था।
- कालिदास का जीवन काल उन्हें परम्परा से चन्द्रगुप्त विक्रमादित्य (चौथी-पाँचवीं शताब्दी ई.) नामक राजा की सभा के नवरत्नों में एक माना जाता है।
- कालिदास की नाट्यकला नाटक के प्रमुख तत्त्व वस्तु, नेता और रस माने गए हैं, इन सभी में कालिदास की अद्भुत प्रतिभा प्रतिफलित हुई है। कालिदास के संवाद-प्रयोग भी ध्वन्यात्मक हैं अर्थात् वे प्रतिपाद्य की भावी घटनाओं का संकेत करते हैं।

कालिदास के नाटक

- मालविकाग्निमित्रम् इसमें शुंगवंशीय राजा अग्निमित्र का दासी के वेश में रहने वाली विदर्भ-राजकुमारी मालविका के प्रति प्रेम वर्णित है। इसमें कुल पाँच अंक हैं।
- विक्रमोर्वशीयम् इसमें राजा पुरुरवा/विक्रम और अप्सरा उर्वशी की प्रेम-कथा का वर्णन है। यह कथा ऋग्वेद और ब्राह्मण-ग्रन्थों में भी वर्णित है। इसे पाँच अंकों में विभाजित किया गया है।
- अभिज्ञानशाकुन्तलम् इसमें दुष्यन्त तथा शकुन्तला की प्रेम-कथा का वर्णन है। दुष्यन्त हस्तिनापुर के राजा तथा शकुन्तला कण्व मुनि के आश्रम में पलने वाली सुन्दर कन्या थीं। इसमें सात अंक हैं।

भास

- वर्ष 1909 में गणपति शास्त्री ने केरल के पद्मनाभपुरम् में 105 पृष्ठों की पाण्डुलिपि प्राप्त की तथा इसका रचयिता भास को माना। भास का उल्लेख कालिदास ने अपने नाटक मालविकाग्निमित्रम् की प्रस्तावना में किया है।
- पाण्डुलिपि कागज, छाल, धातु, ताड़ के पत्ते या किसी अन्य सामग्री पर कम-से-कम 75 वर्ष पहले लिखा गया हस्तलिखित ग्रन्थ होता है।
- भास को चतुर्थ शताब्दी पूर्व का माना जा सकता है।
- भास की नाट्यकला भरत के रूपकों को संस्कृत भाषा के प्राचीनतम उपलब्ध रूपक की संज्ञा दी गई है। इनमें नाट्यकला के विकास का प्रारम्भिक रूप प्राप्त होता है। भास के नाटक घटना प्रधान हैं।
- भास के नाटक भास को विशेष रूप से स्वप्नवासवदत्ता नाटक के कारण ही ख्याति मिली। यह उदयन तथा वासवदत्ता की प्रसिद्ध कथा पर आधारित है। भास के नाटक रामायण तथा महाभारत पर आश्रित होते हैं। प्रतिमा और अभिषेक रामायण पर आश्रित नाटक हैं। बालचरित, पंचरात्र, मध्यमव्यायोग, दूतवाक्य, दूतघटोत्कच, कर्णभार तथा उरुभंग नामक रूपक महाभारत पर आश्रित हैं।

शूद्रक (200 ई.पू.-6वीं शताब्दी)

शूद्रक का संस्कृत साहित्य में महत्त्वपूर्ण स्थान है। मृच्छकटिकम् की प्रस्तावना में शूद्रक का परिचय तीन पद्यों में दिया गया है कि वे शारीरिक सौन्दर्य से विभूषित, ब्राह्मणों में प्रमुख, अगाध शक्ति सम्पन्न एवं कवि थे।

- शूद्रक की नाट्यकला शूद्रक की एकमात्र उपलब्ध कृति मृच्छकटिकम् संस्कृत वाङ्मय का एक अद्भुत रूपक है, जिसे कवि कल्पित कथानक के आधार पर प्रकरण की श्रेणी में रखा जाता है।
- शूद्रक का जीवन काल 200 ई. पू. से लेकर छठी शताब्दी ई. तक मृच्छकटिकम् तथा शूद्रक का काल माना जाता है। कल्हण की राजतरंगिणी में भी इनका उल्लेख मिलता है।
- शूद्रक का नाटक शूद्रक ने मृच्छकटिकम् नाटक लिखा है। इस नाटक में दस अंकों के प्रकरण के अन्तर्गत परम्परागत राजा-रानी के प्रेम-प्रसंग का वर्णन न करके चारूदत्त नामक दरिद्र ब्राह्मण तथा वसन्तसेना नामक गणिका के प्रेम-प्रसंग का वरण प्रस्तुत किया गया है।

विशाखदत्त (300 ई.पू.)

- संस्कृत नाट्य जगत में एकमात्र राजनीतिक नाटक मुद्राराक्षस के लेखक के रूप में विशाखदत्त की कीर्ति जीवन्त है। इस ग्रन्थ की प्रस्तावना से ज्ञात होता है कि विशाखदत्त राज-परिवार से सम्बद्ध थे। प्रस्तावना में इन्हें सामन्त बटेश्वरदत्त का पौत्र तथा महाराज पृथुदत्त का पुत्र बताया गया है।
- विशाखदत्त का जीवन काल सर्वप्रथम मुद्राराक्षस की चर्चा धनिक द्वारा दशरूपावलोक में की गई। धनिक का जीवन काल 1000 ई. माना गया है। इस आधार पर विद्वानों ने विशाखदत्त का जीवन काल 300 ई. के आस-पास का माना है। कुछ स्रोतों में इन्हें चन्द्रगुप्त का समकालीन माना जाता है।
- विशाखदत्त की नाट्यकला विशाखदत्त ने अपने नाटक को चरित्रमूलक नहीं, अपितु घटना प्रधान बनाया है। अलंकारों का प्रयोग केवल विषय-वस्तु को सुगम बनाने के लिए किया गया है।
- विशाखदत्त के नाटक विशाखदत्त द्वारा लिखित मुद्राराक्षस एक अनुपम नाटक है, जिसमें लेखक ने परम्परागत नाट्य-रूढ़ियों का परित्याग करके नवीन मार्ग का प्रवर्तन किया है।

हर्षवर्द्धन (606-647 ई.पू.)

- हर्षवर्द्धन पुष्यभूति राजवंश से सम्बन्ध रखता था, जिसकी स्थापना पाँचवीं या छठी शताब्दी में हुई थी।
- हर्षवर्द्धन का जीवन काल राजा हर्षवर्द्धन का शासनकाल 606 ई. से 647 ई. के मध्य था। यह स्थानेश्वर (कुरुक्षेत्र के पास) का इतिहास प्रसिद्ध राजा था। इसके समय में चीनी यात्री ह्वेनसांग भारत आया था।
- हर्षवर्द्धन के नाटक हर्षवर्द्धन ने तीन रूपक लिखे हैं, जिनमें दो नाटिकाएँ हैं—प्रियदर्शिका और रत्नावली तथा एक नाटक है—नागानन्द। जिनका विवरण निम्न है

रत्नावली

- प्रियदर्शिका यह चार अंकों वाली नाटिका है, जिसकी विषय-वस्तु राजा उदयन और सम्राट दृढ़वर्मन की पुत्री प्रियदर्शिका का मिलन है।
- रत्नावली यह नाटिका राजा उदयन और सिंहल देश की राजकुमारी रत्नावली के प्रेम और विवाह के बारे में है।
- नागानन्द यह जीमूतवाहन की कथा से सम्बद्ध है और इसमें पाँच अंक हैं। इसके पूर्वार्द्ध में जीमूतवाहन और मालयवती की प्रेमकथा का वर्णन है, किन्तु उत्तरार्द्ध में जीमूतवाहन के आत्म-त्याग की कथा है।

भवभूति (680-750 ई.पू.)

- मालतीमाधव की प्रस्तावना से ज्ञात होता है कि ये विदर्प-गोत्रीय तथा उदुम्बरवंशी ब्राह्मण परिवार में उत्पन्न हुए थे।
- भवभूति का जीवन काल विभिन्न विद्वानों तथा विभिन्न ग्रन्थों के आधार पर भवभूति का काल 680 से 750 ई. के मध्य निर्धारित किया गया है।
- भवभूति की नाट्यकला भवभूति ने रामायण जैसे आर्ष महाकाव्य से कथावस्तु का आश्रय लेने पर भी अपने नाटकों की कथावस्तु को घटनाओं के सार्थक संयोजन एवं स्वाभाविक वर्णन के कारण अत्यन्त नाटकीय रूप प्रदान किया है। नाटक की मूलकथा और उससे जुड़ी सभी घटनाओं को कथावस्तु कहते हैं। नाटकों में श्रृंगार अथवा करुण रस के भावाभिव्यक्ति पर ध्यान दिया गया है।
- भवभूति के नाटक भवभूति के प्रमुख तीन नाटक हैं-मालतीमाधव, महावीरचरित तथा उत्तररामचरितम्।
- कतिपय विद्वानों द्वारा मालतीमाधव को उनकी प्रथम नाट्यकृति माना गया है। इसके अतिरिक्त महावीरचरित और उत्तररामचरितम् की कथा परस्पर सम्बद्ध हैं।

संस्कृत नाट्यकला के अवसान के कारण

संस्कृत नाट्यकला के अवसान के निम्नलिखित प्रमुख कारण थे

- काव्य (कविता) की ओर नाटककारों के अत्यधिक झुकाव के कारण नाट्यकला का अवसान प्रारम्भ हुआ। इसका परिणाम यह हुआ कि काव्यात्मक लेखन ने नाटकीय रचनाओं का स्थान ले लिया।
- अत्यधिक अलंकृत होने के कारण संस्कृत नाट्यकला की लोकप्रियता सामान्य जनमानस में कम होने लगी। कालान्तर में पालि और प्राकृत भाषाओं ने सामान्य जनमानस में अपनी गहरी पैठ बना ली। संस्कृत धार्मिक दायरे एवं ब्राह्मणों के मध्य सिमटती चली गई।
- संस्कृत नाट्यकला के अवसान में मुस्लिम आक्रमणों ने भी महत्त्वपूर्ण भूमिका निभाई।
- मुस्लिम शासकों ने नाट्यकला के स्थान पर नृत्य और संगीत को वरीयता दी, जिसके परिणामस्वरूप संस्कृत नाट्यकला का पतन हो गया।

लोक नाट्यकला

- भारत के विभिन्न राज्यों में भिन्न-भिन्न प्रकार के लोक नाट्यकलाओं का प्रचलन रहा है। इन लोक नाट्यकलाओं के माध्यम से सामाजिक नियमों, मान्यताओं और रीतियों का प्रदर्शन किया जाता है।
- लोक नाट्यकला का जुड़ाव संस्कृत नाटकों के विपरीत सामान्य जनमानस से रहा है। इन लोक नाट्यकलाओं की विषय-वस्तु मुख्य भक्तिमय होती है। इसके माध्यम से स्थानीय प्रेम-गाथागीतों तथा नायकों की कहानियों को भी प्रस्तुत किया जाता है।
- अधिकतर लोक नाट्यकलाओं की प्रकृति पन्थनिरपेक्ष होती है। स्वतन्त्रता के पश्चात् लोक नाट्यकला सामाजिक मनोरंजन का साधन बनने के साथ-साथ सामाजिक बुद्धिमत्ता के प्रसारण की लोकप्रिय पद्धति बन गई।

भारत की लोक नाट्यकलाएँ

दक्षिण भारत की प्रमुख लोक नाट्यकलाएँ	
भूत-आराधना (कर्नाटक)	◆ भूत का तात्पर्य आत्मा होता है। यह एक आनुष्ठानिक नाट्यकला है। कोल को भूत पूजा का प्रमुख रूप माना जाता है।
यक्षगान (कर्नाटक एवं केरल)	◆ 14वीं शताब्दी में इसका उद्भव विजयनगर साम्राज्य के राजदरबार में हुआ। इसे जक्कुल वारुनामक विशिष्ट समुदाय द्वारा किया जाता है। ◆ इस नाट्यकला पर वैष्णव भक्ति आन्दोलन का अत्यधिक प्रभाव परिलक्षित हुआ है।
चविट्टु नाटककामी (केरल)	◆ चविट्टु एक प्राचीन समुद्री नाट्यकला रूप है। यह ईसाई कला से प्रभावित है। ◆ इसमें यूरोपीय तथा केरल कला का सम्मिश्रण होता है। इस नाट्यकला का विषय बाइबिल की कहानियाँ और महान ईसाई योद्धाओं की वीरता है। ◆ इसकी उत्पत्ति का पता इस क्षेत्र में पुर्तगालियों के आगमन से लगाया जा सकता है।
ओग्गु कथा (आन्ध्र प्रदेश)	◆ भगवान शिव से जुड़े छोटे-से डमरू को ओग्गु कहा जाता है। इसी के नाम पर इसका नाम ओग्गु कथा रखा गया। ◆ दक्कन पठार के कुरूमा और गोलया (यादव) जैसे चरवाहा समुदायों द्वारा इसका प्रदर्शन किया जाता है।
मुदियेत्तु (केरल)	◆ यह प्राचीनकाल से ही केरल के देवी काली के मन्दिरों मे आयोजित किया जाने वाला आनुष्ठानिक नृत्य नाटक है। यह शैली देवी काली द्वारा दारिका नामक दैत्य के संहार के कारण बुराई पर अच्छाई के विजय का प्रतीक है। ◆ इसे यूनेस्को द्वारा मानवता की मौखिक एवं अमूर्त विरासत की श्रेष्ठ कृतियों की सूची में सम्मिलित किया गया है।
जादीपट्टी (महाराष्ट्र)	◆ जादीपट्टी लोकनाट्य जादी शब्द से बना है। चावल को स्थानीय भाषा में जादी कहा जाता है। ◆ इसका प्रदर्शन फसल के मौसम में चावल की खेती वाले क्षेत्रों में किया जाता है। ◆ जादीपट्टी व्यावसायिक और लोकनाट्य का सम्मिलित रूप है।
कुटियाट्टम (केरल)	◆ इसका उद्भव चाक्यार अभिनेताओं द्वारा मन्दिरों के प्रांगण में संस्कृत नाटकों से हुआ। ◆ सर्वप्रथम वर्ष 1962 में इसका प्रस्तुतीकरण मणिमाधव चाक्यार के द्वारा चेन्नई में किया गया। ◆ इसे यूनेस्को की मानवता की मौखिक एवं अमूर्त विरासत की श्रेष्ठ कृतियों की सूची में शामिल किया गया है।

दक्षिण भारत की प्रमुख लोक नाट्यकलाएँ	
पोवाड़ा (महाराष्ट्र)	• इस नाट्यकला की शुरुआत का सम्बन्ध मराठा शासक शिवाजी महाराज से है। • यह स्वांग गीतिकाव्य है तथा इसे गोंधल (गोंधिया) तथा शाहिर के नाम से प्रसिद्ध संगीतकारों द्वारा गाया जाता है।
दशावतार (महाराष्ट्र)	• यह सिन्धुदुर्ग, कोंकण तथा उत्तरी गोवा के किसानों द्वारा की जाने वाली नाट्यकला है। • इसके माध्यम से भगवान विष्णु के दस अवतारों को सम्मान प्रदान किया जाता है।
तमाशा (महाराष्ट्र)	• यह महाराष्ट्र की लोकनाट्य शैली है। प्रारम्भ में यह ऐसे लोगों के समूह के रूप में जानी जाती थी, जिनमें नाचने-गाने वाले होते थे। • इस शैली ने चलचित्रों तथा आधुनिक रंगमंच को भी प्रभावित किया है। **ज्योतिबा फुले** द्वारा जाति बन्धन को तोड़ने के लिए सत्यशोधक जलसे में तमाशा नाटक का प्रयोग किया गया था।
रणमाले (गोवा)	• इसके माध्यम से रामायण तथा महाभारत जैसे पौराणिक ग्रन्थों पर आधारित कहानियों का मंचन किया जाता है। • इसे कोंकण तथा गोवा में शिग्मो (बसन्तोत्सव) के रूप में भी मनाया जाता है।
बायलता (कर्नाटक)	• यह यक्षगान का एक रूप है। इस नाट्यकला की प्रस्तुति राधा-कृष्ण की प्रेम कहानी पर आधारित होती है।
ताल-मड्डाले (कर्नाटक एवं केरल)	• इसे यक्षगान का पूर्वानुगामी माना जाता है। • यह नाटक बैठी हुई अवस्था में तथा बिना किसी विशेष पोषाक, नृत्य और अभिनय के प्रस्तुत किया जाता है।
थेय्यम (केरल)	• थेय्यम के प्रदर्शन में एक खुला नाट्यमंच होता है। इसकी प्रस्तुति स्थानीय मन्दिरों के समक्ष की जाती है। मुख्य रूप से इसमें वैष्णववाद, शाक्तवाद एवं शैववाद के प्रसंग होते हैं। थेय्यम में कलाकार अलकृत पगड़ियाँ और रंग-बिरँगे परिधान धारण करते हैं।
कृष्णाट्टम (केरल)	• यह रँगारंग नाट्यकला परम्परा है। यह आठ दिनों तक चलने वाली नाट्यकला है। • इसके प्रदर्शन के दौरान भगवान कृष्ण की लीलाओं का वर्णन किया जाता है।
कुरुवंजी (तमिलनाडु)	• कुरुवंजी की उत्पत्ति 300 वर्ष पूर्व हुई थी। इसकी मुख्य विशेषताएँ तमिल कविता और गीत हैं। तिरिकूड रसप्पा कविरियार द्वारा प्रथम कुरुवंजी की रचना की गई थी। कुरुवंजी का तात्पर्य **भविष्य-वक्ता** होता है। यह नायिका के भाग्य की भविष्यवाणी करता है। • इसे एक नृत्य गाथागीत के रूप में प्रदर्शित किया जाता है। इसकी मुख्य नृत्य विद्या भरतनाट्यम है।
तेरुक्कट्टू/ थेरुकुथु (तमिलनाडु)	• यह महाभारत और रामायण जैसे महाकाव्यों पर आधारित नाट्यकला है। • यह तमिलनाडु के साथ श्रीलंका के तमिल क्षेत्रों में प्रचलित एक नुक्कड़ नाटक है। • यह नाटक **चतुर मंच संचालन** के साथ संगीत, नृत्य, गीत और ड्रामा का सम्मिश्रण है।
बुर्रा कथा (आन्ध्र प्रदेश)	• यह लोकप्रिय कथा-वाचन परम्परा है। इसके प्रदर्शन के दौरान व्यापक रूप से प्रयुक्त एक वाद्ययन्त्र बुर्रा के नाम पर इसका नाम रखा गया है।
तियात्र (गोवा)	• इसका मंचन कोंकणी में किया जाता है। यह संगीत, नृत्य और गायन का सम्मिलित रूप है। • इसे गोवा की संस्कृति का आईना भी कहा जाता है।

उत्तर-पूर्व की प्रमुख लोक नाट्यकलाएँ	
अंकिया नाट (असम)	• यह असम में खेली जाने वाली एकांकी नाट्य शैली है। इसके विषय वैष्णव परम्परा से लिए गए हैं। • इस नाट्य का प्रारम्भ शंकरदेव तथा उनके शिष्य माधवदेव द्वारा 15वीं-16वीं शताब्दी ई. में किया गया। • इस नाट्य में असमिया तथा ब्रजबुली भाषा का प्रयोग किया जाता है। इसमें भगवान कृष्ण की लीलाओं की प्रस्तुति दी जाती है। • इस नाट्य के दौरान गायन-वाचन मण्डली के द्वारा खोल तथा करताल बजाया जाता है। • ओपेरा शैली में प्रदर्शित इस नाट्य में मुखौटों का प्रयोग किया जाता है।
ओजापाली (असम)	• यह वर्णनात्मक शैली की नाट्यकला है। इस नाट्य को वासुकी नाग की बहन मनसा देवी या नागदेवी को समर्पित किया जाता है। • इस नाट्यकला के वाचन की तीन विधियाँ बनिया खण्ड, भटियाली खण्ड तथा देव खण्ड हैं। • इस नाट्यकला में मुख्य कथा वाचक को ओजा तथा सह-गायकों को पाली कहा जाता है।
भाओना (असम)	• इसके माध्यम से अंकिया नाट तथा वैष्णव प्रसंगों की प्रस्तुति दी जाती है। • असम के माजुली द्वीप में लोकप्रिय इस लोक नाट्यकला का सूत्रपात शंकरदेव द्वारा किया गया था।

शेष भारत की प्रमुख लोक नाट्य कलाएँ	
रामलीला (उत्तर प्रदेश)	• यह मुख्यत: गीतों, नृत्यों तथा संवादों पर आधारित रामायण का मंचन है। • भगवान राम की लीलाओं पर आधारित रामलीला का आयोजन उत्तर प्रदेश में दशहरे से पूर्व 10 दिनों तक किया जाता है। • गोस्वामी तुलसीदास द्वारा रचित रामचरितमानस पर आधारित रामलीला का प्रारम्भ स्वयं गोस्वामी जी द्वारा काशी में किया गया था। • यूनेस्को के द्वारा वर्ष 2005 में **रामलीला लोकनाट्य** को मानवता की मौखिक एवं अमूर्त विरासत की श्रेष्ठ कृतियों की सूची में सम्मिलित किया गया है।
नौटंकी (उत्तर प्रदेश)	• यह मूलत: उत्तर प्रदेश की नाट्य शैली है तथा इसका नामकरण **शहजादी नौटंकी** नामक नाटक के आधार पर किया गया है। इस शैली के विषय प्रेम, त्याग, वीरता आदि पर आधारित होते हैं। • इसमें प्राय: दोहा, चौबोला आदि छन्दों का प्रयोग किया जाता है। इसकी कानपुर, लखनऊ तथा हाथरस शैलियाँ प्रसिद्ध हैं।

शेष भारत की प्रमुख लोक नाट्य कलाएँ	
जश्न/भाण्ड जश्न (कश्मीर)	◆ कश्मीर की यह नाट्य शैली वस्तुत: **प्रहसन** कही जा सकती है, जिसका प्रदर्शन करने वाले लोक कलाकार भाण्ड कहे जाते हैं। यह शैली संस्कृत नाटकों से प्रभावित होती है।
करयाला (हिमाचल प्रदेश)	◆ यह नाट्य शैली हिमाचल प्रदेश से सम्बन्धित है। इसमें जीवन एवं मृत्यु के गूढ़ प्रश्नों पर विचार किया जाता है।
माचा (मध्य प्रदेश)	◆ यह मध्य प्रदेश की संगीतमय नाट्य शैली है। इस संगीतमय नाट्य परम्परा का जन्म एवं विकास लगभग 200 वर्ष पूर्व उज्जैन में हुआ था। ◆ माचा, मंच शब्द से बना है। इसके विषय पौराणिक आख्यानों, प्रेमाख्यानों, वीरतापूर्ण ऐतिहासिक प्रसंगों तथा समकालीन शास्त्रीय जीवन आदि पर आधारित होते हैं। ◆ माचा नृत्य-नाटक का मंचन होली के त्योहार के समय किया जाता है।
रासलीला (गुजरात)	◆ इसमें राधा-कृष्ण की प्रेम कहानियों का मंचन किया जाता है। ◆ ब्रजमण्डल वृन्दावन (उत्तर प्रदेश) को इस नाट्यकला की उत्पत्ति का क्षेत्र माना जाता है। ◆ यह कला मणिपुर में भी काफी प्रचलित है।
गरोड़ा (गुजरात)	◆ यह ब्राह्मण समुदाय की लोकप्रिय नाट्यकला है। ◆ इसमें वीरता के साथ-साथ रूमानियत के दृश्यों को भी सम्मिलित किया जाता है।
भवाई (राजस्थान और गुजरात)	◆ यह भारत के पश्चिमी भागों में विशेषकर **राजस्थान** तथा **उत्तरी गुजरात** से उत्पन्न लोकनाट्य विधा है। भवाई के अन्तर्गत धार्मिक, पौराणिक, सामाजिक आदि विषयों पर आधारित नाटिकाओं की क्रमिक प्रस्तुति दी जाती है।
जात्रा (ओडिशा, बिहार, असम)	◆ यह एक लोकप्रिय लोकनाट्य शैली है, जो बांग्ला भाषी क्षेत्रों (पश्चिम बंगाल, बांग्लादेश, त्रिपुरा) के साथ-साथ असम, ओडिशा, बिहार आदि में भी लोकप्रिय है। ◆ 16वीं सदी में इस नाट्य शैली के प्रारम्भ एवं विकास का श्रेय **चैतन्य महाप्रभु** को कृष्ण लीला को प्रदर्शित करने के सन्दर्भ में दिया जाता है। ◆ फणीभूषण विनोद पहले जात्रा कलाकार थे, जिन्हें वर्ष 1968 में संगीत नाटक अकादमी सम्मान प्रदान किया गया था।
ख्याल (राजस्थान)	◆ यह राजस्थान की लगभग 400 वर्ष पुरानी **नृत्य नाटिका शैली** है। ◆ ख्याल में गायन एवं वादन की विशिष्ट शैली का प्रयोग किया जाता है तथा इस नाट्य शैली में राजस्थान की सांस्कृतिक विशिष्टता प्रभावी रूप से उभरकर सामने आती है।
स्वांग (हरियाणा)	◆ यह एक लोकप्रिय हरियाणवी लोक रंगमंच शैली है। इसकी कथावस्तु लोकप्रिय पौराणिक आख्यानों पर आधारित होती है। ◆ स्वांग की दो प्रमुख शैलियाँ-रोहतक एवं हाथरस हैं। रोहतक शैली में हरियाणवी (बंगरू) भाषा तथा हाथरस शैली में ब्रज भाषा की प्रधानता है। ◆ इसके प्रदर्शन में मुख्य वाद्ययन्त्रों में एकतारा, हारमोनियम, सारंगी, ढोलक और खरताल का प्रयोग किया जाता है। इस नृत्य में संवाद अदायगी (डॉयलॉग डिलीवरी) के साथ (नकल) मिमिक्री भी की जाती है।
रम्मन (उत्तराखण्ड)	◆ यह कर्मकाण्ड लोकनाट्य की श्रेणी में आता है, जो भूमियाल देवता (स्थानीय देवता) को समर्पित किया जाता है। ◆ इसके माध्यम से राम कथा को प्रदर्शित किया जाता है। ◆ इसे मानवता की अमूर्त सांस्कृतिक विरासत के रूप में यूनेस्को की प्रतिनिधि सूची में सम्मिलित किया गया है।
दसकठिया (ओडिशा)	◆ इसमें गायक (मुख्य गायक) तथा पालिया (सह-कथा वाचक) दो कथावाचक होते हैं। ◆ इसमें कथा वर्णन के साथ-साथ नाटकीय संगीत की जुगलबन्दी की जाती है। ◆ इसमें कठिया नामक वाद्ययन्त्र का प्रयोग किया जाता है। यह लकड़ी से निर्मित होता है। ◆ भगवान शिव को समर्पित इस विधा का एक सन्निकट रूपान्तर चैती घोड़ा है। ◆ चैती घोड़ा में दो वाद्ययन्त्रों (ढोल तथा मोहरी) एवं तीन कथावाचकों का प्रयोग किया जाता है।
नाचा/नाच (छत्तीसगढ़)	◆ इसका मंचन सामान्यत: रात्रि में किया जाता है। इसकी मुख्य विशेषता हास्य है। ◆ इसके चार रूप (खड़े साज नाच, गण्डवा नाच, देवर नाच और बैठे साज नाच) हैं।

अन्य प्रमुख लोकनाट्य शैलियाँ

लोकनाट्य	सम्बन्धित क्षेत्र	विशेषता
विदेशिया	उत्तरी (बिहार)	यह उत्तरी बिहार के ग्रामीण जीवन पर आधारित एक सामाजिक नाट्य शैली है, इसका मंचन देशी मेलों में किया जाता है।
जाट-जटिन	मिथिला (बिहार)	इसमें महिला की मुख्य भूमिका होती है।
विद्यापति नाच	पूर्णिया (बिहार)	यह प्रसिद्ध कवि विद्यापति के नाम पर प्रारम्भ होता है।
प्रहलाद नाटक	गंजाम (ओडिशा)	भक्त प्रहलाद की कथा, अभिनय या दृश्य विधान के बिना लम्बी कलाकृति के रूप में की जाती है।
बडागू टिट्टू	तटीय (कर्नाटक)	यक्षगान की जैसी एक दक्षिणी शैली है।

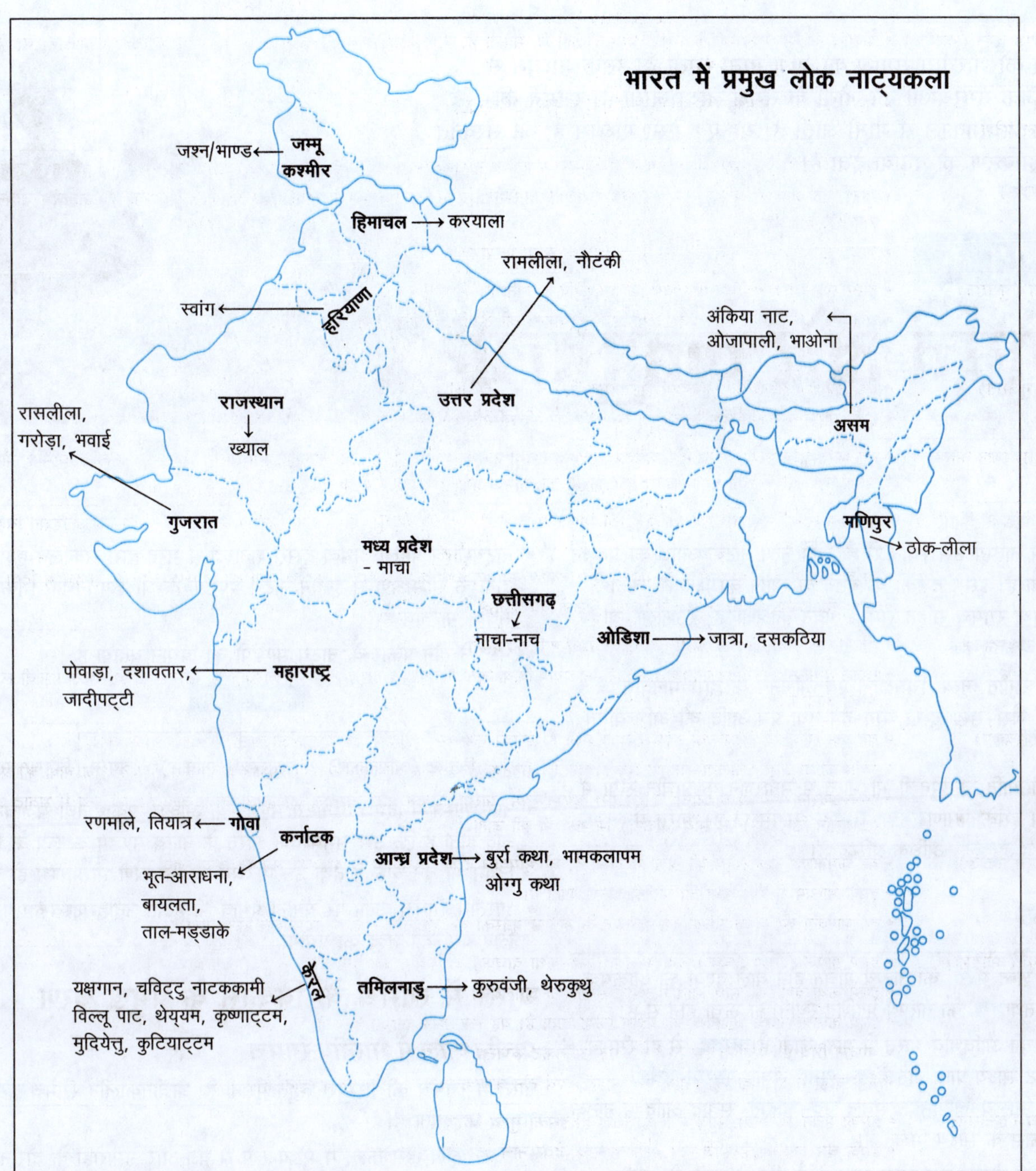
भारत में प्रमुख लोक नाट्यकला
जश्न/भाण्ड ← जम्मू कश्मीर
हिमाचल → करयाला
रामलीला, नौटंकी
स्वांग ← हरियाणा
अंकिया नाट, ओजापाली, भाओना
उत्तर प्रदेश
राजस्थान
ख्याल
रासलीला, गरोड़ा, भवाई
असम
गुजरात
मणिपुर → ठोक-लीला
मध्य प्रदेश - माचा
छत्तीसगढ़
नाचा-नाच
ओडिशा → जात्रा, दसकठिया
पोवाड़ा, दशावतार, जादीपट्टी ← महाराष्ट्र
रणमाले, तियात्र ← गोवा
कर्नाटक
आन्ध्र प्रदेश → बुर्रा कथा, भामकलापम ओग्गु कथा
भूत-आराधना, बायलता, ताल-मड्डाके
यक्षगान, चविट्टु नाटककामी विल्लू पाट, थेय्यम, कृष्णाट्टम, मुदियेत्तु, कुटियाट्टम
केरल
तमिलनाडु → कुरुवंजी, थेरुकुथु

रंगमंच को भारतीय समाज का दर्पण माना जाता है। इसके माध्यम से सामाजिक समस्याओं को लोगों के समक्ष लाया जाता है। रंगमंच की उत्पत्ति प्राचीनकाल से मानी जाती है। यह एक ऐसा माध्यम है, जो संस्कृति के साझाकरण को बढ़ावा देता है।

अध्याय नौ

रंगमंच और कठपुतली

रंगमंच का तात्पर्य उस स्थान से है, जहाँ नृत्य नाटक आदि का प्रदर्शन किया जाता है। इसमें दर्शकों के बैठने के स्थान को प्रेक्षागार कहा जाता है तथा रंगमंच सहित सम्पूर्ण भवन को प्रेक्षागृह, रंगशाला या नाट्यशाला कहते हैं।

रंगमंच में संगीत, नृत्य, चित्रकला एवं अभिनय के द्वारा मानवीय भावनाओं; जैसे-सुख-दु:ख, राग-द्वेष तथा प्रेम आदि की अभिव्यक्ति होती है।

रंगमंच की भाँति, कठपुतली भी भारत में मनोरंजन के प्राचीन रूपों में से एक है। इसके प्रमाण हड़प्पा सभ्यता से मिलते हैं। भारत में दस्ताना तथा छाया कठपुतली अधिक प्रसिद्ध हैं।

रंगमंच

- रंगमंच शब्द में रंग का तात्पर्य मंचित होने वाले दृश्यों को आकर्षक बनाना तथा मंच का तात्पर्य प्रदर्शित स्थान का ऊँचा होने से है।
- रंगमंच का आविर्भाव भारत से माना जाता है। ऋग्वेद से ही रंगमंच के स्पष्ट साक्ष्य प्राप्त होते हैं। यम-यमी संवाद, पुरुरवा-उर्वशी संवाद, अगस्त्य-लोपामुद्रा संवाद, इन्द्र-अदिति संवाद आदि में नाटक के विकास के साक्ष्य मिलते हैं।
- नाटक का तात्पर्य ऐसे काव्य ग्रन्थ से है, जिसमें स्वांग के द्वारा प्रदर्शित चरित्रों तथा व्यक्तियों का वर्णन हो, यही कारण है कि नाटक को दृश्य काव्य या अभिनव ग्रन्थ भी कहा जाता है।
- नाटकों में नटों की वेशभूषा, भाव-भंगिमाओं, संवादों आदि से घटनाओं का प्रदर्शन किया जाता है।

रंगमंच का प्रारम्भिक स्वरूप

- रंगमंच कला की उत्पत्ति वैदिक काल से ही मानी जाती है। भरत द्वारा नाट्यशास्त्र से नाट्य मण्डप के प्राचीन स्वरूप का संकेत मिलता है।
- नाट्यशास्त्र पहली अथवा दूसरी शताब्दी में भरत द्वारा संकलित हुआ। इन दोनों के सम्मिश्रण से इन्होंने नाट्य मण्डपों के जो रूप निर्धारित किए, वे सर्वथा भारतीय हैं।
- भरत ने तीन प्रकार के नाट्य मण्डपों का विधान बताया है

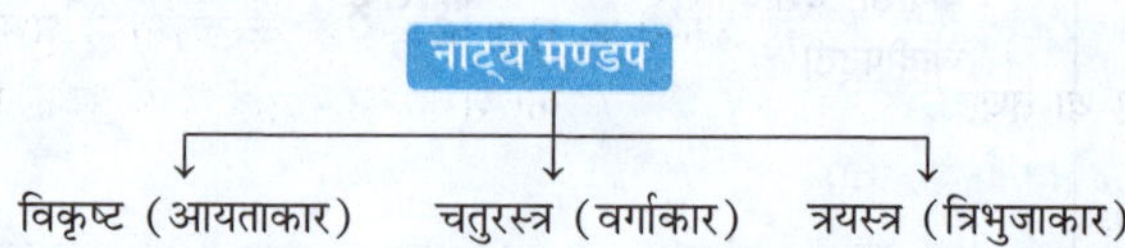

- नाट्यशास्त्र में दिए हुए नाट्य मण्डप के आकार-प्रकार तथा सजावट से ऐसा ज्ञात होता है कि उस समय तक भारत के नाट्य मण्डप के रूप के विषय में नियम भी बन चुके थे तथा उन पर धर्म का नियन्त्रण भी प्रारम्भ हो चुका था।
- भारतीय रंगमंच कला पर यूनानी प्रभाव भी हुआ। उदाहरणस्वरूप, पर्दे के लिए यवनिका शब्द का प्रयोग।

भारत में रंगमंच के विकास के प्रमुख चरण

प्राचीन काल में भारतीय रंगमंच

भारत में रंगमंच की परम्परा बहुत पुरानी है। प्राचीनकालीन रंगमंच शास्त्रीय रंगमंच कहलाता है।

- वैदिक काल इस काल में मुख्य रूप से यज्ञ और समारोहों के दौरान नाट्य प्रस्तुतियाँ होती थी। इसमें देवताओं की स्तुति, यज्ञों का वर्णन और धार्मिक विषयों पर आधारित सामग्री शामिल होती थी।
- रामायण और महाभारत काल इस काल में महाकाव्यों, जैसे—रामायण और महाभारत के आधार पर नाटक लिखे गए। इन नाटकों में धर्म, नैतिकता और जीवन के आदर्शों को प्रदर्शित किया जाता था।
- संस्कृत नाटक का विकास छठी शताब्दी ईसा पूर्व में भरत मुनि ने अपने नाट्य शास्त्र में नाटक के सिद्धान्तों और तकनीकों का विस्तृत वर्णन किया। इस ग्रन्थ में रंगमंच के विभिन्न प्रकार, अभिनय के नियम, संगीत और नृत्य के तत्त्वों को शामिल किया गया है।

औपनिवेशिक काल में भारतीय रंगमंच

औपनिवेशिक काल में भारतीय रंगमंच को एक नया मोड़ प्राप्त हुआ, अंग्रेजों के आगमन के साथ भारतीय रंगमंच में अनेक परिवर्तन आए

- यथार्थवाद और प्राकृतिकता इस काल में रंगमंच ने अधिक यथार्थवादी दृष्टिकोण तथा सजीव एवं प्राकृतिक प्रस्तुति दी। नाटकों ने दैनिक जीवन की घटनाओं तथा समाज की समस्याओं को अत्यधिक दर्शाया।
- प्रोसेनियम तथा शेक्सपीयर का प्रभाव अंग्रेजी रंगमंच की प्रथाओं का भारतीय रंगमंच पर व्यापक प्रभाव पड़ा। प्रोसेनियम (रंगभूमि के आगे का भाग) तथा शेक्सपियर के नाटकों से प्रेरित नवीन रंगमंच का आविर्भाव हुआ।
- व्यवसायीकरण 1870 ई. के पश्चात् रंगमंच के टिकटरूप का पदार्पण हुआ तथा अब यह एक व्यावसायिक गतिविधि बन गया।

आधुनिक भारतीय रंगमंच

- आधुनिक रंगमंच का अर्थ है-आधुनिक काल अर्थात् पिछली 2-3 शताब्दियों की रंगमंचीय गतिविधियाँ।
- ब्रिटिश शासक भारत में अपनी नाट्य शैली लेकर आए, जिसकी भारत में लम्बे समय से विद्यमान नाट्य शैलियों के साथ परस्पर क्रिया हुई तथा भारतीय नाट्य शैली पर ब्रिटिश थियेटर का प्रभाव पड़ा।
- गॉटहोल्ड एफ्राइम लेसिंग तथा शेक्सपियर के कार्यों के रूपान्तरण ने भी आधुनिक भारतीय रंगमंच को गति प्रदान की।
- प्रथम यूरोपीय थियेटर का प्लासी के युद्ध के पूर्व ही कलकत्ता में शुभारम्भ हो चुका था तथा दूसरे यूरोपीय थियेटर का शुभारम्भ 1795 ई. में हुआ, जिसका नाम लेफेड फेयर था।
- कलकत्ता थियेटर या द न्यू प्लेहाउस की स्थापना 1775 ई. में कलकत्ता में हुई थी। यह 1808 ई. तक सक्रिय रहा।
- इसके पश्चात् 1812 ई. में एथीनियम तथा 1813 ई. में चौरंगी थियेटर कलकत्ता में खुले। इनके प्रदर्शित नाटकों में 1795 ई. में लेवेडर्फ तथा गोलकनाथ दास द्वारा हास्य नाटक लव इज द बेस्ट था।
- 1831 ई. में प्रसन्न कुमार ठाकुर ने हिन्दू रंगमंच की शुरुआत की। इस परम्परा को नवीनचन्द्र बसु, दीनबन्धु मित्र आदि ने आगे बढ़ाया। दीनबन्धु मित्र ने प्रसिद्ध नाटक नीलदर्पण लिखा। माइकल मधुसूदन दत्त के द्वारा मेघनाद वध की रचना की गई।
- हीरालाल सेन द्वारा बंगाल में बनाए गए प्रथम चलचित्र को द स्टार थियेटर, मिनर्वा थियेटर और क्लासिक थियेटर में प्रदर्शित किया गया था।
- श्री रघुपति वेंकय्या द्वारा स्थापित गेइटी थियेटर मद्रास का प्रथम थियेटर था। 1887 ई. में शिमला में भी एक गेइटी थियेटर को स्थापित किया गया।
- 1875 ई. में ब्रिटिश सरकार द्वारा नाटकीय प्रदर्शन अधिनियम लागू किया गया था। हिन्दी नाटकों की परम्परा की शुरुआत भारतेन्दु हरिश्चन्द्र ने की, उन्होंने सत्य हरिश्चन्द्र (1875), भारत दुर्दशा (1876), अन्धेर नगरी (1881) आदि विख्यात नाटक लिखे।

> जयशंकर प्रसाद के आगमन से हिन्दी नाटक के विकास को नई दिशा मिली। देश में राष्ट्रीय चेतना के विकास ने साहित्य को भी प्रभावित किया। जयशंकर प्रसाद ने **चन्द्रगुप्त, स्कन्दगुप्त, अजातशत्रु, ध्रुवस्वामिनी, कल्याणी** आदि नाटकों की रचना की।

- रबीन्द्रनाथ टैगोर ने अपना प्रथम नाटक वाल्मीकि प्रतिमा 20 वर्ष की आयु में लिखा था। रक्तकरबी, चित्रांगदा, पोस्ट ऑफिस आदि उनकी अन्य प्रमुख कृतियाँ हैं।
- भारत में हिन्दी थियेटर आकार में अधिक विस्तृत नहीं रहा है। उसके पश्चात् भी बहुत से राष्ट्रीय कलाकारों ने हिन्दी थियेटर के स्वरूप को सँवारने का सराहनीय प्रयास किया है। उनमें पृथ्वीराज और इब्राहिम अल्काजी का नाम अग्रणी है।
- स्वतन्त्रता पूर्व वर्ष 1943 में कम्यूनिस्ट पार्टी की सांस्कृतिक शाखा के रूप में इण्डियन पीपल्स थियेटर एसोसिएशन (IPTA) की स्थापना हुई। इसे वर्ष 1947 में भंग कर दिया गया था। इस संस्था से जुड़ने वाले प्रमुख व्यक्तियों में बलराज साहनी, पृथ्वीराज कपूर, वीजन भट्टाचार्य, ऋत्विक घटक, उत्पल दत्त आदि के नाम सम्मिलित हैं।
- वर्ष 1944 में पृथ्वी थियेटर की स्थापना हुई। इसके संस्थापक पृथ्वीराज कपूर थे। इस थियेटर के द्वारा 2000 से अधिक नाटक निर्मित किए गए। पृथ्वी थियेटर एक चलता-फिरता रंगमंच था, इसमें 150 से अधिक कलाकार थे, वर्ष 1978 में इसका स्थायी थियेटर मुम्बई में खोला गया।
- वर्ष 1969 में कलाक्षेत्र मणिपुर की स्थापना हेइंसम कन्हाईलाल द्वारा की गई थी।
- वर्ष 1976 में रतन थियोम ने प्रसिद्ध कोरस रिपर्टरी थियेटर की स्थापना की थी।

पारसी रंगमंच

- पारसी रंगमंच विक्टोरियाई शैली से प्रभावित था तथा भव्य दृश्य विधान, अति नाटकीयता, भारी-भरकम भड़कीला परिवेश, यूरोपीय शैली की साज-सज्जा आदि इसकी विशेषताएँ थीं। पारसी रंगमंच का संगीत भारतीय एवं पाश्चात्य संगीत का मिश्रण होता था। प्रत्येक अंक का अन्त झाँकी से होता था।
- पारसी नाटक मण्डली के द्वारा सर्वप्रथम 1853 ई. में रुस्तम जबूली और सोहराब नामक नाटक का मंचन किया गया था।
- पहली पारसी थियेटर कम्पनी 1870 ई. में बनाई गई थी। पारसी थियेटर कम्पनियाँ हिन्दी, उर्दू, गुजराती, अंग्रेजी आदि भाषाओं में नाटक करती थीं। आगा हशरा को पारसी थियेटर का शेक्सपियर माना जाता है।

कन्नड़ रंगमंच

- आधुनिक कन्नड़ एवं रंगमंच का विकास 19वीं सदी के अन्त में कुछ संस्कृत नाटकों के मंचन से हुआ था।
- टी.पी. केलाशम ने वर्ष 1918 में अपने नाटकों के माध्यम से नए युग की शुरुआत की। कालान्तर में शिवराम कारन्त, आद्य रंगाचार्य ने कन्नड़ रंगमंच को आगे बढ़ाया।
- स्वतन्त्रता के पश्चात् कन्नड़ रंगमंच के विकास में गिरीश कर्नाड, पी. लंकेश, वी.वी. कामत, आर नागेश आदि ने अपनी भूमिका प्रदान की।

उड़िया रंगमंच

- काँची कावेरी (रामाशंकर के द्वारा रचित) नामक नाटक को प्रथम उड़िया नाटक माना जाता है। इसका मंचन 1880 ई. में कटक में हुआ था।
- शुरुआती दिनों में उड़िया नाटक बांग्ला के अनूदित थे।
- स्वतन्त्रता के पश्चात् नव्य नाट्य आन्दोलन के समय मनोरंजन दास ने उड़िया नाट्य कर्म का नेतृत्व किया।
- मनोरंजन दास ने इब्सन, ओ नील, इलियट नाटककारों जैसे यूरोपियन की रंगमंचीय तकनीकों का प्रयोग फ्रायड के मनोविज्ञान के साथ मिलाकर किया। बन हंसी उनका प्रमुख नाटक है।
- इनके द्वारा रचित नाटक अरण्य फसल के लिए इन्हें वर्ष 1971 में साहित्य अकादमी पुरस्कार से सम्मानित किया गया और वर्ष 2004 में पद्मश्री से सम्मानित किया गया।
- विजय मिश्रा ने अपने नाटक सबा भक मने के माध्यम से उड़िया नाटक को नई ऊँचाइयाँ प्रदान की।
- विश्वजीत दास के द्वारा रचित मृगया नामक नाटक समकालीन समाज और जीवन की वास्तविकताओं से परिचित कराता एक विख्यात नाटक है।

गुजराती रंगमंच

- कुमार की छत (मधुराय), किसी एक फूल का नाम लो (मधुराय), स्टील प्रेम (विनायक पुरोहित), जसमा आडेन (शान्त गाँधी) जैसे गुजराती नाटकों ने गुजराती रंगमंच को बल प्रदान किया।
- हँसमुख बराडी, अशरफ खान, जनक रावल और निमेष देसाई आदि प्रमुख गुजराती रंगकर्मी हैं।

रेडियो रंगमंच

- यह एक ऐसी विशिष्ट शैली है, जो ध्वनि और संगीत के माध्यम से श्रोता की कल्पना को उड़ान देती है।
- यह एक ऐसा माध्यम है, जहाँ दृश्य की अनुपस्थिति में श्रोता स्वयं दृश्य की काल्पनिक रचना करते हैं।
- आज के डिजिटल युग में ऑडियो प्लेटफार्म तथा पॉडकास्ट के माध्यम से रेडियो नाटक को नई पीढ़ी तक पहुँचा रहा है।

नुक्कड़ नाटक

- यह लोगों में सामाजिक-राजनीतिक जागरूकता लाने एवं साम्प्रदायिक सौहार्द्र स्थापित करने का एक सशक्त माध्यम है।
- नुक्कड़ नाटक सामान्य जीवन में आने वाली समस्याओं को सशक्त रूप से अभिव्यक्त करता है।
- इसके अन्तर्गत कोई प्रधान नायक (कलाकार) की भूमिका में नहीं होता है। इसमें 15-20 सदस्यों की एक टोली बनती है, जो कई प्रकार की भूमिकाओं का निर्वहन करती है।
- ये सभी कलाकार प्राय: एकसमान (एक ही रंग के कपड़े) वेशभूषा धारण करते हैं।
- इनके द्वारा वाद्ययन्त्र के रूप में डफली, ड्रम, ढोलक, ढोल एवं हारमोनियम का प्रयोग किया जाता है।
- सर्वप्रथम चार्जशीट नामक एक नुक्कड़ नाटक वर्ष 1949 में कलकत्ता के हजारा पार्क में किया गया था।
- वर्ष 1975 में समुदाय नामक एक नाट्यमण्डली की स्थापना दक्षिण भारत में हुई थी।
- सफदर हाशमी के जन्म दिवस (12 अप्रैल) को राष्ट्रीय नुक्कड़ नाटक दिवस के रूप में मनाया जाता है। ये एक प्रसिद्ध मानवतावादी नुक्कड़ नाटक कलाकार थे, जिनकी हत्या वर्ष 1989 में नाटक के प्रस्तुतीकरण के दौरान कर दी गई थी।
- कुछ प्रमुख नुक्कड़ नाटक– मशीन (1978), औरत (1979), ओम स्वाहा (1979, महिलाओं द्वारा मंचित), हल्लाबोल (1988) एवं आर्तनाद (1996) है। नुक्कड़ नाटकों के माध्यम से समकालीन घटनाओं को बखूबी प्रदर्शित किया जाता रहा है।

रंगमंच से सम्बन्धित कुछ प्रमुख संस्थाएँ

संगीत नाटक अकादमी

31 मई, 1953 को संगीत नाटक अकादमी की स्थापना संगीत, नाटक और नृत्य कलाओं को प्रोत्साहन देने तथा उनके विकास और उन्नति के लिए विविध प्रकार के कार्यक्रमों का संचालन करने के उद्देश्य से की गई थी। इसका मुख्यालय दिल्ली में है।

ललित कला अकादमी

ललित कला

भारतीय कला के प्रति देश-विदेश में समझ बढ़ाने और प्रचार-प्रसार के लिए सरकार ने नई दिल्ली में 5 अगस्त, 1954 को ललित कला अकादमी (नेशनल अकादमी ऑफ आर्ट्स) की स्थापना की थी। अकादमी के लखनऊ, कोलकाता, चेन्नई, नई दिल्ली और भुवनेश्वर में क्षेत्रीय केन्द्र हैं, जिन्हें राष्ट्रीय कला केन्द्र के नाम से जाना जाता है।

राष्ट्रीय नाट्य विद्यालय

यह विद्यालय विश्व में रंगमंच का प्रशिक्षण देने वाले श्रेष्ठतम संस्थानों में से एक है तथा भारत में यह इस प्रकार का एकमात्र संस्थान है, जिसकी स्थापना संगीत नाटक अकादमी ने वर्ष 1959 में की थी। इसे वर्ष 1975 में स्वायत्त संगठन का दर्जा दिया गया।

इन्दिरा गाँधी राष्ट्रीय कला केन्द्र (IGNCA)

यह भारत के संस्कृति मन्त्रालय द्वारा स्थापित एक स्वायत्त न्यास है। इसकी स्थापना 19 नवम्बर, 1985 को की गई थी। इसका मुख्यालय नई दिल्ली में हैं।

प्रमुख आधुनिक नाटककार एवं कलाकार

नाटककार	विवरण
गिरीशचन्द्र घोष	• गिरीशचन्द्र घोष (1844-1912) एक महान बांग्ला अभिनेता, निर्देशक एवं लेखक थे। • बांग्ला रंगमंच के विकास में इनका अत्यधिक योगदान है। इन्हें बंगाल थियेटर का जनक माना जाता है। • 1872 ई. में गिरीशचन्द्र घोष ने पहली बंगाली पेशेवर थियेटर कम्पनी **ग्रेट नेशनल थियेटर** का गठन किया। • उन्होंने लगभग 40 नाटक लिखे तथा अभिनय और निर्देशन किया।
विनोदिनी दासी	• विनोदिनी दासी (1863-1941) प्रसिद्ध बंगाली अभिनेत्री और रंगमंच कलाकार थीं। उन्हें नटी विनोदिनी के नाम से भी जाना जाता है। वह बंगाली थियेटर की प्रथम महिला कलाकार थीं। 1870 के दशक में बंगाल प्रेसीडेन्सी से एक उल्लेखनीय मंच कलाकार बनने वाली भारत की पहली महिला थीं। • उन्होंने अपनी आत्मकथा **द स्टोरी ऑफ माई लाईफ** (वर्ष 1913 में प्रकाशित) में वर्णन किया है कि उन्होंने 1833 ई. में कलकत्ता में स्टार थियेटर की स्थापना में भी योगदान दिया था।
बादल सरकार	• बादल सरकार को नुक्कड़ नाटकों के अगुआ नाटककारों में से एक माना जाता है। ये नक्सलवादी आन्दोलन के समय **व्यवस्था विरोधी** नाटकों की रचना एवं मंचन के लिए जाने जाते हैं। **बासी खबर, एबोंग इन्द्रजीत, सारी रात** जैसे नाटकों के लिए इन्हें अत्यधिक लोकप्रियता प्राप्त हुई। • रंगमंच के क्षेत्र में उल्लेखनीय योगदान के लिए इन्हें संगीत नाटक अकादमी फैलोशिप, संगीत नाटक अकादमी (वर्ष 1968) तथा पद्मश्री (वर्ष 1972) पुरस्कार से सम्मानित किया गया था।
विजय तेन्दुलकर	• घासीराम कोतवाल (1972), सखाराम बाइण्डर (1972), शान्तता! कोर्ट चालू आहे (1967) जैसे कालजयी नाटकों की रचना करने वाले विजय तेन्दुलकर महान मराठी नाटककार थे। • नाटकों में विशेष योगदान के लिए उन्हें संगीत नाटक अकादमी पुरस्कार, संगीत नाटक अकादमी फैलोशिप पुरस्कार एवं पद्मभूषण पुरस्कार से सम्मानित किया गया।
गिरीश रघुनाथ कर्नाड	• तुगलक, हयवदन, तलेदण्ड, नागमण्डल, ययाति जैसे नाटकों की रचना करने वाले कन्नड़ नाटककार गिरीश कर्नाड एक महान निर्देशक भी थे। • वर्ष 1974-1975 में वे फिल्म एवं टेलीविजन इन्स्टीट्यूट ऑफ इण्डिया के अध्यक्ष भी रहे। • उन्हें कथा के क्षेत्र में उल्लेखनीय योगदान के लिए संगीत नाटक अकादमी पुरस्कार (1994), ज्ञानपीठ पुरस्कार (1998) से भी सम्मानित किया गया।
मोहन राकेश	• हिन्दी के महान नाटककार, लेखक मोहन राकेश ने **लहरों के राजहंस, आषाढ़ का एक दिन, आधे-अधूरे** जैसे नाटकों की रचना की। • मोहन राकेश को नई कहानी आन्दोलन को प्रारम्भ करने का श्रेय दिया जाता है।
हबीब तनवरी	• आगरा बाजार (1954), चरणदास चोर (1975) जैसे कालजयी नाटकों की रचना करने वाले हबीब तनवीर का जन्म रायपुर (छत्तीसगढ़) में हुआ था। 'नया थियेटर' के माध्यम से जनजातियों के बीच कार्य करने वाले हबीब तनवीर ने रॉयल एकेडमी ऑफ ड्रामेटिक आर्ट्स (ब्रिटेन) से प्रशिक्षण प्राप्त किया था। • कला के क्षेत्र में विशेष योगदान के लिए तनवीर को संगीत नाटक अकादमी पुरस्कार (1969), पद्मश्री (1983), संगीत नाटक अकादमी फैलोशिप (1996), पद्म भूषण (2002) से सम्मानित किया गया।
महेश एल्कुंचवार	• सुल्तान (1967), पार्टी (1972), रक्त पुष्प (1971), विरासत (1967), पार्टी (1972), आत्मकथा (1987), होली (1996) जैसे नाटकों की रचना करने वाले महेश एल्कुंचवार महान मराठी नाटककार थे। • उन्हें संगीत नाटक अकादमी पुरस्कार (1989), संगीत नाटक अकादमी पुरस्कार (2002), सरस्वती सम्मान (2002), संगीत नाटक अकादमी 'रत्न' फैलोशिप (2013), भरतमुनि अवॉर्ड (2014) आदि से सम्मानित किया गया।
ओम शिवपुरी	• ओम शिवपुरी ने **दिशान्तर** नामक एक नाट्य समूह का गठन किया था। • राष्ट्रीय नाट्य विद्यालय के छात्र रहे ओम शिवपुरी महान फिल्म अभिनेता एवं निर्देशक भी थे।
रतन थियाम	• रतन थियाम ने वर्ष 1974 में नेशनल स्कूल ऑफ ड्रामा से स्नातक किया था। उन्हें **थियेटर ऑफ रूट्स** आन्दोलन के प्रणेताओं में से एक माना जाता है। वे लोक-कला शैलियों के आधुनिक सन्दर्भों में प्रयोग के लिए जाने जाते हैं। • इन्होंने इम्फाल की **कोरस रिपटरी** की स्थापना की थी। कला के क्षेत्र में विशेष योगदान के लिए उन्हें संगीत नाटक अकादमी (1887), पद्मश्री (1989), संगीत नाटक अकादमी फैलोशिप पुरस्कार (2012) से सम्मानित किया गया।
उषा गांगुली	• इन्होंने **रंगकर्मी** नामक संस्था की स्थापना की थी। इस संस्था के माध्यम से उषा गांगुली ने महिला थियेटर को अग्रसर किया। • इनके द्वारा मंचित प्रमुख नाटकों में **महाभोज, रूदाली, कोर्ट मार्शल, अन्तर्यात्रा** आदि सम्मिलित हैं। • कला के क्षेत्र में विशेष योगदान के लिए इन्हें संगीत नाटक अकादमी तथा साहित्य अकादमी पुरस्कार से सम्मानित किया गया।
भीष्म साहनी	• तमस की रचना करने वाले भीष्म साहनी प्रसिद्ध साहित्यकार, नाटककार तथा अभिनेता थे। • **कबीरा खड़ा बाजार में** (1981), **माधवी** (1982), **मुआवजे** (1993) आदि उनके प्रसिद्ध नाटक हैं। • कला के क्षेत्र में उल्लेखनीय योगदान के लिए उन्हें पद्मभूषण से सम्मानित किया गया।
सौमित्र चटर्जी	• प्रसिद्ध नाटककार सौमित्र चटर्जी ने अपने करियर में 300 से अधिक फिल्मों में कार्य किया। उनके गुरु अहिन्द्र चौधरी थे। सत्यजीत रे की फिल्म **अपुर संसार** से उन्होंने अपने अभिनय जीवन की शुरुआत वर्ष 1959 में की थी। • सौमित्र चटर्जी को वर्ष 2012 में **दादा साहेब फाल्के** पुरस्कार से सम्मानित किया गया। • वर्ष 2018 में इन्हें फ्रांस के सर्वोच्च पुरस्कार **लीजन ऑफ ऑनर** से भी सम्मानित किया गया।

कठपुतली

कठपुतली का अभिप्राय काठ की गुड़िया अर्थात् लकड़ी की गुड़िया से होता है। कठपुतलियाँ या तो लकड़ी की होती हैं या प्लास्टर ऑफ पेरिस की या कागज की लुग्दी की। उसके शरीर के भाग इस प्रकार जोड़े जाते हैं कि उनसे बँधी डोर खींचने पर वे अलग-अलग हिल सकें।

भारत में कठपुतली कला

- भारत कठपुतली कला का प्रारम्भकर्ता माना जाता है।
- भारत में कठपुतली नचाने की परम्परा अत्यन्त प्राचीन है। इसका सर्वप्रथम साक्ष्य हड़प्पा सभ्यता से प्राप्त हुआ है, जिसमें सिर तथा धड़ से अलग होने वाले बैल एवं पेड़ों के ऊपर खिसकने वाले टेराकोटा बन्दर शामिल हैं।
- कठपुतली के साहित्यिक प्रमाण तमिल ग्रन्थ शिलप्पादिकारम (प्रथम और द्वितीय शताब्दी ई.पू.) तथा महाभारत से भी मिलते हैं।
- एक अन्य धार्मिक ग्रन्थ भगवद्गीता में ईश्वर को सत, रज और तम रूपी तीन सूत्रों से ब्रह्माण्ड का नियन्त्रण करने वाली कठपुतली के सूत्रधार के रूप में दिखाया गया है।
- कथावाचक को भारतीय रंगमंच में सूत्रधार या सूत्रों का धारक कहा जाता है।

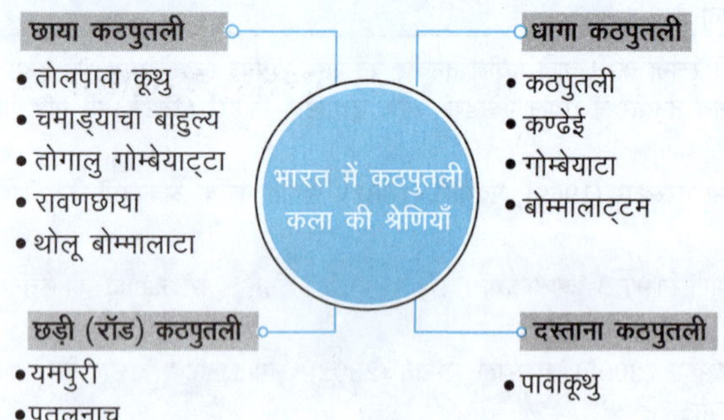

छाया कठपुतली

यह आन्ध्र प्रदेश, कर्नाटक, ओडिशा, केरल आदि में लोकप्रिय है। ये पशुचर्म से बनी रंगीन, छिद्रित सजावटी कठपुतलियाँ होती हैं। इनका प्रदर्शन कपड़े के पर्दे के पीछे से किया जाता है। इसकी मुख्य विशेषताएँ निम्नलिखित हैं

- ये चमड़े से बनाई गईं समतल आकृतियाँ होती हैं।
- चमड़े के दोनों ओर आकृतियों को एक समान चित्रित किया जाता है।
- प्रदर्शन के दौरान कठपुतलियाँ श्वेत स्क्रीन पर दिखाई जाती हैं। इसमें प्रकाश पीछे से डाला जाता है, जिससे आवश्यक छाया का निर्माण होता है।

छाया कठपुतली के प्रकार

तोलपावा कूथु

- यह केरल की लोकप्रिय छाया कठपुतली है। इसका प्रदर्शन भद्रकाली मन्दिरों (केरल) में कूथुमाडम मंच पर किया जाता है।
- तोलपावा कूथु की शुरुआत 9वीं या 10वीं शताब्दी ई. से हुई थी। इसका सम्बन्ध केरल के नायर समुदाय से जुड़ा हुआ है।
- इसमें चमड़े की कठपुतलियों का प्रयोग किया जाता है। इसका प्रदर्शन रातभर किया जाता है। इस दौरान कम्ब रामायण का प्रदर्शन होता है।

चमाड्याचा बाहुल्य

यह महाराष्ट्र की अत्यधिक लोकप्रिय छाया कठपुतली है। इसके अन्तर्गत रामायण के साथ-साथ पंचवटी, द्रौपदी की कहानी के दृश्य प्रदर्शित किए जाते हैं।

तोलपावा कूथु

चमाड्याचा बाहुल्य

तोगालु गोम्बेयाट्टा

यह कर्नाटक की अत्यधिक लोकप्रिय छाया कठपुतली है। इसका सम्बन्ध किल्लेकयता समुदाय से है।

तोगालु गोम्बेयाट्टा

रावणछाया

- यह ओडिशा में मनोरंजन का मुख्य साधन है। रावणछाया छाया कठपुतली का सबसे नाटकीय रूप है।
- इसमें हिरण की त्वचा से बनी कठपुतलियाँ निर्भीकता और नाटकीय मुद्राओं का प्रदर्शन करती हैं।
- इन कठपुतलियों में कोई जोड़ नहीं होता, जिस कारण यह अधिक जटिल कला बन जाती है। इसमें वृक्षों और जानवरों के रूप में कठपुतलियों का उपयोग होता है।
- यह ओडिशा के भट समुदाय द्वारा मुख्य रूप से प्रदर्शित किया जाता है। ये अपनी कला में अत्यन्त प्रशिक्षित होते हैं।

रावणछाया

थोलू बोम्मालाटा

- यह एक ऐसा कठपुतली नृत्य है, जिसमें शास्त्रीय संगीत का प्रयोग किया जाता है।
- आन्ध्र प्रदेश के इस छाया कठपुतली के प्रदर्शन में पौराणिक और भक्तिमय कथाओं को आधार बनाया जाता है।

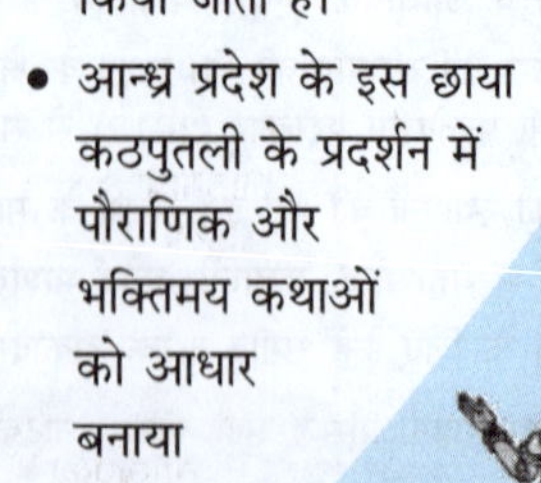

थोलू बोम्मालाटा

धागा कठपुतली

- धागे द्वारा कठपुतलियों का प्रदर्शन भारत में प्राचीन काल से विद्यमान रहा है। इन्हें रज्जु कठपुतली भी कहा जाता है।
- धागा कठपुतली (तार कठपुतली) को मैनियोनेट कठपुतली के नाम से जाना जाता है। इसकी प्रमुख विशेषताएँ निम्नलिखित हैं
  - इसमें लकड़ियों से तराशी गई 8-9 इंच की लघु मूर्तियों का प्रयोग किया जाता है।
  - इसमें लघु मूर्तियों को रँगने के लिए ऑयल पेण्ट का प्रयोग किया जाता है।
- भारत में धागा कठपुतली के कुछ महत्त्वपूर्ण उदाहरण निम्नलिखित हैं
  - कठपुतली (राजस्थान) कठपुतली में कठ का अर्थ लकड़ी तथा पुतली का अर्थ गुड़िया होता है। इसमें लम्बे स्कर्ट का प्रयोग किया जाता है। इसमें अमर सिंह राठौर, महाराणा प्रताप और रानी पद्मिनी की कहानियों का प्रदर्शन किया जाता है।
  - कण्डेई यह ओडिशा की अत्यन्त लोकप्रिय सूत्र कठपुतली है। इनका निर्माण हल्की लकड़ी से किया जाता है। प्रदर्शन के दौरान लम्बी स्कर्ट का प्रयोग किया जाता है, इसमें अधिक जोड़ होते हैं, जिसमें कठपुतली कलाकारों को अधिक लचीलापन प्राप्त होता है। धागे त्रिकोणीय आधार से जुड़े होते हैं।
  - गोम्बेयाटा यह यक्षगान रंगमंच के विभिन्न पात्रों के आधार पर तैयार किया जाता है। यह कर्नाटक का अत्यन्त लोकप्रिय धागा कठपुतली है। इसमें नृत्य के लिए एक से अधिक कठपुतली कलाकारों की मदद ली जाती है।
  - बोम्मालाट्टम में छड़ तथा धागा कठपुतली की मुख्य विशेषताओं का संयोजन होता है। यह तमिलनाडु की लोकप्रिय धागा कठपुतली है। इसमें धागे कठपुतली कलाकार द्वारा पहने जाने वाले लोहे के छल्ले से जुड़े होते हैं। ये भारत की सबसे बड़ी और भारी कठपुतलियाँ होती हैं। इनकी ऊँचाई तथा वजन क्रमशः 4.5 फीट और 10 किग्रा होता है। विनायक पूजा, कोमली, अमानट्टम और पुसेनकनट्टम इस कठपुतली के चार विशिष्ट चरण होते हैं।

छड़ी (रॉड) कठपुतली

- पारम्परिक छड़ी कठपुतली अब केवल पश्चिम बंगाल, बिहार एवं ओडिशा में ही शेष हैं। इसके अन्तर्गत कठपुतली के हाथ एवं सिर को कठपुतली के कपड़ों के अन्दर रखे छड़ से जोड़ दिया जाता है।
- पुतुलनाच, कथिकुन्धेई तथा यमपुरी आदि छड़ी कठपुतली के प्रमुख प्रकार हैं, जिनका वर्णन निम्नलिखित है
  - पुतुलनाच इस कठपुतली के अन्तर्गत कलाकार रामायण और अन्य पौराणिक आख्यानों का प्रदर्शन करते हैं। यह पश्चिम बंगाल में अत्यधिक लोकप्रिय है। इसमें कठपुतलियों की ऊँचाई लगभग $1\frac{1}{2}$ मी होती है। इन्हें $2\frac{1}{2}$ मी ऊँचे बाँस के पर्दे के पीछे से प्रदर्शित किया जाता है। इसमें सामान्यतः कमर, गर्दन और कन्धों पर एक-एक जोड़ होते हैं। 3-4 संगीतकारों का दल प्रदर्शन के समय हारमोनियम, झाँस और तबला से संगत देते हैं।
  - कथिकुन्धेई यह कठपुतली ओडिशा में अत्यधिक लोकप्रिय है। प्रदर्शन के दौरान कठपुतली को छड़ों के माध्यम से नचाया जाता है।
  - यमपुरी यह कठपुतलियाँ सामान्यतः लकड़ी की बनी होती हैं। इनमें कोई जोड़ नहीं होता। यह बिहार की प्रसिद्ध कठपुतली है।

दस्ताना कठपुतली

हाथों के दस्तानों की तरह इन कठपुतलियों को हाथों में पहना जाता है। हाथ की विभिन्न अंगुलियाँ इसे नियन्त्रित एवं संचालित करती हैं। इनके सिर कपड़े या लकड़ी के बने होते हैं। इनके हाथ गर्दन से निकलते प्रतीत होते हैं। ओडिशा के कथिकुन्धेई नाच में इसका प्रयोग होता है।

- पावाकूथु केरल के इस प्रसिद्ध दस्ताना कठपुतली की शुरुआत 18वीं सदी के आस-पास हुई थी। पावाकूथु केरल के कथकली शास्त्रीय नृत्य से अधिक प्रभावित है। यह मुख्य रूप से रामायण और महाभारत जैसे पौराणिक ग्रन्थों पर आधारित होती है।

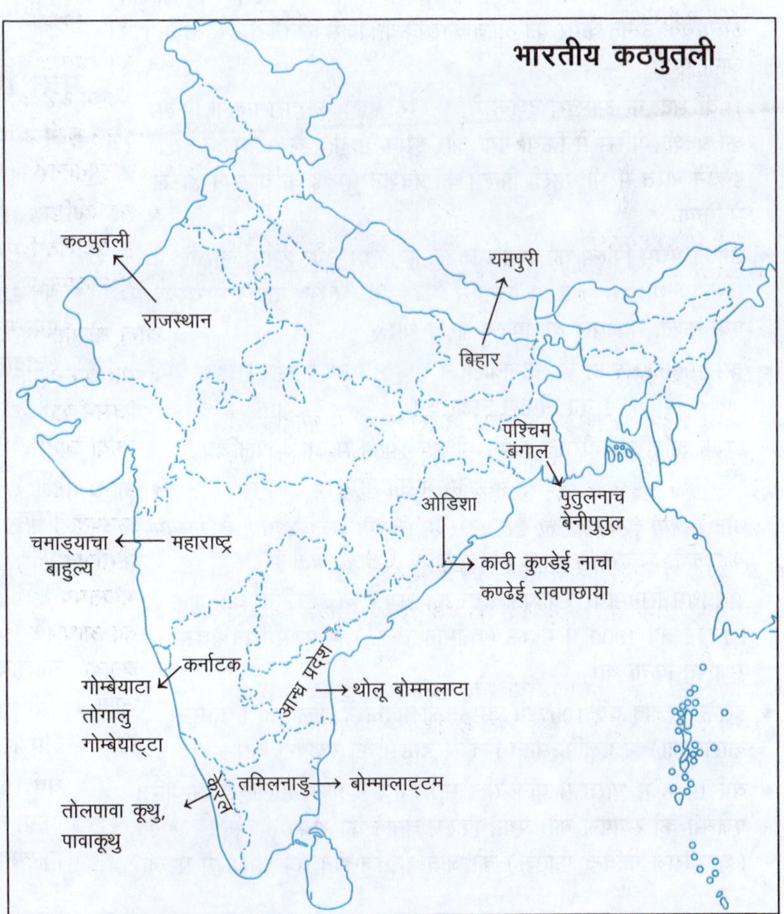

> भारतीय सिनेमा का इतिहास अत्यन्त समृद्ध और विविधतापूर्ण रहा है, जिसमें विभिन्न भाषाओं, संस्कृतियों और कलात्मक अभिव्यक्तियों का सम्मिश्रण पाया जाता है। अतः हिन्दी सिनेमा ने वैश्विक स्तर पर व्यापक मान्यता और प्रसिद्धि अर्जित की है।

अध्याय दस

भारतीय सिनेमा

भारतीय सिनेमा का इतिहास

- सिनेमा मनोरंजन का एक प्रमुख साधन है, जिसका प्रयोग कला, अभिव्यक्ति तथा शिक्षा के लिए भी किया जाता है।
- सर्वप्रथम मोशन कैमरे-कीनेटोग्राफ का आविष्कार थॉमस एडीसन और विलियम कैनेडी ने किया। तत्पश्चात् फ्रांस के लुमियर ब्रदर्स ने अपेक्षाकृत अत्यधिक उन्नत कैमरे का आविष्कार किया, जिसे सिनेमेटोग्राफ के नाम से जाना गया।
- 19वीं सदी के आखिरी दशक में लुमियर ब्रदर्स के द्वारा पहली फिल्म का प्रदर्शन पेरिस में किया गया और इसके 6 माह के भीतर ही इन्होंने भारत में भी पहली फिल्म का प्रदर्शन मुम्बई के वाटसन होटल में किया।
- उनकी प्रथम फिल्म का शीर्षक कोकोनट फेयर और हमारा भारतीय साम्राज्य था। 1899 ई. में एच.एस. भटवेडकर (सेव दादा) ने बम्बई में एक कुश्ती मुकाबले की फिल्म बनाई थी।
- वर्ष 1900 में एफ. बी. दानावाला ने साबूत प्रोसेशन और सेडिड न्यू वीज ऑफ बॉम्बे का निर्माण किया था।
- इसके अतिरिक्त हीरालाल सेन भी वर्ष 1903 में अपने चलचित्र इण्डियन लाइक एण्ड सीन के लिए प्रसिद्ध हुए।

नोट *सिनेमा दृश्यकला का एक प्रकार है, जिसमें चलती छवियों के माध्यम से कहानियों, विचारों, भावों या वातावरण को दिखाया जाता है।*

- सर्वप्रथम सिनेमाघर स्थापित करने का श्रेय मेजर वारविक को जाता है, जिन्होंने वर्ष 1900 में मद्रास (वर्तमान चेन्नई) में प्रथम सिनेमाघर स्थापित किया था।
- इसके पश्चात् वर्ष 1907 में जमशेदजी मदान ने कलकत्ता (वर्तमान कोलकाता) में एलफिन्सटन पिक्चर हाउस की स्थापना की।
- वर्ष 1916 में भारत में यूनिवर्सल स्टूडियोज ने प्रथम हॉलीवुड आधारित एजेन्सी की स्थापना की। प्रथम फिल्म बनाने का श्रेय दादा साहब फाल्के (धुण्डीराज गोविन्द फाल्के) को जाता है, जिन्होंने वर्ष 1913 में पहली स्वदेशी मूक फिल्म राजा हरिश्चन्द्र का निर्माण किया था। उन्हें भारतीय सिनेमा के जनक के रूप में जाना जाता है।

भारतीय सिनेमा के इतिहास के युग

मूक फिल्मों का युग (1913 से 1931)	स्वतन्त्रता पूर्व सवाक् फिल्मों का युग (1931 से 1947)	स्वतन्त्रता पश्चात् सवाक् फिल्मों का युग (1947 से अब तक)

मूक फिल्मों का युग (1913 से 1931)

- मूक फिल्मों का निर्माण लगभग दो दशक तक होता रहा। वर्ष 1913 से 1934 तक लगभग 1300 मूक फिल्मों का निर्माण हुआ।
- वर्ष 1931 में जब प्रथम बोलती फिल्म (टॉकी) का निर्माण हुआ था, वह वर्ष मूक फिल्मों के चरमोत्कर्ष का युग था।
- वर्ष 1912 में भारत और ब्रिटेन के द्वारा प्रथम बार परस्पर सहयोग से एक मूक फिल्म का निर्माण एन.बी. चित्रे और रामचन्द्र गोपाल (दादासाहेब तोरणे) के नेतृत्व में किया था। इस फिल्म का नाम श्री पुण्डलिक था।
- वर्ष 1913 में पहली मूक फिल्म बनने के तीन वर्ष पश्चात् वर्ष 1916 में आर. नटराज मुदालियर ने कीचक वधम नाम की फिल्म बनाई थी।
- उसके आगामी वर्ष जे. एफ. मदन ने कलकत्ता में सत्यवादी राजा हरिश्चन्द्र नामक फिल्म बनाई। बॉक्स ऑफिस पर पहली सफल फिल्म लंका दहन (1917) को बनाने का श्रेय भी फाल्के को दिया जाता है।
- वर्ष 1917 में ही फाल्के के शिष्य प्रसिद्ध फिल्मकार बाबूराम पेण्टर ने महाराष्ट्र फिल्म कम्पनी आरम्भ की थी।
- इसी वर्ष दादा साहब फाल्के ने फिल्म निर्माण के विषय में हाउ फिल्मस आर प्रिपेयर्ड नामक लघु फिल्म बनाई।
- वर्ष 1918 में अंग्रेजों द्वारा भारत में इण्डियन सिनेमेटोग्राफ एक्ट पारित किया गया और इसके तहत वर्ष 1920 में बम्बई, कलकत्ता और मद्रास में फिल्म सेंसर बोर्ड स्थापित किए गए।

- इसी वर्ष पहली फिल्म पत्रिका बिजली बांग्ला भाषा में कलकत्ता से प्रकाशित हुई।
- वर्ष 1925 में बाबूराम पेण्टर ने सावकारी पाश नाम से मूक फिल्म बनाई, जिसे अनेक फिल्म समीक्षक पहली भारतीय कला फिल्म मानते हैं।
- सावकारी पाश को पहली यथार्थवादी फिल्म भी कहा जा सकता है, जबकि धार्मिक पौराणिक कथाओं पर आधारित फिल्में उस मेलोड्रामिक फॉर्मूले का पूर्व रूप थीं, जिसका बाद में सवाक् फिल्मों के दौर में अद्भुत विकास हुआ।

धुण्डीराज गोविन्द फाल्के (दादा साहब फाल्के)

- दादा साहब फाल्के (जन्म 30 अप्रैल, 1870, त्र्यम्बक और मृत्यु 16 फरवरी, 1944, नासिक) को भारतीय सिनेमा उद्योग का पितामह या भारतीय सिनेमा के जनक के रूप में जाना जाता है।
- वर्ष 1913 में दादा साहब फाल्के ने भारत की प्रथम फीचर फिल्म (मूक) राजा हरिश्चन्द्र की पटकथा लिखी, उसे निर्देशित और निर्मित किया। अपने सिनेमा जगत के कार्यकाल में उन्होंने 95 फीचर फिल्म और 27 लघु फिल्मों का निर्माण किया।
- भारतीय सिनेमा में दादा साहब फाल्के के योगदान को मान्यता देते हुए भारत सरकार द्वारा वर्ष 1969 से दादा साहब फाल्के पुरस्कार प्रारम्भ किया गया, जो भारतीय सिनेमा में आजीवन योगदान के लिए राष्ट्रपति द्वारा प्रतिवर्ष प्रदान किया जाता है।

स्वतन्त्रता पूर्व की सवाक् फिल्मों का युग (1931 से 1947)

- वर्ष 1931 में प्रथम बोलती फिल्म बनने से पूर्व भारत में विदेशी सवाक् फिल्मों का प्रदर्शन प्रारम्भ हो चुका था।
- इन्हीं से प्रेरित होकर अर्देशिर एम. ईरानी ने वर्ष 1931 में प्रथम बोलती फिल्म आलमआरा का प्रदर्शन किया।
- वर्ष 1931 में कुल 28 बोलती फिल्मों का निर्माण हुआ, जिनमें 23 फिल्में हिन्दी में, 4 फिल्में बांग्ला में तथा 1 फिल्म तमिल भाषा में बनी।
- तमिल भाषा में बनी पहली फिल्म कालिदास थी, जिसका निर्देशन एच.एम. रेड्डी ने किया था।
- वर्ष 1947 तक कुल 15 भाषाओं में फिल्मों का निर्माण प्रारम्भ हो गया। इस समय फिल्म निर्माण का प्रमुख केन्द्र मुम्बई था, लेकिन पुणे, मद्रास और कलकत्ता में व्यापक स्तर पर फिल्म निर्माण का कार्य प्रारम्भ हो चुका था।
- इस दौर की फिल्मों में यथार्थवादी शैली में सामाजिक अन्तर्विरोधों को चित्रित करने का सफल और कलात्मक प्रयत्न किया गया।

स्वतन्त्रता पश्चात् सवाक् फिल्मों का युग (1947 से अब तक)

- मनोरंजन और सामाजिक सरोकार दोनों का निर्वाह करते हुए फिल्म बनाने का यह प्रयत्न स्वतन्त्रता प्राप्ति के पश्चात् भी जारी रहा।
- सत्यजीत राय, बिमल राय, ऋत्विक घटक, गुरुदत्त मुखर्जी, राजा परांजपे, एल. वी. प्रसाद, के. बालचन्दर, राजकपूर, राजेन्द्र सिंह बेदी, मृणाल सेन, दत्त धर्माधिकारी, अनन्त माने, दिनकर पाटिल, बी. नागा रेड्डी, सी.बी. श्रीधर ऋषिक आदि प्रमुख फिल्म निर्माता थे, जिन्होंने सामाजिक यथार्थ, कलात्मक उत्कर्षता और स्वस्थ मनोरंजन को अपनी फिल्मों का आधार बनाया।
- सम्पूर्ण भारत में अधिक संख्या में बन रही फिल्मों को नियमित करने के लिए 1950 के दशक में केन्द्रीय फिल्म प्रमाणन बोर्ड (CBFC) की स्थापना की गई।
- अन्तर्राष्ट्रीय फिल्म पुरस्कारों से प्रभावित होकर भारत सरकार ने राष्ट्रीय फिल्म पुरस्कारों की स्थापना की। सोहराब मोदी द्वारा निर्मित फिल्म मिर्जा गालिब को वर्ष 1954 में राष्ट्रपति द्वारा पहला स्वर्ण पदक प्राप्त हुआ।
- फिल्म निर्माण की जटिल प्रक्रिया से जुड़े हुए लोगों को प्रशिक्षित करने के उद्देश्य से वर्ष 1950 में भारत सरकार ने पुणे में भारतीय फिल्म और टेलीविजन संस्थान (FTII) की स्थापना की।
- मदर इण्डिया सर्वश्रेष्ठ विदेशी भाषा की फिल्म के रूप में वर्ष 1957 में ऑस्कर के लिए नामांकित हुई।
- बिमल रॉय की दो बीघा जमीन पहली भारतीय फिल्म थी, जिसे कान्स फिल्म समारोह में पुरस्कार मिला।
- वर्ष 1990 में आए उदारीकरण, भूमण्डलीकरण और निजीकरण के कारण भारत में उन्नत प्रौद्योगिकी आने लगी। उदाहरण के लिए, माई डियर कुट्टीचेतन भारत की पहली 3-डी फिल्म थी, जिसे मलयालम में बनाया गया था। यह मोशन पिक्चर की एक प्रक्रिया है, जिसके माध्यम से फिल्मों को त्रि-आयामी गुणवत्ता मिलती है।

दो बीघा जमीन

समानान्तर सिनेमा

- समानान्तर सिनेमा भारतीय सिनेमा का एक ऐसा स्वरूप था, जिसने मुख्य धारा के वाणिज्यिक सिनेमा के विरुद्ध एक वैकल्पिक मार्ग निर्मित किया।
- समानान्तर सिनेमा का उदय 1940 के दशक के अन्त से 1960 के दशक के मध्य तक हुआ।

समानान्तर सिनेमा की विशेषताएँ

- यथार्थवाद समानान्तर सिनेमा ने समाज के विभिन्न वर्गों के जीवन को यथार्थवादी रूप में चित्रित किया। गरीबी, सामाजिक असमानता, ग्रामीण जीवन और महिलाओं की स्थिति को इसमें प्रमुखता से दर्शाया गया।
- कलात्मक अभिव्यक्ति इसने सिनेमा को कला के रूप में दर्शाया और सिनेमा में कलात्मकता एवं सौन्दर्य बोध को महत्त्व दिया।
- सामाजिक चेतना समानान्तर सिनेमा ने समाज के गम्भीर मुद्दों को गहराई से उठाया और दर्शकों को सोचने पर विवश किया।

क्षेत्रीय सिनेमा

भारत में हिन्दी सिनेमा के समानान्तर क्षेत्रीय सिनेमा का भी विकास हुआ है। भारत का क्षेत्रीय सिनेमा भी हिन्दी फिल्म उद्योग की ही तरह समृद्ध एवं विस्तृत हो रहा है। भारत के उल्लेखनीय क्षेत्रीय सिनेमा का अध्ययन अग्रलिखित है

असमिया सिनेमा

- असमिया फिल्म उद्योग की उत्पत्ति के चिह्न रूपकुंवर ज्योतिप्रसाद अग्रवाल के कार्यों में देखे जा सकते हैं, जो एक कवि, नाटक लेखक, संगीतकार और स्वतन्त्रता सेनानी भी थे।
- वर्ष 1935 में बनी पहली असमिया फिल्म जोयमती के निर्माण में उनका महत्त्वपूर्ण योगदान था। जोयमती की असफलता के बावजूद वर्ष 1939 में दूसरी असमिया फिल्म इन्द्रमालती रिलीज की गई।
- 1950 के दशक में गामा प्रसाद अग्रवाल द्वारा निर्मित फिल्म पियाली फूकन को राष्ट्रीय पुरस्कार प्रदान किया गया।

बांग्ला सिनेमा

- बंगाल में सिनेमा का इतिहास 1890 ई. में शुरू हुआ था, जब कोलकाता के थिएटर में पहले बॉयोस्कोप दिखाए गए।
- दस वर्षों के भीतर ही हीरालाल सेन, जिन्हें विक्टोरियन युग के सिनेमा का अग्रदूत माना जाता है, ने रॉयल बॉयोस्कोप कम्पनी की स्थापना कर बंगाली फिल्म उद्योग की स्थापना की।
- पहली बंगाली फीचर फिल्म बिल्वमंगल मदान थिएटर के बैनर तले वर्ष 1919 में निर्मित हुई। मदान थिएटर की जमाई षष्ठी पहली बंगाली बोलती फिल्म थी। पहली, पूर्ण अवधि की बोलती फिल्म देना पौना (1931) थी।

भोजपुरी सिनेमा

- भोजपुरी फिल्मों का इतिहास वर्ष 1962 में कुन्दन कुमार द्वारा निर्देशित सफल फिल्म गंगा मैय्या तोहे पियरी चढ़इबो से शुरू हुआ। इस फिल्म को फिल्म निर्माता विश्वनाथ प्रसाद शाहाबादी ने 21 फरवरी, 1963 को तत्कालीन राष्ट्रपति डॉ. राजेन्द्र प्रसाद को पटना के सदाकत आश्रम में समर्पित किया, लेकिन इसके पश्चात् 1990 के दशक तक भोजपुरी फिल्मों का निर्माण सामान्यत: नगण्य ही रहा।

- इसके बाद मोहन प्रसाद निर्देशित सुपरहिट फिल्म सैय्याँ हमार (2001) ने भोजपुरी फिल्म उद्योग को पुनर्जीवित किया।

गुजराती सिनेमा

- गुजराती सिनेमा की शुरुआत वर्ष 1932 में नानुभाई वकील द्वारा निर्देशित फिल्म नरसी मेहता से हुई।
- गुजरात सिनेमा में यथार्थवाद की अभिव्यक्ति 1970 के दशक की फिल्म कनकू में होती है।
- कान्तिलाल राठौड़ द्वारा निर्देशित इस फिल्म को राष्ट्रीय पुरस्कार से सम्मानित किया गया। 1970 के दशक में गुजराती सरकार द्वारा मनोरंजन कर हटाने एवं पुरस्कार प्रदान करने की शुरुआत से गुजराती सिनेमा को विशेष प्रोत्साहन मिला।
- वर्ष 1980 की केतन मेहता द्वारा निर्देशित फिल्म भावनी भवई गुजराती सिनेमा की विशेष उपलब्धि सिद्ध हुई, जिसने राष्ट्रीय एकता के लिए सर्वश्रेष्ठ फिल्म का राष्ट्रीय पुरस्कार प्राप्त किया।

कन्नड़ सिनेमा

- कन्नड़ फिल्म उद्योग जिसे सैण्डलवुड या चन्दनवन की संज्ञा भी दी जाती है, बंगलुरु में केन्द्रित है। वर्ष 1934 में कन्नड़ की प्रथम बोलती फिल्म सुलोचना थिएटरों में दिखाई गई।
- राजकुमार कन्नड़ सिनेमा के प्रख्यात महानायक हैं। बेदरा कनप्पा (1954) थिएटर में 365 दिन पूर्ण करने वाली पहली कन्नड़ फिल्म रही।

बेदरा कनप्पा

- 1960 से 70 के दशक के मध्य कन्नड़ सिनेमा पर राजकुमार, कल्याणकुमार एवं उदयकुमार के प्रभुत्व को देखा जा सकता है। 1970 एवं 80 के दशकों को कन्नड़ सिनेमा के स्वर्ण युग की संज्ञा दी जाती है।

मलयालम सिनेमा

- मलयालम फिल्म उद्योग की शुरुआत वर्ष 1928 में जे.सी. डैनियल द्वारा निर्देशित फिल्म विगथाकुमारन से हुई। वर्ष 1938 में रिलीज हुई फिल्म बालन पहली मलयालम बोलती फिल्म थी।
- वर्ष 1947 में पहले मलयालम फिल्म स्टूडियो, उदय की शुरुआत तिरुवनन्तपुरम में हुई। 1980 से 1990 के दशक तक का समय मलयालम सिनेमा का स्वर्ण युग माना जाता है।

मराठी सिनेमा

- दादा साहब तोरणे की फिल्म श्री पुण्डलिक (1912) पहली मराठी फिल्म थी। इस फिल्म का प्रसंस्करण लन्दन में हुआ था। इस कारण इसे प्रथम भारतीय फीचर फिल्म के रूप में स्वीकार नहीं किया जाता है।
- पहली मराठी बोलती फिल्म अयोध्येचा राजा वर्ष 1932 में रिलीज हुई।

तेलुगू सिनेमा

- रघुपति वेंकय्या नायडु द्वारा वर्ष 1921 में भीष्म प्रतिज्ञा नामक एक मूक फिल्म बनाई गई, जो कि तेलुगू प्रदेश की प्रथम फिल्म मानी जाती है। इसलिए रघुपति वेंकय्या नायडु को तेलुगू फिल्मों का जनक माना जाता है।
- तेलुगू में एच.एम. रेड्डी द्वारा निर्मित भक्त प्रहलाद प्रथम सवाक् फिल्म के रूप में 15 सितम्बर, 1931 को प्रदर्शित हुई। 15 सितम्बर को ही तेलुगू सिनेमा दिवस के रूप में माना जाता है।
- तेलुगू सिनेमा के इतिहास में वर्ष 1953 में वेदान्तम राघवय्या द्वारा निर्देशित देवदास का अत्यन्त महत्त्वपूर्ण स्थान है।
- 1990 के दशक में तेलुगू सिनेमा पर चिरंजीवी, बालकृष्ण, सुमन, मीरा जैसमीन आदि कलाकारों का प्रभुत्व देखने को मिलता है।

ओडिया सिनेमा

- पहली ओडिया बोलती फिल्म सीता विवाह का निर्माण वर्ष 1936 में सुन्दर देव गोस्वामी ने किया था। गापा हेले बे साता (कहानी है पर सच है) पहली रंगीन ओडिया फिल्म थी।
- प्रफुल्ल सेन गुप्ता की फिल्म श्री लोकनाथ, राष्ट्रीय पुरस्कार पाने वाली प्रथम ओडिया फिल्म थी।
- वर्ष 1984 ओडिया सिनेमा का स्वर्णिम वर्ष था, जब दो ओडिया फिल्में माया मृगा और धारे अलुआ को भारतीय चित्रमाला (पैनोरमा) में प्रदर्शित किया गया।

पंजाबी सिनेमा

- के. डी. मेहरा ने पहली पंजाबी फिल्म शीला (पिण्ड दी कुड़ी) (1936) का निर्माण किया। लोकप्रिय अभिनेत्री नूरजहाँ को इस फिल्म में पहली बार देखा गया।
- इस फिल्म का निर्माण कलकत्ता में हुआ तथा इसे लाहौर में रिलीज किया गया। के. डी. मेहरा की दूसरी फिल्म हीर सियाल (1938) भी समान रूप से सफल रही।
- वर्ष 2011 में पंजाबी सिनेमा को महत्त्वपूर्ण उपलब्धि हासिल हुई, जब गुरविन्दर सिंह की फिल्म अन्हे घोड़े दा दान को राष्ट्रीय फिल्म पुरस्कार मिला। आर्थिक दृष्टिकोण से पंजाबी सिनेमा समृद्ध क्षेत्रीय सिनेमा है।

तमिल सिनेमा

- चेन्नई के एक क्षेत्र कोडाम्बकम् में केन्द्रित होने के कारण तमिल फिल्म उद्योग को कॉलिवुड की संज्ञा दी गई है। यह भारत में दूसरा सबसे बड़ा फिल्म उद्योग है।
- तमिल सिनेमा के प्रथम निर्माता-निर्देशक माने जाने वाले आर. नटराज मुदालियर ने वर्ष 1917 में प्रथम मूक फिल्म कीचकवधम् (पहली दक्षिण भारतीय फिल्म) बनाई।
- कालव (ऋषि) को विशुद्ध रूप से प्रथम तमिल बोलती फिल्म कहा जाता है।
- वर्ष 1931 में एच. एम. रेड्डी ने पहली दक्षिण भारतीय बोलती फिल्म कालिदास को निर्देशित किया, जिसको तमिल और तेलुगू दोनों भाषाओं में शूट किया गया था।

विभिन्न भाषाओं में प्रथम फिल्में

भाषा	प्रथम फिल्म	वर्ष	भाषा	प्रथम फिल्म	वर्ष
हिन्दी	राजा हरिश्चन्द्र	1913	मराठी	श्री पुण्डलीक	1912
कन्नड़	सती सुलोचना	1934	ओडिया	सीता विवाह	1936
तमिल	कीचकवधम्	1917	पंजाबी	शीला	1936
तेलुगू	भीष्म प्रतिज्ञा	1921	कोंकणी	मगाचो अनवडो	1950
मलयालम	विगथाकुमारन	1920	भोजपुरी	हे गंगा मैया तोहे पियरी चढ़ाइबो	1963
असमिया	जोयमती	1935	तुलु	एन्ना थंगड़ी	1971
बांग्ला	बिल्व मंगल	1919	बडगा	काला थपिटा पयीलु	1979
गुजराती	नरसी मेहता	1932	कोसली	भूखा	1989

भारतीय सिनेमा में नारी की छवि

- भारतीय सिनेमा में नारी की छवि भी नायकों की तरह बदलती रही है और इसका आधार हमारे समाज में बदलती नारी की भूमिका से रहा है। मूक सिनेमा के दौर में ही फिल्मकारों ने नारी जीवन के सामन्ती अभिशापों के विरुद्ध आवाज उठाई थी।
- वी. शान्ताराम, ऋत्विक घटक, गुरुदत्त, सत्यजीत राय, बिमल राय, श्याम बेनेगल, जब्बार पटेल आदि फिल्मकारों ने अपनी अनेक उल्लेखनीय फिल्मों द्वारा नारी की वास्तविक स्थिति का चित्रण किया है।
- भारतीय नारी की परम्परागत छवि हो या उसकी आधुनिक प्रगतिशील छवि भारतीय सिनेमा की महान अभिनेत्रियों ने उन्हें अत्यन्त जीवन्त और प्रभावशाली रूप में प्रस्तुत किया है।
- देविका रानी, दुर्गा खोटे, नरगिस, मीना कुमारी, नूतन, वहीदा रहमान, शारदा, स्मिता पाटिल, शबाना आजमी ऐसी ही अभिनेत्रियाँ थीं।

भारतीय चलचित्र अधिनियम, 1952

- भारत सरकार ने भारतीय चलचित्र अधिनियम, 1952 में फिल्मों को प्रमाणित करने के लिए पारित किया। केन्द्रीय फिल्म प्रमाणन बोर्ड के संविधान एवं कार्य को निर्धारित करने के लिए इस अधिनियम को लाया गया था।
- भारतीय चलचित्र अधिनियम, 1952 के अन्तर्गत सेंसर बोर्ड के अध्यक्ष और कार्य निष्पादन में उनकी सहायता के लिए एक सदस्य मण्डल (12 से कम नहीं और 25 से अधिक नहीं) की नियुक्ति का प्रावधान है।
- बोर्ड को एक फिल्म की समीक्षा करने के पश्चात् यह निर्णय लेना होता है कि अमुक फिल्म को किसी भौगोलिक क्षेत्र, आयु वर्ग, धार्मिक वर्ग अथवा राजनीतिक समूह के प्रति अपमान/अभद्रता के आधार पर प्रदर्शन से रोका जा सकता है अथवा नहीं।
- ये आवेदक की फिल्म को प्रमाणित करने से पहले उसमें परिवर्तन या काट-छाँट करने का निर्देश भी दे सकते हैं। यदि वांछित परिवर्तन नहीं किए जाते हैं, तो प्रमाणन बोर्ड उस फिल्म के सार्वजनिक प्रदर्शन को अनुमति देने से मना कर सकता है।
- यद्यपि फिल्मों को प्रमाणित करने का विषय संघ के अधीन है, परन्तु सेंसरशिप को लागू करने का कार्य राज्य सरकारों के अधिकार क्षेत्र में आता है। फिल्मों का प्रमाणीकरण निम्नलिखित आधार पर होता है

श्रेणी	प्रमाणीकरण
यू (U)	व्यापक प्रदर्शन
ए (A)	केवल वयस्कों के लिए सीमित प्रदर्शन
वर्ष 1983 में चलचित्र (प्रमाणीकरण) नियमों में सुधार किया गया और उनमें वर्तमान श्रेणियों में दो अन्य श्रेणियाँ भी जोड़ी गई हैं, जो इस प्रकार हैं	
यूए (UA)	असीमित व्यापक प्रदर्शन, परन्तु 12 वर्ष से कम आयु के बच्चों के लिए माता-पिता की निगरानी आवश्यक
एस (S)	केवल विशेषज्ञ दर्शकों; जैसे—डॉक्टर, इंजीनियर इत्यादि के लिए प्रदर्शन

- 1952 के इस अधिनियम के अनुच्छेद 5(D) में एक फिल्म प्रमाणन अपीलीय अधिकरण (Film Certification Appellate Tribunal, FCAT) की स्थापना की गई, जिसका गठन विशेष रूप से सेंसर बोर्ड (सी.बी.एफ.सी.) के निर्णय से असन्तुष्ट पक्षों की अपील सुनने के लिए किया गया है, जो अपनी फिल्म की पुनः समीक्षा की माँग कर सकते हैं।
- सेंसर बोर्ड भारत सरकार के सूचना एवं प्रसारण मन्त्रालय के अन्तर्गत आने वाला एक वैधानिक निकाय है। इसका कार्य फिल्मों, टीवी, धारावाहिकों, टी वी विज्ञापनों और अन्य दृश्य सामग्री की समीक्षा करना और उन्हें सर्टिफिकेट देना है।

केन्द्रीय फिल्म प्रमाणन बोर्ड

केन्द्रीय फिल्म प्रमाणन बोर्ड सूचना और प्रसारण मन्त्रालय के अन्तर्गत एक संस्था है। यह संस्था चलचित्र अधिनियम, 1952 के अन्तर्गत जारी किए गए प्रावधानों का अनुसरण करते हुए, फिल्मों के सार्वजनिक प्रदर्शन का नियन्त्रण करता है। केन्द्रीय फिल्म प्रमाणन बोर्ड द्वारा फिल्मों को प्रमाणित करने के पश्चात् ही भारत में उसका सार्वजनिक प्रदर्शन किया जा सकता है।

संगठनात्मक स्वरूप

- बोर्ड में केन्द्र सरकार द्वारा नियुक्त अध्यक्ष एवं गैर-सरकारी सदस्यों को सम्मिलित किया गया है।
- बोर्ड का मुख्यालय मुम्बई में स्थित है और इसके 9 क्षेत्रीय कार्यालय हैं, जो मुम्बई, कोलकाता, चेन्नई, बंगलुरु, तिरुवनन्तपुरम, हैदराबाद, नई दिल्ली, कटक और गुवाहाटी में स्थित हैं।
- क्षेत्रीय कार्यालयों में सलाहकार पैनलों की सहायता से फिल्मों का परीक्षण करते हैं।
- केन्द्र सरकार द्वारा समाज के विविध स्तर के व्यक्तियों का समावेश करते हुए दो वर्ष की कालावधि के लिए इन पैनल सदस्यों का नामांकन किया जाता है।
- सभी फिल्मों (भारतीय और विदेशी दोनों) को सेंसर बोर्ड से प्रमाण-पत्र प्राप्त करना पड़ता है।
- वे सभी फिल्में, जिन्हें एक भाषा से दूसरी भाषा में अन्तरित (डब) किया जाता है, उन्हें भी यह सुनिश्चित करने के लिए नया प्रमाण-पत्र प्राप्त करना पड़ता है कि भाषा बदले जाने से ये किसी भी प्रकार से अप्रिय या अपमानजनक तो नहीं हो गई है।
- सी.बी.एफ.सी. प्रमाण-पत्र का एकमात्र अपवाद है—दूरदर्शन पर प्रदर्शित विशेष रूप से बनाई जाने वाली फिल्में, क्योंकि दूरदर्शन भारत सरकार का अधिकृत प्रसारणकर्ता है और इस प्रकार की फिल्मों के परीक्षण के लिए उनके अपने नियम हैं।
- इसे टेलीविजन प्रोग्राम और सीरियलों के लिए भी सी.बी.एफ.सी. प्रमाण-पत्र की आवश्यकता नहीं होती है।

निम्नलिखित परिस्थितियों में फिल्म को प्रमाणन देने से मना किया जा सकता है

(i) जब कोई फिल्म सिनेमेटोग्राफ अधिनियम, 1952 की धारा 5 बी (1) के प्रावधान का उल्लंघन करती हो।

(ii) जब कोई फिल्म प्रमाणन की सर्वोच्च श्रेणी में निर्धारित सीमा का उल्लंघन करती हो।

ऑस्कर एवं भारतीय सिनेमा

- ऑस्कर पुरस्कार या अकादमी अवार्ड्स विश्व का सर्वोच्च फिल्म पुरस्कार है। इसे अमेरिकन अकादमी ऑफ मोशन आर्ट्स एण्ड साइंसेज (AMPAS) प्रदान करती है। यह पुरस्कार सर्वप्रथम 16 मई, 1929 को प्रदान किया गया था। वर्ष 1935 से यह पुरस्कार सम्बन्धित वर्ष की 1 जनवरी से 31 दिसम्बर की अवधि के लिए दिया जा रहा है।
- भारतीय सिनेमा को अकादमी अवार्ड्स या ऑस्कर में भी पहचान मिली है। हालाँकि अभी तक किसी भी भारतीय फिल्म या उसके निर्देशक को सर्वश्रेष्ठ विदेशी भाषा की फिल्म श्रेणी में ऑस्कर नहीं मिला है, किन्तु अनेक भारतीय फिल्मकार, तकनीशियन तथा संगीतकार विदेशी फिल्मों के माध्यम से इन पुरस्कारों को जीत चुके हैं।
- तीन भारतीय फिल्में-मदर इण्डिया (1957), सलाम बॉम्बे (1988) तथा लगान (2001) सर्वश्रेष्ठ विदेशी भाषा की फिल्म श्रेणी में नामांकित हुई थीं। भानु अथैया (पोशाक डिजाइनर, गाँधी), सत्यजीत राय (मानव द ऑस्कर), ए. आर. रहमान (संगीतकार, स्लम डॉग मिलेनियर), गुलजार (गीतकार, स्लम डाग मिलेनियर), रसूल पोकट्टी (ध्वनि सम्पादक, स्लम डॉग मिलेनियर) भारत की ऑस्कर अवॉर्ड विजेता फिल्मी हस्तियाँ हैं। महबूब खान की मदर इण्डिया मात्र एक वोट की कमी से वर्ष 1957 का ऑस्कर अवॉर्ड जीतने से रह गई।

सिनेमा और साहित्य

- भारतीय सिनेमा का साहित्य से भी अटूट सम्बन्ध रहा है। मुंशी प्रेमचन्द की साहित्यिक कृतियों पर कई फिल्में बनीं। ये थीं—सेवा सदन, गोदान, मिल और मजदूर, गबन, हीरा-मोती, सद्गति व शतरंज के खिलाड़ी।
- शरतचन्द्र की कृतियों पर देवदास, परिणीता, ब्रज बहू व स्वामी आदि फिल्में बनीं, तो महाश्वेता देवी की साहित्यिक कृतियों पर रुदाली व हजार चौरासी की माँ, जैसी फिल्में बनीं।
- फणीश्वर नाथ रेणु की कहानी पर बनी तीसरी कसम जहाँ काफी चर्चित फिल्म रही, वहीं भगवती चरण वर्मा की साहित्यिक कृति पर बनी चित्रलेखा भी लोकप्रिय हुई।
- धर्मवीर भारती की साहित्यिक कृतियों पर सूरज का सातवाँ घोड़ा एवं गुनाहों का देवता बनीं। गोविन्द निहलानी ने भीष्म साहनी के उपन्यास तमस पर फिल्म बनाई। साहित्य को भी भारतीय सिनेमा ने सार्थक अभिव्यक्ति दी गई है।

सिनेमा से सम्बन्धित संस्थाएँ

संस्थाएँ	विवरण
भारतीय फिल्म एवं टेलीविजन संस्थान (FTII)	भारतीय फिल्म एवं टेलीविजन संस्थान भारत के सूचना एवं प्रसारण मन्त्रालय के अन्तर्गत एक स्वायत्त संस्थान है। पुणे के प्रभात स्टूडियो के परिसर में वर्ष 1960 में भारतीय फिल्म संस्थान के रूप में स्थापित इस संस्थान का भारतीय फिल्म और टेलीविजन संस्थान के रूप में वर्ष 1971 में पुन: नामांकन किया गया।
फिल्म प्रभाग	फिल्म प्रभाग की स्थापना वर्ष 1948 में की गई। यह भारत के सूचना एवं प्रसारण मन्त्रालय से सम्बद्ध फिल्म प्रोडक्शन हाउस है, जो भारत में फिल्म निर्माण संस्कृति को प्रोत्साहन प्रदान करता है।
राष्ट्रीय बाल एवं युवा फिल्म केन्द्र (NCYP)	बाल चलचित्र समिति के नाम से वर्ष 1955 में स्थापित यह बच्चों एवं युवाओं के लिए फिल्मों के निर्माण को प्रोत्साहन देता है।
भारतीय राष्ट्रीय फिल्म अभिलेखागार (NFAI)	भारत का राष्ट्रीय फिल्म संग्रहालय सूचना एवं प्रसारण मन्त्रालय भारत सरकार की एक मीडिया इकाई के रूप में फरवरी, 1964 में स्थापित किया गया।
राष्ट्रीय फिल्म विकास निगम लिमिटेड (NDFC)	राष्ट्रीय फिल्म विकास निगम लिमिटेड की स्थापना वर्ष 1975 में हुई थी। इस निगम का मुख्य उद्देश्य भारत में सिनेमा की गुणवत्ता में सुधार लाना और श्रव्य दृश्य सम्बन्धित क्षेत्रों में अत्याधुनिक प्रौद्योगिकी को विकसित करना है। वर्ष 1980 में भारतीय चलचित्र निर्यात निगम और फिल्म वित्त निगम के विलय के बाद इसका पुनर्गठन किया गया।
फिल्म समारोह निदेशालय (DAF)	फिल्म समारोह निदेशालय की स्थापना वर्ष 1973 में भारत सरकार द्वारा देश में अन्तर्राष्ट्रीय और राष्ट्रीय फिल्म समारोह का आयोजन करने के लिए की गई।

प्रमुख फिल्म समारोह

अन्तर्राष्ट्रीय स्तर पर फिल्मों के अनेक प्रतिष्ठित समारोह आयोजित होते हैं, जिनमें सिनेमा प्रेमियों को विभिन्न देशों की फिल्मों को देखने का अवसर मिलता है और सार्थक फिल्म निर्माण को भी प्रोत्साहन मिलता है।

विश्व के प्रमुख फिल्म समारोह

भारतीय अन्तर्राष्ट्रीय फिल्म समारोह (IFFI)

भारतीय अन्तर्राष्ट्रीय फिल्म समारोह (इफ्फी) की शुरुआत वर्ष 1952 से हुई। वर्ष 2004 में 'इफ्फी' गोवा ले जाया गया। तब से इफ्फी एक वार्षिक आयोजन हो गया है। इसका आयोजन फिल्म समारोह निदेशालय एवं गोवा सरकार द्वारा संयुक्त रूप से किया जाता है।

वेनिस फिल्म समारोह

वेनिस फिल्मोत्सव विश्व के सबसे पुराने फिल्मोत्सवों में से एक है। इसका प्रारम्भ वर्ष 1932 में हुआ था और नियमित रूप से अगस्त के अन्त या सितम्बर के प्रारम्भ में इटली में वेनिस के लीडो द्वीप पर आयोजित किया जाता रहा है।

कान फिल्म समारोह

कान फिल्मोत्सव का आयोजन वर्ष 1946 से फ्रांस के 'कान' में प्रतिवर्ष आयोजित किया जाता रहा है। पाम डी ओर (गोल्डन पाम) कान्स का सबसे प्रतिष्ठित सम्मान है।

बर्लिन अन्तर्राष्ट्रीय फिल्म समारोह

यह समारोह विश्व के प्रतिष्ठित फिल्म समारोहों में से एक है। यह वर्ष 1951 से बर्लिन (जर्मनी की राजधानी) में आयोजित हो रहा है। गोल्डन बियर तथा सिल्वर बियर यहाँ के उल्लेखनीय अवार्ड हैं।

“ मार्शल कलाएँ, कला का वह लोकप्रिय रूप है, जिसका उद्देश्य आत्मरक्षा के साथ-साथ मनोरंजन भी होता है। इसका शाब्दिक अर्थ युद्ध छेड़ने से सम्बद्ध कला से है। इसमें विभिन्न युद्ध कौशलों का उपयोग कलात्मक तरीके से किया जाता है।

अध्याय ग्यारह

पारम्परिक मार्शल कलाएँ

भारत में मार्शल कलाएँ

- भारत में प्राचीनकाल से ही मार्शल कलाएँ विद्यमान हैं। जापान की मार्शल कला कराटे एवं चीन की कुंग-फू का उद्‌गम भी भारत से ही माना जाता है।
- चीनी साहित्यिक विवरणों के अनुसार, भारतीय बौद्ध विद्वान बोधि धर्मा ने 5वीं-छठी शताब्दी में चीन के शाओलिन मठ में अपने प्रवास के दौरान दक्षिण भारत के केरल में प्रचलित कलारीपयट्टू के सूत्र सिखाए थे, जो कालान्तर में कुंग-फू के रूप में विकसित हो गई।
- प्राचीन साहित्य में शस्त्र सहित एवं शस्त्र रहित युद्ध के अनेक आख्यान उपलब्ध हैं। धनुर्वेद में धनुष विद्या एवं युद्ध के नियमों का उल्लेख मिलता है।
- महाभारत में कुश्ती (मल्ल युद्ध) एवं मुक्केबाजी के विवरण उल्लिखित हैं। महाभारत में भीम प्रसिद्ध मल्ल योद्धा थे, इसमें जरासन्ध एवं भीम के बीच प्रसिद्ध मल्ल युद्ध का वर्णन है। हरिवंश पुराण के अनुसार, श्रीकृष्ण एवं उनके बड़े भाई बलराम दोनों ही महान मल्ल योद्धा थे।

भारत की प्रमुख मार्शल कलाएँ

कलारीपयट्टू

- कलारीपयट्टू का अर्थ-युद्धक्षेत्र अभ्यास या प्रशिक्षण है, जो मिट्टी के फर्श के साथ विशिष्ट आयामों के अखाड़े या व्यायामशाला में होता है। कराटे, कुंग-फू जैसे सभी मार्शल आर्ट रूपों का आधार मूल रूप से इसी से विकसित हुआ था।
- ऋषि परशुराम और अगस्त्य को कलारीपयट्टू का जनक माना जाता है। यह दक्षिणी केरल से उत्पन्न भारत की एक युद्ध कला है। इसकी उत्पत्ति केरल में तीसरी शताब्दी ईसा पूर्व से दूसरी शताब्दी ईस्वी के दौरान हुई थी।
- जिस स्थान पर इस मार्शल आर्ट का अभ्यास किया जाता है, उसे कलारी (अर्थ: व्यायामशाला) कहा जाता है। यह एक मलयालम शब्द है, जो एक प्रकार के व्यायामशाला को दर्शाता है।
- कलारी का शाब्दिक अर्थ है—खलिहान या युद्धक्षेत्र। कलारीपयट्टू केरल के साथ-साथ तमिलनाडु एवं कर्नाटक के सटे भागों, पूर्वोत्तर श्रीलंका और मलेशिया के मलयाली समुदाय के बीच प्रचलित है। इसका अभ्यास मुख्य रूप से केरल की योद्धा जातियों; जैसे—नायर, एझावा द्वारा किया जाता था।
- कलारीपयट्टू में हमले, पैर से मारना, मल्ल युद्ध, पूर्व निर्धारित तरीके, हथियारों के जखीरे और उपचार के तरीके सम्मिलित हैं। इसके कुछ युद्ध अभ्यासों को नृत्य में उपयोग किया जा सकता है।
- कलारीपयट्टू में अनेक तकनीकें और पहलू सम्मिलित हैं, जिसमें मन एवं शरीर के बीच समन्वय स्थापित करना, ओट्टा (एक 'S' आकार की छड़ी) से लड़ना, माईपायट्टू या शारीरिक व्यायाम, पुलियानकम या तलवार से लड़ाई, वेरुमकाई या नंगे हाथों से लड़ाई, अंगथारी या धातु के हथियारों और कोलथारी की लाठियों का उपयोग करना है।

सिलम्बम

- यह एक प्रकार की लाठी चलाने या पटेबाजी की कला है, जो तमिलनाडु में प्रचलित है। सिलम्बम शब्द का उपयोग सामान्यत: तेजी से बहने वाले झरने, पत्तियों की सरसराहट, पक्षियों की चहचहाहट आदि से उत्पन्न ध्वनि को दर्शाने के लिए किया जाता है।
- ऐसी मान्यता है कि भगवान मुरुगा (भगवान शिव के पुत्र, जिन्हें कार्तिकेय के नाम से भी जाना जाता है) और ऋषि अगस्त्य ने इस मार्शल आर्ट शैली का विकास किया।
- पाण्डयों, चोलों और चेरों ने अपने शासनकाल में इसे बढ़ावा दिया।
- विदेशी व्यापारियों को सिलम्बम की छड़ें, मोती, तलवारें और कवच की ब्रिकी का सन्दर्भ तमिल साहित्य शिलप्पादिकारम में पाया जाता है, जो दूसरी सदी ईस्वी पूर्व का है।
- सिलम्बम, तमिलनाडु की हथियार आधारित भारतीय मार्शल आर्ट है, इसके अतिरिक्त यह कला पारम्परिक रूप से श्रीलंका एवं मलेशिया के तमिल समुदाय में भी प्रचलित है। यह नजदीकी रूप से केरल के कलारीपयट्टू तथा श्रीलंका के अंगमपोरा से सम्बन्धित है।

- सिलम्बम का अभ्यास मूल रूप से बाँस की छड़ियों से और बाद में स्टील की तलवारों और ढालों से किया जाता है।
- सिलम्बम में विभिन्न प्रकार की तकनीकों का उपयोग किया जाता है, जिसमें पैर की तेज गति, दोनों हाथों का प्रयोग कर छड़ी चलाना, जोर लगाना, काटना और स्वीप करना सम्मिलित हैं और विभिन्न स्तरों पर बल, गति और परिशुद्धता में महारत हासिल करना और विकास करना सम्मिलित है।

थोडा

- थोडा, हिमाचल प्रदेश की भव्य मार्शल आर्ट है। यह किसी की तीरन्दाजी निपुणता पर निर्भर है।
- यह कुल्लू और मनाली की आकर्षक घाटियों में खेला जाता है। इस प्रकार इस मार्शल आर्ट की उत्पत्ति कुल्लू में हुई है।
- इस खेल में तीर एवं धनुष का प्रयोग किया जाता है।
- तीरन्दाज की सुलभता के साथ लकड़ी का धनुष 1.5 मी से 2 मी का होता है, जबकि धनुष के समानुपात में लकड़ी के तीर होते हैं, जोकि कुशल दस्तकार या मिस्त्री द्वारा बनाए जाते हैं।

थांग-ता और सरित सरक

- थांग-ता शस्त्रों के द्वारा की जाने वाली एक कला है, जिसका अभ्यास मणिपुर के मेइती लोग करते हैं।
- मणिपुरी भाषा में थांग का अर्थ-तलवार एवं ता का अर्थ भाला से होता है, जो इस कला के प्राथमिक हथियार को प्रदर्शित करता है।
- मणिपुर और म्यांमार के बीच सांस्कृतिक समानता, भौगोलिक समीपता तथा नृजातीय सम्बद्धता के कारण थांग-ता नजदीकी रूप से तोबनशाही से जुड़ा है।
- थांग-ता और सरित सरक एकसाथ हुयेन लांगलोन कहलाता है।

परी खण्डा

- परी खण्डा, राजपूतों द्वारा निर्मित, बिहार की मार्शल आर्ट का एक रूप है।
- इसमें तलवार और ढाल का उपयोग करके लड़ा जाता है। इसके स्टेप्स और तकनीक बिहार के छऊ नृत्य में उपयोग किए जाते हैं।
- छऊ नृत्य वर्तमान में भी बिहार के अनेक भागों में प्रचलित है।
- इस मार्शल आर्ट का नाम दो शब्दों से मिलकर बना है, परी का अर्थ है—ढाल, जबकि खण्डा का अर्थ है—तलवार। इसलिए इस कला में तलवार और ढाल दोनों का उपयोग किया जाता है।
- परी खण्डा कला तकनीक में हाथी चाली (हाथी चाल) और बाघ चाली (बाघ चाल) शामिल हैं, जिसका उपयोग कर लड़ाई में बढ़त हासिल की जाती है।

लाठी

- प्राचीन काल से ही भारत में लाठी का उपयोग युद्ध में शस्त्र के रूप में होता रहा है।
- लाठी का अर्थ बाँस की छड़ी से है, जिसकी लम्बाई लगभग 6 मी से 8 मी होती है। पंजाब और बंगाल राज्य में मार्शल आर्ट में लाठी (छड़ी) का उपयोग किया जाता है।

चेड़बी गद-गा

- यह कला मणिपुर की प्राचीन युद्ध सम्बन्धी कलाओं (मार्शल आर्ट) में से एक है, इसमें लड़ाई के लिए तलवार एवं ढाल का प्रयोग किया जाता था।
- कालान्तर में तलवार की जगह एक मुलायम चमड़े से युक्त छड़ी और एक चमड़े से निर्मित ढाल का प्रयोग किया जाने लगा।
- यह प्रतियोगिता एक सपाट सतह पर 7 मी व्यास वाले वृत्ताकार क्षेत्र में होती है, जिसमें प्रतियोगी द्वन्द्व लड़ते हैं।

मर्दानी खेल

- यह महाराष्ट्र की एक पारम्परिक सशस्त्र मार्शल आर्ट है, जो मुख्य रूप से कोल्हापुर जिले में प्रसिद्ध है।
- यह कला हथियारों के कौशल पर आधारित है, इसमें मुख्य रूप से तलवारों, द्रुत चालों, झुकी मुद्राओं का उपयोग किया जाता है।

इन्बुआई कुश्ती

- इन्बुआई कुश्ती का उद्भव 1750 ई. में हुआ था। यह मिजोरम की देशी मार्शल आर्ट है।
- इस कुश्ती को एक वृत्ताकार घेरे में खेला जाता है।
- इसमें प्रतिद्वन्द्वी के पैरों को उठाना पड़ता है, ताकि किसी एक प्रतियोगी को विजेता घोषित किया जा सके।

मुष्टि युद्ध

- प्राचीन शहर वाराणसी में उत्पन्न यह युद्ध मुक्केबाजी से मिलता-जुलता एक निहत्था मार्शल आर्ट का रूप है।
- इसमें किक, घूँसे, घुटने और कोहनी से प्रहार जैसी तकनीकों का उपयोग किया जाता है।
- मुष्टि युद्ध में शारीरिक, मानसिक और आध्यात्मिक तीनों पहलुओं का विकास सम्मिलित था।
- इस कला में लड़ाइयों को चार श्रेणियों में विभाजित किया गया है और जिन्हें हिन्दू देवताओं के अनुसार नाम दिए गए हैं, जो उस विशेष प्रकार की कला में उत्कृष्ट हैं।

गतका

मल्लखम्ब

मर्दानी खेल

लाठी

थांग-ता और सरित सरक

कुट्टू वरिसाई

इन्बुआई कुश्ती

- पहले को जम्बुवन्ती कहा जाता है, जिसका अर्थ है—प्रतिद्वन्द्वी को लॉकिंग और होल्डिंग के माध्यम से अधीन होने के लिए मजबूर करना। दूसरा है—हनुमन्ती, जो तकनीकी श्रेष्ठता के लिए है। तीसरा भीमसेनी को सन्दर्भित करता है, जो पूर्णत: ताकत पर ध्यान केन्द्रित करता है, जबकि अन्तिम को जरासन्धि कहा जाता है, जो अंग और जोड़ तोड़ने पर ध्यान केन्द्रित करता है।

गतका

- गतका, दक्षिण एशियाई पारम्परिक युद्ध प्रशिक्षण का रूप है। इसमें लकड़ी की छड़ियाँ, आभासी तलवार के रूप में लड़ाकू युग्मों द्वारा प्रयोग में लाई जाती हैं।
- वर्तमान प्रयोग में यह साधारणतया उत्तर पश्चिमी भारतीय मार्शल आर्ट को प्रदर्शित करता है।
- यह कला पारम्परिक रूप से कई शताब्दियों से पूरे उत्तरी भारत एवं पाकिस्तान में युद्ध कला का रूप है।

कुट्टू वरिसाई

- कुट्टू वरिसाई का अर्थ है—बिना किसी शस्त्र के संग्राम करना। इसका सर्वप्रथम उल्लेख संगम साहित्य से मिलता है।
- यह तमिलनाडु की पारम्परिक युद्ध कला है, जो श्रीलंका और मलेशिया में भी अत्यधिक लोकप्रिय है।
- इस कला का उपयोग श्वेतसार, व्यायाम, श्वास अभ्यास और योग के माध्यम से तकनीकों को कौशल बनाने में होता है।
- इसमें बाज, बाघ, हाथी, बन्दर, साँप आदि पशु आधारित शैलियों का उपयोग होता है।

मल्लखम्ब

- इसका अभ्यास मुख्य रूप से महाराष्ट्र और मध्य प्रदेश में किया जाता है। मल्लखम्ब का सन्दर्भ रामायण और बौद्ध चीनी तीर्थयात्रियों के वृत्तान्त से मिलता है।
- इसमें रस्सी एवं खम्भे का प्रयोग किया जाता है।
- मल्लखम्ब को चार श्रेणियों में बाँटा गया है
  - रस्सी मल्लखम्भ
  - पोल मल्लस्तम्भ
  - लटकता मल्लखम्भ
  - रस्सी और पोल मल्लखम्भ

भारत की कुछ अन्य मार्शल कलाएँ

नाम	सम्बन्धित क्षेत्र	विशेष तथ्य
पाइक अखाड़ा	ओडिशा	नृत्य और संग्राम से सम्बन्धित इस युद्ध का प्रयोग योद्धाओं द्वारा किया जाता था। वर्तमान में यह एक प्रदर्शन कला है।
काठी सामू	आन्ध्र प्रदेश	इसमें सम्बन्धित राज्य की राजसी सेना सम्मिलित थी।
बन्देश	सम्पूर्ण भारत	इस कला में प्रतिद्वन्द्वी की हत्या किए बिना उसके विरुद्ध विभिन्न उलझाव का प्रयोग किया जाता है।
मल्ल युद्ध	दक्षिण भारत	इस प्राचीन कला का अभ्यास सिद्धार्थ गौतम एवं विजयनगर के राजा कृष्णदेव राय द्वारा किया जाता था।
इंसु नावर	मिजोरम	इसे वृत्ताकार आकृति में खेला जाता है। इसमें लकड़ी की छड़ी का उपयोग किया जाता है।
मुकना	मणिपुर	इसका आयोजन लाई हरोबा त्योहार के अन्तिम दिन किया जाता है।
किरिय, साल्डु	निकोबार	यह निकोबार की कुश्ती के रूप में प्रसिद्ध है।
वर्मकलई	तमिलनाडु	इसके प्रदर्शन के दौरान शरीर के महत्त्वपूर्ण भागों पर हमले किए जाते हैं।
जल्लीकट्टू	तमिलनाडु	यह पोंगल पर्व के दौरान खेला जाता है। यह बैलों को नियन्त्रित करने की पारम्परिक कला है।

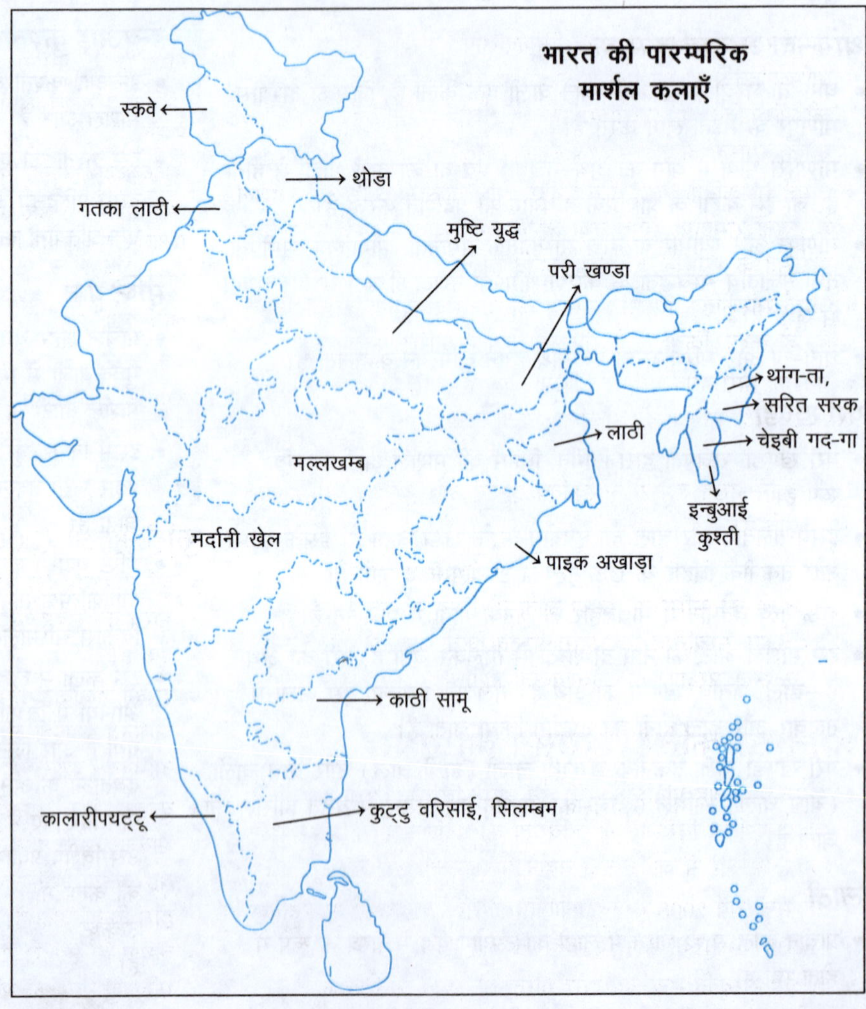

अमूर्त सांस्कृतिक विरासत से तात्पर्य सांस्कृतिक प्रथाओं, परम्पराओं, अभिव्यक्तियों, ज्ञान और कौशल से है। इसमें मौखिक परम्पराएँ, प्रदर्शन कलाएँ, अनुष्ठान, सामाजिक प्रथाएँ, कलाएँ, उत्सव सम्बन्धी कार्यक्रम, पारम्परिक शिल्पकला तथा प्रकृति और ब्रह्माण्ड का ज्ञान शामिल है।

अध्याय बारह

अमूर्त सांस्कृतिक विरासत

परिचय

- अमूर्त सांस्कृतिक विरासत उन क्रियाकलापों, अनुरूपणों, अभिव्यक्तियों या कौशलों को कहते हैं, जिन्हें यूनेस्को किसी स्थान की सांस्कृतिक धरोहर मान्य करता है; जैसे—भवन, ऐतिहासिक स्थल, स्मारक और हस्तशिल्प आदि सांस्कृतिक सम्पत्तियाँ हैं।
- अमूर्त सांस्कृतिक विरासत वे प्रथाएँ, अभिव्यक्तियाँ, ज्ञान और कौशल हैं, जिन्हें समुदाय, समूह तथा कभी-कभी व्यक्ति अपनी सांस्कृतिक विरासत के भाग के रूप में पहचानते हैं।
- अमूर्त सांस्कृतिक विरासत समाज की मानसिक चेतना का प्रतिबिम्ब है, जो कला, क्रिया या किसी अन्य रूप में अभिव्यक्त होता है।
- यूनेस्को द्वारा इसका संरक्षण किया जाता है। इस कार्यक्रम के अन्तर्गत दो सूचियों को संकलित किया जाता है
  1. मानवता की अमूर्त सांस्कृतिक विरासत की प्रतिनिधि सूची इसमें मुख्य रूप से सांस्कृतिक प्रथाएँ और अनुभव सम्मिलित होते हैं।
  2. अमूर्त सांस्कृतिक विरासतों की सूची इसमें उन सांस्कृतिक तत्त्वों को सम्मिलित किया जाता है, जिन्हें जीवित रखने का विचार सम्बन्धित राष्ट्र द्वारा प्रस्तुत किया जाता है और जिन्हें तत्काल संरक्षण की आवश्यकता होती है।

अमूर्त सांस्कृतिक विरासत की सूची

- यूनेस्को की यह प्रतिष्ठित सूची उन अमूर्त विरासत तत्त्वों से बनी है, जो सांस्कृतिक विरासत की विविधता को प्रदर्शित करने और इसके महत्त्व के बारे में जागरूकता बढ़ाने में सहायता करते हैं।
- यह सूची वर्ष 2008 में तब स्थापित की गई, जब अमूर्त सांस्कृतिक विरासत की सुरक्षा के लिए कन्वेंशन लागू हुआ।
- केन्द्रीय संस्कृति मन्त्रालय द्वारा भारत की अमूर्त सांस्कृतिक विरासत की राष्ट्रीय सूची का मसौदा भी वर्ष 2008 में लॉन्च किया गया।

अमूर्त सांस्कृतिक विरासत सूची

नाम	सम्मिलित वर्ष	नाम	सम्मिलित वर्ष
वैदिक जप की परम्परा	वर्ष 2008	संकीर्तन	वर्ष 2013
रामलीला, रामायण का पारम्परिक प्रदर्शन	वर्ष 2008	जण्डियाला गुरु के ठठेरे	वर्ष 2014
कुटि्टअट्टम, संस्कृत थिएटर	वर्ष 2008	योग	वर्ष 2016
रम्मन, धार्मिक त्योहार और गढ़वाल हिमालय के अनुष्ठान थिएटर	वर्ष 2009	नवरोज	वर्ष 2016
मुडियेट्टू	वर्ष 2010	कुम्भ मेला	वर्ष 2017
कालबेलिया नृत्य	वर्ष 2010	दुर्गा पूजा	वर्ष 2021
छऊ नृत्य	वर्ष 2010	गरबा नृत्य	वर्ष 2023
लद्दाख का बौद्ध जप	वर्ष 2012		

भारत की अमूर्त सांस्कृतिक विरासत

कुटि्टअट्टम (2008 में सम्मिलित)

- कुटि्टअट्टम (केरल में प्रचलित संस्कृत नाट्यकला), भारत की सबसे पुरानी जीवित नाट्य परम्पराओं में से एक है।
- इसकी शैलीबद्ध और संहिताबद्ध रंगमंचीय भाषा में शुद्ध अभिनय (आँखों की अभिव्यक्ति) और हस्त अभिनय (इशारों की भाषा) प्रमुख हैं।
- कुटि्टअट्टम में मुख्य चरित्र के विचारों और भावनाओं पर ध्यान केन्द्रित किया जाता है। यह चकयारों (हिन्दुओं की एक उपजाति) द्वारा किया जाता है। इसकी विषय-वस्तु पौराणिक कथाएँ हैं। मन्दिरों में होने वाले इस नृत्य में अम्बालवासी नम्बियार जाति की महिलाएँ नारी की भूमिका निभाती हैं।
- इसमें विदूषक मलयालम भाषा तथा अन्य पात्र संस्कृत भाषा बोलते हैं, इसमें मझाबू नामक वाद्य यन्त्र का प्रयोग होता है।

रामलीला, उत्तर प्रदेश (2008 में सम्मिलित)

- रामलीला, शाब्दिक रूप से राम का नाटक, रामायण का प्रदर्शन है, जिसमें दृश्यों की एक श्रृंखला प्रस्तुत की जाती है। इसमें गीत, कथन, गायन और संवाद सम्मिलित होते हैं।
- यह पूरे उत्तर भारत में दशहरे के त्योहार के दौरान किया जाता है। इसमें सबसे अधिक प्रतिनिधि अयोध्या, रामनगर और बनारस, वृन्दावन, अल्मोड़ा, सतना और मधुबनी के हैं।
- रामलीलाओं के अधिकांश भाग रामचरितमानस के दस-बारह दिनों तक चलने वाले प्रदर्शनों के माध्यम से प्रसारित होते हैं, लेकिन रामनगर जैसे कुछ स्थानों पर पूरे एक महीने तक चलते हैं।
- रामलीला राम और रावण के बीच युद्ध का स्मरण कराती है और इसमें देवताओं तथा ऋषियों के बीच संवाद की एक श्रृंखला सम्मिलित होती है।
- रामलीला जाति, धर्म या उम्र के भेद के बिना पूरी आबादी को एक साथ लाती है। उत्तर प्रदेश की राजधानी लखनऊ के निकट बक्शी का तालाब नामक स्थान पर एक अनोखी रामलीला का मंचन वर्ष 1972 से हो रहा है।

वेदपाठ की परम्परा (2008 में सम्मिलित)

- हिन्दुओं द्वारा ज्ञान के प्राथमिक स्रोत और उनके धर्म की पवित्र नींव के रूप में, वेद विश्व की सबसे प्राचीन जीवित सांस्कृतिक परम्पराओं में से एक है।
- चारों वेदों में से ऋग्वेद पवित्र ऋचाओं का एक ग्रन्थ है। इसके अन्तर्गत विभिन्न विषयों को शामिल किया गया है।
- सामवेद का सम्बन्ध संगीत से, यजुर्वेद में प्रार्थना और पुजारियों द्वारा उपयोग किए जाने वाले यज्ञ का वर्णन व अथर्ववेद में औषधियों का वर्णन है। अथर्ववेद को ब्रह्मवेद भी कहा जाता है। वेद वाचन परम्परा पर आधारित है।
- UNESCO ने वेदपाठ की परम्परा को मानवता की वाचिक तथा अमूर्त विरासतों की उत्कृष्ट कृति घोषित किया है।

रम्मन (2009 में सम्मिलित)

- प्रत्येक वर्ष अप्रैल माह के अन्त में उत्तराखण्ड में सलूर-डूंगरा नामक जुड़वाँ गाँवों में रम्मन मनाया जाता है। यह वहाँ के स्थानीय रक्षक देवता भूमियाल के सम्मान में मनाया जाने वाला धार्मिक त्योहार है।
- यह उत्सव अत्यधिक जटिल विधि-विधानों से सम्पन्न होता है, जिसमें रामकथा के महाकाव्य और विभिन्न किंवदन्तियों के सभी संस्करणों का सस्वर पाठ होता है और कई गीतों व मुखौटा नृत्य का प्रदर्शन किया जाता है। इस त्योहार का एक महत्त्वपूर्ण पक्ष जागर का गान है, जो स्थानीय पौराणिक कथाओं का संगीतमय गायन है।

मुडियेट्टू (2010 में सम्मिलित)

- मुडियेट्टू केरल राज्य में एक पारम्परिक रीतिगत नाट्य कला है। यह देवी काली और राक्षस दारिका के बीच युद्ध की पौराणिक कथा को चित्रित करता है।
- मुडियेट्टू में प्रदर्शन करने वाले कलाकार उपवास और प्रार्थना के माध्यम से स्वयं को शुद्ध रखते हैं और काली देवी की पूजा करते हैं, जिसे कोलम कहते हैं।
- मुडियेट्टू नृत्य को भगवती कावुस के नाम से जाना जाता है, जो फसल कटाई (रबी की फसल के बाद) के मौसम के बाद किया जाता है।

छऊ (2010 में सम्मिलित)

- छऊ पूर्वी भारत की एक नृत्य परम्परा है, जो स्थानीय लोक कथाओं और अमूर्त विषयों सहित महाभारत और रामायण महाकाव्यों के भागों का प्रदर्शन करती है। इसकी तीन अलग-अलग शैलियाँ सरायकेला, पुरूलिया और मयूरभंज के क्षेत्रों से निकलती हैं।
- यह एक जनजातीय युद्ध कला है, जिसे प्रमुखत: ओडिशा, झारखण्ड तथा पश्चिम बंगाल में प्रदर्शित किया जाता है। इस नृत्य का प्रदर्शन पुरुष नर्तक द्वारा रात्रि के समय खुले स्थान में किया जाता है।

कालबेलिया (2010 में सम्मिलित)

- कालबेलिया नृत्य कालबेलिया समुदाय की पारम्परिक जीवन शैली की एक अभिव्यक्ति है। यह इसी नाम की एक राजस्थानी जनजाति से सम्बन्धित है। इस नृत्य की समानता सर्प नृत्य से मेल खाती है।
- इसके गीत पौराणिक गाथाओं पर आधारित होते हैं और गीत के शब्दों को त्वरित रूप से तत्काल निर्मित किया जाता है। इस नृत्य में पुंगी, चांग और झाँझ जैसे वाद्य यन्त्रों का उपयोग किया जाता है।

लद्दाख का बौद्ध मन्त्रोपचार (2012 में सम्मिलित)

- प्राचीन पवित्र बौद्ध मूल ग्रन्थों का जाप प्रतिदिन विभिन्न मठों में रहने वाले भिक्षुओं और भारत में लद्दाख के परा-हिमालयी क्षेत्र में बौद्ध धर्म के विभिन्न सम्प्रदायों के अनुयायी वर्गों द्वारा किया जाता है।
- इसके अतिरिक्त बौद्ध पंचांग के महत्त्वपूर्ण दिनों में, जीवन चक्र अनुष्ठानों के दौरान और कृषि सम्बन्धी पंचांग के महत्त्वपूर्ण दिनों में विशेष जाप का आयोजन किया जाता है।
- यह बुरी आत्माओं के प्रकोप को दूर करने और विभिन्न बुद्धों, बोधिसत्वों, देवताओं के कल्याण के लिए किया जाता है।

संकीर्तन (2013 में सम्मिलित)

- यह मणिपुर की रीतिगायन, ढोलवादन और नृत्य कला है। संकीर्तन का प्रारम्भ मणिपुर में पन्द्रहवीं शताब्दी में बंगाल के राजा कियाबा के शासनकाल में हुआ।
- संकीर्तन मणिपुर के मैदानी क्षेत्रों के वैष्णव लोगों द्वारा अपने जीवन में धार्मिक त्योहारों और चरणों को मनाने के लिए की जाने वाली कलाओं का एक संग्रह है।
- यह भगवान कृष्ण के जीवन और कार्यों को बताने के लिए प्रदर्शित किया जाता है। दो ढोलवादक और लगभग 10 गायक नर्तक एक विशिष्ट प्रदर्शन में बैठे उपासकों से घिरे एक हॉल में संकीर्तन की प्रस्तुति करते हैं। इसमें झाँझ और ड्रम वाद्ययन्त्र के रूप में प्रयोग किए जाते हैं।

जण्डियाला गुरु के ठठेरों द्वारा बर्तन बनाने की कला (2014 में सम्मिलित)

- जण्डियाला गुरु के ठठेरे द्वारा, पंजाब में पीतल और ताँबे के बर्तनों के निर्माण की पारम्परिक शिल्प कला है। माना जाता है कि ताँबा, पीतल और कुछ मिश्र धातुएँ स्वास्थ्य के लिए लाभदायक होती हैं।
- धातु से बर्तन बनाने की प्रक्रिया की शुरुआत धातु के ठण्डे टुकड़ों की खरीद से होती है, जिन्हें हथौड़ों की चोट से पतली प्लेटों में चिपटा (चपटा) किया जाता है और फिर घुमावदार आकृतियों में बदला जाता है।
- इससे पानी और दूध रखने के लिए बड़े बर्तन, खाना पकाने के लिए विशाल बर्तन और अन्य कलाकृतियों के लिए आवश्यक छोटे कटोरे आदि बनाए जाते हैं। 19वीं शताब्दी में महाराजा रंजीत सिंह द्वारा इन्हें संरक्षण और प्रोत्साहन दिया गया है।

नवरोज (2016 में सम्मिलित)

- नवरोज से तात्पर्य नया दिन से है। यह त्योहार पारसी समुदाय के लिए आस्था का प्रतीक है। यह पर्यावरण के प्रति पारसी मत के सम्मान को दर्शाता है।
- इस उत्सव में, एक चौकी स्थापित कर उस पर गाथाओं की एक प्रति रखने, दीपक या मोमबत्ती प्रज्वलित करने, मिट्टी की उथली तश्तरी में अंकुरित गेहूँ और छोटी कटोरी में एक चाँदी का सिक्का, पुष्प, रँगे हुए अण्डे, मिष्ठान्न और एक कटोरे में पानी रखकर उसमें गोल्डफिश रखने की परम्परा है।

योग (2016 में सम्मिलित)

- स्वास्थ्य, चिकित्सा और शिक्षा या कला के क्षेत्र में योग दर्शन ने विभिन्न पहलुओं को प्रभावित किया है। योग में मुद्राएँ बनाना, मेडिटेशन करना, श्वाँस नियन्त्रण, मन्त्रों का जाप और अन्य विधियों की एक शृंखला है।
- वर्तमान में योग आश्रमों में पारिश्रमिक अभ्यास के साथ-साथ विद्यालयों और विश्वविद्यालयों, सामुदायिक केन्द्रों और सोशल मीडिया के माध्यम से सीखा जा सकता है।

कुम्भ मेला (2017 में सम्मिलित)

- पृथ्वी पर कुम्भ मेला तीर्थयात्रियों का सबसे बड़ा शान्तिपूर्ण एकजुटता का उत्सव है, यहाँ आने वाले सभी लोग पवित्र नदी में स्नान करते हैं।
- भक्तों का मानना है कि गंगा में स्नान करने से कोई भी व्यक्ति जन्म और मृत्यु के चक्र से मुक्त होकर पापों से मुक्त हो जाता है। इनमें तपस्वी, सन्त, साधु, महाप्राण-कल्पवासी और अन्य लोग सम्मिलित होते हैं।
- यह उत्सव इलाहाबाद (अब प्रयागराज), हरिद्वार, उज्जैन और नासिक में आयोजित किया जाता है और इसमें जाति, पन्थ या लिंग के भेदभाव भूलकर लाखों लोग यहाँ आते हैं। उपरोक्त किसी भी स्थान पर, कुम्भ प्रत्येक 12 वर्ष के पश्चात् आयोजित किया जाता है।
- नासिक और उज्जैन में इन्हें सिंहस्थ कहकर सम्बोधित किया जाता है। प्रयागराज और हरिद्वार में यह 6-6 वर्ष के बाद आयोजित किया जाता है।
- वर्ष 2025 में पूर्ण महाकुम्भ मेला प्रयागराज में आयोजित किया गया है।

दुर्गा पूजा (2021 में सम्मिलित)

- दुर्गा पूजा सितम्बर या अक्टूबर में पूरे पश्चिम बंगाल राज्य में भव्य रूप से मनाया जाने वाला एक वार्षिक त्योहार है। दुर्गा पूजा से पहले, कारीगर मिट्टी का उपयोग करके, देवी दुर्गा माँ की मूर्तियाँ बनाते हैं।
- माँ दुर्गा की पूजा महालया के उद्घाटन से शुरू होती है, जब देवी को जीवन्त करने के लिए उनकी आँखें मिट्टी की मूर्तियों पर चित्रित की जाती हैं। इसका समापन दशमी को होता है।
- कोलकाता में दुर्गा पूजा के मुख्य आकर्षण पण्डाल, रोशनी, सजावट, मूर्तियाँ, भोजन, सभाएँ और आनन्दोत्सव हैं। 15 दिसम्बर, 2021 में कोलकाता में दुर्गा पूजा को यूनेस्को द्वारा अमूर्त सांस्कृतिक विरासत का दर्जा प्राप्त हुआ।

गरबा नृत्य (2023 में सम्मिलित)

- यूनेस्को ने गुजरात के पारम्परिक गरबा नृत्य को अपनी सांस्कृतिक विरासत सूची में शामिल किया है।
- गरबा नृत्य यूनेस्को की सांस्कृतिक विरासत का दर्जा प्राप्त करने वाला भारत की 15वीं विरासत है।
- गरबा सामाजिक और लैंगिक समावेशिता को बढ़ावा देता है।
- यह महिलाओं द्वारा एक मिट्टी के बर्तन को सर पर रखकर चारों ओर घूमकर किया जाने वाला नृत्य है, जिसे गरबा कहा जाता है, जो पानी से भरा होता है।

यूनेस्को का रचनात्मक शहरों का नेटवर्क (UCCN)

इसकी शुरुआत यूनेस्को द्वारा वर्ष 2004 में की गई थी। इसका उद्देश्य उन शहरों के मध्य सहयोग को बढ़ावा देना है, जो रचनात्मकता को अपने शहरी विकास में एक रणनीतिक कारक के रूप में पहचानते हैं। UCCN का उद्देश्य अभिनव सोच और क्रियान्वयन के माध्यम से सतत विकास लक्ष्यों को प्राप्त करना है। UCCN में संगीत, कला, लोक शिल्प, डिजाइन, सिनेमा, साहित्य तथा डिजिटल कला और पाक कला जैसे सात रचनात्मक क्षेत्र सम्मिलित हैं। यह नेटवर्क उन शहरों को एक साथ लाता है, जिन्होंने अपनी रचनात्मकता के आधार पर विकास किया है।

UCCN में सम्मिलित भारत के शहर

- ग्वालियर — संगीत (2023)
- कोझीकोड — साहित्य में रचनात्मकता (2023)
- श्रीनगर — शिल्प और लोक कला (2021)
- मुम्बई — फिल्म (2019)
- हैदराबाद — गैस्ट्रोनॉमी (पाक कला) (2019)
- चेन्नई — संगीत का रचनात्मक शहर (2017)
- जयपुर — शिल्प और लोक कला (2015)
- वाराणसी — संगीत का रचनात्मक शहर (2015)

अमूर्त सांस्कृतिक विरासत के लिए QR Code Scan करें।

"

भाषा ध्वनियों का एक संग्रह है, यह वाणी के द्वारा संचार करने की प्रणाली है। भाषा अभिव्यक्ति का सर्वाधिक विश्वसनीय माध्यम है। इसका विकास मानव सभ्यता के विकास का साक्षी रहा है।

अध्याय तेरह

भाषा एवं लिपि

परिचय

- भाषा मुख से उच्चारित होने वाले शब्दों और वाक्यों आदि का वह समूह है, जिसके द्वारा मनोभावों और विचारों को प्रकट, अभिव्यक्त तथा दूसरे व्यक्तियों को सम्प्रेषित किया जाता है।
- शाब्दिक रूप से भाषा शब्द संस्कृत की भाष् धातु से बना है, जिसका अर्थ है—बोलना या कहना।
- डॉ. श्यामसुन्दर दास के अनुसार, "मनुष्य और मनुष्य के बीच वस्तुओं के विषय में अपनी इच्छा और मति का आदान-प्रदान करने के लिए व्यक्त ध्वनि-संकेतों का जो व्यवहार होता है, उसे भाषा कहते हैं।"
- आचार्य देवेन्द्रनाथ शर्मा के अनुसार, "उच्चरित ध्वनि संकेतों की सहायता से भाव या विचार की अभिव्यक्ति ही भाषा है।"
- जिस प्रकार मनुष्यों का अपना वंश और परिवार होता है, ठीक उसी प्रकार भाषा का भी परिवार होता है।
- किसी एक भाषा परिवार की समस्त भाषाओं का जन्म, किसी एक मूल भाषा से हुआ माना जाता है।
- जब एक जगह के निवासी दूर-दराज के स्थानों पर निवास करने लगे, तब वहाँ की भाषा और इनकी भाषा के मेल से एक तीसरी भाषा विकसित होती गई।
- ऐसी भाषाएँ, जो एक ही वंश (मूल भाषा) से निकलकर विकसित हुईं, सम्मिलित रूप से एक भाषा परिवार कहलाती हैं, तत्पश्चात् कालान्तर में उनके भी उप-परिवार विकसित हुए।
- विश्व में लगभग सात हजार भाषाएँ बोली जाती हैं। इन सभी भाषाओं को दस भाषा परिवारों में वर्गीकृत किया गया है, जिनमें से पाँच भाषा परिवारों की भाषाएँ भारत में बोली जाती हैं।
- एक भाषा परिवार अभिलिखित इतिहास के पूर्व से सम्बन्ध रखने वाली अलग-अलग भाषाओं को शामिल करता है।

भारत के भाषाई परिवार

- सामान्यत: उत्तर भारत में बोली जाने वाली भारोपीय भाषा परिवार की भाषाओं को हिन्द-आर्य भाषा परिवार, दक्षिण की भाषाओं को द्रविड़ भाषा परिवार, आदिवासी अंचलों में बोली जाने वाली भाषाओं को ऑस्ट्रो-एशियाटिक परिवार तथा पूर्वोत्तर में रहने वाले तिब्बती-बर्मी, नृजातीय भाषाओं को चीनी-तिब्बती भाषा परिवार के रूप में जाना जाता है।
- पिछले कुछ समय में नवीनतम अनुसन्धानों के द्वारा अण्डमान एवं निकोबार द्वीप समूह में प्राचीनतम नृजातीय समूहों के मध्य बोली जाने वाली भाषाओं को अण्डमानी भाषा समूहों में वर्गीकृत किया गया है।

भारत के भाषाई परिवार

हिन्द-आर्य भाषा परिवार
मुख्य भाषाएँ- संस्कृत, हिन्दी, मराठी, नेपाली, बांग्ला, गुजराती, कश्मीरी, उर्दू, डोगरी, पंजाबी, भोजपुरी, मारवाड़ी, कोंकणी इत्यादि।
बोलने वालों का प्रतिशत 76.87%

द्रविड़ भाषा परिवार
मुख्य भाषाएँ-तमिल, तेलुगू, कन्नड़, मलयालम इत्यादि।
बोलने वालों का प्रतिशत 20.82%

चीनी-तिब्बती भाषा परिवार
मुख्य भाषाएँ-नागा, मिजो, मणिपुरी, तमांग, दफला इत्यादि।
बोलने वालों का प्रतिशत 1.0%

ऑस्ट्रो-एशियाटिक भाषा परिवार
मुख्य भाषाएँ-सन्थाली, हो, मुण्डा, खड़िया इत्यादि।
बोलने वालों का प्रतिशत 1.11%

अण्डमानी भाषा परिवार
मुख्य भाषाएँ-ग्रेट अण्डमानी, जारवा, ओंग इत्यादि।
बोलने वालों का प्रतिशत अत्यधिक अल्पसंख्यक

हिन्द-आर्य भाषा परिवार

- यह परिवार भारत का सबसे बड़ा भाषाई परिवार है। इसका विभाजन इण्डो-यूरोपीय (हिन्द यूरोपीय) भाषा परिवार से हुआ है।
- इसकी दूसरी शाखा इण्डो-ईरानी भाषा परिवार है, जिसकी प्रमुख भाषाएँ फारसी, ईरानी, पश्तो, बलूची इत्यादि हैं।
- भारत की दो-तिहाई से अधिक जनसंख्या हिन्द-आर्य भाषा परिवार की ही किसी भाषा का विभिन्न स्तरों पर प्रयोग करती है।
- उत्पत्ति के कालखण्ड के आधार पर इस भाषा परिवार को तीन उपवर्गों में विभाजित किया गया है
  1. प्राचीन भारतीय आर्य भाषाएँ (1500 ई. पू से 500 ई. पू तक)।
  2. मध्यकालीन भारतीय आर्य भाषाएँ (500 ई. से 1000 ई. तक)।
  3. आधुनिक भारतीय आर्य भाषाएँ (1000 ई. से वर्तमान तक)।

प्राचीन भारतीय आर्य भाषाएँ

- प्राचीन भारतीय आर्य भाषाओं का अनुमानित कालखण्ड 1500 ई. पू. से 500 ई. पू. तक माना गया है। इनमें वैदिक तथा लौकिक संस्कृत ही मुख्य हैं।
- संस्कृत के इन दोनों रूपों का स्वरूप हमें मुख्य रूप से वैदिक साहित्य (संहिता, आरण्यक, ब्राह्मण और उपनिषद्) से प्राप्त होता है।
- मुख्य रूप से इनका प्रयोग ऋग्वेद में मिलता है।
- संस्कृत का प्रांजल (शुद्ध) स्वरूप 300 ई.पू. के बीच विकसित हुआ। यह वैदिक संस्कृत का परिष्कृत संस्करण था।

संस्कृत भाषा का पहला अभिलेखीय साक्ष्य आधुनिक गुजरात के दक्षिणी भाग में स्थित जूनागढ़ में पाया गया है, जोकि **शक शासक रुद्रदामन** (लगभग 150 ईस्वी) का शिलालेख है।

वैदिक एवं लौकिक संस्कृत में अन्तर

वैदिक संस्कृत	लौकिक संस्कृत
वैदिक संस्कृत, प्राचीनतम भारतीय आर्य भाषा है। इसे वैदिकी, वैदिक तथा छान्दस्य भी कहा जाता है।	वैदिक संस्कृत का ही सरल और स्वाभाविक रूप लौकिक संस्कृत कहलाता है।
इसकी क्लिष्टता से यह अनुमान लगाया जाता है कि यह बोलचाल की भाषा न होकर उस समय की परिनिष्ठित साहित्य की भाषा ही रही होगी।	इसे ही संस्कृत कहा जाता है।
प्राचीन काल के अनेक साहित्यिक तथा सांस्कृतिक लेख-अभिलेख इसी भाषा में मिलते हैं।	हालाँकि यह भी बोलचाल की भाषा नहीं थी, अपितु साहित्य की भाषा थी।
प्राचीन संहिताएँ, वेद, आरण्यक, ब्राह्मण तथा उपनिषद् सभी ग्रन्थ वैदिक संस्कृत भाषा में लिखे गए हैं।	लौकिक संस्कृत या संस्कृत का प्रथम प्रयोग हमें वाल्मीकि द्वारा रचित रामायण में देखने को मिलता है।

मध्यकालीन भारतीय आर्य भाषाएँ

- मध्यकालीन भारतीय आर्य भाषाओं की कालावधि 500 ई. पू. से 1000 ई. तक मानी गई है।
- इस काल को भाषाओं के आधार पर पुनः तीन भागों में विभाजित किया गया है, प्राचीन प्राकृत या पालि, मध्यकालीन प्राकृत तथा अपभ्रंश।
- प्राकृत संस्कृत का ही परवर्ती तथा सरलीकृत रूप है। इसी शृंखला में आगे पालि तथा अपभ्रंश भाषाओं का विकास हुआ है।

पालि

- यह मध्यकालीन भारतीय आर्य भाषा है, इसका काल 5वीं सदी ई. पू. से पहली सदी तक माना गया है। यह संस्कृत का ही विकसित रूप है तथा यह भाषा ब्राह्मी लिपि में लिखी जाती है।
- मुख्य रूप से बौद्ध धर्म की भाषा, थेरवाद बौद्ध शाखा में इसका सर्वाधिक प्रयोग देखने को मिलता है। बुद्ध त्रिपिटकों की रचना भी इसी भाषा में की गई है।

प्राकृत

- प्राकृत को साहित्यिक प्राकृत भी कहा जाता है।
- प्राकृत भाषा का उल्लेख सर्वप्रथम भरतमुनि के नाट्य शास्त्र में देखने को मिलता है, उन्होंने प्राकृत की सात मुख्य व सात गौण शाखाएँ बताई हैं।
- वररुचि ने प्राचीन व्याकरण को ध्यान में रखते हुए प्राकृत के चार रूप ही माने हैं-अर्ध-मागधी या मागधी, शौरसेनी, महाराष्ट्री तथा पैशाची।

प्राकृत के भेद

अर्ध-मागधी

अर्ध-मागधी प्राकृत का सबसे महत्त्वपूर्ण प्रकार है। महात्मा बुद्ध और महावीर दोनों ने अपने उपदेशों में इसका प्रयोग किया था। यह अनेक महाजनपदों तथा परवर्ती काल में मौर्यों की राजभाषा भी थी। अनेक जैन ग्रन्थों (आगम) तथा मौर्य सम्राट अशोक के शिलालेखों में भी इसका प्रयोग किया गया है। परवर्ती काल में यह पूर्वी भारत की भाषाओं; जैसे—बांग्ला, असमिया, उड़िया, मैथिली, भोजपुरी आदि में विकसित हुई। प्राकृत के साथ ही इसका उपयोग भी जैन आगमों (जैन धर्म ग्रन्थों) में व्यापक रूप से किया गया है।

शौरसेनी

यह नाटकीय प्राकृत नाम से भी प्रसिद्ध है, इसे उत्तर भारत की अनेक भारतीय भाषाओं की पूर्ववर्ती भाषा माना जाता है। जैन धर्माचार्यों तथा साधुओं ने भी अपनी रचनाओं में मुख्य रूप से इसी भाषा का प्रयोग किया। उदाहरण के लिए, दिगम्बर जैनों का प्राचीनतम ग्रन्थ षट्खण्डागम शौरसेनी प्राकृत भाषा में ही रचा गया है।

पैशाची प्राकृत

इसे मृत भाषा या भूत भाषा के नाम से भी जाना जाता है। इसे प्राकृत की अन्य शाखाओं के समान महत्त्व प्राप्त नहीं था। छठी सदी में गुणाढ्य द्वारा रचित महाकाव्य वृहतकथा की रचना पैशाची भाषा में की गई है।

महाराष्ट्री प्राकृत

यह 9वीं सदी तक पश्चिम तथा दक्षिण भारत में बोलचाल की भाषा के रूप में प्रयोग की जाती थी। इसे ही आधुनिक मराठी और कोंकणी भाषा की पूर्ववर्ती माना जाता है। सातवाहन साम्राज्य की आधिकारिक भाषा भी महाराष्ट्री प्राकृत ही थी। इस भाषा में भी अनेक नाटकों को लिखा गया है, उदाहरण के लिए, राजा हाल द्वारा रचित गाथासप्तशती कोश, वाक्पति द्वारा रचित गौड़वहो (गौड वध)।

इलु

यह श्रीलंका की आधुनिक सिंहल भाषा का प्राचीन रूप (पालि भाषा के समान) है।

अपभ्रंश

- अपभ्रंश का शाब्दिक अर्थ है—बिगड़ा हुआ स्वरूप अर्थात् भाषा का बिगड़ा हुआ रूप ही अपभ्रंश है। इसका काल 500 से 1000 ई. तक माना जाता है। यह प्राकृत तथा संस्कृत के अतिरिक्त अन्य सभी बोलियों को अपने में समावेश करती है।

- इस कारण इसे प्राकृत तथा आधुनिक भारतीय आर्य भाषाओं के मध्य की कड़ी के रूप में भी देखा जाता है। अपभ्रंश शब्द का सबसे प्राचीनतम प्रयोग भरतमुनि के नाट्यशास्त्र में किया गया है।
- महर्षि पतंजलि के पूर्वकालीन आचार्य दण्डी तथा पतंजलि के महाभाष्य में अपभ्रंश का प्रयोग मिलता है, जहाँ इसका अर्थ भाषा से नहीं, परन्तु संस्कृत के एक बिगड़े हुए रूप के अर्थ में मिलता है।
- छठी या सातवीं सदी में कश्मीर के प्रसिद्ध कवि भामा ने कविता को संस्कृत, प्राकृत एवं अपभ्रंश में वर्गीकृत किया।

आधुनिक भारतीय आर्य भाषाएँ

- आधुनिक भारतीय आर्य भाषाओं का विकास लगभग 1000 ई. के पश्चात् प्रारम्भ हुआ। ये भाषाएँ अपभ्रंश के विभिन्न रूपों से विकसित हुई हैं।
- पाँच प्राचीन प्राकृत भाषाओं से पाँच अपभ्रंशों का विकास हुआ और उसी में ब्राचड एवं खस को मिलाकर कुल सात अपभ्रंश होते हैं।
- आधुनिक भारतीय आर्य भाषाएँ इन्हीं सात अपभ्रंशों से विकसित हुई हैं-हिन्दी, सिन्धी, लहन्दा, पंजाबी, गुजराती, मराठी, असमिया, उड़िया, उर्दू इत्यादि इस शाखा की भाषाएँ है। इन भाषाओं को लोक भाषा माना जाता है, जो भारत के उत्तरी, पश्चिमी तथा पूर्वी भागों में प्रचुरता से बोली जाती हैं।

द्रविड़ भाषा परिवार

- द्रविड़ भाषा परिवार में मुख्य रूप से भारत के दक्षिणी भाग अर्थात् दक्षिण भारत में बोली जाने वाली भाषाओं को सम्मिलित किया जाता है। द्रविड़ भाषा परिवार की उत्पत्ति लगभग 4,500 वर्ष पहले हुई थी। इनसे 21 भाषाएँ उत्पन्न हुईं।
- तमिल भाषा के सबसे पहले ज्ञात कार्य में तोलकाप्पियम सम्मिलित है, जो प्रारम्भिक पूर्व-ईसा युग से सम्बन्धित व्याकरण पर लिखा गया एक ग्रन्थ है।

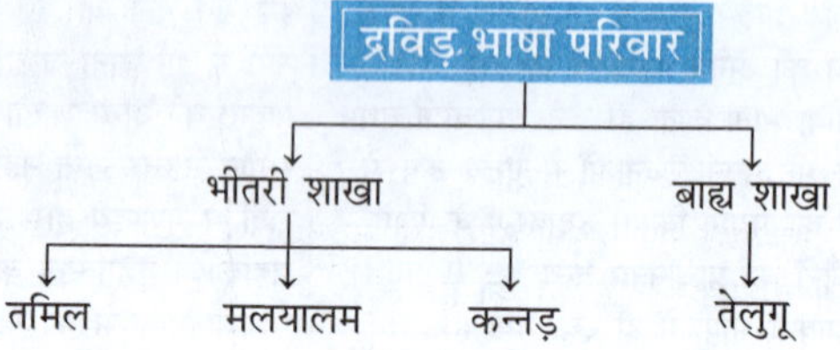

द्रविड़ समूह की चार मुख्य भाषाएँ

तेलुगू	• यह एक बड़ी जनसंख्या द्वारा बोली जाने वाली सभी द्रविड़ भाषाओं में सबसे बड़ी भाषा है। यह वर्तमान आन्ध्र प्रदेश तथा तेलंगाना की भाषा है। • दक्षिणी ओडिशा, उत्तरी तमिलनाडु, पूर्वी कर्नाटक आदि क्षेत्रों में भी तेलुगू भाषी लोग रहते हैं। तेलुगू भाषा का प्राचीनतम ग्रन्थ **नन्नय का महाभारत** है, जिसका रचनाकाल 1000 ई. है।
तमिल	• यह भाषा द्रविड़ भाषाओं में अत्यन्त प्राचीन है, इसमें उपलब्ध साहित्य से स्पष्ट है कि इसका समय ईसा पूर्व की शताब्दियों का है। तमिल भाषा का अत्यन्त प्राचीन उपलब्ध साहित्य **संगम साहित्य** है। परवर्ती तमिल साहित्य में कवि तिरुवल्लुवर द्वारा रचित **तिरुक्कुरल** महत्त्वपूर्ण कृति है।
कन्नड़	• यह वर्तमान कर्नाटक राज्य की भाषा है। प्राचीनतम दृष्टि से कन्नड़ भाषा सम्भवत: द्रविड़ परिवार की भाषाओं में दूसरे स्थान पर है। • इसमें ईसा की 7वीं शताब्दी के शिलालेख मिलते हैं। उस समय के मध्य युग तक की कन्नड़ भाषा को प्राचीन (हले कन्नड़) कन्नड़ कहा जाता है, जो रूप में नई कन्नड़ (होस कन्नड़) से भिन्न है। • कन्नड़ भाषा की लिपि भी वर्णमाला क्रम में देवनागरी के समान है।
मलयालम	• यह द्रविड़ भाषाओं में सबसे छोटी और युवा भाषा है, जो केरल राज्य की राजभाषा है। इसके बोलने वालों की संख्या चारों द्रविड़ भाषाओं में सबसे कम है, लेकिन आधुनिक भारतीय साहित्य के सन्दर्भ में इस भाषा का योगदान महत्त्वपूर्ण है। • मलयालम की लिपि तमिल लिपि से मिलती है, लेकिन इसमें सभी वर्ण देवनागरी के समान हैं।
अन्य द्रविड़ भाषाएँ	• चार मुख्य द्रविड़ भाषाओं के अतिरिक्त अन्य द्रविड़ भाषाओं और उनके स्थान का विवरण इस प्रकार है • **तुलु** कर्नाटक प्रदेश के मंगलूर आदि क्षेत्रों में व्यवहृत है। इसमें लिखित साहित्य कम है, यह कन्नड़ लिपि में लिखी जाती है। • **कोडगु या कूर्ग** यह उत्तरी कर्नाटक में कूर्ग क्षेत्र की भाषा है। • **तोडा** यह तमिलनाडु के नीलगिरि जिले की तोडा जनजाति की भाषा है। • **गोण्डी** इसका स्थान मुख्य रूप से आन्ध्र प्रदेश है। • **कुई** इसका स्थान उड़ीसा प्रदेश है। • **कुड़ुख या ओराँव** इसका स्थान मुख्य रूप से बिहार और उड़ीसा है। • **माल्टो** यह राजमहल की पहाड़ियों में बोली जाती है।

द्रविड़ भाषाओं का वर्गीकरण

उत्तरी समूह

- इसमें तीन भाषाओं को सम्मिलित किया गया है- ब्राहुई, माल्टो और कुरुख।
- ब्राहुई, बलूचिस्तान और अफगानिस्तान में, माल्टो बंगाल तथा ओडिशा के आदिवासी अंचलों में तथा कुरुख बंगाल, बिहार, ओडिशा और मध्य प्रदेश में बोली जाती है।

केन्द्रीय समूह

- इसमें 11 विभिन्न भाषाओं को सम्मिलित किया गया है, ये भाषाएँ हैं-गोण्डी, खोण्ड कुई, माण्डा, पारजी, गदावा, कोलामी, पेंगो, नाइकी, कुवी और तेलुगू।
- इनमें से केवल तेलुगू ही एकमात्र सभ्य भाषा के रूप में विकसित हुई है तथा आन्ध्र प्रदेश और तेलंगाना राज्यों में बोली जाती है, जबकि अन्य आदिवासी अंचलों की भाषाएँ हैं।

दक्षिणी समूह

- इस समूह में सात भाषाओं को सम्मिलित किया गया है।
- इनमें कन्नड़, तमिल, मलयालम, तुलु, कोडागु, टोडा और कोटा सम्मिलित हैं। इनमें तमिल भाषा अत्यन्त प्राचीन है।

चीनी-तिब्बती भाषा परिवार

- चीनी-तिब्बती भाषा परिवार दक्षिण एशिया के कुछ भागों, पूर्वी एशिया और दक्षिण-पूर्व एशिया में बोली जाने वाली चार सौ से अधिक भाषाओं का परिवार है। भारत में इसका विस्तार पूर्वोत्तर हिमालयी भाग, उत्तरी बिहार, उत्तरी बंगाल, असम और देश की उत्तर-पूर्वी सीमाओं तक है।
- प्राचीन संस्कृत साहित्य में इस भाषा परिवार को बोलने वालों का उल्लेख किरात के रूप में हुआ है। भारत की 0.6% जनसंख्या इस समूह से सम्बन्धित भाषाओं को बोलती है।
- इस परिवार की दो शाखाएँ हैं—तिब्बत-बर्मी, स्यामी-चीनी।

तिब्बत-बर्मी समूह

भारत में तिब्बती-बर्मी वर्ग की भी भाषाएँ बोली जाती हैं। इन भाषाओं का क्षेत्र तिब्बत और म्यांमार (बर्मा) के मध्य का पहाड़ी क्षेत्र है, जिसमें सिक्किम, अरुणाचल प्रदेश, नागालैण्ड, मिजोरम आदि राज्य आते हैं।

प्रमुख भाषाएँ

मणिपुरी	• तिब्बती-बर्मी परिवार की भाषाओं में अत्यधिक विकसित भाषा मणिपुरी या मेईथेई है, जो मणिपुर की भाषा है। • मणिपुरी भाषा में 15वीं शताब्दी से ही साहित्य की रचना होती रही है, यह बांग्ला लिपि में लिखी जाती है।
मिजो	• मिजोरम की भाषा मिजो है, जो रोमन लिपि में लिखी जाती है।
नागालैण्ड	• नागालैण्ड में आओ, अंगामी आदि 16 प्रमुख भाषाएँ हैं। ये भाषा-भाषी आपस में नागामीस नामक मिली-जुली सम्पर्क भाषा का उपयोग करते हैं। • अरुणाचल में कई भाषाएँ हैं, जिनमें आदी, मिश्मी, वांचू आदि जनजातियों की अपनी-अपनी भाषाएँ हैं। • ये भाषाएँ अलिखित हैं, इनमें साहित्य उपलब्ध नहीं है।
अन्य भाषाएँ	• इनके अतिरिक्त नेपाल में नेवारी, सिक्किम में लेपचा तथा भोटिया, असम में बोडो, गारो आदि कई तिब्बत-बर्मी भाषाएँ बोली जाती हैं।

नोट *रोमन या लैटिन लिपि लिखावट का वह रूप है, जिसमें अंग्रेजी सहित पश्चिमी और मध्य यूरोप की सभी भाषाएँ लिखी जाती हैं; जैसे-जर्मन, फ्रांसीसी, स्पेनिश, डच आदि।*

स्यामी-चीनी समूह

इस भाषा परिवार से सम्बन्धित एकमात्र भारतीय भाषा अहोम थी, जोकि भारतीय उप-महाद्वीप से विलुप्त हो गई है।

ऑस्ट्रो-एशियाटिक / ऑस्ट्रिक भाषा परिवार

- ऑस्ट्रो-एशियाटिक और मलय-पालिनेशियन को मिलाकर ऑस्ट्रिक नाम दिया गया है। इस परिवार की दो शाखाएँ हैं-मोन-खेमर और मुण्डा भाषाएँ।
- मोन-खेमर शाखा की भाषाएँ बर्मा तथा हिन्द-चीन के कुछ देशों में बोली जाती हैं। प्राचीन संस्कृत साहित्य में निषाद के रूप में वर्णित इन भाषाओं का अस्तित्व आर्यों के आगमन से बहुत पहले से रहा है।

मोन-खेमर
- खासी-मेघालय की भाषा, रोमन में लिखी जाती है।
- निकोबारी-अण्डमान एवं निकोबार द्वीप समूह में प्रचलित

- मुण्डा बंगाल, बिहार, झारखण्ड, मध्य प्रदेश, ओडिशा व आन्ध्र प्रदेश में प्रचलित है। भारत की प्रमुख मुण्डा भाषाओं में सन्थाली भाषा है, जो देवनागरी लिपि में लिखी जाती है। संस्कृत में इन भाषाओं को बोलने वाले को निषाद की संज्ञा दी गई है, इनकी भाषा को कोल कहा जाता है।
- मुण्डा भाषाओं का प्रमुख क्षेत्र झारखण्ड का छोटानागपुर क्षेत्र है।
- अन्य मुण्डा भाषाएँ मुण्डारी, कुर्कू, सवर (शबर), हो आदि हैं।

अण्डमानी भाषा परिवार

- अण्डमानी भाषा परिवार जनसंख्या की दृष्टि से भारत का सबसे छोटा भाषाई परिवार है।
- इसकी खोज हाल ही के वर्षों में प्रसिद्ध भाषा विज्ञानी और जवाहरलाल नेहरू विश्वविद्यालय, दिल्ली के स्कूल ऑफ लैंग्वेज की प्रोफेसर अन्विता अब्बी ने की है।
- इसके अन्तर्गत अण्डमान-निकोबार द्वीप समूह की भाषाएँ आती हैं, जिनमें अण्डमानी, ग्रेट अण्डमानी, ओंगे, जारवा आदि प्रमुख हैं।

अन्य भाषाएँ

इस वर्ग में द्रविड़ आदिवासी भाषाओं; जैसे-गोण्डी, ओराँव, प्रजी इत्यादि को सम्मिलित किया गया है, जो अन्य भाषा समूहों से अत्यधिक भिन्न हैं।

भारतीय-आर्य और द्रविड़ भाषा परिवार की भाषाओं में अन्तर

- इण्डो-आर्यन भाषाएँ संस्कृत/प्राकृत के संयोजन से विकसित हुई हैं। विभिन्न प्राकृत भाषाएँ धीरे-धीरे आधुनिक भाषाओं; जैसे-मराठी, हिन्दी, बांग्ला, गुजराती, पंजाबी आदि से विकसित हुई हैं, जबकि द्रविड़ भाषाएँ प्रोटो-द्रविड़ियन समूह से विकसित हुई हैं और इसलिए इनकी उत्पत्ति पूर्ण रूप सें संस्कृत से स्वतन्त्र है।
- आर्य भारत में संस्कृत और इण्डो-यूरोपीय भाषाएँ लेकर आए, जबकि द्रविड़ उनसे पहले द्रविड़ भाषा भारत में लाए।
- द्रविड़ भाषाएँ न केवल दक्षिण भारत में बोली जाती हैं, बल्कि कुछ भारत से बाहर ब्राहुई जैसी भाषाएँ भी हैं, जो पाकिस्तान व अफगानिस्तान में भी बोली जाती हैं।
- इसी प्रकार भारतीय-आर्य भाषाएँ भी दक्षिण में पाई जाती हैं।
- दोनों भाषा परिवारों की भाषाओं की व्याकरणीय संरचना में भी अन्तर है।

राष्ट्रीय अनुवाद मिशन

- राष्ट्रीय अनुवाद मिशन या एनटीएम भारत सरकार द्वारा सभी ज्ञान ग्रन्थों को अनुवाद के माध्यम से सभी के लिए सुलभ बनाने के लिए आरम्भ की गई एक पहल है।
- केन्द्रीय भारतीय भाषा संस्थान, मैसूर (कर्नाटक) सम्पूर्ण भारत में राष्ट्रीय भाषा अनुवाद मिशन को लागू करने के लिए नोडल संगठन के रूप में कार्य करता है।
- एनटीएम का लक्ष्य स्वयं को देश में अनुवाद सम्बन्धी सभी गतिविधियों का समाशोधन गृह बनाना और इसी उद्देश्य से उसने 23 भाषाओं में अपनी वेबसाइट विकसित की है।

भारत की आधिकारिक भाषाएँ

- भारत के संविधान के अनुच्छेद 343 (1) के अनुसार, संघ की राजभाषा हिन्दी और लिपि देवनागरी होगी, संघ के शासकीय प्रयोजनों के लिए प्रयोग होने वाले अंकों का रूप भारतीय अंकों का अन्तर्राष्ट्रीय रूप होगा।
- खण्ड (1) में किसी बात के होते हुए भी, इस संविधान के प्रारम्भ से पन्द्रह वर्ष की अवधि तक संघ के उन सभी शासकीय प्रयोजनों के लिए अंग्रेजी भाषा का प्रयोग किया जाएगा, परन्तु राष्ट्रपति उक्त अवधि के दौरान, आदेश द्वारा संघ के शासकीय प्रयोजनों में से किसी के लिए अंग्रेजी भाषा के अतिरिक्त हिन्दी भाषा का और भारतीय अंकों के अन्तर्राष्ट्रीय रूप के अतिरिक्त देवनागरी रूप का प्रयोग प्राधिकृत कर सकेंगे।
- राजभाषा अधिनियम, 1963 द्वारा देवनागरी लिपि में हिन्दी को संघ की राजभाषा के रूप में निर्धारित किया गया।

- इसके साथ ही अंग्रेजी को संघ की सहायक राजभाषा की प्रस्थिति प्रदान की गई है, जोकि संविधान की आठवीं अनुसूची में सम्मिलित नहीं है।
- भारत के संविधान में केवल राजभाषा का प्रावधान है, राष्ट्रभाषा का नहीं। इस प्रकार हिन्दी भारत की राष्ट्रभाषा नहीं, बल्कि राजभाषा है।

संविधान में भाषाई प्रावधान

आठवीं अनुसूची

- इस अनुसूची में भारत गणराज्य की आधिकारिक भाषाओं को सूचीबद्ध किया गया है। भारतीय संविधान के भाग XVII में अनुच्छेद 343 से 351 तक सम्मिलित अनुच्छेद आधिकारिक भाषाओं से सम्बन्धित हैं।
- आरम्भ में आठवीं अनुसूची में 14 भाषाएँ सम्मिलित की गई थीं, जो वर्तमान में बढ़कर 22 हो गई हैं।

भाषा	जिस राज्य में बोली जाती है	मान्यता प्राप्त वर्ष
असमिया	असम	1950
बांग्ला	पश्चिम बंगाल	1950
गुजराती	गुजरात	1950
हिन्दी	उत्तर भारत के अधिकांश भागों में	1950
कश्मीरी	जम्मू और कश्मीर	1950
कन्नड़	कर्नाटक	1950
मलयालम	केरल	1950
मराठी	महाराष्ट्र	1950
ओडिया	ओडिशा	1950
पंजाबी	पंजाब, चण्डीगढ़	1950
संस्कृत	–	1950
तमिल	तमिलनाडु, पुदुचेरी	1950
तेलुगू	तेलंगाना, आन्ध्र प्रदेश	1950
उर्दू	उत्तर भारत, तेलंगाना, आन्ध्र प्रदेश	1950
सिन्धी	गुजरात, राजस्थान तथा महाराष्ट्र के कुछ क्षेत्रों में	1967 (21वाँ संविधान संशोधन द्वारा जोड़ा गया)
नेपाली	सिक्किम और पश्चिम बंगाल के कुछ हिस्से में	1992 (71वाँ संविधान संशोधन द्वारा जोड़ा गया)
कोंकणी	गोवा और कर्नाटक के कुछ हिस्से	1992 (71वाँ संविधान संशोधन द्वारा जोड़ा गया)
मणिपुरी	मणिपुर	1992 (71वाँ संविधान संशोधन द्वारा जोड़ा गया)
बोडो	असम, पश्चिम बंगाल	2003 (92वाँ संविधान संशोधन द्वारा जोड़ा गया।)
डोगरी	जम्मू, हिमाचल प्रदेश	2003 (92वाँ संविधान संशोधन द्वारा जोड़ा गया।)
सन्थाली	झारखण्ड, बिहार एवं पश्चिम बंगाल के कुछ क्षेत्रों में (सन्थाल जनजाति द्वारा बोली जाने वाली भाषा)	2003 (92वाँ संविधान संशोधन द्वारा जोड़ा गया।)
मैथिली	बिहार के कुछ हिस्से में	2003 (92वाँ संविधान संशोधन द्वारा जोड़ा गया।)

राज्य की राजभाषा या राजभाषाएँ

- अनुच्छेद 345 के अनुसार, अनुच्छेद 346 और अनुच्छेद 347 के उपबन्धों के अधीन रहते हुए किसी राज्य का विधानमण्डल, विधि द्वारा उस राज्य में प्रयोग होने वाली भाषाओं में से किसी एक या अधिक भाषाओं को या हिन्दी को उस राज्य के सभी या किन्हीं शासकीय प्रयोजनों के लिए प्रयोग की जाने वाली भाषा या भाषाओं के रूप में अंगीकार कर सकता है।
- राज्य, भाषा को स्वयं निर्धारित कर अपनाने हेतु स्वतन्त्र है।
- यह आवश्यक नहीं कि राज्यों द्वारा अपनाई गई राजभाषा आठवीं अनुसूची के अन्तर्गत सूचीबद्ध हो; जैसे-पुदुचेरी-फ्रांसीसी, मिजोरम-मिजो, त्रिपुरा-कोक्बोरोक (चीनी-तिब्बत परिवार की भाषा), अरुणाचल प्रदेश और नागालैंड-अंग्रेजी।

संसद में प्रयोग की जाने वाली भाषा

- संविधान के अनुच्छेद 120 के अन्तर्गत संसद में प्रयोग की जाने वाली भाषा के सम्बन्ध में प्रावधान किया गया है।
- अनुच्छेद 120 के खण्ड (1) के अन्तर्गत प्रावधान किया गया है कि संसद में कार्य हिन्दी या अंग्रेजी में किया जाएगा, परन्तु राज्यसभा के सभापति या लोकसभा के अध्यक्ष विशेष परिस्थिति में सदन के किसी सदस्य को अपनी मातृभाषा में सदन को सम्बोधित करने की अनुमति दे सकते हैं।

विधानमण्डल में प्रयोग की जाने वाली भाषा

- संविधान के अनुच्छेद 210 के अन्तर्गत विधानमण्डल में प्रयोग की जाने वाली भाषा के सम्बन्ध में प्रावधान किया गया है।
- अनुच्छेद 210 के खण्ड (1) के अन्तर्गत प्रावधान किया गया है कि संविधान के भाग-17 में किसी बात के होते हुए भी किन्तु अनुच्छेद 348 के उपबन्धों के अधीन रहते हुए, राज्य के विधानमण्डल में कार्य राज्य की राजभाषा या राजभाषाओं में या हिन्दी में या अंग्रेजी में किया जाएगा।

राजभाषा के सम्बन्ध में आयोग और संसद की समिति

- अनुच्छेद 344 के अनुसार, राष्ट्रपति राजभाषा आयोग गठित कर सकता है। इस आयोग का गठन 7 जून, 1955 को किया गया। इसके प्रथम अध्यक्ष बाल गंगाधर खेर थे।
- इसके अतिरिक्त राजभाषा समिति गठित करने का भी प्रावधान है। यह 30 सदस्यों से मिलकर बनती है, जिनमें से 20 लोकसभा के और 10 राज्यसभा के सदस्य होते हैं।
- संसदीय राजभाषा समिति का गठन राजभाषा अधिनियम, 1963 के अधीन वर्ष 1976 में किया गया था। यह उच्चाधिकार प्राप्त संसदीय समिति है। केन्द्रीय गृह मन्त्री इस समिति के अध्यक्ष हैं।

हिन्दी भाषा के विकास के लिए निर्देश

अनुच्छेद 351 के अनुसार, संघ का यह कर्त्तव्य होगा कि वह हिन्दी भाषा का प्रसार बढ़ाए तथा उसका विकास करे, जिससे वह भारत की सामाजिक संस्कृति के सभी तत्त्वों की अभिव्यक्ति का माध्यम बन सके।

भाषाई विविधता का सूचकांक

- **भाषाई विविधता सूचकांक** किसी देश में बोली जाने वाली भाषाओं की विविधता को मापता है। स्केल 0 से 1 तक होता है। 0 का सूचकांक किसी भाषाई विविधता का प्रतिनिधित्व नहीं करता है, जिसका अर्थ है कि प्रत्येक व्यक्ति एक ही भाषा बोलता है।
- 1 का सूचकांक कुल विविधता को दर्शाता है, जिसका अर्थ है कि कोई भी दो व्यक्ति एक ही भाषा नहीं बोलते हैं। किसी भी देश का सूचकांक मान 0 से 1 नहीं है।
- भाषाई विविधता सूचकांक (एलडीआई) विश्व में मातृभाषा बोलने वालों की संख्या को मापकर पिछले 30 वर्षों में भाषा के रुझान को मापता है।
- भाषाई विविधता सूचकांक (एलडीआई) एक आबादी के दो लोगों की अलग-अलग मातृभाषा होने की सम्भावना का आकलन करता है।
- कम मातृभाषा वाले देशों में एलडीआई कम है, जो कम भाषाई विविधता का संकेत देता है। उदाहरण के लिए, यूनाइटेड किंगडम का एलडीआई 0.139 है, जबकि भारत का एलडीआई 0.930 है। विविध अप्रवासी आबादी वाले संयुक्त राज्य अमेरिका का एलडीआई 0.353 है।

भारत की शास्त्रीय भाषाएँ

- भारत की शास्त्रीय भाषाएँ उन भाषाओं को सन्दर्भित करती हैं, जिनकी समृद्ध साहित्यिक और ऐतिहासिक विरासत है और जिन्हें उनके सांस्कृतिक और ऐतिहासिक महत्त्व के लिए मान्यता दी गई है।
- भारत सरकार ने वर्ष 2004 में कुछ भाषाओं को उनकी प्राचीनता, अद्वितीय भाषाई विशेषताओं और सांस्कृतिक महत्त्व के आधार पर शास्त्रीय दर्जा प्रदान करने की घोषणा की थी।
- इस आधार पर भारत सरकार ने अब तक 11 भाषाओं को शास्त्रीय भाषाओं के रूप में मान्यता दी है।

भारत की शास्त्रीय भाषाएँ

भाषा	शास्त्रीय भाषा का दर्जा दिए जाने का वर्ष	भाषा	शास्त्रीय भाषा का दर्जा दिए जाने का वर्ष
तमिल	2004	तेलुगू	2008
संस्कृत	2005	मलयालम	2013
कन्नड़	2008	ओडिया	2014
मराठी	2024	असमिया	2024
पालि	2024	बंगाली	2024
प्राकृत	2024		

शास्त्रीय भाषा का स्तर प्रदान करने का आधार

फरवरी, 2014 में संस्कृति मन्त्रालय, भारत सरकार द्वारा किसी भाषा को शास्त्रीय घोषित करने के लिए निम्नलिखित दिशा-निर्देश जारी किए गए

- इसका प्रारम्भिक ग्रन्थ तथा लिखित इतिहास 1500 से 2000 वर्षों से अधिक प्राचीन हो। प्राचीन साहित्य/ग्रन्थों का एक हिस्सा हो, जिसे बोलने वाले लोगों की पीढ़ियों द्वारा एक मूल्यवान विरासत माना जाता हो।
- साहित्यिक परम्परा में मौलिकता हो, वह किसी अन्य भाषा से प्रेरित न हो।
- शास्त्रीय भाषा और साहित्य, आधुनिक भाषा और साहित्य से भिन्न हैं, इसलिए इसके बाद के रूपों के मध्य असमानता भी हो सकती है।

शास्त्रीय भाषाओं को प्राप्त होने वाले लाभ

- शिक्षा मन्त्रालय भारत सरकार के अनुसार, किसी भाषा को शास्त्रीय भाषा के रूप में अधिसूचित करने से प्राप्त होने वाले लाभ इस प्रकार हैं
  - भारतीय शास्त्रीय भाषाओं में प्रख्यात विद्वानों के लिए दो प्रमुख वार्षिक अन्तर्राष्ट्रीय पुरस्कारों का वितरण।
  - शास्त्रीय भाषाओं में अध्ययन के लिए उत्कृष्ट केन्द्र की स्थापना।
  - मानव संसाधन विकास मन्त्रालय, विश्वविद्यालय अनुदान आयोग से अनुरोध करता है कि वह केन्द्रीय विश्वविद्यालयों में शास्त्रीय भाषाओं के लिए पेशेवर अध्यक्षों के कुछ पदों की घोषणा करे।
  - वर्ष 2019 में संस्कृति मन्त्रालय ने उन संस्थानों को सूचीबद्ध किया था, जो शास्त्रीय भाषाओं के लिए समर्पित हैं।
- संस्कृत के लिए राष्ट्रीय संस्कृत संस्थान-नई दिल्ली, महर्षि सन्दीपनी राष्ट्रीय वेद विद्या प्रतिष्ठान-उज्जैन, राष्ट्रीय संस्कृत विद्यापीठ-तिरुपति और श्री लाल बहादुर शास्त्री राष्ट्रीय संस्कृत विद्यापीठ-नई दिल्ली।
- तेलुगू और कन्नड़ के लिए मानव संसाधन विकास द्वारा वर्ष 2011 में स्थापित केन्द्रीय भारतीय भाषा संस्थान (CIIL) में सम्बन्धित भाषाओं में अध्ययन के लिए उत्कृष्ट केन्द्र।
- तमिल के लिए सेण्ट्रल इन्स्टीट्यूट ऑफ क्लासिकल तमिल (CICT), चेन्नई।

भारत में भाषाओं का वर्तमान वितरण

- प्रसिद्ध भाषाविद् ग्रियर्सन के अनुसार, भारत में भाषाओं की संख्या 179 और बोलियों की संख्या 544 है।
- सरकारी आँकड़ों के अनुसार, देश में कुल भाषाओं की संख्या 418 है, जिनमे 407 जीवित भाषाएँ हैं, जबकि 11 भाषाएँ लुप्त हो चुकी हैं।
- भारत में अत्यधिक बोली जाने वाली भाषाओं में हिन्दी प्रथम स्थान पर है। 22 सूचीबद्ध भाषाओं में संस्कृत (24821) सबसे कम बोली जाने वाली भाषा है।

मातृभाषा	संख्या	प्रतिशत
हिन्दी	52,83,47,193	43.63%
बांग्ला	9,72,37,669	8.3%
मराठी	8,30,26,680	7.09%
तेलुगू	8,11,27,740	6.93%
तमिल	6,90,26,881	
गुजराती	5,54,92,554	4.7%
उर्दू	5,07,72,631	

लिंगुआ फ्रैंका

- **लिंगुआ फ्रैंका** उस सम्पर्क भाषा को कहते हैं, जिसका किसी क्षेत्र में सामान्य रूप से किसी भी दो ऐसे व्यक्तियों के मध्य प्रयोग हो, जिनकी मातृभाषाएँ अलग हैं।
- इसे **सेतु भाषा** (Bridge Language), सामान्य भाषा, व्यापार भाषा या संवाद भाषा भी कहा जाता है। यह स्थानीय भाषाओं से भिन्न कोई अलग भाषा होती है, जैसे कि अंग्रेजी भाषा।

लिपियाँ : परिचय

लिपि तथा भाषा दो भिन्न-भिन्न संकल्पनाएँ हैं। भाषा वह है, जो बोली जाती है, जबकि लिपि किसी वस्तु पर लिखी या उत्कीर्ण की जाती है। लिपि का शाब्दिक अर्थ होता है—लिखित या चित्रित करना। सरल शब्दों में ध्वनियों को लिखने के लिए जिन शब्दों का प्रयोग किया जाता है, वही लिपि कहलाती है। भारत के सन्दर्भ में प्राचीनतम लिपि के साक्ष्य हड़प्पा सभ्यता से मिले हैं।

भारतीय लिपियाँ

- हड़प्पा या सिन्धु सभ्यता की लिपि को अभी तक पढ़ा नहीं जा सका है।
- पढ़ी जा सकने वाली लिपियों में ब्राह्मी एवं खरोष्ठी लिपि भारत की प्राचीनतम लिपियाँ हैं।
- भारत की अधिकांश लिपियाँ चाहे वे प्राचीन काल की हों या आधुनिक की, ब्राह्मी लिपि से ही विकसित हुई हैं।
- उदाहरण के लिए, देवनागरी, तमिल, तेलुगू, कन्नड़, ओडिया, असमिया, बांग्ला इत्यादि का विकास ब्राह्मी लिपि से ही हुआ है। इसलिए ब्राह्मी लिपि को भारत की लिपियों की जननी कहा जाता है।
- हालाँकि उर्दू भाषा को अरबी से व्युत्पन्न लिपि में लिखा जाता है, जबकि कुछ अन्य भाषाएँ; जैसे—सन्थाली आदि की अपनी स्वतन्त्र लिपि है।

सिन्धु लिपि

- सिन्धु लिपि, जिसे हड़प्पा सभ्यता की लिपि के रूप में भी जाना जाता है, सिन्धु घाटी सभ्यता के दौरान विकसित एक चित्रात्मक लिपि है।
- इसका विकास सम्भवत: 3500 ईसा पूर्व से 2700 ईसा पूर्व के मध्य हुआ था। इसे प्रतीकों के रूप में सेलखड़ी की मुहरों, हाथी दाँत के अवशेषों, मिट्टी के बर्तनों आदि पर उत्कीर्ण पाया गया है।
- यह लिपि बाउस्ट्रोफेडन (Boustrophedon) है, जिसका अर्थ है—बाउस्ट्रोफेडन लिपि। यह एक पंक्ति में दाएँ से बाएँ तथा अगली पंक्ति में बाएँ से दाएँ लिखी जाती थी।
- इस लेखन प्रणाली को लोगो-सिलेबिक (logo-syllabic) कहा जाता है। कुछ पात्र विचार या शब्द व्यक्त करते हैं, जबकि अन्य ध्वनियाँ दर्शाते हैं।
- ऐसा माना जाता है कि लिपि में प्रशासनिक कार्य अधिक था, क्योंकि लेखन सामान्यत: लेन-देन को रिकॉर्ड करने के लिए इसका उपयोग करने वाले अभिजात वर्ग से जुड़ा होता है। भाषाविदों ने इस लिपि के लगभग 396 चिह्नों की पहचान कर उन्हें सूचीबद्ध किया है।

गुप्त लिपि

- यह लिपि गुप्तकाल में ब्राह्मी लिपि से विकसित हुई थी।
- इसका उपयोग संस्कृत भाषा में किया जाता था।
- परवर्ती काल में इसी से नागरी, शारदा और सिद्धम् लिपियों का विकास हुआ, जिनसे हिन्दी की देवनागरी, पंजाबी की गुरुमुखी लिपि, असमिया लिपि, बांग्ला लिपि तथा तिब्बती लिपि का विकास हुआ।

ब्राह्मी लिपि

- ब्राह्मी लिपि विश्व की सबसे प्राचीन लेखन प्रणालियों में से एक है। ब्राह्मी को सामान्यत: बाएँ से दाएँ लिखा जाता है। यह लिपि दक्षिण-पूर्व एशिया में वर्तमान में प्रचलित सभी इण्डिक लिपियों की पूर्वज है।

अशोक स्तम्भ पर ब्राह्मी लिपि

- प्रारम्भ में, ब्राह्मी को पिन-मैन लिपि या स्टिक फिगर लिपि के रूप में सन्दर्भित किया गया था, जो इसके अक्षरों की उपस्थिति का एक स्पष्ट सन्दर्भ था।
- सबसे प्रसिद्ध एवं प्राचीनतम ब्राह्मी अभिलेख मौर्य सम्राट अशोक के शिलालेख हैं, जो 250-232 ईसा पूर्व के हैं और ये उत्तर-मध्य भारत में पाए जाते हैं।
- सर्वप्रथम जेम्स प्रिन्सेप नामक एक ब्रिटिश अधिकारी ने 1837 ई. में ब्राह्मी लिपि में लिखित इन अभिलेखों को पढ़ा। हालाँकि अशोक के अभिलेखों में इसे धम्म लिपि कहा गया है, किन्तु बौद्ध, जैन तथा ब्राह्मण ग्रन्थों के वर्णनों के आधार पर इसे ब्राह्मी लिपि कहा जाता है।

ब्राह्मी लिपि की शाखाएँ

ब्राह्मी लिपि का 5वीं सदी ईसा पूर्व से 350 ईसा पूर्व तक एक ही रूप मिलता है, किन्तु आगे चलकर यह दो भागों में (उत्तरी ब्राह्मी व दक्षिणी ब्राह्मी) विभाजित हो गई।

उत्तरी ब्राह्मी	दक्षिणी ब्राह्मी
• उत्तरी ब्राह्मी से गुप्त लिपि विकसित हुई, जिसे परवर्ती ब्राह्मी कहा जाता है। गुप्त लिपि से सिद्धम् लिपि (छठी शताब्दी), शारदा लिपि (9वीं शताब्दी) और नागरी लिपि (10वीं शताब्दी) का विकास हुआ। • सिद्धम् लिपि का उपयोग बौद्ध रचनाओं को संस्कृत में लिखने के लिए किया जाता था। इससे असमिया, बांग्ला तथा तिब्बती लिपियों का विकास हुआ। • शारदा लिपि का उपयोग कश्मीरी और संस्कृत भाषा को लिखने के लिए किया जाता था। इससे 16वीं सदी में गुरुमुखी लिपि (पंजाबी भाषा) का विकास हुआ। • नागरी लिपि से 10वीं सदी में हिन्दी भाषा की देवनागरी लिपि और 17वीं सदी में गुजराती लिपि का विकास हुआ।	• दक्षिणी ब्राह्मी से भट्टीपुरोलु (पहली सदी ईसा पूर्व) लिपि, पल्लव ग्रन्थ लिपि (छठी शताब्दी), वट्टेलुट्टु लिपि (8वीं शताब्दी), मौन लिपि (बर्मा), खमेर लिपि (कम्बोडिया), बेबियन लिपि (फिलीपीन्स) का विकास हुआ। • भट्टीपुरोलु लिपि से आगे चलकर कदम्ब और कन्नड-तेलुगू लिपि का विकास हुआ। • वट्टेलुट्टु लिपि से तमिल लिपि का विकास हुआ। यह अबुगिडा पद्धति पर आधारित तमिल लिपि के लिखने की तीन वर्णमालाओं में से एक है। • पल्लव ग्रन्थ लिपि से मलयालम लिपि का विकास हुआ।

कदम्ब लिपि

- कदम्ब लिपि भी ब्राह्मी लिपि से व्युत्पन्न हुई है, जिसे पूर्व-प्राचीन कन्नड़ लिपि भी कहते हैं। इसका विकास चौथी से छठी शताब्दी में कदम्ब राजवंश के शासनकाल में हुआ था।
- इसी लिपि का लेखन कन्नड़ लिपि में आरम्भ हुआ। यह कलिंग लिपि से बहुत मिलती-जुलती है। यही लिपि आगे चलकर कन्नड़-तेलुगू लिपि बन गई।

खरोष्ठी लिपि

- भारत के पश्चिमोत्तर क्षेत्र में प्रचलित यह लिपि दाएँ से बाएँ लिखी जाती थी, हालाँकि कुछ अभिलेखों में इसकी विपरीत दिशा भी लेखन के लिए प्रयोग की गई है।
- इसका प्रयोग ईसा पूर्व सदी से तीसरी सदी के मध्य प्राचीन गान्धार (आधुनिक अफगानिस्तान) और पाकिस्तान के बलूचिस्तान में गन्धारी प्राकृत और संस्कृत भाषाओं को लिखने के लिए किया जाता था।
- कुल 37 वर्णों वाली इस लिपि में स्वरों का अभाव था, यहाँ तक कि मात्राएँ और संयुक्ताक्षर भी नहीं मिलते हैं।
- सम्राट अशोक के शहबाजगढ़ी और मानसेहरा (पाकिस्तान) स्थित अभिलेखों में खरोष्ठी लिपि का प्रमाण मिलता है।
- इसके अतिरिक्त यूनानी तथा हिन्द यूनानी शासकों के सिक्कों में भी इस लिपि का प्रयोग मिलता है।
- ब्रिटिश सिविल सेवक जेम्स प्रिन्सेप आधुनिक युग में प्रथम बार ब्राह्मी और खरोष्ठी लिपियों को पढ़ने के लिए प्रसिद्ध हैं।

मलयालम लिपि

- मलयालम लिपि ब्राह्मी लिपि से व्युत्पन्न ग्रन्थ लिपि से विकसित हुई है।
- इसका उपयोग मलयालम भाषा सहित संस्कृत, पनिय, बेट्ट कुरुम्ब, रवुला और कभी-कभी कोंकणी लिखने में भी होता है।
- मलयालम लिपि को कैराली लिपि के नाम से जाना जाता है, जो ब्राह्मी लिपि का ही एक रूप है।

तमिल लिपि

- ग्रन्थ और ब्राह्मी के दक्षिणी लिपि रूप से विकसित हुई यह लिपि भारत और श्रीलंका में तमिल भाषा को लिखने के लिए प्रयोग की जाती है।
- इसके अतिरिक्त यह सौराष्ट्र, बडगा, इरुला और पनिया आदि छोटी भाषाओं को लिखने के लिए भी प्रयोग की जाती है।
- यह शब्दावली भाषा है, न की वर्णमाला। इसे बाएँ से दाएँ लिखा जाता है।

तेलुगू एवं कन्नड़ लिपि

- इन दोनों लिपियों में परस्पर समानता होने के कारण इन्हें समान स्रोत से विकसित माना जाता है।
- इनका उपयोग कन्नड़ व तेलुगू लेखन के लिए कर्नाटक, आन्ध्र प्रदेश, तेलंगाना व तमिलनाडु के कुछ जिलों में होता है।
- ऐतिहासिक रूप से दक्षिण भारत के चालुक्यकालीन अभिलेखों में इस लिपि का उल्लेख मिलता है।
- इस लिपि का प्राचीनतम अभिलेख हैलेबिड्डु शिलालेख है।
- 13वीं शताब्दी तक इसे सम्मिलित रूप से आन्ध्र लिपि कहा जाता था, किन्तु कालान्तर में यह दो भागों में विभाजित होकर स्वतन्त्र रूप से तेलुगू लिपि एवं कन्नड़ लिपि के रूप में विकसित हुई।

देवनागरी लिपि

- ब्राह्मी लिपि की परम्परा में ही 10वीं सदी के लगभग देवनागरी का विकास हुआ है। इस प्राचीन नागरी से अनेक आधुनिक आर्य भाषाओं; जैसे-हिन्दी, गुजराती, मराठी और बांग्ला इत्यादि की लिपियाँ विकसित हुईं।
- इनमें से हिन्दी भाषा के लिए विकसित होने वाली लिपि को ही देवनागरी कहा जाता है। इसे बाएँ से दाएँ लिखा जाता है। यह भी अबुगिडा लेखन प्रणाली का ही अनुसरण करती है।
- देवनागरी लिपि के प्रयोग का सर्वप्रथम उदाहरण सम्राट हर्षवर्धन के समय (7वीं शताब्दी) में मिलता है।
- हिन्दी के अतिरिक्त देवनागरी लिपि का उपयोग संस्कृत, मराठी, नेपाली, पालि, कोंकणी, बोडो, सिन्धी और मैथिली भाषाओं एवं बोलियों सहित 120 से अधिक भाषाओं को लिखने के लिए किया जाता है।
- इस प्रकार यह विश्व की सर्वाधिक उपयोग की जाने वाली एवं अपनाई जाने वाली लेखन प्रणालियों में से है।

कुटिल लिपि

- कुटिल लिपि को उत्तरलिच्छवि लिपि भी कहते हैं। यह लिपि भारत में गुप्त लिपि से विकसित हुई थी। इस लिपि के अक्षरों के टेढ़े-मेढ़े होने के कारण इसे भारत में विकटाक्षर भी कहते हैं।
- लिपि को सिद्धमातृका लिपि तथा न्यूनकोणीय लिपि भी कहा जाता है। कुटिल लिपि के आधार पर नेपाली लिपि, देवनागरी लिपि और तिब्बती लिपि का विकास हुआ था।

ग्रन्थ लिपि

- दक्षिण भारत (तमिलनाडु) के पल्लव, पाण्ड्य एवं चोल शासकों ने इसका विकास किया। यह लिपि भी ब्राह्मी लिपि से विकसित हुई है।
- महाबलीपुरम् में धर्मराज रथ पर ग्रन्थ लिपि में विवरण अंकित है।
- राजसिंह द्वारा बनवाए गए कैलाश मन्दिर पर उत्कीर्ण शिलालेख, ग्रन्थ लिपि में ही हैं।
- इस लिपि का व्यापक उपयोग छठी से 20वीं शताब्दी ई. के मध्य तमिलनाडु और केरल में संस्कृत एवं शास्त्रीय भाषा मणिप्रवलम् को लिखने में किया जाता रहा। ग्रन्थ लिपि से मलयालम लिपि, तिगलरी और सिंहल वर्णमालाओं का भी विकास हुआ है।

कलिंग लिपि

कलिंग (आधुनिक ओडिशा) में प्रचलित होने के कारण इस लिपि को कलिंग लिपि के नाम से जाना जाता है। इस लिपि के आरम्भिक लेखों पर दक्षिण भारतीय लिपियों का प्रभाव दृष्टिगोचर होता है।

गुजराती लिपि

- गुजराती लिपि देवनागरी लिपि से विकसित हुई है। आरम्भ में इस लिपि के अक्षरों की शिरो-रेखाएँ होती थीं, परन्तु अब उनका प्रयोग नहीं होता है।
- भारत के गुजरात राज्य में गुजराती भाषा को लिखने के लिए इस लिपि का प्रयोग किया जाता है।

गुरुमुखी लिपि

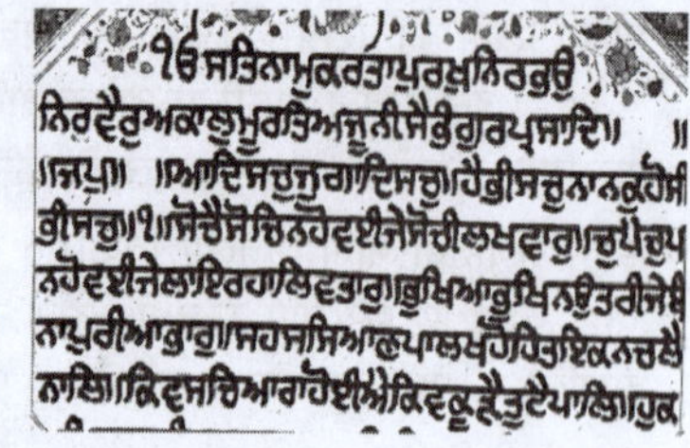

- गुरुमुखी लिपि पंजाबी भाषा की लिपि है। इसे सिखों के दूसरे गुरु अंगद देव जी द्वारा विकसित किया गया था।
- सिखों के पवित्र ग्रन्थ गुरु ग्रन्थ साहिब की रचना इसी लिपि में की गई है।
- इस लिपि का उपयोग पंजाब राज्य के अतिरिक्त हरियाणा, जम्मू-कश्मीर, हिमाचल प्रदेश, दिल्ली आदि देश-विदेश में सिख धर्मावलम्बियों द्वारा किया जाता है।

शारदा लिपि

- शारदा लिपि का विकास गुप्त लिपि की पश्चिमी शैली से हुआ है। इसका प्रयोग संस्कृत एवं कश्मीरी भाषाओं को लिखने के लिए किया जाता था।
- कश्मीरी पण्डितों की आराध्या देवी शारदा के नाम पर इस लिपि का नामकरण किया गया है।
- नागरी लिपि के समान ही शारदा लिपि का विकास भी कुटिल लिपि से हुआ है। इस लिपि के प्राचीनतम लेख लगभग 8वीं सदी के हैं।

मिथिलाक्षर लिपि

- मिथिलाक्षर लिपि अथवा मिथिलाक्षरा का प्रयोग लोग भारत के उत्तरी बिहार एवं नेपाल के तराई क्षेत्र की मैथिली भाषा को लिखने के लिए करते हैं।
- इसे मैथिली लिपि, वैदेही लिपि और तिरहुता लिपि भी कहा जाता है।
- इस लिपि का प्राचीनतम लेख पूर्वी विदेह प्राकृत में दरभंगा जिला के कुशेश्वर स्थान के निकट तिलकेश्वर स्थान के शिव मन्दिर में है।
- मिथिलाक्षर वस्तुत: बांग्ला, उड़िया और आसामी लिपि की जननी मानी जाती है। इसलिए यह लिपि बांग्ला लिपि से मिलती-जुलती है, किन्तु उससे थोड़ी-बहुत भिन्न है।

वट्टेलुत्तु लिपि

- वट्टेलुत्तु वर्णमाला की उत्पत्ति दक्षिण भारत से हुई। दक्षिणी-ब्राह्मी से विकसित यह लिपि मलयालम और तमिल भाषाओं को लिखने के लिए विकसित की गई तीन प्रमुख वर्णमाला प्रणालियों में से एक है।
- दक्षिण भारत के शिलालेखों और पाण्डुलिपियों में बहुत समय तक इस लिपि का प्रयोग किया गया। पल्लवों के दरबार में पल्लव-ग्रन्थ लिपि को वट्टेलुत्तु का स्थान प्राप्त था।

बांग्ला लिपि

- यह लिपि पूर्वी नागरी लिपि का एक परिमार्जित रूप है, जिसे बांग्ला भाषा, असमिया या विष्णुप्रिया, मणिपुरी लिखने के लिए प्रयोग किया जाता है। पूर्वी नागरी लिपि का सम्बन्ध ब्राह्मी लिपि से है।
- आधुनिक बांग्ला लिपि को चार्ल्स विल्किंस द्वारा 1778 ई. में आधार दिया गया, जब उन्होंने इस लिपि के लिए पहली बार टाइपसेट का प्रयोग किया।
- असमिया एवं मणिपुरी लिखते समय इसी लिपि का प्रयोग थोड़े बहुत परिवर्तन के साथ किया जाता है।
- प्रसिद्ध समाज सुधारक ईश्वर चन्द्र विद्यासागर ने बंगाली वर्णमाला को भी पुन: निर्मित किया और बंगाली टाइपोग्राफी के 11 स्वर और 40 व्यंजन की वर्णमाला में सुधार किया।

मोडी लिपि

- मोडी लिपि वर्ष 1950 तक मराठी लिखने के लिए आधिकारिक लिपि थी। इसके पश्चात् मानक मराठी लेखन प्रणाली के रूप में देवनागरी लिपि की बालबोध शैली को अपनाया जाने लगा।
- मोडी लिपि मराठी के अतिरिक्त उर्दू, कन्नड़, गुजराती, हिन्दी और तमिल जैसी अन्य भाषाओं को लिखने के लिए भी प्रयोग की जाती थी।
- मोडी लिपि भी एक अबुगिडा लेखन प्रणाली है। छत्रपति शिवाजी तथा पेशवाओं के शासनकाल में इस लिपि को प्रचुर लोकप्रियता प्राप्त हुई।
- इस लिपि को शीघ्रता से लिखा जाता था, इस कारण इसके अक्षरों में मुड़ाव आ जाता था, इसीलिए इसे मोडी लिपि कहा जाने लगा।

शाहमुखी लिपि

- यह एक फारसी-अरबी लिपि है, जो दाएँ से बाएँ नस्तालिक शैली में लिखी जाती है। भारत के जम्मू-कश्मीर राज्य की पोतोहारी बोली लिखने के लिए भी शाहमुखी लिपि का उपयोग किया जाता है।
- शाहमुखी वर्णमाला में कुल 47 अक्षर/व्यंजन हैं।

कैथी लिपि

- कैथी एक ऐतिहासिक लिपि है, जिसे मध्यकालीन भारत में प्रमुख रूप से उत्तर-पूर्व और उत्तर भारत में अत्यधिक वृहत रूप से प्रयोग किया जाता था।
- विशेषकर आधुनिक उत्तर प्रदेश एवं बिहार के क्षेत्रों में इस लिपि में वैधानिक एवं प्रशासनिक कार्य किए जाने के भी प्रमाण मिलते हैं।

भारतीय लिपि

- भारतीय प्रौद्योगिकी संस्थान (आईआईटी), मद्रास के श्रीनिवास चक्रवर्ती की टीम ने भारति लिपि (Bharati Script) का विकास किया है।
- भारति लिपि एक एकीकृत लिपि है, जिसमें 9 भारतीय भाषाएँ—देवनागरी, बंगाली, गुरुमुखी, गुजराती, उड़िया, तेलुगू, कन्नड़, मलयालम और द्रविड़ सम्मिलित हैं।
- इसमें अंग्रेजी और उर्दू को अभी तक सम्मिलित नहीं किया गया है, क्योंकि उर्दू और अंग्रेजी वर्णमाला प्रणालियों में एक बहुत अलग ध्वन्यात्मक संगठन है।

उर्दू लिपि

- उर्दू भाषा को लिखने के लिए उर्दू लिपि का प्रयोग किया जाता है।
- दाएँ से बाएँ क्रम में लिखी जाने वाली यह लिपि अरबी मूल की फारसी वर्णमाला का रूपान्तरण है। उर्दू वर्णमाला में कुल 38 अक्षर/व्यंजन हैं।
- इसका विकास फारसी-अरबी लिपि की नस्तालिक शैली से हुआ है।
- इसी लिपि का एक रूप शाहमुखी लिपि के नाम से भी जाना जाता है।

"

साहित्य मानव अनुभवों, भावनाओं और विचारों की अभिव्यक्ति का सजीव माध्यम है, जो जीवन की विविधताओं को कलात्मक रूप से प्रस्तुत करता है। साहित्य हमें संस्कृति, परम्परा और मानवीय मूल्यों से जोड़ता है।

अध्याय चौदह

साहित्य

साहित्य वह रचनात्मक लेखन होता है, जो मानव अनुभवों, भावनाओं, विचारों, समाज और जीवन की विभिन्न स्थितियों को अभिव्यक्त करता है। यह विभिन्न प्रकार की विधाओं में हो सकता है; जैसे- कविता, कहानी, उपन्यास, नाटक, निबन्ध आदि। इस प्रकार किसी भी भाषा के वाचिक और लिखित शास्त्र समूह को साहित्य की श्रेणी में रखा जा सकता है।

हिन्दी भाषा में साहित्य शब्द जिस अर्थ में प्रयुक्त किया जाता है, उसके लिए संस्कृत में वाङ्मय एवं अंग्रेजी के शब्द literature का प्रयोग किया जाता है।

प्राचीन भारतीय साहित्य

- भारतीय साहित्य में वह सब सम्मिलित है, जो साहित्य शब्द के व्यापकता भाव में आता है; जैसे—धार्मिक एवं लौकिक, महाकाव्य एवं गीत, प्रभावशाली एवं शिक्षात्मक, वर्णनात्मक एवं वैज्ञानिक गद्य तथा मौखिक पद्य एवं गीत।
- प्राचीन भारतीय साहित्य में हिन्दू, बौद्ध तथा जैन मतों का मात्र धार्मिक शास्त्रीय रूप ही नहीं, बल्कि लौकिक साहित्य; जैसे-राजनीति शास्त्र, नाटक, कहानी, व्याकरण और विज्ञान जैसे विषयों में भी व्यापक स्तर पर रचना की गई है।
- जैन वर्णनात्मक साहित्य, जोकि प्राकृत भाषा में है, रचनात्मक कहानियों और यथार्थवाद से परिपूर्ण है। वेद उच्च साहित्यिक मूल्य के तत्त्वतः आदिरूप काव्य हैं। ये पौराणिक स्वरूप के हैं और इनकी भाषा प्रतीकात्मक है।

संस्कृत साहित्य

- संस्कृत भाषा भारत की सबसे प्राचीनतम भाषा तथा अधिकांश भारतीय भाषाओं की जननी भी है। यह हिन्द-यूरोपीय भाषा परिवार की हिन्द-ईरानी शाखा की हिन्द-आर्य उपशाखा से सम्बन्धित है।
- अपने प्राचीनतम रूप में यह वैदिक और लौकिक रूपों में विभाजित है, जहाँ वैदिक संस्कृत को विशुद्ध साहित्यिक भाषा माना जाता है, वहीं लौकिक संस्कृत व्यवहार एवं लौकिक साहित्य की लोकप्रिय भाषा रही है।
- हिन्दू धर्म के समस्त प्राचीन धार्मिक ग्रन्थ संस्कृत में रचित हैं, साथ ही बौद्ध एवं जैन धार्मिक साहित्य की अनेक रचनाएँ भी इसी भाषा में रची गई हैं। व्याकरणात्मक रूप से महर्षि पाणिनि की अष्टाध्यायी संस्कृत का आधार ग्रन्थ है।

वैदिक साहित्य

- वैदिक साहित्य का तात्पर्य-उस विपुल साहित्य राशि से है, जिसमें वैदिक संहिताएँ, ब्राह्मण ग्रन्थ, आरण्यक, उपनिषद्, वेदांग और सूत्र साहित्य आते हैं। वैदिक साहित्य को श्रुति भी कहा जाता है।
- वैदिक साहित्य में वैदिक संहिताओं को सबसे प्राचीन माना जाता है। वैदिक संहिताओं में चारों वेद-ऋग्वेद, सामवेद, यजुर्वेद और अथर्ववेद आते हैं।

वेद

- मैक्स मूलर ने वैदिक साहित्य का काल 1200 ई. पू. से 600 ई. पू. माना है। आर्यों के भारत आगमन के समय ही वेदों की रचना हुई, इसलिए आर्यों द्वारा विकसित सभ्यता को वैदिक सभ्यता कहा जाता है।
- वेदों का विषय अत्यन्त विराट है। विश्व कल्याण और विश्व परिवार की संकल्पनाएँ यथा-सर्वे भवन्तु सुखिनः और वसुधैव कुटुम्बकम् न केवल वेदों की, बल्कि विश्व में भारतीय संस्कृति की विशिष्ट पहचान स्थापित करती हैं।
- इनकी भाषा प्रतीकात्मक तथा अर्थ अनेकानेक हैं, इसलिए ब्रह्मज्ञानी इनके आधार पर अनुष्ठान करते हैं।
- वेद यज्ञ को महत्त्व देते हैं। व्युत्पत्ति की दृष्टि से, यज्ञ का अर्थ है—ईश्वर की आराधना, समन्वय और बलिदान।
- ईश्वर-दर्शन, समन्वय और बलिदान रूपी ये तीनों तत्त्व मिलकर किसी भी सृजनात्मक कृत्य के लिए एक मूलभूत आधार उपलब्ध कराते हैं।

ऋग्वेद

- ऋग्वेद संहिता विश्व का प्रथम व्यवस्थित उपलब्ध ग्रन्थ है, जिसमें सप्तसिन्धु प्रदेश में रहने वाले आर्यों ने अपने धार्मिक विचार तथा दार्शनिक भावनाएँ काव्य-रूप में व्यक्त की थीं। ऋग्वेद सभी वेदों में सबसे प्राचीन है। अधिकांश विद्वान इसे 1500 से 1000 ई.पू. में संकलित मानते हैं।
- ऋग्वेद का कोई एक रचनाकार नहीं है, यह अनेक ऋषियों तथा उनकी वंश परम्परा में रचित मन्त्रों एवं ऋचाओं का संग्रह है। ऋग्वेद को इसी संग्रह के कारण संहिता कहा गया है।
- ऋग्वैदिक श्लोक, अनेक देवताओं को समर्पित हैं, जिनमें उनके प्रमुख देवता इन्द्र को भी श्लोक समर्पित है, इसमें इन्द्र के अतिरिक्त वर्णित प्रमुख देवता अग्नि, वरुण (जल के देवता) रुद्र, आदित्य, वायु तथा अश्विन हैं। नारी देवियों में ऊषा, पृथ्वी और वाक् (भाषा की देवी) प्रमुख हैं, जिनको समर्पित श्लोक ऋग्वेद में हैं।
- सम्पूर्ण ऋग्वेद में 10 मण्डल, 1028 सूक्त तथा 10580 ऋचाएँ हैं,

ऋग्वैदिक मण्डल

मण्डल	श्लोक	काल	विवरण
प्रथम	191	नवीनतम	◆ यह विशेषत: अग्नि और इन्द्र, वरुण, अश्विन और मित्र आदि से सम्बन्धित है।
द्वितीय	43	प्राचीनतम	◆ यह विशेषत: अग्नि और इन्द्र से सम्बन्धित
तृतीय	62	प्राचीनतम	◆ विशेषत: अग्नि और इन्द्र एवं विश्वदेवों से सम्बन्धित विश्वामित्र द्वारा रचित सविता मन्त्र (गायत्री मन्त्र) इसी मण्डल में है।
चतुर्थ	58	प्राचीनतम	◆ यह विशेषत: अग्नि और इन्द्र के अतिरिक्त अश्विन, ऋतु, बृहस्पति, वायु, ऊषा आदि से सम्बन्धित है।
पंचम	87	प्राचीनतम	◆ यह विशेषत: अग्नि, इन्द्र, मारुतगण, विश्वदेवों, देवद्धय, मित्र-वरुण और अश्विन से सम्बन्धित है। इस मण्डल के अधिकांश श्लोक अत्रि कुल से सम्बन्धित हैं।
षष्ठ	75	प्राचीनतम	◆ यह विशेषत: अग्नि, इन्द्र, पूषण, ऊषा, अश्विन और सभी देवों से सम्बन्धित है
सप्तम	104	प्राचीनतम	◆ यह विशेषत: अग्नि, इन्द्र, मारुतगण, अश्विन, ऊषा, मित्र-वरुण, वायु, सरस्वती, विश्वदेवों और विष्णु से सम्बन्धित है।
अष्टम	103	मिश्रित काल	◆ यह कण्व कुल और अंगिरस कवियों से सम्बन्धित है।
नवम	114	मिश्रित काल	◆ सोम पावमान (सोम का वर्णन)
दशम्	191	नवीनतम	◆ यह मण्डल अनेक देवताओं से सम्बन्धित है। इस मण्डल में नदिस्तुति सूक्त दिया गया है, जिसमें नदियों की प्रशंसा है। ◆ इस मण्डल में पुरुष सूक्त के अन्तर्गत वैदिक समाजशास्त्र का उल्लेख है। इस मण्डल के नासदीय सूक्त में ब्रह्माण्ड के सृजन से सम्बन्धित विभिन्न जानकारी दी गई है। ◆ इस मण्डल के सूर्यसूक्त में विवाह श्लोक दिए गए हैं और संज्ञान सुक्त आदि भी दिए गए हैं।

- इन्हीं मण्डलों में आर्यों के धार्मिक, दार्शनिक और लौकिक विचार व्यक्त हुए हैं। इसमें द्यूत-द्यू क्रीड़ा के दोष, मण्डूकों की ध्वनि, विवाह की विधि, दान की महिमा इत्यादि विषयों का भी उल्लेख है।

यजुर्वेद

- यजुर्वेद अनुष्ठान-विषयक् संहिता है, जिसे वैदिक कर्मकाण्डों का आधार माना जाता है।
- शाब्दिक रूप में भी यजुर्वेद का तात्पर्य, यज्ञों के सम्पादन से ही है। इसके दो रूप हैं-कृष्ण यजुर्वेद तथा शुक्ल यजुर्वेद।
- कृष्ण यजुर्वेद की सर्वाधिक प्रसिद्ध शाखा तैत्तिरीय संहिता और शुक्ल यजुर्वेद की प्रसिद्ध शाखा वाजसनेयी संहिता है।
- शुक्ल यजुर्वेद में केवल मन्त्रों का संग्रह है, जबकि कृष्ण यजुर्वेद की संहिता में ब्राह्मण ग्रन्थों के विषय भी मिश्रित हैं।
- यजुर्वेद का अन्तिम अध्याय दार्शनिक दृष्टि से महत्त्वपूर्ण है, क्योंकि इसमें ईश्वर को संसार का नियामक कहा गया है, यही अध्याय कुछ परिवर्तनों के साथ ईशावास्योपनिषद् (ईशोपनिषद्) के रूप में आया है।
- कर्मकाण्ड में उपयोगी होने के कारण यजुर्वेद अन्य सभी वेदों की अपेक्षा अधिक लोकप्रिय है।

सामवेद

- सामवेद सामन् अर्थात् रागों के गायन का वेद है। इसकी तीन उपलब्ध शाखाओं में कौथुम शाखा अधिक लोकप्रिय है।
- सामवेद के मन्त्रों का प्रयोग यज्ञ में देवताओं के आह्वान के लिए उचित स्वर के साथ उद्गाता द्वारा किया जाता था।
- साम-मन्त्रों का पाठ नहीं, अपितु गान होता है। मन्त्रों के गान में लय तथा स्वर का विशेष विधान है। इससे ही भारतीय संगीत का उद्भव हुआ।
- सामवेद छन्दबद्ध है तथा इसके कुल 1875 मन्त्रों में से 75 मन्त्रों के अतिरिक्त शेष मन्त्र ऋग्वेद से लिए गए हैं।

अथर्ववेद

- अथर्ववेद में यज्ञ से भिन्न विषयों का संकलन किया गया है। आरम्भिक वैदिक युग में कर्मकाण्ड से इसे पृथक् रखा गया था।
- इसे वेदत्रयी का भाग नहीं माना गया, किन्तु दिक् परम्परा में ही इसे ब्रह्मवेद कहा गया है अर्थात् यह ब्रह्मा नामक ऋत्विज के उपयोग के लिए है।
- वस्तुत: अथर्ववेद को अथर्वाङ्गिरस वेद कहा जाता था, क्योंकि इसके दो प्रदेष्टा ऋषि थे-अथर्वा और अङ्गिरा।
- इस वेद की दो शाखाएँ हैं-पिप्लाद तथा शौनकीय हैं। इसका विभाजन 20 काण्डों में किया गया है, जिनमें सूक्त और मन्त्र हैं।
- सूक्तों की संख्या 731 तथा मन्त्रों की संख्या 5849 हैं। इनमें से लगभग 1200 मन्त्र ऋग्वेद संहिता से लिए गए हैं।

ब्राह्मण

- ब्राह्मण शब्द ब्रह्मन् से बना है, जिसका अर्थ है-वेद (ब्रह्म) से सम्बद्ध। अत: वेदों की शाखाओं की व्याख्या करने के लिए पृथक्-पृथक् ब्राह्मण ग्रन्थ लिखे गए।
- यद्यपि इनका स्वरूप मूलत: धार्मिक है, परन्तु राजनीतिक, सामाजिक तथा दार्शनिक विषयों का भी इनमें समावेश है। ये सभी विषय मन्त्रों की व्याख्या से ही जोड़े गए हैं।
- ब्राह्मण ग्रन्थों में संस्कृति के तत्त्वों का बीज भी प्राप्त होता है; जैसे-सृष्टि की व्याख्या, वर्णाश्रम-धर्म, स्त्री-महिमा, अतिथि-सत्कार, यज्ञ का महत्त्व, सदाचार, विद्यावंश इत्यादि।

आरण्यक

- आरण्यकों की रचना वनों में हुई, इस कारण इन्हें आरण्यक कहा जाता है। वनों में रहकर चिन्तन करने वाले ऋषियों ने वैदिक कर्मकाण्डवाद से पृथक् रहकर उनमें दार्शनिक तत्त्व खोजे।
- प्राणविद्या का विवेचन आरण्यकों की विशेषता है। इस कारण ब्राह्मणों के परिशिष्ट के रूप में विकसित आरण्यकों में यज्ञ के अन्तर्गत अध्यात्मवाद का पल्लवन किया गया।
- कर्म की यही व्याख्या आगे चलकर मीमांसा-दर्शन, धर्मशास्त्र तथा कर्मवाद में विकसित हुई।

उपनिषद्

- वैदिक साहित्य में उपनिषद् सर्वाधिक प्रसिद्ध तथा महत्त्वपूर्ण हैं। इनकी महत्ता दार्शनिक विचारों के कारण है, जिनसे ये विश्वभर में लोकप्रिय हैं।
- प्राचीन उपनिषदों की संख्या 13 थी, परन्तु वर्तमान में इनकी संख्या 108 है। सामान्यत: ये वेदों के अन्तिम भाग हैं, इसलिए इन्हें वेदान्त कहा जाता है।
- वैदिक शाखाओं में मौलिक रूप से दार्शनिक चिन्तन के लिए विकसित उपनिषदों की गणना इस प्रकार है-
  - उपनिषदों में वादों के माध्यम से तत्त्व ज्ञान समझाया गया है।
  - इनमें आत्मा से सृष्टि की उत्पत्ति, विद्या और अविद्या का अन्तर, जगत और आत्मा के स्वरूप, ब्रह्म तत्त्व, सत्य एवं मोक्ष की प्राप्ति इत्यादि विषय रोचक शैली में समझाए गए हैं।
- बृहदारण्यक उपनिषद् में याज्ञवल्क्य की विदुषी पत्नी मैत्रेयी तथा उनसे शास्त्रार्थ करने वाली गार्गी की कथा मिलती है, जिससे उस युग की महिलाओं की सामाजिक स्थिति का पता चलता है।
- उपनिषदों के आधार पर वेदान्त-दर्शन का विकास हुआ, जिसके फलस्वरूप ब्रह्मसूत्र की रचना बादरायण ने की।
- शंकराचार्य ने मुख्य 10 उपनिषदों पर भाष्य लिखकर अद्वैतवाद का प्रवर्तन किया।

वेद और उनसे सम्बन्धित विभिन्न ग्रन्थ

वेद	ब्राह्मण ग्रन्थ	आरण्यक ग्रन्थ	उपनिषद
ऋग्वेद	ऐतरेय और कौषीतिकी	ऐतरेय और कौषीतिकी शांखायन	ऐतरेय और कौषीतिकी
यजुर्वेद	शतपथ और तैत्तिरीय	बृहदारण्यक तैत्तिरीयारण्यक और मैत्रायणीयारण्यक	कठ, श्वेताश्वर, मैत्रायणी (मैत्री) तैत्तिरीय, ईश और बृहदारण्यक
सामवेद	ताण्ड्य (पञ्चविंश) षड्विश और जैमिनीय	जैमिनीय और छान्दोग्य	छान्दोग्य और केन
अथर्ववेद	गोपथ	अलग से कोई आरण्यक प्राप्त नहीं, परन्तु गोपथ ब्राह्मण में आरण्यकों के अनुरूप बहुत-सी सामग्री प्राप्त होती है।	प्रश्न, मुण्डक या माण्डूक्य

वेदांग

यास्क के अनुसार, वैदिक अर्थों को समझने में कठिनाई का अनुभव होने पर निरुक्त तथा अन्य वेदांगों की रचना की गई। वेदों के छ: अंग माने गए हैं-शिक्षा, कल्प, व्याकरण, निरुक्त, ज्योतिष तथा छन्द, इन्हें समझने वाला व्यक्ति ही वेदों का सही उच्चारण, अर्थबोध एवं यज्ञ कार्य कर सकता था।

वेदांग	विवरण
शिक्षा	◆ यह उच्चारण का विज्ञान है, जो स्वर-व्यंजन के उच्चारण का विधान करता है। इसका विस्तार सूत्रों के रूप में प्रातिशाख्य ग्रन्थों में मिलता है।
कल्प	◆ यह मुख्यत: वैदिक कर्मकाण्ड का प्रतिपादन करने वाला वेदांग है। कल्प का अर्थ है-विधान। यज्ञ-सम्बन्धी विधान कल्प सूत्रों में दिए गए हैं। ◆ कल्प के चार भेद हैं, जो निम्न प्रकार हैं— —**श्रौत सूत्र** में श्रौत यज्ञों का विधान है; जैसे-दर्श पूर्णमास, अग्निहोत्र, चातुर्मास्य, वाजपेय, अतिरात्र, पितृमेध इत्यादि। अश्वलायन, शांखायन (ऋग्वेद), कात्यायन (शुक्ल यजुर्वेद), जैमिनीय (सामवेद), वैतान, (अथर्ववेद) इत्यादि श्रौत सूत्र उपलब्ध हैं। —**गृह्य सूत्र** गृह्याग्नि में होने वाले संस्कारों तथा गृह्य यानों का वर्णन करते हैं; जैसे—उपनयन, विवाह आदि। —**धर्म सूत्र** में मानव-धर्म, समाज-धर्म, राज-धर्म तथा पुरुषार्थों का वर्णन है। इस समय 6 धर्म सूत्र प्राप्त होते है- गौतम, वशिष्ठ, आपस्तम्ब, बौधायन, हिरण्यकेशी और विष्णु धर्म सूत्र। —**शुल्व सूत्र** में शुल्व का अर्थ है-मापने का सूत (धागा)। इन सूत्रों में यज्ञवेदिका का निर्माण रेखागणित (ज्यामिति) की सहायता से किया गया है।
व्याकरण	◆ व्याकरण को वेदों का मुख कहा गया है। इस शास्त्र में पदों की व्युत्पत्ति प्रकृति और प्रत्यय के रूप में विभाजन करके बताई जाती है। ◆ प्रथम उपलब्ध व्याकरण ग्रन्थ के प्रणेता **पाणिनि** हैं, जिन्होंने अष्टाध्यायी के रूप में वैदिक और लौकिक संस्कृत दोनों भाषाओं का व्याकरण लिखा है।
निरुक्त	◆ निरुक्त का अर्थ है-निर्वचन। यह वेदार्थ ज्ञान की कुंजी है। वैदिक शब्दों का अर्थ, व्यवस्थित रूप से समझाना ही निरुक्त का उद्देश्य है। ◆ इस समय यास्क-रचित निरुक्त ही एकमात्र उपलब्ध निरुक्त है।
ज्योतिष	◆ वैदिक, यज्ञ काल की अपेक्षा कर हैं और वे किसी निश्चित काल में ही सम्पादित होते हैं, तभी उनका फल मिलता है। काल का विभाजन, मुहूर्त का निश्चय, ग्रहों-नक्षत्रों की गति का निर्धारण इत्यादि ज्योतिष के ही विषय हैं। लगधाचार्य ने इन कार्यों के लिए वेदाङ्ग ज्योतिष नामक ग्रन्थ लिखा था।
छन्द	◆ छन्द पद्यबद्ध वेदमन्त्रों के सही-सही उच्चारण के लिए उपयोगी वेदाङ्ग है। इससे वैदिक मन्त्रों के चरणों का ज्ञान होता है। ◆ वेदों में सात मुख्य छन्द प्रयुक्त हैं—गायत्री (आठ अक्षरों के तीन चरण), अनुष्टुप (आठ अक्षरों के चार चरण), त्रिष्टुप (11 अक्षरों के चार चरण) बृहती, जगती, विराट और उष्णिका।

महाकाव्य

रामायण तथा महाभारत दो विश्व प्रसिद्ध महाकाव्य हैं।

महाकाव्य

महाकाव्य	महत्त्वपूर्ण तथ्य
रामायण	◆ अयोध्या नरेश दशरथ के पुत्र के रूप में भगवान विष्णु के रामावतार की कथा; आदिकवि वाल्मीकि द्वारा आदिकाव्य रामायण की रचना। ◆ यह चार पुरुषार्थ यथा-धर्म, अर्थ, काम और मोक्ष को प्राप्त करने के धर्म सम्मत मार्ग को बताती है। ◆ इसमें 24000 श्लोक हैं, ये सात खण्डों, जिन्हें **काण्ड** कहते हैं, में विभाजित हैं, बालकाण्ड, अयोध्याकाण्ड, अरण्यकाण्ड, किष्किन्धाकाण्ड, सुन्दरकाण्ड, युद्धकाण्ड और उत्तरकाण्ड।
महाभारत	◆ इसमें 1,00,000 श्लोक हैं, इसलिए इसे शतसहस्त्री संहिता कहते हैं। ◆ यह पर्वों में विभाजित है, जिनकी संख्या 18 है। इसकी रचना महर्षि कृष्णद्वैपायन वेदव्यास द्वारा संस्कृत में की गई थी। ◆ प्रारम्भ में इसमें 8800 छन्द थे, जिसे **जय संहिता** कहा जाता था, जब श्लोकों की संख्या 24000 हो गई, तो इसे भरत के नाम से जाना गया। ◆ दार्शनिक समस्याओं का समाधान करने वाली **भगवद्गीता** महाभारत के **भीष्म पर्व** का एक अंश है। इसमें निष्काम कर्म की भी चर्चा है। ◆ इसे पंचम वेद के नाम से भी जाना जाता है।

श्रीमद्भगवद्गीता

- श्रीमद्भगवद्गीता महाभारत के **भीष्म पर्व** का एक भाग है, इसमें 18 अध्याय और 700 श्लोक हैं।
- गीता की गणना प्रस्थानत्रयी में की जाती है, जिसमें उपनिषद् और ब्रह्मसूत्र भी सम्मिलित हैं। अत: भारतीय परम्परा के अनुसार गीता का स्थान वही है, जो उपनिषद् और धर्मसूत्रों का है।
- उपनिषदों को गौ (गाय) और गीता को उसका दुग्ध कहा गया है।
- इस प्रकार वेदों के ब्रह्मवाद और उपनिषदों के अध्यात्म, इन दोनों की विशिष्ट सामग्री गीता में सन्निविष्ट है।

पुराण

- पुराण प्राचीन भारतीय पौराणिक ग्रन्थ है, जिनकी संख्या 18 है।
- पुराणों में निहित सन्देशों को आम जन तक पहुँचाने के लिए दृष्टान्तों और दन्तकथाओं का उपयोग किया गया है।
- इन महापुराणों की अपूर्व लोकप्रियता में उपपुराणों या लघुपुराणों ने एक अन्य उप-शैली को जन्म दिया। इनकी संख्या भी 19 है।

विषय	विवरण
सर्ग	संसार की सृष्टि
प्रतिसर्ग	प्रलय के बाद पुन: सृष्टि
मनवन्तर	राजाओं और ऋषियों के वंशों का वर्णन
वंश (चन्द्र और सूर्य)	संसार का काल विभाजन और प्रत्येक काल की महत्त्वपूर्ण घटनाओं का वर्णन
वंशानुचरित	कलयुग के प्रतापी राजाओं का वर्णन

18 पुराणों के नाम

1. ब्रह्म पुराण	7. मार्कण्डेय पुराण	13. स्कन्द पुराण
2. पद्म पुराण	8. अग्नि पुराण	14. वामन पुराण
3. विष्णु पुराण	9. भविष्य पुराण	15. कूर्म पुराण
4. शिव पुराण	10. ब्रह्मवैवर्त पुराण	16. मत्स्य पुराण
5. भागवत पुराण	11. लिंग पुराण	17. गरुड़ पुराण
6. नारदीय पुराण	12. वराह पुराण	18. ब्रह्माण्ड पुराण

- पुराणों को विषय-वस्तु तथा देवता के आधार पर तीन भागों में विभक्त किया गया है। तदनुसार ब्रह्मा, विष्णु और शिव से सम्बन्धित 6-6 पुराण हैं, यह वर्गीकरण सत्व, रजस् और तमस गुणों के आधार पर किया गया है।

देवता और उनसे सम्बन्धित पुराण (सत्व, रजस् और तामस्)

देवता	सम्बद्ध पुराण
ब्रह्म (राजस्)	ब्रह्म, ब्रह्माण्ड, ब्रह्मवैवर्त, मार्कण्डेय, भविष्य और वामन
विष्णु (सात्विक)	विष्णु, भागवत, नारद, गरुण, पद्म और वराह
शिव (तामस)	शिव, लिंग, स्कन्द, अग्नि, मत्स्य और कूर्म

धर्मशास्त्र, भाष्य और निबन्ध

धर्मशास्त्र

- धर्मशास्त्र संस्कृत में रचित प्राचीन ग्रन्थों का संकलन है, इसमें हिन्दुओं का आचरण कैसा होना चाहिए तथा उनके लिए नैतिक धर्म (सिद्धान्तों) का वर्णन किया गया है। धर्मशास्त्र में मनुस्मृति, याज्ञवल्क्य स्मृति, नारद स्मृति, विष्णु स्मृति आदि सम्मिलित हैं।
- धर्मशास्त्रों से सम्बन्धित रचनाएँ भाष्य और निबन्ध कहलाईं।

भाष्य

भाष्यों में मुख्यत: धर्मशास्त्रों की व्याख्या और विवेचना प्रस्तुत की गई है, इसमें किसी भी विचार को सकारण स्वीकार या अस्वीकार किया गया है। मनुस्मृति से सम्बन्धित प्रमुख भाष्य लेखक मेघातिथि, कुल्लूक भट्ट, भरुचि आदि हैं।

निबन्ध

निबन्ध की आवश्यकता विभिन्न धर्म ग्रन्थों के कुछ विशिष्ट विषयों पर संघर्ष व मतभेद के कारण पड़ी। निबन्ध लिखने का प्रमुख उद्देश्य संघर्ष और मतभेदों को दूर करना था।

- कृत्य कल्पतरु अब तक शेष प्राचीनतम् निबन्ध है। इसे 12वीं शताब्दी में लक्ष्मीधर ने लिखा था।
- कुछ अन्य निबन्ध लेखक जीमूत वाहन (उत्तराधिकार से सम्बन्धित विषयों पर), नन्दपण्डित (दत्तक पुत्र ग्रहण पर), टोडरमल (राजकर्त्तव्य पर) आदि हैं। लक्ष्मीदेवी (विवादचन्द्र), महादेवी धीरमती (दानवाक्यावली) कुछ प्रमुख महिला निबन्ध लेखक हैं।

शास्त्रीय संस्कृत साहित्य

- अधिकतर संस्कृत साहित्य वैदिक और शास्त्रीय दो रूपों में विभाजित है।
- शास्त्रीय संस्कृत साहित्य समग्र रूप से पन्थनिरपेक्ष है।

- शास्त्रीय युग के दौरान, संस्कृत भाषा के महानतम व्याकरणाचार्य पाणिनि ने अपने पुस्तक में कठोर नियमों को विनियमित किया है।

संस्कृत नाटक

- शास्त्रीय काल में काव्य और नाटक का मुख्य प्रयोजन पाठक या दर्शक के मनोरंजन के साथ-ही-साथ उसकी भावनाओं को प्रेरित करना व अन्ततः उसे अपने जीवन के दर्शन को स्पष्ट करना भी था।
- अतः नाटक को रूढ़ शैली के अनुसार अंकित किया जाता है और यह काव्य तथा वर्णनात्मक गद्य से परिपूर्ण है।
- भरत मुनि (प्रथम शताब्दी ईसा पूर्व से प्रथम शताब्दी ई.) द्वारा रचित नाट्यशास्त्र की प्रथम पुस्तक में अभिनय, नाट्यशाला, मुद्राओं मंच संचालन के बारे में सभी नियम और प्रदर्शन दिए गए हैं।

संस्कृत के प्रसिद्ध नाटक एवं नाटककार

कालिदास	◆ कालिदास सबसे अधिक प्रतिष्ठित नाटककार हैं और इन्होंने तीन नाटकों की रचना की, जिनमें प्रेम रस की सभी सम्भव अभिव्यक्तियों के भीतर रहते हुए अभिक्रिया अद्वितीय है। ◆ ये नाटक हैं —**मालविकाग्निमित्र** (मालविका और अग्निमित्र, शुंग वंश के संस्थापक पुष्यमित्र शुंग के पुत्र अग्निमित्र की प्रेमकथा) —**विक्रमोर्वशीयम्** (विक्रम और उर्वशी) —**अभिज्ञानशाकुन्तलम्** (शकुन्तला की पहचान)
शूद्रक	◆ शूद्रक द्वारा रचित मृच्छकटिकम् (मिट्टी की गाड़ी) एक असाधारण नाटक है।
भास	◆ चौथी शताब्दी ईसा पूर्व से तीसरी शताब्दी ई. के तेरह नाटक, जिनके बारे में 20वीं शताब्दी के प्रारम्भ में पता चला था कि संस्कृत रंगमंच के सर्वाधिक मंचनीय नाटकों के रूप में स्वीकार किए जाते हैं। इनका सर्वाधिक लोकप्रिय नाटक स्वप्नवासवदत्ता (वासवदत्ता का स्वप्न) है। ◆ भास के अन्य नाटकों में प्रतिमानाटकम्, अभिषेकनाटकम्, पंचरात्रम्, मध्यमव्यायोग, दूतघटोत्कचम्, कर्णभारम् , दूतवाक्यम्, उरुभङ्गम्, बालचरितम्, चारुदत्तम्, अविमारकम्, प्रतिज्ञायौगन्धरायणम् सम्मिलित हैं।
भवभूति	◆ इनका काल 8वीं शताब्दी के आस-पास का है। ये अपने नाटक **उत्तररामचरित** (राम के जीवन का उत्तरार्द्ध) के लिए भली-भाँति जाने जाते हैं। ◆ इन्होंने **मालतीमाधव, महावीरचरित** (रामविवाह से लेकर राज्याभिषेक तक की कहानी) नाटकों की भी रचना की।
विशाखदत्त	◆ **मुद्राराक्षस** एक राजनीतिक नाटक है, जो मौर्य शासक चन्द्रगुप्त मौर्य के राज्यारोहण का वर्णन करता है। ◆ **देवी चन्द्रगुप्तम्** गुप्त नरेश चन्द्रगुप्त द्वितीय तथा उसके बड़े भाई रामगुप्त की पत्नी देवी की कहानी है।
हर्षवर्धन	◆ **रत्नावली** में श्रीलंका की राजकुमारी रत्नावली और राजा उदयन को प्रेम कथा का वर्णन है। इसी नाटक में सर्वप्रथम होली का उल्लेख मिलता है। ◆ नागानन्द में गरुड़ को साँपों की बलि लेने से रोकने के लिए राजकुमार जीमूतवाहन के द्वारा अपने शरीर का त्याग, **प्रियदर्शिका** में उदयन और राजा दृढ़वर्मन की पुत्री प्रियदर्शिका के संयोग का वर्णन है।
अन्य नाटक	◆ **भट्ट नारायण**-वेणीसंहार ◆ **राजशेखर**-कर्पूरमंजरी, विद्वशालभंजिका एवं बाल रामायण ◆ **दामोदर मिश्र**-श्रीहनुमन्नाटकम् ◆ **कृष्णमिश्र**-प्रबोध चन्द्रोदय

संस्कृत काव्य

- संस्कृत साहित्य अति गुणवत्तापूर्ण गीतात्मक काव्य से परिपूर्ण है। काव्य में रचनात्मकता का संयोजन सम्मिलित है।

रचनाकार	काल	कृति
कालीदास	चौथी-5वीं शताब्दी ईस्वी	महाकाव्य (कुमारसम्भवम् और रघुवंश) खण्डकाव्य (मेघदूतम् और ऋतुसंहार)
भारवि	छठी शताब्दी ईस्वी	किरातार्जुनीयम्
माघ	7वीं-8वीं शताब्दी ईस्वी	शिशुपाल वध
दण्डी	7वीं-8वीं शताब्दी ईस्वी	काव्यादर्श और दसकुमार चरित
जयदेव	12वीं शताब्दी ईस्वी	गीत-गोविन्द

- हरिषेण ने समुद्रगुप्त की वीरता की प्रशंसा में अनेक कविताएँ लिखीं, जो इलाहाबाद स्तम्भ पर प्रयाग प्रशस्ति के रूप में अंकित हैं।
- श्रीहर्ष और भट्टि जैसे अनेक अन्य कवि हैं, जिन्होंने उत्तम रचनाओं की रचना की है।

अन्य संस्कृत ग्रन्थ

- 500 और 200 ईसा पूर्व के मध्य कानून पर अनेक प्रमुख पुस्तकें लिखी गईं, जिन्हें धर्मसूत्र कहा जाता था। ये धर्मसूत्र राजाओं द्वारा प्रशासन तथा न्याय के विधि नियमों के आधार थे।
- मनुस्मृति एक प्रसिद्ध विधि संहिता है, जो सामाजिक आचार संहिता के मानदण्ड तय करती है। इसे मानव जाति के कथित पूर्वज मनु द्वारा दिए गए प्रवचन के रूप में लिखा गया है।
- अन्य स्मृतियों में याज्ञवल्क्य स्मृति, अत्रि स्मृति, विष्णु स्मृति, हारीत स्मृति, औशनस स्मृति, अंगिरा स्मृति, यम स्मृति, नारद स्मृति तथा देवल स्मृति आदि उल्लेखनीय हैं।
- सोमदेव सूरि ने अर्थशास्त्र की विषय वस्तु पर 10वीं सदी में नीतिवाक्यामृत ग्रन्थ की रचना की।

वैज्ञानिक साहित्य

प्राचीन काल में धार्मिक एवं लौकिक साहित्य के अतिरिक्त गणित, विज्ञान एवं चिकित्सा के क्षेत्र में भी उल्लेखनीय प्रगति हुई थी। इन विषयों के अनेक प्रसिद्ध ग्रन्थ लिखे गए, जो इस प्रकार हैं

ग्रन्थ	लेखक
छन्द सूत्र (गणित)	पिंगल
सुश्रुत संहिता (शल्य चिकित्सा)	सुश्रुत
माधव निदान (रोगविज्ञान)	माधव
आर्यभट्टीय (खगोल एवं गणित)	आर्यभट्ट
ब्रह्मस्फुटिक सिद्धान्त (गणित)	ब्रह्मगुप्त
सिद्धान्त शिरोमणि (गणित, ज्योतिष)	भास्कराचार्य
पंच-सिद्धान्तिका (गणितीय खगोलविज्ञान), वृहतसंहिता (ग्रहीय चाल, भू-विज्ञान, वास्तुकला आदि की गणना)	वराहमिहिर
वेदांग, ज्योतिष (ज्योतिष से सम्बन्धित पुस्तक)	लगध
चरक संहिता (चिकित्सा से सम्बन्धित)	चरक

पालि और प्राकृत साहित्य

- वैदिक युग के पश्चात्, पालि और प्राकृत भारतीयों द्वारा बोली जाने वाली भाषाएँ थीं। पालि एक अप्रचलित प्राकृत है, जो विभिन्न उपभाषाओं का एक मिश्रण है। इन्हें बौद्ध और जैन मतों ने प्राचीन भारत में अपनी पवित्र भाषा के रूप में अपनाया था।
- भगवान बुद्ध ने प्रवचन देने के लिए पालि का प्रयोग किया। समस्त बौद्ध धर्म का वैधानिक साहित्य पालि भाषा में है, जिसमें त्रिपिटक अथवा तीन टोकरियाँ सम्मिलित हैं
  - विनय पिटक इसमें प्राथमिक विषय भिक्षुओं और भिक्षुणियों के लिए मठवासी नियम का उल्लेख है।
  - सुत्त पिटक इसमें बुद्ध या उनके करीबी साथियों से सम्बन्धित 10,000 से अधिक सुत्त (शिक्षाएँ) सम्मिलित हैं।
  - अभिधम्म पिटक इसमें बुद्ध की शिक्षाओं का एक विस्तृत विश्लेषण तथा तत्वमीमांसा और बौद्ध दर्शन से सम्बन्धित जानकारी है।

जातक कथाएँ

- ये गैर-धर्मवैधानिक बौद्ध साहित्य हैं, जिनमें बुद्ध के पूर्व जन्मों (बोधिसत्व या होने वाले बुद्ध) से जुड़ी कहानियाँ हैं।
- ये कहानियाँ संस्कृत एवं पालि दोनों भाषा में उपलब्ध हैं, जो बौद्ध धर्म के सिद्धान्तों का प्रचार करती हैं। वास्तव में, जातक भारतीय जनमास की साक्षी विरासत पर आधारित है।

अन्य बौद्ध ग्रन्थ

ग्रन्थ	विवरण
दीपवंश	◆ यह तीसरी-चौथी शताब्दी ईसा पूर्व में श्रीलंका में रचा गया बौद्ध ग्रन्थ है। इसमें श्रीलंका में बौद्ध यात्रा एवं महात्मा बुद्ध के अवशेषों का वर्णन किया गया है।
महावंश	◆ पालि भाषा के महाकाव्य की रचना 5वीं सदी ईसा पूर्व राजा विजय के शासनकाल में की गई थी। ◆ इसमें दक्षिण एशिया के अनेक राज्यों का ऐतिहासिक विवरण दिया गया है।
बोधि वंश	◆ इसकी रचना भी श्रीलंका में की गई थी। ◆ इसकी रचना उपतिस्स द्वारा पालि भाषा में की गई थी।
मिलिन्दपन्हो	◆ इसका शाब्दिक अर्थ होता है-मिलिन्द के प्रश्न। इस ग्रन्थ में बौद्ध भिक्षु नागसेन और यवन राजा मिनाण्डर (मिलिन्द) के मध्य हुए संवाद का उल्लेख है।
महावस्तु	◆ इसकी रचना मिश्रित संस्कृत, पालि और प्राकृत भाषा में की गई है। इसमें जातक और अवदान कथाएँ वर्णित हैं।
ललितविस्तार	◆ इसका शाब्दिक अर्थ है-पूर्ण नाटक ◆ यह एक महत्त्वपूर्ण महायान ग्रन्थ है, जिसमें सारनाथ में महात्मा बुद्ध के प्रथम **प्रवचन** से पूर्व की घटनाओं का उल्लेख है।
उदान	◆ यह थेरवादी बौद्ध ग्रन्थ है। इस ग्रन्थ में अन्धों और हाथी की प्रसिद्ध कथा वर्णित है।
महाविभाषा शास्त्र	◆ यह महायान बौद्ध ग्रन्थ है, जिसमें अन्य गैर-बौद्ध दर्शनों की चर्चा भी की गई है।
विशुद्धिमग्ग	◆ इसकी रचना 5वीं शताब्दी में बुद्धघोष ने की थी, यह थेरवादी बौद्ध ग्रन्थ है।

जैन कथाएँ

- बौद्ध कहानियों की ही भाँति, जैन कथाएँ भी सामान्य रूप से शिक्षात्मक स्वरूप की हैं, इन्हें प्राकृत के कुछ रूपों में लिखा गया है।
- जैन सन्तों द्वारा रचित जैन धर्मवैधानिक साहित्यों तथा साथ ही हेमचन्द्र द्वारा 11वीं-12वीं शताब्दी कोशकला तथा व्याकरण के विषय में बड़ी संख्या में रचनाएँ उपलब्ध हैं।
- प्राकृत भाषा को सातवाहन शासक हाल द्वारा रचित गाहासप्तसती (गाथासप्तशती) के लिए भली-भाँति जाना जाता है, जो रचनात्मक साहित्य का सर्वोत्तम उदाहरण है।
- जैन धर्म से सम्बन्धित आचारांग सूत्र में जैन भिक्षुओं के आचार नियमों का वर्णन किया गया है।

आचारांग सूत्र

- अन्य महत्त्वपूर्ण जैन ग्रन्थों में परिशिष्ट पर्व, भद्रबाहु चरित, आवश्यक सूत्र, भगवती सूत्र उल्लेखनीय हैं।

जैन आगम

- जैन धार्मिक साहित्य में आगम प्रमुख एवं पवित्र ग्रन्थ हैं, इनमें 12 अंग, 12 उपांग, 10 प्रकीर्णक, 4 मूलसूत्र, 6 छेदसूत्र, 2 चूलिका सूत्र को मिलाकर कुल 46 ग्रन्थ सम्मिलित हैं। इनमें जैन तीर्थंकरों की शिक्षाएँ वर्णित हैं, मूल रूप से इनका संकलन गणधरों ने किया था।
- इनका पुनर्संकलन वल्लभी (वर्तमान गुजरात में 5वीं शताब्दी ईस्वी के मध्य में आयोजित) में श्वेताम्बर पन्थ के भिक्षुओं की परिषद् में किया गया था।
- इनकी रचना अर्ध-मागधी प्राकृत भाषा में की गई है।
- दिगम्बर सम्प्रदाय इन्हें स्वीकार नहीं करता है, क्योंकि उनका मानना है कि मूल आगम पूर्व काल में ही लुप्त हो गए थे।
- इनमें अंग, जीवन के सभी प्रकारों के लिए आदर, शाकाहार, वैराग्य, दया और अहिंसा की कठोर संहिताओं का विवरण मिलता है।
- दिगम्बर जैन दो रचनाओं को पवित्र मानते हैं, इनमें कर्मप्रभृत अर्थात् कर्म पर चर्चा या शतखण्डगम और कश्यपप्रभृत सम्मिलित हैं।

अन्य उल्लेखनीय जैन ग्रन्थ

ग्रन्थ	लेखक
उवासगगहरम स्तोत्रा, कल्प सूत्र, जैन तीर्थंकरों की आत्मकथा	भद्रबाहु
पउमचरियं (पद्मचरितम्) जैन रामायण का ग्रन्थ है।	विमलसूरि
चउपन्नमहापुरिसरियं (चौपन महापुरुष चरित)	शीलांकाचार्य
कथावलि	भद्रेश्वर
वर्धमान चरित	देवन्द्रगणि
समरादित्यकथा (समराइच्चकहा)	हरिभद्रसूरि
धूर्ताख्यान	हरिभद्रसूरि
कुवलयमाला	उद्योतनसूरि
कुमारपालचरित	हेमचन्द्र सूरि
समयसार और नियमसार	आचार्य कुन्द कुन्द
रत्नाकरन्द श्रावकाचार और आप्तमीमांसा	सामन्त भद्र
तत्वार्थ सूत्र	उमास्वाति
महापुराण और आदिपुराण	जिनसेन

द्रविड़ साहित्य

- द्रविड़ साहित्य का विकास मूलत: दक्षिण भारत में हुआ है तथा इससे प्राचीन दक्षिण भारत की सामाजिक, आर्थिक और राजनीतिक परिस्थितियों को समझने में सहायता मिलती है।
- द्रविड़ साहित्य में 4 भाषाओं-तमिल, तेलुगू, कन्नड़, मलयालम के लिखित साहित्य को सम्मिलित किया गया है।
- इन चारों भाषाओं को शास्त्रीय भाषाओं (Classical Languages) का दर्जा भी दिया गया है। इनमें सबसे प्राचीन भाषा तमिल है।

तमिल संगम साहित्य

- दक्षिण भारत में कृष्णा एवं तुंगभद्रा नदी के दक्षिण में स्थित क्षेत्र में लगभग 300 ईसा पूर्व से 300 ई. के मध्य की अवधि को संगम काल के नाम से जाना जाता है।
- संगम तमिल कवियों का एक समागम या सम्मेलन था, जो उस काल के प्रमुखों या राजाओं के संरक्षण में आयोजित होता था। प्राचीन दक्षिण भारत में तीन संगमों (तमिल कवियों का समागम) का आयोजन किया गया था, जिसे मुच्चंगम (Muchchangam) कहा जाता था।
- ये साहित्यिक रचनाएँ द्रविड़ साहित्य के आरम्भिक उदाहरण थे।
- इससे चोल, चेर एवं पाण्ड्य राज्यों के सामाजिक, आर्थिक, राजनीतिक एवं धार्मिक विश्वासों की जानकारी मिलती है।
- संगम साहित्य को 2 भागों में विभाजित किया जा सकता है
  - आगम अर्थात् प्रेम सम्बन्धी रचनाएँ
  - पुरम अर्थात् युद्ध विषयक रचनाएँ

संगम साहित्य

तोलकाप्पियम	◆ इसके लेखक तोलकाप्पियर हैं। यह द्वितीय संगम का उपलब्ध एकमात्र प्राचीनतम ग्रन्थ है। यह व्याकरण से सम्बन्धित ग्रन्थ है।
एतुत्तौके (अष्ट संग्रह)	◆ यह तीसरे संगम के आठ ग्रन्थों का संग्रह है। ये आठ ग्रन्थ- नण्णिनै, कुरुन्थोकै, एनकुरुनूर, पदित्रप्पत्तु, परिपादल, कलिथौके, अहनानरु, पुरुनानरु हैं।
पत्तुप्पातु (दशगीत)	◆ यह दस कविताओं का संग्रह है और तृतीय संगम का दूसरा संग्रह ग्रन्थ है। ये दस कविताएँ-तिरुमुरुकात्रुप्पदै, नेडनलवाडै, पेरुम्पनत्रुप्पदै, पत्तिनप्पालै, पोरुनरात्रुप्पदै, मदुरैकांचि, सिरुपानात्रुप्पदै, मुल्लैप्पातु, कुरुन्जिप्पातु, मलैपदुकदाम हैं।
पदिनेकिल्लकणक्कु	◆ यह 18 कविताओं वाला एक आचारमूलक ग्रन्थ है तथा यह तृतीय संगम साहित्य से सम्बन्धित है। इन 18 कविताओं में महत्त्वपूर्ण कविता तमिल के महान कवि और दार्शनिक तिरुवल्लुवर द्वारा लिखित तिरुक्कुरल है। ◆ इसे तमिल साहित्य का बाइबिल अथवा **पंचम वेद** भी माना जाता है।
तिरुक्कुरल या कुरल	◆ इसके रचनाकार सन्त **तिरुवल्लुवर** थे। ◆ तिरुक्कुरल में 10 दोहों के 133 खण्ड सम्मिलित हैं, प्रत्येक को तीन पुस्तकों में विभाजित किया गया है—अराम (सदाचार), पोरुल (सरकार और समाज) तथा कामम (प्रेम)।

नोट *अव्वइपर, संगम साहित्य में योगदान देने वाली एक महिला सन्त है।*

तीन संगम

संगम	संरक्षक राज्य	स्थान	अध्यक्ष	प्रासंगिक ग्रन्थ
प्रथम	पाण्ड्य	मदुरई	अगस्त्य	इस संगम का कोई भी ग्रन्थ उपलब्ध नहीं है।
द्वितीय	पाण्ड्य	कपाटपुरम	अगस्त्य और उनके शिष्य तोलकाप्पियर	इस संगम का एकमात्र तमिल व्याकरण ग्रन्थ तोलकाप्पियम ही उपलब्ध है।
तृतीय	पाण्ड्य	मदुरई	मुदाथिरुमरन नक्कीरर	इस संगम की कुछ सामग्री समूह ग्रन्थों या महाकाव्यों के रूप में उपलब्ध है।

तमिल भाषा के तीन प्रसिद्ध महाकाव्य

महाकाव्य	रचनाकार	वर्णन
शिलप्पादिकारम	इलंगोआदिगल	◆ शिलप्पादिकारम को तमिल साहित्य के प्रथम महाकाव्य के रूप में जाना जाता है। ◆ इसका शाब्दिक अर्थ है-नूपुर (पायल) की कहानी। इसके मुख्य चरित्रों में कोवलन, कन्नगी दम्पत्ति एवं माध्वी नामक नर्तकी हैं।
मणिमेखलै	सीतलैसत्तनार	◆ माध्वी से उत्पन्न कन्या मणिमैखलै तथा राजकुमार उदयन के प्रेम और अन्तत: मणिमेखलै के बौद्ध भिक्षुणी बनने की कथा है।
जीवक चिन्तामणि	तिरुतक्कदेवर	◆ इसमें जीवक एक योद्धा है, जो प्रत्येक युद्ध विजय के पश्चात् विवाह करता है। ◆ इसे विवाह ग्रन्थ भी कहते हैं।

उपरोक्त के अतिरिक्त दो अन्य तमिल महाकाव्य वलैयापति और कुण्डला केशी हैं।

अलवार व नयनारों का योगदान

- पूर्व मध्यकाल के दौरान (सातवीं और बारहवीं शताब्दी के बीच) अलवार व नयनार सन्तों ने क्रमश: विष्णु और शिव की आराधना के पद लिखकर तमिल साहित्य को समृद्ध किया। अलवार सन्त संख्या में 12 थे, जिनमें से एक अण्डाल नामक महिला सन्त थीं।
- इनके अतिरिक्त, धर्मनिरपेक्ष तमिल लेखन में पेरियपुराणम् और कम्बरामायणम् नामक दो प्रमुख ग्रन्थ भी रचे गए।
- थायुमानवर, जिन्होंने शैव सिद्धान्त दर्शन का प्रतिपादन किया, एक तमिल धार्मिक दार्शनिक थे। सित्तार कविता में इन्होंने मन्दिर में प्रवेश पर रोक और जाति व्यवस्था का विरोध किया।

तेलुगू साहित्य

- तेलुगू भाषा के आरम्भिक अंश सर्वप्रथम पहली सदी में सातवाहन राजा हाल द्वारा रचित प्राकृत ग्रन्थ गाथा सप्तसती में मिलते हैं।
- इसका स्वतन्त्र विकास 575 से 1022 ई. के मध्य हुआ।
- तेलुगू को जनभाषा बनाने का श्रेय कवि नन्नाया को दिया गया है, जिन्होंने महाभारत का तेलुगू भाषा में अनुवाद प्रारम्भ किया, जिसे 13वीं शताब्दी में तिक्कना ने आगे बढ़ाया तथा उनके पश्चात् 14वीं शताब्दी में एराना या यार्राप्रगदा ने पूर्ण किया।
- इस कारण इन तीनों कवियों (नन्नाया, तिक्कना व एराना) को तेलुगू कवियों द्वारा कवित्रयम् के रूप में पूजा जाता है।

- विजयनगर साम्राज्य को तेलुगू भाषा का स्वर्णकाल माना जाता है तुंगभद्रा की घाटी में ब्राह्मण, जैन, शैव प्रचारकों ने इस भाषा को अपनाया।
- इस काल की प्रसिद्ध रचनाओं में से एक राजा बुक्का प्रथम के दरबारी कवि नचना सोमनाथ द्वारा रचित उत्तरहरिवंशम् है।

महाराजा कृष्ण देवराय का योगदान

- विजयनगर साम्राज्य के महाराजा कृष्ण देवराय (1509-1529 ई.) स्वयं अनेक भाषाओं के विद्वान और संरक्षक थे।
- उन्होंने कन्नड़ कवियों मलूनरया, छटु विट्टल-अनन्त, थिमन्ना तथा तमिल कवि हरिदास को संरक्षण दिया।
- कन्नड़ सन्त व्यासतीर्थ उनके राजगुरु थे।
- उन्होंने तेलुगू में **आमुक्तमाल्यद** ग्रन्थ की रचना की।
- मदालसा चरित, सत्यावधु परिणय, रसमंजरी और जाम्बवती कल्याणम् (नाटक) संस्कृत भाषा में उनकी रचनाएँ हैं।
- उनके शासनकाल में आठ तेलुगू कवि उनके दरबार में रहते थे। इन्हें **अष्ट दिग्गज** कवि कहा गया है।

तेलुगू साहित्य की प्रसिद्ध रचना

अष्ट दिग्गज	रचना
अल्लासानीपेडन्ना (आन्ध्र कविता के पितामह)	इनकी महत्त्वपूर्ण रचनाओं में मनुचरितम्, हरिकथासारम् सम्मिलित है।
नन्दी तिम्मना	इन्होंने पारिजातपहरणम् की रचना की।
मदायागरी मल्लाना	इन्होंने राजशेखर चरित लिखी।
धूर्जटि	इन्होंने कालाहस्ती महात्म्य की रचना की थी।
अय्यलाराजु रामभ्रदडु	इन्होंने रामाभ्युद्यम् की रचना की।
रामराजाभूषणु (भट्टमूर्ति)	इनकी कृति वसुचरित्र, नरसाभूपाल्यम् और हरिश्चन्द्र नलोपाख्यानम् हैं।
पिंगली सुराणा	इन्होंने राघवपाण्डवीयम् की रचना की, जिसमें रामायण और महाभारत दोनों का वर्णन है।
तेनाली रामकृष्ण	इन्होंने पाण्डुरंगा महात्म्यम् की रचना की।

कन्नड़ साहित्य

- कन्नड़ भाषा दक्षिण भारतीय द्रविड़ परिवार की प्रमुख भाषा है।
- कन्नड़ भाषा का सम्पूर्ण विकास 10वीं शताब्दी के बाद हुआ। कन्नड़ की प्राचीनतम साहित्यिक कृति कविराजमार्ग है, जो राष्ट्रकूट शासक नृपतुंग अमोघवर्ष द्वारा लिखी गई।
- आदिपुराण एवं विक्रमार्जुन विजय के रचयिता पम्पा को कन्नड़ कविता का जनक कहा जाता है। राष्ट्रकूट शासक कृष्ण तृतीय के राज्य में रहने वाले दो कवि-पोन्ना और रन्ना थे। पोन्ना ने शान्ति पुराण एवं रन्ना ने अजितनाथ पुराण लिखी, इसलिए पम्पा, पोन्ना और रन्ना को रत्नत्रय की उपाधि दी गई।
- 10वीं शताब्दी में कन्नड़ के पिता कहलाने वाले पम्पा ने अपनी दो सबसे महानतम काव्यात्मक रचनाएँ आदिपुराण (चम्पू शैली) और विक्रमार्जुन विजय लिखीं।
- दूसरे रत्न या पोन्ना ने शान्ति पुराण की रचना की और तीसरे रत्न, रन्ना ने अजीत पुराण की रचना की। ये दोनों कवि राष्ट्रकूट राजा कृष्ण तृतीय के दरबारी कवि थे।
- इनके अतिरिक्त नरहरि ने तोरवेरामायण की रचना की, इसे वाल्मीकि रामायण से प्रेरित और पूर्णत: कन्नड़ में लिखी गई पहली रामकथा कहा जाता है।
- एक अन्य प्रसिद्ध ग्रन्थ जैमिनी भरत था, जिसे लक्ष्मिश ने लिखा था।
- कन्नड़ का त्रिपदी कवि (तीन पंक्ति की कविता लिखने वाले कवि) सर्वज्ञ को कहा जाता है। कन्नड़ की पहली कवयित्री होन्नम्मा थीं, जिन्होंने हदीबदेय धर्म (समर्पित पत्नी के कर्त्तव्य) नामक कविता रची।

मलयालम साहित्य

तमिल अथवा मलयालम से उत्पन्न मानी जाने वाली मलयालम भाषा मुख्यत: केरल राज्य में बोली जाती है। आरम्भिक काल में मलयालम में तीन मुख्य धाराएँ थीं

- पच्च मलयालम धारा में गाथागीत तथा लोकगीत हैं, जिनमें भद्रकालिक पाट्टू, शस्त्रकालिक तोट्टम पाट्टू, मरगम कलिपाट्टु प्रमुख हैं।
  - रामचरितम, चीरामन द्वारा लिखित एक मलयालम महाकाव्य है।
  - एमुयाचन (एजुयचन) को मलयालम भाषा के जनक के रूप में जाना जाता है।
- तमिल धारा के अन्तर्गत रामचरितम्, रामायणम्, भगवद्गीता, भारत माला आदि रचनाएँ आती हैं।
- संस्कृत धारा की आरम्भिक रचनाओं की शैली को मणिप्रवालम् कहते हैं। कुलशेखर वर्मा, भास्कर रवि वर्मा, तोलन आदि कवियों ने आट्टप्रकारम की रचना की। राम पणिक्कर की मलयालम रामायण और मलयालम व्याकरण से सम्बन्धित रचना लीला तिलकम भी उल्लेखनीय रचना है। इस धारा की रचनाएँ या तो सन्देश काव्य थीं या चम्पू। उन्ननली सन्देशम सन्देश काव्य में सबसे प्रसिद्ध है। उन्नियति चरितम् चम्पू शैली की उत्कृष्ट कृति है।

चम्पू शैली

- यह एक साहित्यिक शैली है, जिसमें काव्य और गद्य का संयोजन है।
- तेलुगू, उड़िया, कन्नड़ और संस्कृत साहित्य में इसका उपयोग किया गया है।

मध्यकालीन साहित्य

- 1000 ई. के आस-पास प्राकृत में स्थानीय भिन्नताएँ अधिकाधिक स्पष्ट होती चली गईं, जिन्हें बाद में अपभ्रंश कहा जाने लगा था और इसके परिणामस्वरूप आधुनिक भारतीय भाषाओं ने आकार लिया।
- इन भाषाओं के क्षेत्रीय, भाषाई तथा जातीय वातावरण द्वारा अनुकूलन के परिणामस्वरूप इन्होंने भाषा सम्बन्धी भिन्न विशेषताएँ धारण कर लीं।

पारसी साहित्य

- पारसी धर्म का सबसे महत्त्वपूर्ण ग्रन्थ अवेस्ता है, जो धार्मिक मान्यताओं और विचारों से सम्बन्धित विभिन्न ग्रन्थों का संग्रह है।
- ईरान के ससानियन शासन के दौरान, चौथी शताब्दी ईस्वी में अन्तिम रूप से इसका संकलन किया गया था। इसे अब विलुप्त हो चुकी अवेस्ताई भाषा में लिखा गया था। यह भाषा संस्कृत के समान थी।

- अवेस्ता में, यास्ना (धर्म क्रिया) का संग्रह है। इसमें 72 अध्याय हैं। इनमें से पाँच अध्याय गाथा के हैं, जिसमें 17 श्लोक सम्मिलित हैं, जो सबसे पवित्र माने जाते हैं और इन्हें पारसी धर्म के प्रवर्तक जरथुष्ट या जोरोस्टर द्वारा लिखा हुआ माना जाता है।
- डेनकार्ड में अनेक धार्मिक पुस्तकें सम्मिलित हैं। इसे पारसी धर्म का विश्वकोश माना जाता है।

भक्ति साहित्य

- 1000 से 1800 ई. के बीच मध्यकालीन भारतीय साहित्य का मुख्य रुझान भक्ति काव्य है, जिसकी रचना देश की लगभग सभी प्रमुख भाषाओं में हुई है।
- यह प्रेम से परिपूर्ण काव्य है, जिसमें भक्त अपने ईश्वर के प्रति प्रेम की अभिव्यक्ति करता है। सूरदास, तुलसीदास और मीराबाई (15वीं से 16वीं शताब्दी ई.) ने वैष्णवी गीतात्मकता के क्षेत्र में महान ऊँचाइयाँ प्राप्त की हैं।
- तुलसीदास (1532 ई.) राम भक्ति के कवियों में श्रेष्ठ थे, जिन्होंने अपने प्रसिद्ध महाकाव्य रामचरितमानस (राम के आदर्शों का उल्लेख) की रचना की (वास्तव में रामायण और महाभारत जैसे महाकाव्यों का लोकभाषाओं में पुनर्जन्म हुआ था)।

अन्य भाषाओं में भक्ति काव्य

भाषाएँ	भक्ति साहित्य
तमिल	◆ तमिल में प्राचीन भक्ति काव्य की उस शक्ति को गति प्रदान की गई, जिसे एक अखिल-भारतीय विकसित रूप समझा जा रहा था। ◆ तमिल के पश्चात्, 10वीं शताब्दी में पम्पा के महान राजदरबारी काव्यों की कन्नड़ में रचना की गई थी।
कन्नड़	◆ कन्नड़ में भक्ति साहित्य, कृष्ण, राम और शिव सम्प्रदायों के विभिन्न सन्तों के वचन अत्यधिक प्रसिद्ध हैं। ◆ बसवण्णा कन्नड़ के एक प्रसिद्ध कवि, शिव के उपासक और एक महान समाज सुधारक थे। अल्लामा प्रभु (कन्नड़) ने धर्म के नाम पर महान काव्य का सृजन किया।
मराठी	◆ मराठी में ज्ञानेश्वर (1275 ई.) प्रथम और अग्रवर्ती कवि थे, ◆ सन्त एकनाथ अपने वर्णनात्मक तथा भक्तिमय अभंगों तथा तुकाराम (1608-1649 ई.) अपने गीतों के लिए प्रसिद्ध थे।
गुजराती	◆ गुजराती के नरसी मेहता और प्रेमानन्द जैसे कवियों का वैष्णव कवियों की विशिष्ट मण्डली में प्रमुख स्थान है।
बांग्ला	◆ बांग्ला कवि चण्डीदास की कविताओं में सुबोधगम्यता और माधुर्यता का अद्भुत मिश्रण मिलता है। ◆ महान बांग्ला सन्त चैतन्य (1486-1537) ने वैष्णव मत को एक धार्मिक तथा साहित्यिक आन्दोलन में परिवर्तित होने में सहायता की, इसे एक जीवित धर्म बनाया।
असमिया	◆ शंकरदेव (1449-1568) ने वैष्णव मत का प्रचार करने के लिए नाटकों (अंकिया-नट) और कीर्तन (भक्ति गीत) का प्रयोग किया।
ओडिया	◆ जगन्नाथ दास, ओडिया के एक भक्ति कवि हैं, जिन्होंने भागवत की रचना की।

भक्ति में कवयित्रियाँ

- भक्ति आन्दोलन में अण्डाल और अन्य अलवार कवयित्रियों ने (छठी शताब्दी ई.) ईश्वर के प्रति अपनी भक्ति को अभिव्यक्ति प्रदान की।
- कश्मीर की मुस्लिम कवयित्रियों ललदयद और हब्बा खातून ने भक्ति करते हुए सन्त परम्परा का निरूपण किया तथा वख (सूक्तियाँ) लिखीं, जो आत्मिक अनुभव के अद्वितीय रत्न हैं।
- गुजराती, राजस्थानी और हिन्दी में मीराबाई (इन्होने तीन भाषाओं में लिखा), तमिल में अवय्यर और कन्नड़ में अक्कातमहादेवी अपनी गीतात्मक गहनता तथा एकाग्र भावना के लिए विख्यात हैं।

मध्यकालीन संस्कृत साहित्य

ऐतिहासिक कारणों से उत्तर मध्यकाल में संस्कृत रचनाओं का विकास अवरुद्ध-सा हो गया। संस्कृत के अधिकांश दीर्घकालीन महत्त्व के ग्रन्थ पूर्व मध्यकाल में लिखे गए।

मध्यकालीन संस्कृत ग्रन्थ एवं उनके लेखक

लेखक	ग्रन्थ	लेखक	ग्रन्थ
जयानक	पृथ्वीराज विजय	राजाभोज	शृंगार मंजरी, आयुर्वेद सर्वस्व, शब्दानुशासन
सोमदेव	कथासरित्सागर	क्षेमेन्द्र	कलाविलास, दर्पदलन, देशोपदेश
कल्हण	राजतरंगिणी	नयचन्द्र सूरि	हम्मीर महाकाव्य
राजशेखर	काव्यमीमांसा, कर्पूरमंजरी	जयदेव	गीत-गोविन्द
गोधाला	उदयसुन्दरी		

फारसी साहित्य

- फारसी भाषा का आगमन गजनवी तथा गोरी वंश के साथ आरम्भ हुआ। सल्तनत काल फारसी साहित्य का महत्त्वपूर्ण समय था। इस समय फारसी साहित्य के प्रमुख विद्वान अमीर खुसरो एवं शेख नज्मुद्दीन हसन थे। हसन देहलवी ने फारसी में अनेक गजलों की रचना की, उन्हें भारत का सादी भी कहा जाता है।
- मिन्हाज-उस-सिराज (तबकात-ए-नासिरी), जियाउद्दीन बरनी (फतवा-ए-जहाँदारी, तारीख-ए-फिरोजशाही) भी इस काल के प्रमुख लेखक थे।
- गुलबदन बेगम ने फारसी में हुमायूँनामा की रचना की। अकबर के काल में फारसी भाषा का अत्यधिक विकास हुआ। अबुल फजल ने अकबरनामा की रचना की। आइन-ए-अकबरी अकबरनामा का ही भाग है। जहाँगीर ने स्वयं तुजुक-ए-जहाँगीरी की रचना की। मुतमिद खाँ ने इसी समय इकबालनामा की रचना की।
- अब्दुल हमीद लाहौरी ने बादशाहनामा तथा इनायत खान ने शाहजहाँ के शासनकाल में शाहजहाँनामा की रचना की।

उर्दू साहित्य

- मध्यकालीन युग में एक भाषा के रूप में उर्दू अपने अस्तित्व में आई।
- भारत की मिश्रित संस्कृति के आरम्भिक हस्ताक्षर और सूफी परम्परा के एक महान कवि अमीर खुसरो (1253 ई.) ने सर्वप्रथम फारसी और हिन्दी में ऐसी मिश्रित कविता पर प्रयोग किया, जिसकी बाद में उर्दू के रूप में पहचान हुई।

- मिर्जा मोहम्मद रफी सौदा (1713-1781) मध्यकालीन युग के अन्त के कवियों में से थे और इन्होंने उर्दू काव्य को वह ओजस्विता और बहुमुखी प्रतिभा दी, जिसे प्राप्त करने के लिए उनके पूर्ववर्ती कवि संघर्ष करते रहे थे। इसके पश्चात् ख्वाजा मीर दर्द (1720-1785) और मीर तकी मीर (1722-1810) आए, जिन्होंने उर्दू को एक परिपक्वता और विशिष्टता प्रदान की और इसे आधुनिक युग में ले आए।
- मिर्जा गालिब (1797-1869) ने प्रेम के बारे में उर्दू में गजल लिखीं, जिनमें सामान्य कल्पना और रूपकालंकार सम्मिलित थे।

हिन्दी साहित्य

पिछली पाँच शताब्दियों में हिन्दी अपने भिन्न साहित्यिक रूपों में विकसित हुई; जैसे-ब्रज भाषा, अवधी, राजस्थानी, भोजपुरी, मैथिली आदि।

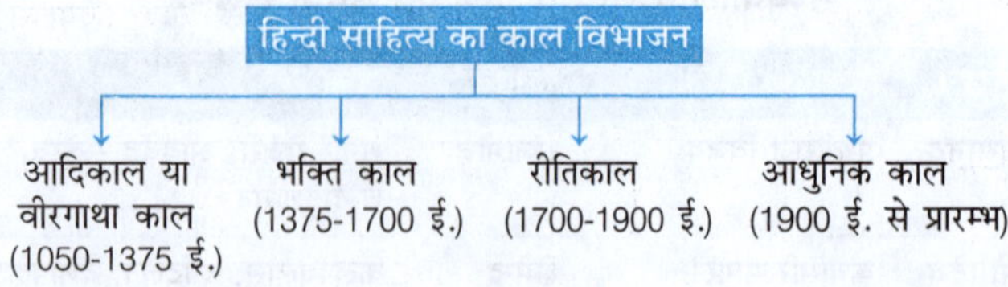

1. आदिकाल या वीरगाथा काल

- यह काल पूर्व मध्यकालीन सामन्तवाद का प्रतिनिधित्व करता है। इस काल की एक प्रमुख विशेषता यह थी कि चारण कवियों ने अपने-अपने राजाओं की शौर्य गाथाओं का अत्यधिक वर्णन किया।
- इसी काल में हैदराबाद के आस-पास बसने वाले उत्तर भारत के मुसलमानों ने दक्कनी हिन्दी का विकास किया, जिसके प्रथम लेखक सूफी फकीर ख्वाजा बन्दा नवाज गेसूदराज तथा प्रथम कवि ख्वाजा हसन निजामी थे। इस काल की प्रमुख साहित्य धाराएँ रासो, सिद्ध, जैन, नाथ साहित्य के रूप में हैं।

2. भक्ति काल

- भक्ति काल में रामभक्ति शाखा और कृष्ण भक्ति शाखा तथा निर्गुण भक्त कवियों की रचनाओं ने हिन्दी तथा उसकी बोलियों को समृद्ध किया।
- इस दौरान प्रेममार्गी सूफी साहित्य धारा के मुस्लिम कवियों ने भी अपनी महान रचनाओं से हिन्दी के साहित्यिक कोष को और अधिक समृद्ध किया।

सन्त काव्य

कवि (रचनाकार)	काव्य (रचनाएँ)
कबीरदास (निर्गुण पन्थ के प्रवर्तक)	बीजक (1. साखी 2. सबद 3. रमैनी, संकलन धर्मदास)
रैदास	बानी
नानक देव	ग्रन्थ साहिब में संकलित (संकलन-गुरु अर्जुन देव)
सुन्दर दास	सुन्दर विलास
मलूक दास	रत्न खान, ज्ञानबोध

कृष्णभक्ति काव्य

कवि	रचनाएँ
सूरदास	सूरसागर, सूरसारावली, साहित्य लहरी
ध्रुवदास	वृन्दावनसत, सिंगारसत, रसरत्नावली, नेहमंजरी, रहस्यमंजरी, भक्तनामावली
रसखान	प्रेमवाटिका, सुजान रसखान
मीराबाई	नरसी जी का मायरा, गीत-गोविन्द टीका, राग गोविन्द, राग सोरठ के पद
हित हरिवंश गोस्वामी	हितहरिवंश, राधासुधानिधि, हित चौरासी
चतुर्भुजदास	द्वादशयश, भक्तिप्रताप, हितजू को मंगल
परमानन्ददास	परमानन्दसागर
कृष्णदास	जुगलमान चरित
नन्ददास	रासपंचाध्यायी, रुक्मिणीमंगल, सिद्धान्त पंचाध्यायी
नरोत्तमदास	सुदामा चरित

रामभक्ति काव्य

कवि (रचनाकार)	काव्य (रचनाएँ)
रामानन्द	राम आरती
अग्रदास	रामाष्टयाम, राम भजन मंजरी
ईश्वरदास	भरत मिलाप, अंगद पैज
तुलसीदास	रामचरितमानस (प्र.), गीतावली, कवितावली, विनयपत्रिका, दोहावली, कृष्ण गीतावली, पार्वती-मंगल, जानकी मंगल, बरवै रामायण (प्र.), रामाज्ञा प्रश्नावली, वैराग्य सन्दीपनी, रामलला नहछू
नाभादास	भक्त माल
केशवदास	रामचन्द्रिका (प्रबन्ध काव्य)
नरहरिदास	पौरुषेय रामायण

प्रेममार्गी सूफी साहित्य की प्रमुख रचनाएँ निम्नलिखित हैं

- मुल्लादाउद – चन्दायन
- मलिक मुहम्मद जायसी – पद्मावत्, कन्हावत, अखरावट
- मीर सैय्यद मंझन – मधुमालती
- कुतुबन – मृगावती
- नूर मुहम्मद – अनुराग बाँसुरी
- उस्मान – चित्रावली
- काशीराम – कनक मंजरी
- कासिम शाह – हंस जवाहर

आधुनिक भारतीय साहित्य

- लगभग सभी भारतीय भाषाओं में आधुनिक युग 1857 ई. में भारत की स्वतन्त्रता के लिए प्रथम संघर्ष या इसके आस-पास से प्रारम्भ होता है।
- सभी आधुनिक भारतीय भाषाओं में साहित्यिक गद्य के आविर्भाव और श्रीरामपुर, बंगाल में एक अंग्रेज विलियम केरी (1761-1834) के संरक्षण में मुद्रणालय का आगमन एक ऐसी सर्वाधिक महत्त्वपूर्ण साहित्यिक घटना थी, जो साहित्य में क्रान्ति ले आई थी।
- प्रशासन और उच्चतर शिक्षा में प्रयोग करने के लिए आधुनिक भारतीय भाषाओं में गद्य की आवश्यकता के परिणामस्वरूप आधुनिक युग के प्रारम्भ में अलग-अलग भाषाओं में गद्य का आविर्भाव हुआ ।
- 1800 से 1850 ई. के मध्य भारतीय भाषाओं में समाचार-पत्रों और पत्र-पत्रिकाओं का उदय गद्य का विकास करने के लिए अत्यन्त महत्त्वपूर्ण था।

आधुनिक कालीन हिन्दी साहित्य

- हिन्दी साहित्य का आधुनिक काल 19वीं शताब्दी के मध्य से प्रारम्भ होता है। इस समय की सबसे महत्त्वपूर्ण घटना खड़ी बोली काव्य का विकास तथा खड़ी बोली में कविताओं का संकलन ब्रजभाषा तथा अवधी के स्थान पर होना है।
- 1826 ई. में उदन्त मार्तण्ड नामक हिन्दी साप्ताहिक के प्रकाशन से गद्य को नई गति मिली।
- हिन्दी गद्य की प्रथम रचना सदल मिश्र की नासिकेतोपाख्यान को माना जाता है, जो 1803 ई. में लिखी गई।
- आधुनिक काल को हिन्दी के विकास के लिए चार अवस्थाओं में बाँटा जा सकता है

हिन्दी साहित्य का विकास क्रम

भारतेन्दु युग (1850-1900)

भारतेन्दु हरिश्चन्द्र (1850-85) को आधुनिक हिन्दी साहित्य का पिता माना जाता है, इन्होंने हरिश्चन्द्र चन्द्रिका नामक पत्रिका तथा सत्य हरिश्चन्द्र, प्रेमचन्द्रिका, भारत दुर्दशा, अन्धेर नगरी, वैदिकी हिंसा-हिंसा न भवति, गंगावतरण आदि रचनाओं के माध्यम से हिन्दी में रचना को प्रोत्साहित किया। राधाकृष्ण दास, प्रताप नारायण मिश्र, बालकृष्ण भट्ट, बद्रीनारायण चौधरी तथा सुधाकर द्विवेदी इस युग के अन्य महत्त्वपूर्ण लेखक थे।

द्विवेदी युग (1900-1918)

महावीर प्रसाद द्विवेदी (1864-1938) को आधुनिक हिन्दी साहित्य का महत्त्वपूर्ण स्तम्भ माना गया है, क्योंकि ये हिन्दी भाषा में व्याकरणिक सुव्यवस्था लाए। इन्होंने सरस्वती पत्रिका के सम्पादक के रूप में भी कार्य किया। इस युग के अन्य महत्त्वपूर्ण लेखक थे-नाथूराम शर्मा, शंकर, अयोध्या सिंह उपाध्याय, मैथिलीशरण गुप्त, राम नरेश त्रिपाठी, गोपाल सरन सिन्हा।

छायावादी युग (1918-1937)

द्विवेदी युग के उत्तरार्द्ध में नई रोमांचकारी कविताओं का सृजन छायावाद के रूप में हुआ। ये कविताएँ पवित्र तथा वस्तुपूरक थीं, जिन्होंने औपचारिकता तथा रूढ़िवादिता के विरुद्ध विद्रोह किया। छायावाद के नामकरण का श्रेय मुकुटधर पाण्डेय को जाता है। माखनलाल चतुर्वेदी, बालकृष्ण शर्मा नवीन, सियारामशरण गुप्त, जयशंकर प्रसाद, सूर्यकान्त त्रिपाठी निराला, सुमित्रानन्दन पन्त, महादेवी वर्मा और सुभद्राकुमारी चौहान आदि इस युग के प्रमुख साहित्यकार थे।

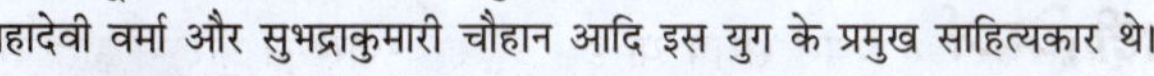

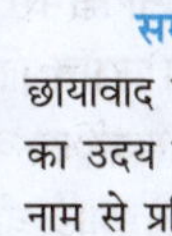

समकालीन युग (1937 से वर्तमान)

छायावाद के पश्चात् हिन्दी साहित्य में विभिन्न प्रकार के वादों का उदय हुआ। एक लोकप्रिय काव्य अभिव्यक्ति प्रगतिवाद के नाम से प्रसिद्ध हुई और इसमें बालकृष्ण शर्मा नवीन, भगवतीचरण वर्मा, रामधारीसिंह दिनकर, रामेश्वर शुक्ल 'अंचल' तथा नरेन्द्र शर्मा का योगदान महत्त्वपूर्ण है। जैनेन्द्र कुमार, फणीश्वरनाथ रेणु (मैला आँचल), यशपाल, जगदम्बा प्रसाद दीक्षित, राही मासूम रजा आदि इस काल के प्रमुख उपन्यासकार थे।

अन्य भारतीय भाषाओं में आधुनिक साहित्य

साहित्य	विवरण
बांग्ला साहित्य	• बांग्ला का आधुनिक काल 1851 ई. से प्रारम्भ होता है। इसका पहला चरण 1851 से 1960 तक माना जाता है। ईश्वर चन्द्र विद्यासागर आधुनिक बांग्ला साहित्य के पितामह हैं। • रंगलाला बन्धोपाध्याय इस काल के प्रमुख कवि हैं। राजा राममोहन राय बंगाली और अंग्रेजी भाषा में लिखने वाले पहले व्यक्ति थे। • बंकिमचन्द्र चटर्जी ने बांग्ला साहित्य को राष्ट्रवादी धार दी, उनकी कृति **आनन्द मठ** अत्यधिक चर्चित है। वन्दे मातरम, (हमारा राष्ट्रीय गीत), इसी उपन्यास से लिया गया अंश है। • वर्ष 1913 में रबीन्द्रनाथ की गीतांजलि को नोबेल साहित्य पुरस्कार मिला। चोखेर वालि (आँख की किरकिरी), नौका डूबी, गोरा, जीवनस्मृति तथा घरें बाहिरे रबीन्द्र नाथ टैगोर के प्रमुख उपन्यास हैं। • बंगाल के अन्य प्रमुख उपन्यासकारों में शरतचन्द्र चटर्जी (देवदास) तथा बंकिम चन्द्र चटर्जी (आनन्द मठ) हैं। दीनबन्धु मित्र इस काल के प्रसिद्ध नाटककार हुए, जिन्होंने **नीलदर्पण** की रचना की।
असमिया	• मध्यकाल में असमिया में वैष्णव सन्त शंकरदेव ने भक्तिपरक कविताओं की रचना की। आधुनिक असमिया साहित्य में पद्मनाथ गोहैन बरुआ और लक्ष्मी नाथ बेजबरूआ के नाम उल्लेखनीय हैं।
ओडिया	• सरलादास 15वीं सदी के ओडिया साहित्य के विद्वान तथा आदिकवि (प्रथम कवि) थे। • 18वीं शताब्दी की शुरुआत में प्रसिद्ध लेखक उपेंद्र भांजा थे। • आधुनिक काल में राधा नाथ रे और फकीरमोहन सेनापति ओडिया के राष्ट्रवादी साहित्यकार रहे हैं।
गुजराती	• भक्ति आन्दोलन के समय में गुजराती भाषा की विशेष उन्नति का काल था। गोवर्धन राम ने शास्त्रीय गुजराती उपन्यास, सरस्वती चन्द्र की रचना की थी। गुजराती साहित्य में डॉ. के. एम. मुंशी ने लोकप्रिय रचनाएँ विशेषकर उपन्यास लिखे हैं। उनके प्रसिद्ध उपन्यासों में से एक पृथ्वी वल्लभ (1920) है।
राजस्थानी	• मध्यकालीन राजस्थानी साहित्य में अनेक बोलियों का प्रभाव था। इस काल में डिंगल और पिंगल शैली अर्थात् काल्पनिक लेखन शैलियों में रचना की जाती थी। • ग्रन्थ ढोलामारू इस काल का प्रसिद्ध ग्रन्थ है। ब्रज भाषा में मीराबाई ने कालजयी रचनाएँ की हैं।
सिन्धी साहित्य	• सिन्धी साहित्य में राजस्थानी और गुजराती साहित्य का प्रभाव रहा है। इसके अतिरिक्त यहाँ अरब, तुर्क आदि बाहरी संस्कृतियों से भी गहरा सम्बन्ध रहा है। • इससे यहाँ के साहित्य पर इस्लाम और सूफी मत का प्रभाव पड़ा। 18वीं से 19वीं शताब्दी में दीवान कौड़ामल और मिर्जा कालीच बेग यहाँ के प्रसिद्ध साहित्यकार हैं।
कश्मीरी साहित्य	• कश्मीर के सबसे प्रारम्भिक ग्रन्थों में 12वीं शताब्दी में संस्कृत भाषा में कल्हण द्वारा रचित राजतरंगिणी थी। • प्रारम्भिक मध्यकाल में, भक्ति आन्दोलन के दौरान कश्मीरी महिला सन्त लल्लेश्वरी (लल्लछद) ने शैव रहस्यवादी रचनाएँ लिखी थीं। • बाद में कश्मीरी भाषा में प्रचुर साहित्य रचा गया, इसमें इस्लाम और सूफी मत के कवियों गुलाम मोहम्मद, जिन्दा कौल, महजूर आदि का बड़ा योगदान है। • कश्मीरी साहित्य में नन्द ऋषि के नाम से प्रसिद्ध नूरुद्दीन ने अपनी रचनाओं में हिन्दी और इस्लामी तत्त्वों का समावेश किया।

साहित्य	विवरण
पंजाबी एवं सिख साहित्य	◆ पंजाबी भाषा का उद्‌गम प्राकृत से विकसित अपभ्रंश से हुआ है। इसमें मध्यकालीन भाषा के अधिकांश रूप सुरक्षित हैं। ◆ इसे गुरुमुखी फारसी तथा देवनागरी लिपियों में लिखा जाता है। 8वीं से 12वीं शताब्दी पंजाबी साहित्य की प्रथम अवस्था मानी जाती है। ◆ इस काल में साहित्य के विकास का प्रारम्भ सूफी बाबा फरीद शकरगंज की रचनाओं से माना जाता है। बाबा फरीद की रचनाओं में पंजाबी, हिन्दी तथा मुल्तानी तीनों रूप दिखाई देते हैं।
सिख गुरुओं का योगदान	◆ गुरुनानक (1469 ई.) के आविर्भाव से लेकर गुरु गोविन्द सिंह की मृत्यु (1708 ई.) तक का काल पंजाबी का स्वर्ण काल माना जाता है। इसी दौर में पंजाबी लेखन में गुरुमुखी लिपि अपना ली गई और यह सिख पन्थ की अपनी भाषा बन गई। ◆ आदिग्रन्थ में प्रारम्भिक चार गुरुओं के साथ नौवें गुरु तेगबहादुर के काव्य को भी सम्मिलित किया गया है। ◆ दसवें गुरु, गुरु गोविन्द सिंह ने पंजाबी में दो सबैयों की रचना की, लेकिन ये आदिग्रन्थ के भाग नहीं हैं। इसके अतिरिक्त उन्होंने चण्डी दी वार, जप साहिब, खालसा महिमा, अकाल तख्त, बचित्र नाटक और जफरनामा जैसे ग्रन्थ सम्मिलित हैं। ◆ ईश्वरचन्द्र द्वारा रचित सुभद्रा पंजाबी का पहला नाटक माना जाता है। पंजाबी में बलवन्त गार्गी ने अनेक महत्त्वपूर्ण नाटकों की रचना की। ◆ भाई वीर सिंह को आधुनिक पंजाबी साहित्य का जनक माना जाता है। प्रोफेसर पूरन सिंह (1881-1931) को आधुनिक पंजाबी कविता के संस्थापकों में से एक माना जाना जाता है और उन्हें पंजाबी का टैगोर कहा जाता है।
मराठी साहित्य	◆ मराठी में प्राचीनतम रचना सन्त ज्ञानेश्वर द्वारा 13वीं सदी में लिखी गई थी। उन्होंने ही मराठी में श्रीमद्‌भगवद्‌गीता पर ज्ञानेश्वरी नामक टीका लिखी थी। ◆ इस काल में राष्ट्रवादी नेता बाल गंगाधर तिलक ने मराठी में अपने समाचार-पत्र केसरी का प्रकाशन प्रारम्भ किया। ◆ मराठी गद्य लेखन में हरि नारायण आप्टे, वी. एस. चिपलुंकर और केशव सुत की रचनाओं ने मराठी साहित्य को समृद्ध किया।

प्रगतिशील साहित्य

- प्रगतिशील साहित्यिक धारा का प्रारम्भ 1930 के दशक में हुआ।
- प्रगतिशील लेखक संघ की स्थापना (वर्ष 1936) में मुल्कराज आनन्द और सज्जाद जहीर की महत्त्वपूर्ण भूमिका थी। प्रगतिशील लेखक संघ वर्ष 1935 में ई एम फोस्टर द्वारा पेरिस में स्थापित प्रोग्रेसिव राइटर्स एसोसिएशन की शाखा के रूप में स्थापित हुई थी।
- तथापि, शीघ्र ही यह एक महान अखिल भारतीय आन्दोलन बन गया था, जो समाज में गाँधीवाद और मार्क्सवाद की सूक्ष्म दृष्टियों को समीप ले आया था। नागार्जुन प्रगतिशील समूह के सर्वाधिक सशक्त और प्रसिद्ध हिन्दी कवि थे।
- हिन्दी कविता के इतिहास में प्रगतिशील आन्दोलन से प्रभावित होकर वर्ष 1936-46 के मध्य के काल को प्रगतिवाद के नाम से जाना जाता है। गजानन माधव मुक्तिबोध की कविताओं में, मार्क्सवादी विचाराधारा स्पष्ट रूप से दृष्टिगत होती है।
- फकीर मोहन सेनापति (ओड़िया 1843-1918) सामाजिक यथार्थवाद के पहले भारतीय उपन्यासकार थे। अपनी धरती से जुड़े रहना, दीन-हीन व्यक्तियों के प्रति सहानुभूति और अभिव्यक्ति में ईमानदारी सेनापति के उपन्यासों की विशेषताएँ हैं।

आधुनिक रंगमंच का आविर्भाव

- आधुनिक युग के आगमन और पश्चिमी साहित्य के प्रभाव के परिणामस्वरूप भारत में नाटक का साहित्य के रूप में पुन: विकास हुआ।
- 1850 ई. के आस-पास पारसी रंगशाला ने भारतीय पौराणिक, इतिहास और दन्तकथाओं पर आधारित नाटकों का मंचन प्रारम्भ किया।
- आगा हश्र (1879-1935) पारसी रंगशाला के एक महत्त्वपूर्ण नाटककार थे, लेकिन अधिकांश पारसी नाटक वाणिज्यिक और साधारण थे।
- भारतेन्दु हरिश्चन्द्र (हिन्दी), गिरीश चन्द्र घोष (बांग्ला), द्विजेन्द्र लाल राय (बांग्ला), दीनबन्धु मित्र (बांग्ला, 1829-73), रणछोड़भाई उदयराम (गुजराती 1837-1923), एम एम पिल्लै (तमिल), बलवन्त पाण्डुरंग किर्लोसकर (मराठी 1843-25) और रबीन्द्रनाथ टैगोर ने उपनिवेशवाद, सामाजिक अन्याय और पश्चिमीकरण का विरोध करने के लिए नाटकों का सृजन करने हेतु हमारी लोक परम्परा की खोज की।
- जयशंकर प्रसाद (हिन्दी) और आद्य रंगाचार्य (कन्नड़) ने ऐतिहासिक और सामाजिक नाटकों की रचना की, जिससे आदर्शवाद तथा उन अप्रिय वास्तविकताओं के बीच के संघर्ष को उजागर किया जा सके, जिससे वे घिरे हुए थे।

स्वतन्त्रता के पश्चात् साहित्यिक परिदृश्य

- इस काल में अज्ञेय (हिन्दी), नवकान्त बरुआ (असमी) बी.एस. मर्ढेकर (मराठी), हरभजन सिंह (पंजाबी), शरतचन्द्र मुक्तिबोध (मराठी) और वी के गोकाक (कन्नड़) का एक नए आन्दोलन को समृद्ध बनाते हुए एक विशिष्ट स्वर तथा दृष्टि के साथ आविर्भाव हुआ।
- मुक्तिबोध (हिन्दी), विष्णु दे (बांग्ला) या तेलुगू नग्न (दिगम्बर) कवियों ने जड़ से उखड़ी पहचान के बढ़ते हुए संकट के विरोध में कवियों के एकांकी संघर्ष को उद्घाटित किया।
- डॉ. राममनोहर लोहिया, जयप्रकाश नारायण तथा आचार्य नरेन्द्र देव की समाजवादी विचारधारा से भारतीय साहित्य में नई दृष्टि आई। हिन्दी में परिमल साहित्यिक आन्दोलन प्रारम्भ हुआ। विजयदेव नारायण साही, धर्मवीर भारती, रघुवंश, केशव चन्द्र वर्मा, विपिन अग्रवाल, जगदीश गुप्त, रामस्वरूप चतुर्वेदी आदि ने साहित्य की धारा बदल दी।

नारीवादी विमर्श

- वर्जीनिया वुल्फ (ए रूम ऑफ बन्स ओन/अपना कमरा), सिमोन द बोउवार (द सेकण्ड सेक्स/स्त्री उपेक्षित) तथा जर्मेन ग्रीर (द फीमेल यूनक) ने स्त्री विमर्श के उदय और उसे तीव्रता प्रदान करने में महत्त्वपूर्ण भूमिका निभाई।
- स्त्री विमर्श पितृ सत्तात्मक समाज द्वारा निर्मित उन सभी व्यवस्थाओं पर आघात करता है, जिनके कारण समाज में स्त्री गुलाम की हैसियत से देखी जाती है।
- महादेवी वर्मा की शृंखला की कड़ियाँ इस सन्दर्भ में महत्त्वपूर्ण साहित्य हैं, इसके अतिरिक्त अनामिका, कात्यायनी, प्रभाखेताना मैत्रेयी पुष्पा आदि महत्त्वपूर्ण नारी साहित्यकार हैं।

"

धर्म का तात्पर्य किसी व्यक्ति, समाज या संस्कृति द्वारा मान्य उन नैतिक, आध्यात्मिक और सांस्कृतिक मूल्यों, आचार-विचारों और कर्त्तव्यों से है, जो उनके जीवन को मार्गदर्शित करते हैं। धर्म व्यक्ति को आत्मज्ञान प्राप्त करने, सही गलत का भेद करने और अपने जीवन को सकारात्मक दिशा में ले जाने के लिए प्रेरित करता है।

अध्याय पन्द्रह

धर्म एवं दर्शन

धर्म

शाब्दिक रूप से धर्म संस्कृत भाषा का शब्द है। यह धृ धातु से बना है, जिसका अर्थ होता है—धारण करने वाला। इस प्रकार हम कह सकते हैं कि "धार्यते इति धर्म: अर्थात् जो धारण किया जाए वह धर्म है।"

- श्री अरविन्द के अनुसार, "धर्म का मूल सत्व ईश्वर का अनुसन्धान और ईश्वर की प्राप्ति है। इसकी मूल आकांक्षा उस असीम, परम, एक ओर दिव्य की खोज है, जो सब कुछ है, फिर भी वह अमूर्त मात्र न होकर एक वास्तविक सत्ता है।"
- मैक्स मूलर (साइंस ऑफ रिलिजयन) के अनुसार "मनुष्य द्वारा असीम को समझ सकने की क्षमता प्रदान करने वाली मानसिक योग्यता या वृत्ति धर्म है।"
- भारतीय धर्म की अवधारणा पाश्चात्य अवधारणा से भिन्न है। पाश्चात्य सन्दर्भ में धर्म के आवश्यक तत्त्व के रूप में ईश्वर को स्वीकार किया जाता है, लेकिन भारतीय सन्दर्भ में यह आवश्यक नहीं है कि धर्म के साथ ईश्वर के अस्तित्व को भी स्वीकार किया जाए। यहाँ अनेक अनीश्वरवादी धर्म; जैसे—जैन और बौद्ध भी विकसित हुए हैं।
- भारत विभिन्न धर्मों की सांस्कृतिक और धार्मिक विविधता वाला देश है और सभी धर्मों को यहाँ संवैधानिक रूप से समान अधिकार प्राप्त हैं।
- वर्तमान में यहाँ हिन्दू, जैन, बौद्ध, ईसाई, पारसी, यहूदी आदि धर्मों के लोग निवास करते हैं।

हिन्दू धर्म

- हिन्दू धर्म भारत का सबसे प्राचीन और व्यापक रूप से मान्य धर्म है, इसे विश्व के सबसे प्राचीन धर्मों में से एक माना जाता हैं।
- हिन्दू धर्म न केवल धार्मिक आस्था का आधार है, बल्कि यह एक जीवन शैली, दर्शन और संस्कृति को भी प्रतिबिम्बित करता है। इसे सनातन धर्म कहा जाता है, जिसका अर्थ है—शाश्वत धर्म या सनातन सत्य।
- वर्तमान में हिन्दू धर्म का जो स्वरूप है, उसे पुनर्स्थापित, प्रचारित व प्रसारित करने का श्रेय आदि गुरु शंकराचार्य को है।
- हिन्दू धर्म में मानव जीवन के चार उद्देश्य बताए गए हैं, जोकि आदिकाव्य रामायण में चार पुरुषार्थों के रूप में वर्णित हैं। ये हैं-धर्म (सदाचार या कर्त्तव्य), अर्थ (सांसारिक उपलब्धि, मुख्य रूप से समृद्धि), काम (सभी भौतिक इच्छाओं की पूर्ति) और मोक्ष (मुक्ति को प्राप्त करने के धर्मसम्मत मार्ग)।

हिन्दू धर्म की विकास यात्रा

वर्तमान काल तक आने में क्रमिक विकास के साक्ष्य प्राप्त होते हैं, सम्भवत: इसी कारण इसे भारतीय परम्परा में सनातन संस्कृति कहा गया है।

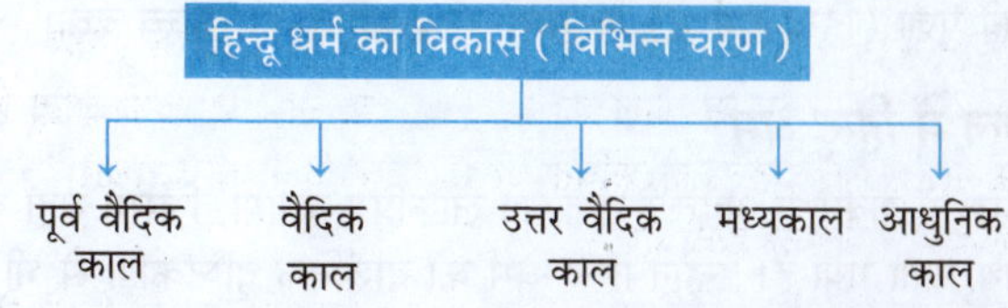

पूर्व वैदिक काल

- इस काल में अस्तित्व में रही सिन्धु सभ्यता के स्थलों के उत्खनन में प्रकृति पूजा, सूर्य पूजा, स्वास्तिक चिह्न, पीपल वृक्ष, एक सींग वाले जानवर की पूजा के संकेत प्राप्त हुए हैं, हालाँकि किसी प्रकार का पूजा स्थान प्राप्त नहीं हुआ।
- इस काल में हिन्दू धर्म का विकास दृष्टिगत होता है। परवर्ती काल की आर्य संस्कृति में भी इन तत्त्वों का समावेश मिलता है।

वैदिक काल

- इस युग की जानकारी का प्रथम एवं प्रामाणिक ग्रन्थ ऋग्वेद है, इसके विवरणों के अनुसार, आर्य जाति सिन्धु नदी के तराई वाले क्षेत्रों में बस गई थी, जिसे फारसी लोग हिन्दू तथा यूनानी इण्डस कहते थे।
- यहीं से आर्यों को हिन्दू एवं उनके धर्म को आर्य सभ्यता, सनातन धर्म और परवर्ती काल में हिन्दू धर्म कहा गया।
- इस काल में धर्म व्यक्ति के दायित्वों तथा स्वयं और दूसरों के प्रति व्यक्तिगत कर्त्तव्यों की संकल्पना था।
- ऋत मूलभूत नैतिक विधान था, जो सृष्टि और उसमें अन्तर्निहित सभी तत्त्वों के क्रियाकलापों को व्यक्त करता था।

उत्तर वैदिक काल

- यह हिन्दू धर्म के विकास का दूसरा ऐतिहासिक चरण है। इस काल में हिन्दू धर्म की पावन भूमि सरस्वती एवं दृषद्वती (घग्घर) नदियों के मध्य कुरुक्षेत्र (आधुनिक हरियाणा) के मैदानों में विस्तारित हो गई तथा इस क्षेत्र में हिन्दू धर्म की सांस्कृतिक पहचान स्थिर हो गई।
- मनु संहिता में इस क्षेत्र को ब्रह्मावर्त नाम से भी जाना गया है। कुरु, पांचाल (आधुनिक उत्तर प्रदेश, दिल्ली) और विदेह (आधुनिक बिहार) का समूचा क्षेत्र इस काल में हिन्दू धर्म का प्रसिद्ध वास स्थान बन गया था।
- साथ ही पूर्व में पुण्ड्र (वर्तमान बंगाल), उत्कल (वर्तमान ओडिशा) तथा अंग में हिन्दू धर्म का प्रसार तीव्रता से हुआ।
- इसके साथ-साथ दक्षिण-पश्चिम के ऊपरी गोदावरी क्षेत्र में अश्मक तथा उसके समीपवर्ती मूलक जनपद तक विस्तृत अवन्ति और उससे जुड़े क्षेत्रों में हिन्दू धर्म का प्रसार हुआ।
- दक्षिण भारत में हिन्दू धर्म के प्रसार का श्रेय अगस्त्य ऋषि को जाता है।
- पुराणों में सृष्टि, देवताओं, अवतारों और विविध धार्मिक कथाओं का वर्णन मिलता है, जिससे स्पष्ट होता है कि उस काल में विष्णु, शिव और देवी की पूजा (हिन्दू धर्म में) के साथ-साथ भक्ति का महत्त्व बढ़ा।

मध्यकाल में हिन्दू धर्म

- इस काल में शंकर ने अद्वैत वेदान्त को लोकप्रिय बनाया, जिसमें ब्रह्म को एकसाथ माना गया है। इन्होंने हिन्दू धर्म को दार्शनिक दृष्टिकोण से भी संगठित किया।
- इस काल में भक्ति आन्दोलन का उदय हुआ और ईश्वर के प्रति प्रेम तथा समर्पण पर बल दिया गया।

आधुनिक काल

- 19वीं और 20वीं शताब्दी में सुधारकों ने हिन्दू धर्म में सुधार के प्रयास किए। स्वामी विवेकानन्द ने हिन्दू धर्म को वैश्विक मंच पर प्रस्तुत किया।
- हिन्दू धर्म के तत्त्व; जैसे-योग, ध्यान और वेदान्त पश्चिमी दुनिया में लोकप्रिय हुए।
- आधुनिक समय में हिन्दू धर्म पारम्परिक और आधुनिक विचारों का मिश्रण है। इसमें योग, ध्यान, भक्ति और धार्मिक समारोहों की प्रथाएँ शामिल हैं। हिन्दू धर्म आज भी सम्पूर्ण विश्व में अपनी विविधता में एकता और सहिष्णुता के लिए जाना जाता है।

हिन्दू धार्मिक पन्थ

हिन्दू धर्म के विभिन्न धार्मिक पन्थ अस्तित्व में हैं

हिन्दू धर्म से सम्बन्धित विभिन्न धार्मिक पन्थ

वैष्णव/भागवत सम्प्रदाय
- श्री सम्प्रदाय
- निम्बार्क सम्प्रदाय
- ब्रह्म सम्प्रदाय
- रुद्र सम्प्रदाय
- रामानन्दी सम्प्रदाय
- वारकरी सम्प्रदाय

शाक्त सम्प्रदाय

स्मार्त सम्प्रदाय

शैव सम्प्रदाय
- लिंगायत सम्प्रदाय
- पाशुपत सम्प्रदाय
- कापालिक सम्प्रदाय
- कालामुख सम्प्रदाय
- नाथपन्थ
- दशनामी सम्प्रदाय
- अघोरपन्थ
- सिद्धया सित्तर सम्प्रदाय

श्रौतवाद सम्प्रदाय

भागवत धर्म या वैष्णव सम्प्रदाय

- मौर्योत्तर काल में भागवत धर्म अस्तित्व में आया, इसमें मुख्य आराध्य देवता के रूप में भगवान विष्णु की पूजा होती थी। यही वैष्णव सम्प्रदाय के रूप में विकसित हुआ।
- इसके प्रवर्तक वृष्णि कबीले के नेता कृष्ण (यदुवंशी) थे, जो मथुरा के राजा थे।
- कृष्ण का प्रथम उल्लेख छान्दोग्य उपनिषद् में देवकी के सुपुत्र एवं अंगिरस नामक ऋषि के शिष्य के रूप में किया गया है।
- कालान्तर में वासुदेव कृष्ण, विष्णु भगवान से एकाकार हो गए तथा भागवत धर्म, वैष्णव धर्म के रूप में उदित हुआ।
- भागवत धर्म का प्राचीनतम अभिलेख हेलियोडोरस का बेसनगर अभिलेख है। हेलियोडोरस यवन राजदूत थे, जिन्होंने भागवत धर्म अपनाया था।
- भक्ति तथा अहिंसा भागवत धर्म के दो मूल नियम हैं। भक्ति के नौ रूप (नवधा) बताए गए हैं।
- इसी भक्ति की अवधारणा से पूर्व (मध्यकाल में) दक्षिण भारत में अलवार (विष्णु के प्रति समर्पित सन्त) तथा नयनार (शिव के प्रति समर्पित सन्त) सन्तों ने भक्ति आन्दोलन का सूत्रपात किया।
- वैष्णवों के चार प्रमुख सम्प्रदाय माने जाते हैं। यह मान्यता है कि इनका प्रवर्तन भगवान की इच्छा से ही हुआ है। ये हैं-श्री सम्प्रदाय, हंस सम्प्रदाय, ब्रह्म सम्प्रदाय और रुद्र सम्प्रदाय।

प्रमुख वैष्णव सम्प्रदाय

सम्प्रदाय	विवरण
श्री सम्प्रदाय (रामानुज सम्प्रदाय)	◆ यह सम्प्रदाय **श्री** देवी के द्वारा प्रवर्तित है। इसके आद्य आचार्य रंगनाथ मुनि हैं। इस सम्प्रदाय के अनुयायी श्री वैष्णव कहलाते हैं। ◆ इनका दार्शनिक सिद्धान्त विशिष्टाद्वैत है। ये भगवान लक्ष्मीनारायण की उपासना करते हैं।
निम्बार्क सम्प्रदाय (हंस या कुमार सम्प्रदाय)	◆ इस सम्प्रदाय के आदि उपदेशक भगवान हंस हैं। वर्तमान में इसे निम्बार्क सम्प्रदाय के नाम से जाना जाता है। ◆ इनका दार्शनिक मत **द्वैताद्वैत** या **भेदाभेद** है। इस सम्प्रदाय में भगवान कृष्ण और राधाजी के युगल स्वरूप की उपासना की जाती है।
ब्रह्म सम्प्रदाय	◆ इसके आदि प्रवर्तक ब्रह्माजी और प्रतिष्ठापक श्री मध्वाचार्य माने जाते हैं। इनका दार्शनिक मत द्वैतवाद है। ◆ इस सम्प्रदाय में श्रीहरि विष्णु ही परतर या सर्वोच्च तत्त्व हैं। ◆ इस सम्प्रदाय में ही भगवान विष्णु के श्रीकृष्ण, श्रीराम आदि स्वरूपों की आराधना होती है।
रुद्र सम्प्रदाय	◆ इस सम्प्रदाय के प्रवर्तक रुद्र और प्रतिष्ठापक आचार्य विष्णु स्वामी हैं। श्रीमद्वल्लभाचार्य ने इसे गौरव के शिखर पर पहुँचाया। इनका दार्शनिक सिद्धान्त शुद्धाद्वैत ब्रह्मवाद है। ◆ इसे वल्लभ सम्प्रदाय या पुष्टिमार्ग के नाम से जाना जाता है।

अन्य वैष्णव सम्प्रदाय

सम्प्रदाय	विवरण
रामानन्दी सम्प्रदाय	◆ इस सम्प्रदाय के अनुयायी विशिष्टाद्वैत विद्वान रामानन्दाचार्य की शिक्षाओं का अनुपालन करते हैं। इस सम्प्रदाय में श्री सीता-राम की पूजा की जाती है, जो विष्णु के दस अवतारों में से एक हैं। ◆ स्वामी रामानन्द द्वारा स्थापित रामानन्दी और श्री सम्प्रदाय वर्तमान में वैष्णव संन्यासी/साधुओं का सबसे बड़ा धार्मिक समूह है। ◆ स्वामी रामानन्द ने अनन्तानन्द, भावानन्द, पीपा, सेन नाई, धन्ना, नाभादास, नरहर्यानन्द, सुखानन्द, कबीर, रैदास, सुरसरी, पद्मावती जैसे बारह लोगों को अपना प्रमुख शिष्य बनाया, जिन्हें **द्वादश महाभागवत** के नाम से जाना जाता है।
वारकरी सम्प्रदाय	◆ ज्ञानदेव या ज्ञानेश्वर को वारकरी सम्प्रदाय का संस्थापक माना जाता है। उन्होंने **ज्ञानेश्वरी** टीका लिखी थी, जो भागवत गीता का सरलीकृत संस्करण है। ◆ भगवान श्री विट्ठल के भक्तों को **वारकरी** कहते हैं। इस सम्प्रदाय का प्रधान केन्द्र महाराष्ट्र के पण्ढरपुर में स्थित भगवान विट्ठल का मन्दिर है। वारकरी सम्प्रदाय के लोग 21 दिन तक चलने वाली वार्षिक तीर्थयात्रा में सम्मिलित होते हैं। ◆ इस सम्प्रदाय के अन्तर्गत प्रमुख सन्तों में सन्त नामदेव (1270-1350), सन्त एकनाथ (1533-1599) और सन्त तुकाराम (1608-1650) सम्मिलित हैं।

शैव सम्प्रदाय

- भारत के धार्मिक सम्प्रदायों में शैव सम्प्रदाय एक प्रमुख सम्प्रदाय है। इस सम्प्रदाय के मतावलम्बी शिव की आराधना करते हैं। शैवमत मूलत: ऋग्वेद में रुद्र के रूप में वर्णित है।
- शिव भक्ति की प्रारम्भिक जानकारी सिन्धु घाटी से प्राप्त पशुपति की मुहर तथा लिंगों से होती है। उत्तर भारत में गुप्तकाल के दौरान शैव धर्म उन्नति के मार्ग पर था, इस काल के मन्दिरों में नचना कुठार तथा भूमरा के शिव मन्दिरों का निर्माण हुआ।
- दक्षिण भारत में भी समान रूप से शैव मत लोकप्रिय हुआ। यहाँ शैव धर्म के उन्नायक नयनार सन्तों ने (पल्लव शासनकाल में) इसका अत्यधिक प्रचार-प्रसार किया।
- राष्ट्रकूट शासक कृष्ण प्रथम द्वारा एलोरा में निर्मित कराया गया कैलाश मन्दिर भी अपनी कलात्मकता के लिए विश्व विख्यात है। वहीं तंजौर का वृहदेश्वर मन्दिर या राजराजेश्वर मन्दिर वर्तमान में (एक हजार वर्ष पश्चात्) भी उस काल के शैव धर्म की लोकप्रियता का प्रमाण दे रहा है।

शैव सम्प्रदाय के प्रकार (उपसम्प्रदाय)

सम्प्रदाय	विवरण
शैव या लिंगायत	◆ इस सम्प्रदाय की स्थापना 12वीं शताब्दी में कन्नड़ कवि एवं सन्त बसवण्णा ने की थी। इस सम्प्रदाय के अनुसार, कर्ता शिव हैं, कारण शक्ति और उपादान बिन्दु हैं। ◆ इस मत के अधिकांश अनुयायी दक्षिण भारत में हैं। ये एकेश्वरवाद में विश्वास करते हैं और लिंग के रूप में भगवान शिव की उपासना करते हैं। ये वेदों की सत्ता और जाति व्यवस्था को नकारते हैं।
पाशुपत	◆ यह शैव मत का अत्यन्त प्राचीन सम्प्रदाय है। इस सम्प्रदाय के संस्थापक लकुलीश या नकुलीश थे, जिन्हें भगवान शिव के 18 अवतारों में से एक माना जाता है। ◆ इस सम्प्रदाय के अनुयायियों को **पंचार्थिक** कहा गया है। इस मत का प्रमुख ग्रन्थ **पाशुपत सूत्र** है।
कापालिक	◆ कापालिकों के इष्टदेव भैरव थे, जो शंकर के अवतार माने जाते थे। इस सम्प्रदाय का मुख्य केन्द्र श्री शैल नामक स्थान था, जिसका प्रमाण भवभूति के ग्रन्थ मालती माधव में मिलता है। ◆ यह सम्प्रदाय आसुर प्रवृत्ति का था, इसमें भैरव को सुरा और नरबलि का नैवेद्य चढ़ाया जाता था।
कालामुख	◆ इस सम्प्रदाय के अनुयायी कापालिक वर्ग के ही थे, किन्तु वे उनसे भी अतिवादी प्रकृति के थे। शिव पुराण में उन्हें **महाव्रतधर** कहा गया है। ◆ इस सम्प्रदाय के अनुयायी नर कपाल में भोजन, जल तथा सुरापान करते थे तथा शरीर में भस्म लगाते थे।
नाथपन्थ (सिद्ध सिद्धान्त)	◆ इस पन्थ का आधार गोरखनाथ और मत्स्येन्द्रनाथ की शिक्षाएँ हैं। ◆ इस पन्थ के अनुयायी शिव के एक रूप आदिनाथ की उपासना करते हैं। इस पन्थ के योगी आध्यात्मिक उन्नति के लिए हठ योग की पद्धतियों का पालन करते हैं।
दशनामी संन्यासी	◆ इस सम्प्रदाय के संन्यासी अद्वैत वेदान्त परम्परा से सम्बन्धित हैं। ◆ इस परम्परा का प्रारम्भ आदि शंकराचार्य ने किया था। ◆ इन्हें **दश नाम संन्यासी** कहा जाता है, क्योंकि ये दस समूहों में विभाजित हैं।
अघोर पन्थ	◆ इस पन्थ के अनुयायी शिव के भैरव अवतार के भक्त हैं। ◆ इनका वेश विकट होता है तथा ये श्मशान भूमियों में तामसिक अनुष्ठान एवं साधना करते हैं। ◆ अपने जीवन से सुख, क्रोध, लोभ, मोह, भय और घृणा जैसे बन्धनों को समाप्त कर पुनर्जन्म के चक्र से मुक्ति प्राप्त करने का प्रयास करते हैं।
सिद्ध या सित्तर	◆ यह दक्षिण भारत में सन्त, चिकित्सक, रसायनज्ञ और रहस्यवादियों का सम्प्रदाय है। इस विधा के साधक दीर्घ काल तक ध्यान साधना के लिए प्राणायाम को सिद्ध करते हैं। ◆ इन सिद्धों को वर्मम नामक आत्म-रक्षा की युद्धशैली एवं चिकित्सा उपचार की संयुक्त पद्धति का संस्थापक भी माना जाता है।

शाक्त सम्प्रदाय

शाक्त दर्शन में शक्ति ही सर्वोच्च सत्ता है। वर्तमान में मध्य प्रदेश के जबलपुर में चौसठ योगिनी मन्दिर शाक्त धर्म के विकास को प्रमाणित करता है। मातृदेवी की उपासना वैदिक काल से पूर्व ही प्रारम्भ हो चुकी थी।

स्मार्त सम्प्रदाय

- स्मार्त सम्प्रदाय द्विज या दीक्षित वर्ग के सदस्यों वाला एक हिन्दू धार्मिक सम्प्रदाय है। स्मार्त सम्प्रदाय पुराण का अनुसरण करता है।
- 8वीं सदी के दार्शनिक व अद्वैत वेदान्त के प्रतिपादक शंकर इस आन्दोलन के संस्थापक थे।
- स्मार्त अपनी उपासना में पाँच मुख्य देवताओं-शिव, विष्णु, शक्ति (उनके दुर्गा, गौरी, लक्ष्मी, सरस्वती जैसे सभी रूपों सहित), सूर्य एवं गणेश की पंचायतन पूजा करते हैं।

श्रौतवाद

- इस समुदाय में केरल के अति-रूढ़िवादी नम्बूदरी ब्राह्मण सम्मिलित हैं।
- ये ब्राह्मण वेदान्त दर्शन की पूर्व-मीमांसा पद्धति का पालन करते हैं।
- इनका वैदिक कर्मकाण्डों पर अधिक बल रहता है।

साधुओं के अखाड़े

- प्राचीन काल में बौद्ध धर्म के बढ़ते वर्चस्व और विधर्मी आक्रमण से हिन्दू धर्म की रक्षा करने के लिए शंकराचार्य द्वारा शस्त्र विद्या में निपुण साधुओं के कुछ संगठन बनाए गए और इन्हें अखाड़ा नाम दिया गया।
- परम्परा के अनुसार, शैव, वैष्णव और उदासीन पन्थ के संन्यासियों के मान्यता प्राप्त कुल 13 अखाड़े हैं।

हिन्दुओं के प्रचलित सिद्धान्त एवं विश्वास

- मूर्ति व प्राकृतिक पूजा
- बहुदेववादी
- ईश्वर में आस्था
- वेदों में आस्था
- आध्यात्मिकता
- आत्मा की अमरता
- कर्म का सिद्धान्त
- पुनर्जन्म का सिद्धान्त
- मोक्ष का सिद्धान्त
- ऋत/नियमों में आस्था
- वर्ण व्यवस्था
- विविधता में एकता
- उदारता

आधुनिक धार्मिक सुधार आन्दोलन

- 19वीं शताब्दी के पूर्वार्द्ध में भारतीय समाज जाति आधारित, पतनशील और प्रतिगामी था। यहाँ कुछ प्रथाओं का पालन किया जाता था, जो मानवीय भावनाओं या मूल्यों के अनुरूप नहीं थी, लेकिन फिर भी धर्म के नाम पर उनका पालन किया जा रहा था।
- कुछ प्रबुद्ध भारतीयों; जैसे-राजाराम मोहन राय, ईश्वरचन्द विद्यासागर, दयानन्द सरस्वती और अन्य भारतीयों ने समाज में सुधार लाने का सार्थक प्रयास किया।
- सुधार आन्दोलनों को सामान्यत: दो श्रेणियों में वर्गीकृत किया जा सकता है- सुधारवादी और पुनरुत्थानवादी।
  - सुधारवादी आन्दोलन; जैसे-ब्रह्म समाज, प्रार्थना समाज, अलीगढ़ आन्दोलन।
  - पुनरुत्थानवादी आन्दोलन, जैसे—आर्य समाज व देवबन्द आन्दोलन।
- सुधारवादी और पुनरुत्थानवादी आन्दोलन भिन्न-भिन्न स्तर पर धर्म की विलुप्त हुई शुद्धता की अपील पर निर्भर थे, जिसे वे सुधारना चाहते थे।

श्रमण परम्परा

- श्रमणों ने ब्राह्मणों तथा वेद शास्त्रों की सत्ता को अस्वीकार कर दिया और ब्राह्मणों के कर्मकाण्डीय रूढ़िवादी विचारों का विरोध किया।
- इनमें अनेक समूह, सम्प्रदाय और विभिन्न प्रकार के मत सम्मिलित थे, जो मुख्यत: अनीश्वरवादी तथा नास्तिक थे। इनमें अत्यन्त प्रसिद्ध सम्प्रदाय आजीवक, बौद्ध, जैन, भौतिकवादी, लोकायत थे।

नोट *अनीश्वरवादी सम्प्रदाय ईश्वर को न मानने वाला धार्मिक सम्प्रदाय है।*

जैन धर्म

- जैन धर्म भारत का सर्वव्यापी (सर्वजातीय) धर्म है, जिसका विश्वास है कि मनुष्य शारीरिक एवं मानसिक नियन्त्रण के माध्यम से सांसारिक भावों पर विजय प्राप्त कर सकता है।
- जैनियों का योगदान इतिहास के अध्ययन के क्षेत्र में अविस्मरणीय है।
- प्रख्यात इतिहासकार हेमचन्द्र, मेरुतुंग और राजशेखर जैन मतावलम्बी ही थे। इनके अध्ययन तिथिवार एवं स्पष्ट हैं।

जैन धर्म का उद्‌भव एवं विकास

- जैन शब्द संस्कृत की जिन धातु से बना है, जिसका अर्थ है-विजेता (जितेन्द्रीय)। जैन महात्माओं को निर्ग्रन्थ तथा जैन संस्थापकों को तीर्थंकर कहा गया। छठी शताब्दी ई.पू. के प्रचलित धर्मों में जैन धर्म अत्यधिक प्रसिद्ध हुआ था।
- जैन धर्म में 24 तीर्थंकर हुए, इनमें प्रथम तीर्थंकर ऋषभदेव (आदिनाथ) थे। 23वें तीर्थंकर पार्श्वनाथ तथा 24वें व अन्तिम तीर्थंकर महावीर स्वामी हुए। महावीर को ही जैन धर्म का वास्तविक संस्थापक माना जाता है।

वर्धमान महावीर

- 24वें तीर्थंकर वर्धमान महावीर का जन्म 540 ईसा पूर्व वैशाली के निकट कुण्डग्राम गाँव में हुआ था। वे ज्ञातृक वंश से थे। 30 वर्ष की आयु में उन्होंने अपना घर त्याग दिया और एक तपस्वी बन गए।
- उन्होंने 12 वर्षों तक तपस्या की और 42 वर्ष की आयु में ऋजुपालिका नदी के तट पर जम्भिक ग्राम में साल वृक्ष के नीचे कैवल्य (ज्ञान) की प्राप्ति की अर्थात् दु:ख और सुख पर विजय प्राप्त की।
- उन्होंने अपना प्रथम उपदेश पावापुरी में दिया था। अपने विचारों के प्रसार के लिए उन्होंने कोशल, मगध, मिथिला, चम्पा आदि प्रदेशों का भ्रमण किया। 468 ई.पू. 72 वर्ष की आयु में बिहार के पावापुरी में उनका निधन हो गया।

प्रमुख जैन तीर्थंकर एवं उनके चिह्न

क्रम.	तीर्थंकर	चिह्न	क्रम.	तीर्थंकर	चिह्न
1.	श्री ऋषभदेव	बैल	13.	श्री विमलनाथ	शूकर
2.	श्री अजितनाथ	हाथी	14.	श्री अनन्तनाथ	श्येन
3.	श्री सम्भवनाथ	अश्व (घोड़ा)	15.	श्री धर्मनाथ	वज्रदण्ड
4.	श्री अभिनन्दननाथ	बन्दर	16.	श्री शान्तिनाथ	मृग (हिरण)
5.	श्री सुमतिनाथ	चकवा	17.	श्री कुन्थुनाथ	बकरा
6.	श्री पद्मप्रभु	कमल	18.	श्री अरनाथ	मछली
7.	श्री सुपार्श्वनाथ	स्वास्तिक	19.	श्री मल्लिनाथ	कलश
8.	श्री चन्द्रप्रभु	चन्द्रमा	20.	श्री मुनिसुव्रतनाथ	कच्छप (कछुआ)
9.	श्री सुविधिनाथ	मगर	21.	श्री नेमिनाथ	नीलकमल
10.	श्री शीतलनाथ	कल्पवृक्ष	22.	श्री नेमिनाथ	शंख
11.	श्री श्रेयांसनाथ	गैण्डा	23.	श्री पार्श्वनाथ	सर्प
12.	श्री वासुपूज्य	भैंसा	24.	श्री महावीर	सिंह

प्रमुख जैन सिद्धान्त

सिद्धान्त	विवरण
अनेकान्तवाद	• यह जैन दर्शन का मुख्य सिद्धान्त है, जब वस्तु के पूर्ण स्वरूप को समझने के लिए अनेक दृष्टिकोण का उपयोग करके वस्तु को स्वीकार किया जाए, तो उस शैली को अनेकान्तवाद कहते हैं। • अनेकान्तवाद के विकास का काल अन्तिम तीर्थंकर महावीर के समय से माना जाता है। आठवीं शताब्दी में आचार्य हरिभद्रसूरि ने अनेकान्त शैली की व्याख्या की।
स्यादवाद	• यह ज्ञान की सापेक्षता का सिद्धान्त है। जैन दर्शन के अनुसार सांसारिक वस्तुओं के विषय में हमारे सभी निर्णय सापेक्ष एवं सीमित होते हैं। न तो हम किसी को पूर्णरूपेण स्वीकार कर सकते हैं और न ही अस्वीकार। • ये दोनों अतियाँ हैं, अत: हमें प्रत्येक निर्णय के पूर्व स्यात् (शायद) लगाना चाहिए। यहाँ स्यात् का तात्पर्य संशय, सम्भावना या अनिश्चितता से नहीं है।
सप्तभंगीनय	• स्यादवाद की अभिव्यक्ति सप्तभंगीनय के द्वारा होती है। • जैन मतानुसार स्यात् शब्द जोड़कर किसी भी विषय में सात प्रकार के निर्णय (नय) दिए जा सकते हैं, जिन्हें सामूहिक रूप से सप्तभंगीनय कहा जाता है। • किसी वस्तु के विषय में दिए जाने वाले सात परामर्श निम्न हैं 1. शायद यह वस्तु है (स्यात् अस्ति)। 2. शायद यह नहीं है (स्यात् नास्ति)। 3. शायद यह है भी और नहीं भी है (स्यात् अस्ति च नास्ति)। 4. शायद यह अव्यक्त है (स्यात् अव्यक्तम्)। 5. शायद यह है और अव्यक्त है (स्यात् अस्ति अव्यक्तम्)। 6. शायद यह नहीं है और अव्यक्त है (स्यात् नास्ति अव्यक्तम्)। 7. शायद यह है, नहीं है और अव्यक्त है (स्यात् अस्ति च नास्ति च अव्यक्तम्)।
द्रव्य सिद्धान्त	• जैन विचारकों के अनुसार संसार का कोई भी पदार्थ नष्ट नहीं होता। सभी पदार्थ शाश्वत हैं। नष्ट प्रतीत होने का कारण उनके रूप में परिवर्तन है। • जगत में द्रव्य छ: प्रकार के होते हैं- (1) जीव, (2) पुदगल, (3) आकाश, (4) धर्म, (5) अधर्म तथा (6) काल।

जैन संगीतियाँ

संगीति	काल	स्थान	अध्यक्ष	उद्देश्य
प्रथम	322 से 298 ई. पू.	पाटलिपुत्र	स्थूलभद्र	जैन धर्म के 12 अंगों का संकलन, जिन्हें श्वेताम्बर सम्प्रदाय ने स्वीकार किया।
द्वितीय	512 ई.	वल्लभी	देवर्धिगण या क्षमाश्रमण	12 अंगों और 12 उपांगों का अन्तिम रूप से व्यवस्थित संकलन तथा उन्हे लिपिबद्ध किया गया।

अनन्त चतुष्टय

जैन मतानुसार मोक्ष या कैवल्य की स्थिति में आत्मा स्वभावत: अनन्त चतुष्टय से युक्त होती है। ये अनन्त चतुष्टय हैं–अनन्त ज्ञान, अनन्त दर्शन, अनन्त वीर्य तथा अनन्त आनन्द।

जैन त्रिरत्न

- सम्यक् दर्शन जैन सिद्धान्तों में पूर्ण आस्था और विश्वास।
- सम्यक् ज्ञान सभी जैन सिद्धान्तों का यथार्थ ज्ञान।
- सम्यक् चरित्र जैन सिद्धान्त एवं नियमों के अनुरूप आचरण ।

पंच महाव्रत जैन धर्म के अनुसार, कर्म बन्धन से आत्मा को मुक्ति दिलाने के लिए पांच महाव्रत को अपनाना चाहिए।

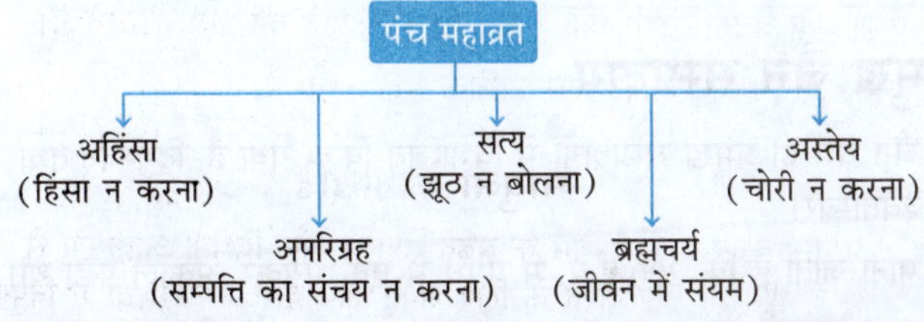

नोट *जैन भिक्षुओं से इन सभी व्रतों का कठोरता से पालन करने की अपेक्षा की जाती है। अत: इन्हें महाव्रत कहा जाता है, जबकि गृहस्थों के लिए व्रत की कठोरता को कम किया गया है। अत: उन्हें अणुव्रत कहा जाता है।*

नन्दवर्त

जैन धर्म के अन्तर्गत यह श्वेताम्बर सम्प्रदाय के आठ शुभ प्रतीकों में से एक है। यह एक अष्टमंगल है, जो पूजा के लिए उपयोग किया जाता है। अनिवार्य रूप से **नौ कोने/मोड़ के साथ प्रतीक की चार भुजाएँ** हैं। यह प्रतीक अरनाथ तीर्थंकर से भी जुड़ा है।

जैन ध्वज

- जैन ध्वज पाँच रंगों से मिलकर बना है।
- इसके पाँच रंग हैं—लाल, पीला, सफेद, हरा और नीला। जैन ध्वज में स्वास्तिक रत्न त्रय और सिद्धशिला का उपयोग अरिहन्त तथा आचार्य दोनों के प्रतीक रंगों पर किया जाता है।
- कुछ लोग इसे पीले रंग पर रेखांकित करते हैं, ये दोनों भिन्न-भिन्न मतान्तर हैं।

जैन अष्टमंगल

जैन अष्टमंगल जैनों के आठ पवित्र प्रतीक हैं, जो प्राचीन काल से शुभ महत्त्व रखते हैं और जो कल्पसूत्र में दर्शाए गए हैं।

चिह्न	प्रतीक
स्वास्तिक	यह चार प्रकार की नियति का प्रतिनिधित्व करता है अर्थात् मनुष्य, स्वर्गीय प्राणी, [illegible]कीय प्राणी और अन्य जीवित प्राणी।
श्रीवत्स	यह जिन् [illegible] स्थल पर प्रकट एक सुन्दर चिह्न को प्रदर्शित करता है।
नंद्यावर्त	यह नौ [illegible]ला एक बड़ा स्वास्तिक है, जो पौराणिक कथाओं में नौ प्रकार [illegible]सिक, भौतिक और आध्यात्मिक सम्पदा तथा ऐश्वर्य का प्रतीक [illegible]
वर्धमानक	इसे शर[illegible] के रूप में भी जाना जाता है, यह दीपक के लिए प्रयोग की जाने वाली उथली मिट्टी की प्लेट जैसा दिखता है। यह प्रतीक भगवान जिन् की कृपा से धन, प्रसिद्धि और योग्यता में वृद्धि का प्रतीक है।
भद्रासन (सिंहासन)	जिसका अर्थ है—**सिंहासन**। यह शुभ माना जाता है।
कलश	यह शुभता का प्रतीक है, सामान्यतः ताँबे, चाँदी या स्टील से बना एक पवित्र घड़ा होता है। यह ज्ञान और प्रचुरता के प्रतीक शुद्ध जल से भरा हुआ होता है।
मीनयुगल	यह मछली के एक जोड़े द्वारा दर्शाया गया। यह कामदेव की हार के पश्चात् जिन् की पूजा करने के लिए आने वाले कामदेव के ध्वज का प्रतीक है।
दर्पण	दर्पण अपनी स्पष्टता के कारण व्यक्ति के सच्चे स्व को दर्शाता है।

प्रमुख जैन सम्प्रदाय

- जैन धर्म दो प्रमुख सम्प्रदायों में विभाजित किया गया है–दिगम्बर तथा श्वेताम्बर।
- माना जाता है कि 200 ई.पू. में मगध में एक भयंकर अकाल पड़ा था।
- इस दौरान जैनों का एक समुदाय भद्रबाहु के नेतृत्व में दक्षिण में चला गया।
- बचे हुए साधु स्थूलभद्र के नेतृत्व में वहीं रहे।
- कुछ समय पश्चात् जब दक्षिण भारत के साधु लौटकर उत्तर आए, तो वहाँ के साधुओं को श्वेत वस्त्र धारण किए हुए पाया।
- यही वह मुख्य विषय था, जिसके आधार पर जैन धर्म का श्वेताम्बर व दिगम्बर में विभाजन हुआ।

दिगम्बर और श्वेताम्बर के मध्य सैद्धान्तिक मतभेद

- श्वेताम्बर मोक्ष के लिए वस्त्र त्याग को आवश्यक नहीं समझते थे, जबकि दिगम्बर इसे आवश्यक समझते थे।
- श्वेताम्बर का विचार है कि कैवल्य ज्ञान की प्राप्ति के बाद भी लोगों को भोजन की आवश्यकता रहती है, किन्तु दिगम्बर के अनुसार, उसके पश्चात् लोग निराहार रह सकते हैं।
- श्वेताम्बर परम्परा के अनुसार, जैनों के 46 आगमों को मान्यता मिली है। दिगम्बर उन्हें स्वीकार नहीं करते और कहते हैं कि प्राचीन आगम में केवल एक खण्डखण्डागम शेष बचा है।
- श्वेताम्बर परम्परा 5 अनन्त पदार्थों का अस्तित्व प्रकट करती है; जैसे- आत्मा (जीव), पुदुगल (पदार्थ), आकाश (अन्तरिक्ष), धर्म (गति) तथा अधर्म (स्थिरता), जबकि दिगम्बर काल (समय) को इसमें छठे अनन्त पदार्थ के रूप में जोड़ते हैं।

श्वेताम्बर सम्प्रदाय के उप-सम्प्रदाय

पूजेरा या मूर्तिपूजक या मन्दिर मार्गी (डेरावासी)

ये मूर्तियों को वस्त्रों एवं आभूषणों से सजाते थे।

ढुण्ढिया या स्थानकवासी

शिष्य विरजी ने स्थानकवासी सम्प्रदाय चलाया। उनके अनुयायी साधु, मूर्ति पूजा में विश्वास नहीं रखते थे।

थेरापन्थी

1760 ई. में एक स्थानकवासी साधु स्वामी भिक्खन महाराज ने थेरापन्थी या तेरापन्थी सम्प्रदाय चलाया। यह 13 विशिष्ट बातों को मानता था।

दिगम्बर सम्प्रदाय के उप-सम्प्रदाय

बीसपन्थी

ये अपने मन्दिरों में तीर्थंकरों की मूर्ति के अतिरिक्त क्षेत्रपाल, भैरव आदि की मूर्तियाँ भी रखते थे।

थेरापन्थी (तेरापन्थी)

इस सम्प्रदाय के लोग मन्दिर में केवल तीर्थंकरों की मूर्तियाँ रखते थे।

तारणपन्थी

थेरापन्थ का एक उप-सम्प्रदाय तारणपन्थ कहलाता था। इसे 15वीं शताब्दी में तरणतारण स्वामी ने चलाया। इस पन्थ के मतानुयायी मूर्तियों की पूजा नहीं वरन् धर्म ग्रन्थ को पूजते थे।

बीसपन्थी तथा थेरापन्थी में अन्तर

बीसपन्थी	थेरापन्थी
बीसपन्थी तीर्थंकरों के साथ-साथ यक्ष और यक्षिणी, भैरव तथा क्षेत्रपाल आदि की भी पूजा करते हैं।	तेरापन्थी अष्ट-द्रव्य से मूर्ति पूजा करते हैं।
बीसपन्थी की धार्मिक प्रथाओं में आरती करना, फूलों, फलों और प्रसाद का चढ़ाना सम्मिलित है।	फूलों और फलों के स्थान पर उनके विकल्प का उपयोग करते हैं।
भट्टारक बीसपन्थियों के धर्मगुरु हैं।	दिगम्बर तेरापन्थी सम्प्रदाय भट्टारक व्यवस्था को स्वीकार नहीं करते हैं, केवल तीर्थंकर की पूजा करते हैं।

जैन परम्पराएँ

- सल्लेखना जैन धर्मावलम्बियों द्वारा मृत्यु को समीप देखकर धीरे-धीरे स्वेच्छा से खानपान त्याग देने को सन्थारा या सल्लेखना (मृत्यु तक उपवास) कहा जाता है। इसे जीवन की अन्तिम साधना भी माना जाता है, जिसे प्राय: जैन समाज के मुनि करते हैं।
- प्रतिक्रमण जैन धर्म में प्रतिक्रमण एक कर्म है, जिसमें पूर्वकृत दोषों का मन, वचन, कर्म से कृतकारित किया जाता है अर्थात् पश्चाताप करना, प्रतिक्रमण कहलाता है। इससे अनात्मभाव विलय होकर आत्मभाव की जागृति होती है। प्रमादजन्य दोषों से निवृत होकर आत्मस्वरूप में स्थिरता की क्रिया को भी प्रतिक्रमण कहते हैं।

भारत में जैन धर्म का विस्तार एवं संकुचन

- तीसरी शताब्दी ई. के अन्त तक जैन धर्म की जड़ें प्राय: सम्पूर्ण भारत में जम चुकी थीं।
- यह धर्म अपने मूल केन्द्र मगध से प्रारम्भ हुआ, किन्तु बाद में इसका विस्तार दक्षिण-पूर्व में कलिंग, पश्चिम में मथुरा, मालवा व सौराष्ट्र तथा दक्षिण में दक्षिणापथ, कर्नाटक और तमिल प्रदेशों तक हो चुका था।
- गुप्त काल (320-520 ई.) में पूर्वी बंगाल से बिहार, वाराणसी, पश्चिमी उत्तर प्रदेश के मथुरा, मध्य प्रदेश के उदयगिरि (विदिशा), राजस्थान के जाबालिपुर और पंजाब में चिनाब के तटवर्ती पवैया जैसे विभिन्न स्थानों में जैन धर्म के सक्रिय अनुयायी थे।
- तीसरी शताब्दी ई. से लेकर दक्षिणवर्ती प्रदेशों विशेषकर कन्नड़ भाषी प्रदेशों में जैन धर्म अधिक समृद्ध हुआ। मैसूर के गंग राजवंश की स्थापना का श्रेय जैनाचार्य सिंहनन्दि को दिया जाता है।
- वनवासी के कदम्ब शासक भी जैन धर्मानुयायी माने जाते हैं। कदम्बों के पश्चात् चालुक्य शासक भी जैन धर्म के प्रश्रया दाता रहे। 10वीं से 13वीं शताब्दी में (राजपूतकाल में) गुजरात जैन धर्म का मुख्य केन्द्र था।
- 18वीं शताब्दी में (राजपूत राज्य में) जयपुर जैन धर्म का प्रमुख केन्द्र था, परन्तु कतिपय कट्टर हिन्दू शासकों के हाथों जैनियों पर अत्याचार हुए।
- मध्य युग से भारत में जैनियों की संख्या का निरन्तर ह्रास होता रहा और सुदीर्घ काल तक जो इस महादेश में एक प्रभावी धर्म रहा, वह अब घटकर जनसंख्या का 1% से भी कम रह गया है।

बौद्ध धर्म

- भारत में बौद्ध धर्म का उदय ब्राह्मणवाद की प्रतिक्रिया के फलस्वरूप छठी सदी ई.पू. में हुआ। बौद्ध धर्म मूलत: अनीश्वरवादी है, निर्वाण की प्राप्ति ही इसका चरम लक्ष्य है।
- बौद्ध धर्म में अनात्मवाद की भी प्रधानता है, परन्तु यह पुनर्जन्म में भी विश्वास रखता है। ईसाई, इस्लाम और हिन्दू धर्मों के पश्चात् यह विश्व का चौथा सबसे बड़ा धर्म है।
- विश्व की लगभग 7% जनसंख्या बौद्ध धर्म को मानती है।
- भारत की 0.7% जनसंख्या या 8.4 लाख लोग बौद्ध मतानुयायी हैं।
- भारत में इनकी सर्वाधिक संख्या महाराष्ट्र में निवास करती है।

गौतम बुद्ध

- बौद्ध धर्म के प्रवर्तक गौतम बुद्ध का जन्म 563 ईसा पूर्व में कपिलवस्तु (वर्तमान नेपाल में) के समीप लुम्बिनी में राजकुमार सिद्धार्थ के रूप में हुआ था।
- इनके पिता शुद्धोधन कपिलवस्तु के शाक्य गण के प्रधान और माता महामाया थीं।
- इसी कारण बुद्ध को शाक्यमुनि भी कहा जाता था।
- उनका विवाह यशोधरा से हुआ था और उनका एक पुत्र राहुल था।

महाभिनिष्क्रमण

- उन्होंने सत्य की खोज के लिए 29 वर्ष की आयु में अपना घर त्याग दिया, बौद्ध परम्परा में इस घटना को महाभिनिष्क्रमण कहा जाता है।
- बुद्ध के मन में त्याग का विचार तब आया, जब उन्होंने मनुष्य की चार भिन्न-भिन्न अवस्थाओं को देखा; जैसे-बीमार आदमी, बूढ़ा, मृत देह और तपस्वी।
- बुद्ध ने 35 वर्ष की आयु में वैशाख पूर्णिमा के दिन उरुवेला (बोधगया) में निरंजना नदी के तट पर एक पीपल के पेड़ के नीचे, ध्यान करते हुए ज्ञान प्राप्त किया और यहीं से वे बुद्ध कहलाए।
- इसी पेड़ को बोधि वृक्ष के रूप में जाना जाता है और यही स्थान बोधगया के नाम से प्रसिद्ध हुआ।

धर्मचक्र प्रवर्तन

- ज्ञान प्राप्ति के पश्चात् उन्होंने अपना प्रथम उपदेश वाराणसी के समीप सारनाथ में दिया था। इस घटना को धर्मचक्र प्रवर्तन/धम्मचक्कप्पवत्तन कहा जाता है।
- बुद्ध के पहले पाँच शिष्य जो सारनाथ में बने थे, उनके नाम कौण्डिन्य, भद्दिदया, वसपा, महानाम और अश्वजीत थे।
- बिम्बिसार, अजातशत्रु (मगध), प्रसेनजित (कोशल) और उदयन (कौशाम्बी) जैसे राजाओं ने उनके सिद्धान्तों को स्वीकार किया और उनके शिष्य बन गए।

महापरिनिर्वाण

कुशीनगर (उत्तर प्रदेश में) में साल वृक्ष के नीचे 483 ईसा पूर्व में उनकी मृत्यु हो गई। इस घटना को महापरिनिर्वाण कहा जाता है।

बुद्ध के जीवन से सम्बन्धित बौद्ध धर्म के प्रतीक

घटना	चिह्न/प्रतीक	घटना	चिह्न/प्रतीक
जन्म	कमल व साँड	निर्वाण	पद चिह्न
गृहत्याग	घोड़ा	मृत्यु	स्तूप
ज्ञान	पीपल (बोधि वृक्ष)		

बौद्ध त्रिरत्न

त्रिरत्न (तीन रत्न) बौद्ध धर्म के महत्त्वपूर्ण अंग हैं।

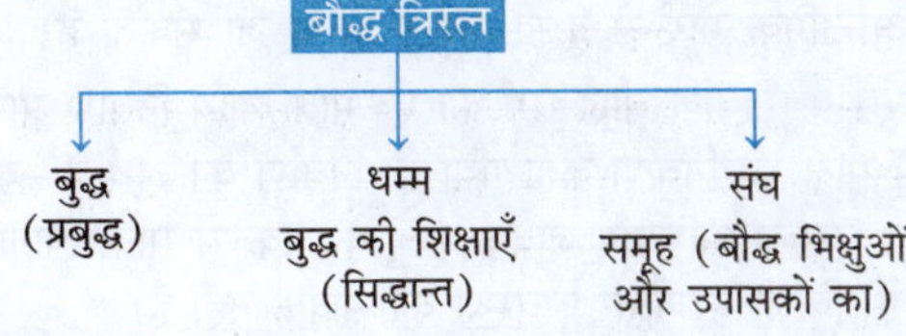

बौद्ध सिद्धान्त

अष्टांगिक मार्ग बुद्ध ने मानव दु:ख के निवारण के लिए अष्टांगिक मार्ग का वर्णन किया। यदि कोई व्यक्ति इस अष्टांगिक मार्ग का अनुसरण करता है, तो वह निर्वाण प्राप्त कर सकता है। ये अष्टांगिक मार्ग इस प्रकार हैं

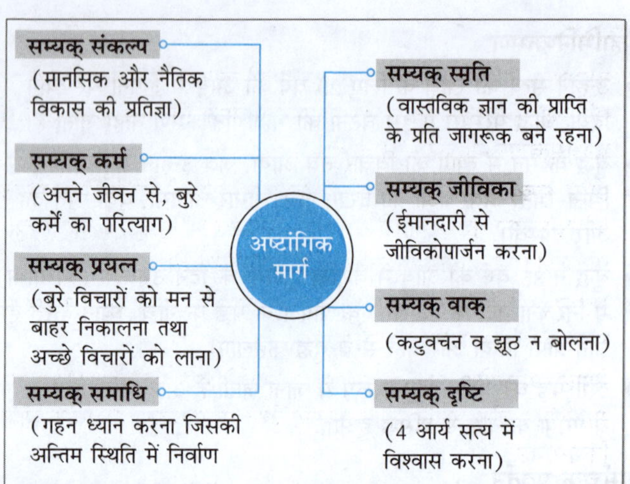

बौद्ध दर्शन के दार्शनिक सिद्धान्त

बौद्ध धर्म के दार्शनिक सिद्धान्तों को निम्नलिखित शीर्षकों के माध्यम से समझ सकते हैं

- **कारण सिद्धान्त** महात्मा बुद्ध की मान्यता थी कि प्रत्येक कार्य एक कारण पर निर्भर होता है अर्थात् संसार का कोई भी कार्य अकारण नहीं है। सृष्टि की समस्त घटनाएँ एक क्रम में हो रही हैं तथा एक घटना अथवा कार्य दूसरी घटना अथवा कार्य के लिए कारण बन जाती है। इसे प्रतीत्य समुत्पाद मध्यमा प्रतिपदा का नाम दिया गया।
- **चार आर्य सत्य** बुद्ध के हृदय में ज्ञान प्राप्ति से पूर्व अनेक शंकाएँ उत्पन्न हुई थीं। उन्होंने विचार किया कि मनुष्य ऐसी दुःख पूर्ण स्थिति में क्यों है, जन्म, मृत्यु एवं दुःख से मुक्ति का मार्ग, अन्ततः उन्हें ज्ञात हुआ, जिसे आर्य सत्य चतुष्टय अथवा चत्वारि आर्य सत्यानि कहा गया। चार आर्य सत्य बौद्ध धर्म के सिद्धान्तों की आधारशिला हैं।
  1. **दुःख** महात्मा बुद्ध के अनुसार, सम्पूर्ण संसार दुःखमय है।
  2. **दुःख समुदाय** इस सन्दर्भ में प्रश्न यह उठता है कि दुःख का कारण क्या है? बुद्ध ने प्रतीत्य समुत्पाद के माध्यम से दुःख का कारण जानने का प्रयास किया।
  3. **दुःख निरोध** प्रतीत्य समुत्पाद प्रक्रिया के अन्तर्गत यदि दुःख के कारण को नष्ट कर दिया जाए, तो दुःख निरोध सम्भव है।
  4. **दुःख निरोध गामिनी प्रतिपदा** दुःख है, तो उससे मुक्ति का मार्ग भी है। अष्टांगिक मार्ग से दुःख निरोध किया जा सकता है।
- **निर्वाण एवं परिनिर्वाण** बौद्ध धर्म का एकमात्र लक्ष्य निर्वाण प्राप्त करना है। इसमें मोक्ष को निर्वाण कहा गया है। निर्वाण का अर्थ है—बुझ जाना, सामान्यतः इसका अभिप्राय जीवन-मृत्यु के चक्र से मुक्ति पाना है। यह वास्तव में, किसी मरणोत्तर अवस्था का सूचक नहीं है।
- **अनात्मवाद** बुद्ध ने आत्मा को अनावश्यक कल्पना मानकर उसका निषेध करते हुए मात्र चेतना की अवस्था को स्वीकार किया। बुद्ध की मान्यता थी कि संसार अनित्य, क्षणिक एवं दुःख स्वरूप है।
- बौद्ध दर्शन आत्मा का ऐसी स्थायी सत्ता के रूप में अपरिवर्तित बने रहने का अवश्य निषेध करता है, लेकिन उसके स्थान पर एक तरल आत्मा को स्वीकार करता है, जिसे अपने तरलत्व के कारण ही परस्पर बिल्कुल पृथक् और असमान अवस्थाओं की सन्तान नहीं माना जा सकता।
- **पुनर्जन्म** बौद्ध धर्म पुनर्जन्म में विश्वास करता है, किन्तु इसमें नित्य आत्मा के अस्तित्व को स्वीकार नहीं किया गया है। अतः यह विचार परस्पर विरोधी है। बौद्ध धर्म में न केवल जीवन समाप्ति के बाद पुनर्जन्म माना गया, बल्कि प्रतिक्षण पुनर्जन्म को स्वीकार किया है।
- **निरीश्वरवाद** बौद्ध दर्शन ईश्वर की सत्ता को नहीं मानता, क्योंकि दुनिया प्रतीत्य समुत्पाद के नियम पर चलती है। अतः इस ब्रह्माण्ड को कोई चलाने वाला नहीं है, न ही कोई उत्पत्तिकर्ता, क्योंकि उत्पत्ति कहने से अन्त का आभास होता है, इसलिए न कोई प्रारम्भ है और न अन्त।

महात्मा बुद्ध के प्रमुख शिष्य

शिष्य	महत्त्वपूर्ण तथ्य
सारिपुत्र	◆ ये जाति से ब्राह्मण तथा राजगृह के निवासी थे। ◆ इनकी मृत्यु महात्मा बुद्ध के जीवनकाल में ही हो गई थी।
आनन्द	◆ ये महात्मा बुद्ध के निजी सेवक एवं परम शिष्य थे। ◆ ये महात्मा बुद्ध के चचेरे भाई थे। इनका मुख्य योगदान महिला भिक्षुणियों को संघ का सदस्य बनाना था।
मोद्गलायन	◆ ये भी राजगृह के निवासी थे, इन्होंने सारिपुत्र से बौद्ध धर्म की दीक्षा ली थी। ◆ इनकी मृत्यु भी महात्मा बुद्ध के जीवनकाल में हुई।
उपाली	◆ ये नापित पुत्र थे। इनके पिता शाक्य वंश में नाई का कार्य करते थे।
सुनीत	◆ ये जाति से शूद्र थे। ये भी महात्मा बुद्ध के प्रिय शिष्य थे।
अनिरुद्ध	◆ ये एक धनी व्यापारी के पुत्र थे।
अनाथपिण्डिका	◆ ये श्रावस्ती के प्रसिद्ध श्रेष्ठी थे। ◆ इन्होंने चेतकुमार से जेतवन विहार खरीदकर महात्मा बुद्ध को प्रदान किया था।
जीवक	◆ ये भी बुद्ध के प्रिय शिष्य थे। ◆ इनका आयुर्वेद का ज्ञान अत्यन्त उच्च कोटि का था।
महाकस्यप	◆ ये मगध के शाही परिवार में जन्मे थे। ◆ ये प्रथम बौद्ध परिषद् के अध्यक्ष बने।
महाप्रजापति गौतमी	◆ ये महाराजा शुद्धोधन की पत्नी और महात्मा बुद्ध की मौसी थीं। ◆ अपने शिष्य आनन्द के अनुरोध पर, बुद्ध ने इन्हें संघ में दीक्षित करने का निर्णय लिया। ◆ ये बौद्ध संघ में प्रवेश करने वाली पहली महिला थीं।
पूर्ण मैत्रायणीपुत्र	◆ ये बौद्ध धर्म के महान शिक्षक थे।
राजकुमारी यशोधरा	◆ ये महात्मा बुद्ध की पत्नी थीं। ◆ इन्होंने प्रव्रज्या ग्रहण की और संघ के नियमों का पालन किया।
नन्दा	◆ ये महाप्रजापति गौतमी की पुत्री और महात्मा बुद्ध की चचेरी बहन थीं। इन्होंने भी बुद्ध से दीक्षा प्राप्त की थी।
आम्रपाली	◆ ये वैशाली नगर की वैश्या थीं। ◆ इन्होंने महात्मा बुद्ध से बौद्ध धर्म की दीक्षा भी प्राप्त की।
विशाखा	◆ यह अंग जनपद के श्रेष्ठी की कन्या थीं। ◆ इन्होंने श्रावस्ती में पूर्वाराम विहार का निर्माण करवाया। ◆ बाद में विशाखा बौद्ध धर्म की संरक्षिका बनीं।

बुद्ध के उपरान्त बौद्ध धर्म

- महात्मा बुद्ध के महापरिनिर्वाण के पश्चात् (383 ई. पू. से 250 ई. पू. के मध्य) बौद्ध संघ स्थविर और महासंघिक में बँट गया।
- महात्मा बुद्ध के महापरिनिर्वाण के पश्चात् बौद्ध धर्म में अनेक महत्त्वपूर्ण घटनाएँ घटीं। इनका विवरण इस प्रकार है

त्रिपिटकों का संकलन

त्रिपिटक (शाब्दिक अर्थ-तीन पिटारी) महात्मा बुद्ध के उपदेशों का संकलन है। बौद्ध साहित्य को त्रिपिटक भी कहा जाता है तथा यह पालि भाषा में रचित है। ये त्रिपिटक निम्नलिखित हैं

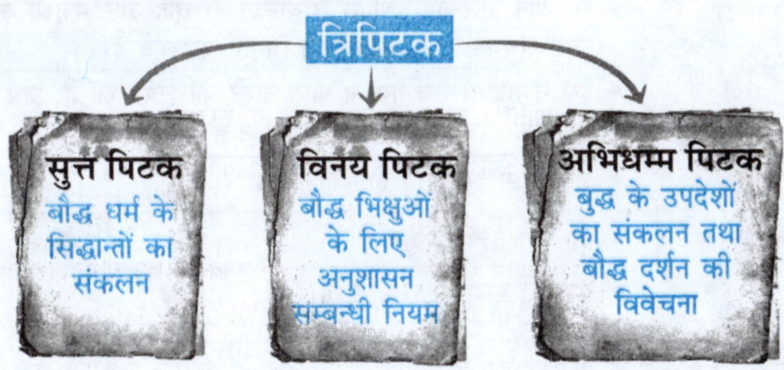

बौद्ध संगीतियाँ

क्र.सं.	वर्ष	स्थान	संरक्षक	अध्यक्ष	विशेषता
प्रथम	483 ई. पू.	राजगृह (सप्तपर्णी गुफा)	अजातशत्रु	महाकस्यप	बुद्ध के उपदेशों का सुत्त पिटक तथा विनय पिटक में संकलन
द्वितीय	383 ई. पू.	वैशाली	कालाशोक	सर्वकामिनी (सुबकामी)	बौद्ध संघ का विभाजन स्थविर और महासंघिक में
तृतीय	250 ई. पू.	पाटलिपुत्र	अशोक	मोग्गलिपुत्त तिस्स	अभिधम्म पिटक का संकलन
चतुर्थ	72 ई. पू.	कुण्डलवन (कश्मीर)	कनिष्क	वसुमित्र (उपाध्यक्ष-अश्वघोष)	विभाषाशास्त्र का संकलन बौद्ध धर्म की हीनयान और महायान शाखा का उदय

बौद्ध सम्प्रदाय

चौथी बौद्ध संगीति में बौद्ध संघ हीनयान और महायान में विभाजित हुआ।

हीनयान (श्रावकयान)

- हीनयान बौद्ध धर्म की एक प्राचीन शाखा है, जो इस धर्म के आरम्भिक रूप को मानती है। शाब्दिक रूप से हीनयान का तात्पर्य निम्न वाहन से है। यह महात्मा बुद्ध को महापुरुष मानता है।
- हीनयान बौद्ध धर्म के दो सम्प्रदायों में से एक है, इसे थेरवाद भी कहा जाता है। थेरवाद या हीनयान बुद्ध के मौलिक उपदेश ही मानता है।
- हीनयान की मान्यता है कि सभी को अपनी मुक्ति का मार्ग स्वयं ढूँढना होगा और अधिक-से-अधिक निर्वाण के मार्ग में हम दूसरों की उदाहरण या उपदेश के द्वारा सहायता कर सकते हैं। बौद्ध धर्म का हीनयान साहित्य पालि भाषा में है।

महायान

- बौद्ध धर्म का यह सम्प्रदाय बुद्ध को ईश्वर के रूप में मानता है तथा मूर्तिपूजा में विश्वास करता है। महायान मन्त्रों में विश्वास करता है, इसे बोधिसत्वयान भी कहते हैं।
- इसके मुख्य सिद्धान्त सभी प्राणियों के लिए दु:ख से सार्वभौमिक मुक्ति की सम्भावना पर आधारित थे। इसके सिद्धान्त भी बुद्ध एवं बोधिसत्वों की प्रकृति के अवतार के अस्तित्व पर आधारित हैं।
- यह बुद्ध में विश्वास रखने और स्वयं को उनके प्रति समर्पित करने के माध्यम से मोक्ष प्राप्ति की चर्चा करता है।
- नेपाल, बांग्लादेश, जापान, वियतनाम, इण्डोनेशिया, मलेशिया, सिंगापुर, मंगोलिया, चीन, भूटान, तिब्बत आदि देशों में अधिकांश महायानी बौद्ध निवास करते हैं।
- महायान बौद्ध धर्म का साहित्य संस्कृत भाषा में है। मिलिन्दपन्हो नामक ग्रन्थ अपवाद ग्रस्त है, क्योंकि यह महायान ग्रन्थ होकर भी पालि भाषा में रचित है।

महायान बौद्ध धर्म के सम्प्रदाय

माध्यमिक या शून्यवाद

- यह शून्यता के सिद्धान्त पर आधारित है अर्थात् सभी चीजें या परिघटनाएँ धर्म, प्रकृति, पदार्थ या सार से रिक्त (शून्य) हैं।
- इसके प्रणेता दार्शनिक नागार्जुन हैं। यह सिद्धान्त सापेक्षिकता के सिद्धान्त से समानता रखता है।
- माध्यमिककारिका इस दर्शन से सम्बन्धित महत्त्वपूर्ण ग्रन्थ है।
- चन्द्रकीर्ति और शान्तिदेव इस सम्प्रदाय के महान विद्वान हैं।

योगाचार

- इसे मनमात्र सम्प्रदाय भी कहा जाता है। इसके प्रणेता मैत्रेयनाथ थे तथा उनके शिष्य असंग ने इस विचारधारा को स्पष्टता प्रदान की।
- इसके बाद वसुबन्ध, दिग्नाग और धर्मकीर्ति भी इस दर्शन से जुड़ गए।
- असंग द्वारा लिखित सूत्रालंकार इससे सम्बन्धित प्राचीनतम् पुस्तक है।
- लंकावतार सूत्र भी इस दर्शन से जुड़ी एक महत्त्वपूर्ण पुस्तक है।
- इस दर्शन का मानना है कि संसार का निर्माण चेतना ने किया है, जो स्वप्न से अधिक वास्तविक नहीं है।

अन्य बौद्ध सम्प्रदाय

सम्प्रदाय	विवरण
थेरवाद	• यह वर्तमान में प्रचलित बौद्ध धर्म की अत्यन्त प्राचीन शाखा है। • थेरवाद बौद्ध धर्म श्रीलंका में विकसित हुआ और बाद में शेष दक्षिण पूर्व एशिया में विस्तृत हो गया। • थेरवाद, विभाज्जवाद अर्थात् विश्लेषण का शिक्षण की अवधारणा में विश्वास करता है। • विशुद्धिमार्ग (शुद्धिकरण का मार्ग) थेरवादी शाखा का मुख्य ग्रन्थ है। • इसकी रचना बुद्धघोष ने 5वीं शताब्दी में श्रीलंका में की थी। • इसमें शुद्धिकरण के सात चरणों सत्त विशुद्धि की चर्चा की गई है, जिनका निर्वाण प्राप्ति के लिए पालन करना पड़ता है। • विश्व के लगभग 35.8% बौद्ध थेरवाद परम्परा से सम्बन्धित हैं। • थेरवाद, कम्बोडिया, लाओस, म्यांमार, श्रीलंका और थाईलैण्ड में धर्म का प्रमुख रूप है।

सम्प्रदाय	विवरण
वज्रयान सम्प्रदाय	◆ यह तन्त्रवाद से प्रभावित था, जो जादुई शक्ति को प्राप्त करके मुक्त होने की कल्पना करता था। 8वीं शताब्दी में कश्मीर के सर्वज्ञमित्र नामक व्यक्ति ने तन्त्रवाद को बौद्ध सम्प्रदाय में अपनाया था। ◆ इस जादुई शक्ति को वज्र कहा जाता है, इसलिए इस सम्प्रदाय को वज्रयान कहा जाने लगा। ◆ इस सम्प्रदाय में जब पुरुष के साथ स्त्री की कल्पना की गई, तो अवलोकितेश्वर के साथ प्रज्ञापरमिता और बुद्ध के साथ तारा जुड़ गईं। ◆ नालन्दा, विक्रमशिला, सोमपुरी और जगदल्ल वज्रयान सम्प्रदाय के महत्त्वपूर्ण केन्द्र थे।
चक्रयान एवं सहजयान	◆ वज्रयान सम्प्रदाय के अन्तर्गत ही 10वीं शताब्दी में एक अन्य सम्प्रदाय काल चक्रायन अस्तित्व में आया। ◆ इसमें सर्वोच्च देवता कालचक्र को माना गया। बंगाल में ही सहजयान पन्थ का भी विकास हुआ।
नवयान	◆ नवयान का अर्थ है–वह रास्ता जो नवीन हो। यह बौद्ध धर्म का नवीनतम सम्प्रदाय है, जिसे डॉ. भीमराव अम्बेडकर ने शुरू किया था। ◆ यही कारण है कि इस सम्प्रदाय को उनके नाम पर **भीमयान** कहा जाने लगा है। इस सम्प्रदाय के मानने वाले स्वयं को नव बौद्ध कहते हैं और उन सभी नियमों तथा प्रतिज्ञा को मानते हैं, जो नव बौद्धों (Neo-Buddhist) के लिए शुरुआत में बनाए गए थे।

अर्हत

- थेरवादी बौद्धों के अनुसार, अस्तित्व के वास्तविक स्वरूप में अन्तर्दृष्टि प्राप्त करके निर्वाण प्राप्त करने वाले साधक को अर्हत कहा जाता है।
- हालाँकि, महायान सम्प्रदाय निर्वाण प्राप्त करने के समीप पहुँचे हुए साधक को अर्हत मानता है।
- कुल मिलाकर, बौद्ध धर्म में 16 पौराणिक अर्हत हैं।
- दूसरी शताब्दी ईसा पूर्व का एक सर्वस्तिवादी बौद्ध नागसेन, गौतम बुद्ध के पुत्र राहुल को 16 अर्हतों में से एक मानता है।

बोधिसत्व की संकल्पना

- बौद्ध धर्म में बोधिसत्व (वह व्यक्ति, जो प्रबुद्ध होने के मार्ग पर है।) एक महत्त्वपूर्ण विचार है। यह शब्द संस्कृत मूल बोधि से बना है, जिसका अर्थ है—जागृति या ज्ञानोदय और सत्व, जिसका अर्थ है—होना।
- गौतम बुद्ध भी पूर्व जन्मों में बोधिसत्व थे। इसका वर्णन जातक कथाओं में किया गया है।
- पारम्परिक रूप से महान दया से प्रेरित, बोधिचित्त जनित सभी संवेदनशील प्राणियों के लाभ के लिए सहज इच्छा से बुद्धत्व (बौद्ध धर्म) प्राप्त करने वाले को बोधिसत्व माना जाता है।
- बोधिसत्व शब्द का उपयोग समय के साथ विकसित हुआ। प्राचीन भारतीय बौद्ध धर्म के अनुसार, गौतम बुद्ध के पूर्व जीवन को विशिष्ट रूप से प्रदर्शित करने के लिए बोधिसत्व प्रयोग में लिया जाता था।

बोधिसत्व बनने की प्रक्रिया

बुद्ध बनने के मार्ग पर बौधिसत्व को 10 धाराओं से गुजरना पड़ता है। ये धाराएँ हैं–मुदिता, विमला, दीप्ति, अर्चिष्मती, सुदुर्जया, अभिमुखी, दूरंगमा, अचल, साधुमती, धम्म-मेघा।

बोधिसत्व

नाम	विवरण
अवलोकितेश्वर	◆ इन्हें कमल का फूल पकड़े हुए वर्णित किया जाता है। ◆ इन्हें पद्मपाणि के नाम से जाना जाता है। इनका अजन्ता की गुफाओं में चित्रण है।
वज्रपाणि	◆ इनमें बुद्ध की सभी शक्तियों के साथ वैरोचन, अक्षोभ्य, अमिताभ, रत्नसम्भव और अमोघसिद्धि नामक सभी 5 तथागतों की शक्तियाँ भी समाहित हैं। अजन्ता की गुफाओं में इनका चित्रण है।
मंजूश्री	◆ यह बुद्ध की बुद्धिमता से सम्बन्धित है। इन्हें हाथ में तलवार लिए हुए दिखाया गया है। इनका अजन्ता की गुफाओं में चित्रण है।
सामन्तभद्र	◆ ये ध्यान और आचरण से सम्बन्धित हैं। बुद्ध और मंजूश्री के साथ संयुक्त होकर शाक्यमुनि त्रिमूर्ति कहलाते हैं।
क्षितिगर्भ	◆ इन्होंने बुद्धत्व तब तक न प्राप्त करने की शपथ ली है, जब तक कि नरक पूर्ण रूप से खाली न हो जाए।
मैत्रेय	◆ भविष्य में अवतरित होने वाले बुद्ध हैं।
आकाशगर्भ	◆ आकाश तत्त्व से जुड़े हैं।
तारा	◆ वज्रयान बौद्धधर्म से जुड़ी हैं।
वसुन्धरा	◆ धम, समृद्धि और विपुलता से सम्बन्धित ◆ नेपाल में लोकप्रिय
स्कन्द	◆ विहारों और बुद्ध की शिक्षाओं के रक्षक
सीततपात्र	◆ अलौकिक खतरों से रक्षा करती है। ◆ महायान और वज्रयान दोनों सम्प्रदायों में पूजा की जाती है।

प्रमुख बौद्ध व्यक्तित्व

व्यक्तित्व	विवरण
असंग और वसुबन्धु	◆ असंग और वसुबन्धु दोनों सौतेले भाई थे। ये योगाचार्य और अभिधम्म शिक्षा के समर्थक थे। वसुबन्धु का सबसे महत्त्वपूर्ण कार्य अभिधर्म मोक्ष था।
अश्वघोष	◆ ये प्राचीन भारतीय इतिहास में प्रथम संस्कृत नाटककार थे। ◆ इनके मुख्य साहित्यिक कार्यों में महालंकारा (जय की पुस्तक), सौन्दरानन्द काव्य (नन्दा के जीवन का वर्णन) और बुद्धचरित्र सम्मिलित थे।
बुद्धघोष	◆ ये पालि भाषा के प्रमुख विद्वान तथा थेरवाद के महत्त्वपूर्ण टीकाकारों में से एक माने जाते थे। ◆ इन्होंने मगध साम्राज्य से लेकर श्रीलंका का भ्रमण किया था और वहीं पर बस गए थे। इनका सबसे महत्त्वपूर्ण कार्य विशुद्धिमग्ग है।
चन्द्रकीर्ति	◆ ये नागार्जुन के एक प्रमुख शिष्य थे, इनका मुख्य कार्य प्रसन्नपद था।
धर्मकीर्ति	◆ ये नालन्दा विश्वविद्यालय में एक कवि के रूप में चर्चित थे साथ ही एक प्रमुख शिक्षक भी थे। इनके द्वारा सात ग्रन्थों का लेखन कार्य किया गया था।
दिग्नाथ	◆ ये 5वीं शताब्दी में बौद्ध धर्म के तर्कशास्त्र के प्रवर्तक के रूप में सुविख्यात थे। इन्होंने तर्कशास्त्र पर लगभग 100 ग्रन्थों का लेखन कार्य किया था।
नागार्जुन	◆ नागार्जुन, सातवाहन राजा गौतमीपुत्र के न केवल मित्र, बल्कि समकालीन भी थे। ये बौद्ध धर्म की माध्यमिक विचारधारा के संस्थापक थे। ◆ माध्यमिक विचारधारा को शून्यवाद एवं सापेक्षवाद के नाम से भी जाना जाता था।
नागसेन	◆ इन्होंने मिनाण्डर प्रथम (मिलिन्द) द्वारा बौद्ध धर्म पर पूछे गए प्रश्नों के उत्तर दिए। यह समस्त वार्तालाप **मिलिन्दपन्हो** नामक पुस्तक में अंकित किया गया है।

बौद्ध धर्म में पाल शासकों का योगदान

- पूर्व मध्यकाल अर्थात् 800–1200 ई. के मध्य भारत में बौद्ध धर्म पतन की ओर अग्रसर था।
- उत्तर में शैव मतावलम्बी हूणों के आक्रमण तथा दक्षिण में शंकराचार्य द्वारा वैदिक धर्म को पुन: प्रतिष्ठापित करने के अभियान से बौद्ध धर्म को गहरा आघात लगा।
- इस काल में पाल शासकों ने बौद्ध धर्म को संरक्षण दिया। पाल राजा कट्टर बौद्ध थे और उन्होंने बौद्ध धर्म को अपने राज्यधर्म के रूप में प्रचारित किया था।
- पाल काल के दौरान वज्रयान पन्थ का भी समुचित विकास हुआ। विक्रमशिला विहार वज्रयान पन्थ का एक प्रसिद्ध केन्द्र बन गया।
- पाल शासक धर्मपाल ने विक्रमशिला विश्वविद्यालय की स्थापना करवाई।
- विक्रमशिला विहार, ओदन्तपुरा विहार और जगद्दल विहार सभी में विशाल निर्माण हैं, जिन्हें पाल काल का माना जाता है।

ईसाई धर्म

- इस धर्म का उदय लगभग 2000 वर्ष पूर्व फिलीस्तीन में हुआ था। यह धर्म यहूदी धर्म तथा बुद्धवाद का मिश्रित एवं रूपान्तरित रूप है।
- ईसाई धर्म के प्रवर्तक ईसा मसीह थे। इस धर्म को लोकप्रियता चौथी सदी से मिलनी प्रारम्भ हुई।
- भारत में अंग्रेजों के आगमन के पश्चात् ईसाई धर्म का प्रचार-प्रसार अधिकाधिक हुआ। सेण्ट थॉमस प्रथम शताब्दी में गोण्डोफर्नीज के शासन काल में ही भारत आए थे।
- उन्होंने मालाबार के तटवर्ती क्षेत्र में ईसाई धर्म का प्रचार किया। अकबर के दरबार में एकावीवा व मॉन्सेरात नामक पादरी आए थे।

मुख्य सम्प्रदाय

कैथोलिक सम्प्रदाय

- कैथोलिक का आशय है-व्यापक अथवा सार्वभौम।
- इसके अनुयायियों के अनुसार, कैथोलिक सम्प्रदाय मानव जाति की ईसा मसीह की धार्मिक शिक्षाओं को सिखाने को तत्पर रहता है।
- अमेरिका, यूरोप तथा एशिया के अनेक स्थानों पर रोमन कैथोलिक चर्च ही मान्य हैं। इन चर्चों के अध्यक्ष पोप होते हैं, जो रोम के वैटिकन नगर के प्रधान पादरी हैं। वर्तमान में पोप, फ्रांसिस हैं। इस सम्प्रदाय के लोग बाइबिल के बजाय पोप पर अधिक विश्वास करते हैं।

प्रोटेस्टेण्ट सम्प्रदाय

- सम्प्रदाय कैथोलिक सम्प्रदाय के विरोध में उत्पन्न हुआ। यह 16वीं शताब्दी में जर्मन विद्वान मार्टिन लूथर के नेतृत्व में शुरू हुआ। इस सम्प्रदाय का मुख्य उद्देश्य ईसाई धर्म में सुधारवादी गतिविधियाँ को चलाना था।
- प्रोटेस्टेण्ट सम्प्रदाय यह मानता है कि सच्चा ईश्वर बनने के लिए संस्कारों की आवश्यकता नहीं है।
- बौद्धिक रूप से और शुद्ध हृदय से ईश्वर में आस्था रखने पर उसे प्राप्त किया जा सकता है।

प्रमुख सिद्धान्त

- यहूदियों के समान, ईसाई धर्म भी एक ईश्वर में विश्वास रखता है, उसी ने दुनिया बनाई है और वही उसका भरण-पोषण करता है, के विचार को स्वीकार करता है।
- ईश्वर ने ही यीशु को अपने मसीहा के रूप में इस संसार में भेजा है। ईसाई धर्म में त्रिदेव (ट्रिनीटी) की संकल्पना के अन्तर्गत पिता, पुत्र और पवित्र आत्मा को मान्यता दी गई है।
- ईसाई, यहूदी धर्म के प्रभु के साथ ईसा की निरन्तरता को स्वीकार करते हैं।

इस्लाम धर्म

- भारत में हिन्दू धर्म के पश्चात् इस्लाम धर्म के अनुयायियों की संख्या अधिक है। भारत में इस्लाम धर्म 8वीं शताब्दी में आया। इस्लाम धर्म में दार्शनिकता नहीं है। यह केवल एकेश्वरवाद को मानता है।
- अरबी भाषा के शब्द इस्लाम का अर्थ है-अल्लाह के प्रति समर्पण। इसके प्रवर्तक हजरत मुहम्मद साहब थे। उनका जन्म 570 ई. में सऊदी अरब के मक्का शहर में हुआ था। मुहम्मद साहब ने मूर्ति पूजा का विरोध करके एकेश्वरवाद पर बल दिया।
- जब मक्का में उनके धार्मिक विचारों का विरोध होने लगा, तो 622 ई. में उन्होंने मक्का छोड़कर मदीना को अपना धर्म क्षेत्र बनाया। इस यात्रा को हिजरत कहा जाता है। यहीं से हिजरी सम्वत् की शुरुआत मानी जाती है और प्राय: इस्लाम का प्रारम्भ भी यहीं से माना जाता है। इस्लाम का प्रार्थना स्थल मस्जिद कहलाता है।

इस्लाम के सम्प्रदाय

पैगम्बर मुहम्मद साहब की मृत्यु के पश्चात् इस्लाम धर्म दो मतों में विभाजित हो गया

शिया मत	◆ शिया का आशय है—अली का दल। मुहम्मद साहब की मृत्यु के पश्चात् उनके दामाद अली को खलीफा बनाया गया। इनके त्योहार तथा स्मृति दिवसों को मनाने की परम्परा सुन्नी मत से भिन्न होती है। ◆ शिया मत में कई उपशाखाएँ भी हैं; जैसे—इस्माइली, जाफरी और जैदी। इनके कई उपविभाजन भी हैं; जैसे-बोहरा, तैयाबी, अकबरी, मुस्ताली आदि।
सुन्नी मत	◆ सुन्नी शब्द सुन्नाह से बना है, जिसका अर्थ होता है-जाँचा-परखा रास्ता। इस मत को मानने वाले मुसलमानों का मानना है कि मुहम्मद साहब के सन्देश, जो उन्हें अल्लाह से मिले थे, वे सभी कुरान में हैं। ◆ इस सम्प्रदाय में वे लोग सम्मिलित हुए, जिनका मत था कि पैगम्बर का उत्तराधिकारी उनके अनुगामी तथा निकटस्थ लोगों में से होना चाहिए; जैसे—अबू बक्र। सुन्नी शाखा में कई विभाजन हैं; जैसे—हनफी, शाफई, हबली, मालिकी आदि।
	अन्य सम्प्रदाय
अहमदिया	◆ इस सम्प्रदाय को इस्लाम के अन्य अनुयायी मुसलमान नहीं मानते हैं। भारत के पंजाब राज्य के कादियान कस्बे से सम्बन्धित होने के कारण इसे **कादियानी सम्प्रदाय** भी कहा जाता है। ◆ इस सम्प्रदाय के लोग पैगम्बर मुहम्मद साहब को अन्तिम पैगम्बर नहीं मानते, बल्कि अभी भी पैगम्बरी परम्परा को जारी रखे हुए हैं। ये लोग अपने वर्तमान सर्वोच्च धर्मगुरु को नबी के रूप में मानते हैं। ◆ अन्य प्रमुख भारतीय मुस्लिम सम्प्रदायों में खोजा, मप्पिला, कोकणी, वोरा, पटेल व मेमण आदि हैं।

धर्म ग्रन्थ एवं धार्मिक ग्रन्थ

- कुरान शरीफ इस्लाम का मुख्य धार्मिक ग्रन्थ है (कुल 114 अध्याय तथा 6500 आयतें)। इस पुस्तक को 633 ई. में लिपिबद्ध किया गया है। हदीस कुरान की व्याख्या है। कुरान में वर्णित आदर्शों का पालन करने का तरीका भी हदीस बताती है।
- इस्लाम के प्रमुख धार्मिक स्थल मक्का व मदीना हैं, जोकि सऊदी अरब में स्थित हैं, यहाँ की यात्रा हज कहलाती है।
- हज करना प्रत्येक मुसलमान का कर्त्तव्य होता है। इसके अतिरिक्त भारत में अनेक सूफी सन्तों की दरगाहें भी इस्लाम के अनुयायियों की आस्था के प्रमुख केन्द्र हैं।

सिख धर्म

- सिख शब्द संस्कृत के शिष्य शब्द से बना है, जिसका अर्थ है-सीखने वाला। सिख पन्थ की स्थापना गुरु नानक देव ने की थी। इनका जन्म 15 अप्रैल, 1469 को लाहौर (पाकिस्तान) के निकट तलवण्डी (ननकाना साहिब) में एक खत्री परिवार में हुआ था।
- ये इब्राहिम लोदी, बाबर, हुमायूँ के समकालीन थे। सिखों का मुख्य धार्मिक ग्रन्थ गुरु ग्रन्थ साहिब है। इसका सम्पादन पंचम गुरु अर्जनदेव जी ने किया।
- इस ग्रन्थ का प्रथम प्रकाशन 30 अगस्त, 1604 को अमृतसर में हुआ।
- इस ग्रन्थ में न केवल गुरुओं की वाणी, बल्कि जयदेव, परमानन्द, कबीर, रविदास, नामदेव, सेना, धन्ना व छीवा जी तथा बाबा फरीद की वाणी भी संकलित है।
- इस ग्रन्थ की प्रथम पाँच रचनाएँ निम्नलिखित हैं
  1. जपुजी
  2. सोदरु महला
  3. सुणिबड़ा महला
  4. सोपुरखु महला
  5. सोहिला महला
- दशम ग्रन्थ यह भी पवित्र ग्रन्थ है, जिसमें गुरु गोविन्द सिंह जी की पवित्र वाणी एवं रचनाओं का संग्रह है।

सिख धर्म के सिद्धान्त

- सिख धर्म के मूल सिद्धान्त गुरु नानक देव जी के उपदेशों में मिलते हैं।
- गुरु नानक ने अपने धर्मोपदेशों को तीन रूपों में प्रस्तुत किया
  - कीर्तन करो (कर्म करो)
  - नाम जपो (ईश्वर की आराधना)
  - वण्ड छको (दया, दान व परोपकार)
- गुरु नानक ने यह उपदेश दिया कि ईश्वर एक है तथा मूर्तिपूजा एवं धार्मिक आडम्बर व्यर्थ है।
- गुरु नानक ने भक्ति पथ पर बल दिया तथा गुरु को मोक्ष के लिए आवश्यक माना। सिख एक परम ईश्वर में विश्वास रखते हैं, जिसे अकाल पुरुष कहा जाता है।
- आत्मा की अमरता, कर्म, आवागमन आदि हिन्दू धर्म से प्रभावित हैं।
- सिख सम्प्रदाय के अनुयायी 10 गुरुओं तथा गुरु ग्रन्थ साहिब में भी असीम श्रद्धा रखते हैं। प्रत्येक सिख को पाँच वस्तुएँ धारण करनी पड़ती हैं, जिनमें कड़ा, केश, कंघा, कच्छा तथा कृपाण सम्मिलित हैं, जिन्हें पंच ककार कहा जाता है।

पाँच सिख तख्त

सिखों के प्रमुख धर्म स्थल पाँच तख्तों के रूप में हैं, जहाँ गुरुद्वारों का निर्माण किया गया है। ये पाँच तख्त हैं

- अकाल तख्त हरमिन्दर साहिब स्वर्ण मन्दिर, अमृतसर (पंजाब)
- तख्त श्री दमदमा साहिब तलवण्डी ग्राम भटिण्डा (पंजाब)
- तख्त श्री केशगढ़ साहिब आनन्दपुर (पंजाब)
- तख्त श्री हुजूर साहिब नान्देड़ (महाराष्ट्र)
- तख्त श्री पटना साहिब पटना (बिहार)

पारसी धर्म

- ईरान में छठी शताब्दी ई. पू. में पारसी धर्म का उदय हुआ था। इस धर्म के संस्थापक जरथुष्ट अथवा जोरोस्टर थे।
- 8वीं शताब्दी में जब अरब लोगों का ईरान पर अधिकार हो गया, तो वहीं से पारसी लोग भारत आए। दस्तूर मेहरजी अकबर के शासनकाल में इस धर्म के महान सन्त थे।

पारसी धर्म के प्रमुख सिद्धान्त

- यह विश्व का द्वीश्वरवादी धर्म है अर्थात् इसमें दो परम शक्तियों अहुरमज्दा और अहरिमन को स्वीकार किया गया है।
- पारसी धर्म अनेकेश्वरवाद का खण्डन करता है।
- पारसियों के दैनिक जीवन के अनुष्ठानों एवं उपासना पद्धति में अग्नि का विशेष स्थान है।
- यह धर्म कर्मफल एवं सादगी में विश्वास रखता है।
- पारसी धर्म के लोगों का पूजा स्थल अग्नि मन्दिर है।
- इनका प्रमुख ग्रन्थ अवेस्ता है।
- नवरोज, पटेटी, खोरदादसाल आदि इनके प्रमुख पर्व हैं।

यहूदी धर्म

- यहोवा की आराधना करने वाले हिब्रू कबीले यहूदी कहलाए और उनका धर्म यहूदत कहलाया।
- फिलीस्तीन से इजरायल की ओर निष्क्रमण करते समय सिनाई पर्वत पर मूसा को ईश्वर का सन्देश मिला, जिसे दस धर्मसूत्र कहते हैं।
- इनका प्रार्थना स्थल सिनेगॉग कहलाता है। यहूदियों का धर्मग्रन्थ ओल्ड टेस्टामेण्ट है, जो बाइबिल का शुरुआती अंश है।
- यह एकेश्वरवादी धर्म है, जिसमें एक ही ईश्वर जाहवे या यहोवा को स्वीकार किया गया है। यहूदियों ने सर्वप्रथम केरल के मालाबार तट पर भारत में प्रवेश किया था।
- यहूदियों का एक समूह महाराष्ट्र के कोंकण तट पर आकर बस गया। इसे बेने इजरायल कहा जाता था। इसका तात्पर्य इजरायल के पुत्र से है।

भारत में अन्य धर्म

धर्म	विवरण
सनामही	◆ यह मणिपुर के मेइतेइ/मैती समुदाय के लोगों का धर्म हैं। ◆ इसमें पूर्वजों, सर्वशक्तिमान भगवान, आकाश तत्त्व और वन की शमन प्रकार की पूजा सम्मिलित है। सनामही धर्म का पवित्र ग्रन्थ पुया और त्योहार लाई हाराउबा है।
अय्यायावही	◆ यह हिन्दू धर्म से सम्बन्धित धर्म है। दक्षिण भारत विशेष रूप से तमिलनाडु और केरल में इसके अनुयायी रहते हैं। ◆ इस धर्म के प्रणेता अय्याया वैकुण्डर हैं। इनका पवित्र ग्रन्थ अकिलथिरट्ठ्टु अम्मानई और अरुल नूल हैं।
सरना धर्म	◆ यह झारखण्ड, ओडिशा, पश्चिम बंगाल, बिहार, मध्य प्रदेश, महाराष्ट्र और छत्तीसगढ़ के आदिवासी समुदायों; जैसे-मुण्डा, हो, भूमिज, सन्थाल, बैगा और कुरुख का एक स्वदेशी धर्म है। ◆ सरना या आदि धर्म में साल वृक्ष पर आधारित प्रकृति की पूजा की जाती है। सरना धार्मिक स्थान को जाहेर थान कहा जाता है।
बहाई	◆ इस धर्म का प्रारम्भिक विकास 19वीं शताब्दी में ईरान में हुआ था। इसके संस्थापक बहाउल्लाह थे, जिन्होंने स्वयं को ईश्वर द्वारा भेजा गया पैगम्बर या दूत घोषित किया था। ◆ दिल्ली का लोटस टेम्पल बहाई विश्वास के अन्तर्गत आता है। ◆ बहाई कैलेण्डर के अन्तर्गत एक वर्ष में 19 महीने होते हैं तथा प्रत्येक माह में 19 दिन होते हैं। इस धर्म के सिद्धान्तों का वर्णन किताब-ए-अकदस में किया गया है।

दर्शन

- दर्शन से तात्पर्य उस ज्ञान या विज्ञान से है, जो संसार, जीवन, सत्य और अस्तित्व के मूलभूत प्रश्नों का अध्ययन करता है।
- दर्शन संस्कृत के दृश धातु से निकला है, जिसका अर्थ है—देखना या समझना या अवलोकन करना।
- दर्शन का उद्देश्य संसार और मानव अस्तित्व की गहन समझ प्राप्त करना है और सत्य, आत्मा, ईश्वर और नैतिकता जैसे विषयों पर चिन्तन करना है।
- यह दर्शन या तो इन्द्रियजन्य निरीक्षण से हो सकता है या अन्तर्दृष्टि द्वारा अनुभूत हो सकता है। दर्शन एक ऐसा आध्यात्मिक ज्ञान है, जो आत्मा रूपी इन्द्रियों के समक्ष सम्पूर्ण रूप में प्रकट होता है।
- पश्चिम में दर्शन को फिलॉसफी (Philosophy) कहा जाता है। यह फिलॉसफी शब्द ग्रीक भाषा के दो शब्दों फिलॉस तथा सोफिया से मिलकर बना है, जिसका अर्थ क्रमश: प्रेम तथा ज्ञान होता है।

भारतीय दर्शन

- चिन्तन की परम्परा में दर्शन का अर्थ तत्त्व का दर्शन अथवा सत्य या तत्त्व ज्ञान का साक्षात्कार करना है।
- भारतीय दार्शनिक परम्परा में तत्त्व का साक्षात्कार मानव का परम लक्ष्य माना गया है, जो कि मानव जीवन के समस्त दु:खों से मुक्ति है।
- सांख्यकारिका में वर्णित है कि दु:खत्रयाभिघाताज्जिज्ञासा तदभिघातके हेतै अर्थात् आधिदैविक, आधिभौतिक और आध्यात्मिक दु:खों से निवृत्ति के लिए दार्शनिक जिज्ञासा करनी चाहिए।
- यह दार्शनिक जिज्ञासा कैवल्य (मोक्ष) की जिज्ञासा है। भारतीय दर्शन की उत्पत्ति एक समय में नहीं हुई है, बल्कि इसका क्रमिक विकास हुआ है।

भारतीय दर्शन की विशेषताएँ

- जीवन से निकटता भारतीय दर्शन का उद्देश्य केवल मानसिक जिज्ञासाओं को शान्त करना नहीं, अपितु जीवन की समस्याओं का समाधान खोजना है।
- बन्धन से मुक्ति भारतीय दर्शन अज्ञान को बन्धन का कारण मानता है अर्थात् तत्त्व ज्ञान के अभाव से ही शरीर-बन्धन होता है और दु:खों की उत्पत्ति होती है। इन दु:खों से निवारण मुक्ति या मोक्ष द्वारा सम्भव है, जो जीवन का परम लक्ष्य है।
- कर्म नियम में विश्वास यह एक नैतिक व्यवस्था है, जिसे ऋग्वेद में ऋत्, मीमांसा में अपूर्व तथा न्याय-वैशेषिक में अदृष्ट कहा गया है। यही नैतिक व्यवस्था आगे चलकर कर्मवाद कहलाती है। चार्वाक को छोड़कर सभी भारतीय दर्शन कर्म-नियम में विश्वास करते हैं।
- पुनर्जन्म में विश्वास चार्वाक के अतिरिक्त लगभग सभी दार्शनिक विचारक पुनर्जन्म में विश्वास करते हैं।
- प्रमाणों की महत्ता भारतीय दर्शन में यथार्थ (वास्तविक) ज्ञान की प्राप्ति के लिए अनेक साधनों को स्वीकार किया गया है, इन्हीं साधनों को प्रमाण कहते हैं।
- आत्मसंयम पर बल भारतीय दर्शन मानव जीवन को परिमार्जित करने के लिए आत्मसंयम पर बल देते हैं। आत्मसंयम का तात्पर्य-राग, द्वेष, वासना आदि का त्याग है।
- दर्शन, धर्म तथा नैतिकता का समन्वय भारतीय दर्शन में धर्म तथा नैतिकता एक-दूसरे से मिले हुए हैं।

भारतीय दर्शन की परम्पराएँ

भारतीय दर्शन की दो परम्पराएँ हैं

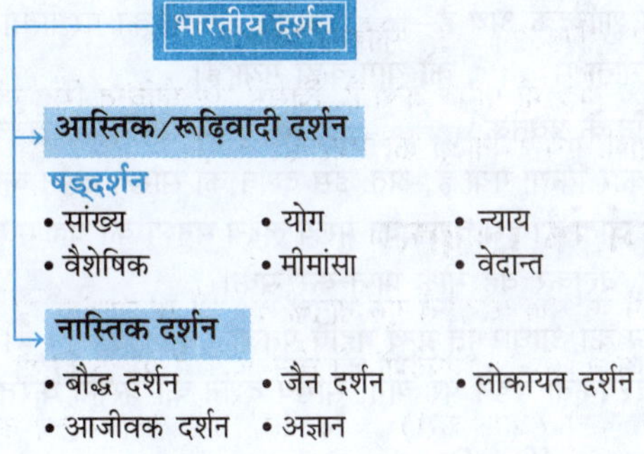

आस्तिक दर्शन

साधारणत: जहाँ आस्तिक शब्द का अर्थ ईश्वर में आस्था रखने से लगाया जाता है, वहीं भारतीय दार्शनिक परम्परा में इस शब्द का आशय उस दार्शनिक विचारधारा से है, जो वेदों को तो प्रामाणिक मानती है, किन्तु यह आवश्यक नहीं है कि ईश्वर में भी विश्वास रखती हो। आस्तिक दर्शन षड्दर्शनों के रूप में निबद्ध है, ये षड्दर्शन हैं- सांख्य, योग, न्याय, वैशेषिक, मीमांसा, वेदान्त।

सांख्य दर्शन

- सांख्य दर्शन भारतीय दर्शन परम्परा में प्राचीनतम दर्शन है, इस दर्शन का उल्लेख वैदिक साहित्य, महाकाव्य तथा स्मृतियों में है। श्रीमद्भगवद्गीता में भी योग के अतिरिक्त सांख्य दर्शन का उल्लेख है।

- सांख्य दर्शन के प्रणेता महर्षि कपिल थे। सांख्य दर्शन का मूल ग्रन्थ महर्षि कपिल का तत्त्व समास है।
- उन्होंने अपने दर्शन को विस्तारपूर्वक समझाने के लिए सांख्य सूत्र ग्रन्थ की रचना की। वर्तमान में ईश्वर कृष्ण का सांख्यकारिका ग्रन्थ ही उपलब्ध है। ईश्वर कृष्ण, वाचस्पति आदि इसके अन्य प्रमुख दार्शनिक हैं। इस दर्शन को भारतीय दार्शनिक परम्परा में विकासवाद का प्रणेता माना जाता है।

सांख्य दर्शन का दार्शनिक सिद्धान्त

- सांख्य एक अनीश्वरवादी दर्शन है, किन्तु वेदों की प्रामाणिकता को स्वीकार करता है। सांख्य में 25 तत्त्वों को स्वीकार किया गया है, जिनमें से सृष्टि के उद्‌भव एवं विकास के लिए दो तत्त्व पुरुष एवं प्रकृति ही पर्याप्त हैं।
- सांख्य दर्शन द्वैतवाद में विश्वास रखता है अर्थात् आत्मा तथा पदार्थ दो पृथक् सत्ताएँ हैं। यह अवधारणा सभी वास्तविक ज्ञान का आधार है।
- इस ज्ञान को तीन मुख्य अवधारणाओं के द्वारा प्राप्त किया जा सकता है—प्रत्यक्ष (अनुभूति), अनुमान (निष्कर्ष) तथा शब्द (श्रवण)।
- सांख्य के अनुसार मोक्ष का अर्थ है-सभी प्रकार के दु:खों से मुक्ति। यही अपवर्ग अथवा पुरुषार्थ है। मोक्ष आत्म-ज्ञान से ही सम्भव है।

सत्कार्यवाद

- यह सांख्य दर्शन का आधारभूत सिद्धान्त है। सत्कार्यवाद का अर्थ है कि कार्य अपनी उत्पत्ति के पूर्व कारण में विद्यमान रहता है।
- जो सम्प्रदाय इस सिद्धान्त को नहीं मानते, उन्हें असत्कार्यवादी दर्शन कहा जाता है। इनमें बौद्ध, न्याय तथा वैशेषिक आदि प्रमुख हैं।

योग दर्शन

- योग का शाब्दिक अर्थ है—मिलन अर्थात् आत्मा का परमात्मा के साथ मिलन, गीता में समत्व को योग कहा गया है।
- योग दर्शन के प्रवर्तक महर्षि पतंजलि थे, इसमें सांख्य की अनेक मान्यताओं को स्वीकार किया गया है, अत: इस दर्शन को सांख्य दर्शन का पूरक दर्शन भी कहा जाता है। इस दर्शन का मुख्य लक्ष्य मनुष्य को वह मार्ग दिखाना है, जिस पर चलकर वह मोक्ष प्राप्त कर सके।
- इस दर्शन का आधारभूत ग्रन्थ महर्षि पतंजलि का योग सूत्र है। तत्त्वमीमांसा की आवश्यकता पड़ने पर योग, सांख्य दर्शन को प्रस्तुत करता है।

योग दर्शन का दार्शनिक सिद्धान्त

- सांख्य और इसमें मुख्य अन्तर यह है कि जहाँ सांख्य सृष्टि के उद्‌भव एवं विकास के लिए केवल पुरुष और प्रकृति नामक दो तत्त्व ही स्वीकार करता है, वहीं योग प्रकृति एवं पुरुष के अतिरिक्त ईश्वर को भी स्वतन्त्र तत्त्व मानता है।
- महर्षि पतंजलि के अनुसार, योग का आशय चित्तवृत्तियों का निरोध है।
- चित्त प्रकृति से आविर्भावित प्रथम तत्त्व है, जो इन्द्रियों के माध्यम से बाह्य विषयों का आकार ग्रहण करता है।

अष्टांग योग

योग के आठ अंग हैं, अत: इसे अष्टांग योग भी कहा जाता है। ये आठ अंग हैं

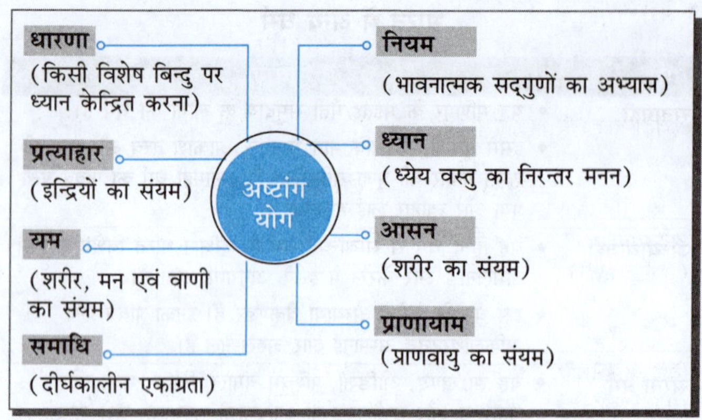

न्याय दर्शन

- न्याय दर्शन का प्रवर्तन महर्षि गौतम ने किया था। न्याय का शाब्दिक अर्थ-तर्क या निर्णय है, जो इस बात का सूचक है कि यह दर्शन मुख्यत: बौद्धिक, विश्लेषणात्मक तथा तार्किक है।
- इसे तर्कशास्त्र, प्रमाणशास्त्र, वाद विद्या, हेतु विद्या, आन्वीक्षकी आदि नामों से भी जाना जाता है। इसका मूल ग्रन्थ महर्षि गौतम कृत न्याय सूत्र है, जिस पर वात्स्यायन ने न्यायभाष्य नामक टीका लिखी है। उद्योत्तकर वाचस्पति, उद्यनाचार्य, जयन्त भट्ट आदि इसके कुछ अन्य दार्शनिक हैं।

प्रमाण

- प्रमाण ज्ञान प्राप्ति के साधन को कहते हैं। इसकी सहायता से किसी वस्तु का यथार्थ ज्ञान प्राप्त किया जाता है।
- प्रमाणों की संख्या चार है—प्रत्यक्ष, अनुमान, उपमान तथा शब्द। इन चारों प्रमाणों में से **प्रत्यक्ष** को प्रधान एवं ज्येष्ठ प्रमाण माना गया है।

प्रमेय

- प्रमेय वह तत्त्व है, जिसका ज्ञान प्राप्त किया जाता है।
- न्याय दर्शन में 12 प्रमेय स्वीकार किए गए हैं।
- इनके यथार्थ ज्ञान से मोक्ष प्राप्ति में सहायता मिलती है।

वैशेषिक दर्शन

- वैशेषिक दर्शन के प्रवर्तक महर्षि कणाद हैं, जिन्हें कणभुक, उलूक तथा काश्यप नामों से भी जाना जाता है। इन्होंने वैशेषिक सूत्र नामक ग्रन्थ लिखा।
- इस दर्शन के सिद्धान्त न्याय के सिद्धान्तों के समान ही हैं, अत: इन्हें समान तन्त्र कहा जाता है।
- वैशेषिक दर्शन का मुख्य उद्देश्य बाह्य जगत की व्यापक समीक्षा करना है।
- वैशेषिक दर्शन में न्याय दर्शन के 16 तत्त्वों की अपेक्षा केवल सात पदार्थों को ही स्वीकार किया गया है।
- वैशेषिक दर्शन ईश्वर, आत्मा तथा कर्म सिद्धान्त को स्वीकारता है। इसके अन्य प्रमुख दार्शनिक प्रशस्तपाद, केशव मिश्र, अनन्तभट्ट इत्यादि हैं।

वेदान्त दर्शन

- वेदान्त का अर्थ होता है—वेदों का अन्तिम भाग अर्थात् वह भाग जो वेदों के अन्तिम लक्ष्य व कार्यक्षेत्र की व्याख्या करता है। इसके प्रतिपादक बादरायण थे, उनकी पुस्तक ब्रह्मसूत्र इसका प्रमुख ग्रन्थ है।

- इस दर्शन के अन्य प्रमुख दार्शनिकों में शंकराचार्य, वाचस्पति, सदानन्द, रामानुज, माध्वाचार्य इत्यादि हैं। वेदान्त दर्शन को उत्तर मीमांसा भी कहा जाता है। यह दर्शन वेदों की ज्ञानमार्गी या दार्शनिक व्याख्या करता है।
- वेदान्त दर्शन के आधारभूत ग्रन्थ हैं—उपनिषद् एवं श्रीमद्भगवद्गीता।

वेदान्त दर्शन की विभिन्न विचारधाराएँ

अद्वैतवाद (8वीं शताब्दी)	◆ आदि गुरु **शंकराचार्य** को इस दर्शन का प्रतिपादक माना जाता है। इन्होंने स्पष्ट कहा है कि परम सत्ता निर्गुण, निराकार तथा निर्वैयक्तिक है। इन्होंने इस परम सत्ता को ब्रह्म तथा जगत को मिथ्या कहा है।
विशिष्टाद्वैतवाद (11-12वीं शताब्दी)	◆ इस विचारधारा के प्रवर्तक **रामानुजाचार्य** थे। रामानुज ने ब्रह्म को चित्त (जीव) तथा अचित्त (अजीव) से विशिष्ट माना। ◆ इसी कारण इनके दर्शन को **विशिष्टाद्वैतवाद** कहा जाता है। इन्होंने अद्वैतवाद का खण्डन किया तथा ब्रह्म को ईश्वर की उपाधि दी और उसे सगुण एवं साकार बताया।
शिव अद्वैतवाद (12वीं शताब्दी)	◆ इनकी मान्यता है कि शिव और ब्रह्म एक समान हैं।
द्वैताद्वैतवाद (13वीं शताब्दी)	◆ द्वैताद्वैतवाद के प्रतिपादक निम्बार्काचार्य थे। इनके वैष्णव मत को सनक सम्प्रदाय कहा जाता है। ये भी रामानुज के समान चित्त, अचित्त तथा ईश्वर तीन तत्त्वों को मानते हैं। ◆ निम्बार्काचार्य के अनुसार, ईश्वर तथा जीव में एक दृष्टि से अन्तर है तथा दूसरी दृष्टि से अन्तर नहीं हैईश्वर परब्रह्म तथा सगुण है, वह स्वभाव से ही समस्त दोषों से रहित है तथा कर्म का स्वामी और जीवों का नियन्ता है।
द्वैतवाद (13-14वीं शताब्दी)	◆ वेदान्त परम्परा में द्वैतवाद के प्रवर्तक **माध्वाचार्य** माने जाते हैं। ◆ इन्होंने **सर्वदर्शनसंग्रह** का संकलन किया है। इन्हें पूर्णप्रज्ञ तथा आनन्दतीर्थ भी कहा जाता है। ये ब्रह्म को सगुण ईश्वर के रूप में स्वीकार करते हैं, जोकि वैदिक देवता विष्णु हैं और लक्ष्मी उनकी शक्ति हैं।
शुद्धाद्वैतवाद (15-16वीं शताब्दी)	◆ इस मत के प्रतिपादक वैष्णव सन्त वल्लभाचार्य थे। ◆ शुद्धाद्वैत में शुद्ध का अर्थ है-माया सम्बन्ध रहित, जबकि अद्वैत का अर्थ है-द्वैत रहित। ◆ अत: ब्रह्म अद्वैत तत्त्व है, इसे पुष्टिमार्ग भी कहते हैं, जिसका अर्थ होता है-भगवान का अनुग्रह।
अचिन्त्य भेदाभेदवाद (15-16वीं शताब्दी)	◆ **चैतन्य महाप्रभु** का दर्शन अचिन्त्य भेदाभेद के नाम से जाना जाता है। ◆ ऐतिहासिक रूप से इसे माध्वमत से जोड़ा जाता है, किन्तु इनके मत तथा माध्वमत में अत्यधिक असमानताएँ भी हैं। ◆ इसे **बंगवैष्णव सम्प्रदाय** भी कहा जाता है। ◆ इनके अनुसार सच्चिदानन्द भगवान श्रीकृष्ण ही परब्रह्म हैं। ◆ वे अन्तत: कल्याण गुण सम्पन्न और अनन्त शक्ति सम्पन्न हैं।

परमाणुवाद

- महर्षि गौतम परमाणु को परिभाषित करते हुए कहते हैं कि 'परं वा गुटे' अर्थात् जिसे और अधिक विभाजित न किया जा सके, वही परमाणु है। न्याय-वैशेषिक दर्शन में चार प्रकार के परमाणुओं को स्वीकार किया गया है-पृथ्वी, अग्नि, जल तथा वायु।
- इन चार पंचमहाभूतों में से महाभूत के अतिरिक्त आकाश एकमात्र ऐसा महाभूत है, जिसके परमाणु नहीं होते, क्योंकि आकाश विभू है।
- वैशेषिक मत के अनुसार ईश्वर सर्वज्ञ, अनन्त तथा पूर्ण है तथा सृष्टि की उत्पत्ति, स्थिति तथा विनाश का कारण है।
- न्याय एवं वैशेषिक दोनों ही वस्तुवादी (Realistic) दर्शन हैं, जो ईश्वर के साथ-साथ जीवात्माओं के अस्तित्व को भी स्वीकार करते हैं। वैशेषिक दर्शन के अनुसार मोक्ष (अपवर्ग) की प्राप्ति, ज्ञान द्वारा होती है।

मीमांसा दर्शन

- मीमांसा शब्द का अर्थ-किसी वस्तु के स्वरूप का यथार्थ वर्णन है।
- इस दर्शन के प्रतिपादक जैमिनी थे, उनका ग्रन्थ मीमांसा सूत्र इस दर्शन का आधार ग्रन्थ है। शबरस्वामी ने इस पर शबर भाष्य लिखा। शबर भाष्य पर प्रभाकर मिश्र एवं कुमारिल भट्ट ने टीकाएँ लिखीं।
- जिनके आधार पर मीमांसा दर्शन में दो सम्प्रदाय प्रभाकर मीमांसा तथा भट्ट मीमांसा अस्तित्व में आए। इन्हें क्रमश: भाट्टमत तथा गुरुमत भी कहा जाता है।
- मीमांसा में धर्म का अत्यधिक महत्त्व है। जैमिनी के अनुसार धर्म वह आदेश है, जो मनुष्य को कर्म के लिए प्रेरित करता है। मीमांसा वेदों के कर्मकाण्डीय स्वरूप से सम्बन्धित है, इसे पूर्व मीमांसा भी कहा जाता है।
- मीमांसा सूत्र में महर्षि जैमिनी कहते हैं अथातो धर्म जिज्ञासा अर्थात् अब धर्म करणीय कर्म के जानने की जिज्ञासा है।
- मीमांसा में आत्मा को ज्ञाता, भोक्ता व कर्ता माना गया है। आत्मा का शरीर, इन्द्रियों व बाह्य पदार्थों से छुटकारा ही मोक्ष है।
- मीमांसा दर्शन में ईश्वर सम्बन्धी विचार स्पष्ट नहीं है। न तो यह न्याय के समान ईश्वर के अस्तित्व का समर्थन करता है और न ही सांख्य दर्शन के समान निषेध करता है।

नास्तिक दर्शन

- दर्शनशास्त्र में वेदों में विश्वास न रखने वाले दर्शन को नास्तिक दर्शन कहा जाता है। छठी शताब्दी ई. पू. भारतभूमि पर अनेक दार्शनिक सम्प्रदायों का उद्भव हुआ, जो ब्राह्मण परम्परा से विलग नास्तिकवादी दृष्टिकोण के थे।
- इन अनेक मतों एवं सम्प्रदायों में महावीर और गौतम बुद्ध के सम्प्रदाय ही चिर-स्थायी सिद्ध हुए।

नोट *बौद्ध एवं जैन धर्म का विस्तृत कवरेज पृष्ठ संख्या 4-11 पर दिया गया है।*

चार्वक या लोकायत दर्शन

- अवैदिक दर्शनों या नास्तिक दर्शनों में चार्वाक भी एक प्रमुख दर्शन है। इसके प्रणेता बृहस्पति माने जाते हैं, हालाँकि इसके सबसे प्रसिद्ध दार्शनिक चार्वाक हुए। उन्हीं के नाम पर यह दर्शन चार्वाक दर्शन कहलाया।
- लोक जीवन तथा समाज में महत्त्व मिलने के कारण इस दर्शन को लोकायत दर्शन भी कहा गया। चार्वाक एक भौतिकवादी दर्शन है, जिसके अनुसार जड़ तत्त्व या भौतिक तत्त्व की ही अन्तिम सत्ता है।
- जहाँ तक चार्वाक दर्शन की ज्ञानमीमांसा का प्रश्न है, चार्वाक केवल प्रत्यक्ष को ही प्रमाण मानते हैं। प्रत्यक्ष के अतिरिक्त, अनुमान उपमान एवं शब्द प्रमाण की कोई सत्ता स्वीकार नहीं करते हैं।
- चार्वाक दर्शन का मूल सिद्धान्त है
  - ◆ यावज्जीवेत् सुखं जीवेत ऋणं कृत्वा घृतं पीवेत।
भस्मी-भूतस्य देहस्या पुनरागमनं कुत:।।
  - ◆ अर्थात् व्यक्ति जब तक जिए, सुख से जिए, यदि उधार लेकर भी घी पीना पड़े तो पिए।

आजीवक

- इसकी स्थापना, मक्खलि गोशाल द्वारा की गई थी। यह नियतिवादी/ नियतत्ववादी (निश्चयवादी) के नियति (भाग्य) सिद्धान्त में विश्वास करता है। इनके अनुसार, कोई स्वतन्त्र इच्छा नहीं है और जो कुछ भी हुआ है, हो रहा है या होगा, वह पूरी तरह से पूर्व निर्धारित है। इसलिए कर्म का कोई लाभ नहीं।
- यह परमाणु सिद्धान्त को मानता है। जिसके अनुसार, सब कुछ परमाणुओं से निर्मित है और अणुओं के समूह से विभिन्न गुण उत्पन्न होते हैं, जो पूर्व निर्धारित है। यह आत्मा के अस्तित्व को स्वीकार करते हैं।

अज्ञान

- कट्टरपन्थी संशयवाद में विश्वास करते हैं, इनका मानना है कि प्रकृति के सन्दर्भ में ज्ञान प्राप्त करना असम्भव है। यह सम्भव भी है, तो मोक्ष प्राप्ति के लिए व्यर्थ है।
- इन्हें अनभिज्ञ माना जाता है, इन्होंने खण्डन में महारथ हासिल की।
- इनका विश्वास था कि अनभिज्ञता (अज्ञानता) सर्वोत्तम है।

आधुनिक भारत के प्रसिद्ध दार्शनिक

रबीन्द्रनाथ टैगोर

रबीन्द्रनाथ टैगोर (7 मई, 1861- 7 अगस्त, 1941) आधुनिक भारत के महान शिक्षाविद्, साहित्यकार एवं उच्च कोटि के दार्शनिक थे। उन्हें गुरुदेव, कविगुरु और विश्वकवि के नाम से भी जाना जाता है।

डब्ल्यू. बी. येट्स ने रबीन्द्रनाथ टैगोर को आधुनिक भारत का एक उत्कृष्ट एवं रचनात्मक कलाकार कहा है।

वे एक बंगाली कवि, उपन्यासकार चित्रकार और संगीतकार भी थे, जिन्होंने पश्चिम में भारतीय संस्कृति को अत्यधिक प्रभावशाली तरीके से पेश किया। उन्होंने एक आध्यात्मिक मानवतावाद विकसित किया, जिसने प्राचीन भारतीय दार्शनिक विचारों को पश्चिमी विचारों से जोड़ा और उन्हें अपना दृष्टिकोण दिया। उनका मानना था कि मनुष्य प्रेम, ज्ञान और स्वतन्त्रता के माध्यम से अपनी क्षमता को पूरा कर सकता है।

स्वामी विवेकानन्द

स्वामी विवेकानन्द (12 जनवरी, 1863 से 4 जुलाई, 1902) आधुनिक भारत के महान युगपुरुष और दार्शनिक सन्त थे। वह रामकृष्ण परमहंस के एक मुख्य शिष्य और भिक्षु थे, उन्होंने वेदान्त और योग के भारतीय दर्शन का परिचय पश्चिमी दुनिया को कराया। उन्होंने अमेरिका स्थित शिकागो में 1893 ई. में आयोजित विश्व धर्म महासभा में भारत की ओर से सनातन धर्म का प्रतिनिधित्व किया था।

विवेकानन्द के आध्यात्मिक विचार समावेशी हैं, अपने गुरु स्वामी रामकृष्ण परमहंस की ही भाँति वे भी मानते थे कि सभी धर्मों का अन्तत: एक ही लक्ष्य है। स्वामी विवेकानन्द एक मानवतावादी चिन्तक थे, उनके अनुसार मनुष्य का जीवन ही एक धर्म है। धर्म न तो पुस्तकों में है, न ही धार्मिक सिद्धान्तों में, प्रत्येक व्यक्ति अपने ईश्वर का अनुभव स्वयं कर सकता है।

श्री अरविन्द घोष

अरविन्द घोष (15 अगस्त, 1872 से 5 दिसम्बर, 1950) या श्री अरविन्द आधुनिक भारत के प्रमुख दार्शनिकों में शामिल हैं।

अपनी युवा अवस्था में इन्होंने भारत के स्वतन्त्रता संग्राम में क्रान्तिकारी के रूप में भाग लिया, किन्तु बाद में योगी बन गए और इन्होंने पॉण्डिचेरी (अब पुदुचेरी) में आश्रम स्थापित किया।

इसके पश्चात् इन्होंने वेद, उपनिषद् ग्रन्थों आदि पर टीकाएँ लिखीं तथा योग साधना पर मौलिक ग्रन्थ लिखे। श्री अरविन्द ने अपने दार्शनिक विचारों के द्वारा आध्यात्मिक चिन्तन को एक नई दिशा देने का कार्य किया।

श्री अरविन्द का दर्शन इस धारणा पर आधारित है कि मानव का बौद्धिक विकास अपने चरम बिन्दु पर पहुँच गया है, इसके आगे आन्तरात्मिक और आध्यात्मिक विकास होना चाहिए।

महात्मा गाँधी

गाँधीवादी दर्शन न केवल राजनीतिक, नैतिक और धार्मिक है, बल्कि पारम्परिक और आधुनिक तथा सरल एवं जटिलता का समन्वय भी है।

इसमें अनेक पश्चिमी प्रभावों के प्रतीक भी दिखाई देते हैं, जिनको महात्मा गाँधी ने उजागर तो किया था, लेकिन यह प्राचीन भारतीय संस्कृति में निहित है तथा सार्वभौमिक नैतिक और धार्मिक सिद्धान्तों का पालन करते हैं।

यह दर्शन एकांगी नहीं है, बल्कि इसका विस्तार अनेक स्तरों तक; जैसे—आध्यात्मिक, धार्मिक, नैतिक, राजनीतिक, आर्थिक, सामाजिक, व्यक्तिगत और सामूहिक आदि तक है।

सत्य, अहिंसा, सर्वोदय और सत्याग्रह तथा उनके महत्त्व से गाँधीवादी दर्शन का विकास हुआ है और ये गाँधीवादी विचारधारा के चार आधार हैं। गाँधीवादी विचारधारा आदर्शवाद पर नहीं, बल्कि व्यावहारिक आदर्शवाद पर बल देती है

गाँधीवादी दर्शन के दो आयाम हैं, जिनका उद्देश्य सत्य और अहिंसा के सिद्धान्तों के अनुसार पहले व्यक्ति को, फिर समाज को साथ बदलना है।

सर्वपल्ली राधाकृष्णन

एक अकादमिक, दार्शनिक और राजनेता के रूप में, सर्वपल्ली राधाकृष्णन (1888-1975) 20वीं सदी में प्रभावशाली भारतीय विचारकों में से एक थे। राधाकृष्णन का दर्शन प्रत्ययवादी है और शंकराचार्य के अद्वैतवाद से प्रभावित है।

अद्वैत वेदान्त की उनकी व्याख्या को नव वेदान्त की संज्ञा दी जाती है।

अलबर्ट स्वाइजर ने राधाकृष्णन के दर्शन को नव हिन्दू धर्म का प्रवर्तन माना और उसको जीवन तथा जगत की सत्ता का प्रतिपादन करने वाला दर्शन कहा है।

उनके दर्शन को प्राय: नव्य धर्म मीमांसा के रूप में स्वीकार किया जाता है तथा पश्चिम के धर्म मीमांसक राधाकृष्णन को वैचारिक रूप से समानधर्मा मानते हैं।

राधाकृष्णन का नव वेदान्त दर्शन वस्तुत: समन्वयात्मक है, जो पूर्व और पश्चिम के दर्शनों में समन्वय करने का प्रयास करते हैं।

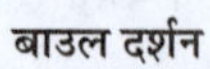

बाउल दर्शन

- यह लोगों का एक समूह होता है, जो घूम-घूमकर गायन करते हैं। इनका सम्बन्ध पश्चिम बंगाल, असम, त्रिपुरा और बांग्लादेश से है।
- बाउल शब्द की उत्पत्ति के बारे में विद्वान एक मत नहीं हैं, परन्तु यह शब्द कविराज कृष्णदास द्वारा लिखित चतैन्य चरितामृत में प्राप्त हुआ है।
- बाउल के गीतों से गुरुदेव रबीन्द्रनाथ टैगोर भी प्रभावित हुए थे। इनके गीतों को यूनेस्को की अमूर्त अदृश्य सांस्कृतिक धरोहर में शामिल किया गया है। प्रसिद्ध बाउल गायकों में लालनशाह, भाबा पगला, शाह अब्दुल करीम, पूरन दास बाउल आदि शामिल हैं।

"

भारत में प्राचीन शिक्षा व तकनीकी का इतिहास अत्यन्त समृद्ध और गौरवशाली है। प्राचीनकाल में शिक्षा का मुख्य उद्देश्य मानव के सर्वांगीण विकास के साथ-साथ नैतिकता एवं ज्ञान का प्रसार करना था। तकनीकी कौशल के क्षेत्र में आयुर्वेद वास्तुकला, धातुकर्म व जल प्रबन्धन जैसी विधाएँ विकसित हुईं, जिन्होंने विश्व सभ्यता के विकास में महत्त्वपूर्ण योगदान दिया।

अध्याय सोलह

प्राचीन एवं मध्यकाल में शिक्षा और तकनीक

प्राचीनकालीन भारत में शिक्षा

- प्राचीन काल से ही भारत में शिक्षा का एक समृद्ध, गौरवशाली और विविधतापूर्ण इतिहास रहा है, जो ज्ञान के प्रति भारतीयों की गहरी श्रद्धा और समग्र शिक्षा के प्रति प्रतिबद्धता को दर्शाता है।
- अनन्त सदाशिव अल्तेकर ने अपनी पुस्तक एजुकेशन इन एन्शिएण्ट इण्डिया में लिखा है, "भारत में शिक्षा तथा विज्ञान की खोज केवल ज्ञान प्राप्त करने के लिए ही नहीं हुई, अपितु ये दोनों धर्म के मार्ग पर चलकर मोक्ष प्राप्त करने के क्रमिक प्रयास माने गए।"
- प्राचीन काल में भारतीय समाज में ज्ञान की खोज को सर्वाधिक महत्त्व दिया जाता था। इसी कारण भारत विश्व के अनेक आरम्भिक एवं प्रसिद्ध शैक्षणिक संस्थानों का घर था।
- इस काल में शिक्षा के क्षेत्र में हुए विकास के अध्ययन को निम्न प्रकार से देखा जा सकता है

प्राचीन भारत में शिक्षा
- वैदिक काल में शिक्षा
- छठी शताब्दी ईसा पूर्व में शिक्षा

वैदिक काल में शिक्षा

- वैदिक युग में शिक्षा को ज्ञान के प्रति गहरी श्रद्धा, गहरी आध्यात्मिकता तथा दार्शनिक नींव और समग्र शिक्षा के प्रति प्रतिबद्धता के लिए जाना जाता है।
- इस काल में शिक्षा का महत्त्व व्यक्ति के जीवन में इस तथ्य से भी लगाया जा सकता है कि सोलह संस्कारों में से आरम्भिक चार संस्कार- विद्यारम्भ, उपनयन, वेदारम्भ और समावर्तन शिक्षा से सम्बन्धित थे।
- इस अवधि में भारत में बौद्धिक और सांस्कृतिक परम्पराओं की जो नींव रखी गई, वह सहस्राब्दियों तक भारत को आकार देती रहेगी।
- इस काल में शिक्षा की मुख्य प्रणाली गुरुकुल थी।
- उपनयन संस्कार (गुरुकुल में प्रवेश के समय)
  - ब्राह्मण (8 वर्ष की आयु में)
  - क्षत्रिय (10 वर्ष की आयु में)
  - वैश्य (12 वर्ष की आयु में)

गुरुकुल प्रणाली

- वैदिक युग में शिक्षा मुख्य रूप से गुरुकुल प्रणाली के माध्यम से प्रदान की जाती थी।
- इस प्रणाली के अन्तर्गत, छात्र एक आश्रम या एकान्त स्थान में गुरु (शिक्षक) के साथ रहते थे।
- छान्दोग्य उपनिषद् में शिष्यों को कुलवासी और अन्तेवासी कहा गया है।
- महाकाव्यों के अनुसार भारद्वाज, वाल्मीकि, मार्कण्डेय और कण्व ऋषि के आश्रम शिक्षा के प्रमुख केन्द्र थे। छात्रों द्वारा अपने गुरुओं के साथ घनिष्ठ गुरु-शिष्य सम्बन्ध विकसित किए जाते थे।
- शिक्षा निःशुल्क दी जाती थी तथा शिक्षा पूर्ण होने के पश्चात् शिष्य अपनी क्षमता के अनुसार गुरु दक्षिणा अर्पित करता था।
- शिक्षा समाप्त होने पर समापवर्तन संस्कार किया जाता था, जिसके पश्चात् ही विद्यार्थी गृहस्थ जीवन में प्रवेश करता था।

शिक्षा प्रारम्भ के लिए आयु

- प्राथमिक शिक्षा की अवधि 6 वर्ष की थी तथा 5-11 वर्ष की आयु वर्ग वाले बालक प्राथमिक स्तर की शिक्षा ग्रहण करते थे।
- 8 से 12 वर्ष की आयु होने पर उच्च शिक्षा के लिए बालकों को गुरुकुल भेजा जाता था। तक्षशिला उच्च शिक्षा का केन्द्र था, जहाँ अध्ययन करने वाले छात्रों की आयु 16 वर्ष होती थी।

शिक्षा पद्धति

- शिक्षा मुख्यत: मौखिक थी, जिसमें याद रखने, स्मरण शक्ति बढ़ाने और सुनाने पर बल दिया जाता था।
- वेदों के पवित्र पाठ पाठ्यक्रम के केन्द्रित विषय थे तथा छात्रों को इनकी ऋचाओं और छन्दों को याद (स्मरण) रखना आवश्यक था।
- इस मौखिक परम्परा ने पीढ़ियों तक ग्रन्थों की शुद्धता और सटीकता को संरक्षित रखा।
- छात्रों के समग्र विकास के लिए न केवल वेद, अपितु दर्शन, युद्ध कला, राजनीति, चिकित्सा विज्ञान, गणित, तर्क कला, ललित कलाएँ, साहित्य एवं व्याकरण आदि विषयों का भी ज्ञान दिया जाता था।

शिक्षा का दृष्टिकोण

- वैदिक शिक्षा केवल अकादमिक शिक्षा तक सीमित नहीं थी, बल्कि इसने व्यक्ति के समग्र विकास पर भी बल दिया।
- इसमें शारीरिक सौष्ठव, नैतिक मूल्य, नैतिकता और चरित्र विकास सम्मिलित थे।

परीक्षा एवं उपाधि

- वैदिक काल में शिक्षा के उपरान्त परीक्षा की कोई नियत व्यवस्था नहीं थी, प्राय: गुरु ही शिष्यों की परीक्षा लेते थे।
- सफल छात्रों को कोई प्रमाण-पत्र नहीं दिए जाते थे, क्योंकि उनकी योग्यता ही उनका प्रमाण-पत्र होती थी।

गुरुकुल शिक्षण प्रणाली

उपाधि	पाठ्यक्रम अवधि	पाठ्यक्रम
स्नातक	12 वर्षीय	किसी एक वेद का अध्ययन पूर्ण करना
वसु	24 वर्षीय	किन्हीं दो वेदों का अध्ययन
रुद्र	36 वर्षीय	किन्हीं तीन वेदों का अध्ययन
आदित्य	48 वर्षीय	चारों वेदों का अध्ययन करने वालों को

महिलाओं की शिक्षा

महिलाओं को भी गुरुकुल में शिक्षा प्राप्त करने का अवसर मिलता था, जबकि प्राचीन ग्रन्थों में प्रमुख उल्लेख पुरुष छात्रों पर केन्द्रित है। गार्गी और मैत्रेयी, अपाला, घोषा, सिकता जैसी महिला विद्वानों को शिक्षा प्राप्त करने के लिए जाना जाता है।

अन्य शिक्षण संस्थान

- गुरुकुलों के अतिरिक्त ब्राह्मणों को अग्रहार के रूप में मिले स्थानों तथा मठ एवं मन्दिरों में भी शिक्षण कार्य किया जाता था।
- अग्रहार प्राय: उच्च शिक्षा के केन्द्र के रूप में विकसित हो जाते थे, जहाँ संस्कृत के विभिन्न शास्त्रों का नि:शुल्क अध्यापन होता था।

छठी शताब्दी ईसा पूर्व में शिक्षा

बौद्ध-जैन शिक्षा पद्धति

- बौद्ध धर्म और जैन धर्म दो प्रमुख प्राचीन भारतीय धार्मिक और दार्शनिक परम्पराएँ थीं, जिनकी अपनी विशिष्ट शिक्षा प्रणालियाँ थीं।
- ये प्रणालियाँ अपने-अपने संस्थापकों, महात्मा बुद्ध और महावीर स्वामी की शिक्षाओं और सिद्धान्तों में गहराई से निहित थीं।

बौद्ध धर्म की शिक्षा प्रणाली

- बौद्धकालीन शिक्षा व्यवस्था ने छठी सदी ई. के भारत में एक नवीन शिक्षण परम्परा का प्रारम्भ किया। उत्तर वैदिक कालीन शिक्षा में धनी-निर्धन, पुरुष-महिला और जाति के आधार पर शिक्षा प्रदान करने पर जो भेदभाव आ गया था, बौद्ध शिक्षा प्रणाली में उसका अभाव था।
- बौद्ध साहित्य पालि एवं प्राकृत जैसी लोक भाषाओं में संकलित था, इसलिए ये लोक भाषाएँ शिक्षा का माध्यम भी बनीं।
- बौद्ध मठ, संघाराम, महाविहार शिक्षा के प्रमुख केन्द्र थे। इनमें प्रवेश लेने के लिए कठिन परीक्षा होती थी।
- ये आधुनिक दृष्टिकोण से तत्कालीन विश्वविद्यालय थे, जहाँ विश्वभर से विद्वान आकर विद्याध्ययन किया करते थे। उदाहरण के लिए, नालन्दा, विक्रमशिला, ओदन्तपुरी आदि बौद्ध शिक्षा के विश्वविख्यात केन्द्र रहे हैं।
- शिक्षा समाप्त होने पर उपसम्पदा होती थी, जिसमें पहले मठवासियों की सहमति आवश्यक थी, जबकि शिक्षा के लिए मठों में प्रवेश हेतु प्रव्रज्या संस्कार होता था।

महिलाओं की शिक्षा

- उत्तर वैदिक काल के पश्चात् समाज में स्त्रियों की स्थिति निरन्तर निम्न होती गई, शिक्षा के द्वार उनके लिए बन्द हो गए थे। ऐसे में महात्मा बुद्ध ने उनको संघ में प्रवेश देकर उनकी शिक्षा के द्वार पुन: खोल दिए।
- बौद्ध शिक्षा प्रणाली में स्त्रियों का विशेष स्थान था। बौद्ध ग्रन्थों में उस काल की अनेक सुशिक्षित एवं उच्च कोटि की विदुषी स्त्रियों का उल्लेख है।
- बौद्ध धर्म के प्रचार में शामिल प्रमुख महिलाओं में सुमा, अनुपमा एवं सुमेधा तथा कवयित्री के रूप में विजयंका शामिल थीं।
- श्रीलंका में बौद्ध धर्म के प्रचार के लिए सम्राट अशोक ने अपनी पुत्री संघमित्रा को भेजा, जो उस काल की महान विदुषी महिला थी।

जैन धर्म की शिक्षा प्रणाली

- जैन धर्म, बौद्ध धर्म के समान तपस्वी जीवन शैली पर बल देता है।
- जैन शिक्षा का मूल जैन धर्म ग्रन्थों, विशेषकर आगमों के अध्ययन के चारों ओर घूमता है।
- आगमों में भगवान महावीर की शिक्षाएँ सम्मिलित हैं और नैतिकता, दर्शन और आध्यात्मिकता पर मार्गदर्शन प्रदान करते हैं।
- हालाँकि जड़ (मैटर) और चेतन (एनर्जी) के समग्र अध्ययन का आध्यात्मिक और लौकिक शिक्षा के रूप में वर्गीकरण तथा लौकिक शिक्षा का 64 अथवा 72 कलाओं के रूप में अध्ययन भी करवाया जाता था।

शिक्षा पद्धति

- जैन शिक्षा भी मौखिक परम्परा और लोक भाषाओं में प्रदान की जाती थी।
- इन भाषाओं को जन सामान्य की भाषा होने के कारण प्राकृत कहा गया तथा विभिन्न क्षेत्रों के अनुसार इसे अर्धमागधी, शौरसेनी, महाराष्ट्री आदि नाम दिए गए। जैन शिक्षा सांसारिक आशक्ति और इच्छाओं के त्याग पर केन्द्रित थी।
- जैन दृष्टि से ज्ञान के पाँच प्रकार निम्न हैं
  - मतिज्ञान
  - श्रुतिज्ञान
  - अवधिज्ञान
  - मन:पर्यय ज्ञान
  - कैवल्य ज्ञान
- कैवल्य ज्ञान सर्वोत्कृष्ट ज्ञान है, जिसके ज्ञान का सम्पूर्ण विकास हो जाता है, वह कैवल्य ज्ञानी अर्थात् सर्वज्ञ हो जाता है।

  नोट *कैवल्य ज्ञान जैन धर्म का महत्त्वपूर्ण सिद्धान्त है, जो मोक्ष या समाधि (सर्वज्ञ) की अवस्था मानी जाती है।*
- जैन धर्म में अहिंसा के सिद्धान्त का पर्यावरणीय नैतिकता पर अत्यधिक प्रभाव पड़ा।

शिक्षण संस्थान

- जैन साधु एक स्थान पर स्थिर होकर नहीं रहते, अपितु विभिन्न नगर, ग्रामों में पदयात्रा करते हुए तत्त्वोपदेश देते हैं तथा अपनी साधना करते हैं, केवल वर्षाकाल के चार माह एक जगह स्थिर होकर जीवन व्यतीत करते हैं।
- आचरण के इस नियम के कारण जनशिक्षा के वैसे केन्द्र नहीं बने, जैसे वैदिक ऋषियों के आश्रम होते थे।
- इसके विपरीत जहाँ साधु संस्था का चातुर्मास होता था, वहाँ अस्थायी रूप से शिक्षा के केन्द्र बन जाते थे।

प्राचीन भारत के मुख्य शिक्षा केन्द्र

तक्षशिला

- तक्षशिला प्राचीन भारत का एक प्रसिद्ध विश्वविद्यालय था, जो भारतीय उपमहाद्वीप और मध्य एशिया के चौराहे पर सिन्धु नदी के पूर्वी तट पर स्थित था। यह स्थान आधुनिक पाकिस्तान के रावलपिण्डी जिले में स्थित है।
- इसका उल्लेख बौद्ध साहित्य, विशेष रूप से जातक में, गान्धार राज्य की राजधानी और शिक्षा के एक महान केन्द्र के रूप में किया गया है।
- 19वीं सदी के मध्य में प्रसिद्ध पुरातत्त्वविद् सर अलेक्जेण्डर कनिंघम ने तक्षशिला के अवशेषों को खोजा। इसे 5वीं शताब्दी ईसा पूर्व का माना जाता है।
- यह एक उच्च शिक्षा का केन्द्र था और विभिन्न विषयों में 60 से अधिक पाठ्यक्रम यहाँ पढ़ाए जाते थे।
- वेद, वेदान्त, व्याकरण, आयुर्वेद, शल्य चिकित्सा, 18 शिल्प, युद्ध और तीरन्दाजी सहित सैन्य शिक्षा, खगोल विज्ञान, कृषि, वाणिज्य, राजनीति और अन्य विषय पढ़ाए जाते थे।
- चिकित्सा शास्त्र की शिक्षा का मुख्य केन्द्र तक्षशिला विश्वविद्यालय था और इसकी अवधि 7 वर्ष थी। जीवक, चरक, धन्वन्तरि आदि महान चिकित्सक यहीं की देन हैं।

नालन्दा महाविहार

- भारत में बौद्ध शिक्षा के केन्द्रों में अत्यधिक विख्यात नालन्दा महाविहार या विश्वविद्यालय था। इसके अवशेष आधुनिक बिहार राज्य के नालन्दा जिले में अवस्थित हैं, जिनकी खोज 1861-62 ई. में अलेक्जेण्डर कनिंघम ने की थी।
- इसकी महानता का वर्णन 7वीं शताब्दी में भारत आए चीनी यात्री ह्वेनसांग और इत्सिंग ने भी किया है।
- इसका निर्माण एवं विकास गुप्त सम्राट कुमारगुप्त प्रथम के काल में हुआ था।
- नालन्दा महाविहार न केवल बौद्ध धर्म अपितु जैन धर्म और वैदिक धर्म की शिक्षाओं के लिए भी प्रसिद्ध था। इसके तीन प्रमुख भवनों के नाम रत्नसागर, रत्नोदधि तथा रत्नरंजक थे।
- पुस्तकालय का सम्पूर्ण क्षेत्र धर्मज्ञ नाम से जाना जाता था। नालन्दा विश्वविद्यालय में महायान बौद्ध शाखा का प्राधान्य था, किन्तु यहाँ की शिक्षा प्रणाली उदार एवं सार्वभौमिक थी, यहाँ 18 पन्थों के ग्रन्थों का अध्ययन एवं अध्यापन होता था।
- इनमें बौद्ध एवं जैन धर्म-दर्शन के अतिरिक्त वेद-वेदांग, हेतुविद्या, शब्दविद्या, चिकित्सा विद्या, मन्त्रविद्या आदि का अध्ययन किया जाता था।
- ह्वेनसांग के यात्रा काल में इस विश्वविद्यालय के प्रधान कुलपति शीलभद्र थे, जो अनेक विषयों में पारंगत थे।
- इसके अतिरिक्त यहाँ के प्रख्यात विद्वान आचार्यों में धर्मपाल, चन्द्रपाल, गुणमति, स्थिरमति, प्रभामित्र, जिनमित्र, ज्ञानचन्द्र आदि थे।

वल्लभी महाविहार

- जिस प्रकार नालन्दा में महायान बौद्ध शाखा का प्राधान्य था, उसी प्रकार वल्लभी में हीनयान शाखा का प्राधान्य था, हालाँकि यहाँ बौद्ध धर्म के अतिरिक्त अन्य सम्प्रदायों की भी शिक्षा प्रदान की जाती थी।
- वल्लभी काठियावाड़ (गुजरात) के पूर्वी किनारे पर स्थित था।
- चीनी यात्री इत्सिंग के अनुसार, वल्लभी ज्ञान के क्षेत्र में नालन्दा के समान ही महत्त्वपूर्ण था।
- ह्वेनसांग के अनुसार, 7वीं शताब्दी के मध्य में यहाँ लगभग 100 बौद्ध विहार थे, जिनमें 6,000 भिक्षु निवास करते थे।
- यहाँ तर्क, व्याकरण, व्यवहार, साहित्य आदि विभिन्न विषयों की शिक्षा दी जाती थी।

विक्रमशिला महाविहार

- विक्रमशिला बौद्ध विहार भी बौद्ध शिक्षा का प्रमुख केन्द्र था।
- यह तत्कालीन मगध राज्य में गंगा किनारे निर्मित किया गया था।

- वर्तमान में यह स्थान बिहार राज्य के भागलपुर जिले के अन्तिचक गाँव में स्थित है। इसका निर्माण पाल वंश के राजा धर्मपाल (775-800 ई.) ने करवाया था।
- यहाँ के प्रसिद्ध शिक्षकों में दीपांकर, श्रीतान, रत्नवज्र, लीलावज्र, कृष्ण समरवज्र, प्रज्जनाकर मति, कमल रक्षित, बोधिभद्र तथा नरेन्द्र आदि थे।
- यहाँ मुख्य रूप से व्याकरण, न्याय, तत्त्वज्ञान, तन्त्र विद्या और कर्मकाण्ड का अध्ययन-अध्यापन किया जाता था।
- इसका प्रबन्ध छः द्वार पण्डितों की समिति करती थी, जिसका प्रधान महास्थविर होता था। 1203 ई. में मुस्लिम आक्रान्ता बख्तियार खिलजी ने ही इस विश्वविद्यालय को भी नष्ट कर दिया।

प्राचीन काल के अन्य महत्त्वपूर्ण केन्द्र

केन्द्र	विवरण
ओदन्तपुरी महाविहार	◆ ओदन्तपुरी महाविहार की स्थापना बंगाल में पाल वंश के संस्थापक राजा गोपाल (750-770 ई.) द्वारा करवाई गई थी। ◆ यह स्थान आधुनिक बिहार राज्य के बिहार शरीफ में स्थित है। यह 10वीं और 12वीं सदी के मध्य शिक्षा का अत्यधिक महत्त्वपूर्ण केन्द्र रहा था। ◆ यहाँ महायान और हीनयान दोनों सम्प्रदायों से सम्बन्धित शिक्षा दी जाती थी। ◆ 12वीं सदी के अन्त (1199 ई.) में बख्तियार खिलजी के नेतृत्व में हुए मुस्लिम आक्रमणों से यह विश्वविद्यालय भी नष्ट हो गया।
जगत्तला विहार	◆ इसकी स्थापना बंगाल के पालवंशी शासक रामपाल ने 1064 ई. में अपनी राजधानी रामावती में की थी। ◆ यह भी प्रसिद्ध बौद्ध विद्यापीठ था, जहाँ विक्रमशिला की ही भाँति योग्य स्नातकों को पण्डित, इनसे श्रेष्ठ विद्वानों को महापण्डित, उपाध्याय तथा आचार्य की उपाधि से सम्मानित किया जाता था।
शारदा पीठ	◆ शारदा पीठ तक्षशिला और नालन्दा विश्वविद्यालयों से भी पूर्व (लगभग 273 ईसा पूर्व) में कश्मीर की नीलम घाटी में स्थापित शिक्षा का एक प्राचीन केन्द्र था। अलबरूनी की रचना **किताब-उल-हिन्द** तथा कल्हण की **राजतरंगिणी** में इस शिक्षा केन्द्र का उल्लेख मिलता है। वर्तमान में यह स्थान पाक अधिकृत कश्मीर में स्थित है। इसकी स्थापना 237 ईसा पूर्व में मौर्य सम्राट अशोक के शासनकाल के समय में हुई थी। ◆ इस मन्दिर ने उत्तर भारत में शारदा लिपि के विकास और प्रचार-प्रसार में बड़ी भूमिका निभाई। ◆ मार्च, 2023 में भारत-पाकिस्तान नियन्त्रण रेखा के पास इस मन्दिर की पुनः स्थापना की गई है।
पुष्पगिरि	◆ पुष्पगिरि विश्वविद्यालय, वर्तमान भारत के उड़ीसा में स्थित था। इसकी स्थापना सम्राट अशोक ने करवाई थी। ◆ आगामी 800 वर्षों तक अर्थात् 11वीं शताब्दी तक इस विश्वविद्यालय का विकास अपने चरम पर था। ◆ इस विश्वविद्यालय का परिसर तीन पहाड़ों **ललित गिरि, रत्नगिरि** और **उदयगिरि** पर विस्तृत था।
सोमपुरा महाविहार	◆ सोमपुरा महाविहार की स्थापना 8वीं सदी में पाल वंश के शासक धर्मपाल ने की थी। वर्तमान में यह स्थान बांग्लादेश में स्थित है। ◆ इस शिक्षा केन्द्र के माध्यम से पाल राजाओं ने अन्य राजाओं के साथ मिलकर अनेक महाविहारों का निर्माण किया था। ◆ इसमें नालन्दा, विक्रमशिला, ओदन्तपुरी, जगत्तला और सोमपुरा सम्मिलित थे।
नादिया	◆ नादिया बौद्ध शिक्षा केन्द्र 11वीं शताब्दी के मध्य बंगाल के तत्कालीन नवद्वीप नगर में स्थापित किया गया था। ◆ इस नगर को गौड़ राज्य के शासक लक्ष्मण सेन ने राजधानी के रूप में बसाया था। ◆ यहाँ बौद्ध धर्म के साथ-साथ संस्कृत, न्यायशास्त्र, तर्कशास्त्र तथा तन्त्रशास्त्र की उच्च कोटि की शिक्षा का अध्ययन किया जाता था।
मान्यखेत	◆ इसे वर्तमान में मालखेड कहा जाता है, जोकि कर्नाटक राज्य में स्थित है। ◆ इसने राष्ट्रकूट काल में प्रसिद्धि प्राप्त की थी। यहाँ जैन, बौद्ध और हिन्दू धर्म एवं दर्शन का अध्ययन किया जाता था।
नागार्जुनकोण्डा	◆ यह आधुनिक आन्ध्र प्रदेश में नागार्जुन पहाड़ियों पर स्थित है। इसका नामकरण प्रसिद्ध महायान बौद्ध दार्शनिक नागार्जुन के नाम पर किया गया है। ◆ इसे समृद्ध बौद्ध शिक्षण केन्द्रों में से एक माना जाता है। यहाँ अनेक विहार, चैत्य और बौद्ध नक्काशी से युक्त गुफाएँ भी हैं। ◆ इसे विजयपुरी के नाम से भी जाना जाता है, जो इक्ष्वाकु साम्राज्य की राजधानी थी।
उज्जयिनी	◆ क्षिप्रा नदी के तट पर स्थित उज्जैन ने प्राचीन भारत के शिक्षा परिदृश्य में एक महत्त्वपूर्ण भूमिका निभाई, क्योंकि इसने भाषा विज्ञान, खगोल विज्ञान, ज्योतिष, अंकगणित, शास्त्रीय कला और उदार सोच को बढ़ावा दिया। ◆ इसमें महान साहित्यकार कालिदास, खगोलविद् एवं गणितज्ञ वाराहमिहिर, ब्रह्मगुप्त तथा भास्कराचार्य प्रमुख थे।
काँचीपुरम	◆ तमिलनाडु में काँचीपुरम शिक्षा और धार्मिक अध्ययन का एक महत्त्वपूर्ण केन्द्र था। ◆ यह अपनी पारम्परिक गुरुकुल प्रणाली के लिए जाना जाता था, जहाँ छात्र वेद, संस्कृत, दर्शन और ललित कला जैसे विषयों का अध्ययन किया करते थे। यह शहर अनेक मन्दिरों और शैक्षणिक संस्थानों का घर था।
मदुरै	◆ दक्षिण भारत के सबसे प्राचीन शहरों में से एक मदुरै शहर में शिक्षा की एक समृद्ध परम्परा थी, विशेषकर तमिल साहित्य और कविता के क्षेत्र में।
केरल	◆ इसके प्राचीन शैक्षणिक संस्थान, जिन्हें कलारिस के नाम से जाना जाता है, में मार्शल आर्ट, पारम्परिक चिकित्सा (आयुर्वेद), कथकली और मोहिनीअट्टम जैसे शास्त्रीय कला रूपी जैसे विषयों को पढ़ाया जाता है।
मन्दिरों में संचालित होने वाले विद्यालय	◆ प्राचीन काल में दक्षिण भारत में विशाल मठ एवं मन्दिरों का निर्माण किया गया। ये मठ तथा मन्दिर न केवल धार्मिक केन्द्र थे, अपितु वैदिक शिक्षा के प्रसार के भी बड़े केन्द्र थे। कर्नाटक के सलोतगी स्तम्भ लेख में विद्वानों को कर मुक्त भूमि दान देने का उल्लेख है। ◆ गुण्टुर के मलकापुरम् में 1268 ई. के एक शिलालेख के अनुसार, तिरुवोरियुरु नामक स्थान पर एक बड़ा व्याकरण महाविद्यालय स्थित था।

प्राचीनकालीन शिक्षा की विषय-वस्तु

कालखण्ड	विषय-वस्तु
वैदिक काल	वैदिक साहित्य, इतिहास, पुराण, खगोल, ज्योतिष, छन्दशास्त्र, ब्राह्मण ग्रन्थ तथा वेदांग।
सूत्र काल	वैदिक साहित्य, महाकाव्य, खगोल, मूर्तिकला, पोत निर्माण कला तथा वैज्ञानिक एवं व्यावसायिक शिक्षा।
मौर्यकाल	धार्मिक साहित्य, खनन एवं धातु विज्ञान, शिल्प कलाएँ, खगोल विज्ञान, आयुर्वेद आदि।
गुप्तकाल	वेदान्त, बौद्ध एवं जैन दर्शन, साहित्य, चिकित्सा विज्ञान, रसायन विज्ञान, धातु विज्ञान, गणित, व्याकरण आदि।
गुप्तोत्तर काल	बौद्ध दर्शन, ब्राह्मण शिक्षा, शिल्प कलाएँ, तर्कशास्त्र इत्यादि।

प्राचीन भारत में तकनीक

प्राचीन भारतीयों ने विज्ञान और तकनीक के क्षेत्र में पर्याप्त उन्नति की है। नक्षत्र विज्ञान, गणित, चिकित्सा, रसायनशास्त्र आदि क्षेत्रों में उनके योगदान ने आधुनिक वैज्ञानिकों को तकनीकी आविष्कार में सहायता की है।

विज्ञान एवं प्रौद्योगिकी

- विश्व के अन्य देशों के समान भारत में भी समृद्ध वैज्ञानिक परम्परा रही है। अज्ञात को जानने की इच्छा और उपलब्ध को और बेहतर बनाने की सोच ने निरन्तर अनुसन्धान और शोध का विकास किया।
- गणित, खगोल विज्ञान, चिकित्सा विज्ञान, धातु विज्ञान सहित भवन निर्माण कला, वस्त्र निर्माण कला आदि में भारतीयों की विश्व में विशिष्ट पहचान रही है।

नक्षत्र विज्ञान

- भारत में नक्षत्र विज्ञान (एस्ट्रोनॉमी) ने बहुत उन्नति की थी।
- नक्षत्रों की गतियों पर बल देकर उनका सूक्ष्म निरीक्षण किया गया।
- ज्योतिष वेदांग ने नक्षत्र विज्ञान की सुव्यवस्थित श्रेणियाँ स्थापित कीं।
- यह विधा गणित से अभिन्न रूप से जुड़ी रही है, इसे समृद्ध बनाने में अनेक महान गणितज्ञों ने अपना योगदान दिया था।

वराहमिहिर

- वराहमिहिर प्राचीन काल के महान नक्षत्र विज्ञानी, गणितज्ञ और भू-वैज्ञानिक थे। उन्होंने अपने ग्रन्थ पंचसिद्धान्तिका में नक्षत्र विज्ञान विषयक पाँच सिद्धान्तों का सार दिया है।
- बृहत्संहिता (छठी शताब्दी ई.) नक्षत्र विज्ञान के क्षेत्र में उनकी एक अन्य महत्त्वपूर्ण कृति है। उन्होंने प्रतिपादित किया था कि चन्द्रमा पृथ्वी के चारों ओर और पृथ्वी सूर्य के चारों ओर परिक्रमा करती है, बाद में यह प्रसिद्ध हुआ और इसी के आधार पर अन्य खोजें भी आधारित थीं।

गणितशास्त्र

- वास्तव में गणितशास्त्र के क्षेत्र में भारतीयों के तीन प्रमुख योगदान हैं- चिह्नांकन पद्धति, दशमलव पद्धति और शून्य का प्रयोग।
- चिह्नांकन पद्धति और संख्या का ज्ञान अरबों के द्वारा पश्चिम ले जाया गया और इन अंकों ने रोमन अंकों का स्थान ले लिया।
- भारतीय गणितशास्त्र का जन्म शुल्व सूत्रों से माना जाता है, जिनके आधार पर यज्ञवेदियों का निर्माण किया जाता था।
- ईसा पूर्व दूसरी शताब्दी में आपस्तम्ब ने व्यावहारिक रेखा गणित का परिचय दिया, जिसके अन्तर्गत न्यूनकोण, दीर्घकोण और समकोण आदि सम्मिलित थे।

आर्यभट्ट

- आर्यभट्ट पाँचवीं शताब्दी के गणितज्ञ, नक्षत्रविद्, ज्योतिर्विद और भौतिकी के ज्ञाता थे।
- आर्यभट्ट गणित के क्षेत्र में पथप्रदर्शक थे, 23 वर्ष की आयु में उन्होंने आर्यभट्टीय लिखा, जो उस समय के गणित का सारांश है।
- इस ग्रन्थ के पहले विभाग में उन्होंने बड़ी दशमलव संख्याओं को वर्णों में प्रकट करने की विधि वर्णित की।
- दूसरे विभाग में आधुनिक काल के गणित के विषयों के कठिन प्रश्न दिए गए हैं; जैसे-संख्या सिद्धान्त रेखागणित, त्रिकोणमिति और बीजगणित (एल्जेब्रा)। शेष दो विभाग नक्षत्र विज्ञान से सम्बद्ध हैं।
- आर्यभट्ट ने बताया कि शून्य एक संख्या मात्र नहीं है, बल्कि एक चिह्न है, एक अवधारणा है। इसके अतिरिक्त उन्होंने यह प्रतिपादित किया कि पृथ्वी गोलाकार है और वह अपनी धुरी पर घूमती है और जब पृथ्वी की छाया चन्द्रमा पर पड़ती है, तब चन्द्रग्रहण होता है और जब चन्द्रमा की छाया पृथ्वी पर पड़ती है, तब सूर्यग्रहण होता है।

बौधायन

- बौधायन पहले विद्वान थे, जिन्होंने गणित में अनेक अवधारणाओं को स्पष्ट किया, जो बाद में पश्चिमी दुनिया द्वारा पुन: खोजी गई।
- पाई के मूल्य की गणना भी उन्हीं के द्वारा की गई।

ब्रह्मगुप्त

- ब्रह्मगुप्त (597-668 ईस्वी) का ब्रह्मस्पूत सिद्धान्त नामक पहला ग्रन्थ है, जिसमें शून्य को एक संख्या के रूप में परिगणित किया गया है। इसलिए ब्रह्मगुप्त ही पहले व्यक्ति थे, जिन्होंने शून्य का आविष्कार किया था, जिससे शून्य का उपयोग अन्य संख्याओं के साथ किया जा सके।
- ब्रह्मगुप्त ने ही किसी चक्रीय चतुर्भुज का क्षेत्रफल निकालने के सूत्र दिए थे।

महावीराचार्य

- जैन साहित्य में गणित का व्यापक वर्णन है। इन्होंने, भिन्न, बीजगणितीय समीकरण, शृंखलाएँ, सेट सिद्धान्त, लघुगणक (Logarithm), घातांक (exponents) आदि को बड़ी रोचक विधि से समझाया है।

- जैन गुरु महावीराचार्य ने 850 ई. में गणित सार संग्रह लिखा, जो आधुनिक विधि में लिखी गई पहली गणित की पुस्तक है। संख्याओं का लघुतम निकालने का आधुनिक तरीका भी महावीराचार्य द्वारा वर्णित किया गया है।

भास्कराचार्य

- भास्कराचार्य 12वीं शताब्दी के विख्यात गणितज्ञ थे। उनकी प्रसिद्ध पुस्तक सिद्धान्त शिरोमणि है, इसके चार खण्ड हैं-लीलावती (गणित), बीजगणित (एल्जेब्रा), गोलाध्याय और ग्रहगणित (ग्रहों का गणित)।
- भास्कराचार्य ने बीजगणितीय समीकरणों को हल करने के लिए चक्रवात विधि का परिचय दिया। यही विधि छः शताब्दियों बाद यूरोपीय गणितज्ञों द्वारा पुनः खोजी गई, जिसे वे चक्रीय विधि कहते हैं।
- 19वीं शताब्दी में एक अंग्रेज जेम्स टेलर ने लीलावती का अनुवाद किया और विश्व को इस महान कृति से परिचित करवाया।

भौतिक विज्ञान

गणित की ही भाँति, प्राचीन भारतीयों ने विज्ञान के विषय में भी अपना योगदान दिया।

परमाणु सिद्धान्त

- कणाद छः भारतीय दर्शनों में से एक वैशेषिक दर्शन के छठी शताब्दी के वैज्ञानिक थे। उनके आणविक सिद्धान्त, आधुनिक आणविक सिद्धान्तों से मेल खाते हैं।
- कणाद के अनुसार, यह भौतिक विश्व कणों (अणु/एटम) से बना है, जिसको मानवीय चक्षुओं से नहीं देखा जा सकता। अतः इन्हें न तो विभाजित किया जा सकता है और न ही इनका विनाश हो सकता है।
- यह वही तथ्य है, जो आधुनिक आणविक सिद्धान्त भी बताता है।

भूगर्भी विज्ञान, पर्यावरण एवं जल विज्ञान

- वाराहमिहिर प्रसिद्ध नक्षत्र विज्ञानी और गणितज्ञ होने के अतिरिक्त महान भूगर्भवेत्ता, जल विज्ञानी और पर्यावरण विज्ञानी भी थे।
- वे पहले वैज्ञानिक थे, जिन्होंने यह दावा किया कि दीमक और पौधे भी भूगर्भीय जल की पहचान के चिह्न हो सकते हैं।
- वाराहमिहिर ने अपनी बृहत्संहिता में भूचाल मेघ सिद्धान्त भी दिया है।
- उन्होंने भूचालों का सम्बन्ध नक्षत्रों के प्रभाव, समुद्रतल की गतिविधियों, भूतल के जल, असामान्य मेघों के बनने और पशुओं के असामान्य व्यवहार से जोड़ा है।

रसायन विज्ञान

- पुरातन भारत में रसायन को रसायनशास्त्र, रसतन्त्रा, रसक्रिया अथवा रसविद्या कहा जाता था। इनमें धातु-कर्म, औषध, कान्तिवर्धक, काँच, रंजक इत्यादि सम्मिलित थे।
- सिन्ध में मोहनजोदड़ो और पंजाब में हड़प्पा में की गई योजनाबद्ध खुदाई से सिद्ध होता है कि भारत में रसायन के विकास की बहुत पुरानी परम्परा है।
- रसोपनिषद् में बारूद बनने का विवरण है। तमिल साहित्य में भी गन्धक, चारकोल, साल्टपीटर (पोटैशियम नाइट्रेट), पारा और कपूर के उपयोग से पटाखे बनने का विवरण है।
- नागार्जुन एक महान भारतीय वैज्ञानिक हुए हैं। वे एक विख्यात रसायनज्ञ, तथा धातुविज्ञानी थे। उनकी रचना रसरत्नाकर पारे के यौगिकों से सम्बन्धित है। उन्होंने धातुओं; जैसे-सोना, चाँदी, टिन और ताँबे के निष्कर्षण की भी विवेचना की है।
- चक्रपाणि ने मर्क्यूरिक सल्फाइड की खोज की। साबुन की खोज का श्रेय भी उन्हीं को जाता है।

रसार्णव

- 800 ई. के आस-पास एक पुस्तक रसार्णव की रचना की गई।
- इसमें विभिन्न प्रकार की भट्टियों, अवनों के अलग-अलग उद्देश्यों के लिए उपयोगों की विवेचना की गई है। इसमें उन विधियों का विवरण दिया है, जिनसे ज्वाला के रंग से धातु को पहचाना जाता था।

चिकित्सा विज्ञान

- अथर्ववेद से हमें रोग और उसके उपचार का उल्लेख प्राप्त होता है। इसमें अनेक रोगों के उपचार का उल्लेख है, जिनमें खाँसी, कुष्ट रोग, दस्त, घाव, ज्वर आदि हैं। अश्विनी कुमार वैदिक काल के महान चिकित्सक थे, इन्हें देवताओं के समान माना जाता था, जबकि धन्वन्तरी को आयुर्वेदिक औषधि का देवता माना जाता था।
- आयुर्वेद विश्व की प्राचीनतम चिकित्सा प्रणाली में से एक है। आयुर्वेद का पहला संहिताबद्ध दस्तावेज चरक संहिता है। आयुर्वेद के सिद्धान्तों के विषय में आत्रेय और उनके शिष्य अग्निवेश ने चर्चा की है।

चरक संहिता

- चरक संहिता की रचना दूसरी शताब्दी से भी पूर्व हुई थी। यह आठ भागों में विभक्त है, जिन्हें स्थान नाम दिया गया है (जैसे निदानस्थान)। प्रत्येक स्थान में कई अध्याय हैं, जिनकी कुल संख्या 120 है।
- चरक संहिता में भोजन, स्वच्छता, रोगों से बचने के उपाय, चिकित्सा शिक्षा, वैद्य, धाय और रोगी के विषय में विशद चर्चा की गई है। चरक संहिता का आयुर्वेद के क्षेत्र में अनेक मौलिक योगदान हैं, जिनमें से मुख्य हैं
  - रोगों के कारण तथा उनकी चिकित्सा का युक्तिसंगत दृष्टिकोण।
  - चिकित्सकीय परीक्षण की वस्तुनिष्ठ विधियों का उल्लेख।

सुश्रुत संहिता

- सुश्रुत संहिता आयुर्वेद साहित्य में शल्यतन्त्र की वृहद् रचना मानी जाती है।
- सुश्रुत संहिता मूलतः 5 स्थानों और 120 अध्यायों में विभाजित है।
- इसमें 1120 रोगों, 700 औषधीय पौधों, खनिज-स्रोतों पर आधारित 64 प्रक्रियाओं, जन्तु-स्रोतों पर आधारित 57 प्रक्रियाओं तथा आठ प्रकार की शल्य क्रियाओं का उल्लेख है।

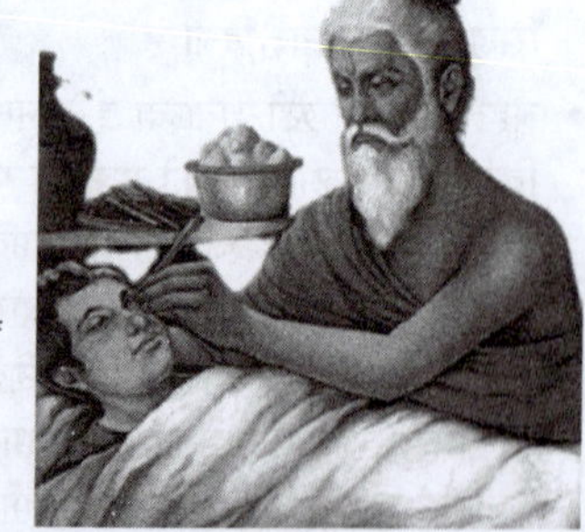

- यद्यपि वर्तमान काल में उपलब्ध सुश्रुत संहिता में अष्टांग आयुर्वेद का पर्याप्त वर्णन मिलता है, तथापि शल्य चिकित्सा को आधार मानकर निर्मित होने के कारण इसे शल्य चिकित्सा के प्राचीनतम एवं आकर ग्रन्थ के रूप में मान्यता प्राप्त हुई है।

अष्टांग हृदयम्

- यह आयुर्वेद का प्रसिद्ध ग्रन्थ है। इसके रचयिता महर्षि वाग्भट हैं। इस ग्रन्थ में औषधि (मेडिसिन) और शल्य चिकित्सा दोनों का समावेश है।
- यह एक संग्रह ग्रन्थ है, जिसमें चरक, सुश्रुत, अष्टांग संग्रह तथा अन्य अनेक प्राचीन आयुर्वेदीय ग्रन्थों से उद्धरण लिए गए हैं।
- अष्टांग हृदयम् में आयुर्वेद के सम्पूर्ण विषय; जैसे-काय चिकित्सा, शल्य चिकित्सा, शालाक्य आदि आठों अंगों का वर्णन है।

मध्यकालीन भारत में शिक्षा

- मध्यकालीन भारत लगभग 12वीं शताब्दी से लेकर 18वीं शताब्दी तक का कालखण्ड था, जिसमें दिल्ली सल्तनत, मुगल साम्राज्य तथा क्षेत्रीय राज्य सम्मिलित थे। इस समय की शिक्षा व्यवस्था धार्मिक, सामाजिक और सांस्कृतिक कारकों से प्रभावित थी।
- इस काल में भारतीय उपमहाद्वीप में आमूलचूल राजनीतिक, सामाजिक एवं सांस्कृतिक परिवर्तन देखा गया।
- देश पर विभिन्न विदेशी शासकों द्वारा आक्रमण किया गया, ये आक्रमणकारी अपने साथ अपनी संस्कृति लेकर आए।
- इससे मध्यकालीन भारत में धर्म, समाज और संस्कृति तथा शिक्षा ने भी एक नए दृष्टिकोण का अनुभव किया।
- इसके अतिरिक्त मुस्लिमों ने भारत में इस्लामी विचारधारा और ज्ञान के प्रसार के लिए प्राचीन भारतीय विद्या-केन्द्रों को नष्ट कर उनके स्थान पर इस्लामी शिक्षण संस्थानों की स्थापना प्रारम्भ की।

शिक्षण संस्थान

- मध्यकालीन भारत में इस्लामी शासन का वर्चस्व था, इसलिए बड़े पैमाने पर राजकीय संरक्षण में इस्लामी शिक्षण संस्थानों की स्थापना की गई। साथ ही परम्परागत हिन्दू शिक्षा व्यवस्था भी प्रचलन में बनी रही।
- इन्हें स्थापित करने का उद्देश्य इस्लाम और कुरान के विचारों का प्रचार-प्रसार तथा राजकीय सेवा के लिए अरबी-फारसी के विशेषज्ञों का वर्ग तैयार करना था।
  - मकतब ये प्रारम्भिक शिक्षा के केन्द्र थे, जहाँ विद्यार्थियों को वर्णमाला और धार्मिक प्रार्थनाएँ सिखाईं जाती थीं। मुस्लिम बालक जब 4 वर्ष, 4 महीने (माह) और 4 दिन का हो जाता था, तो उसे शिक्षा देने की रस्म अदा की जाती थी, जिसे बिस्मिल्लाह कहते थे। मकतबों में सभी वर्गों के बच्चे शिक्षा प्राप्त करते थे, विद्यार्थियों को फारसी भाषा का व्याकरण तथा कुरान कण्ठस्थ कराया जाता था।
  - मदरसे ये शिक्षा के केन्द्र होते थे, जो केवल नगरों एवं शहरों में होते थे; जैसे-दिल्ली, अजमेर, लाहौर, आगरा, बदायूँ, बीदर, जौनपुर, बंगाल, मालवा, अहमदाबाद, दौलताबाद आदि। इनमें शिक्षा नि:शुल्क होती थी तथा शिक्षार्थियों को भोजन भी दिया जाता था।

उच्च शिक्षा की श्रेणियाँ एवं प्रमुख विषय

- धर्म निरपेक्ष शिक्षा में अरबी, व्याकरण, साहित्य, तर्कशास्त्र, विज्ञान, दर्शन गणित, ज्योतिष, विधि, भूगोल, चिकित्सा, राष्ट्र आदि विषय पढ़ाए जाते थे।
- धार्मिक शिक्षा में कुरान, शरीयत, हदीस, फिकह, तकसीर, सूफी मत सिद्धान्त आदि शामिल थे।

पाठ्यक्रम

- पाठ्यक्रम 10 से 12 वर्ष का होता था तथा शिक्षा का माध्यम अरबी भाषा थी, यद्यपि औरंगजेब ने अरबी भाषा के स्थान पर मातृभाषा में शिक्षा देने के लिए बल दिया था।
- शिक्षण विधियाँ मौखिक एवं लिखित दोनों प्रकार की थीं और इसमें परीक्षा प्रणाली भी विद्यमान थी।
- परीक्षा के पश्चात् उपाधि प्रदान की जाती थी, जिसमें फाजिल, आमिल और काबिल तीन उपाधियाँ प्रसिद्ध थीं।

शिक्षा का प्रशासनिक प्रबन्धन

- अकबर के शासनकाल के अन्तिम 25 वर्षों के अतिरिक्त शेष सभी मुस्लिम काल में सद्र-उस-सुदूर (सल्तनत काल में धर्म एवं दान विभाग का प्रमुख व सुल्तान का सलाहकार) ही शिक्षा का प्रधान होता था।
- उसका मुख्य कर्त्तव्य राज्य में काजियों, मुफ्तियों, मीर अदलों, मुहत्सिबों और अन्य प्रशासकीय पदों के लिए विद्वान मुसलमान उलेमाओं की नियुक्ति करना था।
- वह उलेमाओं का प्रधान भी होता था। इस कारण उसे शेख-उल-इस्लाम कहा जाता था।

मध्यकालीन भारत में हिन्दू शिक्षा

- मध्यकाल में इस्लामी शिक्षा पद्धति के साथ-साथ हिन्दुओं की पारम्परिक शिक्षा प्रणाली भी प्रचलित थी।
- प्रान्तीय हिन्दू राज्यों के साथ सल्तनत एवं मुगल साम्राज्य में भी यह शिक्षा निरन्तर अस्तित्व में रही, हालाँकि इसमें व्यवधान अवश्य आए।
- **मथुरा, काशी, उज्जैन, हरिद्वार** आदि हिन्दू शिक्षा के बड़े केन्द्र बने रहे, हालाँकि यहाँ के मठों मन्दिरों को मुस्लिम शासक अकसर निशाना बनाते रहते थे।
- मध्यकालीन युग के उत्तरार्द्ध में हिन्दुओं को मकतबों और मदरसों में शिक्षा लेने की अनुमति थी, लेकिन उनके पास प्रारम्भिक और उच्च दोनों स्तरों पर अपने स्वयं के शैक्षणिक संस्थान थे।
- हिन्दू छात्र प्रारम्भिक शिक्षा संस्कृत तथा स्थानीय स्कूलों (पाठशालाओं) में प्राप्त करते थे।
- संस्कृत पाठशालाओं में शिक्षा का माध्यम संस्कृत थीं, किन्तु स्थानीय पाठशालाओं में यह आधुनिक भारतीय भाषा थी।
- **टोल** और **चतुस्पथि** उच्च शिक्षा प्रदान करते थे और इन संस्थानों में शिक्षा का माध्यम संस्कृत था।
- टोल और चतुस्पथि में पाठ्यक्रम लगभग इस्लामी शिक्षा के समान था। इसमें व्याकरण, अलंकार, काव्य, न्याय, दर्शन, तर्कशास्त्र और ज्योतिषशास्त्र आदि पढ़ाए जाते थे।

मध्यकालीन शिक्षा के विकास में सुल्तानों का योगदान

इल्तुतमिश	◆ इल्तुतमिश ने मुहम्मद गोरी के नाम पर दिल्ली में मदरसा-ए-मुइजी तथा अपने बड़े पुत्र नासिरुद्दीन के नाम पर मदरसा-ए-नासिरी की स्थापना की।
सुल्तान नासिरुद्दीन महमूद	◆ इसने अपने शासनकाल में शिक्षा के प्रसार कार्य को प्रोत्साहन दिया तथा जालन्धर में एक मदरसा स्थापित करवाया, जबकि इस दौरान उसके वजीर बलबन ने मदरसा-ए-नासीरिया की स्थापना की।
अलाउद्दीन खिलजी	◆ इसने दिल्ली में हौज-ए-खास में एक मदरसे की स्थापना की, जिसकी मरम्मत फिरोजशाह तुगलक ने करवाई।
मुहम्मद-बिन-तुगलक	◆ इसने दिल्ली में 1346 ई. में एक मदरसे की स्थापना की। ◆ मुहम्मद बिन तुगलक स्वयं शिक्षा-प्रेमी था, उसे इतिहास, दर्शन, राजनीति, साहित्य, तर्क आदि में अत्यधिक रुचि थी।
फिरोजशाह तुगलक	◆ इसके शासनकाल को मध्यकालीन इस्लामी शिक्षा का स्वर्ण युग कहा जाता है। ◆ इसने आत्मकथा फुतूहात-ए-फिरोजशाही लिखी तथा सम्राट अशोक का एक स्तम्भ मँगवाकर दिल्ली में संरक्षित करवाया। इसने लगभग 30 मदरसे स्थापित करवाएँ।
सिकन्दर लोदी	◆ इसने आगरा को अपनी राजधानी बनाया, जो शिक्षा का प्रमुख केन्द्र थी। यह स्वयं विद्वान था तथा गुलरुखी उपनाम से कविताएँ लिखता था। ◆ इस काल में अनेक पुस्तकों की रचनाएँ तथा अनुवाद के कार्य भी हुए, आयुर्वेद का अनुवाद फरंहगे-सिकन्दरी नाम से किया गया।

मध्यकालीन शिक्षा के विकास में मुगलों का योगदान

बाबर	◆ भारत में मुगल वंश का संस्थापक बाबर (1526-1530 ई.) अरबी, फारसी और तुर्की का निपुण विद्वान था। ◆ बाबर स्वयं एक महान साहित्यकार, कवि और लेखक था, उसने तुजुक-ए-बाबरी नाम से तुर्की भाषा में अपना जीवन वृत्तान्त लिखा। ◆ उसने दो मदरसों, पानीपत में काबुली बाग मस्जिद तथा सम्भल में जामा मस्जिद का निर्माण करवाया।
हुमायूँ	◆ हुमायूँ ने योग्यता, पद तथा श्रेणी के अनुसार, वृहद् शिक्षा की रूपरेखा बनाई, जो अहल-ए-सादात, अहल-ए-दौलत तथा अहल-ए-मुराद में विभाजित थी। ◆ पाठ्यक्रम में भूगोल, ज्योतिष, गणित, नक्षत्र विज्ञान, इतिहास आदि विषयों को सम्मिलित किया गया।
अकबर	◆ बादशाह अकबर के शासनकाल में इस पाठ्यक्रम में परिवर्तन कर हिन्दू और मुसलमानों के लिए समान रूप से शिक्षा का प्रारम्भ किया गया। ◆ इसलिए अकबर के शासनकाल में हिन्दुओं को उच्च-शिक्षा देने के लिए मदरसों की स्थापना की गई, जहाँ उन्हें हिन्दू-धर्म, दर्शन और साहित्य की शिक्षा फारसी भाषा के माध्यम से दी जाती थी।
शाहजहाँ	◆ इसने दिल्ली में जामा मस्जिद के पास एक मदरसे की स्थापना की और दारुल बका की मरम्मत भी करवाई। ◆ शाहजहाँ का पुत्र दाराशिकोह भी एक महान विद्वान था। इसे अरबी, फारसी और संस्कृत जैसी भाषाओं में महारत प्राप्त थी।
औरंगजेब	◆ इसने शिक्षा पद्धति के दोषों को दूर करने का प्रयास किया। यह इतिहास, भूगोल, युद्धकला, राजनीति, दर्शनशास्त्र और कूटनीति आदि विषयों के अध्ययन पर बल देता था। ◆ औरंगजेब की विदुषी पुत्री जेबुन्निसा ने दिल्ली में बैतुल-उल-उलूम नामक एक विद्यालय की स्थापना की।

मध्यकालीन क्षेत्रीय राज्यों में शिक्षा

- दक्षिण में बहमनी शासकों ने अनेक मकतब और मदरसे स्थापित करवाए।
- अहमदशाह (1422-35 ई.) ने गुलबर्गा में एक मदरसा उस समय के प्रसिद्ध सूफी सैयद मुहम्मद गेसू के सम्मान में स्थापित करवाया।
- मुहम्मदशाह (1463-82 ई.) के वजीर महमूद ने बीदर में प्रसिद्ध मदरसा बनवाया। इसके ग्रन्थालय में हजारों मूल्यवान ग्रन्थों का संकलन था।
- उस समय बीजापुर, गोलकुण्डा, मालवा, खानदेश, जौनपुर, मुल्तान, गुजरात और बंगाल प्रमुख शिक्षण-केन्द्र थे।
- जौनपुर कला-साहित्य की उच्च शिक्षा हेतु विश्व विख्यात था एवं उसे शिराज-ए-हिन्द कहा जाता था।

विजयनगर साम्राज्य में शिक्षा

- विजयनगर साम्राज्य (1336-1646 ई.) के शासकों के संरक्षण में शिक्षा के क्षेत्र को बढ़ावा मिला।
- इस दौरान शिक्षा की पारम्परिक हिन्दू पद्धति को पुनः स्थापित किया गया, जो समुदाय-संचालित और समुदाय-वित्त पोषित थी।
- प्रत्येक गाँव या गाँवों के समूह का अपना एक स्कूल होता था। कक्षाएँ, घर के बरामदे अथवा मन्दिर के बरामदे में आयोजित की जाती थीं।
- शिक्षा के लिए फीस (गुरु दक्षिणा) अनिवार्य नहीं थी, अपितु बच्चों के माता-पिता जितना वहन कर सकते थे, वे वस्तु या नकद के रूप में शिक्षक को पारिश्रमिक के रूप में प्रदान कर देते थे।
- अग्रहार उच्च शिक्षा के महान केन्द्र थे। उदाहरण के लिए, पवित्र ताम्रपर्णी नदी के तट पर कल्लिदैकुरिची 1920 के दशक तक में अस्तित्व में रहा था।
- वेद के अतिरिक्त, इन अग्रहारों में पढ़ाए जाने वाले विषयों में कानून, ज्योतिष, खगोल विज्ञान, दर्शन, चिकित्सा, राज्य कला, संगीत आदि सम्मिलित थे। विजयनगर क्षेत्र में शिक्षा के महान केन्द्र सम्पूर्ण दक्षिणापथ में फैले मन्दिर और मठ थे।
- काँची, अहोबिलम, श्रीशैलम, कालाहस्ती, चिदम्बरम, श्रीरंगम, मेलुकोटे, शृंगेरी, गोकर्ण, चन्द्रगिरि, पेनुकोण्डा एवं तिरुपति के मन्दिर और मठ आज भी पारम्परिक शिक्षा के महान केन्द्र माने जाते हैं।

मध्यकाल में स्त्री शिक्षा

- भारत में मध्यकाल में इस्लामी शासन का वर्चस्व स्थापित हो गया था तथा स्त्री शिक्षा और अधिक उपेक्षित हो गई थी।
- समाज में बाल विवाह, पर्दा प्रथा जैसी अमानवीय परम्पराओं के कारण छोटी-छोटी बालिकाओं के अतिरिक्त स्त्रियाँ भी शिक्षा से वंचित रह जाती थीं।
- केवल शाही घरानों तथा समाज के धनी वर्गों की बालिकाएँ ही अपने घरों में शिक्षा प्राप्त कर पाती थीं।
- मुस्लिम काल की शिक्षित स्त्रियों में रजिया सुल्तान, चाँद बीबी, नूरजहाँ, गुलबदन बेगम, जेबुन्निसा, रानी दुर्गावती, जीजाबाई, अहिल्याबाई विशेष रूप से उल्लेखनीय हैं।

मध्यकाल में विज्ञान एवं प्रौद्योगिकी

- मध्यकालीन युग (11 से 18वीं शताब्दी) में विज्ञान और प्रौद्योगिकी दो धाराओं में विकसित हुई।

मध्यकाल में विज्ञान और तकनीकी विकास

- प्राचीन परम्पराओं पर आधारित ज्ञान
- इस्लामी व यूरोपियन प्रभाव से उत्पन्न नए विचारों पर आधारित ज्ञान

- जहाँगीर ने आत्मकथा तुजुक-ए-जहाँगीरी में जनन प्रक्रिया और संकरण के अपने अवलोकन और प्रयोगों का लेखा-जोखा प्रस्तुत किया है। जहाँगीर ने अपनी पुस्तक में पशुओं की प्राय: 36 जातियों का वर्णन किया है।
- उसके दरबारी कलाकारों ने अपने पुष्प सम्बन्धी चित्रों में लगभग 57 पौधों को प्रदर्शित किया है।
- प्रारम्भिक मध्य युग में गणित के क्षेत्र में दो सुप्रसिद्ध ग्रन्थ थे-श्रीधर का गणितसार और भास्कराचार्य की लीलावती।
- गणेश दैवज्ञ ने लीलावती पर बुद्धिविलासिनी नामक टीका लिखी, जिसमें अनेक उदाहरण दिए गए हैं।
- 1587 ई. में लीलावती का अनुवाद फैजी ने फारसी में किया।
- कागज का आविष्कार मध्यकाल में हुआ। कश्मीर, सियालकोट, जाफराबाद, पटना, मुर्शिदाबाद, अहमदाबाद, औरंगाबाद, मैसूर आदि प्रदेश कागज़ के उत्पादन के प्रसिद्ध केन्द्र थे।
- टीपू सुल्तान के समय मैसूर में कागज बनाने का कारखाना था, जिसमें ऐसा कागज बनाया जाता था, जिसकी सतह सुनहरी होती थी।
- मुगलों के पास बारूद के निर्माण और उसके बन्दूक में प्रयोग की जानकारी थी।
- भारतीय शिल्पकारों ने भी इस तकनीक को सीखा और विभिन्न विस्फोटक पदार्थों का आविष्कार किया।
- तुजुक-ए-बाबरी में तोप के गोले बनाने का भी वर्णन है।
- आइने अकबरी में अकबर के इत्र कार्यालय के नियमों का वर्णन है।
- इस काल की चमकती टाइलें और चीनी के बर्तन भी उल्लेखनीय हैं।

औषधि विज्ञान

- इस काल में चिकित्सा समग्र तथा भावप्रकाश जैसे आयुर्वेद की कुछ प्रभुत्व कृतियों की रचना की गई।
- इसमें बीमारियों पर विशेष शोध प्रबन्धन तथा बीमारियों के निदान के लिए नाड़ी व मूत्र परीक्षण की व्यवस्था थी।
- शारंगधर कृति शारंग संहिता में अफीम को औषधि के रूप में प्रयोग की जानकारी है।
- अली बिन रब्बन ने ग्रीक औषधि व्यवस्था और भारतीय औषध विज्ञान का अपने ग्रन्थ फिरदौसी-अल-हिकमत में वर्णन किया है।
- हकीम दिया मुहम्मद ने एक मैजिनी-ए-दियाई नामक ग्रन्थ लिखा, जिसमें अरबी, फारसी और आयुर्वेदिक औषधि विज्ञान का वर्णन है।
- फिरोज शाह तुगलक ने एक अन्य ग्रन्थ तिब्बे फिरोज शाही लिखा।
- यूनानी तिब्बत औषधि विज्ञान की एक महत्त्वपूर्ण प्रणाली भारत में मध्य काल में प्रचलित हुई।
- तिब्बी-ए-औरंगजेबी जो औरंगजेब को समर्पित थी, आयुर्वेदिक स्रोतों पर आधारित है।
- नूरुद्दीन मुहम्मद की मुसलजाति-दाराशिकोही जो दाराशिकोह को समर्पित है, ग्रीक औषधि विज्ञान का वर्णन करती है।

नक्षत्र विज्ञान

- नक्षत्र विज्ञान में इस काल में पूर्व की खगोलीय मतों का वर्णन करने वाली टीकाएँ प्रकाशित हुईं।
- फिरोजशाह तुगलक ने दिल्ली में वेधशाला बनवाई।
- हकीम हुसैन जिलानी और सैयद मुहम्मद काजिमी के निर्देश पर फिरोज शाह बहमनी ने दौलताबाद में एक वेधशाला बनवाई।
- सौर पंचांग और चन्द्र पंचांग दोनों ही प्रयोग किए जाते थे।
- फिरोज शाह के दरबार के नक्षत्र विज्ञानी महेन्द्र सूरी ने एक यन्त्र यन्त्रज का विकास किया।
- जयपुर के महाराजा सवाई जयसिंह द्वितीय ने दिल्ली, उज्जैन, वाराणसी, मथुरा और जयपुर में नक्षत्रविषयक वेधशालाएँ बनवाईं।

"

भारतीय संस्कृति की प्राचीनता और विविधता ने सदैव विदेशी यात्रियों को आकर्षित किया। विदेशी यात्रियों ने भारतीय शिक्षा प्रणाली, धर्म व समाज की प्रशंसा की तथा यहाँ के विश्वविद्यालयों; जैसे-नालन्दा, तक्षशिला आदि को अद्वितीय बताया।

अध्याय सत्रह

भारतीय संस्कृति के सम्बन्ध में विदेशी यात्रियों का विवरण

प्राचीनकालीन भारत में आए विदेशी यात्री

मेगस्थनीज एवं मौर्य साम्राज्य

- मेगस्थनीज हेलेनिस्टिक काल के यूनानी इतिहासकार, राजनयिक और नृवंश विज्ञानी थे। इनका जन्म लगभग 350 ईसा पूर्व में हुआ था। ये 302 और 288 ईसा पूर्व के बीच अलेक्जेण्डर द ग्रेट के जनरल सेल्यूकस निकेटर के राजदूत के रूप में मौर्य सम्राट चन्द्रगुप्त मौर्य के दरबार (पाटलिपुत्र) में आए थे।
- इन्होंने अपने भारत विवरण इण्डिका नामक ग्रन्थ में लिखा, जो अब उपलब्ध नहीं है। उसके अंश यूनानी लेखकों ऑरियन, स्ट्रैबो, डायोडोरस और प्लिनी की रचनाओं में मिलते हैं।
- आधुनिक काल में यूनानी विद्वान ई. ए. श्वानबेक ने 1846 ई. में इन उद्धरणों को संग्रहित करके प्रकाशित किया। 1891 ई. में जॉन वॉटसन मैक्रिंडल ने इसका अंग्रेजी भाषा में अनुवाद किया।
- इण्डिका में चन्द्रगुप्त के लिए सैण्ड्रोकोट्स नाम प्रयुक्त किया गया है।
- इण्डिका के अनुसार मौर्य सम्राट की सुरक्षा सशस्त्र महिला अंगरक्षक करती थीं।

मेगस्थनीज के अनुसार पाटलिपुत्र

- इसमें मौर्य साम्राज्य की राजधानी पाटलिपुत्र का विवरण पोलिब्रोथा के नाम से दिया गया है। इसके अनुसार पाटलिपुत्र गंगा और सोन नदियों के संगम पर स्थित था, जोकि पूर्वी भारत का सबसे बड़ा नगर था।
- चन्द्रगुप्त मौर्य का राजप्रासाद लकड़ी का बना था और सुरक्षा के लिए इसके चारों ओर गहरी खाईं थी। यह 80 स्टेडिया (16 किमी) लम्बा तथा 15 स्टेडिया (3 किमी) चौड़ा था।
- नगर चारों ओर से एक ऊँची दीवार से घिरा हुआ था, जिसमें 64 तोरण (द्वार) तथा 570 बुर्ज थे। मेगस्थनीज ने नगर के प्रमुख अधिकारी का नाम एस्टिनोमोई (Astynomoi) बताया।
- नगर प्रशासन हेतु 30 सदस्यों का एक समूह अर्थात् नगर परिषद् बनाई गई थी, जिसे 5-5 सदस्यों की 6 समितियों में विभाजित किया गया था। इसी प्रकार यहाँ सैन्य प्रशासन भी था।
- मेगस्थनीज ने उस राजमार्ग का विवरण दिया है, जिसे चन्द्रगुप्त मौर्य ने निर्मित करवाया था। यह राजमार्ग बंगाल के सोनारगाँव को सिन्ध से जोड़ता था, इसी को उत्तरापथ कहा जाता था।

सामाजिक जीवन

- मेगस्थनीज के अनुसार, लोग नैतिक दृष्टि से उत्कृष्ट थे तथा सादगी का जीवन व्यतीत करते थे तथा ये साहसी, वीर और सत्यवादी होते थे।
- भारतीयों की वेशभूषा सादी होती थी तथा गेहूँ तथा जौ इनका प्रमुख खाद्यान्न था। मेगस्थनीज ने ब्राह्मण साधुओं की प्रशंसा की है। इनके अनुसार भारतीय डियोनिसियन तथा हेराक्लीज की पूजा करते थे। वस्तुत: इससे उनका तात्पर्य शिव तथा कृष्ण की पूजा से है।
- दण्ड विधान कठोर थे, अपराध बहुत कम होते थे, जबकि सामान्यत: लोग घरों तथा सम्पत्ति की रखवाली नहीं करते थे।
- मेगस्थनीज के अनुसार, भारत में 7 जातियाँ थीं—दार्शनिक, कृषक, अहीर, शिल्पी, सैनिक, निरीक्षक एवं सभासद।

हेलियोडोरस

- बेसनगर को वर्तमान में हम विदिशा के नाम से जानते हैं। यहाँ 113 ई.पू. में ग्रीक राजदूत हेलियोडोरस द्वारा स्थापित गरुड़ स्तम्भ है।
- हेलियोडोरस इण्डो-ग्रीक साम्राज्य का एक यूनानी राजदूत या दूत थे, जो तक्षशिला के राजा एण्टियालसीडास के दरबार में रहते थे।
- वे शुंग वंश के पाँचवें शासक भागभद्र के दरबार में उपस्थित हुए थे।
- स्तम्भ पर भारत की प्राचीन लिपि ब्राह्मी लिपि और प्राकृत भाषा में एक लेख लिखा गया है। बेसनगर स्तम्भ पर शिलालेख में हेलियोडोरस की एक घोषणा शामिल है, जिसमें उसने भागवत धर्म को स्वीकार करने तथा भगवान वासुदेव के प्रति अपनी भक्ति का वर्णन किया है।

फाह्यान

- चौथी शताब्दी में चीनी बौद्ध भिक्षु फाह्यान अपने तीन अन्य साथियों के साथ भारत की यात्रा पर आए थे। ये भारत की यात्रा पर आने वाले पहले चीनी भिक्षु, यात्री और अनुवादक थे।
- इनके यहाँ आने का मुख्य उद्देश्य बौद्ध धर्म से सम्बन्धित पवित्र स्थानों की यात्रा करना और बौद्ध धर्म के आधारभूत ग्रन्थ त्रिपिटक में से एक विनयपिटक (यह त्रिपिटक का पहला भाग, अनुशासनात्मक ढाँचा है जिस पर बौद्ध मठवासी समुदाय (संघ) का निर्माण किया गया है।) की खोज करना था। ये गुप्त सम्राट चन्द्रगुप्त द्वितीय विक्रमादित्य के शासनकाल में भारत आए थे।
- फाह्यान 402-411 ईस्वी के बीच भारत में रहे और यहाँ का भ्रमण किया।
- ये भारत में पंजाब, मथुरा एवं संकिसा (फर्रुखाबाद), श्रावस्ती, कपिलवस्तु, गया, सारनाथ, कुशीनगर, वैशाली आदि बौद्ध स्थानों का दर्शन करते हुए पाटलिपुत्र पहुँचे। जहाँ तीन वर्ष तक रहकर इन्होंने पालि भाषा सीखी तथा विनयपिटक का चीनी भाषा में अनुवाद किया।
- इस दौरान फाह्यान ने राजगृह, सारनाथ, बोधगया, वाराणसी की भी यात्रा की। 414 ई. में स्वदेश लौटकर इन्होंने अपना यात्रा वृत्तान्त फो-क्यो-की (बौद्ध राज्यों का अभिलेख) नाम से लिखा, जिसे आज फाह्यान की यात्राएँ के नाम से जाना जाता है।
- फाह्यान के अनुसार, पाटलिपुत्र एक समृद्धिशाली नगर था, जहाँ के निवासी धर्म तथा दान के आचरण में परस्पर स्पर्द्धा करते थे।
- फाह्यान के अनुसार, पाटलिपुत्र नगर में दो सुन्दर मठ थे, जिनमें से एक हीनयान शाखा का एवं दूसरा महायान शाखा का था।

धार्मिक एवं सामाजिक जीवन

- फाह्यान के अनुसार, राजा स्वयं वैष्णव धर्म का अनुयायी था, परन्तु वह अन्य धर्मों के प्रति सहिष्णु था।
- प्रत्येक व्यक्ति को अपने धर्म के पालन की पूर्ण स्वतन्त्रता थी, राज्य उसमें किसी प्रकार का हस्तक्षेप नहीं करता था। पंजाब, मथुरा तथा बंगाल में बौद्ध धर्म का व्यापक प्रचार था। मथुरा में बीस मठ थे, जिनमें 3000 भिक्षु रहते थे। ताम्रलिप्ति में उन्होंने 24 संघाराम देखे थे।

ह्वेनसांग

- ह्वेनसांग (युआन च्वांग) एक चीनी यात्री, बौद्ध भिक्षु तथा अनुवादक थे। इनका जन्म लगभग 602 ई. में चीन के लुओयंग स्थान पर हुआ था।
- भारत आए चीनी यात्रियों में सर्वाधिक महत्त्वपूर्ण यात्री ह्वेनसांग ही हैं, इन्हें प्रिन्स ऑफ ट्रैवलर्स भी कहा जाता है। ये सम्राट हर्षवर्धन के शासनकाल में 630 ईस्वी में भारत आए और 15 वर्षों तक रहे।

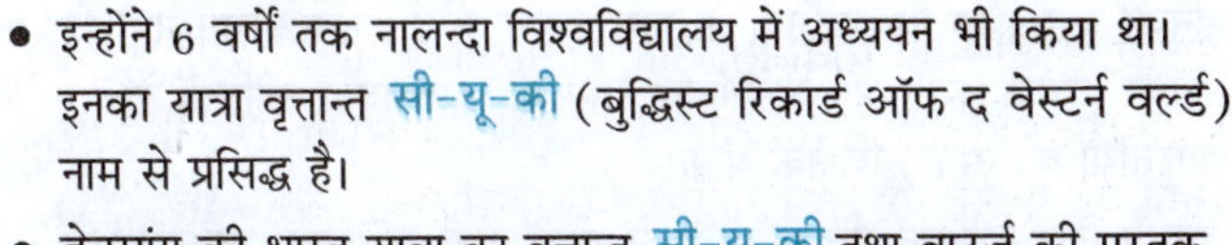

- इन्होंने 6 वर्षों तक नालन्दा विश्वविद्यालय में अध्ययन भी किया था। इनका यात्रा वृत्तान्त सी-यू-की (बुद्धिस्ट रिकार्ड ऑफ द वेस्टर्न वर्ल्ड) नाम से प्रसिद्ध है।
- ह्वेनसांग की भारत यात्रा का वृत्तान्त सी-यू-की तथा वाटर्ज की पुस्तक On Yuan Chwang's Travel in India एवं हुइलि की पुस्तक Life of HSUAN Tsang में मिलता है।
- ह्वेनसांग के विवरण से तत्कालीन भारत के सामाजिक, राजनीतिक, आर्थिक, धार्मिक एवं प्रशासकीय पक्ष पर प्रकाश पड़ता है।
- ह्वेनसांग के अनुसार, स्त्रियों की दशा अच्छी थी। उनकी शिक्षा पर अब भी ध्यान दिया जाता था। वे साहित्य, संगीत एवं कला में भी प्रवीण होती थीं। हर्ष की बहन राज्यश्री सुशिक्षित थी।
- ह्वेनसांग ने पाटलिपुत्र के पतन एवं उत्तर भारत के नवीन नगर कन्नौज के उत्थान पर प्रकाश डाला है। इनके अनुसार, कन्नौज में लगभग 100 संघाराम एवं 200 हिन्दू मन्दिर थे।

इत्सिंग

- इत्सिंग भारत में आने वाले तीन प्रसिद्ध चीनी यात्रियों में शामिल थे। ये 675 ई. में सुमात्रा के रास्ते समुद्री मार्ग से भारत में ताम्रलिप्ति (तामलुक) आए थे और 10 वर्षों तक नालन्दा विश्वविद्यालय में रहे।
- यहाँ इन्होंने प्रसिद्ध आचार्यों से संस्कृत तथा बौद्ध धर्म के ग्रन्थों को पढ़ा।
- नालन्दा के अतिरिक्त इन्होंने विक्रमशिला विश्वविद्यालय का भी वर्णन किया है।
- इन्होंने मध्य भारत में क्रमशः बोधगया, नालन्दा, राजगृह, वैशाली, कुशीनगर, मृगदाव (सारनाथ), कुक्कुटगिरि की यात्रा की।
- 693-94 ई. में ये समुद्री मार्ग से ही वापस स्वदेश लौट गए। प्रसिद्ध जापानी विद्वान तक्कुसु ने इत्सिंग के ग्रन्थ को अंग्रेजी भाषा में अनुवाद करके ए रेकार्ड ऑफ बुद्धिस्ट रिलीजन नाम से प्रस्तुत किया।
- नालन्दा का वर्णन करते हुए इत्सिंग ने कहा कि "गंगा नदी के किनारे श्रीगुप्त नामक राजा द्वारा चीनी यात्रियों के लिए एक मन्दिर बनवाया गया था"।
- इत्सिंग के अनुसार, बौद्ध धर्म चार सम्प्रदायों—आर्यमहासंघिति, आर्यस्थविर, आर्यमूलसर्वास्तवादिन तथा आर्यसम्मतिय में विभक्त था।

पूर्व मध्य एवं मध्यकाल में विदेशी यात्री

सुलेमान अल-ताजिर

- सुलेमान ने अपनी यात्रा का विवरण किताब-अल-मसलिक वा अल-मायलिक (सदकों और राज्यों की पुस्तक) नामक पुस्तक में लिखा है। सुलेमान अल-ताजिर भारत की यात्रा करने वाले पहले अरब यात्री थे।
- ये सिराफ (ईरान) के एक मुस्लिम लेखक, यात्री और व्यापारी थे। इन्होंने 850 ई. में चीन और बंगाल (भारत) की यात्रा की और अपनी यात्राओं को लिखा। ये पाल साम्राज्य के समय भारत की यात्रा पर आए थे। इन्होंने भारत का आकार चीन से दोगुना बताया है, लेकिन यह घनी आबादी वाला देश नहीं है।

- इनका कहना था कि चीनियों के पास अपना कोई धार्मिक ज्ञान नहीं था, इनका प्रत्येक दर्शन भारत से लिया गया था। इस प्रकार चीनियों ने भारतीयों को अपना शिक्षक माना।
- इन्होंने लिखा है कि भवन निर्माण में चीनी लोग अधिकतर लकड़ी का प्रयोग करते थे, भारतीयों ने पत्थर, प्लास्टर और ईंटों से घर बनाए।

अल-मसूदी

- अल-मसूदी अरब के एक प्रसिद्ध इतिहासकार, भूगोलवेत्ता और साहसी खोजकर्ता थे। इनका जन्म बगदाद (इराक) में हुआ था और ये पैगम्बर मुहम्मद के मित्र अब्दुल्ला इब्न मसूद के वंशज हैं।
- इन्होंने धर्म, इतिहास, भूगोल, प्राकृतिक विज्ञान, दर्शन और अन्य अनेक विषयों पर अनेक पुस्तकें लिखीं।
- इन्हें अरब का हेरोडोटस भी कहा जाता था। किताब-अल-औसत (मध्य की पुस्तक) एवं मुरुज अल-दहाब (सोने की घास) उनकी प्रसिद्ध रचनाएँ हैं।

अलबरूनी

- अलबरूनी का जन्म 973 ईस्वी में आधुनिक उज्बेकिस्तान के **खीवा** (प्राचीन ख्वारिज्म) नामक क्षेत्र में हुआ। उस काल में वहाँ तूरान और ईरान के सामानी वंश (874-999 ईस्वी) का शासन था।
- विज्ञान और साहित्य में विद्वता के कारण ये राज्य के मन्त्री बन गए।
- जब महमूद गजनवी ने खीवा पर आक्रमण किया, तब यह सैकड़ों युद्ध बन्दियों को गजनी ले आया, इनमें अलबरूनी भी शामिल थे।
- अलबरूनी एक महान भाषाविद् थे और इन्होंने अनेक पुस्तकें लिखी थीं।
- ये अपनी मातृभाषा ख्वारिज्मी के अतिरिक्त हिब्रू, सीरियाई और संस्कृत भाषा के भी ज्ञाता थे।
- ये अरबी और फारसी दोनों भाषाओं पर समान अधिकार रखते थे।
- इन्होंने हिन्दुओं की भाषा, धर्म एवं दर्शन का अध्ययन किया और 1030 ईस्वी में तहकीक-ए-हिन्द नामक पुस्तक लिखी, जिसे किताब-उल-हिन्द भी कहा जाता है।
- अरबी भाषा में रचित यह एक विस्तृत ग्रन्थ है, जो धर्म, दर्शन, खगोल विज्ञान, त्योहारों, कीमिया, रीति-रिवाजों तथा प्रथाओं, सामाजिक जीवन, भार-तौल तथा मापन विधियों, क़ानून, मापतन्त्र विज्ञान, मूर्तिकला आदि विषयों के साथ 80 अध्यायों में विभाजित है।
- इन्होंने पतंजलि के व्याकरण ग्रन्थ के साथ कई अन्य संस्कृत ग्रन्थों का अरबी भाषा में अनुवाद किया।
- संस्कृत के बारे में इन्होंने लिखा हैं कि संस्कृत भाषा को सीखना आसान नहीं है, क्योंकि अरबी भाषा की भाँति शब्दों तथा विभक्तियों, दोनों में ही इस भाषा (संस्कृत) की पहुँच बहुत विस्तृत है।

मार्को पोलो

- मार्को पोलो का जन्म 15 सितम्बर, 1254 को वेनिस, इटली में हुआ था।
- मार्को पोलो वेनिस के एक व्यापारी और एक साहसी व्यक्ति थे, जिन्होंने 1271 से 1295 ई. तक सिल्क रूट के माध्यम से यूरोप से एशिया की यात्रा की थी।
- इनकी यात्राओं की कहानी द मिलियन में दर्ज है, जिसे द ट्रेवल्स ऑफ मार्को पोलो भी कहा जाता है।
- 1271 ई. में ये वेनिस से भूमध्यसागर के पार पवित्र भूमि तक दक्षिण की ओर रवाना हुए। तत्पश्चात ये आर्मेनिया, फारस, अफगानिस्तान और पामीर पर्वत से होते हुए गोबी रेगिस्तान को पार करते हुए बीजिंग पहुँचे।
- 17 वर्षों तक चीन में रहने के पश्चात् इन्होंने 1292 ई. में वेनिस लौटने का निर्णय लिया। हिन्द महासागर में समुद्र के रास्ते दो वर्ष की वापसी यात्रा के दौरान, चीन से घर लौटते समय, मार्को पोलो 1292 ई. में भारत के कोरोमण्डल तट पर पहुँचे।
- इन्होंने तंजौर के पास तमिल पाण्ड्यों के राज्य में प्रवेश किया।
- काकतीय राजवंश की रुद्रम्मा देवी के शासनकाल के दौरान इन्होंने दक्षिणी भारत का दौरा किया।
- रुद्रम्मा देवी ने लगभग 1261-1295 ई. में शासन किया और ये भारतीय इतिहास की कुछ प्रसिद्ध रानियों में से एक थीं।

इब्नबतूता

- इब्नबतूता का जन्म 1304 ई. में टंगेर (मोरक्को) में हुआ था और ये इस्लामी धर्मशास्त्र के विशेषज्ञ थे। अपनी शिक्षा पूरी करने के बाद इन्होंने 1325 ई. में विश्व की यात्रा शुरू की।
- ये मध्य एशिया के मार्ग से होते हुए 1333 ई. में सिन्ध पहुँचे।
- भारत में उस समय मुहम्मद-बिन-तुगलक (1325- 1351 ई.) दिल्ली का सुल्तान था। सुल्तान ने इनकी विद्वता से प्रभावित होकर, इनको दिल्ली का काजी या न्यायाधीश नियुक्त कर दिया।
- ये कई वर्षों तक उस पद पर बने रहे, परन्तु बाद में पक्षपात के आरोप में इनको कारागार में डाल दिया गया।
- उन्हें कुछ समय पश्चात् रिहा कर पुन: शाही सेवा में बहाल कर दिया गया और 1342 ई. में इनको सुल्तान ने अपना दूत बनाकर चीन के मंगोल शासक से भेंट करने का आदेश दिया गया।
- इब्नबतूता ने अरबी भाषा में लिखी अपनी पुस्तक किताब-उल-रिहला में भारत के सामाजिक-राजनीतिक एवं आर्थिक परिस्थितियों के सम्बन्ध में वर्णन किया है।
- इब्नबतूता के वृत्तान्त में भारत की कृषि का उल्लेख मिलता है।
- इन्होंने उल्लेख किया कि एक वर्ष में फसल के तीन मौसम होते हैं।
- जिन प्रमुख फसलों की खेती की जाती थी, उनमें धान, गेहूँ, जौ, गन्ना, कपास, तिलहन और नील शामिल हैं।

निकोलो डे कोण्टी

- निकोलो डे कोण्टी एक इतालवी यात्री और व्यापारी थे, जिन्होंने सम्भवत: देवराय प्रथम के राज्यारोहण के बाद 1420 ईस्वी में विजयनगर साम्राज्य का दौरा किया था।
- जब ये भारत आए, तो इन्होंने सबसे पहले गुजरात के कैम्बे शहर का दौरा किया।
- इन्होंने कैम्बे में सार्डोनीक्स नामक सुन्दर पत्थरों की प्रचुरता देखी, साथ ही सती प्रथा का प्रचलन भी देखा।
- निकोलो डे कोण्टी ने तुंगभद्रा नदी के तट पर स्थित प्रसिद्ध शहर विजयनगर (अब हम्पी, कर्नाटक राज्य) तक 300 मील की यात्रा की।
- ट्रेवल्स ऑफ निकोलो कोण्टी में इन्होंने अपनी इस यात्रा का उल्लेख किया है। निकोलो ने महानवमी उत्सव का वर्णन किया, जो राजधानी में आयोजित किया गया था।
- इन्होंने जिन अन्य उत्सवों पर प्रकाश डाला उनमें दीपावली, होली और कनारिस नव वर्ष दिवस भी शामिल थे।
- इन्होंने एक पहाड़ पर हीरे की खोज का भी उल्लेख किया, जिसे इन्होंने अल्बेनिगारस कहा।

अब्दुर रज्जाक

- अब्दुर रज्जाक एक फ़ारसी विद्वान और इतिहासकार थे, जिन्होंने देवराय द्वितीय के शासनकाल के दौरान विजयनगर साम्राज्य का दौरा किया था।
- 1442 ई. में ये शाहरुख (तैमूर राजवंश के फारसी शासक) के दूत के रूप में कालीकट के राजा जमोरिन के दरबार में पहुँचे।
- इन्होंने देवराय द्वितीय के शासनकाल का विवरण प्रस्तुत किया है।
- मतला-उस-सादैन वा मजमा-उल-बहरीन, अब्दुर रज्जाक द्वारा लिखा गया ग्रन्थ है, इसमें इस यात्रा का वर्णन है।
- रज्जाक के अनुसार, देवराय द्वितीय का प्रभुत्व सीलोन (अब श्रीलंका) से गुलबर्गा और उड़ीसा से मालाबार तक फैला हुआ था।
- इन्होंने नक्काशीदार पत्थरों की नहरों के माध्यम से विकसित जलप्रणाली का वर्णन किया है।

डोमिंगो पायस

- डोमिंगो पायस एक पुर्तगाली व्यापारी, लेखक और खोजकर्ता थे, जिन्होंने 1520 और 1522 ईस्वी के बीच भारत का दौरा किया।
- इन्होंने विजयनगर साम्राज्य के तुलुव राजवंश के राजा कृष्णदेव राय के शासनकाल के हम्पी का दौरा किया था।
- इन्होंने हम्पी नगर का जीवन्त वर्णन अपनी पुस्तक क्रोनिका डॉस रीस डी बिसनागा अर्थात् विजयनगर के राजाओं का क्रॉनिकल में लिखा है।

विलियम हॉकिन्स

- कैप्टन विलियम हॉकिन्स 1607 ई. में ब्रिटिश सम्राट जेम्स प्रथम के दूत के रूप में ईस्ट इण्डिया कम्पनी के जहाज हेक्टर पर सवार होकर सूरत के लिए रवाना हुए।
- अगस्त, 1608 में विलियम हॉकिन्स सूरत में उतरे, लेकिन जैसे ही इनका जहाज हेक्टर आया, पुर्तगालियों ने इनका अपहरण कर लिया।
- 16 अप्रैल, 1609 को ये आगरा में मुगल बादशाह जहाँगीर के दरबार में उपस्थित हुए, जहाँ ये एक दूत के रूप में दो वर्ष तक रहे।
- ब्रिटिश सम्राट ने ईस्ट इण्डिया कम्पनी के लिए एक कारखाने की स्थापना के लिए औपचारिक मंजूरी प्राप्त करने के लिए विलियम हॉकिन्स को सूरत भेजा था।
- आगरा पहुँचने पर जहाँगीर ने तुर्की भाषा में पारंगत विलियम हॉकिन्स का स्वागत किया और इन्हें इंग्लिश खान की उपाधि दी।

सर थॉमस रो

- महारानी एलिजाबेथ प्रथम के शासनकाल के दौरान, सर थॉमस रो एक ब्रिटिश राजदूत और हाउस ऑफ कॉमन्स के सदस्य थे।
- 1615 ई. में सर थॉमस रो मुगल सम्राट जहाँगीर के दरबार में आए, जहाँ वे 1615 से 1619 ई. तक रहे।
- एम्बेसी ऑफ़ थॉमस रो टू इण्डिया में सर थॉमस रो ने अपनी भारत यात्रा का वर्णन किया है। इसमें इन्होंने मुगल दरबार का भी उल्लेख किया है।

पीटर मुण्डी

- पीटर मुण्डी अथवा पीटर मण्डी एक यूरोपीय दार्शनिक तथा विदेशी यात्री थे। मुगल बादशाह शाहजहाँ के समय में ये भारत आए थे।
- ये 1630 ई. में आगरा पहुँचे और 17 दिसम्बर, 1631 तक वहाँ रहे।
- इन्होंने 1630-32 ई. के मध्य पड़े भीषण अकाल का उल्लेख किया है।
- इनके सबसे उल्लेखनीय कार्यों में से एक इटिनरेरियम मुण्डी या पीटर मुंडीज़ ट्रेवल्स नामक यात्रा वृत्तान्त है।

जीन-बैप्टिस्ट टैवर्नियर

- जीन-बैप्टिस्ट टैवर्नियर 17वीं सदी के फ्रांसीसी यात्री थे, जो पेशे से तो एक जौहरी थे, किन्तु इसके साथ ही वे एक अनुभवी और साहसिक यात्री भी थे। इनके पिता गेब्रियल और इनके भाई येल्चियोर टैवर्नियर दोनों मानचित्रकार थे।
- ये मुगल बादशाह शाहजहाँ के शासनकाल में भारत आए थे। पूर्व दिशा की ओर इन्होंने सात यात्राएँ कीं, इस दौरान ये छ: बार भारत आए।
- जीन बैप्टिस्ट टैवर्नियर ने ही भारत के प्रसिद्ध हीरे कोहिनूर और हीरे की खदानों के सम्बन्ध में जानकारी दी है। इन्होंने मथुरा के केशोराय पाटन तथा काशी के केशव मन्दिर का भी रोचक उल्लेख किया है।

निकोलो मनुची

- निकोलो मनुची एक वेनिस लेखक, स्व-शिक्षित चिकित्सक और यात्री थे। ये 1653 ई. में 17 वर्ष की आयु में भारत यात्रा पर आए थे और आजीवन यहीं रहे।

- भारत आकर ये मुगल शहजादे दाराशिकोह की सेना में शामिल हो गए। इन्होंने अपनी किताब स्टोरिया डी मोगोर अर्थात् मुगलों की कहानी में दर्ज किया।
- यह पुस्तक मुगल दरबार को सबसे विस्तृत पुस्तक मानी जाती है। यह शाहजहाँ के बाद के शासनकाल और औरंगजेब के शासनकाल का एक महत्त्वपूर्ण विवरण है।

फ्रांस्वां बर्नियर

- फ्रांस्वां बर्नियर एक फ्रांसीसी विद्वान्, डॉक्टर, दार्शनिक और इतिहासकार थे। ये 1656 ई. में मुगल साम्राज्य के दौरान भारत आए और 12 वर्षों तक रहे। इनके आगमन के समय मुगल बादशाह शाहजहाँ अपने जीवन की अन्तिम अवस्था में थे और इनके चार पुत्रों के बीच उत्तराधिकार के लिए संघर्ष चल रहा था।
- बर्नियर ने मुगल राज्य में आठ वर्षों तक कार्य किया, पहले सम्राट शाहजहाँ के ज्येष्ठ पुत्र दाराशिकोह के चिकित्सक के रूप में और बाद में एक आर्मीनियाई अमीर दानिशमन्द खान के साथ बुद्धिजीवी तथा वैज्ञानिक के रूप में।
- ये दिल्ली में थे, जब दाराशिकोह को राजधानी की सड़कों पर घुमाया जा रहा था और औरंगजेब के सैनिक उसे घसीट रहे थे। शाहजादा दारा के पीछे-पीछे भारी भीड़ चल रही थी, जोकि उसके दुर्भाग्य पर विलाप कर रही थी, लेकिन किसी ने भी दारा को बचाने का साहस नहीं किया।
- विदेशी होने पर भी बर्नियर ने सत्ताधारियों के सम्मुख भारतीय जनता की निष्क्रियता और असहाय अवस्था को समझा।
- उनके वृत्तान्त ट्रेवल्स इन मुगल एम्पायर-1656-68 एडी नाम से 1670-1671 ई. में फ्रांस में प्रकाशित हुए और 5 वर्षों के भीतर ही इसका अंग्रेजी, डच, जर्मन आदि 48 भाषाओं में अनुवाद हो गया।
- इन्होंने मुगलकालीन शहरों को शिविर नगर कहा, जिससे इनका आशय उन नगरों से था, जो राजकीय शिविर पर निर्भर थे और जिनका अस्तित्व राजकीय दरबार के आगमन के साथ जुड़ा हुआ था।

जीन-एण्टोनी डुबोइस

- जीन-एण्टोनी डुबोइस फ्रांसीसी कैथोलिक मिशनरी थे, जिन्हें डोडा स्वामी के नाम से भी जाना जाता है।
- इन्हें 1792 ई. में विवियर्स प्रान्त में नियुक्त किया गया था, लेकिन इन्होंने मिशन एट्रांगेरेस डी पेरिस में शामिल होने का निर्णय लिया और फिर फ्रांसीसी क्रान्ति के बाद पॉण्डिचेरी चले गए। डुबोइस का सबसे महत्त्वपूर्ण योगदान इनके हिन्दू शिष्टाचार, रीति-रिवाज और समारोह का प्रकाशन था और इन्होंने ईसाई समुदाय को मैसूर में पुनर्गठित करने के लिए कर्नल रिचर्ड कोली वेलेस्ली के नेतृत्व में कार्य किया।
- इनका मानना था कि हिन्दू आंशिक रूप से ईसाई धर्म के प्रति प्रतिरोधी थे, लेकिन इन्होंने कभी भी स्वयं को हिन्दू धर्म के विरुद्ध व्यक्तिगत टकराव या आरोप-प्रत्यारोप में शामिल नहीं होने दिया।
- 1823 ई. में डुबोइस फ्रांस लौट आए और इन्होंने विदेशी मिशनों के निदेशक के रूप में कार्य किया। इनकी मृत्यु 1848 ई. में 83 वर्ष की आयु में हुई।

भारत आए विदेशी यात्रियों पर एक दृष्टि

नाम	यात्रा का वर्ष/कालखण्ड	सम्बन्धित देश	भारतीय शासक/राजवंश
मेगस्थनीज	302-298 ई.पू.	यूनान	चन्द्रगुप्त मौर्य
डाइमेकस	320-273 ई.पू.	सीरिया	मौर्य सम्राट बिन्दुसार
हेलियोडोरस	113 ई.पू.	यूनान	शुंग शासक भागभद्र
फाह्यान	402-411 ई.	चीन	चन्द्रगुप्त द्वितीय (विक्रमादित्य)
ह्वेनसांग	630-645 ई.	चीन	हर्षवर्धन
इत्सिंग	671-695 ई.	चीन	—
सुलेमान अल ताजिर	850 ई.	फारस	मिहिरभोज (प्रतिहार)
अल मसूदी	956 ई.	अरब	—
अलबरूनी	1024-1030 ई.	ख्वारिज्म	आक्रान्ता महमूद गजनवी के साथ भारत आया
मार्को पोलो	1289-1293 ई.	इटली	काकतीय शासिका रानी रुद्रम्मा
इब्नबतूता	1333-1347 ई.	मोरक्को	मुहम्मद-बिन-तुगलक
निकोलो डे कोण्टी	1420-1421 ई.	इटली	देवराय प्रथम (विजयनगर साम्राज्य)
अब्दुर्रज्जाक	1443-1444 ई.	फारस	देवराय द्वितीय (विजयनगर साम्राज्य)
अथानासियस निकितिन	1470-1474 ई.	रूस	मुहम्मद तृतीय (बहमनी साम्राज्य)
बार्थोलोम्यू डियाज	1503-1508 ई.	इटली	—
डुआर्टे बारबोसा	1516-1518 ई.	पुर्तगाल	कृष्णदेव राय (विजयनगर साम्राज्य)
डोमिंगो पेस	1520-1522 ई.	पुर्तगाल	कृष्णदेव राय (विजयनगर साम्राज्य)
सीजर फ्रेडरिक	1563-1581 ई.	इटली	विजयनगर साम्राज्य
एण्टोनियो मोन्सेरात	1578-1582 ई.	पुर्तगाल	मुगल बादशाह अकबर
रॉल्फ फिंच	1585-1591 ई.	ब्रिटेन	मुगल बादशाह अकबर
विलियम हॉकिन्स	1608-1611 ई.	ब्रिटेन	मुगल बादशाह जहाँगीर
विलियम फिंच	1608-1612 ई.	ब्रिटेन	मुगल बादशाह जहाँगीर
सर थॉमस रो	1615-1619 ई.	ब्रिटेन	मुगल बादशाह जहाँगीर
पीटर मुण्डी	1630-1634 ई.	ब्रिटेन	मुगल बादशाह शाहजहाँ
जीन बैप्टिस्ट टैवर्नियर	1638-1643 ई.	फ्रांस	मुगल बादशाह शाहजहाँ
निकोलो मनुची	1653 ई.	इटली	मुगल बादशाह शाहजहाँ/दाराशिकोह

"

भारतीय संस्कृति की विदेशों में अपनी अनूठी पहचान है। इनमें योग, आयुर्वेद, भारतीय भोजन, संगीत और नृत्य जैसे पहलुओं ने विश्वभर में लोकप्रियता हासिल की है। भारतीय त्योहार आज विश्वभर में आकर्षण का केन्द्र हैं।

अध्याय अठारह

विदेशों में भारतीय संस्कृति

विदेशों में भारतीय संस्कृति का प्रसार

विदेशों में भारतीय संस्कृति के प्रसार के विभिन्न माध्यम रहे हैं। इनका अध्ययन निम्नांकित शीर्षकों के अन्तर्गत किया जा सकता है

व्यापारिक यात्राएँ

- प्राचीन काल में भारतीय व्यापारी व्यापार के नए अवसरों की खोज में अनेक देशों में गए। ये पश्चिम में रोम और पूर्व में चीन तक गए।
- इस काल में भारतीयों को पूर्वी द्वीप समूह के मसालों और स्वर्ण की प्रचुर मात्रा में उपलब्धता का ज्ञान था। भारतीय व्यापारी और नाविक उन देशों की यात्रा करते थे, जिसके कारण वहाँ की जातियाँ उनके सम्पर्क में आयीं और भारतीय संस्कृति से प्रभावित हुईं।
- सोने की खोज में ये व्यापारी प्रथम शताब्दी में इण्डोनेशिया और कम्बोडिया आदि देशों में गए। इनकी जावा, सुमात्रा तथा मलाया द्वीपों की यात्राओं के विशेष वर्णन मिलते हैं, जिन्हें प्राचीन भारतीय इतिहास में सुवर्ण द्वीप कहा गया है।
- वास्तव में, इन व्यापारियों ने न केवल व्यापार किया, बल्कि संस्कृति-दूत की भूमिका भी निभाई तथा बाहरी दुनिया के देशों के साथ व्यापारिक सम्बन्ध स्थापित किए।
- ईसा पूर्व पहली शताब्दी में व्यापारी उज्जैन, मथुरा, काशी, प्रयाग, पाटलिपुत्र आदि नगरों से और पूर्वी तट के मामल्लपुरम्, ताम्रलिप्ति, कटक, पुरी, रामेश्वरम् तथा कावेरीपट्टनम् से विदेश के लिए चले थे।
- सम्राट अशोक के काल में कलिंग राज्य के श्रीलंका के साथ व्यापारिक सम्बन्ध थे, जहाँ कहीं भी व्यापारी गए थे, वहीं उनके सांस्कृतिक सम्बन्ध स्थापित हो गए थे।
- रोमा (बंजारे) ईरान और इराक के रास्ते तुर्की और अन्य दूरस्थ स्थानों तक पहुँच गए। वे यूरोप भी गए, जहाँ वे जिप्सी या खानाबदोश के रूप में पहचाने गए।
- व्यापारकि गतिविधियाँ वियतनाम, इटली और चीन के साथ आरम्भ हुई। व्यापार की खोज में हमारे देश के बहुत-से लोग अन्य देशों में जाकर बस गए और हमारी समृद्ध संस्कृति की विरासत भी साथ ले गए।
- कलिंग वंश ने श्रीलंका के साथ व्यापारिक सम्बन्ध स्थापित किए।

इस प्रकार व्यापारियों ने सांस्कृतिक राजदूतों की भूमिका का निर्वाह किया और बाहरी दुनिया से व्यापारिक सम्बन्ध बनाए।

प्रमुख प्राचीन बन्दरगाह

बन्दरगाह	वर्तमान अवस्थिति	उल्लेखनीय विवरण
लोथल	गुजरात	◆ यह सिन्धु घाटी सभ्यता के काल का प्रमुख बन्दरगाह है, जोकि भारतीय उपमहाद्वीप का सबसे पुराना बन्दरगाह है।
मुजिरिस	मालाबार तट (केरल)	◆ मुजिरिस बन्दरगाह का उल्लेख संगम साहित्य में भी मिलता है।
पुहार	तमिलनाडु	◆ पूमपुहार को पुहार या कावेरीपट्टनम के नाम से भी जाना जाता है। यह चोल साम्राज्य का बन्दरगाह शहर माना जाता है। ◆ इस बन्दरगाह से भारत के अन्य एशियाई देशों और अरब जगत के साथ व्यापारिक एवं सांस्कृतिक सम्बन्ध प्रगाढ़ हुए। इसका उल्लेख प्रमुख रूप से संगम साहित्य में मिलता है।
अरिकामेडु	पुदुचेरी	◆ प्राचीन विवरणों में अरिकामेडु को पोडुके बन्दरगाह के रूप में भी जाना जाता है। इसका उल्लेख संगम काल की तमिल कविताओं में मिलता है। ◆ यह एक चोलकालीन बन्दरगाह था, जो मोतियों के निर्यात के लिए प्रसिद्ध था। यहाँ से रोमन बस्ती के साक्ष्य भी मिले हैं।
बेरिगाजा या भृगुकच्छ	गुजरात	◆ यह वर्तमान गुजरात राज्य के अन्तर्गत नर्मदा नदी के मुहाने पर स्थित है। ◆ इस बन्दरगाह से अरब, यूनानी, रोमन, अफ्रीकी, चीनी और मिस्र के लोगों के साथ व्यापारिक सम्बन्ध स्थापित हुए थे।
सोपारा	मुम्बई	◆ सोपारा एक प्राचीन बन्दरगाह शहर और प्राचीन अपरान्त राज्य की राजधानी था। ◆ वर्तमान में यह स्थान मुम्बई के नाला सोपारा के नाम से जाना जाता है।

बन्दरगाह	वर्तमान अवस्थिति	उल्लेखनीय विवरण
कालीकट	केरल	◆ इसे वर्तमान में कोझिकोड के नाम से जाना जाता है। ◆ यह प्राचीन काल के सबसे व्यस्त बन्दरगाहों और व्यापारिक केन्द्रों में से एक था। ◆ चेर शासन के अन्तर्गत यह एक उल्लेखनीय व्यापारिक केन्द्र के रूप में विकसित होना शुरू हुआ।
तूतीकोरिन	तमिलनाडु	◆ तूतीकोरिन को थूथुकुडी के नाम से भी जाना जाता है। ◆ यह क्षेत्र प्राचीन काल में पाण्ड्य और चोल सहित कई राजवंशों के आधिपत्य में रहा था।
मछलीपट्टनम्	आन्ध्र प्रदेश	◆ मुख्यत: सातवाहन काल में इसके अस्तित्व के प्रमाण मिलते हैं। यहाँ से प्राचीन काल में यूनान के साथ मस्लिन कपड़े का व्यापार किया जाता था।
ताम्रलिप्ति	पश्चिम बंगाल	◆ ताम्रलिप्ति बंगाल की खाड़ी और गंगा नदी के संगम के निकट पूर्वी तट पर स्थित था। ◆ आठवीं सदी के उदयमान के दूधपानी चट्टान शिलालेख में प्राचीन दक्षिण एशिया के प्रमुख बन्दरगाह के रूप में ताम्रलिप्ति का उल्लेख है।
बर्बरिक	कराची (पाकिस्तान)	◆ यह सिन्धु डेल्टा में कराची के पास प्राचीन बन्दरगाह था। प्राचीन काल में इण्डो-रोमन व्यापार के लिए यह महत्त्वपूर्ण बन्दरगाह था।

विश्वविद्यालय

- संस्कृति के आदान-प्रदान में यहाँ के प्राचीन विश्वविद्यालयों की भूमिका सबसे अधिक महत्त्वपूर्ण रही है। इन्होंने बड़ी संख्या में विद्वानों और छात्रों को आकर्षित किया।
- इन विश्वविद्यालयों के शिक्षक और छात्र धर्म और विद्या के साथ-साथ भारतीय संस्कृति को भी विदेश में ले गए।
- प्रसिद्ध चीनी यात्री ह्वेनसांग ने भारत के उन सभी विश्वविद्यालयों का विस्तार से वर्णन किया है, जिनमें वे गए अथवा जहाँ रह कर इन्होंने अध्ययन किया। इन विश्वविद्यालयों में पूर्व में नालन्दा तथा पश्चिम में वल्लभी विश्वविद्यालय प्रमुख थे। अन्य प्रमुख विश्वविद्यालयों में तक्षशिला, विक्रमशिला, पुष्पगिरि, ओदन्तपुरी, सोमपुरा आदि हैं।

कला एवं शिल्प

कला एवं शिल्प से भारतीय संस्कृति का विदेशों में व्यापक एवं चिरस्थायी प्रचार हुआ है। भारत की मूर्ति कला शैली और मन्दिर वास्तु शैली विदेशों में न केवल लोकप्रिय हुई, बल्कि अनेक देशों में विशाल मन्दिर अपनी निर्माण कला के लिए विश्व प्रसिद्ध हैं।

मूर्तिकला

- महात्मा बुद्ध के विचारों का प्रसार बढ़ा, तो देश के पश्चिमोत्तर भाग में यूनानी कला शैली में बौद्ध प्रतिमाएँ बनीं।
- इस प्रकार गान्धार मूर्ति कला शैली का प्रादुर्भाव हुआ। यह विशुद्ध रूप से बौद्ध धर्म से सम्बन्धित धार्मिक प्रस्तर मूर्तिकला शैली है, जिसका उदय कनिष्क प्रथम के समय हुआ।
- तक्षशिला, कपिशा, पुष्कलावती, बामियान आदि इसके प्रमुख केन्द्र रहे। इसमें स्वात घाटी के भूरे रंग के पत्थर या काले स्लेटी पत्थरों का प्रयोग किया जाता था। इस कला का चरम विकास कुषाण काल में हुआ।

बोरोबुदुर स्तूप

- जावा स्थित यह स्तूप वस्तुत: प्राचीन विश्व की उत्कृष्ट रचना है। इसका निर्माण शैलेन्द्र राजाओं के संरक्षण में 750-850 ई. के मध्य हुआ था।
- यह स्तूप एक पहाड़ी की चोटी पर स्थित है। इसमें 9 खण्ड हैं, जो उत्तरोत्तर एक-दूसरे से छोटे बनाए गए हैं। इसकी संरचना पिरामिडनुमा है। शीर्षस्थ खण्ड पर घण्टे की आकृति का विशाल स्तूप बनाया गया है।

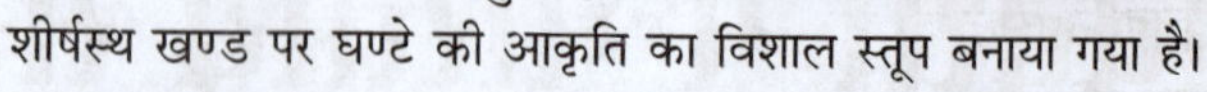

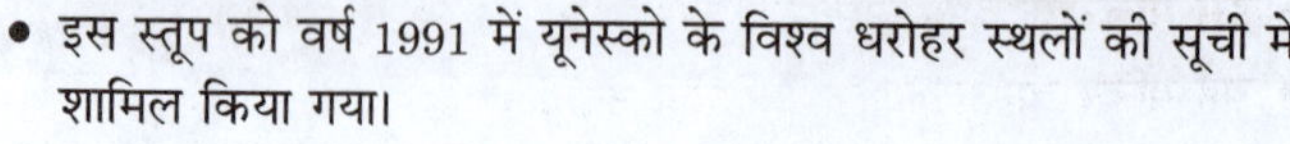

- इस स्तूप को वर्ष 1991 में यूनेस्को के विश्व धरोहर स्थलों की सूची में शामिल किया गया।
- प्राचीन हिन्दू मन्दिरों में कम्बुज (कम्बोडिया) के अंकोरवाट का विष्णु मन्दिर विशेष रूप से उल्लेखनीय है। इसका निर्माण 1125 ई. में कम्बुज के राजा सूर्यवर्मन द्वितीय द्वारा करवाया गया था। यह सम्पूर्ण मन्दिर पत्थर का बना है।
- यह मन्दिर तीन हजार फुट की चौकोर पत्थर की मेढ़ी (चबूतरे) पर बना है। प्रवेश द्वार से अन्दर जाते ही लगभग आधे मील की परिधि में बनी एक लम्बी वीथी (गैलरी) मिलती है, जो मन्दिर का प्रदक्षिणापथ है।
- यह मन्दिर अपनी मूर्तिकारी के लिए भी प्रसिद्ध है। इसकी दीवारों पर रामायण की सम्पूर्ण कथा उत्कीर्ण है। साथ ही राजाओं, सैनिकों आदि का भव्य एवं कलापूर्ण अंकन प्राप्त होता है।
- मध्य में बुद्ध की विशाल मूर्ति है तथा मन्दिर की दीवारों पर बुद्ध के जीवन से सम्बन्धित तथा जातक ग्रन्थों से ली गई बहुसंख्यक कथाओं का भव्य एवं कलापूर्ण अंकन हुआ है।
- तनाह लोट मन्दिर भगवान विष्णु को समर्पित है, जो बाली द्वीप (इण्डोनेशिया) की एक बहुत बड़ी समुद्री चट्टान पर बना हुआ है। इसका निर्माण 16वीं शताब्दी में हुआ है।
- बाली के उबुद में निर्मित पुरा तमन सरस्वती मन्दिर, ज्ञान व विद्या की देवी सरस्वती को समर्पित है। हिन्दू मान्यताओं के अनुसार, यहाँ भी देवी सरस्वती को ज्ञान व संगीत की देवी के रूप में पूजा जाता है।
- बाली द्वीप के माउण्ट अगुंग में स्थित पुरा बेसकिह मन्दिर इण्डोनेशिया के सबसे सुन्दर मन्दिरों में से एक है। यहाँ ऐसा प्रतीत होता है कि प्रकृति स्वयं पुरा बेसकिह मन्दिर का अभिषेक कर रही है।
- पूर्वी जावा के सिंगोसरी में बना सिंघसरी शिव मन्दिर की स्थापना 13वीं शताब्दी में हुई है। इस विशाल भव्य मन्दिर में भगवान शिव का अलौकिक रूप देखने को मिलता है।

मन्दिर वास्तुकला

- विदेशों में मन्दिर वास्तुकला शैली ने अपनी अमिट छाप छोड़ी है। दक्षिण-पूर्व एशिया में अनेक विश्व प्रसिद्ध मन्दिर हैं, जो अपने निर्माण के लिए विश्व के महान स्मारकों में शामिल किए जाते हैं।
- दक्षिण-पूर्व एशिया की कला के प्रत्येक अंग पर भारतीय कला का स्पष्ट एवं व्यापक प्रभाव परिलक्षित होता है।
- दक्षिण-पूर्व एशिया के प्रसिद्ध नगरों में अंकोरथोम (अंकोरवाट) विशेष रूप से उल्लेखनीय है, जो प्राचीन कम्बुज राज्य की राजधानी थी।

- इसका निर्माण भारतीय नगरों की पद्धति पर हुआ था। यह एक वर्गाकार नगर था, जो चारों ओर से गहरी खाई तथा पत्थर की दीवारों से घिरा हुआ था।
- दक्षिण-पूर्व एशिया की वास्तुकला के अन्तर्गत हम जावा के बोरोबुदुर स्तूप, कम्बोडिया के अंकोरवाट मन्दिर, वर्मा के आनन्द मन्दिर तथा चम्पा के माईसोन एवं पोनगर के मन्दिरों का मुख्य रूप से उल्लेख कर सकते हैं।

प्रम्बनन मन्दिर

- वास्तु शिल्प के क्षेत्र में इण्डोनेशिया का सबसे बड़ा शिव मन्दिर प्रम्बनन जावा में स्थित है। इस मन्दिर का निर्माण 9वीं शताब्दी में हुआ था।
- इस मन्दिर के दोनों ओर ब्रह्मा और विष्णु के मन्दिर हैं।
- यह मन्दिर वास्तुकला का अद्वितीय उदाहरण है।
- मन्दिरों के अतिरिक्त विभिन्न स्थानों से बुद्ध, बोधिसत्व, विष्णु, शिव, ब्रह्मा, लक्ष्मी, गणेश, कार्तिकेय आदि देवी-देवताओं की बहुसंख्यक मूर्तियाँ भी प्राप्त होती हैं, जो दक्षिणी-पूर्वी एशिया में हिन्दू-तक्षणकला के व्यापक प्रचार-प्रसार की साक्षी हैं।
- कई स्थानों से विष्णु की चतुर्भुजी मूर्तियाँ भी प्राप्त होती हैं। उनके प्रतीक के रूप में शंख, चक्र, गदा तथा पद्म का अंकन मिलता है।
- चम्पा (वियतनाम) से शेषनाग पर शयन करते हुए विष्णु की मूर्ति प्राप्त होती है। कम्बोडिया के अंकोरवाट में स्थित विष्णु मन्दिर वहाँ उनकी लोकप्रियता का प्रमाण है।

गणित

- विदेशों में भारतीय संस्कृति के प्रसार का एक अन्य महत्त्वपूर्ण माध्यम गणित था। भारतीयों ने लगभग 500 ईसा पूर्व में 1 से लेकर 9 तक प्रत्येक अंक के लिए अलग-अलग प्रतीकों की एक व्यवस्था की खोज की थी। अरबों ने भारत से गणित का बहुमूल्य ज्ञान प्राप्त कर उसे प्रसारित किया।
- अरब के विद्वानों ने गणित शास्त्र को या हिन्दसा (भारत से सम्बन्धित) कहकर भारत के प्रति अपना ऋण स्वीकार किया।
- भारतीय गणित की लोकप्रियता अन्य विद्वानों के अतिरिक्त अलकिन्दी के ग्रन्थों के कारण अधिक बढ़ी। फिबोनाची संख्याएँ और उनका क्रम सबसे पहले भारतीय गणित में प्रकट होता है।
- बाइनरी संख्याएँ उस भाषा का आधार है, जिसमें कम्प्यूटर प्रोग्राम लिखे जाते हैं। बाइनरी में दो अंक होते हैं, 1 और 0, जिनके संयोजनों को बिट और बाइट (Bits and Bytes) कहते हैं। बाइनरी व्यवस्था का पहला उल्लेख वैदिक विद्वान पिंगल की किताब छन्दशास्त्र में मिलता है।

विज्ञान एवं तकनीक

- विज्ञान एवं तकनीक के क्षेत्र में प्राचीन काल से भारतीयों के पास अनमोल विरासत रही थी। भारत के चिकित्सा विज्ञान, धातु विज्ञान एवं रसायन विज्ञान आदि ग्रन्थों का विदेशियों ने अनुवाद किया।
- उदाहरण के तौर पर सुश्रुत संहिता का अनुवाद अरबी में एक भारतीय ने किया, जिसे मंख कहा जाता है।
- खगोलविज्ञान, ज्योतिष-शास्त्र, गणित शास्त्र तथा औषधि-विज्ञान आदि ग्रन्थों के अतिरिक्त अरबों ने विभिन्न विषयों के भारतीय ग्रन्थों के साथ-साथ भारतीय सभ्यता-संस्कृति के विभिन्न विषयों की भी प्रशंसा की।

शल्य चिकित्सा

- छठी शताब्दी ईसा पूर्व में सुश्रुत द्वारा लिखी गई सुश्रुत संहिता को शल्य चिकित्सा या सर्जरी में सबसे अधिक स्पष्ट पुस्तक माना जाता है।
- इसमें विभिन्न बीमारियों, पौधों, तैयारियों और इलाजों की जानकारी दी गई है। यहाँ तक कि इसमें प्लास्टिक सर्जरी की जटिल क्रियाओं का भी वर्णन किया गया है। राइनोप्लास्टी (नाक की सर्जरी) सुश्रुत संहिता का जाना-माना योगदान है।

परमाणु सिद्धान्त

- प्राचीन भारत के प्रख्यात वैज्ञानिकों में से एक कणाद के बारे में कहा जाता है कि उन्होंने जॉन डॉल्टन के जन्म से सदियों पहले ही परमाणु सिद्धान्त खोज लिया था।
- उन्होंने एक परमाणु की तरह, अणु या छोटे अविनाशी कणों के अस्तित्व का अनुमान लगाया। उन्होंने यह भी कहा कि अणु में दो अवस्थाएँ हो सकती हैं—पूर्ण विश्राम की अवस्था और एक गति की अवस्था।

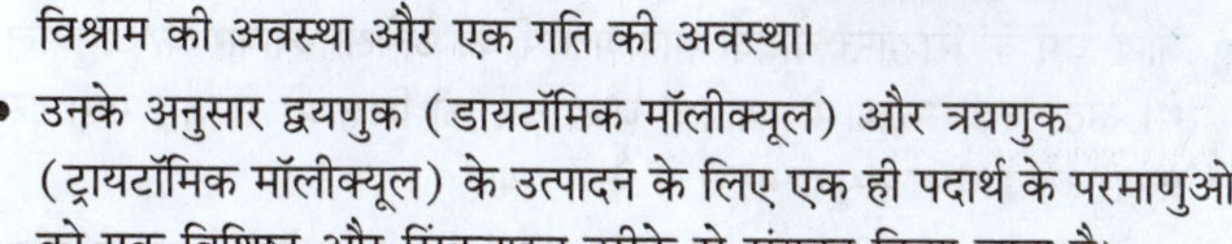

- उनके अनुसार द्वयणुक (डायटॉमिक मॉलीक्यूल) और त्रयणुक (ट्रायटॉमिक मॉलीक्यूल) के उत्पादन के लिए एक ही पदार्थ के परमाणुओं को एक विशिष्ट और सिंक्रनाइज तरीके से संयुक्त किया जाता है।

हीलियोसेण्ट्रिक सिद्धान्त

- प्राचीन भारत के गणितज्ञ अक्सर अपने गणितीय ज्ञान का उपयोग शुद्ध खगोलीय अनुमान लगाने के लिए करते थे। इनमें सबसे महत्त्वपूर्ण नाम आर्यभट्ट का है, जिनकी पुस्तक आर्यभट्टीय खगोल विज्ञान एवं गणित पर आधारित एक महत्त्वपूर्ण ग्रन्थ है। यह पुस्तक संस्कृत भाषा में लिखी गई है।
- आर्यभट्ट ने ही कहा था कि पृथ्वी गोल है और अपनी धुरी पर घूमती है तथा सूर्य का चक्कर लगाती है। इसे ही हीलियोसेण्ट्रिक थ्योरी कहा जाता है। उन्होंने सौरमण्डल, चन्द्र ग्रहण, दिन की अवधि और पृथ्वी और चन्द्रमा के बीच की दूरी का भी अनुमान लगाया था।

सर्वश्रेष्ठ इस्पात

- वूट्ज स्टील (Wootz Steel) भारत में विकसित एक अग्रणी स्टील मिश्र धातु मैट्रिक्स है। यह एक क्रूसिबल स्टील है, जो इस पर बने बैण्ड के पैटर्न पर आधारित होती है।
- इसे प्राचीन समय में उक्कु, हिन्दवानी और सेरिक आयरन जैसे नामों से जाना जाता था। इस स्टील का प्रयोग प्रसिद्ध दमस्कस तलवारों को बनाने में किया जाता था।

औषधि विज्ञान

- यूनानी चिकित्सक हिप्पोक्रेट्स से पहले चरक ने चरक संहिता नामक ग्रन्थ की रचना की। यह पुस्तक आयुर्वेद के प्राचीन विज्ञान पर आधारित थी।
- भारतीय चिकित्सा के जनक कहे जाने वाले चरक पहले ऐसे चिकित्सक थे, जिन्होंने अपनी पुस्तक में पाचन (Digestion), चयापचय (Metabolism) और प्रतिरक्षा (Immunity) की संकल्पना प्रस्तुत की थी।

- निवारक दवा पर चरक की प्राचीन नियमावली दो सहस्राब्दियों तक इस विषय पर एक मानक कार्य बनी रही और अरबी एवं लैटिन सहित कई विदेशी भाषाओं में इसका अनुवाद किया गया।

रॉकेट विज्ञान

- लोहे के आवरण वाले रॉकेट सबसे पहले 1780 के दशक में मैसूर के टीपू सुल्तान ने विकसित किए थे। उसने एंग्लो-मैसूर युद्ध के दौरान कम्पनी की सेनाओं के विरुद्ध इन रॉकेटों का सफलतापूर्वक प्रयोग किया।
- इन रॉकेट की मारक क्षमता लगभग दो किमी की थी और उस समय ये दुनिया के सर्वश्रेष्ठ रॉकेट थे।

धर्म प्रचार एवं प्रसार

भारत से विदेशों में भारतीय संस्कृति के प्रसार में धर्मों का भी बड़ा योगदान है। भारत की भूमि पर उत्पन्न हुए अनेक धर्म विश्व के विभिन्न भागों तक पहुँचे, जिनके साथ भारतीय संस्कृति का भी प्रसार हुआ।

बौद्ध धर्म का प्रसार

- बौद्ध धर्म के सिद्धान्त वैदिक ब्राह्मण धर्म की अपेक्षा व्यापार के अनुकूल थे। अत: बड़ी संख्या में व्यापारी बौद्ध धर्म की शिक्षाओं से जुड़ गए। इस प्रकार बौद्ध धर्म सम्पूर्ण मगध में फैल गया।
- इसके पश्चात् तीसरी सदी ईसा पूर्व में मौर्य सम्राट अशोक ने भारत और भारत से बाहर अनेक देशों तक बौद्ध धर्म का प्रसार किया। रेशम मार्ग के माध्यम से बौद्ध धर्म भी मध्य एशिया के विभिन्न भागों में फैल गया।
- सम्राट अशोक के बाद कई अन्य सम्राटों ने भी बौद्ध धर्म को न केवल स्वीकार किया, बल्कि उसका भरपूर पोषण भी किया; जैसे—प्रसिद्ध बैक्ट्रियन राजा मेनाण्डर, कुषाण सम्राट कनिष्क, गुप्त वंश के अनेक सम्राट, हर्षवर्द्धन, पाल और सेन राजवंश आदि।
- इनमें से अनेक साम्राज्य भारत के अतिरिक्त आधुनिक चीन, अफगानिस्तान, मध्य एशिया के देशों तक विस्तृत थे, इसलिए वहाँ बौद्ध धर्म का प्रचार हुआ।
- नालन्दा, विक्रमशिला, ओदन्तपुरी, वल्लभी आदि विश्वविद्यालयों के बौद्ध भिक्षुओं ने भी विभिन्न देशों में बौद्ध धर्म का प्रचार किया, जिसके साथ भारतीय संस्कृति का भी प्रसार हुआ।
- इस प्रकार बौद्ध धर्म भारतीय संस्कृति को साथ लेकर दक्षिण-पूर्व, पूर्व और मध्य एशिया के देशों में फैल गया; जैसे-भूटान, म्यांमार, चीन, हाँगकाँग, जापान, तिब्बत, मंगोलिया, श्रीलंका, कोरिया, वियतनाम, नेपाल आदि।

हिन्दू धर्म का प्रसार

- भारतीय संस्कृति के प्रसार में हिन्दू धर्म का भी उल्लेखनीय योगदान रहा है।
- प्राचीन काल में भारत से निकलकर हिन्दू धर्म दक्षिण एशियाई देशों का राजधर्म बन गया।
- चौथी सदी से लेकर नौवीं सदी के मध्य कई दक्षिण एशियाई देशों में हिन्दू धर्म का प्रभाव देखा जाने लगा, कई देशों में उससे भी पहले से, जिसके चलते कई देशों में राजाओं से लेकर प्रजा तक हिन्दू धर्म अपनाने लगी।
- इण्डोनेशिया में ईसा से कई शताब्दियों पूर्व से हिन्दू धर्म अस्तित्व में था, जो लगभग दसवीं सदी तक रहा।
- कम्बोडिया में हिन्दू धर्म पहली सदी ईसा पूर्व से 500 ईस्वी के बीच फ़नान साम्राज्य के दौरान अधिक विकसित हुआ।
- कल्लार, सामन्तदेव, अष्टपाल, जयपाल, आनन्दपाल, भीमपाल, त्रिलोचनपाल अफगानिस्तान के प्रमुख हिन्दू राजाओं के नाम हैं।

भारत के बाहर रामायण

थाईलैण्ड

रामकियेन थाईलैण्ड के राष्ट्रीय महाकाव्यों में से एक है। थाई रामायण का वर्तमान संस्करण 18वीं शताब्दी में लिखा गया था।

इस संस्करण में रावण के चरित्र को तोसाकण्ठ के नाम से जाना जाता है।

म्यांमार

रामायण के बर्मी संस्करण को यामा जातदाव या यामायन के नाम से जाना जाता है।

एक अनुवादित संस्करण के साथ यह पौराणिक महाकाव्य का एक अनूठा रूपान्तरण भी है।

कम्बोडिया

रामायण के खमेर रूपान्तरण को कम्बोडिया में रीमकर के नाम से जाना जाता है। यह भारतीय महाकाव्य का एक और क्षेत्रीय संस्करण है, जो भारतीय कथा से अद्वितीय और अलग है। इसमें बौद्ध धर्म का भी समावेश है, जो इसे एक बहुत ही दिलचस्प संस्करण बनाता है।

इण्डोनेशिया

काकाविन रामायण, रामायण का इण्डोनेशियाई रूपान्तरण है। ऐसा माना जाता है कि रामायण आठवीं-नौवीं शताब्दी के आस-पास इण्डोनेशिया में आई थी और पुरानी जावानीस भाषा में लिखी गई थी।

इसे आगे चलकर एक अन्य संस्करण, बालीनी रामकावाका में विकसित किया गया। राम, सीता, लक्ष्मण और हनुमान के मुख्य पात्रों के अतिरिक्त, इण्डोनेशिया संस्करण में कई स्वदेशी देवता भी हैं। इण्डोनेशिया के प्रसिद्ध केचक नृत्य में रामायण के दृश्य भी शामिल हैं।

जैन धर्म का प्रसार

- विदेशों में जैन धर्म का प्रसार भले ही हिन्दू धर्म या बौद्ध धर्म के समान बड़े स्तर पर न हुआ हो, परन्तु जितना भी हुआ, उससे भी भारतीय संस्कृति के वैश्विक प्रसार में सहायता मिली।
- अनेक हस्तलिखित ग्रन्थों में महत्त्वपूर्ण प्रमाण मिले हैं कि अफगानिस्तान, इरान, ईराक, टर्की आदि देशों में अनेक जैन मन्दिरों, जैन तीर्थंकरों की विशाल मूर्तियों, धर्मशास्त्रों तथा जैन मुनियों की उपस्थिति का उल्लेख मिलता है।
- जापान में भी प्राचीनकाल में जैन संस्कृति का व्यापक प्रचार था तथा जगह-जगह श्रमण-संघ स्थापित थे। बाद में भारत से सम्पर्क दूर हो जाने पर इन जैन श्रमण साधुओं ने बौद्ध धर्म से सम्बन्ध स्थापित कर लिया। चीन और जापान में ये लोग आज भी जैन बौद्ध कहलाते हैं।
- भारत और लंका (सिंहलद्वीप) के युगों पुराने सांस्कृतिक सम्बन्ध रहे हैं। सिंहलद्वीप में प्राचीनकाल में जैन धर्म का प्रचार था। मन्दिर, मठ, स्मारक विद्यमान थे, जो बाद में बौद्ध संघाराम बना लिए गए।
- प्रसिद्ध चीनी यात्री ह्वेनसांग के अनुसार यहाँ जैन-तीर्थंकरों के अनुयायी बड़ी संख्या में थे।

भारतीय भाषाओं का विदेशों में प्रसार

- भाषाएँ एवं साहित्य किसी भी संस्कृति के प्रसार के प्रभावी माध्यम होते हैं। भारतीय भाषाओं और साहित्य ने भी भारतीय संस्कृति के प्रसार में महत्त्वपूर्ण भूमिका निर्वाह की है।
- भाषाओं की दृष्टि से भारत की समृद्ध विरासत रही है। पापुआ न्यू गिनी की 839 भाषाओं के उपरान्त भारत विश्व का दूसरा सर्वाधिक भाषाओं को बोलने वाला देश है, जहाँ 780 भाषाएँ बोली जाती हैं।
- भारतीय भाषा संस्कृत सभी यूरोपीय भाषाओं की जननी मानी जाती है। इसमें लिखी हजारों पुस्तकों का विश्व की अनेक भाषाओं में अनुवाद किया गया है।
- भारत के दक्षिणी भाग में बोली जाने वाली तमिल भाषा श्रीलंका और सिंगापुर की भी आधिकारिक भाषा है।
- भारत की पालि भाषा से प्रेरित होकर म्यांमार में पालि भाषा विकसित की गई। इसके बाद बौद्ध और हिन्दू ग्रन्थों का अनुवाद किया गया।
- तिब्बत में, थोनमी संभोत ने पाणिनि व्याकरण पर आधारित व्याकरण लिखा है, साथ ही 96,000 के लगभग संस्कृत ग्रन्थों का तिब्बती में अनुवाद किया गया है।
- चीनी यात्री फाह्यान और ह्वेनसांग ने भारत आकर दर्जनों ग्रन्थों का संस्कृत से चीनी में अनुवाद किया। इसके बाद भी यह परम्परा जारी रही।
- थाईलैण्ड, इण्डोनेशिया आदि देशों में तमिल और संस्कृत भाषा और पल्लव लिपि का प्रचार रहा।
- कम्बोडिया की खमेर लिपि, जिसे पल्लव से विकसित किया गया था, खमेर साम्राज्य से लेकर मेकांग डेल्टा तक, आधुनिक लाओस और थाईलैण्ड के कुछ भागों तक फैल गई। इसके अतिरिक्त कम्बोडिया में संस्कृत भाषा चौदहवीं शताब्दी तक प्रशासनिक भाषा बनी रही।
- अनेक थाई साम्राज्यों के नाम संस्कृत में रखे गए; जैसे- द्वारवती, श्रीविजय, सुखदोय और अयुत्थिया।

हिन्दी का वैश्विक प्रसार

- विश्व में हिन्दी भाषी लगभग 70 करोड़ लोग हैं। यह तीसरी सर्वाधिक बोली जाने वाली भाषा है।
- फिजी, मॉरीशस, गुयाना, सूरीनाम, त्रिनिदाद एवं टोबैगो एवं संयुक्त अरब अमीरात में हिन्दी बोली जाती है। अमेरिका में यह सबसे अधिक बोली जाने वाली भारतीय भाषा है।

शीर्ष 5 बोली जाने वाली भाषाएँ

भाषाएँ	बोलने वालों की संख्या	भाषाएँ	बोलने वालों की संख्या
अंग्रेजी	1.42 बिलियन	स्पेनिश	559 मिलियन
मन्दारिन चीनी	1.38 बिलियन	फ्रेंच	309 मिलियन
हिन्दी	662 मिलियन		

रोमा या जिप्सी

- बहुत से भारतीय घूमते-घूमते संसार के अनेक देशों में पहुँचे। वे स्वयं को रोमा कहते थे और उनकी भाषा रोमानी थी, परन्तु यूरोप में उन्हें जिप्सी कहा जाता था।
- वे भारत के पश्चिमोत्तर भागों से होकर अफगानिस्तान को पार कर पश्चिम की ओर निकल गए, वहाँ से ईरान और इराक होते हुए वे तुर्की पहुँचे।
- फारस, तौरस की पहाड़ी और कुस्तुन्तुनिया होते हुए वे यूरोप के अनेक देशों में फैल गए।
- वर्तमान में वे ग्रीस, बुल्गारिया, रूमानिया, पूर्व युगोस्लाविया के राज्यों, पोलैण्ड, स्विट्जरलैण्ड, फ्रांस, स्वीडन, चेकोस्लोवाकिया, रूस, हंगरी और इंग्लैण्ड में बसे हुए हैं।

गिरमिटिया मजदूर

- भारतीय संस्कृति के विदेशों में प्रसार में गिरमिटिया मजदूरों का भी बहुत बड़ा योगदान रहा है।
- गिरमिटिया प्रथा अंग्रेजों द्वारा 1834 ई. के आरम्भ में शुरू की गई और वर्ष 1917 में इसे निषिद्ध घोषित किया गया।
- गिरमिटिया मजदूरी के प्रचलन ने कैरेबियाई क्षेत्र सहित फिजी, दक्षिण अफ्रीका, मॉरीशस, मलेशिया और श्रीलंका जैसे देशों में भारतीय प्रवासियों की विशाल विरासत का विकास किया।
- गिरमिटिया मजदूरी की शर्तों में यह लिखा होता था कि कोई भी पुरुष अपनी मज़दूरी की 5 से 10 वर्षीय अवधि को पूरा करने के बाद अपने देश वापस लौट सकता है, परन्तु ब्रिटिश नहीं चाहते थे कि कोई भी मज़दूर वापस लौटे, क्योंकि इससे उनके व्यापार पर प्रभाव पड़ सकता था और इसी उद्देश्य से ब्रिटिश सरकार ने पारिवारिक प्रवासन को प्रोत्साहित किया, जिसका परिणाम यह हुआ कि कई गिरमिटिया मजदूर उसी देश में बस गए, जहाँ उन्हें काम के लिए ले जाया गया था।
- अपनी मजदूरी की शर्तों को पूरा करने के बाद कुछ गिरमिटिया मजदूर भारत वापस लौट आए, जबकि अधिकतर लोग वहीं रह गए। वर्तमान में मॉरीशस की आबादी में लगभग 68% भारतीय हैं। इनमें से लगभग 52% लोग उत्तर भारत के हैं, जिनके पूर्वज भोजपुरी बोलते थे।

खेलकूद

- भारतीय संस्कृति का प्रसार विदेशों में विभिन्न खेलों के माध्यम से भी हुआ है; जैसे—शतरंज, साँप-सीढ़ी, ताश का खेल, पोलो, जूडो-कराटे आदि भारत की ही खोज हैं। इसका नाम मूल रूप से मोक्षपत था, जिसमें सीढ़ी सद्गुणों का और साँप दोषों का संकेत करता है।
- इसके अतिरिक्त शतरंज भी पूर्वी भारत में गुप्त साम्राज्य के काल में उत्पन्न हुआ माना जाता है, उस काल में इसे चतुरंग के नाम से जाना जाता था। महाभारत में भी इस खेल का उल्लेख मिलता है।
- खो-खो खेल प्राचीन काल में महाराष्ट्र में विकसित हुआ। आरम्भ में इसे रथों पर खेला जाता था और इसे राथेरा के नाम से जाना जाता था।
- सूट नामक ताश के खेल का आविष्कार भी भारत में हुआ था, यह क्रीडापत्रम यानी खेलने के लिए रंगीन लता, नाम से जाना जाता है।
- दक्षिण भारत की प्राचीन मार्शल आर्ट कलारीपयट्टू चीन जाकर कुंग-फू कहलाने लगी।
- इस मार्शल आर्ट को बोधि धर्मन ने ही चीन में प्रसारित किया था, जो वहाँ कुंग-फू बन गया।

विभिन्न देशों पर भारतीय संस्कृति का प्रभाव

प्राचीन भारतीय संस्कृति का दुनिया भर के विभिन्न देशों पर गहरा और दूरगामी प्रभाव पड़ा है, मुख्य रूप से इसके आध्यात्मिक, दार्शनिक और वैज्ञानिक योगदान के माध्यम से यहाँ इसके प्रभाव की एक झलक दी गई है

मध्य एशिया में भारतीय संस्कृति का प्रसार

मध्य एशिया वह क्षेत्र है जो तिब्बत, भारत, अफगानिस्तान, चीन, रूस और मंगोलिया से घिरा हुआ है।

रेशम मार्ग (सिल्क रूट)

- मध्य एशियाई देश को जोड़ते हुए चीन द्वारा जिस मार्ग का निर्माण किया गया कालान्तर में वह रेशम मार्ग (सिल्क रूट) कहलाया। इसी मार्ग से होकर चीन द्वारा रेशम का व्यापार किया जाता था, इसलिए यह रेशम मार्ग कहलाया।
- यह मार्ग 200 ई. पू. से दूसरी शताब्दी के मध्य हान राजवंश के शासनकाल में विकसित हुआ था।
- पहले यह मार्ग चीनी साम्राज्य के भीतर उत्तरी छोर को पश्चिमी छोर से जोड़ता था, किन्तु कालान्तर में यह मार्ग चीन, मध्य एशिया, उत्तर भारत, ईरान, इराक और सीरिया होते हुए रोम तक पहुँच गया।
- इस मार्ग पर केवल रेशम का ही व्यापार नहीं होता था, बल्कि इससे जुड़े सभी लोग अपने-अपने उत्पादों का व्यापार करते थे।
- बौद्ध धर्म को विश्वधर्म बनाने में रेशम मार्ग का महत्त्वपूर्ण योगदान था।
- यूनेस्को द्वारा वर्ष 2014 में रेशम मार्ग को विश्व धरोहर स्थल का दर्जा दिया गया।
- इन सभी देशों में प्राचीन स्तूप, मन्दिर, मठ, मूर्तियाँ और चित्रों के माध्यम से भारत और मध्य एशिया के बीच सांस्कृतिक आदान-प्रदान का प्रमाण मिलता है।
- इन मार्गों पर विद्वान, व्यापारी और तीर्थयात्री रूकते थे, जो बाद में बौद्ध शिक्षा के महत्त्वपूर्ण केन्द्र बने, इस मार्ग ने उस समय के विश्व में संस्कृतियों के प्रचार-प्रसार में महत्त्वपूर्ण योगदान किया।

बामियान की बुद्ध मूर्ति

- यह विश्व की सबसे बड़ी बुद्ध मूर्ति थी, जिसे ई. सन् के आरम्भिक वर्षों में चट्टानों को काटकर बनाया गया था। वर्ष 2001 में तालिबानी कट्टरपन्थियों द्वारा इस मूर्ति को नष्ट कर दिया गया।
- वर्तमान में चीन के हैनान प्रान्त के टेम्पल में बुद्ध की विश्व की सबसे ऊँची प्रतिमा स्थित है। आरम्भ में इसकी ऊँचाई 128 मी थी। वर्ष 2008 के पश्चात् इसकी कुल ऊँचाई 208 मी हो गई है।

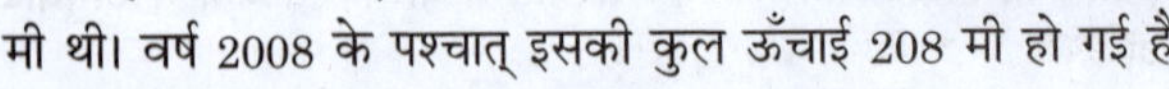

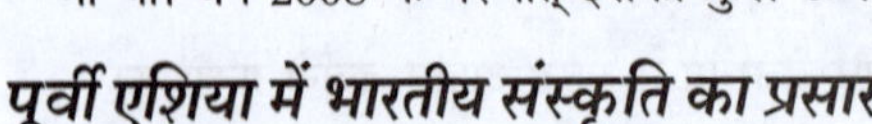

पूर्वी एशिया में भारतीय संस्कृति का प्रसार

- पूर्वी एशिया में भारतीय संस्कृति का प्रसार बहुत व्यापक और महत्त्वपूर्ण था। इस क्षेत्र में भारतीय संस्कृति का प्रभाव धार्मिक, दार्शनिक, वैज्ञानिक और सांस्कृतिक दृष्टिकोण से दिखाई दिया।
- इस क्षेत्र के विभिन्न देशों में भारतीय संस्कृति का प्रसार निम्नवत है

देश	विवरण
चीन	◆ भारतीय संस्कृति ने सर्वप्रथम दो भारतीय आचार्यों-धर्मरक्षित और कश्यप मतंग के माध्यम से चीन में प्रवेश किया, जो चीनी सम्राट मिंग ति के निमन्त्रण पर 67 ई. में चीन गए थे। ◆ भारतीय विश्वविद्यालयों और विहारों के अनेक शिक्षक चीन में प्रसिद्ध हुए थे; जैसे—काँचीपुरम् के बोधिधर्म धर्माचार्य। वे अध्ययन के लिए नालन्दा विश्वविद्यालय गए और वहाँ से वे चीन चले गए थे। वे अपने साथ योग का दर्शन ले गए और चीन में उन्होंने 'ध्यान' का प्रचार किया, जिसे बाद में चीन में चान् कहा गया। ◆ चौथी शताब्दी में 'वेई' वंश के राजाओं ने सत्ता सम्भाली। इस वंश के पहले सम्राट ने बौद्ध धर्म को राज धर्म घोषित कर दिया। इससे बौद्ध दर्शन के प्रचार को गति मिली। इस काल में हजारों संस्कृत किताबों का चीनी भाषा में अनुवाद हुआ था। बौद्ध धर्म के प्रसार के साथ चीन में बहुत ही बड़े स्तर पर गुफाओं की खुदाई तथा मन्दिरों और विहारों के निर्माण का कार्य आरम्भ हुआ।
कोरिया	◆ कोरिया में भारतीय संस्कृति के प्रसार की शुरुआत चीन से हुई थी, जब सबसे पहले सुण्डो नामक एक बौद्ध भिक्षु, बुद्ध की मूर्ति और सूत्र लेकर 352 ई. में कोरिया पहुँचे थे। उनके पश्चात् 384 ई. में आचार्य मल्लानन्द कोरिया गए। इसके बाद कोरिया के प्योंगयांग नगर में एक भारतीय भिक्षु ने 404 ई. में दो मन्दिरों का निर्माण करवाया था। ◆ कोरिया में बने मन्दिर और बौद्ध विहार धर्म के साथ-साथ ज्ञान के केन्द्र भी बन गए, जहाँ बड़ी संख्या में बौद्ध ग्रन्थों का कोरिया की भाषा में अनुवाद किया गया। ज्ञान के प्रति समर्पण की भावना से कोरिया के लोगों ने छः हजार खण्डों में बौद्ध ग्रन्थों का प्रकाशन किया। इसी तरह भारतीय लिपियाँ भी कोरिया पहुँचीं।
जापान	◆ भारत और जापान के सांस्कृतिक सम्बन्धों का इतिहास 1500 वर्ष पुराना माना जाता है, लेकिन भारतीय संस्कृति के जापान में प्रवेश के लिखित प्रमाण 552 ई. के हैं। ◆ जापान में संस्कृत को पवित्र भाषा का स्थान प्राप्त हुआ, भिक्षु संस्कृत वर्णों और मन्त्रों को लिखने के लिए विशेष प्रशिक्षण करने लगे। ◆ जिस लिपि में संस्कृत मन्त्र लिखे जाते थे, उसे जापानी में 'शित्तन' कहा जाता है।
तिब्बत	◆ तिब्बत के राजा नरदेव ने अपने एक मन्त्री थोन्मी सम्भोट के साथ सोलह श्रेष्ठ विद्वानों को मगध भेजा था, इन विद्वानों ने भारतीय शिक्षकों से ज्ञान प्राप्त किया। ◆ कुछ समय के पश्चात् थोन्मी सम्भोट कश्मीर चले गए थे, जहाँ उन्होंने भारतीय लिपि के आधार पर तिब्बत के लिए एक नई लिपि का आविष्कार किया। ◆ आज तक तिब्बत में इसी लिपि का प्रयोग किया जाता है, इसने मंगोलिया और मंचूरिया की लिपि को भी प्रभावित किया था। ◆ थोन्मी सम्भोट अपने साथ भारत से अनेक पुस्तकें ले गए, तिब्बत लौट कर थोन्मी सम्भोट ने तिब्बती लोगों के लिए नए व्याकरण की रचना की।
म्यांमार	◆ ईसा के प्रारम्भ में भारतीय संस्कृति और भारतीय लोग बर्मा पहुँचने लगे थे। सम्राट अशोक ने बौद्ध धर्म का प्रचारक मण्डल भेजकर वहाँ बौद्ध धर्म का प्रचार करवाया। 450 ई. में आचार्य बुद्धघोष ने वहाँ जाकर हीनयान मत की स्थापना की। ◆ वहाँ गुप्तकाल के हिन्दू व बौद्ध अवशेषों की प्राप्ति देगू प्रोम आदि स्थलों से हुई है। बर्मा में पगान 11वीं से 13वीं सदी तक बौद्ध संस्कृति का महान केन्द्र बना रहा। यहाँ के एक प्रतापी राजा अनिरुद्ध ने खेजेगोन पैगोडा तथा हजारों की संख्या में मन्दिर बनवाए। उन्होंने पालि भाषा को विकसित किया तथा बौद्ध एवं हिन्दू धर्म ग्रन्थों का पालि अनुवाद भाषा में करवाया।

दक्षिण पूर्व एशिया

इस क्षेत्र के विभिन्न देशों में भारतीय संस्कृति का प्रसार निम्नवत है

देश	विवरण
श्रीलंका	• सम्राट अशोक ने भारत के बाहर बौद्ध धर्म के प्रचार के लिए अपने पुत्र महेन्द्र और पुत्री संघमित्रा को श्रीलंका भेजा। उनके साथ अन्य कई विद्वान् भी गए। • उस समय से आज तक श्रीलंका बौद्ध धर्म का एक सशक्त केन्द्र रहा है। श्रीलंका के लोग पालि भाषा का साहित्यिक भाषा के रूप में प्रयोग करने लगे। • श्रीलंका की संस्कृति को सुन्दर बनाने में बौद्ध धर्म का महत्त्वपूर्ण योगदान है। सिंहली साहित्य को बौद्ध धर्म की दक्षिणी अनुश्रुति माना जाता है। • श्रीलंका में दीपवंश और महावंश बौद्ध धर्म के विख्यात स्रोत हैं। इनके अतिरिक्त 10वीं, 11वीं सदी में चोलों ने श्रीलंका पर विजय प्राप्त की। इससे वहाँ हिन्दू धर्म का प्रसार भी हुआ। श्रीलंका की चित्रकला का सबसे बेहतरीन निदर्शन सिगिरिया नामक गुफा व विहार में मिलता है।
थाईलैण्ड	• थाईलैण्ड का पुराना नाम स्याम है। यहाँ भारतीय संस्कृति का प्रवेश ईसा की प्रथम शताब्दी में होना शुरू हुआ। सबसे पहले यह कार्य व्यापारियों ने किया तथा उनके पश्चात् प्रचारकों और धर्माचार्यों ने इसे आगे बढ़ाया। वहाँ के राज्यों के नाम संस्कृत में रखे गए; जैसे—द्वारावती, श्रीविजय, अयुत्थाया और सुखोथई आदि। यहाँ शहरों के प्राचीनबुरी, सिहबुरी जैसे नाम मिलते हैं, जो संस्कृत भाषा के प्रभाव को दर्शाते हैं। • यहाँ तक कि राजाराम, राजा-रानी, महाजया और चक्रवंश जैसे गलियों के नाम यहाँ रामायण की लोकप्रियता का साक्ष्य देते हैं। थाईलैण्ड की राजधानी कई बार परिवर्तित हुई, जहाँ भी नई राजधानी बनती थी, वहाँ भव्य मन्दिरों का निर्माण किया जाता था। • थाईलैण्ड में राजा को पारम्परिक रूप से भगवान जैसा दर्जा प्राप्त था। 1782 ई. में स्थापित चकरी राजवंश के राजाओं को हिन्दू भगवान राम, भगवान विष्णु के अवतार के बाद, राम राजा कहा जाता है। अयोध्या को थाईलैण्ड में **अयुत्थिया** कहते हैं, यहाँ बहुत बड़े-बड़े मन्दिर थे, पर आज वे सब खण्डहरों के रूप में खड़े हैं, परन्तु वर्तमान राजधानी बैंकॉक में आज भी 400 मन्दिर हैं।
कम्बोडिया	• प्राचीन समय में यह फुनान और कम्बोज के सम्मिलित क्षेत्र के नाम से जाना जाता था। भारतीय दृष्टि से फुनान क्षेत्र का विशेष महत्त्व था। फुनान में प्रथम शताब्दी ई. में कौण्डिन्य (कियाओचेन) नामक ब्राह्मण के माध्यम से भारतीय संस्कृति का प्रवेश हुआ। जिन लोगों ने फुनान राज्य को सम्भाला उनमें जपवर्मन, गुण वर्मन, रुद्रवर्मन आदि प्रमुख थे। फुनान क्षेत्र की भाँति ही कम्बोज क्षेत्र में भारतीय संस्कृति को प्रवेश दिलाने का श्रेय कौण्डिन्य नामक ब्राह्मण को दिया गया है, लेकिन गुप्तकाल में गहनतम सम्पर्क स्थापित हुआ। • कम्बोज क्षेत्र से प्राप्त 30 से अधिक अभिलेखों के विवरण से स्पष्ट होता है कि श्रुतिवर्मन, श्रेष्ठवर्मन, ईशानवर्मन, जपवर्मन आदि शासकों ने जिस कम्बोज क्षेत्र पर शासन किया उन सबकी मूल सम्बद्धता भारत से ही रही है। ये सभी शैवमतावलम्बी थे। • कम्बोडिया के अंकोरवाट मन्दिर के अतिरिक्त यशोधरपुर में एक और भव्य मन्दिर है। बाफुओन, इसकी दीवारों पर भी राम-रावण का युद्ध, कैलाश पर्वत पर अधिष्ठित शिव-पार्वती की मूर्तियों के साथ कामदेव के भस्म होने के दृश्य आदि अंकित हैं। • यहाँ के बेयोन मन्दिर के शिखर में भी भारतीय मन्दिरों की झलक दिखाई देती है। इस मन्दिर तथा एलोरा के कैलाश मन्दिर की मूर्तिकला, आलेख विषयों और दृश्यों में समानता दृष्टिगोचर होती है। प्राचीन कम्बोज में ब्राह्मणों को सर्वोच्च पद पर नियुक्त किया जाता था। यहाँ शासन का सम्पूर्ण कार्य हिन्दू नियमों एवं ब्राह्मण ग्रन्थों पर आधारित था। यहाँ महीनों के नाम जैसे-चेत (चैत्र), विसाक (बैसाख), असाढ़ (आषाढ़) आदि भारतीय नामों के अपभ्रंश हैं।
वियतनाम	• कम्बोज (कम्बोडिया) के निकट प्राचीन काल में चम्पा क्षेत्र था, जो वर्तमान वियतनाम में है। दक्षिणी वियतनाम पर भारतीय प्रभाव अधिक था। • चम्पा क्षेत्र पर राजनीतिक रूप से प्रभुत्व स्थापित करने वाला भारतीय मूल का व्यक्ति श्रीमार था। चीनी स्रोतों में इसे किउलियन कहा गया है। • 192 ई. में स्थापित हुआ सम्पर्क 12वीं सदी तक चला। इस काल में भारतीय मूल से सम्बद्ध 11 शासक वंशों ने चम्पा क्षेत्र पर निर्विघ्न शासन किया। • वियतनाम में भारतीय संस्कृति के प्रसार का कार्य भारत के व्यापारियों और राजकुमारों ने किया।
मलेशिया	• प्राचीन काल से भारत में मलेशिया के बारे में जानकारी थी, रामायण, जातक कथाओं, मिलिन्दपन्हो, शिलप्पादिकारम् तथा रघुवंश नामक महाकाव्यों में मलेशिया का उल्लेख आता है। मलेशिया के केदाह तथा वैलेस्ली आदि प्रान्तों से इस बात के प्रमाण मिले हैं कि वहाँ शैव धर्म प्रचलित था। • यहाँ से कुछ ऐसी देवियों की मूर्तियाँ भी मिली हैं, जिनके हाथ में त्रिशूल है। • अन्य मूर्तियों में सातवीं और आठवीं सदी से सम्बन्धित ग्रेनाइट का नन्दी शीर्ष, दुर्गा प्रतिमा तथा गणेश मूर्ति आदि विभिन्न स्थलों से प्राप्त हुई हैं। • भारत और मलेशिया के सांस्कृतिक सम्बन्धों के सबसे प्राचीन प्रमाण वहाँ से मिले संस्कृत के शिलालेख हैं। • ये चौथी-पाँचवीं शताब्दी की भारतीय लिपि में लिखे गए हैं। इनमें सबसे महत्त्वपूर्ण लिगोर के शिलालेख को माना जाता है।
इण्डोनेशिया	• यद्यपि इण्डोनेशिया में हजारों द्वीप शामिल हैं, किन्तु भारतीय दृष्टि से जावा, सुमात्रा और बाली की विशेष महत्ता है। • मौर्योत्तरकाल में प्रथम शताब्दी ई. में भारतीय संस्कृति का सुमात्रा में प्रवेश हुआ, लेकिन प्रभावी सम्पर्क चौथी शताब्दी में गुप्तकाल में बना। • चौथी शताब्दी में इस क्षेत्र में पेलबंग राज्य की स्थापना हुई। यह एक हिन्दू राज्य था, जिसे कालान्तर में श्रीविजय साम्राज्य के नाम से जाना गया। 7वीं शताब्दी में श्रीविजय या श्रीभोज साम्राज्य वैभव के शिखर पर था। • इण्डोनेशिया के जावा द्वीप में प्रचुर मात्रा में पाण्डुलिपियाँ मिली हैं। ये प्राय: ताड़पत्रों या जावा की प्राचीन लिपि कावि में लिखी गई हैं। जिनका आधार ब्राह्मी लिपि है। फाह्यान ने अपने यात्रा क्रम में जावा को हिन्दुओं का ठोस गढ़ कहा था। • कालान्तर में गुणवर्मन नामक एक भारतीय बौद्ध मतावलम्बी ने 5वीं - 6वीं सदी में मूल बौद्ध धर्म और महायान दोनों के पक्ष में प्रचार करते हुए जावा को हिन्दू धर्म के समक्ष ला दिया। • विश्व का सबसे विशाल बौद्ध स्तूप बोरोबुदुर इण्डोनेशिया के जावा द्वीप में स्थित है, इसका निर्माण 8वीं-9वीं शताब्दी में हुआ था। • आबादी के कारण से इण्डोनेशिया विश्व का सबसे बड़ा मुस्लिम देश है, परन्तु यहाँ हिन्दू संस्कृति का प्रभाव अधिक प्रभावशाली है। • इण्डोनेशिया अपनी साझी संस्कृति के लिए विश्वभर में जाना जाता है, यहाँ के बाली द्वीप में हिन्दू बहुसंख्यक हैं। • भारतीय महाकाव्य महाभारत और रामायण इण्डोनेशिया की संस्कृति के अभिन्न भाग हैं।

अफ्रीका में भारतीय संस्कृति का प्रसार

- अफ्रीका के साथ भारत के सांस्कृतिक सम्बन्ध व्यापारिक उद्देश्यों से प्रारम्भ हुए, औपनिवेशिक युग में गिरमिटिया मजदूरों के द्वारा इस क्षेत्र में भारतीय संस्कृति को अत्यधिक विस्तार प्रदान किया।
- इन अन्त:क्रियाओं ने भारतीय रीति-रिवाजों, भाषाओं, धर्मों (जैसे हिन्दू धर्म और बौद्ध धर्म), मसालों, वस्त्रों आदि को अफ्रीकी समाजों में पेश किया।
- औपनिवेशिक युग के दौरान, कई भारतीयों को गिरमिटिया मजदूरों के रूप में अफ्रीका लाया गया, विशेषकर दक्षिण अफ्रीका, मॉरीशस, केन्या और तंजानिया जैसे देशों में। यह प्रवासन इन क्षेत्रों में भारतीय संस्कृति, भोजन और परम्पराओं के तत्त्वों को लेकर आया।
- गुजराती, हिन्दी, तमिल और उर्दू जैसी भारतीय भाषाओं को भारतीय प्रवासी वाले कुछ अफ्रीकी समुदायों में जगह मिली है।
- इसके अतिरिक्त, भारत में प्रचलित हिन्दू धर्म, इस्लाम और सिख धर्म ने भी कुछ अफ्रीकी क्षेत्रों में धार्मिक प्रथाओं को प्रभावित किया है।

मॉरीशस

- मॉरीशस को पूरे विश्व में लघु भारत के रूप में जाना जाता है।
- मॉरीशस भारतीय संस्कृति के वैश्विक स्वरूप के प्रसार का एक नमूना है।
- यहाँ भारतीय संस्कृति के प्रसार के लिए भारतीय गिरमिटिया मजदूरों का विशेष योगदान है।

अरब जगत

- हड़प्पा सभ्यता का मेसोपोटामिया, बहरीन, कुवैत तथा फारस (ईरान) के साथ सम्बन्ध था। छठी शताब्दी ई. पू. में फारस के शासकों जैसे साइरस प्रथम, डेरियस प्रथम ने भारत पर आक्रमण किया था। इस बात के प्रमाण हिस्टोरिका (हेरोडोटस) तथा वर्सीपोलिस अभिलेखों में मिलते हैं।
- ईरानी आक्रमण के परिणामस्वरूप ही पश्चिमोत्तर भारत में खरोष्ठी लिपि का विकास हुआ तथा अरमाइक लिपि (सीरिया की) से भारतीय परिचित हुए।
- इन दो संस्कृति क्षेत्रों के बीच सम्बन्ध, पश्चिम एशिया में इस्लामी सभ्यता के उदय और प्रसार के साथ और गहरे हुए।
- इस सम्बन्ध के आर्थिक-पक्ष के विषय में 9वीं सदी के मध्य के अरब तथा अन्य व्यापारी यात्रियों; जैसे-सौदागर सुलेमान, अलमसूदी, इब्न हौवुफल, अल इदरिसी आदि के वृत्तान्तों से जानकारी मिलती है।
- खगोल विज्ञान के क्षेत्र के दो महत्त्वपूर्ण ग्रन्थ ब्रह्म-स्फुट-सिद्धान्त जिसे अरब जगत में सिंधिन के नाम से जानते हैं तथा खण्डनखाद्य (अल-अरकन्द नाम से प्रसिद्ध) सिन्ध के दूतावासों के माध्यम से बगदाद पहुँचे, जिसका अनुवाद अल-फौजारी ने किया।
- बाद के समय में आर्यभट्ट और वराहमिहिर कृत खगोल विज्ञान के ग्रन्थों का भी अरब जगत में अध्ययन हुआ और इन्हें अरब के वैज्ञानिक साहित्य में शामिल कर लिया गया।

फारस

- प्राचीन काल में एलाम या दक्षिणी फारस के माध्यम से सिन्धु घाटी सभ्यता और मेसोपोटामिया के मध्य समुद्री व्यापार होता था।
- 550-539 ईसा पूर्व के बीच साइरस के द्वारा सिन्धु क्षेत्र में आक्रमण के बाद व्यापारिक एवं सांस्कृतिक सम्पर्क और गहरे हुए, जो सिकन्दर के आक्रमण तक जारी रहे। इसके बाद यह क्षेत्र यूनानी प्रभाव में आया।
- 12वीं सदी में इस्लाम की सत्ता स्थापित होने के बाद फारसी और बाइजेंटाइन वास्तुकला, भाषा, भोजन, वस्त्र आदि ने भारतीय संस्कृति को प्रभावित किया।

यूरोप एवं रोमन साम्राज्य

- दक्षिण भारत के उत्पादों का यूरोप में एकाधिकार था, क्योंकि उनकी वहाँ बहुत माँग थी।
- वास्तव में, ईसा युग की प्रथम तीन शताब्दियों में भारत का पश्चिम के साथ लाभप्रद समुद्री व्यापार हुआ, जिनमें रोम साम्राज्य प्रमुख था।
- यह व्यापार दक्षिण भारत के साथ हुआ, जो कोयम्बटूर और मदुरई में मिले रोम के सिक्कों से प्रमाणित होता है।
- रोम में काली मिर्च, पान, मसाले और इत्र, बहुमूल्य पत्थर-नगीने, हीरे, पन्ने, माणिक्य और मोती, हाथी दाँत, रेशम एवं मलमल के वस्त्रों की वहाँ भारी माँग थी। भारत को इस व्यापार से बहुत लाभ होता था तथा बहुमूल्य स्वर्ण मुद्राएँ मिलती थीं।
- पॉण्डिचेरी के समीप अरिकामेडु नामक स्थान पर इटली की अरेटाइन नाम से प्रसिद्ध बर्तन बनाने की कला के कुछ नमूने जिन पर इटली के बर्तनसाज की मुहर भी है तथा रोमन लिपि के अवशेष भी मिले हैं।

भारत-रोम सम्बन्ध

- भारत का रोमन जगत से सम्पर्क मौर्योत्तरकाल से पूर्व का है, किन्तु यह सम्बन्ध मौर्योत्तरकाल में प्रगाढ़ बना।
- प्रथम शताब्दी ई. से भारत और रोमन जगत के बीच व्यापार सम्पर्क में तेजी आने का कारण हिथेलस की मानसूनी हवाएँ एवं सामुद्रिक बहाव सम्बन्धी महत्त्वपूर्ण खोज थी।
- सालाबार की काली मिर्च, कुन्तल देश का चन्दन, अगस की लकड़ी, कोल्ची का मोती, पलूर का हाथी दाँत, मशालिया-अरिकामेडु-पुण्ड्रवर्धन का मलमल, मथुरा का ताँबे-लोहे का सामान, उरैयूर का सूती वस्त्र तथा चीनी रेशम आदि की रोमन जगत में बहुत माँग थी। जबकि भारत में रोमन जगत से मृदभाण्ड, पुखराज, मूँगा, सोना, रोमन सिक्का आदि मँगवाए जाते थे। व्यापार सन्तुलन भारत के पक्ष में था।
- स्ट्रैबो के भौगोलिक विश्वकोष, मेगस्थनीज की इण्डिका, प्लिनो की नेचुरल हिस्ट्री तथा टॉलेमी की ज्योग्राफी में भारत की विस्तृत चर्चा मिलती है।
- भारतीय गान्धार कला का जन्म अलेक्जेण्ड्रिया की ग्रीको-रोमन शैली से हुआ था, जहाँ से काँसे तथा सीमेण्ट की मूर्तियाँ पश्चिमी एशियाई मार्गों से अन्य क्षेत्रों में पहुँचीं।

"

सांस्कृतिक विरासत या सांस्कृतिक वस्तुओं का संरक्षण सांस्कृतिक सम्पत्ति को नुकसान, विनाश, चोरी, गबन या अन्य नुकसान से बचाने के उद्देश्य से किए जाने वाले सभी उपायों को सन्दर्भित करता है।

अध्याय उन्नीस

सांस्कृतिक संरक्षण के प्रावधान एवं सांस्कृतिक संस्थान

भारत समृद्ध सांस्कृतिक विरासत, अनेक भाषाओं और विभिन्न धार्मिक मान्यताओं के साथ अपनी विविधता के लिए जाना जाने वाला देश है। भारतीय संविधान जो 26 जनवरी, 1950 को लागू हुआ, देश की एकता और विविधता को बनाए रखने में महत्त्वपूर्ण भूमिका निभाता है। इसके साथ ही भारत के संविधान में देश की समृद्ध विरासत के संरक्षण और संवर्द्धन को सुनिश्चित करने के लिए विविध सांस्कृतिक संरक्षणों को अपनाया गया है तथा अनेक संस्थानों की स्थापना की गई है।

सांस्कृतिक विरासत का संरक्षण कला संग्रह और संग्राहलयों से जुड़ा होता है और इसकी देखभाल और प्रबन्धन में जाँच करना, परीक्षण करना, प्रलेखन, प्रदर्शन, भण्डारण, निर्वारक संरक्षण और पुनःस्थापना के माध्यम से शामिल होता है।

मौलक आकृति, भौतिक गुणों को बनाए रखने और रिवर्स परिवर्तनों की क्षमता के बीच समझौता हो जाता है। भाविष्य में उपचार जाँच और उपयोग में होने वाली समस्याओं को कम करने के लिए अब प्रत्यावर्तन पर जोर दिया जाता है।

सांस्कृतिक संरक्षण के प्रावधान

भारतीय संस्कृति को परिरक्षित, संरक्षित और प्रसारित करने का कार्यभार कई सरकारों और गैर-सरकारी संगठन द्वारा किया जाता है। भारत के संविधान में देश की सांस्कृतिक विरासतों के संरक्षण के लिए जिन प्रावधानों को अपनाया गया है, उनका अध्ययन निम्नलिखित है

संवैधानिक प्रावधान

अनुच्छेद	विवरण
अनुच्छेद 29 : अल्पसंख्यकों के हितों का संरक्षण	◆ **अनुच्छेद 29(1)** यह भारत में रहने वाले नागरिकों के किसी भी वर्ग को, जिनकी एक विशिष्ट संस्कृति, भाषा या लिपि है, अपनी संस्कृति, भाषा और लिपि को संरक्षित करने का अधिकार प्रदान करता है। ◆ **अनुच्छेद 29(2)** राज्य अपने द्वारा चलाए जा रहे शैक्षणिक संस्थानों या उससे सहायता प्राप्त करने वाले संस्थानों में किसी भी व्यक्ति को केवल जाति, धर्म, भाषा या इनमें से किसी के आधार पर प्रवेश करने या प्रवेश लेने से इनकार नहीं करेगा।
अनुच्छेद 30 : शैक्षणिक संस्थानों की स्थापना व प्रशासन करने का अल्पसंख्यकों का अधिकार	◆ **अनुच्छेद 30** यह अधिकार अल्पसंख्यकों को अपने स्वयं के शैक्षणिक संस्थान बनाने और संचालित करने के लिए दिया गया है। इस अनुच्छेद को **शिक्षा अधिकारों का चार्टर** भी कहा जाता है। **अनुच्छेद 30(1)** सभी धार्मिक और भाषाई अल्पसंख्यकों को अपनी पसन्द के शैक्षणिक संस्थान स्थापित करने और प्रशासित करने का अधिकार देता है।
अनुच्छेद 49 : स्मारकों तथा राष्ट्रीय महत्त्व के स्थानों और वस्तुओं का संरक्षण	◆ भारतीय संविधान का अनुच्छेद 49 ऐतिहासिक स्मारकों और राष्ट्रीय महत्त्व के स्थानों की सुरक्षा से सम्बन्धित है। ◆ यह भाग IV (राज्य-नीति निदेशक सिद्धान्त) के अन्तर्गत है, जो कानून और नीतियाँ बनाते समय सरकार के पालन के लिए दिशा-निर्देशों की रूपरेखा तैयार करता है।
अनुच्छेद 51 A (f) : भारतीय संस्कृति की समृद्ध विरासत का महत्त्व और संरक्षण	◆ **अनुच्छेद 51 A (f)** के अनुसार, भारत के प्रत्येक नागरिक का यह कर्त्तव्य होगा कि वह हमारी सामाजिक संस्कृति की गौरवशाली परम्परा का महत्त्व समझे तथा उसका संरक्षण करे। यह अनुच्छेद राष्ट्र के प्रति उन मौलिक कर्त्तव्यों की रूपरेखा देता है, जिनका पालन करने की अपेक्षा भारत के नागरिकों से की जाती है।

वैधानिक प्रावधान

भारतीय सांस्कृतिक विरासतों के संरक्षण के लिए संवैधानिक प्रावधानों के अतिरिक्त समय-समय पर अनेक अधिनियम भी बनाए गए हैं, जो भारतीय समृद्ध सांस्कृतिक विरासतों को नष्ट होने, विकृत होने, चोरी होने आदि से बचाते हैं।

प्राचीन स्मारक संरक्षण अधिनियम, 1904

- प्राचीन स्मारक संरक्षण अधिनियम, 1904 ब्रिटिश भारत में तत्कालीन गवर्नर-जनरल लॉर्ड कर्जन के समय प्रख्यापित किया गया था।
- इस अधिनियम ने स्मारकों पर विशेष रूप से उन स्मारकों पर प्रभावी संरक्षण और अधिकार प्रदान किया, जो व्यक्तिगत या निजी स्वामित्व के संरक्षण में थे।

प्रत्लकीत्तिमपावृणु

- इसका प्राथमिक उद्देश्य भारत में प्राचीन स्मारकों, पुरातात्विक स्थलों और ऐतिहासिक इमारतों को उपेक्षा, क्षति या विनाश से बचाना था।

पुरावस्तु (निर्यात नियन्त्रण) अधिनियम, 1947

- स्वतन्त्रता के पश्चात् अंग्रेज अपने साथ भारत से ऐसी वस्तुएँ भी ले गए, जिनका कलात्मक एवं ऐतिहासिक महत्त्व था। इसके पश्चात् भारत द्वारा पुरावशेष निर्यात नियन्त्रण अधिनियम, 1947 पारित किया गया।
- इस अधिनियम का प्रमुख उद्देश्य एक ऐसी प्रबन्धनकारी व्यवस्था का निर्माण करना था, जिससे यह स्पष्ट हो सके कि किन वस्तुओं को भारत से बाहर भेजा जाए और किसे नहीं।

प्राचीन एवं ऐतिहासिक स्मारक और पुरातात्विक स्थल तथा अवशेष (राष्ट्रीय महत्त्व की घोषणा) अधिनियम, 1951

- वर्ष 1951 में प्राचीन और ऐतिहासिक स्मारक तथा पुरातत्त्व स्थल एवं अवशेषों के लिए (राष्ट्रीय महत्त्व की घोषणा) अधिनियम, 1951 अधिनियमित किया गया था।
- परिणामस्वरूप, प्राचीन स्मारक संरक्षण अधिनियम, 1904 (1904 का अधिनियम संख्या VII) के अन्तर्गत, पहले से संरक्षित सभी प्राचीन और ऐतिहासिक स्मारकों व पुरातात्विक स्थलों तथा अवशेषों को इस अधिनियम के तहत राष्ट्रीय महत्त्व का घोषित किया गया था।
- भाग 'बी' में राज्यों के अन्य 450 स्मारक और स्थल भी जोड़े गए।

प्राचीन स्मारक तथा पुरातत्वीय स्थल और अवशेष अधिनियम, 1958

- वर्ष 1951 के अधिनियम में कुछ कमियाँ थीं, जिनके कारण वृहद् स्तर पर संरक्षण का उद्देश्य पूरा नहीं हो पा रहा था। अत: इसको और अधिक प्रभावी बनाने के उद्देश्य से वर्ष 1958 का अधिनियम पारित किया गया।
- वर्ष 1958 के अधिनियम का उद्देश्य राष्ट्रीय महत्त्व के प्राचीन व ऐतिहासिक स्मारकों तथा पुरातत्वीय स्थलों का संरक्षण करना था। साथ ही पुरातात्विक उत्खननों का विनियमन तथा मूर्तियों, नक्काशियों एवं इस प्रकार की अन्य वस्तुओं का संरक्षण करना था।

पुरावस्तु एवं बहुमूल्य कलाकृति अधिनियम, 1972

- यह पुरावशेषों और बहुमूल्य कलाकृति से युक्त चल सांस्कृतिक सम्पत्ति पर प्रभावी नियन्त्रण के लिए 9 सितम्बर, 1972 को लागू किया गया नवीनतम अधिनियम है।
- यह अधिनियम पुरावशेषों और बहुमूल्य कलाकृतियों के निर्यात व्यापार को विनियमित करने, पुरावशेषों की तस्करी और धोखाधड़ी में पूर्ण लेन-देन को रोकने, सार्वजनिक स्थानों पर संरक्षण के लिए, पुरावशेषों और बहुमूल्य कलाकृतियों के अनिवार्य अधिग्रहण और उससे जुड़े या उसके आनुषंगिक अथवा सहायक कुछ अन्य मामलों के सम्बन्ध में प्रावधान करने के लिए लागू है।
- इस अधिनियम के कुछ महत्त्वपूर्ण बिन्दु हैं
  - ऐसी कोई भी वस्तु, पत्थर की मूर्ति, धातु, पाण्डुलिपि इत्यादि, जिसका उत्पादन 100 वर्ष या इसके अधिक समय पूर्व हुआ हो, पुरावशेष कहलाता है।
  - यदि कोई व्यक्ति सरकार की अनुमति के बिना इन पुरावशेषों का निर्यात करता है, तो यह अवैध कृत्य माना जाएगा।
- इस अधिनियम को पुरावशेष और बहुमूल्य कलाकृति नियम, 1973 के साथ भी पूरक किया गया था। यह अधिनियम और नियम 5 अप्रैल, 1976 से प्रभावी हैं।
- इस कानून ने पुरावशेष निर्यात नियन्त्रण अधिनियम, 1947 (1947 का अधिनियम संख्या XXXI) को निरस्त कर दिया।

भारतीय खजाना निधि अधिनियम, 1876

- इस अधिनियम को भारत में मिले, किसी खजाने से सम्बन्धित कानून में संशोधन करने के लिए बनाया गया था।
- इसमें खजाने को विशेष रूप से मिट्टी में छिपा हुआ किसी भी मूल्य का कुछ भी के रूप में परिभाषित किया गया है।
- इस अधिनियम के अनुसार, यदि किसी भी व्यक्ति को खजाना मिलता है या वह स्वयं खजाना खोजता है, तो सबसे पहले उसे वरिष्ठ स्थानीय अधिकारी को सूचित करना होगा और साथ ही उस खजाने की प्रकृति, मात्रा या अनुमानित मूल्य और वह स्थान जहाँ यह पाया गया था, के बारे में बताना होगा।
- सभी प्रमुख धातु का पता लगाने का कार्य भारत की नोडल एजेंसी, भारतीय पुरातत्त्व सर्वेक्षण द्वारा किया जाता है। इसके अतिरिक्त उत्खनन और खजाने की खोज का काम भी इसी संस्था द्वारा किया जाता है।

सार्वजनिक अभिलेख अधिनियम, 1993

- इस अधिनियम का उद्देश्य केन्द्र सरकार, केन्द्रशासित प्रदेश प्रशासन, सार्वजनिक क्षेत्र के उपक्रमों, वैधानिक निकायों और निगमों, केन्द्र सरकार या केन्द्रशासित प्रदेशों के प्रशासन द्वारा गठित आयोगों और समितियों के सार्वजनिक रिकॉर्ड के प्रबन्धन, प्रशासन और संरक्षण को विनियमित करना है।
- केन्द्र सरकार के पास इस अधिनियम के अन्तर्गत सार्वजनिक अभिलेखों के प्रशासन, प्रबन्धन, संरक्षण, चयन, निपटान और सेवानिवृत्ति से जुड़े कार्यों का समन्वय, विनियमन और पर्यवेक्षण करने की शक्ति होगी।
- अभिलेखागार महानिदेशक की नियुक्ति केन्द्र सरकार द्वारा की जाएगी।

प्राचीन स्मारक और पुरातत्त्व स्थल तथा अवशेष (संशोधन और मान्यता) अधिनियम, 2010

- वर्ष 2010 में पारित इस अधिनियम के अन्तर्गत प्राचीन स्मारकों और पुरातात्विक स्थलों के संरक्षण और समय-समय पर उनकी मरम्मत करवाने की जिम्मेदारी भारतीय पुरातत्त्व सर्वेक्षण (ASI) को सौंपी गई है।
- इन इमारतों की सभी दिशाओं में 300 मी के आस-पास के क्षेत्र को (या अधिक के रूप में कुछ मामलों में निर्दिष्ट किया जा सकता है) राष्ट्रीय महत्त्व का क्षेत्र घोषित किया जाता है।
- इस प्रतिबन्धित क्षेत्र में किसी भी प्रकार के निर्माण या पुनर्निर्माण की अनुमति नहीं है (राष्ट्रीय महत्त्व के रूप में घोषित नजदीकी संरक्षित स्मारक या संरक्षित क्षेत्र की निकटतम संरक्षित सीमा से सभी दिशाओं में 100 मी की दूरी तक का क्षेत्र), किन्तु मरम्मत या नवीकरण कार्य कराया जा सकता है।
- नियन्त्रित क्षेत्र में (किसी भी संरक्षित स्मारक और राष्ट्रीय महत्त्व के घोषित संरक्षित क्षेत्र से सभी दिशाओं में 200 मी की दूरी तक का क्षेत्र) मरम्मत/नवीनीकरण/निर्माण/पुनर्निर्माण किया जा सकता है।
- प्रतिबन्धित और नियन्त्रित क्षेत्रों में निर्माण सम्बन्धी कार्यों के लिए सभी आवेदन सक्षम प्राधिकारी (Competent Authorities-CA) और पुनः उन पर विचार करने हेतु राष्ट्रीय स्मारक प्राधिकरण (NMA) के समक्ष प्रस्तुत किए जाते हैं।

राष्ट्रीय स्मारक प्राधिकरण (NMA)

- राष्ट्रीय स्मारक प्राधिकरण को सांस्कृतिक मन्त्रालय के अन्तर्गत प्राचीन स्मारक और पुरातत्त्व स्थल तथा अवशेष (AMASR) (संशोधन और मान्यता) अधिनियम के प्रावधानों के अनुसार स्थापित किया गया है, जिसे मार्च, 2010 में अधिनियमित किया गया था।

राष्ट्रीय स्मारक प्राधिकरण

- राष्ट्रीय स्मारक प्राधिकरण को स्मारकों और स्थलों के संरक्षण से सम्बन्धित अनेक कार्य सौंपे गए हैं, जो केन्द्र द्वारा संरक्षित स्मारकों के आस-पास प्रतिबन्धित और विनियमित क्षेत्रों के प्रबन्धन के माध्यम से किए जाते हैं।

जलियाँवाला बाग राष्ट्रीय स्मारक (संशोधन) अधिनियम, 2019

यह अधिनियम जलियाँवाला बाग राष्ट्रीय स्मारक अधिनियम, 1951 में संशोधन करता है। इस अधिनियम में 13 अप्रैल, 1919 को जलियाँवाला बाग, अमृतसर में मारे गए या घायल हुए लोगों की स्मृति में एक राष्ट्रीय स्मारक के निर्माण के लिए प्रावधान है। इसके अतिरिक्त, यह राष्ट्रीय स्मारक के प्रबन्धन के लिए एक ट्रस्ट बनाता है।

ट्रस्टियों की संरचना

- अधिनियम 1951 के अन्तर्गत, स्मारक के ट्रस्टियों में सम्मिलित हैं
  - अध्यक्ष के रूप में प्रधानमन्त्री
  - भारतीय राष्ट्रीय कांग्रेस के अध्यक्ष
  - संस्कृति मन्त्री
  - लोकसभा में नेता विपक्ष
  - पंजाब के राज्यपाल
  - पंजाब के मुख्यमन्त्री
  - केन्द्र सरकार द्वारा नामित तीन प्रतिष्ठित व्यक्ति
- यह अधिनियम भारतीय राष्ट्रीय कांग्रेस के अध्यक्ष को ट्रस्टी के पद से हटाने के लिए (इस प्रावधान में) संशोधन करता है।
- इसके अतिरिक्त यह स्पष्ट करता है कि जब लोकसभा में विपक्ष का कोई नेता नहीं है, तो सबसे बड़े विपक्षी दल का नेता ट्रस्टी होगा।
- इस अधिनियम में यह प्रावधान किया गया है कि केन्द्र सरकार द्वारा नामित तीन प्रख्यात व्यक्तियों का कार्यकाल पाँच वर्ष का होगा और उन्हें दोबारा पुनर्नामित किया जा सकता है।
- यह अधिनियम इस बात का प्रावधान करता है कि केन्द्र सरकार कोई कारण बताए बिना कार्यकाल समाप्त होने से पूर्व नामित ट्रस्टी को पद से हटा सकती है। ट्रस्टी वह व्यक्ति या कम्पनी होती है, जो किसी तीसरे पक्ष के लिए सम्पत्ति का प्रबन्धन और संरक्षण करती है।

भारत के सांस्कृतिक संस्थान

भारत में संस्कृति एवं सांस्कृतिक विरासतों के संरक्षण के लिए समय-समय पर अनेक संस्थानों की स्थापना की गई है। इन संस्थानों का अध्ययन निम्नवत् किया गया है

साहित्य अकादमी

- भारत सरकार के संकल्प से दिसम्बर, 1952 में साहित्य अकादमी के रूप में राष्ट्रीय साहित्यिक संस्था की स्थापना की गई।
- संकल्प के अनुसार, साहित्य अकादमी या नेशनल एकेडमी ऑफ लेटर्स भारतीय साहित्य के सक्रिय विकास के लिए कार्य करने वाली एक राष्ट्रीय संस्था है, जिसका उद्देश्य उच्च साहित्यिक मानदण्ड स्थापित करना, भारतीय भाषाओं में साहित्यिक गतिविधियों को समन्वित करना, उनका पोषण करना तथा उनके माध्यम से देश की सांस्कृतिक एकता का उन्नयन करना निर्धारित किया गया।
- एक स्वायत्तशासी संस्था के रूप में अकादमी का विधिवत् उद्घाटन भारत सरकार द्वारा 12 मार्च, 1954 को किया गया था।
- इस संस्था का पंजीकरण 7 जनवरी, 1956 को संस्था पंजीकरण अधिनियम, 1860 के अन्तर्गत किया गया था।
- इसका मुख्यालय रवीन्द्र भवन (नई दिल्ली) में स्थित है। यह भारत सरकार द्वारा पूर्णतः वित्तपोषित संस्था है।
- साहित्य अकादमी साहित्यिक संवाद, प्रकाशन और उसका देशभर में प्रसार करने वाली केन्द्रीय संस्था है। यह संगोष्ठियों, व्याख्यानों, परिसंवादों, परिचर्चाओं, वाचन एवं प्रस्तुतियों द्वारा विभिन्न भाषिक और साहित्यिक क्षेत्रों में अन्तरंग संवाद को जीवन्त बनाए रखती है।

साहित्य अकादमी

साहित्य अकादमी द्वारा प्रदान किए जाने वाले पुरस्कार

साहित्य अकादमी पुरस्कार

- यह अकादमी प्रतिवर्ष अपने द्वारा मान्यता प्राप्त 24 भाषाओं में साहित्यिक अनुवाद व कृतियों हेतु पुरस्कार प्रदान करती है।

- यह अकादमी उन भाषाओं के क्षेत्र में महत्त्वपूर्ण योगदान करने वालों को भाषा सम्मान देती है, जिन्हें औपचारिक रूप से साहित्य अकादमी की मान्यता प्राप्त नहीं है।
- यह सम्मान क्लासिकल एवं मध्यकालीन साहित्य में किए गए योगदान के लिए भी दिया जाता है।
- यह अकादमी प्रतिष्ठित लेखकों को महत्तर सदस्य और मानद महत्तर सदस्य चुनकर सम्मानित करती है। साहित्य अकादमी द्वारा महान साहित्यकारों को साहित्य अकादमी ऑनरेरी फैलोशिप, आनन्द फैलोशिप तथा प्रेमचन्द फैलोशिप नामक सम्मानों से भी सम्मानित किया जाता है।
- साहित्य अकादमी ने बंगलुरु, अहमदाबाद, कोलकाता और दिल्ली में अनुवाद-केन्द्र व भारतीय साहित्य अभिलेखागार स्थापित किए हैं।
- साहित्य अकादमी के द्वारा इण्डियन लिटरेचर (अंग्रेजी द्वैमासिक), समकालीन भारतीय साहित्य (हिन्दी द्वैमासिक), संस्कृत प्रतिभा (संस्कृत त्रैमासिक) और आलोक पत्रिका (अर्द्धवार्षिक राज्य गृह पत्रिका) का प्रकाशन भी किया जाता है।
- साहित्य अकादमी भारत के संविधान की आठवीं अनुसूची में वर्णित 22 भाषाओं के अतिरिक्त अंग्रेजी और राजस्थानी को भी ऐसी भाषाओं के रूप में मान्यता प्रदान कर चुकी है, जिसमें उसका कार्यक्रम क्रियान्वित किया जा सकता है।

ललित कला अकादमी

- ललित कला अकादमी को राष्ट्रीय कला अकादमी के नाम से भी जाना जाता है। यह दृश्य कला के क्षेत्र में भारत की शीर्ष सांस्कृतिक संस्था है।
- एक स्वायत्त संगठन के रूप में इसकी स्थापना 5 अगस्त, 1954 को नई दिल्ली में की गई थी।
- इसका उद्घाटन तत्कालीन शिक्षा मन्त्री मौलाना अबुल कलाम आजाद ने किया था।
- ललित कला अकादमी का मुख्यालय रवीन्द्र भवन, दिल्ली में है। इसका वित्त पोषण केन्द्रीय संस्कृति मन्त्रालय द्वारा किया जाता है।

ललित कला अकादमी

- 11 मार्च, 1957 को सोसायटी पंजीकरण अधिनियम 1860 के अन्तर्गत इसे पंजीकृत किया गया था।
- यह अकादमी अपना कार्य सामान्य परिषद्, कार्यकारी बोर्ड और अन्य समितियों के माध्यम से करती है।
- यह अकादमी चित्रकला, मूर्तिकला, चीनी मिट्टी की कलाओं, ग्राफिक कला तथा जनजातीय कलाओं का संरक्षण एवं संवर्द्धन करती है।
- ललित कला अकादमी की गतिविधियों में राष्ट्रीय कला प्रदर्शनी, राष्ट्रीय कला मेला, गढ़ी स्टूडियो आदि का आयोजन व संचालन सम्मिलित है।

क्षेत्रीय केन्द्र

- चेन्नई
- लखनऊ
- कोलकाता
- नई दिल्ली
- शिमला
- भुवनेश्वर
- शिलांग

नोट *इन क्षेत्रीय केन्द्रों को राष्ट्रीय कला केन्द्र भी कहा जाता है।*

राष्ट्रीय कला पुरस्कार

- ललित कला अकादमी राष्ट्रीय कला पुरस्कार भी प्रदान करती है, जिसे कला के क्षेत्र में सबसे प्रतिष्ठित पुरस्कार माना जाता है।
- यह पुरस्कार भारतीय कला की गहरी समझ रखने वाले योग्य व्यक्ति को दिया जाता है।
- इसके अन्तर्गत विजेता को ₹ 1 लाख की नकद राशि, शॉल तथा प्रशस्ति-पत्र से सम्मानित किया जाता है।

संगीत नाटक अकादमी

संगीत नाटक अकादमी

- संगीत नाटक अकादमी, देश में प्रदर्शन कला के क्षेत्र में सर्वोच्च संस्था है। यह भारत सरकार के संस्कृति मन्त्रालय की एक स्वायत्त संस्था है।
- इसका गठन 31 मई, 1953 को किया गया था। अकादमी के अध्यक्ष की नियुक्ति भारत के राष्ट्रपति द्वारा पाँच वर्ष की अवधि के लिए की जाती है।
- इस अकादमी के कार्य अकादमी के मेमोरेण्डम ऑफ एसोसिएशन में निर्धारित है, जिसे 11 सितम्बर, 1961 को एक सोसायटी के रूप में इसके पंजीकरण के समय अपनाया गया था।

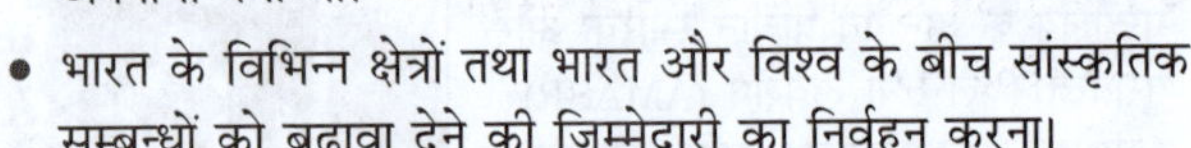

- भारत के विभिन्न क्षेत्रों तथा भारत और विश्व के बीच सांस्कृतिक सम्बन्धों को बढ़ावा देने की जिम्मेदारी का निर्वहन करना।
- इस अकादमी के अधीन वर्ष 1959 में नेशनल स्कूल ऑफ ड्रामा (NSD) की स्थापना की गई थी, जो अब एक स्वतन्त्र संस्था है।
- यह अकादमी शिक्षण, प्रदर्शन, नृत्य और थिएटर के प्रदर्शन तथा उनके प्रचार-प्रसार में जुटी संस्थाओं के कार्यों हेतु आर्थिक सहायता भी प्रदान करती है।
- संगीत नाटक अकादमी की घटक इकाइयाँ निम्नलिखित हैं
  - जवाहरलाल नेहरू मणिपुर नृत्य अकादमी (1954) इम्फाल (मणिपुर)।
  - राष्ट्रीय कथक केन्द्र, 1964 (नई दिल्ली)
- अकादमी के वर्तमान में पाँच केन्द्र हैं
  - केरल के प्राचीन संस्कृत थिएटर, कुटियाट्टम के संरक्षण और प्रचार के लिए कुटियाट्टम केन्द्र, तिरुवनन्तपुरम (केरल)।
  - असम की सत्त्रिया परम्पराओं को बढ़ावा देने के लिए सत्त्रिया केन्द्र, गुवाहाटी (असम)।
  - उत्तर-पूर्वी भारत की पारम्परिक और लोक प्रदर्शन कला परम्पराओं के संरक्षण के लिए उत्तर-पूर्व केन्द्र, गुवाहाटी (असम)।
  - उत्तर-पूर्व में उत्सव और क्षेत्रीय दस्तावेजीकरण के लिए उत्तर-पूर्व दस्तावेजीकरण केन्द्र, अगरतला (त्रिपुरा)।
  - पूर्वी भारत के छऊ नृत्य को बढ़ावा देने के लिए छऊ केन्द्र, चन्दनकियारी (झारखण्ड)।

संगीत नाटक अकादमी पुरस्कार और फैलोशिप

- संगीत नाटक अकादमी पुरस्कार प्रदर्शन कला के कलाकारों को प्रदान किया जाने वाला सर्वोच्च राष्ट्रीय पुरस्कार है।
- यह अकादमी संगीत, नृत्य और नाटक के प्रख्यात कलाकारों व विद्वानों को फैलोशिप भी प्रदान करती है।
- इसके अतिरिक्त युवा कलाकारों के लिए वर्ष 2006 में एक वार्षिक पुरस्कार के रूप में उस्ताद बिस्मिल्लाह खान युवा पुरस्कार की स्थापना की गई है।

राष्ट्रीय नाट्य विद्यालय (NSD)

- राष्ट्रीय नाट्य विद्यालय (NSD), नई दिल्ली विश्व के अग्रणी नाट्य प्रशिक्षण संस्थानों में से एक और भारत में अपनी तरह का एकमात्र संस्थान है। इसकी स्थापना संगीत नाटक द्वारा एक इकाई के रूप में वर्ष 1959 में की गई थी।
- वर्ष 1975 में यह एक स्वतन्त्र संस्था बनी व इसका पंजीकरण 1860 ई. के सोसायटी पंजीकरण धारा XXI के अन्तर्गत एक स्वायत्त संस्था के रूप में किया गया है।
- यह संस्था संस्कृति मन्त्रालय, भारत सरकार द्वारा पूर्ण रूप से वित्त पोषित है और इस विद्यालय की दो इकाइयाँ हैं
  - ◆ रंगमण्डल (स्थापना वर्ष 1964 में)
  - ◆ थिएटर इन एजुकेशन कम्पनी (संस्कार रंग टोली, स्थापना वर्ष 1989 में)

भारत रंग महोत्सव

- भारत रंग महोत्सव (BRM) या राष्ट्रीय रंगमंच महोत्सव एक वार्षिक थिएटर महोत्सव है, जिसे राष्ट्रीय नाट्य विद्यालय (NSD) नई दिल्ली द्वारा आयोजित किया जाता है। इस महोत्सव का आरम्भ वर्ष 1999 में किया गया था।

भारत रंग महोत्सव

- यह महोत्सव भारतीय रंगमंच कलाकारों के कार्यों को प्रदर्शित करने के लिए शुरू किया गया था, पिछले कुछ वर्षों से यह अन्तर्राष्ट्रीय कलाकारों को भी आकर्षित करने का माध्यम बन रहा है।

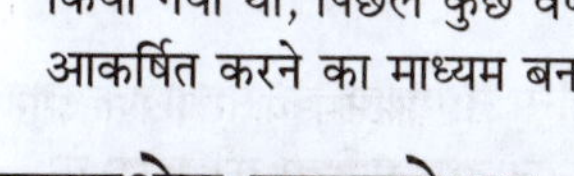

कलाक्षेत्र फाउण्डेशन

- कलाक्षेत्र फाउण्डेशन एक कला और सांस्कृतिक अकादमी है, जो भारतीय कला और शिल्प में विशेषकर भरतनाट्यम नृत्य और गन्धर्ववेद संगीत के क्षेत्र में पारम्परिक मूल्यों के संरक्षण के लिए समर्पित है।
- यह फाउण्डेशन चेन्नई में स्थित है। इसकी स्थापना वर्ष 1936 में रुक्मिणी देवी अरुण्डेल और उनके पति जॉर्ज अरुण्डेल ने की थी।
- कलाक्षेत्र फाउण्डेशन को भारत सरकार द्वारा वर्ष 1993 में संसद के एक अधिनियम द्वारा राष्ट्रीय महत्त्व के संस्थान के रूप में मान्यता दी गई थी और अब यह संस्कृति मन्त्रालय, भारत सरकार के अन्तर्गत एक स्वायत्त निकाय है।

इन्दिरा गाँधी राष्ट्रीय कला केन्द्र

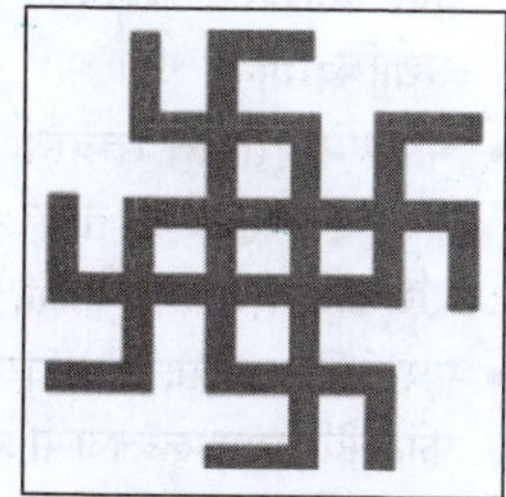

इन्दिरा गाँधी राष्ट्रीय कला केन्द्र

- इन्दिरा गाँधी राष्ट्रीय कला केन्द्र की स्थापना भारतीय कलाओं के अध्ययन और शोध करने वाले केन्द्र के रूप में की गई थी।
- इसका उद्घाटन नई दिल्ली में तत्कालीन प्रधानमन्त्री श्री राजीव गाँधी द्वारा 19 नवम्बर, 1985 को किया गया था।

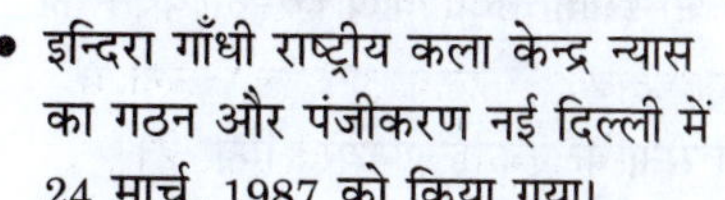

- इन्दिरा गाँधी राष्ट्रीय कला केन्द्र न्यास का गठन और पंजीकरण नई दिल्ली में 24 मार्च, 1987 को किया गया।
- यह केन्द्र न्यास केन्द्र के कार्य को सामान्य दिशा देने के लिए नियमित रूप से बैठक सम्पन्न करता है।
- इस केन्द्र में न्यासियों को लेकर बनी कार्यकारी समिति, अध्यक्ष के अधीन कार्य करती है। समिति, न्यास तथा इन्दिरा गाँधी राष्ट्रीय कला केन्द्र के मध्य एक कड़ी के रूप में कार्य करती है।
- इस कला केन्द्र के विषय क्षेत्रों में पुरातत्त्व, नृविज्ञान, दृश्य और प्रदर्शन कला आदि विषय सम्मिलित हैं। इन्दिरा गाँधी राष्ट्रीय कला केन्द्र का एक दक्षिण क्षेत्रीय केन्द्र भी है, जिसका मुख्यालय बंगलुरु में है।

इन्दिरा गाँधी राष्ट्रीय कला केन्द्र की कार्यात्मक इकाइयाँ

इकाइयाँ	प्रमुख कार्य
कलानिधि	यह एक सांस्कृतिक अभिलेखागार है, जो साहित्य, वास्तुकला, मूर्तिकला, संगीत, नृत्य, रंगमंच आदि क्षेत्रों के कलाकारों, विद्वानों के व्यक्तिगत संग्रहों का संचयन, वर्गीकरण और सूचीकरण का कार्य करता है।
कलाकोश	यह मुख्य रूप से भारतीय भाषाओं में अध्ययन और मौलिक ग्रन्थों के प्रकाशन के लिए समर्पित है।
जनपद-सम्पदा	यह ग्रामीण परिवेश एवं बहुरंगी जीवन शैली के अध्ययन में संलग्न है। इसकी स्थापना वर्ष 1988 में की गई थी।
कलादर्शन	यह कार्यकारी इकाई है, जो इन्दिरा गाँधी राष्ट्रीय कला केन्द्र से व्युत्पन्न शोध और अध्ययनों को प्रदर्शनियों के माध्यम से दृश्य रूपों में परिवर्तित करती है।
सांस्कृतिक संरक्षण संचार प्रयोगशाला	इसका मुख्य कार्य सांस्कृतिक संसाधनों के इण्टरेक्टिव मल्टी मीडिया प्रलेखन के लिए राष्ट्रीय सुविधा को मजबूत बनाना है। अब यह कार्य UNDP के मल्टी मीडिया प्रलेखन प्रोजेक्ट के साथ सम्पन्न किया जा रहा है।
सूत्राधार	यह प्रशासनिक, प्रबन्धीय खण्ड है, जो प्रशासनिक प्रभागों व कार्यक्रमों के लिए केन्द्रीय समन्वय के रूप में कार्य करता है।

नोट *इन्दिरा गाँधी राष्ट्रीय कला केन्द्र के लिए तीन क्षेत्रीय केन्द्र हैं–बंगलुरु, वाराणसी, गुवाहाटी।*

भारतीय पुरातत्त्व सर्वेक्षण

- भारतीय पुरातत्त्व सर्वेक्षण (ASI) भारत की सांस्कृतिक विरासतों के पुरातत्त्वीय अनुसन्धान तथा संरक्षण के लिए एक प्रमुख संगठन है। यह भारत सरकार के संस्कृति मन्त्रालय के अधीन कार्य करने वाली एजेन्सी है।
- यह विभाग भारत में पुरातात्विक अनुसन्धान, संरक्षण तथा देश में प्राचीन स्मारकों और पुरातात्विक स्थलों की सुरक्षा एवं संरक्षण में संलग्न है।

- भारत के सभी विरासत स्थल, प्राचीन स्मारक तथा पुरातात्विक स्थल और अवशेष अधिनियम, 1958 द्वारा संरक्षित हैं, जिसे वर्ष 2010 में संशोधित किया गया था।
- भारत में पुरातत्त्व सम्बन्धी गतिविधियाँ 18वीं शताब्दी में शुरू हुईं, जब सर विलियम जोन्स ने पुरातत्त्वविदों के एक समूह के साथ मिलकर एशियाटिक सोसायटी का गठन किया।
- एशियाटिक सोसायटी की स्थापना 15 जनवरी, 1784 को कलकत्ता के फोर्ट विलियम कॉलेज में की गई थी। इसका उद्देश्य प्राच्च-अध्ययन को बढ़ावा देना था।
- इसके पश्चात् 1861 ई. में ब्रिटिश सेना के एक इंजीनियर जेम्स अलेक्जेण्डर कनिंघम ने भारतीय पुरातत्त्व सर्वेक्षण की स्थापना की, वे इसके पहले महानिदेशक भी थे।
- अलेक्जेण्डर कनिंघम को भारतीय पुरातत्त्व के जनक के रूप में भी जाना जाता है। इसके पश्चात् वर्ष 1904 में (वायसराय लॉर्ड कर्जन के समय में) पुरातत्त्व विभाग की स्थापना की गई, जो एक वैधानिक निकाय है।
- एएसआई का नेतृत्व एक महानिदेशक करता है और इसका मुख्यालय नई दिल्ली में है।

भारतीय पुरातत्त्व सर्वेक्षण के प्रकाशन

- प्राचीन भारत
- एपिग्राफिया इण्डिका
- भारतीय पुरातत्त्व : एक समीक्षा

राष्ट्रीय स्मारक एवं पुरावशेष मिशन (NMMA)

- राष्ट्रीय स्मारक एवं पुरावशेष मिशन (NMMA) का आरम्भ (वर्ष 2007 में केन्द्र सरकार द्वारा) देश में सभी स्मारकों एवं पुरावशेषों के राष्ट्रीय डेटाबेस को (प्रत्येक पाँच वर्षों में) तैयार करने के लिए किया गया था।
- वर्ष 2012 में इस मिशन को आगामी पाँच वर्षों की अवधि (वर्ष 2012-17) हेतु बढ़ा दिया गया तथा इसके पश्चात् भारतीय पुरातत्त्व सर्वेक्षण में विलय कर दिया गया।

भारतीय राष्ट्रीय अभिलेखागार

- भारतीय राष्ट्रीय अभिलेखागार संस्कृति मन्त्रालय के अन्तर्गत एक सम्बद्ध कार्यालय है। इसकी स्थापना 11 मार्च, 1891 को कोलकाता (कलकत्ता) में इम्पीरियल रिकॉर्ड विभाग के रूप में की गई थी।
- यह सरकारी दस्तावेजों का रिकॉर्ड रखने वाला भारत सरकार का अनुषंगी संगठन है। इसके चार क्षेत्रीय दस्तावेज कोश भोपाल, भुवनेश्वर, पुदुचेरी और जयपुर में स्थित हैं।

सांस्कृतिक स्रोत एवं प्रशिक्षण केन्द्र (CCRT)

- सांस्कृतिक स्रोत एवं प्रशिक्षण केन्द्र (CCRT) एक अग्रणी संस्थान है, जो शिक्षा को संस्कृति के साथ जोड़ने का कार्य कर रहा है।
- इसकी स्थापना मई, 1979 में श्रीमती कमलादेवी चट्टोपाध्याय तथा डॉ. कपिला वात्स्यायन द्वारा की गई थी।
- इसका मुख्यालय नई दिल्ली में स्थित है तथा इसके क्षेत्रीय कार्यालय उदयपुर, हैदराबाद एवं गुवाहाटी में हैं। यह केन्द्र संस्कृति मन्त्रालय, भारत सरकार के प्रशासनिक नियन्त्रण के अधीन एक स्वायत्त संस्थान है।

भारतीय मानव विज्ञान सर्वेक्षण

- भारतीय मानव विज्ञान सर्वेक्षण (Anthropological Survey of India) भारत सरकार के संस्कृति मन्त्रालय के अन्तर्गत एक अग्रणी अनुसन्धान संगठन है, जो भौतिक मानवशास्त्र तथा सांस्कृतिक मानवशास्त्र के क्षेत्र में कार्यरत् है।
- इसकी स्थापना दिसम्बर, 1945 में की गई थी। इसका मुख्यालय कोलकाता (पश्चिम बंगाल) में स्थित है। इसका प्रमुख उद्देश्य भारत की जनसंख्या में जैविक और सांस्कृतिक दृष्टिकोण से महत्त्वपूर्ण जनजातियों और अन्य समुदायों का अध्ययन करना।
- मानव कंकाल अवशेषों का आधुनिक और पुरातात्विक तरीकों से अध्ययन करना तथा संरक्षित करना।
- भारतीय जनजातियों के कला और शिल्प के नमूने एकत्रित करना।
- शोध परिणामों को प्रकाशित करना।

राष्ट्रीय संस्कृति कोष (NCF)

भारत सरकार ने धर्मार्थ बन्दोबस्ती अधिनियम, 1890 के अन्तर्गत 28 नवम्बर, 1996 को एक न्यास (ट्रस्ट) के रूप में राष्ट्रीय संस्कृति कोष (NCF) की स्थापना की है।

राष्ट्रीय संस्कृति कोष (NCF) के उद्देश्य

निजी एवं सार्वजनिक क्षेत्रों, सरकारी, गैर-सरकारी एजेन्सियों, निजी संस्थानों तथा फाउण्डेशनों के साथ संस्कृति एवं विरासत के क्षेत्र में भागीदारी स्थापित करना तथा उनका पोषण करना एवं भारत की समृद्ध, प्राकृतिक, मूर्त तथा अमूर्त विरासत की पुनर्स्थापना, संरक्षण, सुरक्षा तथा विकास के लिए संसाधनों को नियोजित करना।

प्रशासनिक संरचना

- एनसीएफ का प्रबन्धन एक (शासी) परिषद् एवं एक कार्यकारी समिति द्वारा किया जाता है। शासी परिषद् की अध्यक्षता केन्द्रीय संस्कृति मन्त्री करते हैं एवं इसमें 21 सदस्य सम्मिलित होते हैं।
- कार्यकारी समिति की अध्यक्षता सचिव (संस्कृति) द्वारा की जाती है और इसमें परिषद् के 4 गैर-सरकारी सदस्यों सहित सदस्यों की कुल संख्या 9 होती है।

एशियाटिक सोसायटी

- प्रसिद्ध अंग्रेज भारतविद् सर विलियम जोन्स ने एशिया के सामाजिक तथा सांस्कृतिक इतिहास, पुरावशेष, कला विज्ञान तथा साहित्य की खोज के उद्देश्य से 1784 ई. में एशियाटिक सोसायटी, कोलकाता की नींव रखी थी।
- इसकी महत्ता को ध्यान में रखते हुए भारत सरकार ने वर्ष 1984 में इसे राष्ट्रीय महत्त्व के संस्थान का दर्जा प्रदान किया।
- यह संस्थान भारत में सभी साहित्यिक व वैज्ञानिक गतिविधियों का पुरोधा और विश्व की सभी एशियाटिक सोसायटी का संरक्षक है।
- इस सोसायटी के पास दुर्लभ पुस्तकों, पाण्डुलिपियों, सिक्कों, पुराने चित्रों और अभिलेख सामग्री का समृद्ध संग्रह है। इसमें एशिया का प्रथम आधुनिक संग्रहालय है, जिसकी स्थापना 1814 ई. में हुई थी।

भारतीय इतिहास अनुसन्धान परिषद् (ICHR)

- भारतीय इतिहास अनुसन्धान परिषद् शिक्षा मन्त्रालय, भारत सरकार के अन्तर्गत एक स्वायत्त निकाय है।
- इसकी स्थापना भारत सरकार द्वारा दिसम्बर, 1971 में गठित एक कार्यदल की संस्तुति पर 27 मार्च, 1972 को की गई थी। भारतीय इतिहास अनुसन्धान परिषद् सोसायटी पंजीकरण अधिनियम (1860 के अधिनियम XXI) के अन्तर्गत पंजीकृत है।
- इस परिषद् का मुख्य उद्देश्य इतिहास अनुसन्धान को सही दिशा देना और इतिहास के यथार्थ एवं वैज्ञानिक लेखन को बढ़ावा तथा प्रोत्साहन देना है।

पाण्डुलिपियों के लिए राष्ट्रीय मिशन (NMM)

- भारत सरकार के पर्यटन और संस्कृति मन्त्रालय, द्वारा फरवरी, 2003 में पाण्डुलिपियों के लिए राष्ट्रीय मिशन की स्थापना की गई थी।
- यह अपने कार्यक्रम और जनादेश में एक अनूठी परियोजना है, जो भारत की विशाल पाण्डुलिपि सम्पदा का पता लगाने और संरक्षित करने के लिए समर्पित है। पाण्डुलिपियों के लिए राष्ट्रीय मिशन अपने आदर्श वाक्य ("भविष्य के लिए अतीत का संरक्षण") को पूर्ण करने की दिशा में कार्य कर रहा है।

भारतीय सांस्कृतिक सम्बन्ध परिषद् (ICCR)

- भारतीय सांस्कृतिक सम्बन्ध परिषद् (ICCR) की स्थापना वर्ष 1950 में स्वतन्त्र भारत के प्रथम शिक्षा मन्त्री मौलाना अबुल कलाम आजाद ने की थी।
- यह समिति पंजीकरण अधिनियम, 1860 के अन्तर्गत एक स्वायत्त संस्था है, जिसका वित्त पोषण भारत सरकार द्वारा किया जाता है।
- इसका मुख्यालय आजाद भवन, नई दिल्ली में स्थित है।
- इस संगठन के क्षेत्रीय केन्द्र जयपुर, कटक, कोलकाता, मुम्बई, लखनऊ, पटना, शिलांग आदि शहरों में स्थापित हैं।
- इसका प्रमुख उद्देश्य भारत तथा अन्य देशों के मध्य सांस्कृतिक सम्बन्धों को मजबूत करना व आपसी समझ को बढ़ावा देना है और साथ ही अन्य देशों व लोगों के साथ सांस्कृतिक आदान-प्रदान को बढ़ावा देना तथा राष्ट्रों के साथ सम्बन्ध विकसित करना है।
- परिषद् के मिशन कार्यालय व सांस्कृतिक केन्द्र काहिरा, लन्दन, मॉस्को, डरबन, ताशकन्द, पोर्टऑफ स्पेन, कोलम्बो, जकार्ता, पोर्टलुईस, ढाका, थिम्पू, साओपाउलो, बैंकॉक तथा टोक्यो आदि स्थानों पर कार्य कर रहे हैं।

नेशनल बुक ट्रस्ट (NBT)

- NBT की स्थापना 1 अगस्त, 1957 को शिक्षा मन्त्रालय, भारत सरकार के अन्तर्गत की गई थी। इसका उद्देश्य अंग्रेज़ी सहित सभी प्रमुख भारतीय भाषाओं में कम लागत पर अच्छे साहित्य प्रकाशित करना है।
- इसका उद्देश्य अंग्रेजी, हिन्दी तथा भारतीय भाषाओं में उच्चकोटि के साहित्य का प्रकाशन करना है और पुस्तकों के प्रोन्नयन को प्रोत्साहन देना व इन्हीं साहित्यों को (साहित्यिक लोगों के लिए) उचित मूल्यों पर उपलब्ध करवाना है।
- इसका प्रमुख कार्य भारत तथा विदेश में सेमिनारों, कार्यशालाओं, पुस्तक मेलों, पुस्तक प्रदर्शनियों आदि का आयोजन करके समाज में पढ़ने की संस्कृति को बढ़ावा देना है।

राष्ट्रीय पुस्तकालय मिशन (NLM)

- राष्ट्रीय पुस्तकालय मिशन की स्थापना वर्ष 2012 में राष्ट्रीय ज्ञान आयोग की सिफारिश पर संस्कृति मन्त्रालय द्वारा की गई थी।
- पुस्तकालय राज्य सूची का विषय है, इसलिए देश के सार्वजनिक पुस्तकालयों का प्रबन्धन केन्द्रीय संस्कृति मन्त्रालय के अतिरिक्त राज्य सरकार द्वारा किया जाता है।
- भारत सरकार के संस्कृति मन्त्रालय के प्रशासनिक नियन्त्रण में निम्नलिखित छः सार्वजनिक पुस्तकालय हैं
  - राष्ट्रीय पुस्तकालय-कोलकाता
  - केन्द्रीय सन्दर्भ पुस्तकालय-कोलकाता
  - केन्द्रीय सचिवालय पुस्तकालय-नई दिल्ली
  - दिल्ली सार्वजनिक पुस्तकालय-दिल्ली
  - खुदा बख्श ओरिएण्टल पब्लिक लाइब्रेरी-पटना
  - रामपुर रजा लाइब्रेरी-रामपुर

राष्ट्रीय शैक्षिक अनुसन्धान और प्रशिक्षण परिषद् (NCERT)

- राष्ट्रीय शैक्षिक अनुसन्धान और प्रशिक्षण परिषद् भारत सरकार द्वारा वर्ष 1961 में स्थापित एक स्वायत्त संगठन है।
- इसकी स्थापना समिति पंजीकरण अधिनियम, 1860 के (शिक्षा मन्त्रालय के अधीन) शैक्षिक अनुसन्धान व प्रशिक्षण तथा क्षेत्र में केन्द्र एवं राज्य सरकारों के सहयोग देने हेतु की गई थी।
- इसका प्रमुख उद्देश्य स्कूली शिक्षा से सम्बन्धित क्षेत्रों में अनुसन्धान करना, बढ़ावा देना और समन्वय करना। मॉडल, पाठ्य-पुस्तकें, पूरक सामग्री, समाचार-पत्र, जर्नल तैयार करना और प्रकाशित करना।
- शिक्षकों के लिए सेवा-पूर्व और सेवाकालीन प्रशिक्षण आयोजित करना। नवीन शैक्षिक तकनीकों व प्रथाओं का विकास और प्रसार करना।

प्रधानमन्त्री संग्रहालय

- प्रधानमन्त्री संग्रहालय को आजादी के पश्चात् भारत के प्रत्येक प्रधानमन्त्री तथा भारत के विकास में योगदान के लिए स्थापित किया गया है।
- उल्लेखनीय है कि इसकी स्थापना नेहरू मेमोरियल संग्रहालय और पुस्तकालय (NMML) तीन मूर्ति भवन, नई दिल्ली में केन्द्रीय संस्कृति मन्त्रालय के अन्तर्गत एक स्वायत्त संस्थान के रूप में की गई थी।
- प्रधानमन्त्री संग्रहालय का उद्घाटन 14 अप्रैल, 2022 को किया गया। इस संग्रहालय में नेहरू संग्रहालय भी सम्मिलित है।

अन्य प्रमुख संस्थान के लिए QR Code Scan करें।

"भारत विविधताओं से भरा उत्सवधर्मी देश है, जहाँ पर अनेक धर्म, संस्कृतियाँ, सम्प्रदाय और समुदाय के लोग एक साथ रहते हैं। इसी कारण यहाँ बड़ी संख्या में त्योहार, मेले और उत्सव मनाए जाते हैं।

अध्याय बीस

त्योहार एवं मेले

परिचय

- त्योहार भारतीयों के जीवन को नीरस और मशीनी होने से बचाते हैं और उनमें सामूहिकता की भावना के साथ-साथ नई ऊर्जा, उत्साह, उल्लास और सकारात्मकता का समावेश भी करते हैं।
- भारत में मनाए जाने वाले त्योहार एवं उत्सव मुख्यत: धार्मिक विश्वासों एवं कृषि पर आधारित होते हैं, जो देश के विभिन्न भागों में फसल बुआई, कटाई के मौसम में मनाए जाते हैं।
- भारत में मनाए जाने वाले त्योहारों को निम्नांकित आधार पर वर्गीकृत किया जा सकता है

राष्ट्रीय पर्व

राष्ट्रीय पर्व ऐसे पर्व होते है, जो किसी जाति या धर्म विशेष के नहीं बल्कि पूरे देश के होते हैं। इन्हें मनाने का उद्देश्य देश के प्रति गर्व और एकता की भावना को बढ़ाना होता है। भारत के तीन राष्ट्रीय पर्व हैं-गणतन्त्र दिवस, स्वतन्त्रता दिवस एवं गाँधी जयन्ती।

गणतन्त्र दिवस

- गणतन्त्र दिवस भारत का राष्ट्रीय पर्व है, जो प्रतिवर्ष 26 जनवरी को मनाया जाता है।
- 26 जनवरी, 1950 को ही भारत का संविधान लागू किया गया था, इसी उपलक्ष्य में यह दिवस मनाया जाता है।
- उल्लेखनीय है कि स्वतन्त्रता के पूर्व वर्ष 1930 से ही यह दिन भारतीय राष्ट्रीय कांग्रेस द्वारा स्वतन्त्रता दिवस के रूप में मनाया जाता था।

स्वतन्त्रता दिवस

- 15 अगस्त, 1947 को भारत स्वतन्त्र हुआ था, इस उपलक्ष्य में प्रतिवर्ष 15 अगस्त को स्वतन्त्रता दिवस के रूप में मनाया जाता है।
- यह राष्ट्रीय पर्व भारत के गौरव का प्रतीक है, इस दिन लाल किले की प्राचीर से प्रधानमन्त्री देश को सम्बोधित करते हैं।
- प्रधानमन्त्री लाल किले पर झण्डा फहराते हैं और राष्ट्रपति द्वारा स्वतन्त्रता दिवस की पूर्व संध्या पर राष्ट्र को सम्बोधित किया जाता है।

गाँधी जयन्ती

- भारत के राष्ट्रपिता महात्मा गाँधी का जन्म 2 अक्टूबर, 1869 में गुजरात के पोरबन्दर नामक स्थान पर हुआ था। भारत में उनका जन्मदिन 2 अक्टूबर को गाँधी जयन्ती के रूप में मनाया जाता है।
- संयुक्त राष्ट्र महासभा की जनरल असेम्बली ने 15 जून, 2007 को गाँधी जी के जन्म दिवस (2 अक्टूबर) को प्रतिवर्ष अन्तर्राष्ट्रीय अहिंसा दिवस के रूप में मनाए जाने की घोषणा की।

विभिन्न धार्मिक त्योहार

भारत में विभिन्न धर्मों और समुदायों के लोग निवास करते हैं और अपनी आस्था और परम्पराओं के आधार पर उनके अपने-अपने विशिष्ट त्योहार भी हैं।

हिन्दू धर्म के प्रमुख त्योहार एवं पर्व

महाशिवरात्रि

- शिवरात्रि का त्योहार भगवान शिव तथा माँ पार्वती के विवाहोत्सव के उपलक्ष्य में हर्षोल्लास के साथ मनाया जाता है।
- यह फाल्गुन मास के कृष्ण पक्ष की चतुर्दशी को मनाया जाता है।

होली

- होली भारत का प्रमुख त्योहार है, जो फाल्गुन मास (फरवरी-मार्च) की पूर्णिमा को बड़े उल्लास के साथ मनाया जाता है।
- इस त्योहार की उत्पत्ति भक्त प्रहलाद की पौराणिक कथा से जुड़ी है।
- उत्तर प्रदेश के बरसाना की लठमार होली तथा राजस्थान के बाड़मेर की पत्थर मार होली सम्पूर्ण भारत में विख्यात हैं।
- कालिदास के ऋतुसंहार में एक पूरा सर्ग ही बसन्तोत्सव को समर्पित है, वहीं शास्त्रीय संगीत में धमार (गायन की एक शैली) का होली से गहरा सम्बन्ध है। पश्चिम बंगाल एवं असम के कुछ भागों में इसे दोल जात्रा भी कहा जाता है।

बसन्त पंचमी

- बसन्त पंचमी का त्योहार माघ माह के शुक्ल पक्ष की पंचमी को मनाया जाता है। बसन्त पंचमी से ब्रज में होली की शुरुआत हो जाती है।
- इस अवसर पर पूर्वी भारत, नेपाल व उत्तरी भारत में विद्या की देवी सरस्वती की पूजा की जाती है।

अक्षय तीज अथवा अक्षय तृतीया

- यह एक कृषक त्योहार है, जो वैशाख मास के शुक्ल पक्ष की तृतीया को मनाया जाता है। इस त्योहार में कृषक उन्नत कृषि तथा समुचित वर्षा की कामना करते हुए खाद्यान्नों की पूजा करते हैं और कृषि कार्य आरम्भ करते हैं।
- राजस्थान में इसे आखा तीज के नाम से जानते हैं। भगवान विष्णु के छठे अवतार भगवान परशुराम का जन्म अक्षय तृतीया को ही माना जाता है।

गंगा दशहरा

यह हिन्दुओं का एक प्रमुख त्योहार है, जो ज्येष्ठ मास के शुक्ल पक्ष की दशमी को मनाया जाता है। इसी दिन माँ गंगा का अवतरण पृथ्वी पर हुआ था।

नाग पंचमी

- यह नागों या साँपों की पूजा-अर्चना का त्योहार है, जो श्रावण माह के शुक्ल पक्ष की पंचमी को मनाया जाता है।
- इस दिन साँपों को दूध पिलाया जाता है।

श्रीरामनवमी

- यह धार्मिक त्योहार, चैत्र माह के शुक्ल पक्ष की नवमी तिथि को हर्षोल्लास के साथ भगवान श्रीरामचन्द्र जी के जन्मोत्सव के रूप में मनाया जाता है।
- इस दिन भगवान विष्णु के सातवें अवतार के रूप में राम ने अवतार लिया था। रामनवमी को ही चैत्र नवरात्र या बसन्त नवरात्र की समाप्ति भी होती है।

हनुमान जयन्ती

- यह त्योहार चैत्र मास की पूर्णिमा तिथि को बड़े ही हर्षोल्लास के साथ मनाया जाता है।
- इस दिन लोग हनुमान कथा या हनुमान चालीसा का पाठ करते हैं।

हरियाली तीज

- तीज का त्योहार श्रावण मास के शुक्ल पक्ष की तृतीया को सम्पूर्ण भारत, विशेष रूप से राजस्थान में बड़े हर्षोल्लास के साथ मनाया जाता है।
- यह पर्व माता पार्वती के भगवान शिव से पुनर्मिलन के उपलक्ष्य में मनाया जाता है।

रक्षाबन्धन

- भाई-बहन के प्रेम एवं विश्वास का त्योहार रक्षाबन्धन श्रावण मास की पूर्णिमा को मनाया जाता है।
- इस दिन बहनें अपने भाइयों की कलाई पर राखी बाँधती हैं और भाई-बहनों को उपहार स्वरूप उनकी रक्षा का वचन देते हैं।
- महाराष्ट्र में यह त्योहार नारियल पूर्णिमा या श्रावणी के नाम से प्रचलित है। तमिलनाडु, केरल, महाराष्ट्र और ओडिसा के दक्षिण भारतीय ब्राह्मण इस पर्व को अवनि अवित्तम कहते हैं।

श्रीकृष्ण जन्माष्टमी

- यह त्योहार भाद्रपद मास के कृष्ण पक्ष की अष्टमी को मनाया जाता है।,
- यह त्योहार प्राय: देश के सभी राज्यों में मनाया जाता है, किन्तु कृष्ण जन्मभूमि मथुरा, वृन्दावन तथा द्वारिका में विशेष रूप से मनाया जाता है।

गणेश चतुर्थी

- यह त्योहार भाद्रपद मास के शुक्ल पक्ष की चतुर्थी को मनाया जाता है।
- महाराष्ट्र में यह त्योहार गणेशोत्सव के रूप में मनाया जाता है।
- महाराष्ट्र में गणेशोत्सव की शुरुआत भारतीय राष्ट्रीय आन्दोलन के समय लोकमान्य तिलक ने की थी।

महालया

- यह हिन्दुओं का एक प्रमुख त्योहार है, जो अश्विन माह की अमावस्या को मनाया जाता है। इसी दिन को पिण्डदान भी कहते हैं। इसके लिए गया बहुत प्रसिद्ध स्थल है।
- इसमें प्रात:काल में पितरों का श्राद्ध कर्म करने के साथ उन्हें विधिवत तरीके से विदा किया जाता है। महालया अमावस्या का बंगाल में अत्यधिक महत्त्व होता है, क्योंकि इस दिन से दुर्गा पूजा का आरम्भ हो जाता है।

नवरात्र अथवा नवरात्रि

- यह हिन्दुओं का एक प्रमुख पर्व है। नवरात्र एक संस्कृत शब्द है, जिसका अर्थ होता है- नौ रातों का समय।
- इन नौ रातों और दस दिनों में शक्ति/देवी की पूजा की जाती है। वर्ष में चार बार नवरात्रि आते हैं, जिनमें से चैत्र और अश्विन नवरात्र मुख्य हैं।
- चैत्र मास में वासन्तिक और अश्विन मास में शारदीय नवरात्र आते हैं।

दशहरा या विजयदशमी

- यह पर्व मुख्य रूप से उत्तर भारत में रावण पर भगवान श्रीराम की विजय के प्रतीक के रूप मनाया जाता है।
- दशहरा को विजयदशमी के रूप में भी मनाया जाता है।
- दशहरा शारदीय नवरात्रि की दशमी को या अश्विन शुक्ल पक्ष की दशमी तिथि को मनाया जाता है, इसलिए इसे विजयदशमी भी कहा जाता है।

करवा चौथ

- करवा चौथ हिन्दुओं का एक प्रमुख त्योहार है, जिसे सौभाग्यवती स्त्रियाँ अपने पति की दीर्घायु के लिए मनाती हैं। यह कार्तिक मास की कृष्ण पक्ष की चतुर्थी को सम्पूर्ण उत्तर भारत में मनाया जाता है।
- यह पर्व सूर्योदय से पूर्व लगभग 4 बजे से प्रारम्भ होकर रात्रि में चन्द्रमा दर्शन के पश्चात् समाप्त होता है।

धनतेरस

- भगवान धन्वन्तरि के जन्म दिवस के उपलक्ष्य में कार्तिक मास के कृष्ण पक्ष की त्रयोदशी को यह त्योहार मनाया जाता है।
- भारत सरकार ने इस दिन को राष्ट्रीय आयुर्वेद दिवस के रूप में मनाने का निर्णय लिया है।
- प्रसिद्ध चिकित्सक भगवान धन्वन्तरि के जन्म दिन को राष्ट्रीय आयुर्वेद दिवस के रूप में मनाया जाता है। इसे वर्ष 2016 से प्रतिवर्ष मनाया जा रहा है।

दीपावली

- दीपावली का त्योहार कार्तिक मास की अमावस्या को मनाया जाता है। पौराणिक मान्यता के अनुसार, इस दिन भगवान श्रीराम चौदह वर्ष के वनवास के पश्चात् अयोध्या वापस आए थे।
- वस्तुत: दीपावली उत्सव की शुरुआत दो दिन कार्तिक मास के कृष्ण पक्ष की तेरहवीं तिथि धन्वन्तरि त्रयोदशी (धनतेरस) से हो जाती है।
- इस के बाद नरक चतुर्दशी अर्थात् छोटी दीपावली मनाई जाती है।

गोवर्धन पूजा या माट्टु पोंगल

- यह पूजा दीपावली के अगले दिन की जाती है। उत्तर भारत में इसे गोवर्धन पूजा तथा तमिलनाडु में माट्टु पोंगल के रूप में मनाया जाता है।
- तमिलनाडु में इस दिन पशु खेलों का आयोजन किया जाता है। यह अन्नकूट नाम से भी मनाया जाता है।

भाईदूज

- यह त्योहार कार्तिक मास के शुक्ल पक्ष की द्वितीया तिथि को दीपावली के दो दिन बाद मनाया जाता है।
- इसे यम द्वितीय भी कहा जाता है।
- यह त्योहार भाई-बहन के अटूट प्रेम और स्नेह का प्रतीक है।

छठ पूजा

- छठ पर्व, छठ या षष्ठी पूजा कार्तिक मास के शुक्ल पक्ष की षष्ठी को मनाया जाने वाला एक हिन्दू पर्व है। यह पर्व दीपावली के छः दिन बाद मनाया जाता है।
- सूर्योपासना का यह अनुपम लोकपर्व मुख्य रूप से बिहार, झारखण्ड, पश्चिम बंगाल, पूर्वी उत्तर प्रदेश और नेपाल के तराई क्षेत्रों में मनाया जाता है। यह चार दिवसीय त्योहार है, जो कार्तिक शुक्ल की चतुर्थी को शुरू होकर सप्तमी को समाप्त होता है।
- यह त्योहार सन्तान सुख की कामना के लिए मनाया जाता है।
- यह पूजा सूर्यदेव और उनकी बहन छठी मईया को समर्पित है।

मकर संक्रान्ति

- मकर संक्रान्ति का त्योहार सम्पूर्ण भारत और नेपाल में विभिन्न रूपों में मनाया जाता है। पौष मास में जिस दिन सूर्य मकर राशि में प्रवेश करता है उस दिन इस पर्व को मनाया जाता है।
- वर्तमान शताब्दी में यह त्योहार जनवरी माह के चौदहवें या पन्द्रहवें दिन ही आता है, इस दिन सूर्य धनु राशि को छोड़ मकर राशि में प्रवेश करता है।
- ऋतु परिवर्तन की आहट तथा फसल अच्छी होने की खुशी में यह पर्व लगभग पूरे भारत में क्षेत्रीय रीति-रिवाजों और परम्पराओं के साथ मनाया जाता है; जैसे-पंजाब में लोहड़ी, तमिलनाडु में पोंगल, असम में बिहू तथा आन्ध्र प्रदेश में भोगी के रूप में मनाया जाता है।
- मकर संक्रान्ति पर्व को कहीं-कहीं उत्तरायण भी कहते हैं, क्योंकि इसी समय सूर्य उत्तरायण होना प्रारम्भ होता है।

नवकलेबर त्योहार

- यह त्योहार श्री जगन्नाथ मन्दिर पुरी (ओडिसा) में प्रत्येक 8 से 19 वर्ष बाद मनाया जाता है।
- नवकलेबर का अर्थ है-नया शरीर अर्थात् इसमें भगवान जगन्नाथ, बलभद्र, सुभद्रा और सुदर्शन की मूर्तियों को नई मूर्तियों से बदल दिया जाता है।
- नई मूर्तियाँ चार अलग-अलग नीम के पेड़ों से बनी होती है।
- मार्च, 2018 में भारत के राष्ट्रपति द्वारा इस त्योहार के उपलक्ष्य में 1000 और 10 रुपये के स्मारक सिक्के जारी किए गए।

मुस्लिम धर्म के प्रमुख त्योहार

ईद-उल-फितर (ईद)

- ईद-उल-फितर पवित्र रमजान माह की समाप्ति के पश्चात् प्रथम बार चाँद दिखाई देने पर उसके अगले दिन मनाया जाता है।
- इसे मीठी ईद भी कहते हैं। यह त्योहार जिलहाज महीने के दसवें दिन मनाया जाता है। रमजान के पूर्व माह के दौरान मुसलमान रोजा रखते हैं।

ईद-उल-जुहा (बकरीद)

- यह त्योहार हज के माह की दसवीं तिथि को हजरत इब्राहिम की कुर्बानी की स्मृति के रूप में मनाया जाता है।
- मान्यता है कि हजरत इब्राहिम ईश्वरीय आदेश से अपने पुत्र इस्माइल को कुर्बान करने को तैयार हो गए थे।
  जुहा का अर्थ-कुर्बानी होता है, इसलिए इसे ईद-ए-कुर्बान भी कहा जाता है। इस दिन बकरों, ऊँटों आदि पशुओं की कुर्बानी दी जाती है।

मुहर्रम

- यह शिया मुसलमानों का शोक पर्व है। यह पर्व मुहर्रम के 10वें दिन मनाया जाता है।
- यह शोक पर्व मुहम्मद साहब की बेटी फातिमा तथा हजरत अली के बेटे हजरत इमाम हुसैन एवं उनके परिवार की यजीद द्वारा हत्या कर दिए जाने की दुःखद स्मृति के रूप में शिया मुसलमानों द्वारा मनाया जाता है।
- शिया मुसलमान इस दिन ताजिया निकालते हैं।

शब-ए-बरात

- यह मुस्लिमों का महत्त्वपूर्ण त्योहार है, जो शाबान माह (अगस्त) की चौदहवीं या पन्द्रहवीं तिथि को मनाया जाता है।
- इस दिन पटाखे जलाए जाते हैं और कुरान शरीफ की तिलावत (पाठ) की जाती है।

शब-ए-कद्र

- रमजान माह की तीन विशिष्ट रातों (25, 27 तथा 29वीं) में एक रात शब-ए-कद्र के नाम से जानी जाती है।
- यह विश्वास है कि इस पवित्र रात में हजरत मुहम्मद साहब को कुरान-शरीफ की प्रथम आयत की प्राप्ति हुई थी।
- इस रात्रि में माँगी हुई दुआ या कामना 100 रातों की दुआओं से अधिक फलदायी मानी जाती है।

ईद-उल-मिलाद-उन-नबी

यह हजरत मुहम्मद के जन्मदिवस के रूप में मनाया जाने वाला त्योहार है। इस दिन कुरान पढ़ा जाता है, नजमें गाई जाती हैं और जुलूस भी निकाला जाता है।

सिख धर्म के प्रमुख त्योहार

त्योहार	महत्त्वपूर्ण विवरण
गुरु परब	◆ गुरु परब या गुरु पर्व सिख धर्म के संस्थापक गुरु नानक का प्रकाश उत्सव या जन्मदिवस भी है। यह सिख धर्म या सिखी में सबसे पवित्र त्योहारों में से एक है। ◆ यह पर्व प्रत्येक वर्ष कार्तिक मास की पूर्णिमा तिथि को मनाया जाता है। 15 अप्रैल, 1469 की कार्तिक पूर्णिमा के दिन गुरु नानक देव का जन्म हुआ था।
लोहड़ी	◆ सिखों का प्रमुख त्योहार लोहड़ी सामान्यत: पोष (जनवरी) माह की तेरह तारीख को मनाया जाता है। ◆ यह त्योहार रात्रि के समय मनाया जाता है, जिसमें एक स्थान पर आग जलाकर उसकी परिक्रमा की जाती है और नाच-गाना भी किया जाता है। यह अँधेरे पर प्रकाश की विजय का प्रतीक है।
माघी	◆ माघी का त्योहार लोहड़ी के त्योहार के एक दिन बाद आता है। इस त्योहार पर चावलों को गन्ने के रस में पकाकर खीर बनाई जाती है। ◆ यह त्योहार चली मुक्ते या 40 वीर सिख शहीदों की वीरतापूर्ण लड़ाई की स्मृति में मनाया जाता है, जिन्होंने गुरु गोविन्द सिंह के जीवन को बचाने के लिए अपने प्राणों की आहुति दी थी।
होला मोहल्ला	◆ यह होली के अगले दिन (चैत्र माह) मनाया जाने वाला सिख पर्व है। गुरु गोविन्द सिंह द्वारा शुरू किए गए इस उत्सव में होली पौरुष के प्रतीक पर्व के रूप में मनाई जाती है। ◆ इस पर्व पर छदम युद्धों का अभ्यास किया जाता है। होला मोहल्ला का उत्सव आनन्दपुर साहिब में छ: दिन तक चलता है।
वैशाखी	◆ प्रत्येक वर्ष वैशाख माह (13 या 14 अप्रैल को) में वैशाखी मनाई जाती है। यह त्योहार सिखों एवं हिन्दुओं दोनों समुदायों में हर्षोल्लास के साथ मनाया जाता है। ◆ यह त्योहार रबी की फसल पकने से सम्बन्धित है, क्योंकि इस समय तक गेहूँ की फसल पक जाती है और इस दिन से उसकी कटाई प्रारम्भ की जाती है। सिख धर्म में इस दिन को गुरु गोविन्द सिंह द्वारा खालसा पन्थ की नींव रखने की स्मृति में भी मनाया जाता है।

ईसाई धर्म के प्रमुख त्योहार

क्रिसमस

- ईसाइयों का प्रमुख त्योहार क्रिसमस 25 दिसम्बर को ईसा मसीह के जन्मोत्सव के रूप में मनाया जाता है।
- इस दिन गिरजाघरों को सजाकर विशेष प्रार्थनाएँ आयोजित की जाती हैं तथा प्रभु ईसा मसीह की आराधना एवं स्तुति की जाती है।
- क्रिसमस वृक्ष और सन्ता क्लॉज आदि परम्पराएँ इसी त्योहार से जुड़ी हैं।

गुड फ्राइडे

- यह त्योहार शहीदी दिवस के रूप में पवित्र शुक्रवार के दिन मनाया जाता है। इस दिन प्रभु ईसा मसीह को सूली (Cross) पर चढ़ा दिया गया था। इस दिन विशेष प्रार्थना-सभाएँ आयोजित की जाती हैं।
- इसे शहीदी दिवस के रूप में मनाया जाता है। यह त्योहार प्रतिवर्ष अप्रैल माह में आता है।

ईस्टर

- यह त्योहार प्रभु ईसा मसीह के पुनर्जीवित होने के उपलक्ष्य में मनाया जाता है। ईस्टर पवित्र रविवार के दिन मनाया जाता है। ऐसी मान्यता है कि ईसा मसीह सूली पर चढ़ने के पश्चात् तीसरे दिन पुनर्जीवित हो गए थे।
- ग्रेगोरियन कैलेण्डर के प्रयोग के अनुसार, ईस्टर संयुक्त रूप से हमेशा 22 मार्च और 25 अप्रैल के मध्य रविवार को पड़ता है।

स्वर्गारोहण

ऐसी मान्यता है कि पुनर्जीवित होने के पश्चात् ईसा मसीह ने 40 दिन अपने शिष्यों के साथ व्यतीत किए, तत्पश्चात् वे पुन: स्वर्ग चले गए। अत: ईस्टर के 40 दिन बाद यह त्योहार मनाया जाता है।

जैन धर्म के प्रमुख पर्व एवं त्योहार

महावीर जयन्ती

- महावीर जयन्ती जैन धर्म के 24वें तथा अन्तिम तीर्थंकर भगवान महावीर के जन्मोत्सव के रूप में मनाई जाती है।
- यह त्योहार चैत्र माह के शुक्ल पक्ष की त्रयोदशी को हर्षोल्लास के साथ मनाया जाता है।
- महावीर की प्रतिमा को दूध से स्नान एवं एक अनुष्ठानात्मक स्नान (अभिषेक) कराया जाता है। फिर इसे एक यात्रा के रूप में ले जाया जाता है।

ऋषि पंचमी

- भाद्रपद माह के शुक्ल पक्ष की पंचमी को मनाए जाने वाले इस पर्व में जिन मूर्तियों का जुलूस निकाला जाता है।
- जैन समाज इसे संवत्सरी पंचमी के रूप में भी मनाता है।

पर्युषण

- यह जैन समुदाय द्वारा मनाया जाने वाला प्रमुख त्योहार है, जो भाद्रपद माह के शुक्ल पक्ष की चतुर्थी से प्रारम्भ होता है, जो सामान्यत: अगस्त या सितम्बर माह (ग्रेगोरियन कैलेण्डर के अनुसार) में आता है।
- श्वेताम्बर सम्प्रदाय इस त्योहार को 8 दिन तथा दिगम्बर सम्प्रदाय इसे 10 दिनों तक मनाता है।
- जैन लोग इस त्योहार को क्षमावाणी के रूप में मनाते हैं। इस दिन जैन श्रद्धालु पूर्व वर्ष में की गई भूलों का पश्चाताप करते हैं।

पर्युषण पर्व

संवत्सरी

- श्वेताम्बर जैन समुदाय के लिए पर्यूषण पर्व आठ दिनों का होता है, जिसका अन्त संवत्सरी पर होता है।

दशलक्षण

- यह पर्यूषण पर्व के अन्तिम दिन से आरम्भ होने वाला पर्व है। यह पर्व वर्ष में तीन बार (चैत्र मास की शुक्ल पक्ष की पंचमी से चतुर्दशी तक, भाद्रपद मास के शुक्ल पक्ष की पंचमी से चतुर्दशी तक तथा माघ मास के शुक्ल पक्ष की पंचमी से चतुर्दशी तक) मनाया जाता है।
- इस पर्व में जैन धर्मानुयायी मुख्यत: दस लक्षणों को जागृत करने का प्रयास करते हैं, जो हैं-सत्य, संयम, त्याग, तपस्या, क्षमा, विनम्रता, ब्रह्मचर्य, निर्मलता, माया का विनाश, परिग्रह का निवारण आदि।
- इन दस लक्षणों की आराधना के कारण दिगम्बर लोग इसे दशलक्षण पर्व के नाम से भी जानते हैं।

देव दीवाली

देव दीवाली का त्योहार हिन्दुओं की दीवाली से दस दिन पश्चात् मनाया जाता है। अनेक जैन मतावलम्बी इस त्योहार पर गुजरात में जूनागढ़ गिरनार पर्वत की यात्रा करते हैं।

ज्ञान पंचमी

- इसे श्रुत पंचमी भी कहा जाता है। यह ज्येष्ठ शुक्ल की पंचमी तिथि को मनाया जाता है।
- मान्यता के अनुसार इस दिन जैन धर्म के प्रथम ग्रन्थ षटखण्डागम् की रचना पूर्ण की गई थी।

पंचकल्याणक पर्व

- यह त्योहार जैन धर्म के मानने वालों का प्रमुख त्योहार है।
- जैन धर्मावलम्बियों की यह मान्यता है कि यदि कोई इस महोत्सव में प्रत्यक्षदर्शी नहीं हो पाता, किन्तु अपने हृदय में इस पर्व की भावनात्मक कल्पना करता है, तो उसके हृदय में तीर्थंकर विराजमान हो जाते हैं।

क्षमावाणी

- दिगम्बर जैन समुदाय के दस दिन चलने वाले पर्यूषण का समापन अनन्त चतुर्दशी और क्षमावाणी के साथ होता है।
- अनन्त चतुर्दशी पर लोग वर्षभर के व्रतों का पारायण करते हैं। दिगम्बर समाज के लोग इस दिन नगर में तीर्थंकर भगवान की रथयात्रा भी निकालते हैं।

क्षमावाणी

दीपमालिका

यह पर्व जैन धर्म के 24वें तीर्थकर महावीर स्वामी के निर्वाण महोत्सव के रूप में मनाया जाता है। यह त्योहार कार्तिक माह के कृष्ण पक्ष की चतुर्दशी को मनाया जाता है। इस दिन जैन साधक अपने घरों में दीपक जलाते हैं तथा लक्ष्मी एवं कुबेर की पूजा करते हैं।

महामस्तकाभिषेक

- यह पर्व प्रत्येक 12वें वर्ष पर कर्नाटक के श्रावणबेलगोला में आयोजित किया जाता है, जो भगवान बाहुबली की याद में आयोजित होता है।
- इस पर्व में 57 फीट ऊँची भगवान बाहुबली की प्रतिमा को दूध, गन्ने का रस और केसर के लेप से नहलाया जाता है।

मौन एकादशी

इसे जैन कैलेण्डर के मगसर (महीने) के 11वें दिन मनाया जाता है। इस दिन पूर्ण मौन रहा जाता है।

वर्षी तप या अक्षय तृतीया तप

- यह पर्व प्रथम जैन तीर्थंकर आदिनाथ या ऋषभदेव से सम्बन्धित है।
- ऋषभदेव ने 13 माह 13 दिन का निरन्तर उपवास रखा था, जो जैन कैलेण्डर के वैशाख माह के शुक्ल पक्ष के तीसरे दिन समाप्त हुआ था।
- इस उपवास को करने वालों को वर्षी तप कहा जाता है।

नवपद ओली

- यह 9 दिवसीय अर्द्ध उपवास का समय है। इस अवधि में जैन साधकों द्वारा केवल एक समय पर सादा भोजन किया जाता है।
- यह वर्ष में दो बार (मार्च/अप्रैल और सितम्बर/अक्टूबर) मनाया जाता है।

बौद्ध धर्म के पर्व एवं त्योहार

प्रमुख त्योहार	महत्त्वपूर्ण विवरण
बुद्ध पूर्णिमा	◆ यह त्योहार भगवान बुद्ध के जन्म, ज्ञान प्राप्ति तथा महापरिनिर्वाण उपलक्ष्य में वैशाख माह की पूर्णिमा (मई-जून) को मनाया जाता है। ◆ इसे थेरवाद परम्परा में विशाखा पूजा और सिक्किम में सागा दावा (दसा) कहा जाता है। ◆ उत्तर भारत में यह त्योहार मुख्य रूप से उत्तर प्रदेश के सारनाथ तथा बिहार के बोधगया में मनाया जाता है।
लोसर	◆ यह मुख्यत: तिब्बत का नववर्ष उत्सव है, किन्तु इसको मनाने वाले अरुणाचल प्रदेश से नेपाल होते हुए उत्तराखण्ड, हिमाचल प्रदेश और जम्मू-कश्मीर की उत्तरी सीमाओं तक फैले हुए हैं। ◆ तिब्बती कैलेण्डर की नववर्ष तिथि, ईस्वी कैलेण्डर के अनुसार लगभग फरवरी माह के मध्य में आती है। ◆ यह त्योहार मुख्य रूप से मोल्पा जनजाति में द्वारा मनाया जाता है। लद्दाख में लोसर एक सामाजिक-धार्मिक उत्सव के रूप में मनाया जाता हैं।
त्सेशु	◆ त्सेशु उत्सव भारतीय उपमहाद्वीप के अनेक मतों में पद्मसम्भव के जन्म की स्मृति में मनाया जाने वाला उत्सव है। ◆ यह सिक्किम में दावा नाफा के दसवें दिन से मनाया जाने वाला तीन दिवसीय उत्सव है, जबकि 'लद्दाख' में दावा धुनफा के दसवें दिन मनाया जाता है।
दोसमोचे	◆ यह महोत्सव जम्मू-कश्मीर के लेह में फरवरी के दूसरे सप्ताह में आयोजित किया जाता है।
हेमिस	◆ यह पर्व तिब्बत कैलेण्डर अर्थात् से-चु के अनुसार प्रतिवर्ष चन्द्र मास के दसवें दिन हेमिस मठ लद्दाख में मनाया जाता है। ◆ यह महोत्सव भारतीय बौद्ध सन्त, गुरु पद्मसम्भव की जयन्ती पर मनाया जाता है।
उलम्बना	◆ इस पर्व को 8वें चन्द्रमास के पहले से 15वें दिन तक मनाया जाता है। ◆ ऐसी मान्यता है कि नरक के द्वार पहले दिन खोले जाते हैं और 15 दिन तक भूत संसार में विचरण कर सकते हैं। इन भूतों के कष्टों के निवारण हेतु इस समय उन्हें भोजन अर्पित किया जाता है। ◆ 15वें दिन (उलम्बना या पूर्व दिवस) लोग श्मशान जाकर दिवंगत आत्माओं को भेंट अर्पित करते हैं।

पारसी धर्म के उत्सव एवं पर्व

त्योहार	विवरण
नवरोज	◆ यह पारसी समुदाय द्वारा मनाया जाने वाला नववर्ष का त्योहार है। इस पर्व की स्थापना पैगम्बर जोरास्टर ने की थी। इस पर्व को जमशेद नवरोज भी कहते हैं। नवरोज प्रतिवर्ष 21 मार्च को मनाया जाता है। मान्यता है कि इस दिन पारसी सम्राट जमशेद ने ईरान पर शासन आरम्भ किया था। ◆ मध्य काल में यह पर्व भारत में सुल्तान बलबन ने राजकीय रूप में मनाना प्रारम्भ किया।
खोरदसाल	◆ यह पर्व पारसियों के प्रवर्तक जरथ्रुस्ट के जन्मदिवस के उपलक्ष्य में मनाया जाता है। इसे ग्रेटर **नवरोज** भी कहा जाता है और यह नवरोज के 6 दिन बाद मनाया जाता है। इस दिन पारसी अग्नि मन्दिर में पैगम्बर जरथ्रुस्त्र की स्मृति में प्रार्थना सभा का आयोजन करते हैं।
जरथ्रुस्तनो डीसो	◆ यह पर्व जरथ्रुस्ट की पुण्यतिथि के रूप में मनाया जाता है। यह एक शोक पर्व है।
पटेटी	◆ यह जोराष्ट्रियन कैलेण्डर के अनुसार नववर्ष की पूर्व सन्ध्या पर मनाया जाने वाला उत्सव है। इस दिन पारसी समुदाय अग्नि मन्दिर में पूजा-अर्चना करते हैं तथा पूर्व में किए गए अपराधों व गलतियों के लिए **अहुरमज्दा** से क्षमा माँगते हैं।
गहम्बर्स	◆ यह पारसियों का कृषि आधारित त्योहार है। यह त्योहार वर्ष में 6 बार मनाया जाता है तथा प्रत्येक बार 6 तत्त्वों (स्वर्ग, जल, पृथ्वी, जीव, जन्तु एवं मनुष्य) के मध्य सम्बन्ध, सामंजस्य तथा शान्ति हेतु इन्हें शामिल किया जाता है।
फ्रावार देगन	◆ इस दिन पूर्वजों के सम्मान में 10 दिन का श्राद्ध मनाते हैं।

यहूदी धर्म के उत्सव एवं पर्व

त्योहार	विवरण
योम किपुर	◆ प्रायश्चित दिवस के रूप में यह त्योहार सितम्बर-अक्टूबर माह में मनाया जाता है।
शुक्कोह	◆ यह पर्व मूसा के नेतृत्व में मिस्र से निकलकर इजरायल की ओर प्रस्थान की स्मृति में मनाया जाता है। इसे इनगैदरिंग भोज या टेवरनेकल भोज भी कहते हैं।
रोश हशाना	◆ नववर्ष को यहूदी लोग रोश हशाना दिवस के रूप में मनाते हैं। ◆ यह त्योहार सितम्बर अथवा अक्टूबर माह में मनाया जाता है।
सब्बथ	◆ भारतीय यहूदी शनिवार को **सब्बथ** मनाते हैं और पूर्ण विश्राम करते हैं। सप्ताह में एक दिन पूर्ण विश्राम की प्रथा यहूदियों ने प्रारम्भ की थी।
पासोवर	◆ यह यहूदियों का सर्वाधिक महत्त्वपूर्ण त्योहार है। यह यहूदी कैलेण्डर के पहले महीने **निसान** की 15वीं तिथि को मनाया जाता है। ◆ यह त्योहार इज़रायल के मिस्र के शिकंजे से मुक्त होने के उपलक्ष्य में मनाया जाता है।
पूरीम	◆ यह उल्लास का पर्व है, यहूदी लोग इसे ईश्वरीय चमत्कारिक घटना की स्मृति में मनाते हैं, जिसमें एक बार फारस के यहूदी सामूहिक मृत्युदण्ड पाने के अतिरिक्त बच गए थे। आज के दिन व्रत रखने, पाठ करने, उपहार देने का रिवाज है।
तू बी शेवत	◆ यह शेवत के पन्द्रहवें दिन (जनवरी-फरवरी) मनाया जाता है, जिसे यहूदी धार्मिक स्रोतों में फलदार वृक्षों का नववर्ष कहा गया है। इसमें विधि-विधान नहीं के बराबर होते हैं।
पेण्टीकोस्ट	◆ यह पर्व पासोवर के 50 दिन पश्चात् मनाया जाता है, इसे **फर्स्ट फ्रूट्स** दिवस भी कहते हैं। यह पर्व फसल कटाई के समय मनाए जाने वाले उत्सवों के साथ मनाया जाता है।

क्षेत्रीय पर्व एवं त्योहार

दक्षिण भारतीय पर्व एवं त्योहार

पोंगल

- यह तमिलनाडु का प्रमुख फसल त्योहार है, जो 14 जनवरी से शुरू होकर चार दिन निरन्तर चलता है।
- इसमें पहले दिन भाई पोंगल का त्योहार मनाया जाता है।
- दूसरे दिन सूर्य पोंगल तथा तीसरे दिन मट्टू पोंगल का त्योहार मनाया जाता है।
- इस दिन लोग नई फसल के चावल पकाकर खाते हैं और जानवरों को नहलाकर उनके सींगों पर पॉलिश की जाती है।

अट्टुवेला महोत्सव

- यह एक जल महोत्सव है, जो केरल के कोट्टायम जिले के एलमकावु भगवती मन्दिर में प्रत्येक वर्ष दो दिनों के लिए आयोजित किया जाता है।
- उत्सव की शुरुआत क्रबु तीनडल समारोह से की जाती है।
- इसमें हाथी बहुत महत्त्वपूर्ण भूमिका निभाते हैं और आकर्षण का केन्द्र बनते हैं।

ताइपुया महोत्सव

- यह शिव और देवी पार्वती के सबसे बड़े पुत्र सुब्रह्मण्यम के सम्मान में एक दिवसीय त्योहार है।
- यह केरल के अधिकांश मन्दिरों में मनाया जाता है, इस दौरान धार्मिक नृत्य कावडियाट्टम किया जाता है।

ओणम

- ओणम का त्योहार मलयालम महीने चिंगम के अठम् के दिन, जो अगस्त/सितम्बर माह में आता है, से आरम्भ होकर 10 दिनों तक चलता है। अतापू का सम्बन्ध ओणम त्योहार से है।
- ओणम केरल का एक अत्यन्त लोकप्रिय एवं फसल की कटाई से जुड़ा त्योहार है।
- ओणम की शुरुआत चेर राजा भाष्कर रवि वर्मन ने की थी। इस दिन लोग घरों के आँगन में त्रिकार मूर्ति तृक्कार करै अप्पन बनाते हैं।
- ओणम की एक प्रमुख विशेषता वल्लभकाली (सर्प-नौका दौड़) है। सबसे अधिक लोकप्रिय वल्लभकाली पुन्नमडा झील में आयोजित होती है।
- यह पर्व पौराणिक राजा बलि या महाबली से जुड़ा है। लोक मान्यता के अनुसार इस दिन पाताल लोक के राजा बलि अपनी धरती की प्रजा से मिलने आते हैं।

कोण्डुगल्लूर (केरल)

- श्री कुरुम्बा भगवती मन्दिर का वार्षिक उत्सव सम्पूर्ण केरल में कोण्डुंगल्लूर भरनी के नाम से प्रसिद्ध है।
- यह समारोह मलयालम महीना मीनम (मार्च-अप्रैल) में आयोजित होता है।

कल्पथी रथोत्सवम्

- यह केरल के पालक्काड में कल्पात्ती के श्री विश्वनाथ स्वामी मन्दिर में वार्षिक रथोत्सव का पर्व है।
- भगवान विश्वनाथ या शिव को समर्पित 700 वर्ष प्राचीन इस मन्दिर में यह समारोह प्राय: नवम्बर महीने में आयोजित होता है।

पट्टाम्बी नेर्चा

यह पर्व केरल के पट्टाम्बी में मालाबार के मुस्लिम सन्त अलूर वालिया पुकुंजिकोया थंगल की स्मृति में मनाया जाता है।

त्रिचूर पूरम

त्रिचूर पूरम त्रिचूर नगर का वार्षिकोत्सव है। यह भव्य रंगीन मन्दिर उत्सव केरल के सभी भागों से लोगों को आकर्षित करता है।

चिथिरई महोत्सव

- यह प्रसिद्ध पारम्परिक त्योहार, तमिलनाडु के मदुरै में आयोजित होता है। यह भगवान सुन्दरदेश्वर तथा देवी मीनाक्षी का विवाह समारोह मनाए जाने का उत्सव है।
- यह उत्सव तमिल के प्रथम माह में आयोजित किया जाता है और इसे चिथिरई त्योहार कहा जाता है।
- यह अंग्रेजी ग्रेगोरियन कैलेण्डर के अनुसार अप्रैल/मई के पाँचवें दिन मनाया जाता है।

नेहरू ट्रॉफी बोट रेस

- यह केरल की प्रमुख स्नेक बोट रेसों में से एक है। इसका आयोजन प्रत्येक वर्ष अगस्त माह के दूसरे शनिवार को किया जाता है।
- यह रेस पुन्नमडा झील (पुन्नमडाकायल्) में आयोजित की जाती है।

विषु

- यह केरल का प्राचीन त्योहार है, जो नववर्ष के दिन होता है।
- यह मलयालम माह मेष की पहली तिथि को मनाया जाता है।

थाईपुसम

- यह भगवान मुरुगन (कार्तिकेय) की दानवों पर विजय के उपलक्ष्य में तमिल हिन्दुओं द्वारा मनाया जाने वाला पर्व है।
- यह तमिल माह में पूर्णिमा के दिन मनाया जाता है, जो अंग्रेजी कैलेण्डर के जनवरी-फरवरी माह में आता है।
- ऐसा माना जाता है कि इस दिन देवी पार्वती ने भगवान मुरुगन को ताड़कासुर नामक राक्षस और उसकी सेना को मारने का आदेश दिया था।

पायिप्पड़ नौका दौड़

यह सर्प नौका दौड़ पायिप्पड़ नदी, अलप्पुझा में आयोजित की जाती है।

उगादि

- यह आन्ध्र प्रदेश, कर्नाटक और तेलंगाना राज्यों में मनाया जाने वाला नववर्ष का त्योहार है।
- हिन्दू चन्द्र कैलेण्डर से जुड़ा यह त्योहार सामान्यतः मार्च या अप्रैल के माह में आता है। महाराष्ट्र में इस त्योहार को गुढ़ी पाड़वा कहा जाता है।

बतुकम्मा

- बतुकम्मा पर्व भारत के तेलंगाना राज्य में महिलाओं द्वारा मनाया जाने वाला एक क्षेत्रीय पर्व है। इसे तेलंगाना का पुष्प पर्व भी कहते हैं।
- समस्त तेलंगाना क्षेत्र में यह बतुकम्मा पर्व शालिवाहन संवत की अमावस्या तिथि से शुरू होकर नौ दिनों तक मनाया जाता है।
- इसमें फूलों की सात परतों से गोपुरम मन्दिर की आकृति बनाई जाती है। इस दिन बतुकम्मा को महागौरी के रूप में पूजा जाता है। यह त्योहार स्त्री के सम्मान के रूप में मनाया जाता है।

कम्बाला

यह भैंसा गाड़ी दौड़ है, जिसका आयोजन प्रमुख रूप से शिवमोग्गा और उत्तरी कर्नाटक के भागों में तथा उडुपी और दक्षिण कन्नड़ में किया जाता है। इसमें धान के खेतों के समानान्तर ट्रैक पर किसान अपने भैंसों के साथ दौड़ लगाते हैं।

पूर्वी एवं पश्चिमी भारत के त्योहार

दुर्गा पूजा

दुर्गा पूजा पश्चिम बंगाल का लोकप्रिय पर्व है। यह अश्विन माह की नवरात्री में ९ दिन तक मनाया जाता है। इस दौरान शक्ति की पूजा की जाती है। देवी दुर्गा की महिषासुरमर्दिनी रूप में विशाल मूर्तियाँ पण्डालों में स्थापित की जाती हैं। इसी पर्व के दौरान महा अष्टमी के दिन महिलाएँ एक-दूसरे को सिन्दूर लगाकर सिन्दूर खेला का आयोजन करती हैं तथा देवी को विदा करती हैं।

विठोबा

विठोबा त्योहार महाराष्ट्र राज्य में वर्ष में दो बार मनाया जाता है। इस दिन भगवान विठोबा (विष्णु जी) की पूजा-अर्चना की जाती है।

मुख्य पर्व विठोबा मन्दिर, जो भीमा नदी के तट पर पण्ढरपुर में स्थित है, में मनाया जाता है।

चेटी चण्ड

यह सिन्धी समाज का प्रमुख धार्मिक त्योहार है। यह त्योहार चैत्र मास के पहले दिन मनाया जाता है। इस दिन सिन्धी समाज के इष्टदेव अमर उडेरो लाल जिन्हें झूलेलाल के नाम से जाना जाता है।

चालिहा साहिब उत्सव

सिन्धी समाज प्रत्येक वर्ष जुलाई-अगस्त माह में 40 दिन का उपवास रखकर यह उत्सव मनाता है। ये भगवान झूलेलाल की 40 दिनों तक प्रार्थना करते हैं। उपवास की समाप्ति पर ये इस उत्सव को धन्यवाद दिवस के रूप में मनाते हैं।

पूर्वोत्तर एवं पूर्वी भारत के उत्सव एवं त्योहार

जगन्नाथ रथ यात्रा

- यह वैष्णव हिन्दुओं का एक प्रसिद्ध पर्व है, जो ओडिशा के पुरी शहर में प्रत्येक वर्ष जून-जुलाई माह में मनाया जाता है। इसमें भगवान जगन्नाथ एवं उनके बड़े भाई बलभद्र तथा बहन सुभद्रा के तीन रथों की यात्रा निकाली जाती है।
- इस रथयात्रा का प्रारम्भ पुरी के राजा द्वारा सोने की झाड़ू से रथ की सफाई के द्वारा होता है। प्रत्येक वर्ष नए रथों का प्रयोग किया जाता है तथा रथों में विराजमान होने वाली काष्ठ प्रतिमाएँ 12 वर्ष पश्चात् नई बनाई जाती हैं।

बिहू

- बिहू असम का प्रसिद्ध त्योहार है, जो वर्ष में तीन बार मनाया जाता है।
- रोंगली अथवा वोहाग बिहू अप्रैल में, कोंगली अथवा काती बिहू अक्टूबर में तथा भोगली बिहू जनवरी में मनाया जाता है।
- रोंगली बिहू इन तीनों में सबसे महत्त्वपूर्ण है और यह असमी नववर्ष के समय में मनाया जाता है।
- बोहाग बिहू असम के लोकप्रिय त्योहारों में से एक है। यह प्रतिवर्ष 14 अप्रैल से आरम्भ होकर कई दिनों तक मनाया जाता है।
- बिहू त्योहार बदलती हुई ऋतुओं और फसलों की कटाई से जुड़ा है।

बेहदीन खलम महोत्सव

- बेहदीन खलम का अर्थ है-प्लेग रोग को दूर भगाना।
- यह उत्सव मेघालय के जयन्तिया हिल्स जिले के मुख्यालय जोवाई कस्बे में पनार जनजाति द्वारा मनाया जाने वाला सबसे प्रसिद्ध त्योहार है।

लोसांग

- इस त्योहार को सिक्किम के नववर्ष के उपलक्ष्य में मनाते हैं
- यह त्योहार सिक्किम राज्य में प्रतिवर्ष दिसम्बर माह में मनाया जाता है। यह त्योहार जो फसल के मौसम की शुरुआत का भी प्रतीक है।
- इसे नामसूंग त्योहार के नाम से भी जाना जाता है, जो अमावस्या के चरण कुर्नीत लोवो के प्रथम दिन से शुरू होता है और जो लेपचा चन्द्र और कैलेण्डर के अनुसार डुंगकिट करचू के रूप में जाना जाता है।
- सिक्किमी भूटिया द्वारा लोसांग त्योहार सेनम लोसूंग के रूप में और लेप्चा द्वारा नामसूंग के रूप में मनाया जाता है।

खर्ची पूजा

- खर्ची पूजा, त्रिपुरा राज्य में मनाया जाने वाला एक महत्त्वपूर्ण त्योहार है।
- इसे 14 देवताओं के त्योहार के रूप में भी जाना जाता है। इस पारम्परिक कार्यक्रम में त्रिपुरा के लोगों के पैतृक देवता, चतुर्दश देवता (प्राचीन उज्जयन्त महल में स्थित) की पूजा सम्मिलित है।

सागा दावा

- सिक्किम के सबसे प्रसिद्ध और सबसे बड़े त्योहारों में एक, सागा दावा प्रतिवर्ष बड़े उत्साह और उमंग के साथ मनाया जाता है।
- यह त्योहार महायान बौद्ध धर्म के अनुयायियों के लिए सबसे महत्त्वपूर्ण और पवित्र है, इस शुभ अवसर पर भगवान बुद्ध के जन्म, उनके ज्ञान की प्राप्ति और इस महापरिनिर्वाण का उत्सव मनाया जाता है। हिन्दू कैलेण्डर के अनुसार यह पर्व वैशाख पूर्णिमा को मनाया जाता है।

वंगाला

- वंगाला भारत के पूर्वोत्तर में स्थित मेघालय और उत्तरी बांग्लादेश के कुछ क्षेत्रों मे बसने वाले गारो समुदाय द्वारा नवम्बर के माह में फसल-कटाई से सम्बन्धित एक उत्सव है।
- गारो भाषा में वंगाला का अर्थ सौ ढोल है और इस त्योहार में पारम्परिक गारो आस्थाओं के सलजोंग नामक सूर्य-देवता का सम्मान किया जाता है, जो फ़सल के अधिदेवता भी माने जाते हैं।
- इसमें ढोल, बाँसुरी तथा अन्य संगीत वाद्य बजाए जाते हैं।

कांग चिंगबा

- यह त्योहार मणिपुर का एक महत्त्वपूर्ण हिन्दू त्योहार है।
- यह त्योहार प्रतिवर्ष जून-जुलाई माह में मनाया जाता है।
- यह पुरी की रथयात्रा के समान है, किन्तु रथ निर्माण की शैली पर मैतेई स्थापत्य कला की छाप है।
- यह त्योहार दस दिनों तक समस्त मणिपुर में मनाया जाता है।
- रथ में भगवान जगन्नाथ, उनके भाई बलभद्र और बहन सुभद्रा की काठ की मूर्तियाँ रखकर उनकी शोभायात्रा निकाली जाती है।

लोसर

- तिब्बत और हिमालय क्षेत्र के रहने वाले बौद्ध लोसर पर्व को नववर्ष के शुभारम्भ के रूप में मनाते हैं। सामान्यत: तिब्बती नववर्ष का प्रारम्भ ग्रेगोरियन कैलेण्डर के फरवरी माह से होता है।
- भारत में यह पर्व लद्दाख, हिमाचल प्रदेश, सिक्किम, अरुणाचल प्रदेश में उमंग के साथ मनाया जाता है।

ड्री महोत्सव

- ड्री महोत्सव अरुणाचल प्रदेश का एक लोकप्रिय त्योहार है।
- यह अपातानी द्वारा मनाया जाने वाला सबसे बड़ा त्योहार है। इसे बलिदान और प्रार्थनाओं द्वारा चिह्नित किया जाता है।
- यह त्योहार 5 से 7 जुलाई तक मनाया जाता है। यह कृषि से जुड़ा त्योहार है।

लुइ-नगाई-नी

- यह भारत के नागालैण्ड एवं मणिपुर राज्य का मुख्य त्योहार है।
- यह त्योहार बीज बोने के मौसम की शुरुआत और नागाओं के लिए नए वर्ष की शुरुआत को दर्शाता है।

चपचार कुट महोत्सव

- यह कृषि से सम्बन्धित पर्व है। चपचार कुट महोत्सव एक जीवन्त उत्सव है, जो मिजोरम में वसन्त ऋतु के आगमन का प्रतीक है।
- इसे फसल उत्सव के रूप में भी जाना जाता है।
- इस नृत्य महोत्सव के दौरान कुचिपुड़ी, ओडिसी, भरतनाट्यम, मोहिनीअट्टम तथा मणिपुरी जैसे नृत्यों का प्रदर्शन किया जाता है।

मीम कुट महोत्सव

यह महोत्सव मिजोरम में फसल के मौसम के दौरान मनाया जाने वाला एक महत्त्वपूर्ण त्योहार है, जिसमें कटाई के समय का स्वागत किया जाता है।

पावल कुट महोत्सव

फसल कटाई के मौसम को चिह्नित करने के लिए मिजोरम में पावल कुट महोत्सव तीन शताब्दियों से मनाया जाता है।

नोंगक्रेम नृत्य महोत्सव

- यह भारत के उत्तर-पूर्वी क्षेत्र में स्थित मेघालय राज्य में मनाया जाने वाला एक अत्यन्त लोकप्रिय धार्मिक त्योहार है।
- यह त्योहार सामान्यत: नवम्बर माह में मनाया जाता है। यह खासी पहाड़ियों के निवासियों के लिए अत्यधिक लोकप्रिय त्योहार है।

खुआदो कुट महोत्सव

- यह महोत्सव एक सफल फसल के लिए ईश्वर के प्रति आभार व्यक्त करने के लिए मनाया जाने वाला उत्सव है।
- इस त्योहार में वर्ष की अच्छी फसल सुनिश्चित करने के लिए बुरी आत्माओं को दूर भगाना सम्मिलित है।

थलफवांग कुट महोत्सव

- यह महोत्सव मिजोरम में फसल का एक प्रसिद्ध उत्सव है।
- यह उत्सव मिजोरम पर्यटन को बढ़ावा देता है और मिजो संस्कृति को प्रदर्शित करता है।

मोअत्सु मोंग त्योहार

- यह त्योहार बोआई के बाद मई महीने के प्रथम सप्ताह में मनाया जाता है। यह नागालैण्ड के एओ (AO) जनजाति द्वारा मनाया जाता है।
- इस त्योहार का एक हिस्सा सांगपांगटू है, जहाँ आग के चारों ओर महिलाएँ एवं पुरुष बैठते हैं।

जो कुटपुई

- यह मिजो जनजातियों के मध्य भाईचारे को बढ़ाने वाला त्योहार है।
- मिजोरम के अन्य महत्त्वपूर्ण त्योहार मीम कुट (अगस्त और सितम्बर के माह में मनाया जाता है, जब मक्के की फसल कटाई के लिए तैयार होती है), चपचार कुट (मार्च माह में मनाया जाता है), थलफवांग कुट (फसल की शुरुआत का प्रतीक) आदि हैं।

येम्से महोत्सव

यह एक फसल उत्सव है, जो नागालैण्ड की पोचुरी जनजाति द्वारा मनाया जाता है। यह महोत्सव सितम्बर माह में आयोजित किया जाता है।

चेरियाओबा

- यह मणिपुर राज्य का प्रमुख त्योहार है, जो मार्च की पहली तिथि या अप्रैल की पहली तिथि को मनाया जाता है।
- यह त्योहार सनामही नामक देवता से सम्बन्धित है, जिसकी पूजा मैतेई जनजाति के लोग करते हैं।

सेकरेन्यी

- यह त्योहार नागालैण्ड की अंगामी जनजाति द्वारा फरवरी महीने में मनाया जाता है।
- दस दिनों तक चलने वाले इस त्योहार को फुसैती भी कहा जाता है। यह शुद्धिकरण का त्योहार है।

मजुली

- यह त्योहार असम के मजुली द्वीप में नवम्बर माह में आयोजित किया जाता है।
- असम का सांस्कृतिक विभाग इस त्योहार के दौरान विभिन्न कार्यक्रमों एवं सेमिनार का आयोजन करता है।

लाई हराओबा

- यह मणिपुर का एक प्रमुख त्योहार है, जो मैतेई समुदाय द्वारा मनाया जाता है।
- यह सनमहिज्य धर्म के अन्तर्गत पारम्परिक देवताओं में उमंग लाई को प्रसन्न करने के लिए मनाया जाता है।

द्विजिंग

यह असम के चिरांग जिले में ऐई नदी के तट पर मनाया जाने वाला एक वार्षिक नदी उत्सव है।

सजीबू चेइरा ओबा

इस दिन को मणिपुर में मैतेई समुदाय द्वारा नववर्ष के अवसर पर अप्रैल माह में मनाया जाता है।

सोलुंग

- यह त्योहार लोकप्रिय कृषि त्योहारों में से एक है। यह अरुणाचल प्रदेश की जनजातियों द्वारा मनाया जाता है।
- यह त्योहार समृद्धि और अच्छी फसल की कामना के लिए, बीज बोने के पश्चात् सितम्बर के प्रथम सप्ताह में मनाया जाता है।

खान

- खान त्योहार एक धार्मिक त्योहार है, जो अरुणाचल प्रदेश की मिजो जनजाति द्वारा मनाया जाता है।
- यह एक धर्मनिरपेक्ष त्योहार है, जिसमें लोग अपनी जाति एवं पन्थ को भूलकर सम्मिलित होते हैं।

उत्तरी हिमालयी राज्यों के पर्व व त्योहार

त्योहार	विवरण
नन्दादेवी राजजात	• यह उत्तराखण्ड राज्य में आयोजित होने वाली धार्मिक यात्रा है, जो प्रत्येक 12 वर्ष में आयोजित होती है, इसे हिमालय का महाकुम्भ भी कहा जाता है। • वर्ष 2014 के अगस्त-सितम्बर माह में यह यात्रा सम्पन्न हुई है। • यह यात्रा उत्तराखण्ड की आराध्य देवी नन्दादेवी के मायके से ससुराल (कैलाश पर्वत) जाने के उपलक्ष्य में यह जात (यात्रा) आयोजित की जाती है। • यह यात्रा चमोली जिले के नौटी गाँव से हिमालय के हिमकुण्ड तक जाती है।
हरेला	• हरेला एक हिन्दू त्योहार है, जो मूल रूप से उत्तराखण्ड राज्य के कुमाऊँ क्षेत्र में मनाया जाता है। • प्रत्येक वर्ष सावन लगने से नौ दिन पूर्व पाँच, सात या नौ अनाजों को मिलाकर आषाढ़ में हरेला बोया तथा सावन माह के प्रथम दिन काटा जाता है। • हरेला पर्व के दिन परिवार का बुजुर्ग सदस्य हरेला काटता है और सर्वप्रथम अपने इष्टदेव को अर्पित करता है, इसके पश्चात् उसे परिजनों के सिर पर आशीर्वाद के रूप में रखा जाता है। • वर्तमान में यह वृक्षारोपण के पर्व के रूप में लोकप्रिय हो रहा है।
कुल्लू दशहरा	• कुल्लू देवताओं की घाटी, जिसे कुलपीठ भी कहा जाता है, हिमाचल प्रदेश में स्थित है। • यह घाटी अपने भव्य दशहरा उत्सव के लिए भी प्रसिद्ध है। • कुल्लू दशहरा को वर्ष 1972 में एक अन्तर्राष्ट्रीय कार्यक्रम घोषित किया गया था। • इसकी उत्पत्ति 17वीं शताब्दी में राजा जगत सिंह के शासनकाल से मानी जा सकती है। • सात दिनों तक चलने वाला यह उत्सव हिमाचल के लोगों की संस्कृति और धार्मिक आस्था का प्रतीक है। • उत्सव के दौरान भगवान रघुनाथ जी की रथयात्रा निकाली जाती है।
फुलेच	• फुलेच त्योहार हिमाचल प्रदेश के किन्नौर जिले का प्रसिद्ध त्योहार है। यह त्योहार फूलों के रूप में मनाया जाता है। फुलेच त्योहार को उख्याग भी कहा जाता है। • यह त्योहार वर्षा ऋतु के समापन और शरद ऋतु के आगमन की खुशी में मनाया जाता है।
फूलदेई	• फूलदेई उत्तराखण्ड में चैत्र संक्रान्ति के दिन मनाया जाता है, क्योंकि हिन्दू पंचांग के अनुसार चैत्र माह ही हिन्दू नववर्ष का प्रथम माह होता है।

जनजातियों के प्रमुख त्योहार

पर्व/त्योहार	विवरण
हॉर्नबिल महोत्सव	◆ यह नागा संस्कृति और विरासत का सबसे भव्य विपुल प्रदर्शन है। इस त्योहार का नाम एक बड़े पक्षी के नाम पर रखा गया है। ◆ यह त्योहार प्रत्येक वर्ष नागालैण्ड में 1 से 10 दिसम्बर तक कोहिमा में मनाया जाता है। इस त्योहार का आयोजन नागालैण्ड सरकार द्वारा किया जाता है।
भगोरिया महोत्सव	◆ यह विशेष रूप से राजस्थान, मध्य प्रदेश और गुजरात की भील आदिवासियों का उत्सव है। यह सामूहिक स्वयंवर या विवाह का पर्व भी है। ◆ भगोरिया के त्योहार के दौरान युवा अपने साथी का चयन करते हैं और उनके साथ भाग जाते हैं और इसके पश्चात् परिजनों की सहमति से विवाह कर लेते हैं।
पुटारी उत्सव	◆ यह कर्नाटक की कोडवा जनजाति का फसल उत्सव है।
कैल पोल्दु उत्सव	◆ कर्नाटक के कुर्ग में कैल पोल्दु उत्सव मनाया जाता है। यहाँ कोडव एक योद्धा जनजाति है। इस त्योहार के दौरान वे अपने शस्त्रों की पूजा करते हैं। ◆ सामान्यत: यह उत्सव 2-4 सितम्बर के मध्य आयोजित किया जाता है। इस दौरान निशानेबाजी की प्रतियोगिता भी होती है।
न्योकुम त्योहार	◆ यह अरुणाचल प्रदेश में न्यीशी जनजातियों द्वारा मनाया जाता है। ◆ न्योकुम शब्द दो शब्दों से बना है, जिसमें न्योक का अर्थ है—भूमि या पृथ्वी और कुम का अर्थ है-**सामूहिकता या एकजुटता।**
नागोबा जतरा	◆ नागोबा जतरा तेलंगाना के आदिलाबाद के गोण्ड और परधान जनजातियों के सबसे महत्त्वपूर्ण जतराओं में से एक है। ◆ यह आदिलाबाद जिले (इन्द्रवेली मण्डल के केसलापुर) में आयोजित होता है। जतरा के प्रमुख देवता नागोबा (श्री शेक-कोबरा) गोण्डों और परधानों के सर्वोच्च देवता हैं।
बैशागु	◆ यह त्योहार असम की बोरो कछारी जनजाति द्वारा मनाया जाता है। यह त्योहार समुदाय के लिए नववर्ष की शुरुआत का प्रतीक होता है। ◆ समुदाय के सदस्यों द्वारा इस अवसर पर बगरुम्बा नृत्य किया जाता है।
सरहुल	◆ यह आदिवासियों का एक प्रमुख पर्व है, जिसे मुख्यत: झारखण्ड, बंगाल, बिहार और ओडिशा राज्यों में मनाया जाता है। यह पर्व नववर्ष के आगमन का प्रतीक है। इस त्योहार को मुण्डा, उराँव, हो आदि जनजाति द्वारा बहुत धूमधाम और हर्षोल्लास से मनाया जाता है। ◆ यह उत्सव चैत्र माह के तीसरे दिन अर्थात् चैत्र शुक्ल तृतीया को प्रत्येक वर्ष आयोजित किया जाता है। ◆ इस त्योहार के दौरान प्रकृति की पूजा की जाती है। यह सरना नामक धर्म से सम्बन्धित है। ◆ इस त्योहार में महिलाओं और पुरुषों द्वारा सामूहिक **सरहुल नृत्य** किया जाता है।
करमा पर्व	◆ यह कृषि से सम्बन्धित पर्व है। यह पर्व हो, मुण्डारी, उराँव, कुरूख, सन्थाली, कोरबा आदि जनजातियों का प्रमुख पर्व है। ◆ यह पर्व भाद्रपद शुक्ल पक्ष की एकादशी को मनाया जाता है।
फगुआ	◆ फगुआ होली के पर्व को कहते हैं। वैसे तो होली का त्योहार सम्पूर्ण देश में मनाया जाता है, किन्तु झारखण्ड में इसे 'झारखण्डी होली' कहते हैं। जोकि उराँव, मुण्डा, खरदार, भूमियार, महली, बेडिया, चीक बडाईक, करमाली, चेरो, बैगा जैसी जनजातियों के मध्य मनाई जाती है।
आषाढ़ी पूजा	◆ यह पूजा आषाढ़ माह में होती है। इसमें घर या फिर किसी अखाड़ा में काली बकरी की बली देने की परम्परा है। ◆ मान्यता है कि ऐसा करने से गाँव में चेचक की बीमारी नहीं होती।
मण्डा पर्व	◆ अक्षय तृतीया के दिन झारखण्ड में **मण्डा पर्व** मनाया जाता है। इस पर्व में **शिवजी की पूजा** की जाती है।
सोहनय	◆ कार्तिक अमावस्या के दिन यह पर्व झारखण्ड में बड़े ही धूमधाम से मनाया जाता है। यह पर्व पशुओं के प्रति श्रद्धा से जुड़ा होता है।
टुसू	◆ यह फसल की कटाई से जुड़ा त्योहार है, जिसे झारखण्ड (Jharkhand) की मुण्डारी जनजाति मनाती है। ◆ इस दिन ये अपने पारम्परिक गीत, नृत्य और विशेष प्रकार की मूर्तिकला का प्रदर्शन करते हैं। यह सामान्यत: मकर संक्रान्ति (जनवरी) में मनाया जाता है।
बस्तर दशहरा	◆ छत्तीसगढ़ के बस्तर के आदिवासियों द्वारा मनाया जाने वाला यह एक अनूठा त्योहार है। इसकी शुरुआत स्थानीय देवी दन्तेश्वरी की पूजा करने के साथ होती है। इसका प्रारम्भ अगस्त से तथा समापन अक्टूबर में होता है।
संगाई महोत्सव	◆ इस त्योहार का नाम मणिपुर में ही पाए जाने वाले एक विशेष प्रकार के हिरण के नाम पर रखा गया है। इस दिन मणिपुर के आदिवासी अपनी संस्कृति का उत्सव मनाते हैं। यह उत्सव 21-30 नवम्बर माह के मध्य मनाया जाता है।
मेदाराम जतारा	◆ यह कुम्भ मेले के पश्चात् भारत का दूसरा सबसे बड़ा मेला है। यह दो वर्ष में एक बार माघ (फरवरी) माह की पूर्णिमा के दिन मनाया जाता है। ◆ यह तेलंगाना के दूसरे सबसे बड़े जनजातीय समुदाय, कोया जनजाति द्वारा चार दिनों तक मनाया जाता है।
अली ऐई लिगांग महोत्सव	◆ यह असम राज्य का त्योहार है, जो मिशिंग समुदाय द्वारा मनाया जाता है। ◆ यह त्योहार अच्छी फसल की कामना हेतु मनाया जाता है।

सांस्कृतिक महोत्सव के लिए QR Code Scan करें।

भारत के प्रमुख मेले

- मेले भारतीय सांस्कृतिक विरासत का महत्त्वपूर्ण अंग हैं। मेले मानव जीवन में आनन्द एवं उल्लास भरने के साथ-साथ सामाजिक सद्भाव बढ़ाने में भी महत्त्वपूर्ण भूमिका निभाते हैं।
- इनका आयोजन धार्मिक स्थलों पर धार्मिक मान्यताओं से भी जुड़ा होता है। मेले सांस्कृतिक विविधता को जानने के भी प्रमुख माध्यम हैं। साथ ही इनसे सामाजिक सम्पर्क, संस्कृति का आदान-प्रदान तथा व्यापार-वाणिज्य को भी बढ़ावा मिलता है।

कुम्भ मेला

- कुम्भ मेला विश्व का सबसे बड़ा मेला तथा सांस्कृतिक आयोजन है। इसे वर्ष 2017 में यूनेस्को की मानवता की अमूर्त सांस्कृतिक विरासत सूची में सम्मिलित किया गया।
- यह मेला प्रयागराज (गंगा, यमुना और पौराणिक सरस्वती के संगम पर), हरिद्वार (गंगा नदी के तट पर), उज्जैन (क्षिप्रा नदी के तट पर) और नासिक (गोदावरी नदी के तट पर) में प्रत्येक वर्ष आवर्तन के पश्चात् आयोजित किया जाता है।

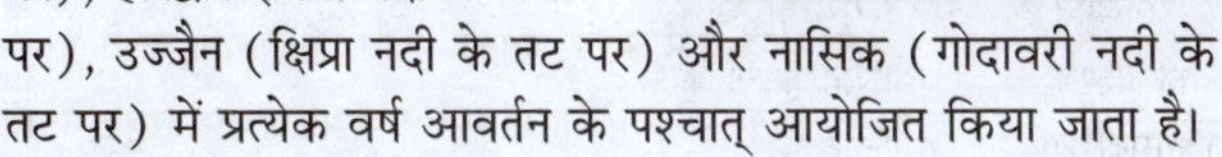

- इसे सामान्यत: एक स्थान पर 12 वर्ष में एक बार आयोजित किया जाता है। कुम्भ के अतिरिक्त हरिद्वार एवं प्रयागराज में प्रत्येक छठे वर्ष अर्द्ध कुम्भ मेला आयोजित किया जाता है।
- नासिक और उज्जैन में यह मेला उस समय लगता है जब ग्रह सिंह राशि में स्थित होता है, इसलिए इसे सिंहस्थ कुम्भ भी कहा जाता है।
- कुम्भ मेले की तिथियाँ सूर्य, चन्द्र तथा बृहस्पति ग्रह की गतियों के आधार पर निर्धारित की जाती हैं।

राजिम कुम्भ मेला

- राजिम कुम्भ मेले का आयोजन छत्तीसगढ़ की तीर्थ नगरी राजिम में महानदी, पैरी और सोण्ढूर नदियों के संगम पर माघ पूर्णिमा से महाशिवरात्रि तक होता है।
- माघी पूर्णिमा के दिन को भगवान श्री राजीव लोचन के जन्मदिवस के रूप में मनाया जाता है।

पुष्कर मेला

- यह मेला राजस्थान के अजमेर जिले में पुष्कर नामक तीर्थ स्थान पर लगता है।
- यह मेला कार्तिक पूर्णिमा से प्रारम्भ होता है और एक सप्ताह तक चलता है।
- इसी समय यहाँ पर पशु मेला भी आयोजित किया जाता है।

- पुष्कर मेले का एक रोचक अंग ऊँटों का क्रय-विक्रय है।

सोनपुर मेला

- यह एशिया के सबसे बड़े पशु मेलों में से एक है, जो बिहार के सारण और वैशाली जिले की सीमा पर अवस्थित सोनपुर में दो नदियों, गंगा और गण्डक के संगम पर आयोजित किया जाता है।
- इस मेले का आयोजन नवम्बर माह में कार्तिक पूर्णिमा के शुभ अवसर पर किया जाता है।
- प्रत्येक वर्ष कार्तिक पूर्णिमा के स्नान के साथ आरम्भ होने वाले इस मेले को हरिहर क्षेत्र मेले के नाम से भी जाना जाता है, जबकि स्थानीय लोग इसे छत्तर मेला कहते हैं।

चित्र विचित्र मेला

- यह मेला गुजरात का सबसे बड़ा जनजातीय मेला है, जो गरासियाँ और भील जनजाति द्वारा मनाया जाता है।
- यह होली के कुछ दिन पश्चात्, लगभग मार्च-अप्रैल माह में आयोजित किया जाता है।
- इसका आयोजन गुजरात के साबरकाण्ठा जिले में होता है।

अम्बुबाची मेला

- यह मेला गुवाहाटी के कामाख्या मन्दिर में देवी के वार्षिक मासिक धर्म को चिह्नित करने के लिए चार दिवसीय उत्सव है।
- अम्बुबाची मेला पूर्वी भारत की सबसे बड़ी सभाओं में से एक है।
- यह कामाख्या मन्दिर का सबसे महत्त्वपूर्ण त्योहार है और यह प्रत्येक वर्ष जून माह में मनाया जाता है।

सूरजकुण्ड शिल्प मेला

- इस मेले का आयोजन हरियाणा पर्यटन विभाग द्वारा प्रतिवर्ष 1 से 15 फरवरी के मध्य फरीदाबाद के सूरजकुण्ड में किया जाता है।

- यह मेला भारत के हस्तशिल्पों, हथकरघों और सांस्कृतिक विरासत की वैविध्यपूर्ण स्थिति का द्योतक है।
- मेले का एक पार्टनर देश तथा स्टेट चुना जाता है।

शामलाजी मेला

- गुजरात के शामलाजी मन्दिर में प्रत्येक वर्ष यह जनजातीय मेला लगता है।
- ये भगवान कृष्ण के अवतार माने जाते हैं।
- यहाँ का भाल समुदाय उन्हें स्नेह से कालियो देव भी कहता है।

गंगासागर मेला

- गंगासागर मेला पश्चिम बंगाल में आयोजित होता है।
- यह गंगा नदी के बंगाल की खाड़ी के संगम स्थल गंगासागर में स्थित कपिलमुनि के आश्रम में प्रत्येक वर्ष मकर संक्रान्ति को लगता है।

भारत के अन्य/प्रमुख राज्यवार मेले

उत्तर प्रदेश के मेले

मेला	विवरण
माघ मेला	• इसका आयोजन **इलाहाबाद** में गंगा, यमुना व सरस्वती के संगम स्थान पर माघ माह में किया जाता है।
रथ मेला	• उत्तर प्रदेश स्थित **मथुरा** जिले में वृन्दावन नामक स्थान पर प्रतिवर्ष चैत्र माह में इस मेले का आयोजन किया जाता है। • इस दिन रंगनाथजी के मन्दिर से रथ की सवारी निकाली जाती है।
देवउठनी एकादशी का मेला	• यह मेला उत्तर प्रदेश स्थित **मथुरा** जिले में कार्तिक माह की एकादशी को आयोजित किया जाता है।
गऊचारण का मेला	• यह ब्रज क्षेत्र के प्रसिद्ध मेलों में से एक है, जो **मथुरा** में कार्तिक माह की अष्टमी को आयोजित किया जाता है। इस दिन गायों की पूजा की जाती है तथा द्वारिकाधीश के मन्दिर से श्रीकृष्ण, बलराम व गायों की सवारी निकाली जाती है। • इस मेले को **गोपा अष्टमी** के मेले के नाम से जाना जाता है।
यमद्वितीया का मेला	• यमद्वितीया (भैयादूज) का मेला उत्तर प्रदेश में स्थित प्रसिद्ध तीर्थस्थली **मथुरा** में आयोजित किया जाता है।
बटेश्वर मेला	• इस मेले का आयोजन उत्तर प्रदेश के आगरा जिले में स्थित बटेश्वर नामक स्थान पर प्रतिवर्ष कार्तिक माह में किया जाता है।
देवाशरीफ का मेला	• यह मेला प्रसिद्ध सूफी सन्त वारिस अली शाह की दरगाह पर प्रतिवर्ष कार्तिक माह में **देवा बाराबंकी** (उत्तर प्रदेश) में आयोजित किया जाता है। हिन्दू-मुस्लिम सभी धर्मों के लोगों के भाग लेने के कारण यह मेला धार्मिक सद्भाव का प्रतीक है।
नौचन्दी का मेला	• यह मेला उत्तर प्रदेश के **मेरठ** में प्रत्येक वर्ष होली के पश्चात् आयोजित किया जाता है। इस मेले में हिन्दू लोगों द्वारा वहाँ स्थित **नवचण्डी देवी** की पूजा एवं आराधना तथा प्रसिद्ध सन्त **सैय्यद सालार** की दरगाह पर मुस्लिम लोगों द्वारा श्रद्धा एवं सम्मान प्रदर्शित किया जाता है। इस प्रकार यह मेला हिन्दू एवं मुस्लिम एकता का प्रतीक है।
शाकुम्भरी मेला	• यह मेला उत्तर प्रदेश के **सहारनपुर** में एक वर्ष में दो बार नवरात्रि में आयोजित किया जाता है।

उत्तराखण्ड के मेले

मेला	विवरण
बालासुन्दरी	• काशीपुर में प्रत्येक वर्ष चैत्र मास की शुक्ल अष्टमी से लगने वाले पार्वती के मेले में जहाँ युवक-युवतियाँ विवाह की मन्नत माँगते हैं, वहीं विवाहित युगल सफल एवं सुखी दाम्पत्य हेतु प्रार्थनाएँ करते हैं।
नन्दादेवी	• **नैनीताल** में मकर संक्रान्ति पर नन्दादेवी के मन्दिर पर आयोजित मेले में स्त्रियाँ सुहाग की कामना करती हैं।
झण्डा पर्व	• देहरादून स्थित **झण्डा मन्दिर** पर चैत्र माह की पंचमी तिथि को इस मेले का आयोजन सिखजनों द्वारा किया जाता है। इस मेले में एक विशेष बाँस के बने ध्वज की पूजा की जाती है।
सुरखण्डा उत्सव	• इसका आयोजन **टिहरी-गढ़वाल** में सुरखण्डा देवी के मन्दिर में होता है।
बग्वाल	• यह **चम्पावत** जिले के देवीधुरा नामक स्थान पर वाराही देवी के मन्दिर में रक्षाबन्धन के दिन आयोजित होता है। • इसमें पत्थरों के युद्ध का आयोजन होता है।

बिहार के मेले

मेला	विवरण
मेष-संक्रान्ति	• इस मेले का आयोजन **बिहार** प्रान्त के विभिन्न भागों में किया जाता है। • इस मेले को **सतुआ संक्रान्ति** अथवा **सिरुआ-विसुआ** आदि के नाम से भी जाना जाता है। इस दिन **नवान्न भजवा** का उत्सव भी मनाया जाता है। • इसमें नए जौ, चने का सत्तू, आम आदि मौसमी फल, पंखे और घड़ों का भी क्रय-विक्रय किया जाता है।
जानकी नवमी का मेला	• यह मेला बिहार में **सीतामढ़ी** नामक स्थान पर आयोजित किया जाता है। • भगवान श्रीरामचन्द्रजी की पत्नी सीताजी की जन्मस्थली तथा जन्म दिवस पर चैत्र माह के शुक्ल पक्ष की नवमी को इस विशाल मेले का आयोजन किया जाता है।
कार्तिक पूर्णिमा का मेला	• बिहार स्थित सोनपुर के समीप **हरिहर** क्षेत्र में कार्तिक पूर्णिमा को नाथ महादेव मन्दिर पर मेले का आयोजन किया जाता है, इस मेले में महादेव की पूजा की जाती है।
पितृपक्ष मेला	• बिहार के **गया** में प्रत्येक वर्ष भाद्रपद पूर्णिमा से अश्विन माह की अमावस्या तक आयोजित इस धार्मिक मेले में देश-विदेश से लाखों हिन्दू लोग आते हैं और अपने पूर्वजों का श्राद्ध कर्म करके उनकी मुक्ति की प्रार्थना करते हैं।
हरदी मेला	• यह मेला प्रतिवर्ष शिवरात्रि के पर्व पर **मुजफ्फरपुर** में 15 दिन तक आयोजित किया जाता है।
बेतिया मेला	• यह मेला प्रतिवर्ष दशहरे पर **बेतिया** में आयोजित किया जाता है। इस पशु मेले में राज्य के हजारों लोग अपने-अपने पशुओं के क्रय-विक्रय के लिए यहाँ आते हैं।
सहोदरा मेला/थारू मेला	• यह मेला प्रतिवर्ष चैत्र माह में रामनवमी पर नरकटियागंज-भीखनाठोरी मार्ग पर स्थित सुभद्रा (सहोदरा) मन्दिर पर स्थित **शक्तिपीठ** पर आयोजित किया जाता है।
ककोलत मेला	• प्रतिवर्ष मेष-संक्रान्ति के अवसर पर **नवादा** जिले के **ककोलत** नामक स्थान पर इस धार्मिक मेले का आयोजन छः दिनों तक किया जाता है।
सौराठ मेला	• प्रत्येक वर्ष ज्येष्ठ-आषाढ़ माह में **सभागाछी** (मधुबनी जिला) में आयोजित इस मेले में अविवाहित वयस्क युवकों को विवाह हेतु प्रदर्शित किया जाता है।
कोशी मेला	• प्रत्येक वर्ष पौष पूर्णिमा पर कटिहार के निकट **कोशी नदी** पर आयोजित इस मेले में श्रद्धालुजन पुण्य भी कमाते हैं और लकड़ी के सामान का क्रय-विक्रय भी करते हैं।
लौरिया नन्दनगढ़ मेला	• इस मेले का आयोजन प्रत्येक वर्ष दिसम्बर माह में पूर्णिमा जिले के **गुलालबाग** में किया जाता है।
सिमरिया मेला	• प्रत्येक वर्ष कार्तिक माह में जब सूर्य उत्तरायण में होता है, तो यह मेला बरौनी जंक्शन से 8 किमी दूर दक्षिण-पूर्व में **राजेन्द्र पुल** के आस-पास आयोजित किया जाता है।
काली देवी का मेला	• प्रत्येक वर्ष अक्टूबर/नवम्बर माह में **फारबिसगंज** में आयोजित इस मेले में काली देवी की पूजा की जाती है।
वैशाली का मेला	• वैशाली जैन मतावलम्बियों का प्रसिद्ध तीर्थस्थल है, जो बिहार राज्य में स्थित है। • वैशाली के मेले का आयोजन चैत्र शुक्ल त्रयोदशी के दिन किया जाता है। इस मेले में देश के सभी भागों से जैन श्रद्धालु एकत्रित होते हैं।

झारखण्ड के प्रमुख मेले

मेला	विवरण
श्रावणी मेला	• यह मेला प्रत्येक वर्ष **श्रावण माह** में **देवघर** में आयोजित सर्वाधिक अवधि तथा क्षेत्रीय दूरी वाले मेलों में से एक है। • यह मेला सुल्तानगंज से देवघर तक, जहाँ भगवान वैद्यनाथ का प्राचीनतम मन्दिर है, लगता है।
हिजला मेला	• प्रत्येक वर्ष फरवरी माह के शुक्ल पक्ष में दुमका से लगभग 3-4 किमी दूर **हिजला** पहाड़ के ढलान पर बहती **मयूराक्षी** नदी के तट पर सन्थाल जनजाति द्वारा सोमवार से शुक्रवार तक यह मेला आयोजित किया जाता है।
पतराही मेला	• यह मेला प्रत्येक वर्ष दशहरे पर **चतरा** में आयोजित किया जाता है।
तुशु मेला	• यह मेला प्रत्येक वर्ष दिसम्बर/जनवरी माह में **छोटानागपुर** क्षेत्र के विभिन्न अँचलों में आयोजित किया जाता है।

मध्य प्रदेश के मेले

मेला	विवरण
जागेश्वरी देवी का मेला	• मध्य प्रदेश स्थित गुना जिले में **चन्देरी** नामक स्थान पर प्रतिवर्ष चैत्र माह में इस मेले का आयोजन किया जाता है। • इस मेले में कपड़े, बर्तनों तथा पशुओं का क्रय-विक्रय किया जाता है।
कालूजी महाराज का मेला	• **मध्य प्रदेश** राज्य के पश्चिम निमाड़ जिले के पिपल्या खुर्द गाँव का यह प्रसिद्ध मेला लगभग दो शताब्दियों से निरन्तर लगाया जा रहा है।
बाबा गरीबनाथ का मेला	• मध्य प्रदेश स्थित शाहजहाँपुर जिले के **अवन्तिपुर बरोडिया** गाँव में चैत्र माह में बाबा गरीबनाथ के सम्मान में इस मेले का आयोजन किया जाता है।
सिंगाजी का मेला	• सिंगाजी का मेला प्रत्येक वर्ष अक्टूबर माह में मध्य प्रदेश राज्य के पश्चिम निमाड़ जिले के गाँव **पिपल्या** में लगता है, जो एक सप्ताह तक निरन्तर चलता है।
जलबिहारी का मेला	• इस मेले का आयोजन मध्य प्रदेश स्थित **छतरपुर** जिले में प्रत्येक वर्ष अक्टूबर माह में किया जाता है। • यह मेला दस दिन तक चलता है।
माघ घोघरा का मेला	• मध्य प्रदेश के सिवनी जिले के **भैरोंथान** नामक स्थान पर प्रत्येक वर्ष शिवरात्रि के अवसर पर माघ घोघरा का मेला आयोजित किया जाता है। • यह मेला 15 दिनों तक लगता है।
पीर बुधान का मेला	• यह मेला मध्य प्रदेश के **शिवपुरी** जिले में साँवरा गाँव में एक मुस्लिम सन्त **पीर बुधान** की मजार पर आयोजित होता है।
ग्वालियर का मेला	• यह **मध्य प्रदेश** का प्रसिद्ध व्यापारिक मेला है, जिसका आयोजन प्रत्येक वर्ष दिसम्बर-जनवरी माह में किया जाता है।
बाबा शाहबुद्दीन औलिया का उर्स	• **मध्य प्रदेश** के मन्दसौर जिले की **नीमच** तहसील में बाबा शाहबुद्दीन की दरगाह पर फरवरी में इस **उर्स का आयोजन किया जाता हैं।**

राजस्थान के मेले

मेला	विवरण
महावीर जी का मेला	• राजस्थान स्थित **हिण्डोन** के समीप महावीर नामक स्थान पर चैत्र माह में इस मेले का आयोजन किया जाता है। इस मेले पर लाखों जैन, गुर्जर, मीणा तथा अन्य सम्प्रदाय के लोग यहाँ दर्शन करने आते हैं।
कपिलमुनि का मेला	• **कपिलमुनि** मेले का आयोजन राजस्थान स्थित **बीकानेर** जिले के **कोलायत** नामक स्थान पर किया जाता है। यह मेला कपिलमुनि की स्मृति में आयोजित किया जाता है। कार्तिक पूर्णिमा के दिन लोग अपने पापों से मुक्ति हेतु पवित्र कोलायत झील में स्नान करते हैं।
गणेश चतुर्थी का मेला	• यह मेला राजस्थान स्थित **सवाई माधोपुर** जिले में रणथम्भौर के ऐतिहासिक किले में गणेशजी के मन्दिर में आयोजित किया जाता है।
रानी सती का मेला	• यह मेला राजस्थान के **झुँझुनूँ** में रानी सती की स्मृति में श्रद्धा एवं सम्मान के साथ आयोजित किया जाता है।
गणगौर मेला	• यह त्योहार 18 दिनों तक देवी पार्वती के सम्मान में राजस्थान की महिलाओं द्वारा मनाया जाता है।
मरुस्थलपर्व	• यह तीन दिवसीय पर्व फरवरी माह में जैसलमेर में आयोजित किया जाता है।
बेणेश्वर मेला	• इस मेले का आयोजन राजस्थान के डूंगरपुर जिले में होता है। यह मेला सोम एवं माही नदी के संगम के निकट जनवरी या फरवरी में आयोजित किया जाता है। • यह आदिवासी संस्कृति का एक प्रमुख मेला है। इस मेले को प्राय: आदिवासियों का कुम्भ मेला के रूप में वर्णित किया जाता है।
नागौर मेला	• यह मेला राजस्थान के नागौर जिले में आयोजित किया जाता है, जो आठ दिनों तक चलता है। इस मेले में गाय, बैल, घोड़े तथा ऊँट जैसे जानवरों का व्यापार किया जाता है।

अन्य प्रमुख मेले

मेला	विवरण
शंकरजी का मेला	• **छत्तीसगढ़** स्थित बिलासपुर जिले के कनकी स्थान पर अनेक वर्षों से यह मेला लगाया जा रहा है। यह मेला भगवान शिव को समर्पित है। सात दिनों तक चलने वाला यह मेला फाल्गुन माह में महाशिवरात्रि के अवसर पर लगता है।
ज्वालामुखी मेला	• इस मेले का आयोजन **हिमाचल प्रदेश** स्थित **काँगड़ा घाटी** में अप्रैल और अक्टूबर माह में ज्वालादेवी के सम्मान में किया जाता है।
गोवा कार्निवाल	• भारत में इसकी शुरुआत पुर्तगालियों द्वारा की गई थी। यह लेण्ट (Lent), जो संयम और आध्यात्मिकता की अवधि होती है, के 40 दिन पूर्व प्रारम्भ होता है। • इसमें गोवा की समृद्ध विरासत और संस्कृति का प्रदर्शन होता है।
जयदेव केन्दुली मेला	• जय केन्दुली पश्चिम बंगाल के बीरभूम जिले का एक गाँव है, जिसे कवि जयदेव (रचना-गीतगोविन्द) का जन्म स्थान माना जाता है। • कवि जयदेव की स्मृति में यहाँ मेले का आयोजन किया जाता है।
पौष मेला	• यह कृषकों से सम्बन्धित मेला है, जिसका आयोजन शान्ति निकेतन, पश्चिम बंगाल में होता है।

"

पुरस्कार एवं सम्मान व्यक्ति की उपलब्धियों और प्रयासों की सार्वजनिक पहचान व प्रोत्साहन के प्रतीक हैं। ये व्यक्तिगत, सामाजिक और राष्ट्रीय स्तर पर प्रेरणा प्रदान करते हैं। सम्मान व्यक्ति के योगदान और उत्कृष्टता को सराहने का माध्यम है।

अध्याय इक्कीस

पुरस्कार एवं सम्मान

भारत में सरकार तथा अन्य सांस्कृतिक, शैक्षिक, वैज्ञानिक एवं तकनीकी संस्थानों द्वारा विभिन्न क्षेत्रों में असाधारण कार्य के लिए अनेक पुरस्कारों एवं सम्मानों की स्थापना की गई है। ये सम्मान प्रतिवर्ष साहित्य, कला एवं संस्कृति, लोक सेवा, वैज्ञानिक अनुसन्धान, खेल-कूद आदि क्षेत्रों में प्रदान किए जाते हैं। इन पुरस्कार एवं सम्मानों का अध्ययन निम्नवत है

नागरिक अलंकरण

नागरिक अलंकरण वे अलंकरण हैं, जो भारत सरकार द्वारा भारत या विश्व के नागरिकों को उनकी असाधारण उपलब्धियों के लिए प्रदान किए जाते हैं। भारत के नागरिक अलंकरणों में भारत रत्न, पद्म विभूषण, पद्म भूषण और पद्म श्री शामिल हैं।

भारत रत्न

- भारत रत्न, भारत का सर्वोच्च नागरिक सम्मान या अलंकरण है। यह सम्मान कला, साहित्य, विज्ञान और समाज सेवा के क्षेत्र में या किसी अन्य विधा में असाधारण उपलब्धि के लिए प्रदान किया जाता है।
- भारत रत्न सम्मान को प्रधानमन्त्री की सिफारिश पर भारत के राष्ट्रपति द्वारा प्रदान किया जाता है। एक वर्ष में अधिकतम तीन व्यक्तियों को यह सम्मान दिया जाता है, किन्तु वर्ष 1999 में 4 लोगों को तथा वर्ष 2024 में 5 लोगों को यह सम्मान दिया गया।
- यह सम्मान सर्वप्रथम 2 जनवरी, 1954 को भारत के प्रथम राष्ट्रपति डॉ. राजेन्द्र प्रसाद ने सी. राजगोपालाचारी, सर्वपल्ली राधाकृष्णन और सी. वी. रमन को प्रदान किया था।
- वर्ष 2013 में पहली बार को सम्मान खेल के क्षत्र में क्रिकेटर सचिन तेन्दुलकर को प्रदान किया गया। अब तक विभिन्न क्षेत्रों की 53 विभूतियों को भारत रत्न पुरस्कार से सम्मानित किया जा चुका है।
- इस पुरस्कार के साथ किसी प्रकार की धनराशि प्रदान नहीं की जाती है। विजेता को भारत सरकार की ओर से केवल एक प्रमाण-पत्र और एक पदक मिलता है।
- अन्य अलंकरणों के समान इस सम्मान को भी नाम के साथ पदवी के रूप में नहीं प्रयोग किया जा सकता।
- खान अब्दुल गफ्फार खाँ (1987) तथा नेल्सन मण्डेला (1990) ऐसी दो विदेशी हस्तियाँ हैं, जिन्हें भारत रत्न अलंकरण से सम्मानित किया गया है।
- भारत रत्न विजेताओं को प्रोटोकॉल में राष्ट्रपति, उप-राष्ट्रपति, प्रधानमन्त्री, राज्यपाल, पूर्व राष्ट्रपति, उप-प्रधानमन्त्री, मुख्य न्यायाधीश, लोकसभा अध्यक्ष, कैबिनेट मन्त्री, मुख्यमन्त्री, पूर्व प्रधानमन्त्री और संसद के दोनों सदनों में विपक्ष के नेता के बाद स्थान मिलता है।
- भारत रत्न, पद्म अलंकरण व अन्य पदक भारत प्रतिभूति मुद्रण तथा मुद्रा निर्माण निगम लिमिटेड कोलकाता में निर्मित किए जाते हैं।

अब तक के भारत रत्न विजेता

क्र.सं.	भारत रत्न पुरस्कार विजेता	प्रदान किए जाने का वर्ष	क्र.सं.	भारत रत्न पुरस्कार विजेता	प्रदान किए जाने का वर्ष
1.	डॉ. चन्द्रशेखर वेंकटरमण	1954	28.	जे. आर. डी. टाटा	1992
2.	चक्रवर्ती राजगोपालाचारी	1954	29.	सत्यजीत रे	1992
3.	डॉ. सर्वपल्ली राधाकृष्णन	1954	30.	डॉ. एपीजे अब्दुल कलाम	1997
4.	सर मोक्षगुण्डम विश्वेश्वरैया	1955	31.	अरुणा आसफ अली (मरणोपरान्त)	1997
5.	डॉ. भगवान दास	1955	32.	गुलज़ारी लाल नन्दा (मरणोपरान्त)	1997
6.	पण्डित जवाहरलाल नेहरू	1955	33.	एम. एस. सुब्बुलक्ष्मी	1998
7.	गोविन्द वल्लभ पन्त	1957	34.	चिदम्बरम् सुब्रह्मण्यम्	1998
8.	डॉ. धोंडो केशव कर्वे	1958	35.	लोकनायक जयप्रकाश नारायण (मरणोपरान्त)	1998
9.	राजर्षि पुरुषोत्तम दास टण्डन	1961	36.	पण्डित रविशंकर	1999
10.	डॉ. बिधान चन्द्र राय	1961	37.	प्रोफेसर अमर्त्य सेन	1999
11.	डॉ. राजेन्द्र प्रसाद	1962	38.	गोपीनाथ बोरदोलोई (मरणोपरान्त)	1999
12.	डॉ. जाकिर हुसैन	1963	39.	उस्ताद बिस्मिल्लाह खाँ	2001
13.	डॉ. पाण्डुरंग वामन काणे	1963	40.	लता मंगेशकर	2001
14.	लाल बहादुर शास्त्री (मरणोपरान्त)	1966	41.	भीमसेन जोशी	2008
15.	इन्दिरा गाँधी	1971	42.	प्रो. चिन्तामणि नागेश रामचन्द्र राव	2014
16.	वराहगिरी वेंकट गिरी	1975	43.	सचिन तेन्दुलकर (प्रथम खिलाड़ी)	2014
17.	कुमारस्वामी कामराज (मरणोपरान्त)	1976	44.	अटल बिहारी वाजपेयी	2015
18.	मदर टेरेसा	1980	45.	महामना मदन मोहन मालवीय	2015
19.	आचार्य विनोबा भावे (मरणोपरान्त)	1983	46.	नानाजी देशमुख (मरणोपरान्त)	2019
20.	खान अब्दुल गफ्फार खान	1987	47.	प्रणब मुखर्जी	2019
21.	मरुथुर गोपालन रामचन्द्रन (मरणोपरान्त)	1988	48.	भूपेन हजारिका (मरणोपरान्त)	2019
22.	डॉ. भीमराव अम्बेडकर (मरणोपरान्त)	1990	49.	लालकृष्ण आडवाणी	2024
23.	नेल्सन मण्डेला	1990	50.	चौधरी चरण सिंह	2024
24.	सरदार वल्लभभाई पटेल (मरणोपरान्त)	1991	51.	पी. वी. नरसिम्हा राव	2024
25.	मोरारजी देसाई	1991	52.	कर्पूरी ठाकुर	2024
26.	राजीव गाँधी (मरणोपरान्त)	1991	53.	एम. एस. स्वामीनाथन	2024
27.	मौलाना अबुल कलाम आजाद (मरणोपरान्त)	1992			

पद्म सम्मान

- भारत रत्न के बाद, पद्म अलंकरण देश में दूसरा सबसे बड़ा नागरिक सम्मान है, जो तीन श्रेणियों में दिया जाता है।

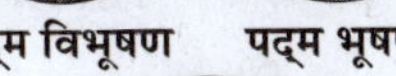

पद्म विभूषण पद्म भूषण

- इसकी सर्वोच्च श्रेणी पद्म विभूषण, उसके बाद पद्म भूषण और अन्त में पद्म श्री हैं।
- यह अलंकरण भी पहली बार वर्ष 1954 में प्रदान किया गया था। हालाँकि तब केवल पद्म विभूषण ही दिया गया था।

पद्म श्री

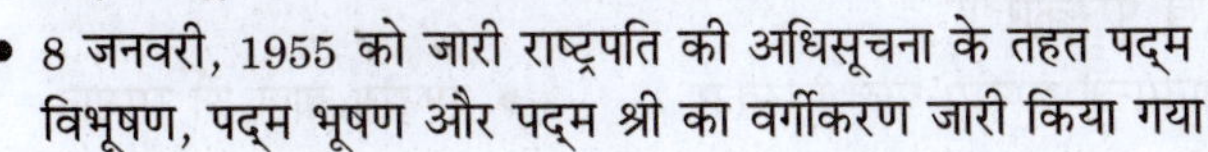

- 8 जनवरी, 1955 को जारी राष्ट्रपति की अधिसूचना के तहत पद्म विभूषण, पद्म भूषण और पद्म श्री का वर्गीकरण जारी किया गया।
- पद्म विभूषण–असाधारण और विशिष्ट सेवा, पद्म भूषण–उच्च कोटि की विशिष्ट सेवा तथा पद्मश्री–विशिष्ट सेवा के लिए दिया जाता है।
- ये पुरस्कार कला, सामाजिक कार्य, सार्वजनिक मामले, खेल, विज्ञान, तकनीक, व्यापार एवं उद्योग आदि क्षेत्रों में उल्लेखनीय उपलब्धि हासिल करने वाले लोगों को दिए जाते हैं।
- इनके विजेताओं की कुल संख्या मरणोपरान्त और विदेशी नागरिकों के अतिरिक्त प्रत्येक वर्ष 120 से अधिक नहीं होनी चाहिए।
- इन अलंकरणों के साथ भी केवल पदक और प्रशस्ति पत्र मिलता है, किसी प्रकार की धनराशि प्रदान नहीं की जाती।
- इन पुरस्कारों को राष्ट्रपति भवन में विशेष समारोह में भारत के राष्ट्रपति द्वारा प्रदान किया जाता है।

वीरता पुरस्कार

- वीरता सम्मान भारत के सैनिकों और अर्धसैन्य बलों के जवानों को देश के लिए असाधारण वीरता और बलिदान को सम्मानित करने के लिए भारत सरकार की ओर से दिए जाते हैं।
- स्वतन्त्रता के पश्चात् भारत सरकार ने 26 जनवरी, 1950 को तीन वीरता पुरस्कारों–परमवीर चक्र, महावीर चक्र और वीर चक्र की स्थापना की थी, जिन्हें 15 अगस्त, 1947 से प्रभावी माना गया।
- वर्ष 1952 में अन्य तीन वीरता पुरस्कार- अशोक चक्र वर्ग-I, अशोक चक्र वर्ग-II और अशोक चक्र वर्ग-III स्थापित किए गए, इन्हें भी 15 अगस्त, 1947 से प्रभावी माना गया।
- जनवरी, 1967 में इन पुरस्कारों का नाम बदलकर क्रमश: अशोक चक्र, कीर्ति चक्र और शौर्य चक्र कर दिया गया।
- वर्तमान में इन पुरस्कारों का वरीयता क्रम है–परमवीर चक्र, अशोक चक्र, महावीर चक्र–कीर्ति चक्र, वीर चक्र, शौर्य चक्र।
- वीरता पुरस्कारों की घोषणा वर्ष में दो बार की जाती है–गणतन्त्र दिवस और स्वतन्त्रता दिवस के अवसर पर।

युद्धकालीन वीरता पुरस्कार

परमवीर चक्र

इस पदक की शुरुआत 26 जनवरी, 1950 को की गई थी। यह युद्ध काल का सर्वोच्च वीरता पुरस्कार है। यह पदक युद्ध में शत्रु का सामना करते हुए अदम्य साहस और वीरता तथा बलिदान करने को सम्मानित करने के लिए प्रदान किया जाता है। इसके सामने के हिस्से पर इन्द्र के वज्र की चार प्रतिकृतियाँ बनी होती हैं और बीच में अशोक स्तम्भ बना होता है।

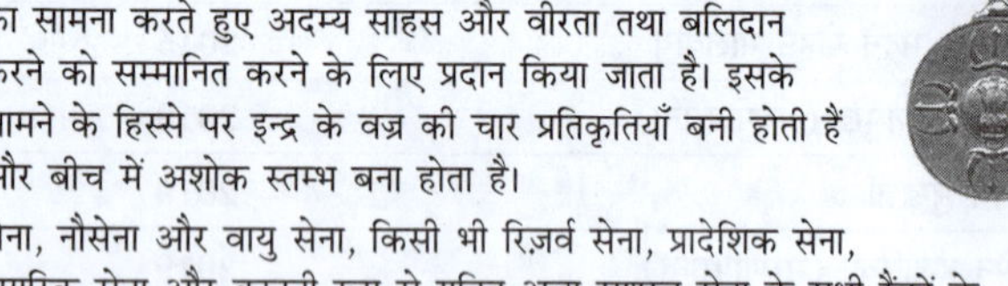

सेना, नौसेना और वायु सेना, किसी भी रिज़र्व सेना, प्रादेशिक सेना, नागरिक सेना और कानूनी रूप से गठित अन्य सशस्त्र सेना के सभी रैंकों के अफसर और सैनिक परम वीर चक्र प्राप्त करने के लिए पात्र हैं।

महावीर चक्र

यह युद्ध काल का दूसरा सर्वोच्च वीरता पुरस्कार है। यह जमीन पर, समुद्र में या हवा में दुश्मन की उपस्थिति में विशिष्ट वीरता को प्रदर्शित करने के लिए प्रदान किया जाता है। इसके अन्तर्गत गोलाकार स्टैण्डर्ड सिल्वर निर्मित पदक दिया जाता है। इसके केन्द्र भाग में राज्य का प्रतीक ध्येय सहित उत्कीर्ण है, जबकि पृष्ठ भाग में दो कमल के फूलों के साथ हिन्दी और अंग्रेजी में महावीर चक्र उत्कीर्ण है।

वीर चक्र

यह परमवीर चक्र और महावीर चक्र के बाद देश का तीसरा सबसे बड़ा युद्धकालीन वीरता पुरस्कार है। इसके अन्तर्गत गोलाकार स्टैण्डर्ड सिल्वर निर्मित पदक दिया जाता है। इसके केन्द्र भाग में राज्य का प्रतीक ध्येय सहित उत्कीर्ण है, जबकि पृष्ठ भाग में दो कमल के फूलों के साथ हिन्दी और अंग्रेजी में वीर चक्र उत्कीर्ण है।

शान्तिकालीन वीरता पुरस्कार

- युद्धकाल के अतिरिक्त शेष काल को शान्तिकाल कहा जाता है।
- इस दौरान आतंकी घटनाओं, शत्रुओं के साथ सैन्य झड़प, उग्रवादी, माओवादियों आदि के विरुद्ध अभियानों में असाधारण वीरता के लिए अशोक चक्र, कीर्ति चक्र और शौर्य चक्र व सेना मेडल प्रदान किए जाते हैं।

चक्र	विविरण
अशोक चक्र	◆ यह शान्तिकाल के दौरान असाधारण वीरता, साहस और बलिदान के लिए दिया जाने वाला सर्वोच्च सैन्य पुरस्कार है। ◆ यह सैनिकों के अतिरिक्त अर्धसैन्य बलों और पुलिस बलों के कार्मिकों को भी दिया जा सकता है।
कीर्ति चक्र	◆ यह शान्तिकाल का दूसरा सर्वोच्च वीरता पुरस्कार है, जो शान्ति काल में साहस, वीरता और आत्म-बलिदान के लिए दिया जाता है।
शौर्य चक्र	◆ यह शान्ति काल में असाधारण वीरता के लिए सशस्त्र बलों के कर्मियों को प्रदान किया जाता है। इसके अन्तर्गत गोलाकार काँस्य निर्मित पदक प्रदान किया जाता है।
सेना पदक	◆ युद्ध काल में थलसेना में कर्त्तव्य के प्रति असाधारण समर्पण या साहस के कार्यों के लिए-सर्वोत्तम युद्ध सेवा मेडल, उत्तम युद्ध सेवा मेडल, युद्ध सेवा मेडल प्रदान किए जाते हैं। ◆ शान्ति काल में थलसेना में कर्त्तव्य के प्रति असाधारण समर्पण या साहस के कार्यों के लिए-परम विशिष्ट सेवा मेडल, अति विशिष्ट सेवा मेडल और विशिष्ट सेवा मेडल प्रदान किए जाते हैं।
नौसेना पदक	◆ यह नौसेना में कर्त्तव्य या साहस के प्रति असाधारण समर्पण के व्यक्तिगत कृत्यों के लिए दिया जाता है।
वायुसेना पदक	◆ यह वायुसेना में कर्त्तव्य के प्रति असाधारण समर्पण या साहस के व्यक्तिगत कृत्यों के लिए प्रदान किया जाता है।
जीवन रक्षा पदक पुरस्कार	◆ अशोक चक्र शौर्य पुरस्कार श्रृंखला की शाखा, जीवन रक्षा पदक पुरस्कार श्रृंखला वर्ष 1961 में प्रारम्भ की गई थी। ◆ यह पुरस्कार दुर्घटना में किसी की जान बचाने के लिए प्रदान किया जाता है। ◆ यह तीन श्रेणियों में प्रदान किया जाता है – सर्वोत्तम जीवन रक्षा पदक – उत्तम जीवन रक्षा पदक – जीवन रक्षा पदक

राष्ट्रीय वीरता पुरस्कार

- यह पुरस्कार भारत में प्रत्येक वर्ष 26 जनवरी की पूर्व संध्या पर बहादुर बच्चों को दिया जाता है।
- भारतीय बाल कल्याण परिषद् ने वर्ष 1957 में यह पुरस्कार प्रारम्भ किया था। इसके तहत पदक, प्रमाण पत्र और नकद राशि दी जाती है।
- इसके अन्तर्गत निम्न पुरस्कार आते हैं
  - सामान्य राष्ट्रीय वीरता पुरस्कार (1957 से)
  - गीता चोपड़ा पुरस्कार (1978 से)
  - संजय चोपड़ा पुरस्कार (1978 से)
  - भारत पुरस्कार (1987 से)
  - बापू गैधानी पुरस्कार (1988 से)

बाल वीरता पुरस्कार

बाल पुरस्कार एक प्रकार का सम्मान है, जो उन बच्चों को दिया जाता है, जिन्होंने शिक्षा, खेल, कला या सामाजिक सेवा जैसे विभिन्न क्षेत्रों में असाधारण क्षमताओं, उपलब्धियों या योगदान का प्रदर्शन किया है। ये प्रमुख पुरस्कार हैं

- प्रधानमन्त्री राष्ट्रीय बाल पुरस्कार
- राष्ट्रीय बाल श्री सम्मान

भारत के परमवीर चक्र विजेता

क्र.सं.	विजेता	रेजिमेण्ट	कार्रवाई की तिथि	युद्ध काल
1.	मेजर सोमनाथ शर्मा	कुमाऊँ रेजिमेण्ट	3 नवम्बर, 1947	1947-48 का भारत-पाकिस्तान युद्ध
2.	नायक जदुनाथ सिंह	राजपूत रेजिमेण्ट	6 फरवरी, 1948	1947-48 का भारत-पाकिस्तान युद्ध
3.	से. लेफ्टिनेण्ट राम राघोबा राणे	बॉम्बे सैपर्स	8 अप्रैल, 1948	1947-48 का भारत-पाकिस्तान युद्ध
4.	कम्पनी हवलदार मेजर	राजपूताना राइफल्स	17 जुलाई, 1948	1947 का भारत-पाकिस्तान युद्ध
5.	लांस नायक करम सिंह	सिख रेजिमेण्ट	13 अक्टूबर, 1948	1947 का भारत-पाकिस्तान युद्ध
6.	कैप्टन गुरबचन सिंह सलारिया	1 गोरखा राइफल्स डी	5 दिसम्बर, 1961	कांगो संकट
7.	मेजर धन सिंह थापा	8 गोरखा राइफल्स	20 अक्टूबर, 1962	भारत-चीन युद्ध 1962
8.	सूबेदार जोगिंदर सिंह	सिख रेजिमेण्ट	23 अक्टूबर, 1962	भारत-चीन युद्ध 1962
9.	मेजर शैतान सिंह	कुमाऊँ रेजिमेण्ट	18 नवम्बर, 1962	भारत-चीन युद्ध 1962
10.	कम्पनी क्वार्टर मास्टर हवलदार अब्दुल हमीद	द ग्रेनेडियर्स	10 सितम्बर, 1965	भारत-पाकिस्तान युद्ध 1964
11.	लेफ्टिनेण्ट कर्नल आर्देशिर तारापोर	पूना हॉर्स	11 सितम्बर, 1965	भारत-पाकिस्तान युद्ध 1965
12.	लांस नायक अल्बर्ट एक्का	ब्रिगेड ऑफ द गार्ड्स	3 दिसम्बर, 1971	भारत-पाकिस्तान युद्ध 1971
13.	फ्लाइंग ऑफिसर निर्मलजीत सिंह सेखो	18 स्क्वाड्रन भारतीय वायु सेना	14 दिसम्बर, 1971	भारत-पाकिस्तान युद्ध 1971
14.	से. लेफ्टिनेण्ट अरुण खेत्रपाल	पूना हॉर्स	16 दिसम्बर, 1971	भारत-पाकिस्तान युद्ध
15.	मेजर होशियार सिंह दहिया	द ग्रेनेडियर्स	17 दिसम्बर, 1971	भारत-पाकिस्तान युद्ध
16.	नायब सूबेदार बाना सिंह	जम्मू एण्ड कश्मीर लाइट इन्फैण्ट्री	23 मई, 1987	ऑपरेशन राजीव
17.	मेजर रामास्वामी परमेश्वरन	महार रेजिमेण्ट ई	25 नवम्बर, 1987	ऑपरेशन पवन
18.	लेफ्टिनेण्ट मनोज कुमार पाण्डेय	11 गोरखा राइफल्स	3 जुलाई, 1999	ऑपरेशन विजय, भारत-पाकिस्तान युद्ध 1999
19.	ग्रेनेडियर योगेंद्र सिंह यादव	द ग्रेनेडियर्स	4 जुलाई, 1999	ऑपरेशन विजय, भारत-पाकिस्तान युद्ध 1999
20.	राइफलमैन संजय कुमार	जम्मू एण्ड कश्मीर राइफल्स	5 जुलाई, 1999	ऑपरेशन विजय, भारत-पाकिस्तान युद्ध 1999
21.	कैप्टन विक्रम बत्रा	जम्मू एण्ड कश्मीर राइफल्स	7 जुलाई, 1999	ऑपरेशन विजय, भारत-पाकिस्तान युद्ध 1999

राष्ट्रीय खेल पुरस्कार

यह पुरस्कार खेलों में उत्कृष्ट उपलब्धि को सम्मानित करने के लिए युवा मामलों और खेल मन्त्रालय, भारत सरकार द्वारा प्रतिवर्ष प्रदान किया जाता है।

राष्ट्रीय खेल पुरस्कार की श्रेणियाँ

मेजर ध्यानचन्द खेल रत्न पुरस्कार

- यह भारत का सर्वोच्च खेल पुरस्कार है, वर्ष 2021 से पहले इसे राजीव गाँधी खेल रत्न पुरस्कार के नाम से जाना जाता था।
- इसकी स्थापना 1991-92 में की गई थी। यह पुरस्कार किसी खिलाड़ी द्वारा विगत चार वर्षों की अवधि के दौरान उत्कृष्ट प्रदर्शन हेतु दिया जाता है।
- इसमें ₹ 25 लाख का नकद पुरस्कार, एक पदक और सम्मान पत्र दिया जाता है।

आजीवन उपलब्धि के लिए ध्यानचन्द पुरस्कार

- यह पुरस्कार खेलों में आजीवन उपलब्धि के लिए प्रदान किया जाता है।
- इस पुरस्कार की स्थापना वर्ष 2002 में की गई थी।
- इसके अन्तर्गत ₹ 10 लाख की धनराशि प्रदान की जाती है।

अर्जुन पुरस्कार

- यह पुरस्कार खेलों में उत्कृष्ट उपलब्धि को मान्यता देने के लिए दिए जाता है।
- अर्जुन पुरस्कार की स्थापना वर्ष 1961 में की गई थी।
- इस पुरस्कार के अन्तर्गत ₹ 15 लाख का नकद पुरस्कार, अर्जुन की एक काँस्य प्रतिमा और एक सम्मान पत्र दिया जाता है।

द्रोणाचार्य पुरस्कार

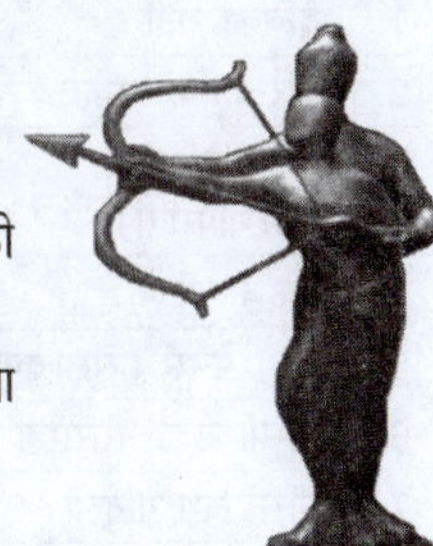

- द्रोणाचार्य पुरस्कार प्रतिवर्ष ऐसे खेल प्रशिक्षकों को दिया जाता है, जिन्होंने सफलतापूर्वक खिलाड़ियों या टीमों को प्रशिक्षित किया, जिसकी वजह से उन्होंने अन्तर्राष्ट्रीय प्रतिस्पर्द्धाओं में बेहतरीन सफलता हासिल की है। इसकी स्थापना वर्ष 1985 में की गई थी।
- यह पुरस्कार दो श्रेणियों में दिया जाता है
  1. सामान्य श्रेणी
  2. आजीवन उपलब्धि
- इसमें आजीवन उपलब्धि के लिए ₹ 15 लाख और सामान्य श्रेणी में ₹ 10 लाख का नकद पुरस्कार, द्रोणाचार्य की एक काँस्य प्रतिमा और एक सम्मान पत्र दिया जाता है।

मौलाना अबुल कलाम आज़ाद पुरस्कार

देश के पहले शिक्षा मन्त्री मौलाना अबुल कलाम आजाद के नाम पर यह पुरस्कार दिया जाता है। यह विश्वविद्यालय स्तर के खेल प्रदर्शन के लिए दिया जाता है।

राष्ट्रीय खेल प्रोत्साहन पुरस्कार

यह पुरस्कार निजी और सार्वजनिक दोनों क्षेत्रों में कॉर्पोरेट संस्थाओं, खेल नियन्त्रण बोर्डों, राज्य और राष्ट्रीय स्तर पर खेल निकायों सहित गैर-सरकारी संगठनों को दिया जाता है, जिन्होंने खेल को प्रोत्साहित करने और विकसित करने में महत्त्वपूर्ण भूमिका निभाई है।

तेनजिंग नोर्गे राष्ट्रीय साहसिक पुरस्कार

यह पुरस्कार प्रतिवर्ष साहसिक खेलों के क्षेत्र में सम्बन्धित व्यक्तियों की उल्लेखनीय उपलब्धियों के लिए दिया जाता है।

राष्ट्रीय फिल्म पुरस्कार

यह देश का प्रमुख फिल्म पुरस्कार है, जो विभिन्न श्रेणियों और भाषाओं में देश के सिनेमा कार्यों, फिल्मकारों, कलाकारों को भारत सरकार की ओर से दिया जाता है। इसकी स्थापना वर्ष 1954 में की गई थी। यह पुरस्कार सूचना और प्रसारण मन्त्रालय भारत सरकार द्वारा प्रत्येक वर्ष दिया जाता है।

दादा साहब फाल्के पुरस्कार

- यह भारत सरकार का सर्वोच्च सिनेमा पुरस्कार है, जो सिने जगत से जुड़े लोगों को उनके द्वारा फिल्म के क्षेत्र में दिए गए असाधारण योगदान के लिए प्रदान किया जाता है।
- भारत में सिनेमा के पितामह धुण्डीराज गोविन्द फाल्के के जन्म शताब्दी वर्ष 1969 में इस पुरस्कार की स्थापना की गई थी।
- वर्ष 1969 के लिए पहला दादा साहब फाल्के सम्मान वर्ष 1970 में अभिनेत्री देविका रानी को दिया गया था। भारत सरकार की ओर से इस पुरस्कार के अन्तर्गत विजेता को ₹ 10 लाख नकद, स्वर्ण कमल पदक व एक शॉल प्रदान की जाती है।

क्र.सं.	दादा साहब फाल्के पुरस्कार विजेता	कार्य क्षेत्र	सम्बन्धित भाषा	वर्ष
1.	देविका रानी	अभिनय	हिन्दी	1969
2.	बीरेन्द्रनाथ सरकार	निर्माता	बंगाली	1970
3.	पृथ्वीराज कपूर (मरणोपरान्त)	अभिनय	हिन्दी	1971
4.	पंकज मलिक	संगीतकार	बंगाली, हिन्दी	1972
5.	रूबी मेयर्स (सुलोचना)	अभिनय	हिन्दी	1973
6.	बोम्मीरेड्डी नरसिम्हा रेड्डी	निर्देशक	तेलुगू	1974
7.	धीरेन्द्रनाथ गांगुली	अभिनेता, निर्देशक	बंगाली	1975
8.	कानन देवी	अभिनय	बंगाली	1976
9.	नितिन बोस	छायाकार, निर्देशक, लेखक	बंगाली, हिन्दी	1977
10.	रायचन्द बोराल	संगीतकार, निर्देशक	बंगाली, हिन्दी	1978
11.	सोहराब मोदी	अभिनेता, निर्देशक, निर्माता	हिन्दी	1979
12.	पी. जयराज	अभिनेता, निर्देशक	हिन्दी, तेलुगू	1980
13.	नौशाद अली	संगीतकार	हिन्दी	1981
14.	एल. वी. प्रसाद	अभिनेता, निर्माता, निर्देशक	तेलुगू, तमिल, हिन्दी	1982
15.	दुर्गा खोटे	अभिनय	हिन्दी, मराठी	1983
16.	सत्यजीत रे	निर्देशक	बंगाली	1984
17.	वी. शान्ताराम	अभिनेता, निर्माता, निर्देशक	हिन्दी, मराठी	1985
18.	बी. नागि रेड्डी	निर्माता	तेलुगू	1986
19.	राज कपूर	अभिनेता, निर्देशक	हिन्दी	1987
20.	अशोक कुमार	अभिनय	हिन्दी	1988
21.	लता मंगेशकर	पार्श्वगायिका	हिन्दी, मराठी	1989
22.	अक्किननी नागेश्वर राव	अभिनय	तेलुगू	1990
23.	भालजी पेण्ढारकर	निर्देशक, लेखक	मराठी	1991
24.	भूपेन हजारिका	पार्श्वगायक	आसामी	1992
25.	मजरूह सुल्तानपुरी	गीतकार	हिन्दी	1993
26.	दिलीप कुमार	अभिनय	हिन्दी	1994
27.	डॉ. राजकुमार	अभिनय	कन्नड़	1995
28.	शिवाजी गणेशन	अभिनय	तमिल	1996
29.	कवि प्रदीप	गीतकार	हिन्दी	1997
30.	बलदेव राज चोपड़ा	निर्माता, निर्देशक	हिन्दी	1998
31.	ऋषिकेश मुखर्जी	निर्देशक	हिन्दी	1999
32.	आशा भोसले	पार्श्वगायिका	हिन्दी, मराठी	2000
33.	यश चोपड़ा	निर्माता, निर्देशक	हिन्दी	2001
34.	देव आनन्द	अभिनेता, निर्माता, निर्देशक	हिन्दी	2002
35.	मृणाल सेन	निर्देशक	बंगाली	2003
36.	अडूर गोपालकृष्णन	निर्देशक	मलयाली	2004
37.	श्याम बेनेगल	निर्देशक	हिन्दी	2005
38.	तपन सिन्हा	निर्देशक	बंगाली, हिन्दी	2006
39.	मन्ना डे	गायक	बंगाली, हिन्दी	2007
40.	वी. के. मूर्ति	छायाकार	हिन्दी	2008
41.	डी. रामानायडू	निर्माता, निर्देशक	तेलुगू	2009
42.	के. बालाचन्दर	निर्देशक	तमिल, तेलुगू	2010
43.	सौमित्र चटर्जी	अभिनय	बंगाली	2011
44.	प्राण	अभिनय	हिन्दी	2012
45.	गुलज़ार	गीतकार, निर्देशक	हिन्दी	2013
46.	शशि कपूर	अभिनय	हिन्दी	2014
47.	मनोज कुमार	अभिनय	हिन्दी	2015
48.	कसीनथुनी विश्वनाथ	निर्देशक	तेलुगू	2016
49.	विनोद खन्ना (मरणोपरान्त)	अभिनय	हिन्दी	2017
50.	अमिताभ बच्चन	अभिनय	हिन्दी	2018
51.	रजनीकान्त	अभिनय	तमिल	2019
52.	आशा पारेख	अभिनय	हिन्दी	2020
53.	वहीदा रहमान	अभिनय	हिन्दी	2021
54.	मिथुन चक्रवर्ती	अभिनय	बंगाली, हिन्दी	2022

भारतीय अन्तर्राष्ट्रीय फिल्म महोत्सव (IIFI) पुरस्कार

- इस महोत्सव का प्रारम्भ वर्ष 1952 में हुआ था, जबकि इस पुरस्कार की शुरुआत वर्ष 1965 से हुई थी।
- इसमें सर्वश्रेष्ठ फीचर फिल्म के लिए मिलने वाला सबसे प्रतिष्ठित पुरस्कार गोल्डन पीकॉक है।
- इस पुरस्कार में ₹ 40 लाख की पुरस्कार राशि प्रदान की जाती है, जो निर्देशक और निर्माता के बीच समान रूप से वितरित की जाती है।

सत्यजीत रे लाइफटाइम अचीवमेण्ट पुरस्कार

- यह पुरस्कार वर्ष 1999 में IFFI के 30वें संस्करण से शुरू हुआ था।
- यह सम्मान उन हस्तियों को मिलता है, जिन्होंने अपने अमूल्य और असाधारण योगदान से सिनेमा की दुनिया को समृद्ध किया है।
- पहले इस पुरस्कार को IFFI लाइफटाइम अचीवमेण्ट अवॉर्ड के नाम से जाना जाता था।
- वर्ष 2021 में सत्यजीत रे की 100वीं जयन्ती के अवसर पर इसका नाम बदलकर IFFI सत्यजीत रे लाइफटाइम अचीवमेण्ट पुरस्कार कर दिया गया।
- इसके तहत विजेता को ₹ 10 लाख की नकद धनराशि, प्रमाण पत्र व शॉल प्रदान की जाती है।

भारतीय अन्तर्राष्ट्रीय बाल फिल्म समारोह

- यह एक द्विवार्षिक समारोह है, जो गोल्डन एलीफेण्ट के नाम से प्रसिद्ध है। इसका आयोजन प्रतिवर्ष बाल दिवस के अवसर पर (14 नवम्बर को) हैदराबाद में किया जाता है।
- इस महोत्सव में अन्तर्राष्ट्रीय लाइव एक्शन स्पर्द्धा एशियन पैनोरमा स्पर्द्धा, अन्तर्राष्ट्रीय एनिमेशन स्पर्द्धा व नन्हें निर्देशक स्पर्द्धा खण्डों में गोल्डन एलीफैण्ट ट्रॉफी प्रदान की जाती है।
- इस महोत्सव का आयोजन चिल्ड्रेन्स फिल्म सोसायटी द्वारा किया जाता है।

राष्ट्रीय विज्ञान पुरस्कार

- वर्ष 2023 में विज्ञान एवं प्रौद्योगिकी मन्त्रालय ने पद्म पुरस्कार और अन्य राष्ट्रीय पुरस्कारों के समान राष्ट्रीय विज्ञान पुरस्कार (RVP) की घोषणा की है।
- इन पुरस्कारों की घोषणा प्रत्येक वर्ष 11 मई (राष्ट्रीय प्रौद्योगिकी दिवस) को की जाएगी। सभी श्रेणियों के पुरस्कारों के लिए पुरस्कार समारोह 23 अगस्त (राष्ट्रीय अन्तरिक्ष दिवस) को आयोजित किया जाएगा।

विज्ञान रत्न पुरस्कार

ये पुरस्कार विज्ञान और प्रौद्योगिकी के किसी भी क्षेत्र में किए गए पूरे जीवन की उपलब्धियों और योगदान को मान्यता देंगे।

विज्ञान श्री पुरस्कार

ये पुरस्कार विज्ञान और प्रौद्योगिकी के किसी भी क्षेत्र में विशिष्ट योगदान को मान्यता देंगे।

विज्ञान टीम पुरस्कार

ये पुरस्कार तीन या अधिक वैज्ञानिकों/शोधकर्ताओं/नवप्रवर्तकों की टीम को दिए जाएँगे, जिन्होंने विज्ञान और प्रौद्योगिकी के किसी भी क्षेत्र में एक टीम में काम करते हुए असाधारण योगदान दिया है।

विज्ञान युवा-शान्ति स्वरूप भटनागर (VY-SSB)

- ये पुरस्कार युवा वैज्ञानिकों (अधिकतम 45 वर्ष) के लिए भारत में सर्वोच्च बहुविषयक विज्ञान पुरस्कार हैं।
- इसका नाम वैज्ञानिक एवं औद्योगिक अनुसन्धान परिषद् (CSIR) के संस्थापक और निर्देशक शान्ति स्वरूप भटनागर के नाम पर रखा गया है, जो एक प्रसिद्ध रसायनज्ञ तथा दूरदर्शी थे।

शान्ति स्वरूप भटनागर पुरस्कार

- यह पुरस्कार वैज्ञानिक तथा औद्योगिक अनुसन्धान परिषद् (CSIR) के द्वारा विज्ञान एवं प्रौद्योगिकी के क्षेत्र में प्रत्येक वर्ष दिया जाता है।
- वर्ष 1957 में स्थापित यह पुरस्कार विज्ञान एवं प्रौद्योगिकी क्षेत्र में उपलब्धि के लिए प्रदान किया जाने वाला भारत का सबसे प्रतिष्ठित पुरस्कार है।

साहित्य से सम्बन्धित पुरस्कार

- भारत में साहित्य से सम्बन्धित पुरस्कारों में सरकार के अतिरिक्त निजी संस्थाओं द्वारा दिए जाने वाले पुरस्कार-सम्मान भी अत्यधिक महत्त्वपूर्ण एवं प्रतिष्ठित हैं।
- इन पुरस्कारों एवं सम्मानों में निम्नलिखित सर्वाधिक उल्लेखनीय हैं

भारतीय ज्ञानपीठ पुरस्कार

- ज्ञानपीठ पुरस्कार भारतीय ज्ञानपीठ संस्था द्वारा दिया जाता है। यह भारतीय साहित्य के क्षेत्र में दिया जाने वाला सर्वोच्च पुरस्कार है।
- भारतीय ज्ञानपीठ की स्थापना टाइम्स ऑफ इण्डिया समूह के स्वामी एवं उद्यमी रमा जैन और साहूशान्ति प्रसाद जैन द्वारा वर्ष 1961 में की गई थी।
- संविधान की 8वीं अनुसूची में वर्णित 22 भारतीय भाषाओं सहित अंग्रेजी में से किसी एक में साहित्य रचना करने वाले भारतीय नागरिक को यह पुरस्कार प्रदान किया जाता है।
- इसके अन्तर्गत ₹ 11 लाख की धनराशि, एक प्रशस्ति-पत्र और वाग्देवी की काँस्य प्रतिमा प्रदान की जाती है।
- इस पुरस्कार की स्थापना वर्ष 1961 में की गई थी, प्रथम पुरस्कार वर्ष 1965 में दिया गया था।
- इस पुरस्कार के पीछे द टाइम्स ऑफ इण्डिया अखबार समूह है।

ज्ञानपीठ सम्मान प्राप्त साहित्यकार

वर्ष	सम्मानित लेखक	भाषा
1965	जी. शंकर कुरूप	मलयालम (ओदक्कुझल)
1966	ताराशंकर बन्द्योपाध्याय	बंगाली (गणदेवता)
1967	कुप्पली वेंकटप्पा पुटप्पा (कुवेम्पु)	कन्नड़ (श्री रामायण दर्शनम)
	उमाशंकर जोशी	गुजराती (निशीथ)
1968	सुमित्रानन्दन पंत	हिन्दी (चिदम्बरा, स्वर्णधूलि, उत्तरा, युगपथ, कला और बूढ़ा चाँद, लोकायतन, गीतहंस आदि)
1969	फ़िराक गोरखपुरी (रघुपति सहाय)	उर्दू (गुल-ए-नगमा, मशअल, रूहे-कायनात, नग्म-ए-साज, गजालिस्तान, शेरिस्तान, शबिस्तान)
1970	विश्वनाथ सत्यनारायन	तेलुगू (रामायण कल्पवृक्षम्)
1971	विष्णु डे	बंगाली (स्मृति सत्ता भविष्यत)
1972	रामधारी सिंह दिनकर	हिन्दी (उर्वशी, रश्मिरथी, रेणुका, संस्कृति के चार अध्याय, हुंकार, सामधेनी, नीम के पत्ते, मिट्टी की ओर, हारे का हरि नाम, रेती के फूल)
1973	दत्तात्रेय रामचन्द्र बेंद्रे	कन्नड़ (नाकुतंती)
	गोपीनाथ मोहन्ती	ओड़िया (मटिमातल)
1974	विष्णु सखाराम खाण्डेकर	मराठी (ययाति)
1975	पी. वी. अकीलन	तमिल (चित्तरपवई)
1976	आशापूर्णा देवी	बंगाली (प्रथम प्रतिश्रुति)
1977	के. शिवराम करन्थ	कन्नड़ (मूकज्जिया कनासुगलू)
1978	सच्चिदानन्द हीरानन्द वात्स्यायन 'अज्ञेय'	हिन्दी (कितनी नावों में कितनी बार, शेखर एक जीवनी, अरे यायावर रहेगा याद, एक बूँद सहसा उछली)
1979	बीरेन्द्र कुमार भट्टाचार्य	असमिया (मृत्युंजय)
1980	एस. के. पोत्तेक्कत	मलयालम (ओरु देसथिंते कथा)
1981	अमृता प्रीतम	पंजाबी (कागज ते कैनवास)
1982	महादेवी वर्मा	हिन्दी (यामा, नीहार, रश्मि, नीरजा, सांध्यगीत, अग्निरेखा, दीपशिखा, सप्तपर्णा)
1983	मास्ति वेंकटेश अय्यंगार	कन्नड़ (चिक्कावीरा राजेन्द्र)
1984	तकाजी शिवशंकर पिल्लई	मलयालम (कयार)
1985	पन्नलाल पटेल	गुजराती (मानवी नी भावई)
1986	सच्चिादानन्द रौतेरा	ओड़िया
1987	विष्णु वामन सिरवाड़कर	मराठी
1988	सी. नारायण रेड्डी	तेलुगू (विश्वम्भरा)
1989	कुर्तुलएन हैदर	उर्दू (आखिरी शब के हमसफर)
1990	विनायक कृष्ण गोकक	कन्नड़ (भारथ सिन्धु रश्मि)
1991	सुभाष मुखोपाध्याय	बंगाली (पदातिक (पैदल सैनिक))
1992	नरेश मेहता	हिन्दी (धूप की भाषा, अरण्यानी से वापसी, भ्रम, आश्वासन, प्रतीति)
1993	सीताकान्त महापात्र	ओड़िया
1994	यू. आर. अनन्तमूर्ति	कन्नड़
1995	एम. टी. वासुदेवन नायर	मलयालम (रंडामूझम)
1996	महाश्वेता देवी	बंगाली (हजार चौरासी की माँ)
1997	अली सरदार जाफरी	उर्दू
1998	गिरीश कर्नाड	कन्नड़
1999	निर्मल वर्मा	हिन्दी (कव्वे और काला पानी , वे दिन, लाल टीन की छत, एक चिथड़ा सुख, रात का रिपोर्टर, अन्तिम अरण्य)
1999	गुरु दयाल सिंह	पंजाबी (मढ़ी दा दीवा)
2000	इन्दिरा गोस्वामी	असमिया (दातल हातिर उन्ये खुवा हौदाह)
2001	राजेन्द्र शाह	गुजराती (ध्वनि)
2002	डी. जयकान्तन	तमिल
2003	विन्दा करंदीकर	मराठी
2004	रहमान राही	कश्मीरी (सुभुक सोदा,कलमी राही और सियाह रोडे जरेन मंज)
2005	कुँवर नारायण	हिन्दी (चक्रव्यूह, तीसरा सप्तक, परिवेश : हम-तुम, अपने सामने आदि)
2006	रविन्द्र कालेकर	कोंकणी
2006	सत्यव्रत शास्त्री	संस्कृत
2007	ओ. एन. वी. कुरूप	मलयालम
2008	अखलाक मोहम्मद खान शहरयार	उर्दू
2009	अमरकान्त	हिन्दी (सूखा पत्ता, काले-उजले दिन,कण्टीली राह के फूल, ग्राम सेविका, पराई डाल का पंछी)
2009	श्रीलाल शुक्ल	हिन्दी (राग दरबारी, आदमी का ज़हर, विश्रामपुर का संत, राग विराग, अंगद का पाँव, यहाँ से वहाँ)
2010	चन्द्रशेखर कम्बरा	कन्नड़
2011	प्रतिभा रे	ओडिया (यज्ञसेनी)
2012	रावुरी भारद्वाज	तेलुगू (पाकुदरल्लू)
2013	केदारनाथ सिंह	हिन्दी (अकाल में सारस)
2014	भालचन्द्र नेमाड़े	मराठी (हिन्दूः जगण्याची समरुद्ध अडगल)
2015	रघुवीर चौधरी	गुजराती (अमृता (उपन्यास))
2016	शंख घोष	बंगाली (मूखरे बारो, सामाजिक नोय)
2017	कृष्णा सोबती	हिन्दी (जिन्दगीनामा, डार से बिछुड़ी, मित्रो मरजानी)
2018	अमिताव घोष	अंग्रेजी, अंग्रेजी भाषा के प्रथम विजेता। 'द सर्किल ऑफ रीजन', 'दे शेडो लाइन', 'द कलकत्ता क्रोमोसोम', 'द ग्लास पैलेस' 'द हंगरी टाइड', 'रिवर ऑफ स्मोक' और 'फ्लड ऑफ फायर'
2019	अक्कीतम अच्युतन नम्बूदिरी	मलयालम
2021	नीलमणि फूकन को	असमी
2022	दामोदर मौउजो	कोंकणी
2023	जगद्गुरु रामचन्द्राचार्य गुलजार	संस्कृत, उर्दू

भारतीय ज्ञानपीठ न्यास के अन्य पुरस्कार

मूर्तिदेवी पुरस्कार	◆ मूर्तिदेवी पुरस्कार भी भारतीय ज्ञानपीठ के द्वारा दिया जाने वाला प्रतिष्ठित साहित्य सम्मान है। ◆ वर्ष 1982 में स्थापित यह पुरस्कार भारतीय संविधान की आठवीं अनुसूची में सूचीबद्ध 22 भाषाओं सहित अंग्रेजी में से किसी एक में श्रेष्ठ साहित्यिक रचना हेतु प्रदान किया जाता है। ◆ वर्ष 1983 में कन्नड़ लेखक सी. के. नागराज राव इसे प्राप्त करने वाले पहले लेखक थे।
नवलेखन पुरस्कार	◆ भारतीय ज्ञानपीठ न्यास द्वारा 40 वर्ष से कम आयु के युवा लेखकों के लिए नवलेखन पुरस्कार की स्थापना वर्ष 2005 में की गई। ◆ यह पुरस्कार उन लेखकों के लिए है, जो अपनी पहली रचना हिन्दी में लिख रहे हैं। ◆ नवलेखन पुरस्कार विजेता को पुरस्कार स्वरूप सरस्वती माता की मूर्ति, प्रशस्ति पत्र तथा नकद राशि प्रदान की जाती है।
ज्ञान गरिमा पुरस्कार	◆ यह पुरस्कार या फैलोशिप भारतीय ज्ञानपीठ न्यास द्वारा विशेष रूप से 75 वर्ष की आयु से ऊपर जो बहुत वरिष्ठ और प्रतिष्ठित लेखक हैं, जिन्होंने अपनी रचनाओं के माध्यम से भारतीय साहित्य के लिए अत्यधिक योगदान दिया है, उनको दिया जाता है।

के. के. बिड़ला फाउण्डेशन के पुरस्कार

- भारत के प्रसिद्ध उद्योगपति बिड़ला घराने के कृष्ण कुमार बिड़ला द्वारा वर्ष 1991 में के. के. बिड़ला फाउण्डेशन की स्थापना की गई थी।
- इस संस्था द्वारा साहित्य के क्षेत्र में विभिन्न पुरस्कार प्रदान किए जाते हैं

पुरस्कार का नाम	विवरण
सरस्वती सम्मान	◆ इस पुरस्कार की स्थापना वर्ष 1991 में की गई थी। ◆ यह पुरस्कार पिछले 10 वर्षों में संविधान में अनुसूचित 22 भारतीय भाषाओं में प्रकाशित उत्कृष्ट साहित्यिक रचना हेतु प्रदान किया जाता है। ◆ इसके अन्तर्गत विजेता को ₹ 15 लाख की नकद राशि तथा एक प्रशस्ति पत्र दिया जाता है।
वाचस्पति सम्मान	◆ वर्ष 1992 में स्थापित यह पुरस्कार के. के. बिड़ला फाउण्डेशन द्वारा दिया जाता है। ◆ यह पुरस्कार विगत् 10 वर्षों में प्रकाशित किसी भारतीय नागरिक द्वारा लिखित संस्कृत की उत्कृष्ट रचना के लिए प्रदान किया जाता है। इसमें प्रशस्ति पत्र तथा ₹ 1.5 लाख की नकद धनराशि प्रदान की जाती है।
शंकर पुरस्कार	◆ शंकर पुरस्कार विगत 10 वर्षों में भारतीय दर्शन कला एवं संस्कृति के योगदान के लिए दिया जाता है। ◆ इस पुरस्कार के तहत ₹ 1.5 लाख की नकद राशि प्रदान की जाती है।
व्यास सम्मान	◆ यह पुरस्कार, ज्ञानपीठ पुरस्कार के बाद दूसरा सबसे बड़ा साहित्य सम्मान है। इस पुरस्कार की राशि ₹ 4 लाख है। ◆ इस पुरस्कार हेतु 10 वर्षों के अन्दर प्रकाशित हिन्दी की कोई भी साहित्यिक कृति पात्र हो सकती है।
बिहारी पुरस्कार	◆ यह पुरस्कार प्रतिवर्ष विगत् 10 वर्षों में प्रकाशित राजस्थान के किसी लेखक की उत्कृष्ट कृति (हिन्दी अथवा राजस्थानी में) के लिए प्रदान किया जाता है। ◆ इस पुरस्कार के तहत प्रशस्ति-पत्र, प्रतीक चिह्न व ₹ 1 लाख की सम्मान राशि प्रदान की जाती है।

साहित्य अकादमी पुरस्कार

- साहित्य अकादमी पुरस्कार वर्ष 1954 में स्थापित किया गया था।
- यह पुरस्कार भारतीय संविधान की 8वीं अनुसूची में वर्णित 22 भारतीय भाषाओं के अतिरिक्त अंग्रेज़ी तथा राजस्थानी के लिए भी दिया जाता है।
- इसके अतिरिक्त ₹ 1.00 लाख की नकद धनराशि भी प्रदान की जाती है।

साहित्य अकादमी के अन्य पुरस्कार

भाषा सम्मान	◆ साहित्य अकादमी ने गैर-मान्यता प्राप्त भाषाओं में सृजनात्मक साहित्य के साथ-साथ शैक्षिक अनुसन्धान को प्रोत्साहित करने के लिए वर्ष 1996 में भाषा सम्मान की स्थापना की। ◆ इस सम्मान स्वरूप एक ताम्र फलक तथा प्रशस्ति पत्र के साथ ₹ 1 लाख की पुरस्कार राशि प्रदान की जाती है।
साहित्य अकादमी अनुवाद पुरस्कार	◆ सृजनात्मक लेखन के लिए दिए जाने वाले पुरस्कारों के अतिरिक्त साहित्य अकादमी वर्ष 1989 से अनुवादों के लिए पुरस्कार प्रदान कर रही है। ◆ इसके अन्तर्गत ताम्रफलक और ₹ 50,000/- की नकद धनराशि प्रदान की जाती है।
साहित्य अकादमी युवा पुरस्कार	◆ साहित्य अकादमी ने वर्ष 2011 मान्यता प्रदत्त 24 भारतीय भाषाओं में युवा लेखन को प्रोत्साहित करने हेतु युवा पुरस्कार प्रारम्भ किया। ◆ युवा पुरस्कार के लिए पुस्तकों का चयन सम्बन्धित भाषा चयन समितियों की अनुशंसा के आधार पर किया जाता है।
साहित्य अकादमी बाल साहित्य पुरस्कार	◆ इस पुरस्कार की शुरुआत वर्ष 2010 से हुई। ◆ यह पुरस्कार किसी लेखक को बच्चों के साहित्य में उसके समग्र योगदान के लिए प्रदान किया जाता है। ◆ साहित्य अकादमी युवा पुरस्कार 35 वर्ष से कम आयु के लेखकों को प्रदान किया जाता है। ◆ इस पुरस्कार में एक ताम्रफलक और ₹ 50,000 की राशि प्रदान की जाती है।

भारत के अन्तर्राष्ट्रीय पुरस्कार

- भारत ने विभिन्न क्षेत्रों में अनेक अन्तर्राष्ट्रीय पुरस्कारों की एक समृद्ध श्रृंखला की स्थापना की है, जो वैश्विक मंच पर उल्लेखनीय प्रतिभा और योगदान का प्रदर्शन करने वाली हस्तियों को प्रदान किए जाते हैं।
- ये पुरस्कार न केवल व्यक्तियों का सम्मान करते हैं, बल्कि भारत की सांस्कृतिक जीवन्तता और वैश्विक परिदृश्य में महत्त्वपूर्ण योगदान के प्रमाण के रूप में भी कार्य करते हैं। भारत के प्रमुख अन्तर्राष्ट्रीय पुरस्कारों में शामिल हैं

गाँधी शान्ति पुरस्कार

- भारत सरकार ने यह पुरस्कार राष्ट्रपिता महात्मा गाँधी के 125वें जन्म दिवस पर वर्ष 1994 में आरम्भ किया था।
- यह वार्षिक पुरस्कार उन व्यक्तियों या संस्थाओं को दिया जाता है, जिन्होंने सामाजिक, आर्थिक एवं राजनीतिक बदलावों को अहिंसा एवं अन्य गाँधीवादी तरीकों द्वारा प्राप्त किया है।
- इस पुरस्कार में ₹ एक करोड़ की धनराशि, प्रशस्ति-पत्र और एक पट्टिका दी जाती है। यह पुरस्कार संस्कृति मन्त्रालय, भारत सरकार द्वारा प्रतिवर्ष प्रदान किया जाता है।

इन्दिरा गाँधी शान्ति, निरस्त्रीकरण और विकास पुरस्कार

- इन्दिरा गाँधी मेमोरियल ट्रस्ट द्वारा वर्ष 1986 से इन्दिरा गाँधी शान्ति, निरस्त्रीकरण और विकास पुरस्कार प्रतिवर्ष विश्व के किसी ऐसे व्यक्ति को प्रदान किया जाता है, जिसने समाज सेवा, शान्ति और निरस्त्रीकरण या विकास के कार्य में महत्त्वपूर्ण योगदान दिया हो।
- इस पुरस्कार के अन्तर्गत ₹ 25 लाख नकद, एक ट्रॉफी और प्रशस्ति पत्र प्रदान किया जाता है।

सांस्कृतिक सद्भाव के लिए टैगोर पुरस्कार

- भारत सरकार द्वारा गुरुदेव रबीन्द्रनाथ टैगोर की 150वीं जयन्ती के उपलक्ष्य में यह वार्षिक पुरस्कार स्थापित किया गया था।
- यह पुरस्कार व्यक्तियों और संगठनों को सांस्कृतिक सद्भाव में उनके उत्कृष्ट योगदान के लिए दिया जाता है।
- इस पुरस्कार में ₹ 1 करोड़ की राशि, एक प्रशस्ति पत्र, एक पट्टिका और साथ ही एक उत्कृष्ट पारम्परिक हस्तशिल्प/हथकरघा वस्तु दी जाती है। पहला टैगोर पुरस्कार वर्ष 2012 में भारतीय सितार वादक, रविशंकर को प्रदान किया गया था।

अन्तर्राष्ट्रीय समझ के लिए जवाहरलाल नेहरू पुरस्कार

- यह पुरस्कार देश के पहले प्रधानमन्त्री जवाहरलाल नेहरू के सम्मान में भारत सरकार द्वारा प्रदान किया जाने वाला एक अन्तर्राष्ट्रीय पुरस्कार है।
- इसकी स्थापना वर्ष 1965 में की गई थी और इसे भारतीय सांस्कृतिक सम्बन्ध परिषद् (ICCR) द्वारा विश्व के लोगों के बीच अन्तर्राष्ट्रीय समझ, सद्भावना और दोस्ती को बढ़ावा देने में उनके उत्कृष्ट योगदान के लिए प्रदान किया जाता है।
- इस पुरस्कार के अन्तर्गत ₹ 25 लाख की धनराशि, ट्रॉफी और प्रशस्ति पत्र प्रदान किया जाता है।

अन्य पुरस्कार

संगीत नाटक अकादमी फैलोशिप (अकादमी रत्न)

- संगीत नाटक अकादमी फैलोशिप संगीत नाटक अकादमी द्वारा प्रदान किया जाने वाला सर्वोच्च सम्मान है, इसकी शुरुआत वर्ष 1954 में की गई थी।
- अकादमी फैलोशिप के तहत ₹ 3.00 लाख नकद, एक ताम्रपत्र और एक अंगवस्त्रम प्रदान किया जाता है।

संगीत नाटक अकादमी के अन्य पुरस्कार

संगीत नाटक अकादमी पुरस्कार

- यह पुरस्कार संगीत, नृत्य, रंगमंच, पारम्परिक/लोक/जनजातीय संगीत/नृत्य/थिएटर, कठपुतली और प्रदर्शन कला में समग्र योगदान के लिए कलाकारों को दिया जाता हैं।
- अकादमी द्वारा वर्ष 1952 से यह पुरस्कार प्रदान किया जा रहा है।

उस्ताद बिस्मिल्लाह खान युवा पुरस्कार

- संगीत नाटक अकादमी ने वर्ष 2006 से उस्ताद बिस्मिल्लाह खान युवा पुरस्कार शुरू किया है।
- यह पुरस्कार संगीत, नृत्य और नाटक के क्षेत्र में विशिष्ट प्रतिभा दिखाने/प्रदर्शित करने वाले युवा कलाकारों को दिया जाता है। इसके अन्तर्गत 35 वर्ष से कम आयु के कलाकारों को पुरस्कृत किया जाता है।

संगीत नाटक अकादमी अमृत पुरस्कार

- यह एक राष्ट्रीय सम्मान है, जो प्रदर्शन कला के क्षेत्र के कलाकारों के साथ-साथ शिक्षकों और विद्वानों को भी प्रदान किया जाता है।
- इसकी स्थापना अकादमी ने भारत की आजादी के 75 वर्ष पूरे होने के उपलक्ष्य में आजादी का अमृत महोत्सव के अवसर पर की है।

ललित कला अकादमी पुरस्कार

- भारत में ललित कला के क्षेत्र में दिया जाने वाला ललित कला अकादमी पुरस्कार प्रमुख सम्मान है। इसमें कलाकार को ₹ 25000 नकद, प्रशस्ति पत्र और एक प्रतीक चिह्न दिया जाता है।
- वर्ष 1955 में जामिनी रॉय को इसकी पहली मानद उपाधि दी गई थी।

ललित कला अकादमी फैलोशिप

- इस फैलोशिप योजना का उद्देश्य युवाओं को एक कार्य स्थान प्रदान करना है, जहाँ उनके कौशल में सुधार किया जा सके और वे दृश्य कला के अपने क्षेत्र में नवीन विचारों को विकसित कर सकें।
- इस योजना के अन्तर्गत पंजीकृत विद्वानों को बारह महीने (एक वर्ष) की अवधि के लिए ₹ 20,000/- प्रति माह का पुरस्कार दिया जाता है।
- विद्वानों के लिए न्यूनतम आयु सीमा 21 वर्ष और अधिकतम 35 वर्ष है।

सरदार पटेल राष्ट्रीय एकता पुरस्कार

यह भारत की एकता और अखण्डता में योगदान के क्षेत्र में दिया जाने वाला सर्वोच्च नागरिक पुरस्कार है। भारत सरकार ने इस पुरस्कार को सरदार वल्लभभाई पटेल के नाम पर शुरू किया है।

डॉ. राजेन्द्र प्रसाद स्मृति पुरस्कार

- 5 जुलाई, 2022 को इस पुरस्कार की स्थापना की घोषणा की गई है।
- देश के प्रथम राष्ट्रपति की स्मृति में अकादमिक उत्कृष्टता के लिए लोक प्रशासन में डॉ. राजेन्द्र प्रसाद स्मृति पुरस्कार प्रदान किया जाएगा।

नारी शक्ति पुरस्कार

- यह भारत में महिलाओं के सम्मान में सर्वोच्च नागरिक पुरस्कार है। प्रतिवर्ष अन्तर्राष्ट्रीय महिला दिवस (8 मार्च) पर भारत के राष्ट्रपति द्वारा इस पुरस्कार को प्रदान किया जाता है।
- इस पुरस्कार को वर्ष 1999 में स्थापित किया गया। नारी शक्ति पुरस्कार में ₹ 2 लाख की नकद पुरस्कार राशि और व्यक्तियों एवं संस्थानों को एक प्रमाण पत्र दिया जाता है।

अन्तर्राष्ट्रीय पुरस्कार एवं सम्मान

नोबेल पुरस्कार

- नोबेल पुरस्कारों की स्थापना स्वीडन के प्रसिद्ध वैज्ञानिक अल्फ्रेड बर्नार्ड नोबेल की वसीयत पर की गई थी।

- यह पुरस्कार छ: श्रेणियों–शान्ति, साहित्य, भौतिकी, रसायन, चिकित्सा विज्ञान और अर्थशास्त्र के क्षेत्र में दिया जाने वाला विश्व का सबसे प्रतिष्ठित पुरस्कार है।
- इनमें से इकोनोमिक साइंसेस (अर्थशास्त्र) का नोबेल पुरस्कार वर्ष 1968 में स्वीडन के सेण्ट्रल बैंक ने प्रारम्भ किया। वर्ष 1969 में प्रथम बार अर्थशास्त्र का नोबेल पुरस्कार प्रदान किया गया।
- इनमें से प्रत्येक पुरस्कार एक अलग समिति द्वारा प्रदान किया जाता है
  - चिकित्सा विज्ञान–कारोलिंस्का इन्स्टीट्यूट।
  - भौतिकी और रसायन और अर्थशास्त्र–द रॉयल स्वीडिश एकेडमी ऑफ साइंसेस।
  - शान्ति–नॉर्वेजियन नोबेल समिति।
  - साहित्य–स्वीडिश एकेडमी।

नोबेल पुरस्कार: अन्य प्रमुख तथ्य

- नोबेल फाउण्डेशन की स्थापना 29 जून, 1900 को की गई थी। विश्व का पहला नोबेल पुरस्कार, 1901 में रेडक्रॉस के संस्थापक ज्यां हेनरी डुनेण्ट तथा द फ्रेंच पीस सोसायटी के संस्थापक अध्यक्ष फ्रेडरिक पैसी को संयुक्त रूप से प्रदान किया गया था।
- इनका वितरण प्रत्येक वर्ष अल्फ्रेड नोबेल की पुण्यतिथि के अवसर पर 10 दिसम्बर को स्वीडन के स्टॉकहोम में एक भव्य समारोह में किया जाता है। जबकि शान्ति का नोबेल पुरस्कार इसी दिन नॉर्वे की राजधानी ओस्लो में दिया जाता है।
- इस पुरस्कार के अन्तर्गत एक पदक, एक डिप्लोमा और धनराशि प्रदान की जाती है। नकद पुरस्कार की राशि वर्तमान में 10 मिलियन स्वीडिश क्रोना यानी कि 911,000 डॉलर के लगभग है।
- भारत के प्रथम नोबेल पुरस्कार विजेता रविन्द्रनाथ टैगोर थे, उन्हें यह पुरस्कार वर्ष 1913 में गीतांजलि के लिए मिला।

भारतीय मूल के नोबेल पुरस्कार विजेता

व्यक्ति	क्षेत्र	वर्ष	योगदान
रबीन्द्रनाथ टैगोर	साहित्य	1913	साहित्य, गीतांजलि के लिए
सी. वी. रमन	भौतिक विज्ञान	1930	प्रकाश के प्रकीर्णन पर उनके कार्य तथा रमण प्रभाव की खोज के लिए
हरगोबिन्द खुराना (संयुक्त रूप से रॉबर्ट डब्ल्यू हॉल्ली और मार्शल डब्ल्यू निरेनबर्ग के साथ)	चिकित्सा	1968	आनुवंशिक कोड की अपनी व्याख्या और प्रोटीन संश्लेषण में उनके कार्य के लिए
मदर टेरेसा	शान्ति	1979	मानवीय कार्य।
सुब्रह्मण्यम चन्द्रशेखर	भौतिक विज्ञान	1983	तारों की संरचना और विकास पर उनके सैद्धान्तिक अध्ययन के लिए
अमर्त्य सेन	आर्थिक विज्ञान	1998	कल्याणकारी अर्थशास्त्र में उनके योगदान के लिए
वेंकटरमन रामकृष्णन (संयुक्त रूप से थॉमस ए स्टिट्ज़ और एडा ई योनाथ के साथ)	रसायन	2009	राइबोसोम की संरचना और कार्यों के अध्ययन के लिए
कैलाश सत्यार्थी (संयुक्त रूप से पाकिस्तान की मलाला यूसुफजई के साथ)	शान्ति	2014	बच्चों और युवाओं के दमन के खिलाफ और सभी बच्चों के शिक्षा के अधिकार हेतु उनके संघर्ष के लिए
अभिजीत बनर्जी (संयुक्त रूप से एस्तेर डुफ्लो और माइकल क्रेमर के साथ)	आर्थिक विज्ञान	2019	वैश्विक गरीबी को कम करने के लिए उनके प्रयोगात्मक अभिजीत बनर्जी ने एस्तेर डुफ्लो के साथ मिलकर 'पुअर इकोनोमिक्स' व 'गुड इकोनोमिक्स फॉर हार्ड टाइम्स' पुस्तकें लिखी हैं

- इनके अतिरिक्त वर्ष 1907 में साहित्य के लिए नोबेल पुरस्कार से सम्मानित रुडयार्ड किपलिंग और वर्ष 1902 में चिकित्सा के लिए नोबेल पुरस्कार से सम्मानित रोनाल्ड रॉस का जन्म भारत में हुआ था।

बुकर पुरस्कार

- इंग्लैण्ड की एक बहुराष्ट्रीय कम्पनी बुकर मैककोनेल ने वर्ष 1968 में इस पुरस्कार की स्थापना की। वर्ष 1969 से यह पुरस्कार दिया जा रहा है।
- यह पुरस्कार प्रत्येक वर्ष, अंग्रेजी में लिखे/अनुवाद किए गए और यूके और आयरलैण्ड में प्रकाशित होने वाले वर्ष के सर्वश्रेष्ठ उपन्यास को प्रदान किया जाता है।
- इस पुरस्कार के अन्तर्गत 50,000 पौण्ड की राशि प्रदान की जाती है।
- अनुराधा राय, संजीव सहोता, वी.एस. नायपॉल, अरुन्धति राय, सलमान रश्दी किरण देसाई और अरविन्द अडिगा इसके भारतीय और भारतीय मूल के विजेता हैं।
- लेखिका गीतांजलि श्री के हिन्दी उपन्यास रेत समाधि के अंग्रेजी अनुवाद टॉम्ब ऑफ सैंड ने वर्ष 2022 का अन्तर्राष्ट्रीय बुकर पुरस्कार जीता है।
- यह हिन्दी भाषा में पहला उपन्यास है, जिसे यह प्रतिष्ठित साहित्यिक पुरस्कार मिला है। इसका अंग्रेजी अनुवाद, टॉम्ब ऑफ सैण्ड नाम से डेजी रॉकवेल ने किया है। गीतांजलि श्री उत्तर प्रदेश के मैनपुरी की निवासी हैं।
- वर्ष 2024 का बुकर पुरस्कार ब्रिटिश लेखिका सामंथा हार्वे को उनके उपन्यास आर्बिटल के लिए प्राप्त हुआ।

रेमन मैग्सेसे पुरस्कार

- इसे एशिया का नोबेल शान्ति पुरस्कार भी कहा जाता है। यह पुरस्कार वर्ष 1957 में फिलीपीन्स के पूर्व राष्ट्रपति रेमन मैग्सेसे की स्मृति में स्थापित किया गया था, तब से रेमन मैग्सेसे अवार्ड्स फाउण्डेशन (RMAF) द्वारा यह पुरस्कार प्रतिवर्ष दिया जाता है।

- इस अवार्ड के अन्तर्गत सर्टिफिकेट, एक मेडल और 50 हजार अमेरिकी डॉलर की धनराशि दी जाती है।
- केरल की पूर्व स्वास्थ्य मन्त्री और भारतीय कम्युनिस्ट पार्टी (मार्क्सवादी) केन्द्रीय समिति की सदस्य के. के. शैलजा ने रेमन मैग्सेसे अवॉर्ड फाउण्डेशन के वर्ष 2022 के पुरस्कार के प्रस्ताव को ठुकरा दिया था।
- वर्ष 2024 में यह पुरस्कार भूटान के कर्मा फुंटशो वियतनाम की न्गुयेन पीन्गोक फ्यूंग इण्डोनेशिया की फरवीजा फरहान जापान के छायाओं मियाजाकी तथा थाईलैण्ड के ग्रामीण डाक्टर्स मूवमेंट को प्रदान किया गया।

भारत के प्रमुख विजेता

भारत में ये अवॉर्ड विनोबा भावे, मदर टेरेसा, अरुण शौरी, किरण बेदी, सन्दीप पाण्डे, राजेन्द्र सिंह, अरुणा राय, अरविन्द केजरीवाल, पी साईंनाथ, महाश्वेता देवी, रवीश कुमार, जैसी कई प्रसिद्ध हस्तियों को मिल चुका है।

पुलित्जर पुरस्कार

- पुलित्जर पुरस्कार पत्रकारिता के क्षेत्र में अमेरिका का सबसे प्रतिष्ठित सम्मान है।
- यह पुरस्कार अमेरिका के प्रसिद्ध समाचार पत्र प्रकाशक जोसेफ पुलित्जर के सम्मान में दिया जाता है।
- जोसेफ पुलित्जर ने अमेरिका के कोलम्बिया विश्वविद्यालय में पत्रकारिता स्कूल को शुरू करने तथा पुरस्कार की शुरुआत करने के लिए अपनी वसीयत से धन दिया था।
- इस पुरस्कार की शुरुआत वर्ष 1917 में की गई थी। जिसे 'कोलम्बिया विश्वविद्यालय और पुलित्जर पुरस्कार बोर्ड' द्वारा संचालित किया जाता है।
- वर्ष 2022 में यह पुरस्कार चार भारतीय पत्रकारों फोटोग्राफर दानिश सिद्दिकी (मरणोपरान्त), अदनान आबिदी, सना इरशाद मट्टू तथा अमित दवे को दिया गया है।

अकादमी पुरस्कार या ऑस्कर अवॉर्ड

- अकादमी पुरस्कार या ऑस्कर अवॉर्ड विश्व का सबसे प्रतिष्ठित सिनेमा पुरस्कार है।
- यह कैलिफोर्निया स्थित एकेडमी ऑफ मोशन पिक्चर आर्ट्स एण्ड साइन्सेज द्वारा प्रतिवर्ष लॉस एंजिल्स (यूएसए) में प्रदान किया जाता है।
- यह पुरस्कार फिल्म उद्योग में तमाम उपलब्धियों को सम्मानित करने के लिए प्रदान किया जाता है।
- अकादमी पुरस्कार पहली बार वर्ष 1929 में प्रदान किया गया था और विजेताओं को सोने की एक प्रतिमा प्रदान की गई थी, जिसे सामान्यत: ऑस्कर कहा जाता है।

ऑस्कर जीतने वाले भारतीय

प्राप्तकर्ता	वर्ग	वर्ष
भानु अथैया	बेस्ट कॉस्ट्यूम डिजाइन, गाँधी फिल्म के लिए	1983
सत्यजीत रे	मानद पुरस्कार	1992
रेसुल पुकुट्टी	सर्वश्रेष्ठ ध्वनि मिश्रण (स्लमडॉग मिलेनियर)	2009
गुलजार	सर्वश्रेष्ठ मूल गीत (जय हो.. स्लमडॉग मिलेनियर)	2009
एआर रहमान (दो ऑस्कर)	सर्वश्रेष्ठ मूल स्कोर और सर्वश्रेष्ठ मूल गीत (जय हो..) स्लमडॉग मिलेनियर)	2009
कार्तिकी गोंजाल्विस	सर्वश्रेष्ठ वृत्तचित्र लघु (एलीफेण्ट व्हिसपर्स)	2023
एमएम केरावनी और चन्द्रबोस	सर्वश्रेष्ठ मूल गीत (नाटू नाटू आरआरआर)	2023

ग्रैमी अवार्ड

- ग्रैमी का पूरा नाम ग्रामोफोन अवॉर्ड है।
- यह अमेरिका की रिकॉर्डिंग अकादमी द्वारा दिया जाने वाला शीर्ष संगीत पुरस्कार है। यह वर्ष 1959 से लगातार दिया जा रहा है।
- ग्रैमी अवॉर्ड जीतने वाले भारतीयों में सितार वादक पण्डित रविशंकर, तबला वादक उस्ताद जाकिर हुसैन, संगीतकार ए. आर. रहमान, जुबिन मेहता, गायक सोनू निगम, पण्डित विश्वमोहन भट्ट शामिल हैं।
- वर्ष 2024 का ग्रैमी अवार्ड पाँच भारतीयों को दिया गया
  - जाकिर हुसैन (तबला वादक)
  - राकेश चौरसिया (बाँसुरी वादक)
  - शंकर महादेवन (गायक)
  - गणेश राजगोपालन (वायलिन वादक)
  - सेल्वागणेश विनायकराम (तालवादक)

परिशिष्ट को पढ़ने के लिए QR कोड स्कैन करें

प्रीलिम्स फैक्ट्स

1. भारतीय वास्तुकला

- साँची, सारनाथ, लौरिया नन्दनगढ़ तथा अमरावती में से किस/किन स्थानों पर अशोक के स्तम्भ पाए गए हैं?
  - साँची, सारनाथ तथा लौरिया नन्दनगढ़ *[HPSC (Pre) 2021]*
- विश्व का सबसे ऊँचा कहा जाने वाला विश्व शान्ति स्तूप विहार कहाँ स्थित है? ***- राजगीर में*** *[BPSC (Pre) 2001]*
- भव्य जैन स्तूप के अवशेष को कंकाली टीले के पास खोदकर निकाला गया है, जो स्थित है ***- मथुरा में*** *[UPPSC (Pre) 2016]*
- किस स्तूप के तोरण द्वार पर अशोक एवं उसकी दो रानियों के साथ बोधिवृक्ष तीर्थयात्रा का अंकन मिलता है? ***- साँची*** *[MPPSC (Pre) 2016]*
- सर्वप्रथम 'स्तूप' शब्द का उल्लेख किस ग्रन्थ में हुआ है?
  - ऋग्वेद में *[CGPSC (Pre) 2015]*
- किस स्थान पर बौद्ध गुफाएँ स्थित हैं?
  - अजन्ता, बाघ और साँची *[MPPSC (Pre) 2023]*
- भीमबेटका को किसने खोजा था?
  - डॉ. विष्णुधर वाकणकर ने *[MPPSC (Pre) 2021]*
- भारत के सांस्कृतिक इतिहास के सन्दर्भ में 'पंचायतन' शब्द किसे निर्दिष्ट करता है? ***- मन्दिर रचना शैली*** *[IAS (Pre) 2014]*
- पश्चिमी भारत में प्राचीनतम शैलकृत गुफाएँ किन स्थानों पर स्थित हैं?
  - नासिक, एलोरा, अजन्ता *[IAS (Pre) 1993]*
- अजन्ता, ऐलिफेण्टा, एलोरा तथा कार्ले में से किस एक स्थान पर बौद्ध, हिन्दू एवं जैन शैलकृत गुफाएँ एकसाथ विद्यमान हैं?
  - एलोरा में *[UPPSC (Mains) 2006]*
- किस शैलकृत गुफा में ग्यारह सिरों वाले बोधिसत्व का अंकन मिलता है?
  - कन्हेरी में *[UPPSC (Pre) 2018]*
- अजन्ता की गुफाएँ रामायण, महाभारत जातक कथाएँ तथा पंचतन्त्र कहानियाँ आदि में से किससे सम्बन्धित हैं?
  - जातक कथाओं से *[MPPSC (Pre) 2012]*
- ऐलिफेण्टा के प्रसिद्ध शैल को काटकर बनाए गए मन्दिरों (त्रिमूर्ति) का श्रेय किस वंश के शासकों को दिया जाता है?
  - राष्ट्रकूटों को *[UPPSC (Pre) 2011]*
- वैशाली, कौशाम्बी, पाटलिपुत्र तथा श्रावस्ती में से किस एक स्थान पर अशोकाराम विहार स्थित है? ***- पाटलिपुत्र*** *[UPPSC (Pre) 2015]*
- नागर, द्रविड़ तथा बेसर किसकी शैलियाँ हैं?
  - भारतीय मन्दिर निर्माण की *[HPSC (Pre) 2021]*
- किस मन्दिर का प्रारम्भिक अभिकल्पना निर्माण सूर्यवर्मन के राज्यकाल के दौरान हुआ था? ***- अंकोरवाट मन्दिर*** *[IAS (Pre) 2006]*
- चित्रगुप्त स्वामी मन्दिर, जिसे चित्रगुप्त का एकमात्र मन्दिर माना जाता है, कहाँ स्थित है? ***- काँची में*** *[UPPSC (Pre) 1999]*
- देवरानी-जेठानी का मन्दिर छत्तीसगढ़ में किस स्थान पर स्थित है?
  - तालागाँव *[CGPSC (Pre) 2020]*
- बाघ (जिला धार) की किस गुफा को रंग महल कहा जाता है?
  - चौथी *[MPPSC (Pre) 2025]*
- काँची का कैलाशनाथ मन्दिर किस शैली में बना है?
  - राजसिम्हा शैली *[MPPSC (Pre) 2025]*
- किस मन्दिर परिसर में एक भारी-भरकम नन्दी की मूर्ति है, जिसे भारत की विशालतम नन्दी मूर्ति माना जाता है?
  - वृहदेश्वर मन्दिर में *[UPPSC (Pre) 1999]*
- लिंगराज मन्दिर कहाँ अवस्थित है? ***- भुवनेश्वर में*** *[UPPSC (Mains) 2004]*
- भोजशाला मन्दिर की अधिष्ठात्री देवी कौन हैं?
  - भगवती सरस्वती *[UPPSC (Pre) 2003]*
- दिलवाड़ा का आबू जैन मन्दिर किससे बना है?
  - संगमरमर से *[UPPSC (Pre) 2010]*
- सूर्य मन्दिर कहाँ स्थित है? ***- कोणार्क में*** *[UPPSC (Pre) 2003]*
- भारतीय वास्तुकला में 'सुर्खी' का प्रारम्भ किस राजवंश के द्वारा किया गया था? ***- कुषाणों द्वारा*** *[UPPSC (Pre) 2014]*
- गुहा मन्दिरों में सुप्रसिद्ध कैलाश मन्दिर कौन-सी गुफाओं में स्थित है?
  - एलोरा में *[MPPSC (Pre) 2024]*
- भरहुत का स्तूप किस राजवंश/स्थापत्य कला का सुन्दर उदाहरण है?
  - शुंगकालीन राजवंश/स्थापत्य का *[RPSC (Pre) 2024]*
- अकबर ने किस क्षेत्र की विजय को यादगार बनाने के लिए बुलन्द दरवाजे का निर्माण किया था? ***- गुजरात क्षेत्र*** *[UKPSC (Pre) 2024]*
- अकबर के फतेहपुर सीकरी में निर्मित किस इमारत में बौद्ध स्थापत्य कला का अनुसरण किया गया था? ***- पंचमहल इमारत में*** *[RPSC (Pre) 2024]*
- सिन्धु घाटी के किस स्थल से हल की खोज सम्बन्धित टेराकोटा की प्रतिकृति मिली है? ***- बनावली से*** *[JPSC (Pre) 2024]*
- गरीबों के वास्तुकार के रूप में किसे जाना जाता है?
  - लॉरी बेकर को *[UPSC (Pre) 2021]*

2. भारतीय मूर्तिकला

- बुद्ध की 80 फीट बड़ी प्रतिमा जो बोधगया में स्थित है, निर्मित की गई थी
  - जापनियों के द्वारा *[RAS/RTS (Pre) 1999]*
- अर्द्धनारीश्वर मूर्ति में आधे शिव तथा आधी पार्वती प्रतीक हैं
  - देव और उसकी शक्ति के योग का *[UPPSC (Pre) 1997]*
- अफगानिस्तान का बामियान प्रसिद्ध था
  - बुद्ध प्रतिमा के लिए *[UPPSC (Mains) 2008]*
- गान्धार कला शैली एक प्रतिरूप है ***- भारतीय तथा यूनानी कला का*** *[UPPSC (Pre) 1996, RPSC (Pre) 2009]*
- किस मूर्तिकला में सदैव हरित स्तरित चट्टान (शिष्ट) का प्रयोग माध्यम के रूप में होता था? ***- भरहुत मूर्तिकला*** *[IAS (Pre) 1996]*
- गान्धार शैली की मूर्तिकला में बुद्ध के सारनाथ में हुए प्रथम धर्मोपदेश से सम्बद्ध प्रवचन मुद्रा का नाम है ***- धर्मचक्र*** *[JPSC (Pre) 2008]*

- मौर्यकालीन मूर्तियों में मणिभद्र (यक्ष) नाम से अंकित मूर्ति किस स्थान से प्राप्त हुई है? ***- परखम** [RAS/RTS (Pre) 2021]*
- मथुरा की शिल्पकला के लिए किस पत्थर का प्रयोग होता है? ***- लाल बलुआ पत्थर** [CGPSC (Pre) 2013]*

3. चित्रकला

- कोहबर क्या है? ***- वैवाहिक, आनुष्ठानिक भित्ति चित्र** [MPPSC (Pre) 2024]*
- आधुनिक युग के प्रसिद्ध चित्रकार राजा रवि वर्मा का जन्म किस वर्ष हुआ था? ***- 1848 ई.** [CGPSC (Pre) 2021]*
- मधुबनी पेण्टिंग किस राज्य से सम्बन्धित है? ***- बिहार** [MPPSC (Pre) 2013]*
- बोधिसत्व पद्मपाणि का चित्र सर्वाधिक प्रसिद्ध और प्राय: चित्रित चित्रकारी है, जो अवस्थित है ***- अजन्ता में** [IAS (Pre) 2017*
- प्रसिद्ध चित्रकार नन्दलाल बोस किस वर्ष कला भवन (शान्ति निकेतन) के प्रिंसिपल बने थे? ***- वर्ष 1922 में** [CGPSC (Pre) 2021]*
- कलमकारी चित्रकला निर्दिष्ट (रेफर) करती है ***- दक्षिण भारत में सूती वस्त्र पर हाथ से की गई चित्रकारी** [IAS (Pre) 2015]*
- किशनगढ़ शैली किस कला के लिए प्रसिद्ध है? ***- चित्रकला** [CGPSC (Pre) 2016]*
- सुप्रसिद्ध चित्र बणी-ठणी किस शैली का उदाहरण है? ***- किशनगढ़ शैली** [IAS (Pre) 2018]*
- चित्रकला की मुगल शैली का प्रारम्भ किसने किया था? ***- हुमायूँ ने** [UPPSC (Mains) 2015]*
- अवनीन्द्रनाथ टैगोर के बनाए गए चित्रों को यथार्थवादी, समाजवादी, पुनरुज्जीवनवादी तथा प्रभाववादी में से किस वर्ग में वर्गीकृत किया गया है? ***- पुनरुज्जीवनवादी** [IAS (Pre) 1999]*
- इण्डियन सोसायटी ऑफ ओरिएण्टल आर्ट की स्थापना किसने की थी? ***- अवनीन्द्रनाथ टैगोर ने** [UPPSC (Pre) 2015]*
- सुविख्यात चित्र सत्यम् शिवम् सुन्दरम् की रचना किसने की थी? ***- शिवनन्दन नौटियाल** [UPPSC (Mains) 2009]*
- जैमिनी राय कौन थे? ***- चित्रकार** [MPPSC (Pre) 2021]*
- मोनालिसा क्या है? ***- एक चित्र** [MPPSC (Pre) 1997]*
- बोधिसत्व पद्मपाणि की पेण्टिंग स्थित है ***- अजन्ता की गुफाओं में** [BPSC (Pre) 2023]*
- प्रसिद्ध चित्रकार मुहम्मद शाह जयपुर के किस महाराजा का दरबारी चित्रकार था? ***- सवाई राम सिंह द्वितीय** [RPSC (Pre) 2023]*

4. हस्तशिल्प

- राजस्थान में ब्लू पॉटरी का प्रमुख केन्द्र कौन-सा है? ***- जयपुर** [RPSC (Pre) 2012]*
- फुल्कारी कढ़ाई किस राज्य से सम्बन्धित है?***- पंजाब** [CGPSC (Pre) 2021]*
- धरकनिया कढ़ाई किस राज्य से सम्बन्धित है? ***- गुजरात** [CGPSC (Pre) 2021]*
- कसूती कढ़ाई किस राज्य की है? ***- कर्नाटक** [CGPSC (Pre) 2021]*

6. भारतीय संगीत

- तोड़ी, दरबारी, भोपाली तथा भीम पलासी में से कौन-सा राग सुप्रभात के समय गाया जाता है? ***- तोड़ी** [UKPSC (Pre) 2007]*
- उमाकान्त और रमाकान्त गुण्डेचा बन्धु किस गायन से सम्बन्धित हैं? ***- ध्रुपद गायन** [IAS (Pre) 2009]*
- विष्णु नारायण भातखण्डे किस शैली के प्रसिद्ध व्यक्ति थे? ***- हिन्दुस्तानी शास्त्रीय संगीत की थाट शैली के** [HPSC (Pre) 2021]*
- गायक गंगूबाई हंगल थी ***- कर्नाटक से हिन्दुस्तानी शास्त्रीय संगीत ख्याल शैली की गायिका** [UPSC (Pre) 2021]*
- बिरहा किस आदिवासी जनजाति की महिलाओं का लोकप्रिय लोकगीत है? ***- कोल जनजाति** [MPPSC (Pre) 2024]*
- सुविख्यात ठुमरी गायिका गिरिजा देवी का सम्बन्ध किस घराने से है? ***- बनारस घराने से** [UPPSC (Pre) 2011]*
- सितार, तबला, सरोद तथा वीणा में से सबसे प्राचीन वाद्य यन्त्र कौन-सा है? ***-वीणा** [UKPSC (Pre) 1999]*
- संगीत यन्त्र 'सितार' मिश्रण है ***- वीणा तथा तम्बूरा का** [UPPSC (Pre) 2000]*
- हरिप्रसाद चौरसिया किस वाद्य यन्त्र के प्रसिद्ध वादक हैं? ***- बाँसुरी** [UPPSC (Pre) 1993]*
- अल्लारक्खा प्रसिद्ध वादक किससे सम्बन्धित हैं? ***- तबला** [UPPSC (Pre) 1991]*
- सितार, तबला सारंगी तथा शहनाई में से कौन-सा वाद्य इण्डो-इस्लामिक उत्पत्ति का नहीं है? ***- शहनाई** [MPPSC (Pre) 2013]*
- उस्ताद अमजद खान किस वाद्य यन्त्र के प्रसिद्ध वादक हैं? ***- सरोद** [MPPSC (Pre) 1998]*
- श्री.वी.जी. जोग किस वाद्य संगीत के लिए विख्यात हैं? ***- वायलिन** [MPPSC (Pre) 1994]*
- शास्त्रीय संगीत पर प्रसिद्ध रचना 'राधागोविन्द संगीत सार' के रचयिता कौन थे? ***- सवाई प्रताप सिंह** [RAS/RTS (Pre) 1999]*
- राग कल्पद्रुम के रचयिता कौन हैं? ***- कृष्णानन्द व्यास** [RAS/RTS (Pre) 1992]*

7. नृत्य

- भारत के सांस्कृतिक इतिहास के सन्दर्भ में, नृत्य एवं नाट्य कला की एक मुद्रा जिसे 'त्रिभंग' कहा जाता है। प्राचीनकाल से वर्तमान तक भारतीय कलाकारों को अतिप्रिय रही है। इस नृत्य की प्रमुख विशेषता क्या है? ***- इसमें एक पाँव मोड़ा जाता है और देह थोड़ी, किन्तु विपरीत दिशा में कटि एवं ग्रीवा पर वक्र की जाती है।** [IAS (Pre) 2013]*
- भरतनाट्यम, कथकली, कत्थक तथा मोहिनीअट्टम में से कौन-सा शास्त्रीय नृत्य अपने वर्तमान स्वरूप में मुगल परम्परा से प्रभावित है? ***- कत्थक** [JPSC (Pre) 2021]*
- बिन्दादीन, शम्भू महाराज, लच्छू महाराज तथा ध्रुवतारा जोशी में से कौन कत्थक नृत्य से सम्बन्धित नहीं है? ***-ध्रुवतारा जोशी** [UPPSC (Pre) 2009]*
- बिरजू महाराज, किशन महाराज, लच्छू महाराज तथा सितारा देवी में से कौन-सा एक कत्थक कलाकार नहीं है? ***-किशन महाराज** [UPPSC (Mains) 2008]*
- ओडिसी नृत्य किस राज्य से सम्बन्धित है? ***-ओडिशा से** [UKPSC (Mains) 2006]*
- कथकली, कुचिपुड़ी, भरतनाट्यम तथा मणिपुर में से किसका उद्गम पूर्वी भारत से है? ***-मणिपुरी** [MPPSC (Pre) 1997]*
- कुचिपुड़ी किस राज्य का प्रसिद्ध नृत्य है? ***-आन्ध्र प्रदेश** [UPPSC (Pre) 2002]*

- मोहिनीअट्टम किस राज्य का परम्परागत नृत्य है? *–केरल का* [IAS (Pre) 1997]
- तेरहताली किस राज्य का प्रमुख लोकनृत्य है? *–राजस्थान का* [UPPSC (Pre) 2000]
- घूमर, विदेशिया, रास नृत्य तथा कुचिपुड़ी में से किस नृत्य का सम्बन्ध गुजरात से है? *–रास नृत्य का* [UPPSC (Pre) 2008]
- 'तमाशा' संगीत नाटक का प्रसिद्ध लोकस्वरूप है, यह किस राज्य से सम्बन्धित है? *– महाराष्ट्र से* [UPPSC (Mains) 2009]
- बिहू किस प्रदेश का लोक नृत्य है? *– असम का* [UPPSC (Pre) 2007]
- 'कारागम' धार्मिक लोकनृत्य किस राज्य से सम्बन्धित है? *– तमिलनाड़ु से* [UPPSC (Pre) 1998]
- मुखौटा नृत्य का सम्बन्ध किस नृत्य शैली से है? *– कथकली से* [UPPSC (Pre) 1992]
- मोहिनीअट्टम, ओडिसी, कथकली तथा मणिपुरी में से कौन–सा नृत्य केवल पुरुष कलाकारों द्वारा प्रस्तुत किया जाता है? *– कथकली* [CGPSC (Pre) 2008]
- नाटी, लोहो, बम्बू नृत्य तथा खानटुम में से कौन–सा लोकनृत्य मेघालय राज्य का है? *– लोहो* [UPPSC (Pre) 2014]
- कुचिपुड़ी तथा भरतनाट्यम नृत्यों के बीच प्रमुख अन्तर क्या है? *– कुचिपुड़ी नृत्य में नर्तक प्रासंगिक रूप से कथोपकथन का प्रयोग करते हैं, जबकि भरतनाट्यम में कथोपकथन का प्रयोग नहीं किया जाता है।* [IAS (Pre) 2012]
- भारत की संस्कृति एवं परम्परा के सन्दर्भ में 'कलारीपयट्टू' क्या है? *– यह एक प्राचीन मार्शल कला तथा दक्षिण भारत के कुछ भागों में जीवन्त परम्परा है।* [IAS (Pre) 2014]
- यूनेस्को की अमूर्त सांस्कृतिक विरासत की सूची मै शामिल नवीनतम नृत्य कौन–सा है? *– गरबा नृत्य* [IAS (Pre) 2024]
- गरबा नृत्य का सम्बन्ध किस राज्य से है? *– गुजरात* [CGPSC (Pre) 2024]

10. भारतीय सिनेमा

- संस्कृत नाटकों में सामान्य पात्र 'विदूषक' प्राय: किस वर्ण का होता है? *– ब्राह्मण* [IAS (Pre) 1994]
- के. शंकर पिल्लई एक .... प्रसिद्ध थे। *– कार्टूनिस्ट* [MPPSC (Pre) 1990]
- भारत में बनने वाली सर्वप्रथम कथा फिल्म (टॉकी) कौन–सी थी? *– आलमआरा* [IAS (Pre) 1999]
- प्रसिद्ध टीवी सीरियल रामायण के निर्माता कौन थे? *– रामानन्द सागर* [MPPSC (Pre) 1998]
- महाभारत सीरियल के निर्माता कौन थे? *– बी. आर. चोपड़ा* [MPPSC (Pre) 2000]
- बैण्डिट क्वीन चित्र में मुख्य भूमिका किस अभिनेत्री की थी? *– सीमा विश्वास* [IAS (Pre) 1995]
- रिचर्ड एटनबरो कौन हैं? *– निर्माता-निर्देशक* [MPPSC (Pre) 1992]
- फिल्म 'दि मेकिंग ऑफ दी महात्मा' के निर्देशक कौन हैं? *– रिचर्ड एटनबरो* [IAS (Pre) 1997]
- फिल्म गाँधी में गाँधी का अभिनय किसने किया था? *– रिचर्ड एटनबरो* [MPPSC (Pre) 1998]
- रघु राय किस क्षेत्र के प्रसिद्ध व्यक्ति हैं? *– फोटोग्राफी* [IAS (Pre) 2007]
- प्रसिद्ध भारतीय फिल्म अभिनेत्री 'देविका रानी' ने किससे विवाह किया था? *– स्वेतोस्लाव रॉरिक* [MPPSC (Pre) 1993]

11. पारम्परिक मार्शल कलाएँ

- भारत की संस्कृति और परम्परा के अनुसार, कलारीपयट्टू क्या है? *– यह दक्षिण भारत के कुछ भागों में एक प्राचीन मार्शल आर्ट और एक जीवन्त परम्परा है।* [UPSC (Pre) 2014]
- सिलम्बम किस राज्य की प्रसिद्ध भारतीय मार्शल आर्ट है? *– तमिलनाडु* [BPSC (Pre) 2004]
- पारम्परिक खेल मल्लखम्ब किस राज्य का राजकीय खेल है? *– मध्य प्रदेश* [MPPSC (Pre) 2008]
- थांग–ता का सम्बन्ध किस/किन राज्यों से है? *– मिजोरम, मणिपुर* [UPSC (Pre) 2018]

12. अमूर्त सांस्कृतिक विरासत

- मणिपुरी संकीर्तन किसका प्रदर्शन है? *– गीत और नृत्य का* [UPSC CSE 2017]
- मणिपुरी संकीर्तन किसके जीवन और कार्यों का वर्णन करने हेतु प्रदर्शित किया जाता है? *– भगवान श्रीकृष्ण के* [CSE 2017]
- कौन–सा वेद सबसे अधिक प्राचीन है? *– ऋग्वेद* [MPPSC (Pre) 2024]
- अष्टांग योग के अन्तर्गत किसे अन्तरंग साधना कहा जाता है? *– धारणा* [MPPSC (Pre) 2024]
- कालबेलिया, वैदिक मन्त्रोच्चारण, रामलीला, कुम्भमेला, नौरोज नामक अमूर्त सांस्कृतिक धरोहरों का यूनेस्को (UNESCO) धरोहर सूची में प्रवेश (पुराने से नए) का सही क्रम कौन–सा है? *– रामलीला (2008), वैदिक मन्त्रोच्चारण (2008), कालबेलिया (2010), नौरोज (2016), कुम्भ मेला (2017)* [HPSC (Pre) 2024]

13. भाषा एवं लिपि

- किस भाषाको वर्ष 2008 में शास्त्रीय भाषा का दर्जा दिया गया? *– तेलुगू और कन्नड़* [IAS (Pre) 2014]
- किस वर्ष पाकिस्तान की संविधान सभा में यह माँग रखी गई कि राष्ट्रीय भाषाओं में बाग्ला को भी सम्मिलित किया जाए? *– वर्ष 1948 में* [IAS (Pre) 2021]
- संविधान के किस संशोधन अधिनियम, 1992 के द्वारा कोंकणी, मणिपुरी और नेपाली भाषा को शामिल करने के लिए संविधान की आठवीं अनुसूची में संशोधन किया गया है? *–71वें संशोधन* [UKPSC (Pre) 2021]
- देवनागरी लिपि का विकास किस लिपि से हुआ है? *– ब्राह्मी लिपि से* [UKPSC (Pre) 2022]
- 'मिलिन्दपन्हो' महाराजा मिलिन्द के प्रश्नों पर आधारित है। यह किस भाषा में लिखा गया है? *– पालि भाषा में* [UKPSC (Pre) 2021]

14. साहित्य

- देवी चन्द्रगुप्तम, हम्मीर महाकाव्य, मिलिन्दपन्हो, नीतिवाक्यामृत के लेखक कौन हैं? *– विशाखदत्त, नयचन्द्र सूरि, नागसेन, सोमदेवसूरि* [IAS (Pre) 2023]
- कालिदास किस शासक के शासनकाल से सम्बन्धित थे? *– चन्द्रगुप्त द्वितीय* [IAS (Pre) 2016]

- किस एक पुस्तक में शुंग राजवंश के संस्थापक के पुत्र की प्रेमकथा है? ***– मालविकाग्निमित्रम्*** *[IAS (Pre) 2016]*
- उत्तररामचरित के रचनाकार कौन हैं? ***– भवभूति*** *[MPPSC (Pre) 2017]*
- कादम्बरी के लेखक कौन हैं? ***– बाणभट्ट*** *[HPSC (Pre) 2021]*
- किस उपनिषद् में याज्ञवल्क्य और गार्गी का प्रसिद्ध संवाद मिलता है? ***– वृहदारण्यक उपनिषद्*** *[MPPSC (Pre) 2025]*
- शैव सन्तों के लेखन को पाँचवाँ वेद भी समझा जाता है, इस ग्रन्थ का नाम क्या है? ***– तिरुमुराय*** *[JPSC (Pre) 2021]*
- कल्हण ने किस ग्रन्थ की रचना की थी? ***– राजतरंगिणी*** *[BPSC (Pre) 2021]*
- किरातार्जुनीयम के लेखक कौन हैं? ***– भारवि*** *[BPSC (Pre) 2022]*
- संस्कृत ग्रन्थ बसन्त विलास, भगवद्गीता का बांग्ला अनुवाद, तपतिसम्बरनमु, मुहूर्तमाला के लेखक हैं ***– उदयराज, मालाधर बसु, गंगाधर, रघुनाथ*** *[HPPSC (Pre) 2023]*
- काव्याभिव्यक्ति के रूप में उर्दू का सर्वप्रथम प्रयोग करने वाला लेखक कौन था? ***– अमीर खुसरो*** *[IAS (Pre) 1999]*
- कन्नड़ में महाभारत का अनुवाद किसने किया था? ***– पम्पा*** *[IAS (Pre) 1997]*
- नैषधियचरित, किरातार्जुनीयम और शिशुपाल वध की विषय-वस्तु किससे ली गई है? ***– महाभारत*** *[RAS/RTS (Pre) 2016]*
- अमरकोष, कामसूत्र, मेघदूत, मुद्राराक्षस ग्रन्थों की रचना किस काल से सम्बन्धित है? ***– गुप्तकाल*** *[UPPSC (Mains) 2009]*
- किसके राज्यकाल में योगवशिष्ठ का निजामुद्दीन पानीपति द्वारा फारसी में अनुवाद किया गया? ***– अकबर*** *[IAS (Pre) 2022]*
- परिशिष्ट पर्वन और त्रिषष्टि लक्षण महापुराण किससे सम्बन्धित ग्रन्थ हैं? ***– जैन धर्म*** *[IAS (Pre) 2022]*
- किसने चिन्तामणि भट्ट द्वारा रचित संस्कृत ग्रन्थ शुक सप्तति का फारसी में अनुवाद कर उसका नाम तूतीनामा रखा? ***– ख्वाजा जियाउद्दीन नख्शबी*** *[UPPSC (Pre) 2021]*
- फवायद उल फवायद नामक पुस्तक में शेख निजामुद्दीन औलिया की बातचीत का विवरण है, इसका संकलन किसने किया था? ***– अमीर हसन सिज्जी ने*** *[UPPSC (Pre) 2021]*
- भारत के सांस्कृतिक इतिहास के सन्दर्भ में इतिवृत्तों, राजवंशीय इतिहासों तथा वीरगाथाओं को कण्ठस्थ करना किसका व्यवसाय था? ***– मागध*** *[IAS (Pre) 2016]*
- सबसे अधिक प्राचीन वेद कौन-सा है? ***– ऋग्वेद*** *[MPPSC (Pre) 2024]*
- किस वेद में सभा और समिति को पृथक् संस्थाओं के रूप में घोषित किया गया है। ***– अथर्ववेद में*** *[MPPSC (Pre) 2024]*
- मध्यम व्यायोग किसकी रचना है। ***– भाष की*** *(UPSC (Pre) 2024)*
- अष्टांग योग के अन्तर्गत किसे अंतरण साधना कहा जाता है। ***– धारणा*** *(MPPSC (Pre) 2024)*
- भारतीय बौद्ध भिक्षु, जिन्होंने चौथी शताब्दी के अन्त में चीन की यात्रा की, इन्होंने सर्वास्तिवाद विनय भाष्य में पुस्तक लिखी। इसके लेखक कौन है? ***– संघभूति*** *(UPSC (Pre) 2024)*
- संगम ग्रन्थ तोलकाप्पियम किससे सम्बन्धित है? ***– व्याकरण से*** *(JPSC (Pre) 2024)*
- मिलिन्दपन्हो ग्रन्थ महाराजा मिलिन्द के प्रश्नों पर आधारित है, यह किस भाषा में लिखा गया है? ***– पालि भाषा*** *(UKPSC (Pre) 2022)*
- फतवा-ए-जहाँदारी की रचना किसने की? ***– जियाउद्दीन बरनी ने*** *(UKPSC (Pre) 2022)*
- बांग्ला भाषा में रचित ऐतिहासिक उपन्यास दुर्गेश नन्दिनी के लेखक कौन हैं? ***– बंकिम चन्द्र चटर्जी*** *(MPPSC (Pre) 2024)*
- 1858-1859 ई. में लिखित नाटक 'नीलदर्पण नील' उत्पादकों की व्यथा को उजागर करता है। यह किसके द्वारा लिखा गया है? ***– दीनबन्धु मित्र*** *(UKPSC (Pre) 2022)*
- थॉट्स ऑन पाकिस्तान, एनहिलिएशन ऑफ कास्ट, द प्रॉब्लम ऑफ रूपी इट्स औरिजिन एण्ड इट्स सॉल्यूशन पुस्तक किसके द्वारा लिखी गई है? ***– डॉ. बी.आर. अम्बेडकर*** *(JPSC (Pre) 2024)*
- आदिवासी संगीत पुस्तक के लेखक कौन हैं? ***– डॉ. हीरालाल शुक्ल*** *(CGPSC (Pre) 2024)*
- 'द कोएलिशन इयर्स' के लेखक कौन हैं? ***– प्रणब मुखर्जी*** *(JPSC (Pre) 2024)*
- द इण्डियन वे और व्हाई भारत मैटर्स पुस्तक के लेखक कौन हैं? ***– सुब्रह्मण्यम जयशंकर*** *(UPSC (Pre) 2024)*

15. धर्म एवं दर्शन

- भारत के सांस्कृतिक इतिहास के सन्दर्भ में पारमिता शब्द से क्या तात्पर्य है? ***– परिपूर्णताएँ, जिनकी प्राप्ति बोधिसत्व मार्ग से हुई हैं।*** *[IAS (Pre) 2020]*
- लोकोत्तरवादी का सम्बन्ध किससे है? ***– महासांधिक सम्प्रदाय*** *[IAS (Pre) 2020]*
- परिव्राजक से क्या तात्पर्य है? ***– परित्यागी भ्रमणकारी*** *[IAS (Pre) 2020]*
- बोधिसत्व का तात्पर्य है ***– अपने प्रबोध पर बढ़ता करुणामय*** *[IAS (Pre) 2016]*
- किस क्षेत्र के सिद्ध या सित्तर एकेश्वरवादी थे, जो मूर्तिपूजा की निन्दा करते थे? ***– तमिल क्षेत्र*** *[IAS (Pre) 2016]*
- लिंगायत, जो पुनर्जन्म के सिद्धान्त पर प्रश्न चिह्न लगाते हैं तथा जाति अधिक्रम नहीं मानते, किस क्षेत्र से सम्बद्ध हैं? ***– कन्नड़*** *[IAS (Pre) 2016]*
- हिन्दू धर्म के प्रमुख सम्प्रदाय कौन-से हैं? ***– शैव, वैष्णव तथा शाक्त*** *[CGPSC (Pre) 2013]*
- ज्योतिर्लिंगों की स्थापना किसने की थी? ***– शंकराचार्य*** *[MPPSC (Pre) 2005]*
- आदिगुरु शंकराचार्य द्वारा स्थापित चार मठ कौन-से हैं? ***– जोशीमठ, पुरी, द्वारका, श्रृंगेरी*** *[UKPSC (Pre) 2010]*
- ताबो मठ कहाँ स्थित है? ***– हिमाचल प्रदेश*** *[UKPSC (Pre) 2010]*
- आजीवक सम्प्रदाय की स्थापना किसने की थी? ***– मक्खलि गोसाल*** *[UKPSC (Pre) 2024]*
- बौद्ध धर्म कैसी विचारधारा है? ***– बौद्ध धर्म एक नास्तिक विचारधारा है।*** *[CGPSC (Pre) 2024]*
- भारत के अधिकांश तीर्थयात्री श्रीशैलम की यात्रा करते हैं, यह कहाँ स्थित है? ***– कुर्नूल (आन्ध्र प्रदेश)*** *[UKPSC (Pre) 2005]*
- 622 ई. में पैगम्बर मुहम्मद साहब ने मक्का की यात्रा की थी, इसे क्या कहा जाता है? ***– हिजरत*** *[CGPSC (Pre) 2005]*
- स्थानकवासी सम्प्रदाय किससे सम्बन्धित है? ***– जैन*** *[IAS (Pre) 2018]*

- अवन्ति, गान्धार, कोसल, मगध में से महात्मा बुद्ध के जीवन से कौन-से राज्य प्रत्यक्ष रूप से जुड़े थे? *- कोसल, मगध* [IAS (Pre) 2015]
- त्रिपिटक किसकी धार्मिक पुस्तक है? *- बौद्ध धर्म* [BPSC (Pre) 2018]
- किस शासक ने कश्मीर में चतुर्थ बौद्ध संगीति का आयोजन किया था? *- कनिष्क* [BPSC (Pre) 2021]
- त्रिरत्न या तीन सत्य; जैसे-सटीक ज्ञान, सच्ची आस्था और सटीक क्रिया, निम्न में से किससे सम्बन्धित है? *- जैन धर्म* [BPSC (Pre) 2021]
- 'सत्यकार्यवाद' किस दर्शन का मुख्य औजार है? *- सांख्य दर्शन* [MPPSC (Pre) 2025]
- हठयोग किस-किस के द्वारा अपनाया गया था? *- नाथ योगियों और कुछ सूफी सन्त* [UPPSC Pre, 2022]
- मोक्ष प्राप्त करने का सर्वोत्तम साधन भक्ति है, यह किस दार्शनिक की शिक्षा थी? *- रामानुजाचार्य* [IAS (Pre) 2022]
- विशिष्ट अद्वैत सिद्धान्त के संस्थापक कौन थे? *- रामानुजाचार्य* [IAS (Pre) 2021, JPSC (Pre) 2021]
- भारतीय षड्दर्शन में कौन-से दर्शन शामिल नहीं हैं? *- लोकायत, कापालिक, जैन तथा बौद्ध* [IAS (Pre) 2014]
- किस आस्तिक दर्शन के अनुसार बाह्य कारक नहीं, बल्कि आत्म-ज्ञान ही मुक्ति का साधन है? *- सांख्य* [IAS (Pre) 2013]
- बौद्ध मत में निर्वाण की अवधारणा की सर्वश्रेष्ठ व्याख्या है *- तृष्णा रूपी अग्नि का शमन* [IAS (Pre) 2013]
- मीमांसा दर्शन के अनुसार, मुक्ति सम्भव है *- कर्म से* [IAS (Pre) 2005]
- ''जब तक जीवित रहो, सुख से जीवित रहो, चाहे इसके लिए ऋण ही लेना पड़े, क्योंकि शरीर के भस्मीभूत हो जाने पर पुनरागमन नहीं हो सकता।'' पुनर्जन्म का निषेध करने वाली यह उक्ति किसकी है? *- चार्वाक* [IAS (Pre) 1994]
- सांख्य पद्धति के सबसे प्राचीन प्रणेता कौन हैं? *- कपिल* [UPPSC (Pre) 2012]
- चार्वाक के अनुसार कौन एक सर्वोच्च मूल्य है? *- काम* [CGPSC (Pre) 2017]
- केवल प्रत्यक्ष प्रमाण को कौन स्वीकार करता है? *- चार्वाक* [CGPSC (Pre) 2018]
- न्याय दर्शन के प्रवर्तक कौन थे? *- गौतम* [CGPSC (Pre) 2018]
- शंकर के दर्शन को क्या कहा जाता है? *- अद्वैतवाद* [CGPSC (Pre) 2019]
- चार्वाक दर्शन प्रणाली किस और नाम से जानी जाती है? *- लोकायत दर्शन* [JPSC (Pre) 2021]
- अद्वैत वेदान्त के अनुसार, किसके द्वारा मुक्ति प्राप्त की जा सकती है? *- ज्ञान के द्वारा* [CGPSC (Pre) 2015]
- किस भारतीय दर्शन ने परमाणु सिद्धान्त का प्रतिपादन किया? *- वैशेषिक दर्शन* [CGPSC (Pre) 2016, BPSC (Pre) 2020]
- योग दर्शन के प्रतिपादक कौन थे? *- पतंजलि* [UPPSC (Pre) 1997, 2007]
- जैनमत का क्रोड सिद्धान्त एवं दर्शन क्या है? *- अनेकान्तवाद* [UPSC (Pre) 2009]
- जैन दर्शन के अनुसार सृष्टि की रचना एवं पालन-पोषण किससे हुआ है? *- सार्वभौमिक विधान से* [UPSC 2011]
- परमाणु के सिद्धान्त का प्रतिपादन कहाँ किया गया है? *- वैशेषिक दर्शन में* [CGPSC 2020]
- कर्म का सिद्धान्त किससे सम्बन्धित है? *- मीमांसा से* [UPPSC 1997]

16. प्राचीन एवं मध्यकाल में शिक्षा और तकनीक

- विक्रमशिला विश्वविद्यालय की स्थापना किसके द्वारा की गई थी? *- धर्मपाल* [BPSC (Pre) 2023, MPPSC (Pre) 2018]
- किस आधुनिक राज्य में विक्रमशिला विश्वविद्यालय स्थित था? *- बिहार* [JPSC (Pre) 2015]
- किस राज्य में ओदन्तपुरी शिक्षण केन्द्र स्थित था? *- बिहार* [BPSC (Pre) 2016]
- बृहत्संहिता के लेखक कौन हैं? *- वराहमिहिर* [WBPSC (Pre) 2018]
- लीलावती के लेखक भास्कर द्वितीय कौन थे? *- गणितज्ञ* [WBPSC (Pre) 2022]

17. भारतीय संस्कृति के सम्बन्ध में विदेशी यात्रियों के विवरण

- निम्नलिखित में किस विदेशी यात्री ने भारत के हीरों और हीरे की खानों पर विस्तार से चर्चा की है? *- जीन बैप्टिस्ट टैवर्नियर* [IAS (Pre) 2018]
- मोरक्को के यात्री इब्नबतूता के लेखा-जोखा को किस नाम से जाना जाता है? *- रिहला* [BPSC (Pre) 2018]
- भारत की यात्रा में फाह्यान ने एक अस्पताल का उल्लेख किया है, यह कहाँ स्थित था? *- पाटलिपुत्र* [CGPSC (Pre) 2019]
- नियार्कस, ऑरिस्टोबुलस और ऑनेसिक्रेट्स और डाइमेकस में से कौन अलेक्जेण्डर के साथ भारत नहीं आया था? *- डाइमेकस* [UPPSC (Pre) 2018]
- चीनी यात्री ह्वेनसांग किसके शासनकाल के दौरान भारत आया था? *- हर्षवर्धन* [WBPSC (Pre) 2017]
- सातवीं शताब्दी की शुरुआत में भारत आने वाले चीनी यात्री कौन थे? *- ह्वेनसांग* [JPSC (Pre) 2016]
- किस मुगल शासक के समय में सर थॉमस रो भारत आया था? *- जहाँगीर* [BPSC (Pre) 2022]
- भारतीय समुद्रों में चुम्बकीय कम्पास के प्रयोग का पहला सन्दर्भ था *- सदरुद्दीन मुहम्मद ऑफी* [JPSC (Pre) 2016]
- किस अरब यात्री ने भोज प्रथम के शासनकाल में भारत की यात्रा की थी? *- सुलेमान* [RPSC (Pre) 2023]

19. सांस्कृतिक संरक्षण के प्रावधान एवं सांस्कृतिक संस्थान

- वर्ष 1959 में संगीत नाटक अकादमी द्वारा किस संस्था की स्थापना की गई? *- नेशनल स्कूल ऑफ ड्रामा* [IAS (Pre) 2009]
- पुरातत्त्व विभाग की स्थापना किसने की? *- लॉर्ड कर्जन* [CGPSC (Pre) 2018]
- भारतीय पुरातत्त्व का जनक किसे कहा जाता है? *- अलेक्जेण्डर कनिंघम* [MPPSC Pre 2017]
- देश का सबसे बड़ा संग्रहालय कहाँ स्थित है, जो मानव सभ्यता के विकास के इतिहास को दर्शाता है और जिसे इन्दिरा गाँधी मानव संग्रहालय के नाम से भी जाना जाता है? *- भोपाल* [MPPSC (Pre) 2019]
- बंगाल की एशियाटिक सोसायटी के संस्थापक कौन थे? *- सर विलियम जोन्स* [UPPSC (Pre) 2019]

20. त्योहार एवं मेले

- गंगा दशहरा हिन्दू पंचांग के अनुसार किस तिथि और माह में मनाया जाता है? *– ज्येष्ठ शुक्ल दशमी* [CGPSC (Pre) 2020]
- प्रसिद्ध गंगासागर मेला भारत के किस राज्य में मनाया जाता है? *– पश्चिम बंगाल* [UKPSC (Pre) 2022]
- रथ यात्रा महोत्सव कहाँ आयोजित होता है? *– पुरी (ओडिशा)* [MPPSC (Pre) 1997]
- ओणम किस प्रदेश का प्रमुख त्योहार है? *– केरल* [UPPSC (Pre) 2002, 2011]
- ओणम पर्व का सम्बन्ध किससे है? *– राजा बलि या महाबली से* [UPPSC (Pre) 2011]
- अतापू का सम्बन्ध किस त्योहार से है? *– ओणम से* [UPPSC (Pre) 2011]
- वांग्ला उत्सव कहाँ मनाया जाता है? *– मिजोरम* [IAS (Pre) 2002]
- उस स्थान का नाम बताइए, जहाँ प्रसिद्ध संगीतकार श्री त्यागराज के सम्मान में त्यागराज आराधना उत्सव मनाया जाता है? *– तंजावुर (तमिलनाडु)* [UPPSC (Pre) 2000]
- लोसांग उत्सव कहाँ मनाया जाता है? *– सिक्किम* [UPPSC (Pre) 2003]
- चपचार कुट त्योहार कहाँ मनाया जाता है? *– मिजोरम* [IAS (Pre) 2002]
- चालिहा साहिब उत्सव का सम्बन्ध किससे है? *– सिन्धियों से* [IAS (Pre) 2017]
- 'सरहुल त्योहार' कौन–सी जनजाति में मनाया जाता है? *– उराँव* [CGPSC (Pre) 2016]
- भारत के किस राज्य में 'सरहुल त्योहार' मनाया जाता है? *– झारखण्ड* [MPPSC (Pre) 2017]
- मेघनाद पर्व से सम्बन्धित छत्तीसगढ़ की कौन–सी जनजाति है? *– गोण्ड* [CGPSC (Pre) 2016]
- सोहराई किस जनजाति का सबसे बड़ा त्योहार है? *– सन्थाल* [JPSC (Pre) 2015]
- झारखण्ड में सोहराई पर्व दीवाली के अगले दिन ······· को महिमामण्डित करने के लिए मनाया जाता है। *– पशु सम्पदा* [JPSC (Pre) 2016]

21. पुरस्कार एवं सम्मान

- किसी खिलाड़ी द्वारा पिछले चार वर्षों की अवधि के दौरान सबसे शानदार और उत्कृष्ट प्रदर्शन के लिए कौन–सा पुरस्कार दिया जाता है? *– मेजर ध्यानचन्द खेल रत्न पुरस्कार* [IAS (Pre) 2013]
- भारतीय गणराज्य का सर्वोच्च नागरिक पुरस्कार कौन–सा है? *– भारत रत्न* [UKPSC (Pre) 2021]
- ज्ञानपीठ पुरस्कार की स्थापना वर्ष 1961 में हुई थी। इस पुरस्कार के पीछे कौन–सा अखबार समूह है? *– द टाइम्स ऑफ इण्डिया* [MPSC (Pre) 2015]
- परमवीर चक्र के पदक पर 'इन्द्र वज्र' की कितनी प्रतिकृति अंकित होती हैं? *– चार* [CGPSC (Pre) 2021]
- किस वर्ष भारत रत्न, भारत के सर्वोच्च नागरिक पुरस्कार की स्थापना की गई तथा अब तक यह कितने लोगों को दिया जा चुका है? *– 1954, 48 वर्तमान में 53* [MPPSC (Pre) 2014]
- दादा साहब फाल्के पुरस्कार विजेता गुलजार का वास्तविक नाम क्या है? *– सम्पूर्ण सिंह कालरा* [UPPSC (Pre) 2014]
- शान्ति स्वरूप भटनागर पुरस्कार किस क्षेत्र में प्रदान किया जाता है? *– विज्ञान एवं प्रौद्योगिकी* [WBPSC (Pre) 2021]

परिशिष्ट

- शक सम्वत् पर आधारित राष्ट्रीय पंचांग (कैलेण्डर) का 1 चैत्र, ग्रेगोरियन कैलेण्डर पर आधारित 365 दिन के सामान्य वर्ष की किस तिथि के तदनुरूप है? *–22 मार्च अथवा 21 मार्च* (IAS (Pre) 2014)
- भारत का राष्ट्रीय पंचांग कौन–सा है? *– शक संवत्* [UPPSC (Pre) 2019]
- राष्ट्रीय पंचांग कब अपनाया गया? *–22 मार्च, 1957 को* [UPPSC (Pre) 2019]
- शक–क्षत्रप काल में सोने–चाँदी के सिक्कों का अनुपात कितना था? *–1 : 35* [UKPSC (Pre) 2022]
- समुद्रगुप्त को किस वाद्य यन्त्र को बजाते हुए सिक्कों पर दिखाया गया है? *–वीणा* [MPPSC (Pre) 2012]
- चाँदी का टंका और ताँबे के जीतल नामक सिक्के किसने चलवाए? *–इल्तुतमिश* [UPPSC (Pre) 2011]
- शुद्ध चाँदी का 'रुपया' किसके द्वारा जारी किया गया? *–शेरशाह सूरी* [UPPSC (Pre) 2016]
- सबसे पहले सम्राट अशोक के शिलालेखों को किसने पढ़ा था? *–जेम्स प्रिन्सेप* [IAS (Pre) 2016]
- हर्षवर्धन किस वंश से सम्बन्धित था? *–पुष्यभूति वंश* [HPSC (Pre) 2017]
- कौन–सी पुस्तक कालिदास द्वारा लिखित है? *–अभिज्ञानशाकुन्तलम्, विक्रमोर्वशीयम् और मालविकाग्निमित्रम् नाटक, दो महाकाव्य: रघुवंशम् और कुमारसम्भवम् और दो खण्डकाव्य: मेघदूतम् और ऋतुसंहार।* [MPPSC (Pre) 2017]
- अखिल भारतीय अनुसूचित जाति महासंघ और आजाद मजदूर संघ की स्थापना किसने की थी? *–डॉ. बी.आर. अम्बेडकर* [IAS (Pre) 2012]
- भारत ने वस्तुओं के भौगोलिक संकेतक (पंजीकरण और संरक्षण) अधिनियम, 1999 को किसके दायित्वों का पालन करने के लिए अधिनियमित किया? *–विश्व व्यापार संगठन* [IAS (Pre) 2018]
- किसे अगस्त, 2022 में भौगोलिक संकेतक (GI) प्रदान किया गया है? *–मिथिला मखाना, बिहार सिक्की घास उत्पाद, बिहार एप्लीक (खटवा) वर्क* [BPSC (Pre) 2023]
- भारत में वस्तुओं का भौगोलिक सूचक (पंजीकरण और संरक्षण) अधिनियम, 1999 को किससे सम्बन्धित दायित्वों के अनुपालन के लिए लागू किया गया? *– विश्व व्यापार संगठन (WTO)* [UPSC (Pre) 2018]
- जीआई टैग पाने वाला पहला भारतीय उत्पाद कौन–सा है? *–दार्जिलिंग चाय* [WBPSC (Pre) 2020]
- कौन–सा वाक्यांश हर्षोत्तर काल के स्रोतों में सामान्यत: उल्लिखित 'हुण्डी' की प्रकृति को परिभाषित करता है? *–विनिमय का बिल* [IAS (Pre) 2020]
- गुप्त काल के समय भारत में जबरन श्रम (विष्टि) के सन्दर्भ में, कौन–सा कथन सही है? *–इसे राज्य के लिए आय का एक स्रोत माना जाता था, जो लोगों द्वारा चुकाया जाने वाला एक प्रकार का कर था।* [IAS (Pre) 2019]
- मध्यकालीन भारत के आर्थिक इतिहास के सन्दर्भ में 'अरघट्ट' शब्द का तात्पर्य किससे है? *–भूमि की सिंचाई में उपयोग किया जाने वाला जलचक्र* [IAS (Pre) 2016]
- भारत के सांस्कृतिक इतिहास के सन्दर्भ में, इतिहास, राजवंशीय इतिहास और महाकाव्यों को याद रखना निम्नलिखित में से किसका पेशा था? *–मगध* [IAS (Pre) 2016]
- भारतीय इतिहास के मध्यकाल में सामान्यत: बंजारे थे *–व्यापारी* [IAS (Pre) 2016]

प्रीलिम्स अभ्यास

1. भारतीय वास्तुकला

1. प्राचीन भारत के सन्दर्भ में निम्नलिखित कथनों पर विचार कीजिए **IAS (Pre) 2023**

1. स्तूप की संकल्पना मूलत: बौद्ध संकल्पना है।
2. स्तूप सामान्यत: अवशेषों का निक्षेपागार होता था।
3. बौद्ध परम्परा के स्तूप एक संकल्प-अर्पित या स्मारक संरचना होती थी।

उपरोक्त में से कितने कथन सही हैं?

(a) केवल एक युग्म (b) केवल दो
(c) सभी तीनों (d) इनमें से कोई भी नहीं

2. निम्नलिखित युग्मों पर विचार कीजिए **IAS (Pre) 2023**

स्थल		जिसके लिए जाना जाता है
1. बेसनगर	—	शैव गुफा मन्दिर
2. भाजा	—	बौद्ध गुफा मन्दिर
3. सित्तनवासल	—	जैन गुफा मन्दिर

उपरोक्त में से कितने युग्म सही सुमेलित हैं?

(a) केवल एक युग्म (b) केवल दो
(c) सभी तीनों (d) इनमें से कोई भी नहीं

3. कुछ शैलकृत बौद्ध गुफाओं को चैत्य कहते हैं, जबकि अन्य को विहार। दोनों में क्या अन्तर हैं? **IAS (Pre) 2023**

(a) विहार पूजा स्थल होता है, जबकि चैत्य बौद्ध भिक्षुओं का निवास स्थान है
(b) चैत्य पूजा स्थल होता है, जबकि विहार बौद्ध भिक्षुओं का निवास स्थान है
(c) चैत्य गुफा के दूर के सिरे पर स्तूप होता है, जबकि विहार गुफा पर अक्षीय कक्ष होता है
(d) दोनों में कोई वस्तुपरक अन्तर नहीं होता

4. निम्नलिखित युग्मों पर विचार कीजिए **IAS (Pre) 2023**

अशोक के प्रमुख शिलालेखों के स्थान		वह स्थान जिस राज्य में है
1. धौली	—	ओडिशा
2. एर्रगुडी	—	आन्ध्र प्रदेश
3. जौगड़	—	मध्य प्रदेश
4. कालसी	—	कर्नाटक

उपरोक्त युग्मों में से कितने सही सुमेलित हैं?

(a) केवल एक युग्म (b) केवल दो युग्म
(c) केवल तीन युग्म (d) सभी चारों युग्म

5. निम्नलिखित कथनों में से कौन-सा सही है? **IAS (Pre) 2021**

(a) अजन्ता गुफाएँ वाघोरा नदी की घाटी में स्थित हैं
(b) साँची स्तूप चम्बल नदी की घाटी में स्थित है
(c) पाण्डु-लेणा गुफा देव मन्दिर, नर्मदा नदी की घाटी में स्थित है
(d) अमरावती स्तूप गोदावरी नदी की घाटी में स्थित है

6. भारत के सांस्कृतिक इतिहास के सन्दर्भ में 'पंचायतन' शब्द किसे निर्दिष्ट करता है? **IAS (Pre) 2014**

(a) ग्राम के ज्येष्ठ-जनों की सभा
(b) धार्मिक सम्प्रदाय
(c) मन्दिर रचना शैली
(d) प्रशासनिक अधिकारी

7. अजन्ता और महाबलीपुरम के रूप में ज्ञात दो ऐतिहासिक स्थानों में कौन-सी बात/बातें समान है/हैं? **IAS (Pre) 2016**

1. दोनों एक ही समयकाल में निर्मित हुए थे।
2. दोनों का एक ही धार्मिक सम्प्रदाय से सम्बन्ध है।
3. दोनों में शिलाकृत स्मारक हैं।

कूट

(a) 1 और 2
(b) केवल 3
(c) 1 और 3
(d) उपरोक्त कथनों में से कोई भी सही नहीं है

8. हाल ही में, प्रधानमन्त्री ने वेरावल में सोमनाथ मन्दिर के निकट नए सर्किट हाउस का उद्घाटन किया।

सोमनाथ मन्दिर के बारे में निम्नलिखित कथनों में कौन-से कथन सही हैं? **IAS (Pre) 2022**

1. सोमनाथ मन्दिर ज्योतिर्लिंग देव-मन्दिरों में से एक है।
2. अलबरूनी ने सोमनाथ मन्दिर का वर्णन किया है।
3. सोमनाथ मन्दिर की प्राण-प्रतिष्ठा (आज के मन्दिर की स्थापना) राष्ट्रपति एस. राधाकृष्णन द्वारा की गई थी।

कूट

(a) 1 और 2 (b) 2 और 3
(c) 1 और 3 (d) 1, 2 और 3

9. निम्नलिखित में से कौन-सा/से सूर्य मन्दिरों के लिए विख्यात है/हैं? **IAS (Pre) 2017**

1. अरसवल्ली
2. अमरकण्टक
3. ओंकारेश्वर

कूट

(a) केवल 1 (b) 2 और 3
(c) 1 और 3 (d) 1, 2 और 3

10. मध्य भारत की मीनारों के बारे में निम्नलिखित पर विचार करें **CGPSC (Pre) 2024**

1. तेरहवीं शताब्दी में निर्मित कुतुबमीनार 180 फीट ऊँची पतली मीनार है, जो पाँच मंजिलों में विभाजित है।
2. पन्द्रहवीं शताब्दी में निर्मित चाँद मीनार 210 फीट ऊँची एक पतली मीनार है, जो चार मंजिलों में विभाजित है।

उपरोक्त में से कौन-सा/से कथन सही है/हैं?

(a) केवल 1 (b) केवल 2
(c) 1 और 2 दोनों (d) इनमें से कोई नहीं

11. अकबर ने किस क्षेत्र की विजय को यादगार बनाने के लिए 'बुलन्द दरवाजा' का निर्माण किया? **UKPSC (Pre) 2024**

(a) सिन्ध (b) मुल्तान (c) उड़ीसा (d) गुजरात

12. निम्नलिखित में से किस सिन्धु घाटी स्थल पर हल की खोज सम्बन्धित टेराकोटा की प्रतिकृति मिली? **JPSC (Pre) 2024**

(a) धौलावीरा (b) कालीबंगन
(c) राखीगढ़ी (d) बनावली

13. निम्नलिखित कथनों पर विचार कीजिए **HPSC (Pre) 2024**

कथन I विरुपाक्ष मन्दिर का निर्माण सोलहवीं शताब्दी में हुआ था।

कथन II विरुपाक्ष मन्दिर के सामने बने मण्डप का निर्माण कृष्णदेवराय के समय में हुआ था।

उपरोक्त कथनों को ध्यान में रखते हुए नीचे दिए गए विकल्पों में से सही उत्तर का चयन कीजिए

(a) कथन I और कथन II दोनों सही हैं
(b) कथन I और कथन II दोनों गलत हैं
(c) कथन I सही है, लेकिन कथन II गलत है
(d) कथन I गलत है, लेकिन कथन II सही है

14. बाघ (जिला धार) की किस गुफा को 'रंग महल' कहा जाता है? **MPPSC (Pre) 2025**

(a) दूसरी (b) तीसरी
(c) चौथी (d) आठवीं

15. भरहुत का स्तूप किस राजवंश की कला का सुन्दर उदाहरण है? **RPSC (Pre) 2024**

(a) चोल स्थापत्य (b) कुषाणयुगीन स्थापत्य
(c) गुप्तकाल के स्थापत्य (d) शुंगकालीन स्थापत्य

16. अकबर द्वारा फतेहपुर सीकरी में निर्मित किस इमारत में बौद्ध स्थापत्य कला का अनुसरण किया गया था? **RPSC (Pre) 2024**
(a) शेख सलीम चिश्ती का मकबरा
(b) बुलन्द दरवाजा
(c) पंचमहल
(d) तुर्की सुल्ताना का महल

17. गुहा मन्दिरों में सुप्रसिद्ध कैलाश मन्दिर कहाँ स्थित है? **MPPSC (Pre) 2024**
(a) अजन्ता की गुफाओं में
(b) एलोरा की गुफाओं में
(c) एलिफेण्टा की गुफाओं में
(d) कन्हेरी की गुफाओं में

2. भारतीय मूर्तिकला

18. निम्नलिखित कथनों पर विचार कीजिए
1. सिन्धु सभ्यता के कलाकार मृण्मूर्तियाँ बनाने के लिए एक विशिष्ट प्रकार की मिट्टी का प्रयोग करते थे, जिसमें क्वाट्र्ज पत्थर का चूर्ण मिला रहता था।
2. हड़प्पा सभ्यता में सर्वाधिक मृण्मूर्तियाँ पशुओं की मिली हैं।
3. काँस्य मूर्तियाँ केवल नर्तक एवं नर्तकियों की ही मिली हैं।
4. काँस्य मूर्तियाँ मधुच्छिष्ट विधि से निर्मित की जाती थीं।

उपरोक्त में से कौन-से कथन सही हैं?
(a) 2, 3 और 4 (b) 1, 2 और 4
(c) 3 और 4 (d) ये सभी

19. मौर्यकालीन मूर्तियों में मणिभद्र (यक्ष) नाम से अंकित मूर्ति किस स्थान से प्राप्त हुई है? **RAS/RTS (Pre) 2021**
(a) झींग-का-नगरा (b) नोह ग्राम
(c) बेसनगर (d) परखम

20. हड़प्पा सभ्यता की मूर्तिकला से सम्बन्धित निम्नलिखित युग्मों में से सही युग्म का चयन कीजिए
1. पुरोहित मूर्ति — मोहनजोदड़ो
2. श्वेत पाषाण का पुरुष मस्तक — हड़प्पा
3. काँसे की नृत्यरत स्त्री — मोहनजोदड़ो

कूट
(a) केवल 1 (b) केवल 2
(c) 1 और 2 (d) 1 और 3

21. भगवान बुद्ध की प्रतिमा कभी-कभी एकहस्त मुद्रा युक्त दिखाई गई है, जिसे भूमिस्पर्श मुद्रा कहा जाता है। यह किसका प्रतीक है? **UPSC (Pre) 2012**
(a) मार पर दृष्टि रखने एवं अपने ध्यान में विघ्न डालने से मार को रोकने के लिए बुद्ध का धरती का आह्वान।
(b) मार के प्रलोभनों के बावजूद अपनी शुचिता और शुद्धता का साक्षी होने के लिए बुद्ध का धरती का आह्वान।
(c) बुद्ध का अपने अनुयायियों को स्मरण करवाना कि वे सभी धरती से उत्पन्न होते हैं और अन्ततः धरती में विलीन हो जाते हैं। अत: जीवन संक्रमणशील है।
(d) इस सन्दर्भ में कथन 'a' और 'b' सही हैं

22. गान्धार मूर्तिकला शैली के सन्दर्भ में निम्नलिखित कथनों पर विचार कीजिए
1. यह यथार्थवादी कला शैली है, जिसका निर्माण भारतीय तरीके से किया गया है।
2. व्यापकता एवं जीवन्तता गान्धार शैली की विशेषता है।
3. गान्धार शैली ग्रीक बौद्ध शैली नाम से भी जानी जाती है।

उपरोक्त में से कौन-से कथन सही हैं?
(a) 1 और 3 (b) 2 और 3 (c) केवल 3 (d) ये सभी

23. सातवाहनकालीन मूर्तिकला के सन्दर्भ में निम्नलिखित कथनों पर विचार कीजिए
1. सातवाहनकालीन मूर्तिकला का अभिन्न सम्बन्ध स्तूप के शिलापट्टों से है।
2. अमरावती स्तूप के स्तम्भों में व्यापक रूप से केवल बुद्ध की प्रतिमाओं को उत्कीर्ण किया गया है।
3. नागार्जुनीकोण्ड स्तूप का सम्बन्ध अमरावती कला से है।
4. अमरावती कला में न केवल राजसत्ता के, बल्कि निर्धनों से सम्बन्धित चित्र भी उत्कीर्ण हैं।

उपरोक्त में से कौन-से कथन सही हैं?
(a) 1 और 2 (b) 1, 2 और 4
(c) 3 और 4 (d) ये सभी

24. खजुराहो मूर्तिकला के सन्दर्भ में निम्नलिखित कथनों पर विचार कीजिए
1. इनका निर्माण चन्देल शासकों ने करवाया था।
2. कन्दरिया महादेव मन्दिर इस काल का उल्लेखनीय मन्दिर है।
3. मन्दिरों के अन्दर एवं बाहरी भागों पर तान्त्रिक प्रभाव वाली मूर्तियाँ उत्कीर्ण हैं।

उपरोक्त में से कौन-सा/से कथन सही है/हैं?
(a) केवल 1 (b) 1 और 2 (c) केवल 3 (d) ये सभी

25. चोलकालीन मूर्तिकला के सन्दर्भ में निम्नलिखित में से कौन-सा कथन सही नहीं है?
(a) पत्थर एवं धातु दोनों प्रकार की मूर्तियों का निर्माण
(b) काँस्य मूर्ति निर्माण के लिए विख्यात
(c) शैव एवं वैष्णव दोनों प्रकार की मूर्तियों का निर्माण
(d) सर्वाधिक प्रचलित विषय नटराज शिव की मूर्ति का निर्माण

26. हाल ही में हैदराबाद में भारत के प्रधानमन्त्री द्वारा रामानुज की आसन मुद्रा में विश्व की दूसरी सबसे ऊँची मूर्ति का उद्घाटन किया गया था। निम्नलिखित कथनों में कौन-सा एक, रामानुज की शिक्षाओं को सही निरूपित करता है? **UPSC (Pre) 2022**
(a) मोक्ष प्राप्ति का सर्वोत्तम साधन भक्ति था।
(b) वेद शाश्वत, आत्म-प्रतिष्ठित तथा पूर्णतया प्रामाणिक हैं।
(c) तर्कसंगत युक्तियाँ सर्वोच्च आनन्द के मौलिक माध्यम थे।
(d) ध्यान के माध्यम से मोक्ष पाया जा सकता था।

3. चित्रकला

27. प्राचीनकालीन भारतीय चित्रकला के सन्दर्भ में निम्नलिखित में से सत्य कथन/कथनों का चयन कीजिए
1. कल्पना एवं आन्तरिक प्रेरणा को महत्त्व
2. यथार्थ का उत्कृष्ट चित्रण
3. प्रतीक चित्रण की बहुलता
4. रेखा के स्थान पर छाया-प्रकाश को महत्त्व

कूट
(a) 1 और 2 (b) 1, 3 और 4
(c) 1 और 3 (d) 2 और 4

28. बोधिसत्व पद्मपाणि का चित्र सर्वाधिक प्रसिद्ध और प्राय: चित्रित चित्रकारी है, जो
(a) अजन्ता में है (b) बादामी में है
(c) बाघ में है (d) एलोरा में है

29. निम्नलिखित ऐतिहासिक स्थलों पर विचार कीजिए **IAS (Pre) 2013**
1. अजन्ता की गुफाएँ 2. लेपाक्षी मन्दिर
3. साँची स्तूप

उपरोक्त स्थलों में से कौन-सा/से भित्ति चित्रकला के लिए भी जाना जाता है/जाने जाते हैं?
(a) केवल 1 (b) 1 और 2
(c) 1, 2 और 3 (d) इनमें से कोई नहीं

30. एलोरा की चित्रकला के सम्बन्ध में निम्न कथनों पर विचार कीजिए
1. एलोरा 30 शैलकृत गुफाओं का समूह है।
2. इसमें गुफा संख्या-1 से 12 बौद्ध धर्म से सम्बन्धित हैं।
3. अजन्ता की तुलना में यह नवीन चित्रकला है।

उपरोक्त में से कौन-सा/से कथन सही है/हैं?
(a) केवल 1 (b) 2 और 3
(c) 1 और 3 (d) 1 और 2

31. कांगड़ा शैली से सम्बन्धित कथनों पर विचार कीजिए
1. इस शैली का प्रारम्भ 17वीं शताब्दी में हुआ।

2. इस शैली को राजा संसारचन्द के समय प्रसिद्धि मिली।
3. इस शैली का विषय-नल दमयन्ती, गीत गोविन्द आदि था।

उपरोक्त में से असत्य कथन/कथनों का चयन कीजिए

कूट

(a) केवल 1 (b) केवल 2
(c) 1 और 2 (d) 2 और 3

32. निम्नलिखित कथनों पर विचार कीजिए

1. मधुबनी चित्रकला का प्रमुख केन्द्र जितवारपुर (बिहार) गाँव है।
2. इस शैली का विषय धार्मिक एवं लोक कथाओं से जुड़ा है।
3. मधुबनी चित्रकला का चित्रण कपड़ों पर हाशिए के रूप में हो रहा है।

उपरोक्त कथनों में से कौन-सा/से कथन सत्य है/हैं?

(a) केवल 1 (b) 1 और 2
(c) 1 और 3 (d) ये सभी

33. 'पटचित्र' लोक कला शैली से सम्बन्धित कथनों में से असत्य कथन का चयन कीजिए

(a) यह ओडिशा की लोक कला है
(b) इस चित्रकारी का प्रमुख विषय भगवान शिव हैं।
(c) इसका विकास पुरी जैसे तीर्थस्थलों में हुआ है।
(d) लाल, पीले, गैरिक, काले तथा सफेद रंगों का उपयोग इस कला की प्रमुख विशेषताएँ हैं।

34. पिछवाई चित्रकला किस देवता से सम्बन्धित है? **UP RO/ARO (Pre) 2024**

(a) देवी काली (b) भगवान शिव
(c) श्रीनाथ जी/कृष्ण (d) इनमें से कोई नहीं

4. हस्तशिल्प

35. प्राचीनकाल में सिन्धु घाटी सभ्यता के हस्तशिल्प के सन्दर्भ में निम्न पर विचार करें

1. चिकनी मिट्टी से बनी मूर्तियाँ
2. मोहरें (सील)
3. सूती वस्त्र
4. लोहे की तलवार

उपरोक्त में से कौन-कौन सिन्धु सभ्यता के हस्तशिल्प का प्रतिनिधित्व करते हैं?

(a) 1 और 2 (b) 3 और 4
(c) 1, 2 और 3 (d) 1, 3 और 4

36. निम्नलिखित युग्मों पर विचार कीजिए **IAS (Pre) 2018**

शिल्प		किस राज्य की परम्परा
1. पुथुक्कुली शॉल	—	तमिलनाडु
2. सुजनी कढ़ाई	—	महाराष्ट्र
3. उप्पद जामदानी साड़ी	—	कर्नाटक

उपरोक्त युग्मों में से कौन-सा/से सुमेलित है/हैं?

(a) केवल 1 (b) 1 और 2
(c) केवल 3 (d) 2 और 3

37. निम्नलिखित में से कौन-सा/से कथन सही है/हैं? **UPSC (Pre) 2012**

1. हुमायूँ ने ताज-ए-इज्जत का आविष्कार किया।
2. ताज-ए-इज्जत एक टोपी और लपेटने वाले कपड़े से बनी पगड़ी थी।

नीचे दिए गए कूट का प्रयोग कर सही उत्तर चुनिए

(a) केवल 1 (b) केवल 2
(c) 1 और 2 दोनों (d) न तो 1 और न ही 2

38. हस्तशिल्प से सम्बन्धित निम्न कथनों पर विचार करें

1. प्रस्तर कला में लाल बलुआ पत्थर के अतिरिक्त संगमरमर का बहुतायत में प्रयोग किया गया है।
2. राजस्थान का डूँगरपुर तथा मैसूर काले पत्थरों के लिए प्रसिद्ध हैं।
3. धातु को ढालकर उससे सामान बनाने का प्रमुख केन्द्र उत्तर प्रदेश में मुरादाबाद तथा हरियाणा में जगाधरी है।
4. भारत में पूजा-पाठ के लिए मूर्तियाँ केवल ताँबे से बनाई जाती हैं।

उपरोक्त में से कौन-सा/से कथन सत्य है/हैं?

(a) 1, 2 और 3 (b) 3 और 4
(c) 1, 2 और 4 (d) ये सभी

39. भारत के निम्नलिखित नगरों पर विचार कीजिए **IAS (Pre) 2014**

1. भद्राचलम 2. चन्देरी
3. काँचीपुरम 4. करनाल

उपरोक्त में से कौन-से पारम्परिक साड़ी/वस्त्र उत्पादन के लिए विख्यात हैं?

(a) 1 और 2 (b) 2 और 3
(c) 1, 2 और 3 (d) 1, 3 और 4

40. हस्तशिल्प से जुड़े प्रमुख व्यक्तित्व एवं उनकी कृतियों के सम्बन्ध में विचार करें

व्यक्तित्व		पुस्तक
1. कमलादेवी चट्टोपाध्याय	—	द हैण्डीक्राफ्ट्स ऑफ इण्डिया
2. ओवेन जोन्स	—	द ग्रामर ऑफ ऑरनामेण्ट
3. सी एम बर्डवुड	—	इण्डस्ट्रियल आर्ट्स ऑफ इण्डिया
4. आनन्द कुमार स्वामी	—	द इण्डियन क्राफ्टसमैन

उपरोक्त में से कौन-से युग्म सही सुमेलित हैं?

(a) 1, 2 और 3 (b) 2, 3 और 4
(c) 1, 2 और 4 (d) ये सभी

41. हस्तशिल्प से सम्बन्धित संस्थाओं के सन्दर्भ में निम्न कथनों पर विचार करें

1. भारतीय हस्तशिल्प और हथकरघा निर्यात निगम की स्थापना वर्ष 1952 में की गई थी।
2. अखिल भारतीय हस्तशिल्प बोर्ड की स्थापना वर्ष 1962 में की गई थी।
3. नेशनल इन्स्टीट्यूट ऑफ डिजाइन की स्थापना अहमदाबाद में की गई है।
4. भारतीय पैकेजिंग संस्थान मुम्बई में स्थित है।

उपरोक्त में से कौन-से कथन सत्य हैं?

(a) 1 और 2 (b) 3 और 4
(c) 1, 2 और 3 (d) 2, 3 और 4

42. निम्नलिखित में से किसको/किनको 'भौगोलिक सूचना' जियोग्राफिकल इण्डिकेशन की स्थिति प्रदान की गई है? **IAS (Pre) 2015**

1. बनारसी जरी और साड़ियाँ
2. राजस्थानी दाल-बाटी-चूरमा
3. तिरुपति लड्डू

कूट

(a) केवल 1 (b) 2 और 3
(c) 1 और 3 (d) ये सभी

5. भारत से सम्बन्धित यूनेस्को के विश्व धरोहर स्थल (मूर्त)

43. यूनेस्को (UNESCO) द्वारा जारी विश्व धरोहर सूची में शामिल की गई निम्नलिखित सम्पत्तियों पर विचार कीजिए

1. शान्ति निकेतन
2. रानी की वाव
3. होयसल के पवित्र मन्दिर समूह
4. बोधगया स्थित महाबोधि मन्दिर परिसर

उपरोक्त में से कितनी सम्पत्तियों को वर्ष 2023 में शामिल किया गया?

(a) केवल एक (b) केवल दो
(c) केवल तीन (d) सभी चार

44. **कथन** (A) विश्व धरोहर समिति एक शासी निकाय है, जो विश्व धरोहर सम्मेलन के कार्यान्वयन के लिए जिम्मेदार है।

कारण (R) विश्व धरोहर समिति की बैठक सामान्यत: वर्ष में एक बार होती है।

नीचे दिए गए कूट का प्रयोग करके सही उत्तर का चयन कीजिए

(a) A और R दोनों सही हैं तथा R, A की सही व्याख्या है।
(b) A और R दोनों सही हैं, परन्तु R, A की सही व्याख्या नहीं है।
(c) A सही है, किन्तु R गलत है।
(d) A गलत है, किन्तु R सही है।

45. हाल ही में UNESCO द्वारा रानी की वाव बावड़ी को विश्व धरोहर स्थल स्वीकृत किया गया है। यह स्थित है

(a) राजस्थान में (b) गुजरात में
(c) मध्य प्रदेश में (d) महाराष्ट्र में

46. ऐतिहासिक शहर अहमदाबाद, विश्व विरासत सूची में सम्मिलित होने वाला भारत का कौन-सा शहर है?

(a) चौथा (b) पहला
(c) तीसरा (d) दूसरा

47. वर्ष 2018 में UNESCO की सूची में सम्मिलित विक्टोरिया कालीन गोथिक और आर्ट डेको एनसेम्बल, कैसे मूल्यों को प्रदर्शित करती है?

(a) भारतीय (b) यूरोपीय
(c) 'a' और 'b' दोनों (d) इनमें से कोई नहीं

48. वर्ष 2023 तक मध्य प्रदेश के कितने स्थलों को UNESCO के विरासत स्थलों की सूची में सम्मिलित किया जा चुका है?

(a) चार (b) तीन (c) दो (d) एक

49. UNESCO में सम्मिलित स्थल चण्डीगढ़ को डिजाइन करने वाले ली कॉर्बूजिए किस देश से सम्बन्धित हैं?

(a) ब्रिटेन (b) फ्रांस (c) जापान (d) स्पेन

50. विश्व विरासत स्थल के लाभ के सन्दर्भ में विचार कीजिए

1. विश्व विरासत स्थल में दर्ज होने पर उसके प्रति अन्तर्राष्ट्रीय ध्यानाकर्षण होता है।
2. यह देश के प्राकृतिक और मानव निर्मित आश्चर्यों में राष्ट्रीय और स्थानीय गौरव को बढ़ावा देता है।

उपरोक्त कथनों में से कौन-सा/से कथन सही है/हैं?

(a) केवल 1 (b) केवल 2
(c) 1 और 2 दोनों (d) न तो 1 और न ही 2

51. वर्ष 2023 में यूनेस्को की 'रचनात्मक शहर नेटवर्क' (यू.सी.सी.एन.) सूची में किस भारतीय शहर को साहित्य का शहर के रूप में शामिल किया गया है? **UKPSC (Pre) 2024**

(a) पुणे (b) ग्वालियर
(c) कोझीकोड (d) जयपुर

6. भारतीय संगीत

52. विरहा किस आदिवासी जनजाति की महिलाओं का लोकप्रिय लोकगीत है? **MPPSC (Pre) 2024**

(a) गोण्ड (b) कोल
(c) भील (d) सहरिया

53. भारतीय संगीत के सम्बन्ध में कौन-सा कथन सही नहीं है?

(a) मोहनजोदड़ो की काँस्य नर्तकी से संगीत की जानकारी मिलती है
(b) सिन्धु घाटी सभ्यता में सात छिद्रों वाली बाँसुरी मिली है
(c) संगीत का साहित्यिक प्रमाण अर्थशास्त्र से मिलता है।
(d) उपरोक्त में से कोई नहीं

54. सूची I को सूची II से सुमेलित कीजिए **UPPSC (Pre) 2021**

सूची I (ग्रन्थ)	सूची II (रचयिता)
A. रागमाला	1. सोमनाथ
B. रस कौमुदी	2. वेंकट माखिन
C. राग विबोध	3. पुण्डरीक विट्ठल
D. चतुर्दण्डी प्रकाशिका	4. श्री कण्ठ

कूट

	A	B	C	D		A	B	C	D
(a)	3	4	1	2	(b)	1	4	3	2
(c)	4	2	3	1	(d)	3	1	2	4

55. निम्नलिखित में से कौन भारतीय संगीत मुख्य स्तम्भ नहीं है?

(a) मान (b) स्वर (c) राग (d) ताल

56. भारत के सांस्कृतिक इतिहास के सन्दर्भ में निम्नलिखित कथनों पर विचार कीजिए **UPSC (Pre) 2018**

1. त्यागराज की अधिकांश कृतियाँ भगवान कृष्ण की स्तुति के भक्ति गीत हैं।
2. त्यागराज ने अनेक नए रागों का सृजन किया।
3. अन्नमाचार्य और त्यागराज समकालीन हैं।
4. अन्नमाचार्य कीर्तन भगवान वेंकटेश्वर की स्तुति के भक्ति गीत हैं।

उपरोक्त कथनों में से कौन-से कथन सही हैं?

(a) 1 और 3 (b) 2 और 4
(c) 1, 2 और 3 (d) 2, 3 और 4

57. भातखण्डे हिन्दुस्तानी संगीत महाविद्यालय कहाँ स्थित है?

(a) लखनऊ (b) जयपुर (c) भोपाल (d) रायपुर

58. 'मंगानियर' के नाम से जाना जाने वाला लोगों का समुदाय **UPSC (Pre) 2014**

(a) पूर्वोत्तर भारत में अपनी मार्शल कलाओं के लिए विख्यात है
(b) पश्चिमोत्तर भारत में अपने संगीत परम्परा हेतु विख्यात है।
(c) दक्षिण भारत में अपने शास्त्रीय गायन हेतु विख्यात है
(d) मध्य भारत में पच्चीकारी परम्परा के लिए विख्यात है

59. निम्नलिखित में से कौन-सा युग्म सही सुमेलित नहीं है?

(a) बिरजू महाराज — कथक
(b) बिस्मिल्ला खाँ — शहनाई
(c) जाकिर हुसैन — हारमोनियम
(d) अमजद अली खान — सरोद

60. सूची I को सूची II से सुमेलित कीजिए **UPPSC (Pre) 2010**

सूची I	सूची II
A. शहनाई	1. मकबूल फिदा हुसैन
B. सरोद	2. बिस्मिल्ला खाँ
C. चित्रकार	3. अल्ला रक्खा
D. तबला	4. अमजद अली खाँ
E. सितार	5. रविशंकर

कूट

	A	B	C	D	E
(a)	2	4	1	3	5
(b)	1	2	3	4	5
(c)	4	3	2	1	5
(d)	3	5	2	1	4

61. गंगूबाई हंगल, जिनकी मृत्यु चन्द मास पूर्व हुई **UPPSC (Mains) 2008, UPPSC (Pre) 2010**

(a) शास्त्रीय संगीत की गायिका थीं
(b) नर्तकी थीं
(c) चित्रकार थीं
(d) सितारवादक थीं

62. विष्णु नारायण भातखण्डे किस कला शैली के प्रसिद्ध व्यक्ति थे? **HPSC (Pre) 2021**

(a) हिन्दुस्तानी शास्त्रीय संगीत
(b) मराठी रंगमंच
(c) प्रारम्भिक भारतीय सिनेमा
(d) कर्नाटक संगीत

63. सूची I को सूची II से सुमेलित कीजिए **IAS (Pre) 2002**

सूची I (कलाकार)	सूची II (संगीत प्रस्तुति का माध्यम)
A. बाल मुरली कृष्ण	1. हिन्दुस्तानी गायन
B. मीता पण्डित	2. घटम
C. कन्याकुमारी	3. सितार
D. निखिल बनर्जी	4. वायलिन
	5. कर्नाटक गायन

कूट

	A	B	C	D		A	B	C	D
(a)	5	1	2	3	(b)	4	3	1	5
(c)	3	1	5	2	(d)	5	4	1	3

64. निम्नलिखित में से बाँसुरी के प्रसिद्ध वादक के रूप में कौन जाने जाते हैं? **IAS (Pre) 2004**

(a) देबू चौधरी (b) मधुप मुद्गल
(c) रोनू मजूमदार (d) शफात अहमद

7. नृत्य

65. भारत के सांस्कृतिक इतिहास के सन्दर्भ में नृत्य एवं नाट्य कला की एक मुद्रा जिसे 'त्रिभंग' कहा जाता है, प्राचीनकाल से आज तक भारतीय कलाकारों को अतिप्रिय रही है। निम्नलिखित में से कौन-सा एक कथन इस मुद्रा को सर्वोत्तम रूप से वर्णित करता है? **IAS (Pre) 2013**

(a) एक पाँव मोड़ा जाता है और देह थोड़ी, किन्तु विपरीत दिशा में कटि एवं ग्रीवा पर वक्र की जाती है
(b) मुख अभिव्यंजनाएँ, हस्तमुद्राएँ एवं आसज्जा कतिपय महाकाव्य अथवा ऐतिहासिक पात्रों को प्रतीकात्मक रूप से व्यक्त करने के लिए संयोजित की जाती है
(c) देह, मुख एवं हस्तों की गति का प्रयोग स्वयं को अभिव्यक्त करने अथवा एक कथा कहने के लिए किया जाता है
(d) मन्द स्मिति, थोड़ी वक्र कटि एवं कतिपय हस्तमुद्राओं पर बल दिया जाता है, प्रेम एवं शृंगार की अनुभूतियों को अभिव्यक्त करने के लिए

66. भारतीय नृत्य के सम्बन्ध में निम्नलिखित कथनों पर विचार कीजिए

1. भीमबेटका शैलाश्रय में सामुदायिक नृत्य का वर्णन मिलता है।
2. ताण्डव का सम्बन्ध पार्वती से है।
3. भगवान शिव का निरूपण नटराज की प्रतिमा में देखने को मिलता है।

उपरोक्त में से कौन-सा/से कथन सत्य है/हैं?

(a) केवल 2 (b) 2 और 3
(c) 1 और 3 (d) 1, 2 और 3

67. निम्न में से कौन-सा शास्त्रीय नृत्य अपने वर्तमान स्वरूप में मुगल परम्परा से प्रभावित है? **JPSC (Pre) 2021**

(a) भरतनाट्यम (b) कथकली
(c) कत्थक (d) मोहिनीअटट्म

68. कुचिपुड़ी तथा भरतनाट्यम नृत्यों के बीच क्या भेद है? **IAS (Pre) 2012**

1. कुचिपुड़ी नृत्य में नर्तक प्रासंगिक रूप से कथोपकथन का प्रयोग करते हैं, जबकि भरतनाट्यम में कथोपकथन का प्रयोग नहीं किया जाता।
2. पीतल की तश्तरी की धार पर पैर रख नृत्य करने की परम्परा भरतनाट्यम की विशिष्टता है, जबकि कुचिपुड़ी नृत्य में इस प्रकार की क्रियाओं का कोई स्थान नहीं है।

उपरोक्त कथनों में से कौन-सा/से कथन सही है/हैं?

(a) केवल 1 (b) केवल 2
(c) 1 और 2 दोनों (d) न तो 1 और न ही 2

69. सूची I को सूची II से सुमेलित कीजिए **UKPSC (Pre) 2022**

सूची I (नृत्य)	**सूची** II (राज्य)
A. भरतनाट्यम	1. उत्तर प्रदेश
B. कत्थक	2. तमिलनाडु
C. कुचिपुड़ी	3. केरल
D. मोहिनीअट्टम	4. आन्ध्र प्रदेश

कूट

	A	B	C	D		A	B	C	D
(a)	1	3	2	4	(b)	2	4	1	3
(c)	2	1	4	3	(d)	4	2	1	3

70. प्रसिद्ध सत्रिया नृत्य के सन्दर्भ में निम्नलिखित कथनों पर विचार कीजिए **UPSC (Pre), 2014**

1. सत्रिय नृत्य संगीत, नृत्य और नाटक का संयोजन है।
2. यह असम के वैष्णवों की शताब्दियों पुरानी परम्परा है।
3. यह तुलसीदास, कबीर और मीराबाई द्वारा रचित भक्तिपूर्ण गीतों के शास्त्रीय रागों और तालों पर आधारित है।

उपरोक्त कथनों में से कौन-सा/से सही है/हैं?

(a) केवल (1) (b) (1) और (2)
(c) (2) और (3) (d) (1), (2) और (3)

71. ओडिसी नृत्य के सम्बन्ध में कौन-सा कथन सही नहीं है?

(a) इसका विकास महारिया नामक सम्प्रदाय से हुआ
(b) ब्रह्मेश्वर मन्दिर में इस नृत्य का उल्लेख मिलता है
(c) इसके छन्द गीतगोविन्दम् से लिए गए हैं
(d) यह एक युद्ध कला नृत्य है

72. निम्नलिखित कथनों पर विचार कीजिए

1. गौर माड़िया नृत्य का सम्बन्ध मध्य प्रदेश से है।
2. गौर माड़िया का अर्थ साँड का सींग होता है।
3. यह नृत्य केवल महिलाओं के द्वारा किया जाता है।

उपरोक्त में से कौन-सा/से कथन सही है/हैं?

(a) केवल 1
(b) 1 और 3
(c) 1, 2 और 3
(d) इनमें से कोई नहीं

73. उत्तराखण्ड का निम्नलिखित में से कौन-सा नृत्य/उत्सव यूनेस्को की अमूर्त विरासत सूची में शामिल है? **UKPSC (Pre) 2024**

(a) रम्माण (b) चांचरी
(c) छोलिया (d) झुमैलो

74. यूनेस्को (UNESCO) की अमूर्त सांस्कृतिक विरासत की सूची में निम्नलिखित में से कौन-सा नवीनतम समावेश था? **UPSC (Pre) 2024**

(a) छऊ (छाऊ) नृत्य (b) दुर्गा पूजा
(c) गरबा नृत्य (d) कुम्भ मेला

75. गरबा नृत्य जिसे यूनेस्को की मानवता की अमूर्त सांस्कृतिक विरासत की सूची में शामिल किया गया है, यह किस राज्य से सम्बन्धित है? **CGPSC (Pre) 2024**

(a) कर्नाटक (b) पंजाब
(c) गुजरात (d) इनमें से कोई नहीं

76. राजस्थान में किस सम्प्रदाय के पुरुषों द्वारा अग्नि नृत्य किया जाता है? **RPSC (Pre) 2023**

(a) बिश्नोई सम्प्रदाय (b) रामस्नेही सम्प्रदाय
(c) जसनाथी सिद्ध (d) दादू पन्थ

8. नाट्यकला

77. छत्तीसगढ़ की किस/किन गुफा/गुफाओं से नाट्यकला के प्राचीनतम साक्ष्य मिलते हैं?

(a) जोगीमारा (b) सीताबेंगरा
(c) 'a' और 'b' दोनों (d) इनमें से कोई नहीं

78. नाट्यशास्त्र के सम्बन्ध में निम्नलिखित कथनों पर विचार कीजिए

1. इसमें नाट्य-वेद का उल्लेख मिलता है।
2. इसका रचना काल 200 ई. पू. से 200 ई. तक माना जाता है।
3. इसमें 15 प्रकार के नाटकों के नाम मिलते हैं।
4. इसमें एकांकी नाटकों का उल्लेख नहीं मिलता है।

उपरोक्त कथनों में से कौन-सा/से कथन सही है/हैं?

(a) केवल 2 (b) 1 और 2
(c) 1, 2 और 3 (d) 2, 3 और 4

79. निम्नलिखित में कौन-सा/से रूपकों का/के प्रकार है/हैं?

(a) भाण (b) प्रकरण
(c) वीथी (d) ये सभी

80. नाटकों के सम्बन्ध में निम्नलिखित कथनों पर विचार कीजिए

1. प्रतिमा नामक नाटक रामायण पर आधारित है।
2. पंचरात्र भास की रचना है।

उपरोक्त कथनों में से कौन-सा/से कथन सही है/हैं?

(a) केवल 1 (b) केवल 2
(c) 1 और 2 दोनों (d) न तो 1 और न ही 2

81. अंकिया नाट के सम्बन्ध में निम्नलिखित कथनों पर विचार कीजिए

1. इसका प्रारम्भ शंकरदेव ने किया था।
2. यह असम की एकांकी कला है।

3. इसमें राम-कथा का प्रदर्शन किया जाता है।
4. इसकी भाषा ब्रजबुली है।

उपरोक्त कथनों में से कौन-सा/से कथन सही है/हैं?

(a) 1, 2 और 3 (b) 2, 3 और 4
(c) 1, 2 और 4 (d) केवल 3

82. ललित विग्रहराज नाटक की रचना किसने की? **RPSC (Pre) 2023**

(a) हेमचन्द्र (b) कल्हण (c) सोमदेव (d) महेश

9. रंगमंच और कठपुतली

83. निम्नलिखित युग्मों में से कौन-से युग्म सही सुमेलित हैं?

1. भास — स्वप्नवासवदत्ता
2. शूद्रक — मुद्राराक्षस
3. कालिदास — अभिज्ञानशाकुन्तलम्
4. विशाखदत्त — मृच्छकटिकम्

कूट

(a) 1 और 3 (b) 1 और 4
(c) 1, 2 और 3 (d) ये सभी

84. कथन (A) भारतीय पारम्परिक थियेटर के रूप सम्पूर्ण थियेटर (टोटल थियेटर) के सर्वोत्तम उदाहरण हैं।

कारण (R) दक्षिण के पारम्परिक थियेटर संगीतोन्मुख हैं तथा उत्तर के पारम्परिक थियेटर नृत्योन्मुख हैं।

नीचे दिए गए कूट का प्रयोग कर सही उत्तर चुनिए

(a) A और R दोनों सही हैं
(b) A और R दोनों गलत हैं
(c) A सही है, किन्तु R गलत है।
(d) A गलत है, किन्तु R सही है

85. निम्नलिखित युग्मों में से कौन-से युग्म सही सुमेलित हैं?

1. ओम स्वाहा — वर्ष 1979
2. मशीन — वर्ष 1996
3. हल्लाबोल — वर्ष 1988
4. आर्तनाद — वर्ष 1979

कूट

(a) 1 और 3 (b) 2 और 4
(c) 1 और 4 (d) 3 और 4

86. पारसी रंगमंच के सम्बन्ध में निम्नलिखित कथनों पर विचार कीजिए

1. 1853 ई. में 'पारसी नाटक मण्डली' द्वारा सर्वप्रथम 'रुस्तम जबूली और सोहराब' का मंचन हुआ था।
2. आगा हशरा को पारसी थियेटर का शेक्सपियर माना जाता है।
3. पारसी रंगमंच मुख्यत: विक्टोरियन रंगमंच की नकल थी।

उपरोक्त कथनों में से कौन-सा/से कथन सही है/हैं?

(a) केवल 1 (b) केवल 2
(c) 1, 2 और 3 (d) इनमें से कोई नहीं

87. कन्नड़ रंगमंच के सम्बन्ध में कौन-सा कथन सही नहीं है?

(a) 18वीं सदी के अन्त में कन्नड़ रंगमंच का विकास हुआ।
(b) वर्ष 1918 में टी.पी केलाराम ने नाटकों में कन्नड़ रंगमंच के एक नए दौर की शुरुआत की।
(c) गिरीश कर्नाड का सम्बन्ध कन्नड़ रंगमंच से रहा है।
(d) शिवराम कारन्त ने कन्नड़ रंगमंच को आगे बढ़ाया।

88. निम्नलिखित युग्मों पर विचार कीजिए

	कठपुतली कला		सम्बन्धित राज्य
1.	गोम्बेयाटा	—	कर्नाटक
2.	बोम्मालाट्टम	—	तमिलनाडु
3.	तोलपावा कूथु	—	मेघालय
4.	रावणछाया	—	केरल

उपरोक्त युग्मों में से कितने युग्म सही सुमेलित हैं?

(a) केवल एक युग्म (b) केवल दो युग्म
(c) केवल तीन युग्म (d) सभी चारों युग्म

89. कठपुतली (राजस्थान) की एक अनोखी विशेषता निम्नलिखित में से क्या है?

(a) पाँवों का अभाव (b) तीव्र ध्वनि
(c) तीव्र प्रकाश (d) इनमें से कोई नहीं

90. निम्नलिखित में से कौन सुमेलित नहीं है?

(a) पावाकूथु — केरल
(b) यमपुरी — जम्मू एवं कश्मीर
(c) पुतुलनाच — बंगाल
(d) छड़ कठपुतली — पूर्वी भारत

उपरोक्त में से कौन-सा/से कथन सत्य है/हैं

(a) केवल 1 (b) 1 और 3
(c) 1 और 2 (d) 1, 2 और 3

91. कठपुतली कला के सम्बन्ध में निम्नलिखित कथनों पर विचार कीजिए

1. यमपुरी कठपुतली में मूर्तियाँ लकड़ी की बनी होती हैं।
2. पावाकूथु दस्ताना कठपुतली प्रदर्शन है।
3. पुतुलनाच दस्ताना कठपुतली का उदाहरण है।

उपरोक्त में से कौन-सा/से कथन सत्य है/हैं?

(a) केवल 1 (b) 1 और 2
(c) 1 और 3 (d) 1, 2 और 3

10. भारतीय सिनेमा

92. निम्नलिखित में से कौन विदेशी फिल्म निर्माण कम्पनी नहीं है?

(a) सेंचुरी (b) फॉक्स
(c) वाटनर ब्रदर्स (d) रेड चिली

93. भारतीय फिल्म के सम्बन्ध में निम्नलिखित कथनों पर विचार कीजिए

1. भारतीय फिल्म ने विश्व में अखिल भारतीय स्वरूप का प्रतिनिधित्व किया है।
2. फिल्में केवल मनोरंजन का साधन हैं।

उपरोक्त में से कौन-सा/से कथन सत्य है/हैं?

(a) केवल 1
(b) केवल 2
(c) 1 और 2 दोनों
(d) न तो 1 और न ही 2

94. निम्नलिखित कथनों पर विचार कीजिए तथा नीचे दिए गए कूट की सहायता से सही उत्तर का चयन कीजिए

1. थॉमस एडिसन तथा विलियम कैनेडी ने सम्मिलित रूप से प्रथम मोशन कैमरा कीनेटाग्राफ का आविष्कार किया।
2. वर्ष 1923 में बनी 'राजा हरिश्चन्द्र' भारत की प्रथम फीचर फिल्म थी।
3. भारत की प्रथम बोलती फिल्म आर्देशियर ईरानी द्वारा निर्देशित 'आलमआरा' थी।

उपरोक्त में से कौन-से कथन सत्य है/हैं?

(a) 1 और 2 (b) 2 और 3
(c) 1 और 3 (d) 1, 2 और 3

95. निम्नलिखित में से किस बंगाली फिल्म में रवीन्द्र संगीत का प्रथमत: प्रयोग किया गया था?

(a) देवदास (b) मुक्ति
(c) जामाई षष्ठी (d) आकालेर शोंधाने

96. निम्नलिखित युग्मों पर विचार कीजिए

	नियम		निर्देशक
1.	अमर ज्योति	—	वी. शान्ताराम
2.	किसान कन्या	—	आर्देशिर ईरानी
3.	प्रेमसागर	—	के. सुब्रह्मण्यम
4.	पाथेर पांचाली	—	ऋषिकेश मुखर्जी

उपरोक्त युग्मों में से कितने युग्म सही हैं?

(a) केवल एक युग्म (b) केवल दो युग्म
(c) केवल तीन युग्म (d) सभी चारों युग्म

97. फिल्म प्रभाग का गठन कब किया गया था?

(a) वर्ष 1948 (b) वर्ष 1958
(c) वर्ष 1960 (d) वर्ष 1993

11. पारम्परिक मार्शल कलाएँ

98. भारत की संस्कृति और परम्परा के अनुसार, 'कलारीपयट्टू' क्या है? **UPSC (Pre) 2014**

(a) यह दक्षिण भारत के कुछ भागों में अभी भी प्रचलित शैव धर्म का एक प्राचीन भक्ति पन्थ है
(b) यह कोरोमण्डल क्षेत्र के दक्षिणी भाग में अभी भी मिलने वाली एक प्राचीन शैली वाली काँसे और पीतल की कलाकृति है
(c) यह मालाबार के उत्तरी भाग में नृत्य तथा नाटक का एक प्राचीन रूप और एक जीवन्त परम्परा है
(d) यह दक्षिण भारत के कुछ भागों में एक प्राचीन मार्शल आर्ट और एक जीवन्त परम्परा है

99. निम्नलिखित युग्मों पर विचार कीजिए **IAS (Pre) 2018**

परम्परा		राज्य
1. चपचार कुट त्योहार	—	मिजोरम
2. खोंगजॉम परबा गाथागीत	—	मणिपुर
3. थांग-ता नृत्य	—	सिक्किम

उपरोक्त युग्मों में से कौन-सा/से सुमेलित है/हैं?
(a) केवल 1 (b) 1 और 2 (c) केवल 3 (d) 2 और 3

100. सिलम्बम किस राज्य की प्रसिद्ध भारतीय मार्शल आर्ट है? **BPSC (Pre) 2004**

(a) आन्ध्र प्रदेश (b) तमिलनाडु
(c) केरल (d) कर्नाटक

101. थोडा मार्शल आर्ट के सन्दर्भ में निम्न कथनों पर विचार करें

1. थोडा अरुणाचल प्रदेश की भव्य मार्शल आर्ट है।
2. यह कुल्लू और मनाली घाटियों में खेला जाता है।
3. थोडा, तीरन्दाजी पर निर्भर करता है।

उपरोक्त में से सत्य कथनों का चुनाव करें
(a) 1 और 2 (b) 2 और 3
(c) 1 और 3 (d) 1, 2 और 3

102. पारम्परिक खेल मल्लखम्ब किस राज्य का राजकीय खेल है? **MPPSC (Pre) 2008**

(a) सिक्किम (b) असम
(c) मेघालय (d) मध्य प्रदेश

103. निम्नलिखित युग्मों पर विचार कीजिए

मार्शल कला		सम्बन्धित क्षेत्र
1. काठी सामू	—	केरल
2. पाइक अखाड़ा	—	ओडिशा
3. मुकना	—	मणिपुर
4. वर्मकलई	—	मणिपुर

उपरोक्त युग्मों में से कितने युग्म सुमेलित हैं?
(a) केवल एक युग्म (b) केवल दो युग्म
(c) केवल तीन युग्म (d) सभी चारों युग्म

12. अमूर्त सांस्कृतिक विरासत

104. अमूर्त सांस्कृतिक विरासत के सम्बन्ध में निम्नलिखित में से कौन-सा सही है?

(a) इसे यूनेस्को द्वारा जारी किया जाता है
(b) अमूर्त सांस्कृतिक विरासत समाज की मानसिक चेतना का प्रतिबिम्ब है
(c) सांस्कृतिक प्रथाओं को मानवता की अमूर्त सांस्कृतिक विरासत की प्रतिनिधि सूची में सम्मिलित किया जाता है।
(d) उपरोक्त सभी

105. भारत सरकार के किस मन्त्रालय द्वारा अमूर्त सांस्कृतिक विरासत की राष्ट्रीय सूची का मसौदा तैयार किया जाता है?

(a) संस्कृति मन्त्रालय
(b) मानव संसाधन मन्त्रालय
(c) विदेश मन्त्रालय
(d) गृह मन्त्रालय

106. निम्नलिखित युग्मों पर विचार कीजिए

सांस्कृतिक विरासत		सम्मिलित वर्ष
1. कालबेलिया	—	वर्ष 2008
2. संकीर्तन	—	वर्ष 2014
3. दुर्गा पूजा	—	वर्ष 2021
4. छऊ	—	वर्ष 2010

उपरोक्त युग्मों में से कितने युग्म सही सुमेलित हैं?
(a) केवल एक युग्म (b) केवल दो युग्म
(c) केवल तीन युग्म (d) सभी चारों युग्म

107. मणिपुरी संकीर्तन के सन्दर्भ में निम्नलिखित कथनों पर विचार करे **UPSC (Pre) 2017**

1. यह एक गीत और नृत्य प्रदर्शन है।
2. झाँझ इस प्रदर्शन में प्रयोग किए जाने वाला एकमात्र वाद्य यन्त्र है।
3. यह भगवान कृष्ण के जीवन और कार्यों को बताने के लिए प्रदर्शित किया जाता है।

उपरोक्त कथनों में से कौन-सा/से कथन सही है/हैं?
(a) 1, 2 और 3 (b) 1 और 3
(c) 2 और 3 (d) केवल 1

108. यूनेस्को के रचनात्मक शहरों के नेटवर्क से सम्बन्धित युग्मों पर विचार कीजिए

शहर		सम्बन्धित कला
1. श्रीनगर	—	शिल्प और लोक कला
2. चेन्नई	—	पाक कला
3. वाराणसी	—	संगीत का रचनात्मक शहर
4. मुम्बई	—	फिल्म

उपरोक्त में से कितने युग्म सही सुमेलित हैं?
(a) केवल एक युग्म (b) केवल दो युग्म
(c) केवल तीन युग्म (d) सभी चारों युग्म

109. निम्नलिखित में से कौन-सा वेद सबसे अधिक प्राचीन है? **MPPSC (Pre) 2024**

(a) ऋग्वेद (b) सामवेद
(c) यजुर्वेद (d) अथर्ववेद

110. निम्नलिखित कथनों पर विचार कीजिए निम्नलिखित अमूर्त सांस्कृतिक धरोहरों को यूनेस्को (UNESCO) धरोहर सूची में प्रवेश के वर्ष के क्रम में (पुराने से नए) व्यवस्थित कीजिए **HPSC (Pre) 2024**

1. कालबेलिया 2. वैदिक मन्त्रोच्चारण
3. रामलीला 4. कुम्भ मेला
5. नौरोज

निम्नलिखित में से सही विकल्प को चुनें
(a) 3, 1, 2, 5, 4 (b) 1, 3, 2, 5, 4
(c) 2, 3, 1, 5, 4 (d) 2, 1, 3, 4, 5

13. भाषा एवं लिपि

111. निम्नलिखित में से कौन-सा भारत का सबसे बड़ा भाषाई परिवार है?

(a) द्रविड़ भाषा परिवार
(b) हिन्द-आर्य भाषा परिवार
(c) चीनी-तिब्बती भाषा परिवार
(d) ऑस्ट्रो-एशियाटिक भाषा परिवार

112. निम्नलिखित युग्मों में से कौन-सा/से युग्म सुमेलित है/हैं?

1. हिन्दी-हिन्द-आर्य भाषा परिवार
2. मणिपुरी-चीनी-तिब्बती भाषा परिवार
3. सन्थाली-ऑस्ट्रो-एशियाटिक भाषा परिवार

नीचे दिए गए की सहायता से सही उत्तर का चयन कीजिए
(a) केवल 1 (b) केवल 2 (c) 1 और 3 (d) ये सभी

113. निम्नलिखित में से कौन-सी भाषा हिन्द-आर्य भाषा परिवार से सम्बन्धित नहीं है?

(a) संस्कृत (b) मराठी (c) कन्नड़ (d) कश्मीरी

114. किसी भी भाषा को शास्त्रीय भाषा का स्तर प्रदान करने के आधारों के सन्दर्भ में निम्नलिखित कथनों पर विचार कीजिए

1. सम्बन्धित भाषा के प्रारम्भिक ग्रन्थ तथा लिखित इतिहास 4500 से 3000 वर्षों से अधिक प्राचीन होना चाहिए।
2. सम्बन्धित भाषा की साहित्यिक परम्परा में मौलिकता होनी चाहिए तथा वह किसी अन्य भाषा से प्रेरित न हो।

उपरोक्त में से कौन-सा/से कथन सही है/हैं?
(a) केवल 1
(b) केवल 2
(c) 1 और 2 दोनों
(d) न तो 1 और न ही 2

115. निम्नलिखित कथनों पर विचार कीजिए
1. वैदिक संस्कृत को 'छान्दस्य' भी कहा जाता है।
2. वैदिक संस्कृत बोलचाल की भाषा न होकर साहित्य की भाषा थी।
3. प्राचीन संहिताएँ, वेद, आरण्यक, ब्राह्मण तथा उपनिषद् सभी लौकिक संस्कृत में लिखे गए हैं।

उपरोक्त कथनों में से कौन-सा/से कथन सही है/हैं?
(a) केवल 2 (b) 1 और 2 (c) 2 और 3 (d) ये सभी

116. निम्नलिखित में से लिंगुआ फ्रैंका के सन्दर्भ में कौन-सा कथन सही है?
1. यह एक सेतु भाषा (Bridge Language) है।
2. यह कहीं भी दो लोकप्रिय भाषाओं या बोलियों को साझा न करने वाले व्यक्तियों के मध्य संवाद स्थापित करने में प्रयुक्त होती है।

उपरोक्त में से कौन-सा/से कथन सही है/हैं?
(a) केवल 1
(b) केवल 2
(c) 1 और 2 दोनों
(d) न तो 1 और न ही 2

117. निम्नलिखित में से कौन-सा/से युग्म सही सुमेलित है/हैं?

	भाषा		लिपि
1.	मणिपुरी	—	बांग्ला
2.	मिजो	—	देवनागरी
3.	असमिया	—	देवनागरी

कूट
(a) केवल 1 (b) 1 और 2
(c) 1 और 3 (d) ये सभी

118. खासी और निकोबारी भाषाओं का सम्बन्ध निम्न में से किस समूह से है?
(a) द्रविड़ भाषा परिवार
(b) अण्डमानी भाषा परिवार
(c) चीनी-तिब्बती भाषा परिवार
(d) ऑस्ट्रो-एशियाटिक भाषा परिवार

119. आठवीं अनुसूची के सम्बन्ध में निम्न में से कौन-से कथन सत्य हैं?
1. संविधान की आठवीं अनुसूची में मूल रूप से 14 भाषाएँ सम्मिलित थीं।
2. वर्ष 1967 में सिन्धी भाषा को इसमे सम्मिलित किया गया।
3. कोंकणी एवं डोगरी भाषाओ को वर्ष 1992 में आठवीं अनुसूची में सम्मिलित किया गया।
4. वर्ष 2004 में इस सूची में सन्थाली, बोडो, मणिपुरी तथा मैथिली भाषाओं को जोड़ा गया।

कूट
(a) 1 और 2 (b) 2 और 3
(c) 2, 3 और 4 (d) ये सभी

120. संविधान (71वें संशोधन) अधिनियम, 1992 के द्वारा निम्न में से किस भाषा को शामिल करने के लिए संविधान की आठवीं अनुसूची में संशोधन किया गया है? **UPSC (Pre) 2024**
1. कोंकणी 2. मणिपुरी
3. नेपाली 4. मैथिली

नीचे दिए गए कूट का प्रयोग कर सही उत्तर चुनिए
(a) 1, 2 और 3 (b) 1, 2 और 4
(c) 1, 3 और 4 (d) 2, 3 और 4

121. निम्नलिखित कथनों पर विचार कीजिए
1. भारतीय संविधान में राष्ट्रभाषा का प्रावधान है, राजभाषा का नहीं।
2. अहोम, स्यामी-चीनी समूह से सम्बन्धित भाषा है।

उपरोक्त में से कौन-सा/से कथन सही है/हैं?
(a) केवल 1 (b) केवल 2
(c) 1 और 2 दोनों (d) न तो 1 और न ही 2

122. निम्नलिखित कथनों पर विचार कीजिए **IAS (Pre) 2021**
1. यूनिसेफ द्वारा 21 फरवरी को अन्तर्राष्ट्रीय मातृभाषा दिवस घोषित किया गया।
2. पाकिस्तान की संविधान सभा में यह माँग रखी गई कि राष्ट्रीय भाषाओं में बांग्ला को भी सम्मिलित किया जाए।

उपरोक्त कथनों में से कौन-सा/से कथन सही है/हैं?
(a) केवल 1
(b) केवल 2
(c) 1 और 2 दोनों
(d) न तो 1 और न ही 2

123. देवनागरी का विकास किस लिपि से हुआ है? **UKPSC (Pre) 2021**
(a) खरोष्ठी लिपि (b) ब्राह्मी लिपि
(c) शारदा लिपि (d) चित्र लिपि

14. साहित्य

124. प्राचीन भारतीय इतिहास के सन्दर्भ में निम्नलिखित युग्मों पर विचार कीजिए **IAS (Pre) 2023**

	साहित्यिक कृति		रचनाकार
1.	देवी चन्द्रगुप्त	—	बिल्हण
2.	हम्मीर-महाकाव्य	—	नयचन्द्र सूरि
3.	मिलिन्दपन्हो	—	नागार्जुन
4.	नीतिवाक्यामृत	—	सोमदेव सूरि

उपरोक्त युग्मों में से कितने युग्म सही सुमेलित हैं?
(a) केवल एक युग्म
(b) केवल दो युग्म
(c) केवल तीन युग्म
(d) सभी चारों युग्म

125. भारत के सांस्कृतिक इतिहास के सन्दर्भ में इतिवृत्तों, राजवंशीय इतिहासों तथा वीरगाथाओं को कण्ठस्थ करना निम्नलिखित में से किसका व्यवसाय था? **IAS (Pre) 2016**
(a) श्रमण (b) परिव्राजक
(c) अग्रहारिक (d) मागध

126. 'किरातार्जुनीयम्' पुस्तक किसने लिखी थी? **BPSC (Pre) 2022**
(a) भट्टी (b) शूद्रक
(c) कालिदास (d) भारवि

127. भारतीय इतिहास के सन्दर्भ में निम्नलिखित मूल ग्रन्थों पर विचार कीजिए **IAS (Pre) 2022**
1. नेत्तिपकरण
2. परिशिष्टपर्वन
3. अवदानशतक
4. त्रिशष्टिलक्षण महापुराण

उपरोक्त में कौन-से जैन ग्रन्थ हैं?
(a) 1, 2 और 3 (b) 2 और 4
(c) 1, 3 और 4 (d) 2, 3 और 4

128. कौटिल्य अर्थशास्त्र के अनुसार, निम्नलिखित में से कौन-से कथन सही हैं? **IAS (Pre) 2022**
1. न्यायिक दण्ड के परिणामस्वरूप कोई व्यक्ति दास हो सकता था।
2. स्त्री दास अपने मालिक के संसर्ग से पुत्र जनन कर कानूनी तौर पर मुक्त हो जाती थी।
3. यदि स्त्री दास का मालिक उस स्त्री से पैदा हुए पुत्र का पिता हो, तो उस पुत्र को मालिक का पुत्र होने का कानूनी हक मिलता था।

कूट
(a) 1 और 2
(b) 2 और 3
(c) 1 और 3
(d) 1, 2 और 3

129. सूची I का सूची II से मिलान कीजिए **HPPSC (Pre) 2020**

	सूची I		सूची II
A.	संस्कृत में बसन्त विलास की रचना	1.	रघुनाथ
B.	भगवद्गीता का बांग्ला में अनुवाद	2.	गुजरात के उदयराज
C.	तपतिसम्बरनमु उपाख्यानमु की रचना	3.	मालाधर वसू
D.	मुहूर्त सम्बन्धी ग्रन्थ मुहूर्तमाला की रचना	4.	गंगाधर

कूट

	A	B	C	D		A	B	C	D
(a)	2	3	4	1	(b)	3	1	4	2
(c)	4	1	2	3	(d)	2	4	3	1

130. प्राचीन भारत के विद्वानों/साहित्यकारों के सन्दर्भ में, निम्नलिखित कथनों पर विचार कीजिए IAS (Pre) 2020

1. पाणिनि पुष्यमित्र शुंग से सम्बन्धित हैं।
2. अमरसिंह हर्षवर्धन से सम्बन्धित हैं।
3. कालिदास चन्द्रगुप्त द्वितीय से सम्बन्धित है।

उपरोक्त कथनों में से कौन-सा/से कथन सही है/हैं?

(a) 1 और 2 (b) 2 और 3
(c) केवल 3 (d) 1, 2 और 3

131. शैव सन्तों के लेखन के संग्रह को पाँचवाँ वेद भी समझा जाता है। इस संग्रह का क्या नाम है? JPSC (Pre) 2021

(a) तिरुमुराय (b) तोलकाप्पियम
(c) शिलप्पादिकारम (d) मणिमेखलै

132. किस उपनिषद में याज्ञवल्क्य और गार्गी का प्रसिद्ध संवाद मिलता है? MPPSC (Pre) 2025

(a) बृहदारण्यक उपनिषद
(b) तैत्तिरीय उपनिषद्
(c) ऐतरेय उपनिषद्
(d) प्रश्नोपनिषद्

133. निम्नलिखित में से कोन-सी राशेखर द्वारा नहीं लिखी गई है? MPPSC (Pre) 2025

(a) काव्यमीमांसा (b) कर्पूरमंजरी
(c) प्रबंधचिन्तामणि (d) विद्धशालभञ्जिका

134. निम्नलिखित कथनों पर विचार कीजिए UPSC (Pre) 2024

1. उपनिषदों में कोई नीति-कथा नहीं है।
2. उपनिषदों की रचना पुराणों से भी पहले हुई थी।

उपरोक्त कथनों में से कौन-सा/से कथन सही है/हैं?

(a) केवल 1
(b) केवल 2
(c) 1 और 2 दोनों
(d) न तो 1 और न ही 2

135. निम्नलिखित में से कौन-सा वेद सबसे अधिक प्राचीन है? MPPSC (Pre) 2024

(a) ऋग्वेद (b) सामवेद
(c) यजुर्वेद (d) अथर्ववेद

136. किस वेद में सभा और समिति को पृथक् संस्थाओं के रूप में घोषित किया गया है? MPPSC (Pre) 2024

(a) ऋग्वेद (b) सामवेद
(c) अथर्ववेद (d) यजुर्वेद

137. निम्नलिखित में से कौन-सी नाटककार भास की रचना है? UPSC (Pre) 2024

(a) काव्यालंकार (b) नाट्यशास्त्र
(c) मध्यम-व्यायोग (d) महाभाष्य

138. अष्टांग योग के अन्तर्गत किसे अन्तरंग साधना कहा जाता है? MPPSC (Pre) 2024

(a) प्रत्याहार (b) नियम
(c) प्राणायाम (d) धारणा

139. संघभूति एक भारतीय बौद्ध भिक्षु, जिन्होंने चौथी शताब्दी के अन्त में चीन की यात्रा की, निम्नलिखित में से किस भाष्य के लेखक थे? UPSC (Pre) 2024

(a) प्रज्ञापारामिता सूत्र (b) विसुद्धिमग्गो
(c) सर्वास्तिवाद विनय (d) ललितविस्तार

140. संगम ग्रन्थ 'तोलकाप्पियम' कार्य में है JPSC (Pre) 2024

(a) खगोल विज्ञान पर
(b) व्याकरण पर
(c) संगीत पर
(d) चिकित्सा पर

141. 'मिलिन्दपन्हो' महाराज मिलिन्द के प्रश्नों पर आधारित है। यह किस भाषा में लिखा गया है? UKPSC (Pre) 2022

(a) संस्कृत (b) हिन्दी
(c) पालि (d) अरबी

142. 'गीत-गोविन्द' का रचयिता कौन था? UPPSC (Pre) 2010

(a) धोयी (b) गोवर्द्धनाचार्य
(c) जयदेव (d) लक्ष्मणसेन

143. निम्नलिखित में से किसने चिन्तामणि भट्ट द्वारा रचित संस्कृत ग्रन्थ 'शुक सप्तति' का फारसी में अनुवाद कर उसका नाम 'तूतिनामा' रखा? UPPSC (Pre) 2022

(a) ख्वाजा जियाउद्दीन नख्शबी
(b) अब्दुर्ररज्जाक
(c) शिहाबुद्दीन-अल-उमरि
(d) अमीर खुसरो

144. 'फवायदुल फवाद' नामक पुस्तक में शेख निजामुद्दीन औलिया की बातचीत का विवरण है, इसका संकलन किया था UPPSC (Pre) 2021

(a) अमीर हसन सिज्जी ने
(b) अमीर खुसरो ने
(c) जियाउद्दीन बरनी ने
(d) हसन निजामी ने

145. भक्तिकाल के एक प्रमुख सन्त एकनाथ ने अपने वर्णनात्मक तथा भक्तिमय अभंग किस भाषा में लिखे थे?

(a) गुजराती (b) हिन्दी
(c) मराठी (d) ओडिया

146. किसके राज्यकाल में 'योगवशिष्ठ' का निजामुद्दीन पानीपति द्वारा फारसी में अनुवाद किया गया? IAS (Pre) 2022

(a) अकबर (b) हुमायूँ
(c) शाहजहाँ (d) औरंगजेब

147. निम्नलिखित युग्मों पर विचार कीजिए HPSC (Pre) 2024

1. मुलफुजात - सूफी सन्तों की बातचीत
2. मक्तुबाज - सूफी सन्तों की जीवनियों का स्मरण
3. तजकिरा - लिखे हुए पत्रों का संकलन

उपरोक्त युग्मों में से कितने युग्म सही सुमेलित हैं?

(a) केवल एक युग्म (b) केवल दो युग्म
(c) सभी तीनों युग्म (d) इनमें से कोई नहीं

148. जियाउद्दीन बरनी ने निम्नलिखित में से किसकी रचना की? UKPSC (Pre) 2022

(a) तारीख-ए-मुबारकशाही (b) फतवा-ए-जहाँदारी
(c) जैन-उल-अखबार (d) तारीख-ए-मुहम्मदी

149. निम्नलिखित युग्मों पर विचार कीजिए HPSC (Pre) 2024

1. नू सिपिहर - अमीर खुसरो
2. रियाजुल इंशा - महमूद गवाँ
3. बुरहान-ए-मासिर - रफीउद्दीन शिराजी

उपरोक्त युग्मों में से कितने युग्म सही सुमेलित हैं?

(a) केवल एक युग्म (b) केवल दो युग्म
(c) सभी तीनों युग्म (d) इनमें से कोई नहीं

150. निम्नलिखित कथनों पर विचार कीजिए HPSC (Pre) 2024

1. सिखों के 10वें गुरु, गुरु गोविन्द सिंह ने अपने छन्द मुख्य रूप से हिन्दी (ब्रज भाषा) में रचे हैं।
2. नीलदर्पण नाटक, दीनबन्धु मित्र द्वारा लिखा गया था।
3. आनन्द मठ में प्रसिद्ध राष्ट्रवादी गीत वन्देमातरम् अन्तर्विष्ट है।

उपरोक्त कथनों में से कितने कथन सही हैं?

(a) केवल एक कथन सही है।
(b) केवल दो कथन सही हैं।
(c) सभी तीनों कथन सही हैं।
(d) उपरोक्त में से कोई नहीं

151. निम्नलिखित में से कौन-सी पुस्तक डॉ. अम्बेडकर द्वारा नहीं लिखी गई है? JPSC (Pre) 2024

(a) थॉट्स ऑन पाकिस्तान
(b) एनहिलिएशन ऑफ कास्ट
(c) द प्रॉब्लम ऑफ रूपी इट्स ऑरिजन एण्ड इट्स सॉल्यूशन
(d) सर्वेण्ट्स ऑफ इण्डिया

152. 1858-1859 ई. में लिखित नाटक 'नील दर्पण' नील उत्पादकों की व्यथा उजागर करता है। यह किसने लिखा है? UKPSC (Pre) 2024

(a) रबीन्द्रनाथ टैगोर (b) दीनबन्धु मित्र
(c) बंकिमचन्द्र चटर्जी (d) अक्षय कुमार दत्त

153. निम्नलिखित में से कौन 'द इण्डिया वे (The India Way)' और 'व्हाई भारत मैटर्स (Why Bharat Matters)' पुस्तकों के लेखक हैं? UPSC (Pre) 2024

(a) भूपेन्द्र यादव
(b) नलिन मेहता
(c) शशि थरूर
(d) सुब्रह्मण्यम जयशंकर

154. 'द कोएलिशन इयर्स' पुस्तक के लेखक कौन हैं? JPSC (Pre) 2024

(a) शशि थरूर (b) प्रणब मुखर्जी
(c) रवि माथुर (d) एम. एम. सिंह

15. धर्म एवं दर्शन

155. मध्यकालीन भारत के सांस्कृतिक इतिहास के सन्दर्भ में निम्नलिखित कथनों पर विचार कीजिए IAS (Pre) 2016

1. तमिल क्षेत्र के सिद्ध (सित्तर) एकेश्वरवादी थे तथा मूर्तिपूजा की निन्दा करते थे।
2. कन्नड़ क्षेत्र के लिंगायत पुनर्जन्म के सिद्धान्त पर प्रश्न चिह्न लगाते थे तथा जाति अधिक्रम को स्वीकार करते थे।

उपरोक्त कथनों में से कौन-सा/से कथन सही है/हैं?

(a) केवल 1 (b) केवल 2
(c) 1 और 2 दोनों (d) न तो 1 और न ही 2

156. 'धर्म' तथा 'ऋत' भारत की प्राचीन वैदिक सभ्यता के मुख्य विचार का चित्रण करते हैं। इस सन्दर्भ में निम्नलिखित कथनों पर विचार करें IAS (Pre) 2011

1. 'धर्म' व्यक्ति के दायित्वों तथा स्वयं और अन्यों के प्रति अपने कर्त्तव्यों के निर्वहन की अवधारणा है।
2. 'ऋत' ब्रह्माण्ड तथा इसमें समाहित सभी वस्तुओं की कार्य प्रणाली को नियन्त्रित करने वाला एक आधारभूत नैतिक नियम था।

उपरोक्त कथनों में से कौन-सा/से सही है/हैं?

(a) केवल 1
(b) केवल 2
(c) 1 और 2 दोनों
(d) न तो 1 और न ही 2

157. हठयोग के सन्दर्भ में निम्नलिखित में से कौन-सा/से कथन सही है/हैं? UPPSC (Pre) 2019

1. हठयोग नाथपन्थियों द्वारा अपनाया जाता था।
2. हठयोग क्रिया को सूफी सन्तों ने भी अपनाया था।

नीचे दिए हुए कूट में से सही उत्तर चुनिए

(a) केवल 1
(b) केवल 2
(c) 1 और 2 दोनों
(d) न तो 1 और न ही 2

158. भारत में धार्मिक प्रथाओं के सन्दर्भ में, 'स्थानकवासी' सम्प्रदाय किससे सम्बन्धित है? IAS (Pre) 2018

(a) बौद्ध मत (b) जैन मत
(c) वैष्णव मत (d) शैव मत

159. त्रिरत्न या तीन रत्न; जैसे-सटीक ज्ञान, सच्ची आस्था और सटीक क्रिया, निम्न में से किससे सम्बन्धित हैं? BPSC (Pre) 2021

(a) बौद्ध धर्म (b) हिन्दू धर्म
(c) जैन धर्म (d) ईसाई धर्म

160. जैन दर्शन के सम्बन्ध मे निम्नलिखित कथनों पर विचार करें CGPSC (Pre) 2024

1. जैन दर्शन दो मुख्य सिद्धान्तों के चारों ओर घूमता है अर्थात् अनेकान्तवाद और स्यादवाद।
2. अनेकान्तवाद के अनुसार प्रत्येक प्राणी में अनेक गुण होते हैं। वे गुण, जो किसी वस्तु की प्रकृति का निर्माण करते हैं, स्थाई गुण कहलाते हैं।

उपरोक्त में से कौन-सा/से कथन सही है/हैं?

(a) केवल 1 (b) केवल 2
(c) 1 और 2 दोनों (d) न तो 1 और न ही 2

161. आजीवक सम्प्रदाय की स्थापना किसने की? UKPSC (Pre) 2022

(a) मक्खलि गोशाल (b) वसुबन्धु
(c) उपगुप्त (d) दिग्नाग

162. निम्नलिखित में से किस शासक ने चतुर्थ बौद्ध संगीति कश्मीर में आयोजित की? BPSC (Pre) 2021

(a) अशोक (b) अजातशत्रु
(c) कनिष्क (d) कालाशोक

163. भारत के धार्मिक इतिहास के सन्दर्भ में निम्नलिखित कथनों पर विचार कीजिए IAS (Pre) 2020

1. स्थविरवादी महायान बौद्ध धर्म से सम्बद्ध है।
2. लोकोत्तरवादी सम्प्रदाय बौद्ध धर्म के महासांघिक सम्प्रदाय की एक शाखा थी।
3. महासांघिकों द्वारा बुद्ध के देवत्वारोपण ने महायान बौद्ध धर्म को प्रोत्साहित किया।

उपरोक्त कथनों में से कौन-सा/से सही है/हैं?

(a) 1 और 2 (b) 2 और 3
(c) केवल 3 (d) 1, 2 और 3

164. भारत के सांस्कृतिक इतिहास के सन्दर्भ में 'पारमिता' शब्द का सही विवरण निम्नलिखित में से कौन-सा है? IAS (Pre) 2020

(a) सूत्र पद्धति में लिखे गए प्राचीनतम धर्मशास्त्र पाठ
(b) वेदों के प्राधिकार को अस्वीकार करने वाले दार्शनिक सम्प्रदाय
(c) परिपूर्णताएँ जिनकी प्राप्ति से बोधिसत्व पथ प्रशस्त हुआ
(d) आरम्भिक मध्यकालीन दक्षिण भारत की शक्तिशाली व्यापारी श्रेणियाँ

165. भारतीय इतिहास के सन्दर्भ में, निम्नलिखित में से कौन भावी बुद्ध हैं, जो संसार की रक्षा हेतु अवतरित होंगे? IAS (Pre) 2018

(a) अवलोकितेश्वर (b) लोकेश्वर
(c) मैत्रेय (d) पद्मपाणि

166. भारत के धार्मिक इतिहास के सन्दर्भ में निम्नलिखित कथनों पर विचार कीजिए IAS (Pre) 2016

1. बोधिसत्व, बौद्धमत के हीनयान सम्प्रदाय की केन्द्रीय संकल्पना है।
2. बोधिसत्व अपने प्रबोध के मार्ग पर बढ़ता हुआ करुणामय है।
3. बोधिसत्व समस्त सचेतन प्राणियों को उनके प्रबोध के मार्ग पर चलने में सहायता करने के लिए स्वयं की निर्वाण प्राप्ति में विलम्ब करता है।

उपरोक्त में से कौन-सा/से कथन सत्य है/हैं?

(a) केवल 1 (b) 2 और 3
(c) केवल 2 (d) 1, 2 और 3

167. किस राज्य में बौद्ध स्थल 'ताबो मठ' अवस्थित है? UKPSC (Pre) 2010

(a) अरुणाचल प्रदेश (b) हिमाचल प्रदेश
(c) सिक्किम (d) उत्तराखण्ड

168. प्राचीन भारत के सन्दर्भ में, गौतम बुद्ध को सामान्यतः निम्नलिखित में से किन उपनामों से जाना जाता था? UPSC (Pre) 2024

1. नायपुत्त
2. शाक्यमुनि
3. तथागत

नीचे दिए गए कूट का प्रयोग कर सही उत्तर चुनिए

(a) केवल 1
(b) 2 और 3
(c) 1, 2 और 3
(d) उपरोक्त में से कोई भी गौतम बुद्ध के उपनाम नहीं हैं।

169. बौद्ध दर्शन की विशेषता के सम्बन्ध में निम्नलिखित कथनों पर विचार करें CGPSC (Pre) 2024

1. बौद्ध दर्शन का बीज गौतम बुद्ध की शिक्षाओं में ही मिलता है।
2. बुद्ध ने हमेशा दार्शनिक समस्याओं में उलझने की अपेक्षा मानवीय कष्टों से मुक्ति के लिए नैतिक जीवन जीने पर बल दिया।

उपरोक्त में से कौन-सा/से कथन सही है/हैं?

(a) केवल 1
(b) केवल 2
(c) 1 और 2 दोनों
(d) न तो 1 और न ही 2

170. निम्नलिखित में से कौन-सी नास्तिक विचारधारा है? CGPSC (Pre) 2024

(a) सांख्य (b) योग (c) न्याय (d) बौद्ध

171. इस्लाम के शिया तथा सुन्नी सम्प्रदायों के सन्दर्भ में निम्नलिखित कथनों पर विचार कीजिए

1. शिया मत के अनुयायी मानते हैं कि मुहम्मद साहब को जो सन्देश अल्लाह से मिले थे, वे सभी कुरान में नहीं हैं, जबकि सुन्नी मानते हैं कि वे समस्त सन्देश जो अल्लाह से पैगम्बर को मिले थे, वे सब कुरान में हैं।
2. सुन्नियों ने पैगम्बर मुहम्मद साहब की मृत्यु के पश्चात् उनके दामाद, अली को खलीफा घोषित किया।

उपरोक्त में से कौन-सा/से कथन सही है/हैं?

(a) केवल 1 (b) केवल 2
(c) 1 और 2 दोनों (d) न तो 1 और न ही 2

172. निम्नलिखित युग्मों में से कौन-सा भारतीय दर्शन की छः प्रणालियों का अंग नहीं है? IAS (Pre) 2022

(a) मीमांसा तथा वेदान्त
(b) न्याय तथा वैशेषिक
(c) लोकायत तथा कापालिक
(d) सांख्य तथा योग

173. निम्नलिखित कथनों पर विचार कीजिए

1. भारतीय दर्शन क्रमिक विकास की प्रक्रिया से विकसित हुआ है।
2. भारत में दर्शन की उत्पत्ति का सामान्य कारण भौतिक असन्तोष को माना गया है।

उपरोक्त में से कौन-सा/से कथन सही है/हैं?

(a) केवल 1 (b) केवल 2
(c) 1 और 2 दोनों (d) न तो 1 और न ही 2

174. विशिष्ट अद्वैत सिद्धान्त के संस्थापक कौन थे? IAS (Pre) 2021, JPSC (Pre) 2021

(a) रामानुजाचार्य (b) वल्लभाचार्य
(c) श्रीकण्ठाचार्य (d) माध्वाचार्य

175. सूची I को सूची II से सुमेलित कीजिए तथा सूचियों के नीचे दिए गए कूट से सही उत्तर चुनिए UPPSC (Pre) 2022

	सूची I (दार्शनिक)		सूची II (दर्शन)
A.	रामानुज	1.	शुद्धाद्वैत
B.	माध्वाचार्य	2.	द्वैताद्वैत
C.	निम्बार्क	3.	द्वैत
D.	वल्लभाचार्य	4.	विशिष्टाद्वैत

कूट

	A	B	C	D		A	B	C	D
(a)	2	4	1	3	(b)	3	1	4	2
(c)	1	2	3	4	(d)	4	3	2	1

176. निम्नलिखित में से अद्वैत वेदान्त के अनुसार, किसके द्वारा मुक्ति प्राप्त की जा सकती है? CGPSC (Pre) 2015

(a) ज्ञान (b) कर्म (c) भक्ति (d) योग

177. **कथन** I कपिल सांख्य पद्धति के सबसे पुराने प्रणेता हैं।

कथन II कपिल यह बताते हैं कि किसी व्यक्ति का जीवन प्रकृति की शक्तियों द्वारा गढ़ा जाता है, किसी दैवीय सत्ता द्वारा नहीं। UPPSC (Pre) 2012

कूट

(a) कथन I और II दोनों सही हैं।
(b) कथन I गलत है, किन्तु कथन II सही है।
(c) कथन I और किन्तु II दोनों ही गलत हैं।
(d) कथन I सही है, किन्तु कथन II गलत है।

178. निम्नलिखित कथनों में से कौन-सा/से जैन सिद्धान्त के अनुरूप है/हैं? IAS (Pre) 2013

1. कर्म को विनष्ट करने का सुनिश्चित मार्ग तपश्चर्या है।
2. प्रत्येक वस्तु में, चाहे वह सूक्ष्मतम कण हो, आत्मा होती है।
3. कर्म आत्मा का विनाशक है और इसका अन्त अवश्य करना चाहिए।

नीचे दिए गए कूट का प्रयोग कर सही उत्तर चुनिए

(a) केवल 1 (b) 2 और 3
(c) 1 और 3 (d) 1, 2 और 3

179. जैन दर्शन के अनुसार, सृष्टि की रचना एवं पालन-पोषण IAS (Pre) 2011

(a) सार्वभौमिक विधान से हुआ है
(b) सार्वभौमिक सत्य से हुआ है
(c) सार्वभौमिक आस्था से हुआ है
(d) सार्वभौमिक आत्मा से हुआ है

180. अनेकान्तवाद निम्नलिखित में से किसका क्रोड सिद्धान्त एवं दर्शन है? IAS (Pre) 2009

(a) बौद्ध मत (b) जैन मत
(c) सिख मत (d) वैष्णव मत

181. निम्नलिखित में से कौन-सा एक बौद्ध मत में निर्वाण की अवधारणा की सर्वश्रेष्ठ व्याख्या करता है? IAS (Pre) 2013

(a) तृष्णारूपी अग्नि का शमन
(b) स्वयं की पूर्णत: अस्तित्वहीनता
(c) परमानन्द एवं विश्राम की स्थिति
(d) धारणातीत मानसिक अवस्था

182. "जब तक जीवित रहो, सुख से जीवित रहो, चाहे इसके लिए ऋण ही लेना पड़े, क्योंकि शरीर के भस्मीभूत हो जाने पर पुनरागमन नहीं हो सकता।" पुनर्जन्म का निषेध करने वाली यह उक्ति किसकी है? IAS (Pre) 1994

(a) कापालिक सम्प्रदाय वालों की
(b) नागार्जुन के शून्यवाद वालों की
(c) आजीवकों की
(d) चार्वाकों की

183. चार्वाक दार्शनिक प्रणाली JPSC (Pre) 2021

(a) वैशेषिक प्रणाली भी कहलाती थी
(b) लोकायत प्रणाली भी कहलाती थी
(c) आस्तिक प्रणाली भी कहलाती थी
(d) मीमांसा प्रणाली भी कहलाती थी

184. निम्नलिखित कथनों पर विचार कीजिए

1. बौद्ध दर्शन का आत्मा सिद्धान्त अन्य दर्शनों के विपरीत है।
2. बौद्ध दर्शन में आत्मा को तो स्वीकार किया गया है, किन्तु उसे अनित्य माना गया है।
3. आत्मा सम्बन्धी दर्शन बौद्ध मत में नागसेन व मिलिन्द संवाद में मिलता है।

उपरोक्त में से कौन-सा/से कथन सही है/हैं?

(a) 1 और 2 (b) केवल 2
(c) 1 और 3 (d) ये सभी

16. प्राचीन एवं मध्यकाल में शिक्षा और तकनीक

185. विक्रमशिला विश्वविद्यालय की स्थापना किसके द्वारा की गई थी? BPSC (Pre) 2023, MPPSC (Pre) 2018

(a) धर्मपाल (b) गोपाल (c) महीपाल (d) देवपाल

186. किस आधुनिक राज्य में विक्रमशिला विश्वविद्यालय स्थित था? JPSC (Pre) 2015

(a) बिहार (b) पश्चिम बंगाल
(c) झारखण्ड (d) उत्तर प्रदेश

187. किस राज्य में ओदन्तपुरी शिक्षण केन्द्र स्थित था? BPSC (Pre) 2016

(a) महाराष्ट्र (b) पश्चिम बंगाल
(c) बिहार (d) उत्तर प्रदेश

188. तक्षशिला विश्वविद्यालय से सम्बन्धित निम्नलिखित कथनों पर विचार कीजिए

1. यह सिन्धु नदी के पूर्वी तट पर स्थित था।
2. इसका उल्लेख जातक कथाओं में मिलता है।
3. चिकित्सा शास्त्र की शिक्षा के अतिरिक्त यहाँ अन्य सभी व्यावसायिक विषयों का अध्ययन होता था।

उपरोक्त में से कौन-से कथन सही है/हैं?

(a) 1 और 2
(b) 2 और 4
(c) 1, 2 और 3
(d) इनमें से कोई नहीं

189. निम्नलिखित में से कौन-सा शिक्षा केन्द्र बख्तियार खिलजी के आक्रमणों के कारण अवसान को प्राप्त नहीं हुआ?

(a) नालन्दा (b) तक्षशिला
(c) विक्रमशिला (d) ओदन्तपुरी

190. निम्नलिखित युग्मों पर विचार कीजिए।

पुस्तक	लेखक
1. फिरदौस-अल-हिकमाह	- अली-इब्न-रब्बान
2. तन्त्र संग्रह	- नीलकण्ठ सोमायाजी
3. बीज गणितावातांश	- नारायण पण्डित

उपरोक्त में से कितने युग्म सही सुमेलित हैं?
(a) केवल एक युग्म (b) केवल दो युग्म
(c) सभी तीनों युग्म (d) इनमें से कोई नहीं

191. निम्नलिखित कथनों पर विचार कीजिए
1. मुगलों को बारूद के निर्माण व उसके प्रयोग की जानकारी थी।
2. बाबर ने अपनी पुस्तक तुजुक-ए-बाबरी में बारूद के प्रयोग की कोई भी जानकारी नहीं दी है।

उपरोक्त में से कौन-सा/से कथन सही है/हैं?
(a) केवल 1 (b) केवल 2
(c) 1 और 2 दोनों (d) न तो 1 और न ही 2

192. मध्यकालीन शिक्षा के सम्बन्ध में 'फाजिल', 'काबिल ' क्या थे?
(a) शिक्षकों के स्तर
(b) शिक्षण की विधियाँ
(c) विद्यार्थियों की उपाधियाँ
(d) इनमें से कोई नहीं

193. किस मध्यकालीन शासक के शासनकाल में हिन्दुओं को उच्च-शिक्षा देने के लिए मदरसों की स्थापना की गई, जहाँ उन्हें हिन्दू-धर्म, दर्शन और साहित्य की शिक्षा फारसी भाषा के साथ-साथ दी जाती थी?
(a) फिरोजशाह तुगलक (b) अकबर
(c) शाहजहाँ (d) जहाँगीर

17. भारतीय संस्कृति के सम्बन्ध में विदेशी यात्रियों के विवरण

194. सातवी शताब्दी की शुरुआत में भारत आने वाले चीनी यात्री कौन थे? **JPSC (Pre) 2016**
(a) ह्वेनसांग (b) फाह्यान
(c) नियार्कस (d) इत्सिंग

195. निम्नलिखित में से कौन अलेक्जेण्डर के साथ भारत नहीं आया था? **UPPSC (Pre) 2018**
(a) नियार्कस (b) ऑरिस्टोबुलस
(c) ऑनेसिक्रेट्स (d) डाइमेकस

196. भारत की यात्रा में फाह्यान ने एक अस्पताल का उल्लेख किया है, यह कहाँ स्थित था? **CGPSC (Pre) 2019**
(a) उज्जैन (b) कौशाम्बी
(c) ताम्रलिप्ति (d) पाटलिपुत्र

197. निम्नलिखित कथनों पर विचार कीजिए और नीचे दिए गए कूट का उपयोग करके सही उत्तर चुनिए **UPPSC (Pre) 2020**
1. मुल्तान के सूर्य मन्दिर का उल्लेख ह्वेनसांग, अबुजाईद, अल-मसूदी तथा अलबरूनी द्वारा किया गया है।
2. सम्बलपुर की तीर्थयात्रा सूर्य पूजा से जुड़ी थी।

कूट
(a) केवल 1 (b) केवल 2
(c) 1 और 2 दोनों (d) न तो 1 और न ही 2

198. मेगस्थनीज द्वारा दिए गए विवरणों में कौन-सा/से सही है/हैं?
1. भारत में दास प्रथा नहीं थी।
2. उत्तरापथ का निर्माण चन्द्रगुप्त मौर्य ने करवाया था।
3. समाज चार वर्णों में विभक्त था।

कूट
(a) केवल 1 (b) 1 और 2 (c) केवल 2 (d) ये सभी

199. 'बौद्ध राज्यों का अभिलेख' का सम्बन्ध निम्नलिखित में से किस से है?
(a) इत्सिंग (b) फाह्यान (c) ह्वेनसांग (d) मेगस्थनीज

200. निम्नलिखित कथनों पर विचार कीजिए
1. भारत में लोग अधिकांशतः श्वेत वस्त्र पहनते थे, जबकि रंगीन वस्त्रों में लाल रंग के वस्त्र अधिक पहने जाते थे।
2. पुरुष सिले हुए वस्त्र नहीं पहनते थे, वे प्रायः धोती पहनते थे।
3. स्त्रियों की दशा अच्छी थी, उनकी शिक्षा पर अब भी ध्यान दिया जाता था।

उपरोक्त में से कौन-सा/से विवरण ह्वेनसांग के द्वारा दिए गए हैं?
(a) 1 और 2 (b) 2 और 3 (c) 1 और 3 (d) ये सभी

201. निम्नलिखित विदेशी यात्रियों का भारत आने का सही क्रम क्या है?
1. फाह्यान 2. इत्सिंग
3. हेलियोडोरस 4. डाइमेकस

कूट
(a) 1, 2, 4, 3 (b) 4, 3, 1, 2
(c) 4, 3, 2, 1 (d) 3, 2, 1, 4

202. निम्नलिखित में से असत्य युग्म का चयन कीजिए
(a) ट्रेवल्स इन मुगल एम्पायर — बर्नियर
(b) स्टोरिया डी मोगोर — मनुची
(c) जर्नल ऑफ मिशन टू दि मुगल एम्पायर — थॉमस रो
(d) क्रोनिका डॉस रीस डी बिसनागा — निकोलो डे कोण्टी

203. निम्न में से किस मुगल शासक के समय में सर थॉमस रो भारत आया था? **BPSC (Pre) 2022**
(a) अकबर (b) जहाँगीर
(c) औरंगजेब (d) शाहजहाँ

204. मोरक्को के यात्री इब्नबतूता के लेखा-जोखा को किस नाम से जाना जाता है? **BPSC (Pre) 2018**
(a) रिहला (b) शुब उल आशा
(c) तारीख ए रशीदी (d) रियाज उस सलातीन

205. निम्नलिखित में से कौन-सा विदेशी यात्री उस समय दिल्ली में था, जब दाराशिकोह को राजधानी की सड़कों पर घुमाया जा रहा था और औरंगजेब के सैनिक उसे घसीट रहे थे?
(a) फ्रांस्वां बर्नियर
(b) निकोलो मनुची
(c) जीन बैप्टिस्ट टैवर्नियर
(d) पीटर मुण्डी

206. निम्नलिखित में से कौन-सा/से विदेशी यात्री का सम्बन्ध विजयनगर से है?
1. डोमिंगो पेस 2. डुआर्टे बारबोसा
3. फर्नाओ नूनिज 4. सीजर फ्रेडरिक

कूट
(a) 1 और 2 (b) 2 और 3
(c) केवल 4 (d) ये सभी

18. विदेशों में भारतीय संस्कृति

207. प्राचीन भारतीय इतिहास में सुवर्ण द्वीप कहा गया है
1. जावा 2. सुमात्रा
3. फिजी 4. मलाया

कूट
(a) 1 और 2 (b) 2 और 3
(c) 1, 2 और 4 (d) ये सभी

208. निम्नलिखित में से कौन-सा प्राचीनकालीन बन्दरगाह वर्तमान में भारत में अवस्थित नहीं है?
(a) बर्बरिक (b) ताम्रलिप्ति
(c) तूतीकोरिन (d) सोपारा

209. विक्रमशिला विश्वविद्यालय की स्थापना किसने की थी? **UKPSC (Pre) 2004**
(a) कुमारिल भट्ट (b) माध्वाचार्य
(c) धर्मपाल (d) पुलकेशिन द्वितीय

210. निम्नलिखित में से किस विश्वविद्यालय का वर्णन तिब्बती इतिहासकार तारानाथ ने किया है?
(a) विक्रमशिला विश्वविद्यालय
(b) नालन्दा विश्वविद्यालय
(c) वल्लभी विश्वविद्यालय
(d) ओदन्तपुरी मठ

211. निम्नलिखित युग्मों पर विचार कीजिए

1. तनह लोट मन्दिर — बाली
2. सिंघसरी शिव मन्दिर — जावा
3. आनन्द-मन्दिर — श्रीलंका
4. शेषशायी विष्णु प्रतिमा — वियतनाम

उपरोक्त में से कौन-से युग्म सुमेलित हैं?

(a) 1 और 2 (b) 1, 2 और 3
(c) 1, 2 और 4 (d) ये सभी

212. निम्नलिखित में दक्षिण-पूर्व एशिया का कौन-सा देश प्राचीन काल में हिन्दू और बौद्ध धर्म के प्रभाव में रहा, किन्तु वर्तमान में यह विश्व की सबसे बड़ी मुस्लिम आबादी वाले देशों में से एक है?

(a) कम्बोडिया (b) मलेशिया
(c) इण्डोनेशिया (d) थाईलैण्ड

213. कल्लार, सामन्तदेव, अष्टपाल, भीम आदि किस देश के प्राचीन हिन्दू शासकों के नाम हैं?

(a) पाकिस्तान (b) अफगानिस्तान
(c) तिब्बत (d) भूटान

214. रामायण के विभिन्न संस्करणों के सम्बन्ध में निम्नलिखित कथनों पर विचार कीजिए

1. रामायण के बर्मी संस्करण को यम ज़टडॉ या यामायन के नाम से जाना जाता है।
2. रामायण के खमेर रूपान्तरण को कम्बोडिया में रीमकर के नाम से जाना जाता है।
3. काकाविन रामायण, रामायण का श्रीलंकाई रूपान्तरण है।

उपरोक्त में से कौन-से कथन सही है/हैं?

(a) 1 और 2 (b) 2 और 3
(c) 1 और 3 (d) ये सभी

215. जापान में किस भारतीय भाषा को पवित्र भाषा का दर्जा प्राप्त है?

(a) संस्कृत (b) पालि (c) प्राकृत (d) तमिल

216. दीपवंश और महावंश बौद्ध धर्म के विख्यात स्रोत हैं, इनका सम्बन्ध किस देश से है?

(a) तिब्बत (b) श्रीलंका
(c) म्यांमार (d) इनमें से कोई नहीं

19. सांस्कृतिक संरक्षण के प्रावधान एवं सांस्कृतिक संस्थान

217. संविधान का कौन-सा अनुच्छेद भारत में रहने वाले नागरिकों के किसी भी वर्ग को, जिनकी एक विशिष्ट संस्कृति, भाषा या लिपि है, अपनी संस्कृति, भाषा और लिपि को संरक्षित करने का अधिकार प्रदान करता है?

(a) अनुच्छेद 29 (b) अनुच्छेद 43
(c) अनुच्छेद 54 (d) अनुच्छेद 54A

218. जलियाँवाला बाग राष्ट्रीय स्मारक (संशोधन) अधिनियम, 2019 के सम्बन्ध में निम्नलिखित प्रावधानों पर विचार कीजिए

1. यह अधिनियम भारतीय राष्ट्रीय कांग्रेस के अध्यक्ष को ट्रस्टी के पद से हटाने का प्रावधान करता है।
2. यह स्पष्ट करता है कि जब लोकसभा में विपक्ष का कोई नेता नहीं है, तो सबसे बड़े विपक्षी दल का नेता ट्रस्टी होगा।
3. अधिनियम में यह प्रावधान किया गया है कि केन्द्र सरकार द्वारा नामित तीन प्रख्यात व्यक्तियों का कार्यकाल तीन वर्ष का होगा और उन्हें पुनर्नामित नहीं किया जा सकता है।

उपरोक्त में से कौन-सा/से प्रावधान सही है/हैं?

(a) केवल 1 (b) 1 और 2
(c) 2 और 3 (d) 1, 2 और 3

219. निम्नलिखित कथनों पर विचार कीजिए IAS (Pre) 2009

1. राष्ट्रीय नाट्य विद्यालय की स्थापना वर्ष 1959 में संगीत नाटक अकादमी द्वारा की गई थी।
2. किसी लेखक को साहित्य अकादमी द्वारा दिया जाने वाला सर्वोच्च सम्मान, उसे अपना फैलो चुनना है।

उपरोक्त कथनों में से कौन-सा/से कथन सही है/हैं?

(a) केवल 1
(b) केवल 2
(c) 1 और 2 दोनों
(d) न तो 1 और न ही 2

220. 'भारतीय पुरातत्त्व का जनक' किसे कहा जाता है? MPPSC (Pre) 2017

(a) अलेक्जेण्डर कनिंघम (b) जॉन मार्शल
(c) मार्टिमर व्हीलर (d) जेम्स प्रिन्सेप

221. 'बंगाल की एशियाटिक सोसायटी' के संस्थापक कौन थे? UPPSC (Pre) 2019

(a) जोनाथन डंकन (b) सर विलियम जोन्स
(c) वॉरेन हेस्टिंग (d) विलियम बैण्टिक

222. निम्नलिखित कथनों पर विचार कीजिए

1. भारत रंग महोत्सव (BRM) या राष्ट्रीय रंगमंच महोत्सव, नई दिल्ली में आयोजित होने वाला वार्षिक थिएटर महोत्सव है।
2. इसका आयोजन संगीत नाटक अकादमी द्वारा किया जाता है।

उपरोक्त में से कौन-सा/से कथन सही है/हैं?

(a) केवल 1
(b) केवल 2
(c) 1 और 2 दोनों
(d) न तो 1 और न ही 2

223. कलाक्षेत्र फाउण्डेशन विशेषकर 'भरतनाट्यम नृत्य' और 'गन्धर्ववेद संगीत' के क्षेत्र में पारम्परिक मूल्यों के संरक्षण के लिए समर्पित है, इसका मुख्यालय कहाँ स्थित है?

(a) चेन्नई (b) मुम्बई
(c) नई दिल्ली (d) भुवनेश्वर

224. निम्न में से कौन-सा युग्म सुमेलित नहीं है?

(a) भारतीय मानव विज्ञान सर्वेक्षण-कोलकाता (पश्चिम बंगाल)
(b) भारतीय सांस्कृतिक सम्बन्ध परिषद् (ICCR)-नई दिल्ली
(c) भारत भवन-भोपाल
(d) इन्दिरा गाँधी राष्ट्रीय मानव संग्रहालय (IGRMS)-जयपुर

20. त्योहार एवं मेले

225. राष्ट्रपिता महात्मा गाँधी की जयन्ती किस दिवस के रूप में संयुक्त राष्ट्र ने घोषित की है?

(a) अन्तर्राष्ट्रीय नस्लभेद विरोधी दिवस
(b) अन्तर्राष्ट्रीय अहिंसा दिवस
(c) अन्तर्राष्ट्रीय उपनिवेश विरोधी दिवस
(d) उपरोक्त में से कोई नहीं

226. 'गंगा दशहरा' हिन्दू पंचांग के अनुसार किस माह और तिथि में मनाया जाता है? CGPSC (Pre) 2020

(a) ज्येष्ठ शुक्ल दशमी (b) चैत्र शुक्ल दशमी
(c) अश्विन शुक्ल दशमी (d) माघ शुक्ल दशमी

227. सूची I एवं सूची II को सुमेलित कीजिए तथा नीचे दिए गए कूट में से सही उत्तर चुनिए RAS/RTS (Pre) 2021

सूची I (त्योहार)	**सूची II** (उत्सव की तिथि/माह)
A. बूँदी की कजली तीज	1. भाद्रपद कृष्ण तृतीया
B. होली	2. फाल्गुन पूर्णिमा
C. पर्यूषण पर्व	3. भाद्रपद माह
D. गणगौर	4. चैत्र माह

कूट

	A	B	C	D		A	B	C	D
(a)	1	2	4	3	(b)	1	2	3	4
(c)	3	4	1	2	(d)	4	3	2	1

228. दक्षिण भारत का त्योहार 'ओणम' सम्बद्ध है UPPSC (Pre) 2011

(a) राम की रावण पर विजय से
(b) दुर्गा द्वारा महिषासुर के वध से
(c) शिव शक्ति से
(d) महाबली से

229. 'अतापू' निम्नलिखित त्योहारों में से किससे सम्बन्धित है? UPPSC (Pre) 2011

(a) डोल यात्रा से (b) ओणम से
(c) पोंगल से (d) विश्वकर्मा पूजा से

230. 'पोंगल' किस राज्य का त्योहार है?
(a) आन्ध्र प्रदेश (b) तमिलनाडु
(c) महाराष्ट्र (d) केरल

231. उस स्थान का नाम बताइए, जहाँ गीतकार श्री त्यागराज के सम्मान में नियमित रूप से त्यागराज आराधना त्योहार मनाया जाता है **UPPSC (Pre) 2000**
(a) अडयार (b) तंजावुर
(c) मामल्लपुरम (d) उडिपी

232. मेघनाद पर्व से सम्बन्धित छत्तीसगढ़ की कौन-सी जनजाति है? **CGPSC (Pre) 2016**
(a) बैगा (b) गोण्ड
(c) अबूझमारिया (d) दोरला

233. झारखण्ड में सोहराई पर्व दीवाली के अगले दिन ……… को महिमामण्डित करने के लिए मनाया जाता है। **JPSC (Pre) 2016**
(a) कृषि सम्पदा (b) खनिज सम्पदा
(c) वन सम्पदा (d) पशु सम्पदा

234. प्रसिद्ध 'गंगासागर मेला' निम्न में से किस भारतीय राज्य में आयोजित किया जाता है? **UKPSC (Pre) 2022**
(a) गुजरात (b) पश्चिम बंगाल
(c) आन्ध्र प्रदेश (d) राजस्थान

235. हिजला मेला किस नदी के तट पर लगता है?
(a) दामोदर (b) सोन (c) नर्मदा (d) मयूराक्षी

21. पुरस्कार एवं सम्मान

236. भारत रत्न और पद्म पुरस्कारों के सम्बन्ध में निम्नलिखित कथनों पर विचार करें
1. भारत रत्न और पद्म पुरस्कार भारत के संविधान के अनुच्छेद 18 (1) के अन्तर्गत उपाधियाँ हैं।
2. पद्म पुरस्कार, जो वर्ष 1954 में स्थापित किए गए थे, केवल एक बार निलम्बित किए गए थे।
3. भारत रत्न पुरस्कारों की संख्या किसी विशेष वर्ष में अधिकतम पाँच तक सीमित हैं।

उपरोक्त में से कौन-सा कथन सही नहीं है?
(a) 1 और 2 (b) 2 और 3
(c) 1 और 3 (d) 1, 2 और 3

237. 'परमवीर चक्र' वीरता पुरस्कार के सम्बन्ध में क्या सही है? **CGPSC (Pre) 2021**
(a) यह पुरस्कार किसी व्यक्ति को पूरे जीवनकाल में केवल एक बार ही दिया जा सकता है।
(b) इसके पदक पर 'इन्द्र वज्र' की चार प्रतिकृति अंकित होती हैं।
(c) 31 दिसम्बर, 2021 तक 25 लोगों को परमवीर चक्र प्रदान किया जा चुका है।
(d) इस पुरस्कार को 26 जनवरी, 1952 को स्थापित किया गया था।

238. निम्नलिखित में से कौन-सा सम्मान शान्तिकालीन वीरता के प्रदर्शन से सम्बन्धित नहीं है?
(a) कीर्ति चक्र (b) शौर्य चक्र
(c) अशोक चक्र (d) महावीर चक्र

239. खेल पुरस्कारों के सम्बन्ध में निम्नलिखित युग्मों पर विचार कीजिए। **IAS (Pre) 2023**
1. मेजर ध्यानचन्द खेल रत्न पुरस्कार, किसी खिलाड़ी द्वारा पिछले चार वर्षों की अवधि के दौरान सबसे शानदार और उत्कृष्ट प्रदर्शन के लिए।
2. अर्जुन पुरस्कार, किसी खिलाड़ी द्वारा जीवनकाल की उपलब्धियों के लिए।
3. द्रोणाचार्य पुरस्कार, उन प्रतिष्ठित प्रशिक्षकों को सम्मानित करने के लिए जिन्होंने सफलतापूर्वक खिलाड़ियों या टीमों को प्रशिक्षित किया है।
4. राष्ट्रीय खेल प्रोत्साहन पुरस्कार, खिलाड़ियों द्वारा रिटायर होने के बाद भी किए गए योगदान की सराहना करने के लिए।

उपरोक्त में से कितने युग्म सही सुमेलित हैं?
(a) केवल एक (b) केवल दो
(c) केवल तीन (d) सभी चार

240. दादा साहब फाल्के पुरस्कार विजेता गुलजार का वास्तविक नाम क्या है? **UPPSC (Pre) 2014**
(a) सम्पूर्ण सिंह कालरा
(b) सदानन्द सिंह कालिया
(c) सुरजीत सिंह कोहली
(d) प्रबोध चन्द्र भाटिया

241. शान्ति स्वरूप भटनागर पुरस्कार किस क्षेत्र में प्रदान किया जाता है? **WBPSC (Pre) 2021**
(a) शान्ति (b) विज्ञान एवं प्रौद्योगिकी
(c) चिकित्सा (d) अर्थशास्त्र

242. वर्ष 2023 में विज्ञान एवं प्रौद्योगिकी मन्त्रालय ने 'राष्ट्रीय विज्ञान पुरस्कार' (RVP) की घोषणा की है। इसके अन्तर्गत कौन-से पुरस्कार दिए जाएँगे?
1. विज्ञान रत्न पुरस्कार-विज्ञान और प्रौद्योगिकी के किसी भी क्षेत्र में किए गए पूरे जीवन की उपलब्धियों और योगदान के लिए।
2. विज्ञान श्री पुरस्कार-विज्ञान और प्रौद्योगिकी के किसी भी क्षेत्र में विशिष्ट योगदान के लिए।
3. विज्ञान युवा-शान्तिस्वरूप भटनागर-युवा वैज्ञानिकों को उनके विशिष्ट योगदान के लिए।

उपरोक्त में से कौन-सा/से कथन सही है/हैं?
(a) केवल 1 (b) केवल 2
(c) 1 और 2 दोनों (d) ये सभी

243. ज्ञानपीठ पुरस्कार की स्थापना वर्ष 1961 में हुई थी। इस पुरस्कार के पीछे कौन-सा अखबार समूह है? **MPSC (Pre) 2015**
(a) द टाइम्स ऑफ इण्डिया
(b) द इण्डियन एक्सप्रेस
(c) हिन्दुस्तान टाइम्स
(d) द हिन्दू

244. साहित्य अकादमी अपने द्वारा मान्यता प्रदत्त 24 भाषाओं के अतिरिक्त अन्य भारतीय भाषाओं के साहित्यकारों को कौन-सा पुरस्कार प्रदान करती है?
(a) सरस्वती सम्मान (b) ज्ञान गरिमा पुरस्कार
(c) भाषा सम्मान (d) व्यास सम्मान

245. राष्ट्रीय एकता पुरस्कार किसके नाम पर गठित किया गया है?
(a) महात्मा गाँधी (b) जवाहरलाल नेहरू
(c) सरदार पटेल (d) डॉ. बी. आर. अम्बेडकर

22. परिशिष्ट

246. भारत की पहली सर्कस कम्पनी निम्नलिखित में से कौन-सी है?
(a) द ईस्टर्न सर्कस (b) जम्बो सर्कस
(c) ग्रेट बंगाल सर्कस (d) द ग्रेट इण्डियन सर्कस

247. निम्नलिखित में से किसे भारतीय सर्कस का जनक कहा जाता है?
(a) विष्णुपन्त छत्रे (b) ग्यूसेप चिआरिनी
(c) प्रियनाथ बोस (d) कीलेरी कुन्हिकन्नन

248. निम्नलिखित कथनों पर विचार कीजिए
1. कर्नाटक को 'भारतीय सर्कस का उद्गम स्थल' कहा जाता है।
2. कीलेरी कुन्हिकन्नन को 'केरल सर्कस का जनक' कहा जाता है।

उपरोक्त में से कौन-सा/से कथन सही है/हैं?
(a) केवल 1 (b) केवल 2
(c) 1 और 2 दोनों (d) न तो 1 और न ही 2

249. निम्नलिखित में से उन कारणों का चुनाव कीजिए, जो भारत में सर्कस के अवसान के लिए उत्तरदायी हैं?
1. भारतीय सर्कसों का लक्ष्य अपने व्यवसाय को गुप्त बनाए रखना है, परिणामस्वरूप, यह कुछ विशेष लोगों तक ही सीमित होकर वंशानुगत व्यवसाय बन गया है।
2. सर्वोच्च न्यायालय द्वारा 14 वर्ष से कम उम्र के बच्चों की भर्ती पर प्रतिबन्ध।
3. विश्व स्तरीय जिम्नास्टिक और अन्य प्रकार के मनोरंजन की उपलब्धता।

कूट
(a) केवल 1 (b) केवल 2 (c) 1 और 2 (d) ये सभी

250. 'सत्कार्यवाद' किस दर्शन का मुख्य आधार है? MPPSC (Pre) 2025

(a) वैशेषिक दर्शन (b) मीमांसा दर्शन
(c) सांख्य दर्शन (d) न्याय दर्शन

251. राष्ट्रीय पंचांग के सन्दर्भ में कौन-सा/से कथन सत्य है/हैं?

1. भारत का राष्ट्रीय पंचांग विक्रम सम्वत् पर आधारित है।
2. राष्ट्रीय पंचांग 26 जनवरी, 1950 से अपनाया गया है।

नीचे दिए गए कूट का उपयोग करके सही उत्तर का चयन कीजिए UPPSC (Pre) 2019

(a) केवल 1 (b) केवल 2
(c) 1 और 2 दोनों (d) न तो 1 और न ही 2

252. निम्नलिखित में से कौन-सा युग्म सुमेलित नहीं है?

	संवत्	**आरम्भ की तिथि**
(a)	विक्रम संवत्	57 ईसा पूर्व
(b)	शक संवत्	78 ईसा पूर्व
(c)	हिजरी कैलेण्डर	622 ईस्वी
(d)	भास्करब्दा	593 ईस्वी

253. शक-क्षत्रप काल में सोने-चाँदी के सिक्कों का अनुपात कितना था? UKPSC (Pre) 2022

(a) 1 : 20 (b) 1 : 25 (c) 1 : 35 (d) 1 : 10

254. समुद्रगुप्त को किस वाद्य यन्त्र को बजाते हुए सिक्कों पर दिखाया गया है? MPPSC (Pre) 2012

(a) वीणा (b) तबला (c) बाँसुरी (d) ढोल

255. निम्नलिखित में से किसने चाँदी का टंका और ताँबे के जीतल नामक सिक्के चलवाए? UPPSC (Pre) 2011

(a) रजिया (b) इल्तुतमिश
(c) बलबन (d) फिरोज तुगलक

256. शुद्ध चाँदी का 'रुपया' किसके द्वारा जारी किया गया?

(a) शेरशाह सूरी (b) अकबर
(c) जहाँगीर (d) औरंगजेब

257. निम्नलिखित में से कौन-सा सांस्कृतिक विलम्बना का कारक नहीं है? UP RO/ARO (Mains) 2014

(a) धर्म (b) राजनीति
(c) कानून (d) परम्परा

258. राजा हर्षवर्धन के बारे में निम्न में से कौन-से कथन सही हैं? HPSC (Pre) 2022

1. वह मौखरि राजवंश से सम्बन्धित था।
2. वह पुलकेशिन द्वितीय से हार गया था।
3. बाण, मयूर एवं मातंग दिवाकर उसके दरबार के प्रसिद्ध लेखक थे।
4. हर्ष ने स्वयं तीन नाटक-रत्नावली, प्रियदर्शिका एवं नागमंजरी लिखे।

कूट

(a) 1, 2 और 3 (b) 1, 2 और 4
(c) 2, 3 और 4 (d) 1, 3 और 4

259. निम्न में से कौन-सी पुस्तक कालिदास द्वारा लिखित नहीं है? MPPSC (Pre) 2017

(a) मेघदूतम् (b) कुमारसम्भवम्
(c) उत्तररामचरिम् (d) ऋतुसंहार

260. 'ललित विग्रहराज' नाटक की रचना किसने की? RAS/RTS (Pre) 2023

(a) हेमचन्द्र (b) कल्हण
(c) सोमदेव (d) महेश

261. भारत के सांस्कृतिक इतिहास के सन्दर्भ में निम्नलिखित युग्मों पर विचार करें IAS (Pre) 2020

1. परिव्राजक : त्यागी और भ्रमणशील
2. श्रमण : उच्च पदवी वाला पुजारी
3. उपासक : बौद्ध धर्म के अनुयायी

उपरोक्त युग्मों में से कौन-से सही सुमेलित हैं?

(a) 1 और 2 (b) 1 और 3
(c) 2 और 3 (d) 1, 2 और 3

262. भारत के इतिहास के सन्दर्भ में निम्नलिखित युग्मों पर विचार करें IAS (Pre) 2020

1. औरंग – राज्य के खजाने का प्रभारी
2. बनियन – ईस्ट इण्डिया कम्पनी का भारतीय एजेंट
3. मीरासीदार – राज्य को नामित राजस्व दाता

उपरोक्त में से कौन-सा/से युग्म सही है/हैं?

(a) 1 और 2
(b) 2 और 3
(c) केवल 3
(d) 1, 2 और 3

263. गुप्त काल के दौरान भारत में जबरन श्रम (विष्टि) के सन्दर्भ में निम्नलिखित में से कौन-सा कथन सही है? IAS (Pre) 2019

(a) इसे राज्य के लिए आय का एक स्रोत माना जाता था, जो लोगों द्वारा चुकाया जाने वाला एक प्रकार का कर था।
(b) यह गुप्त साम्राज्य के मध्य प्रदेश और काठियावाड़ क्षेत्रों में पूरी तरह से अनुपस्थित था।
(c) मजबूर मजदूर साप्ताहिक मजदूरी का हकदार था।
(d) मजदूर के सबसे बड़े बेटे को मजबूर मजदूर के रूप में भेजा गया था।

264. निम्नलिखित कथनों पर विचार करें IAS (Pre) 2019

1. दिल्ली सल्तनत के राजस्व प्रशासन में राजस्व संग्रहण के प्रभारी को 'आमिल' कहा जाता था।
2. दिल्ली के सुल्तानों की इक्ता प्रणाली एक प्राचीन स्वदेशी संस्था थी।
3. 'मीर बख्शी' का कार्यालय दिल्ली के खिलजी सुल्तानों के शासनकाल के दौरान अस्तित्व में आया।

उपरोक्त कथनों में से कौन-सा/से सही है/हैं?

(a) केवल 1
(b) 1 और 2
(c) केवल 3
(d) 1, 2 और 3

265. भारत के इतिहास के सन्दर्भ में निम्नलिखित युग्मों पर विचार करें IAS (Pre) 2016

1. एरिपट्टी भूमि, जिसका राजस्व गाँव के तालाब के रख-रखाव के लिए अलग रखा गया था
2. तनियुर, एक ही ब्राह्मण या ब्राह्मणों के समूह को दान किए गए गाँव
3. घटिकाएँ, सामान्यत: मन्दिरों से जुड़े महाविद्यालय

उपरोक्त युग्मों में से कौन-सा/से सही सुमेलित है/हैं?

(a) 1 और 2 (b) केवल 3
(c) 2 और 3 (d) 1 और 3

266. भारत ने वस्तुओं के भौगोलिक संकेतक(पंजीकरण और संरक्षण) अधिनियम, 1999 को किसके दायित्वों का पालन करने के लिए अधिनियमित किया? IAS (Pre) 2018

(a) अन्तर्राष्ट्रीय श्रम संगठन
(b) अन्तर्राष्ट्रीय मुद्रा कोष
(c) व्यापार एवं विकास पर संयुक्त राष्ट्र सम्मेलन
(d) विश्व व्यापार संगठन

267. निम्नलिखित में से किसे अगस्त, 2022 में भौगोलिक संकेतक (GI) प्रदान किया गया है? BPSC (Pre) 2023

(a) बिहार का एप्लीक वर्क
(b) मिथिला मखाना
(c) बिहार सिक्की घास उत्पाद
(d) उपरोक्त में से कोई नहीं

268. भारत में जीआई टैग कौन जारी करता है?

(a) भौगोलिक संकेत रजिस्ट्री
(b) भारत का पेटेण्ट प्राधिकरण
(c) विश्व व्यापार संगठन
(d) वित्त मन्त्रालय, भारत सरकार

269. उस स्रोत का नाम बताइए, जो प्राचीन भारत के व्यापारिक मार्गों के बारे में मौन है?

(a) संगम साहित्य
(b) मिलिन्दपन्हो
(c) जातक कथाएँ
(d) ये सभी

उत्तरमाला

1. (b)	2. (b)	3. (b)	4. (b)	5. (a)	6. (c)	7. (b)	8. (a)	9. (a)	10. (b)
11. (d)	12. (d)	13. (d)	14. (c)	15. (d)	16. (c)	17. (b)	18. (b)	19. (d)	20. (d)
21. (b)	22. (b)	23. (d)	24. (d)	25. (c)	26. (a)	27. (b)	28. (a)	29. (b)	30. (b)
31. (a)	32. (d)	33. (b)	34. (c)	35. (c)	36. (a)	37. (c)	38. (a)	39. (b)	40. (d)
41. (b)	42. (d)	43. (b)	44. (d)	45. (b)	46. (b)	47. (c)	48. (b)	49. (b)	50. (c)
51. (c)	52. (a)	53. (c)	54. (a)	55. (a)	56. (b)	57. (a)	58. (b)	59. (c)	60. (a)
61. (a)	62. (a)	63. (a)	64. (c)	65. (a)	66. (c)	67. (c)	68. (a)	69. (c)	70. (b)
71. (d)	72. (d)	73. (a)	74. (c)	75. (c)	76. (c)	77. (c)	78. (b)	79. (d)	80. (c)
81. (c)	82. (c)	83. (a)	84. (c)	85. (a)	86. (c)	87. (a)	88. (b)	89. (a)	90. (b)
91. (b)	92. (d)	93. (a)	94. (c)	95. (b)	96. (c)	97. (a)	98. (d)	99. (b)	100. (b)
101. (b)	102. (d)	103. (b)	104. (d)	105. (a)	106. (b)	107. (b)	108. (c)	109. (a)	110. (c)
111. (b)	112. (d)	113. (c)	114. (b)	115. (b)	116. (c)	117. (a)	118. (d)	119. (a)	120. (a)
121. (b)	122. (b)	123. (b)	124. (b)	125. (d)	126. (d)	127. (b)	128. (a)	129. (a)	130. (c)
131. (a)	132. (a)	133. (c)	134. (b)	135. (a)	136. (c)	137. (c)	138. (d)	139. (c)	140. (b)
141. (c)	142. (c)	143. (a)	144. (a)	145. (c)	146. (a)	147. (a)	148. (b)	149. (b)	150. (b)
151. (d)	152. (b)	153. (d)	154. (b)	155. (a)	156. (c)	157. (c)	158. (b)	159. (c)	160. (c)
161. (a)	162. (c)	163. (b)	164. (c)	165. (c)	166. (b)	167. (b)	168. (b)	169. (c)	170. (d)
171. (d)	172. (c)	173. (a)	174. (a)	175. (d)	176. (a)	177. (a)	178. (d)	179. (a)	180. (b)
181. (a)	182. (d)	183. (b)	184. (d)	185. (a)	186. (a)	187. (c)	188. (c)	189. (b)	190. (c)
191. (a)	192. (c)	193. (b)	194. (a)	195. (d)	196. (d)	197. (c)	198. (b)	199. (b)	200. (d)
201. (b)	202. (d)	203. (b)	204. (a)	205. (a)	206. (d)	207. (d)	208. (a)	209. (c)	210. (c)
211. (c)	212. (c)	213. (b)	214. (a)	215. (a)	216. (b)	217. (a)	218. (b)	219. (c)	220. (a)
221. (b)	222. (a)	223. (a)	224. (d)	225. (b)	226. (a)	227. (b)	228. (d)	229. (b)	230. (b)
231. (b)	232. (b)	233. (d)	234. (b)	235. (d)	236. (a)	237. (b)	238. (d)	239. (b)	240. (a)
241. (b)	242. (d)	243. (a)	244. (c)	245. (c)	246. (d)	247. (a)	248. (b)	249. (c)	250. (c)
251. (d)	252. (b)	253. (c)	254. (a)	255. (b)	256. (a)	257. (b)	258. (c)	259. (c)	260. (c)
261. (b)	262. (b)	263. (a)	264. (a)	265. (d)	266. (d)	267. (d)	268. (a)	269. (b)	

अधिक प्रैक्टिस *के लिए*
दिया गया QR कोड स्कैन करें

UPSC मुख्य परीक्षा के प्रश्न (2024-2015)

दृश्य कला

1. दक्षिण भारत में कला व साहित्य के विकास में काँची के पल्लवों के योगदान का मूल्यांकन कीजिए। *UPSC 2024 (150 शब्द; 10 अंक)*

2. 'हालाँकि महान चोल शासक अभी मौजूद नहीं हैं, लेकिन उनकी कला व वास्तुकला के क्षेत्र में उत्कृष्ट उपलब्धियों के कारण अभी भी उन्हें बहुत गर्व से याद किया जाता है।' टिप्पणी कीजिए। *UPSC 2024 (250 शब्द; 20 अंक)*

3. स्पष्ट करें कि मध्यकालीन भारतीय मन्दिरों की मूर्तिकला उस दौर के सामाजिक जीवन का प्रतिनिधित्व करती है। *UPSC 2022 (150 शब्द; 10 अंक)*

4. भारतीय मिथक, कला और वास्तुकला में सिंह एवं वृषभ की आकृतियों के महत्त्व पर विचार करें। *UPSC 2022 (150 शब्द; 10 अंक)*

5. भारतीय परम्परा और संस्कृति में गुप्तकाल और चोलकाल के योगदान पर चर्चा करें। *UPSC 2021 (150 शब्द; 10 अंक)*

6. भारतीय दर्शन एवं परम्परा ने भारतीय स्मारकों की कल्पना और आकार देने की उनकी कला में महत्त्वपूर्ण भूमिका निभाई है। विवेचना कीजिए। *UPSC 2020 (250 शब्द; 20 अंक)*

7. शैलकृत स्थापत्य प्रारम्भिक भारतीय कला एवं इतिहास के ज्ञान के महत्त्वपूर्ण स्रोतों में से किसी एक का प्रतिनिधित्व करता है। विवेचना कीजिए। *UPSC 2020 (150 शब्द; 10 अंक)*

8. गान्धार कला में मध्य एशियाई और यूनानी बैक्ट्रियन तत्त्वों पर प्रकाश डालिए। *UPSC 2019 (150 शब्द; 10 अंक)*

9. प्रारम्भिक बौद्ध स्तूप कला, लोक आख्यानों और कथानकों का चित्रण करते हुए बौद्ध आदर्शों को भी सफलतापूर्वक उजागर करती है। स्पष्ट करें। *UPSC 2016 (200 शब्द; $12\frac{1}{2}$ अंक)*

10. "भारत की मध्यपाषाण शिला-कला न केवल उस काल के सांस्कृतिक जीवन को, बल्कि आधुनिक चित्रकला से तुलनीय परिष्कृत सौन्दर्य-बोध को भी प्रतिबिम्बित करती है" इस टिप्पणी का समालोचनात्मक मूल्यांकन कीजिए। *UPSC 2015 (200 शब्द; $12\frac{1}{2}$ अंक)*

11. भारतीय उपमहाद्वीप में प्राचीन सभ्यता मिस्र, मेसोपोटामिया और यूनान से इस बात पर भिन्न थी कि इसमें इसकी संस्कृति और परम्पराओं को बिना टूटे वर्तमान समय में संरक्षित किया गया है। टिप्पणी करें। *UPSC 2015 (200 शब्द; $12\frac{1}{2}$ अंक)*

12. भारत की एक ही चट्टान को काटकर बनाई गई वास्तुकला न केवल उस समय के सांस्कृतिक जीवन को दर्शाती है, बल्कि आधुनिक चित्रकला के लिए एक सुन्दर सौन्दर्य बोध भी है। इस टिप्पणी का आलोचनात्मक मूल्यांकन करें। *UPSC 2015 (200 शब्द; $12\frac{1}{2}$ अंक)*

प्रदर्शन कला

13. भारतीय कला विरासत की रक्षा इस समय की जरूरत है। टिप्पणी कीजिए। *UPSC 2018 (150 शब्द; 10 अंक)*

14. आरम्भिक भारतीय शिलालेखों में अंकित 'ताण्डव' नृत्य की विवेचना कीजिए। *UPSC 2013 (100 शब्द; 5 अंक)*

भारतीय संस्कृति के आयाम

15. भक्ति साहित्य की प्रकृति और भारतीय संस्कृति में इसके योगदान का मूल्यांकन करें। *UPSC 2021 (150 शब्द; 10 अंक)*

16. मध्यकालीन भारत के फारसी साहित्यिक स्रोत उस काल के युगबोध का प्रतिबिम्ब हैं। टिप्पणी कीजिए। *UPSC 2020 (250 शब्द; 20 अंक)*

17. भारत में बौद्ध धर्म के इतिहास में पाल काल सबसे महत्त्वपूर्ण चरण है। विश्लेषण कीजिए। *UPSC 2020 (150 शब्द; 10 अंक)*

18. भारत के इतिहास के पुनर्निर्माण में चीनी और अरब यात्रियों के वृत्तान्तों का वर्णन कीजिए। *UPSC 2018 (150 शब्द; 10 अंक)*

19. श्री चैतन्य महाप्रभु के आगमन के साथ भक्ति साहित्य को एक उल्लेखनीय पुनर्अभिविन्यास प्राप्त हुआ। चर्चा करें। *UPSC 2018 (250 शब्द; 15 अंक)*

20. विजयनगर नरेश कृष्णदेव राय न केवल स्वयं एक कुशल विद्वान थे, अपितु विद्या एवं साहित्य के महान संरक्षक भी थे। विवेचना कीजिए। *UPSC 2016 (200 शब्द; $12\frac{1}{2}$ अंक)*

21. सूफी और मध्यकालीन रहस्यवादी सिद्ध पुरुष (सन्त) हिन्दू/मुसलमान समाजों के धार्मिक विचारों और रीतियों को उनकी बाह्य संरचना को पर्याप्त सीमा तक रूपान्तरित करने में विफल रहे। टिप्पणी कीजिए। *UPSC 2014 (150 शब्द; 10 अंक)*

परिशिष्ट

22. आप इस विचार को कि गुप्तकालीन सिक्का शास्त्रीय कला की उत्कृष्टता का स्तर बाद के समय में देखने को नहीं मिलता, किस प्रकार सिद्ध करेंगे। *UPSC 2017 (150 शब्द; 10 अंक)*